上虞年鉴 2021

SHANGYU NIANJIAN

绍兴市上虞区史志工作委员会　编

方志出版社
Publishing House of Local Records

图书在版编目（CIP）数据

上虞年鉴 . 2021 / 绍兴市上虞区史志工作委员会编
. -- 北京 : 方志出版社 , 2021.12
ISBN 978-7-5144-5201-3

Ⅰ . ①上… Ⅱ . ①绍… Ⅲ . ①上虞 – 2021 – 年鉴
Ⅳ . ① Z525.54

中国版本图书馆 CIP 数据核字 (2021) 第 278309 号

上虞年鉴（2021）

编　　者：绍兴市上虞区史志工作委员会
责任编辑：王　娜

出 版 者：方志出版社
地　址　北京市朝阳区潘家园东里 9 号（国家方志馆4层）
邮　编　100021
网　址　http://www.zgfzcb.cn
发　　行：方志出版社图书营销中心
电　话（010）67110500
经　　销：各地新华书店
印　　刷：绍兴市越生彩印有限公司

开　　本：889mm × 1194mm　1/16
印　　张：32
字　　数：942 千字
版　　次：2022 年 6 月第 1 版　2022 年 6 月第 1 次印刷
印　　数：0001 ~ 1000 册

ISBN　978-7-5144-5201-3　定价：250.00 元

绍兴市上虞区史志工作委员会

《上虞年鉴（2021）》编纂委员会

主　　审：孙海明
主　　任：王　敬　朱迪江
副 主 任：罗兰芬　阮永兴
委　　员：屠月玲　沈瑶圆

《上虞年鉴(2021)》编辑部

主　　编：罗兰芬
执行主编：沈瑶圆
编　　辑：沈瑶圆　谭丽娜
编务人员：屠月玲　章国英　谭丽娜
审　　核：朱佳玲
彩页提供：刘　盼　阮佳波　魏新宇　顾光平

编辑说明

一、《上虞年鉴(2021)》坚持以马克思列宁主义、毛泽东思想、邓小平理论、“三个代表”重要思想、科学发展观、习近平新时代中国特色社会主义思想为指导，坚持辩证唯物主义和历史唯物主义的立场、观点和方法，是集地方性、时效性、综合性于一体的大型资料性工具书。

二、《上虞年鉴(2021)》记载时限为2020年1月1日至12月31日，反映上虞区2020年度自然、经济、政治、文化和社会生活的基本面貌及发展状况，尤其是突出2020年上虞区围绕“冲击全市第一方阵、争当区域高质量发展排头兵”目标，加快建设“创新之区、品质之城”和“创新强区、品质名城”的实际情况，重点反映当年事关全局的大事、要事、新事、特事，着力体现时代特征、年度特点和地域特色，为各级领导提供决策依据，为区内外人士了解上虞提供参考资料，为研究区情及编修志书积累史料。

三、《上虞年鉴(2021)》由卷首、百科、卷尾3个部分组成，按类目、分目、条目3个层次框架编排。类目下设综述，分目下设概况；以条目为主要载体，一事一条。卷首设彩页、地图、目录、特载、特辑、大事记和地情，卷尾设统计资料、文件目录、人物和荣誉、附录和索引。

四、《上虞年鉴(2021)》采用记述体，其文字、称谓、数字、计量、纪年、标点符号等均按照国家有关标准使用。鉴于使用习惯及专业需要，土地面积“亩”和计量单位“公斤”“吨”等在个别地方仍保留。所载全年主要经济指标等数据原则上以区统计部门提供为准，统计部门没有的则以职能部门提供的数据为准；各业所指产值等均指当年。全文图照除署名外，其他均由撰写单位提供。

百官街道鸟瞰(顾光平　摄)

杭州湾海
出
非电子门票入口
散客入口
散客入口

杭州湾海上花田(杭州湾上虞经济技术开发区　提供)

嘉绍大桥(顾光平　摄)

e游小镇(顾光平　摄)

1月7—9日，中国人民政治协商会议第一届绍兴市上虞区委员会第四次会议召开

1月8—10日，绍兴市上虞区第一届人民代表大会第四次会议召开

2月5日，上虞民兵参与新冠肺炎疫情联防行动（区人武部　提供）

2月13日，绍兴市上虞区第二批驰援武汉医疗队出征仪式举行

3月1日，上虞区“三个一批”“百大项目”“千亿投资”大会战活动启动仪式举行

4月23日，浙江省委书记、省疫情防控工作领导小组第一组长车俊（前排右三）到上虞区调研（梁　臻　摄）

5月7日，“传承红色基因，争做新时代好少年”主题教育实践活动启动仪式举行（团区委　提供）

5月28日，第五届浙江省争做中国好网民接力活动暨绍兴市“抗疫情·促发展·话小康”好网民好故事分享活动在上虞启动

6月9日，人民文创和上虞区合作签约仪式举行

6月10日，上虞区举办“青春带货王”直播助农活动（团区委　提供）

6月14日，在皂李湖举办“诗画曹娥江　休闲皂李湖”2020上虞区“皂李湖杯”皮划艇越野赛

6 月 18 日，上虞新动能创投产业园开园(魏新宇　摄)

9 月 18 日，上虞·2020 年全国田径锦标赛举行(魏新宇　摄)

9 月 26 日，2020 绍兴有戏——非遗兴乡大巡游（上虞站）暨“农民丰收节”庆祝仪式举行（高　翔　摄）

10 月 10 日，浙江建设职业技术学院上虞校区举行开学典礼

10月24日,2020年浙江省职工职业技能竞赛(数控车工、数控铣工)开幕式举行(总工会　提供)

11月6日,2020CTDC首席技术官领袖峰会暨数字经济融合创新发展论坛举行

11 月 12 日，第五届《儿童文学》金近奖续签仪式在上虞区金近小学举行

11 月 28 日，匹克 2020 绍兴 · 上虞曹娥江半程马拉松在一江两岸举行（魏新宇　摄）

12 月 10 日，全球青年科技领袖峰会暨《麻省理工科技评论》中国“35 岁以下科技创新 35 人”颁奖典礼在上虞区举行

12 月 23 日，总投资 208 亿元的浙江圆锦新材料烷烃资源综合利用一体化项目在杭州湾上虞经济技术开发区举办开工仪式

12 月 28 日，上虞区举行浙江大学医学院附属邵逸夫医院绍兴院区开工仪式

12 月 31 日，上虞区开展“娥江颂”群众文化月活动。图为舞蹈表演（黄加良　摄）

上虞区

杭州市
嘉兴市
钱塘区
海宁市
萧山区
柯桥区
钱塘
曹娥江
越
九七丘
九三丘
九一丘
九四丘
九一丘
八四丘
七七丘
八一丘
七六丘
七五丘
七0丘
东三区
东二区
东一区
曹娥江大闸
曹娥江闸前大桥
嘉绍大桥
世纪大桥
新三江闸
杭甬高速
杭深铁路
杭州湾上虞经济技术开发区管委会
上虞区杭州湾综合管理办
浙江理工大学科技与艺术学院
浙江邮电职业技术学院
绍兴滨海新区管委会
马鞍街道
沥海街道
马山街道
孙端街道
东湖街道
道墟街道
崧厦街道
称山▲194
杭州湾上虞经济技术开发区（南片）
上虞区

区图

盐县
嘉兴市
宁波市
江
慈
溪
市
余
天灯舍
小安
建五
双潭
建民
滨海
三江口
人和
小曹娥镇
万圣
镇海
相公潭
新湖
新浦路
下吴家路
曹一
谢家路
榛树下
夹塘
湖北
小路下
镇北
海南
双乐
梅园
临浦
泗北
兰海
临山镇
泗门镇
大庙周
新新
邵家丘
湖堤
赵家
十六户
横塘
熊家街
黄家埠
镇南
天中
韩夏
天华
东蒲
黄家埠镇
高桥
全佳桥
大将桥
上塘
沿山
阳明
梁弄
回龙
下沙畈
开元
杏山
华家
方桥
芝山
长泠江
青港
渚北
丰乐
旗山
潘巷
魏家
马渚
新东吴
牟山镇
马渚镇
大施巷
畈周
渚山
马渚头
康山
牟山湖
群立
乐安湖
斗门
瑶街弄
湖山
云楼
夏巷
丰杨河
郭相桥
余姚西
杭甬高速
杭深铁路
杭州湾环线高速
港区
新区
开发区（北片）
谢塘镇
小越街道
驿亭镇
白马湖
联民
五夫
大旗山

总　目

Table of Contents

目 录

特 载

特 辑

大事记

地　情

中共绍兴市上虞区委员会

绍兴市上虞区人民代表大会

绍兴市上虞区人民政府

政协绍兴市上虞区委员会

纪检监察

民主党派·工商联

群众团体

国土资源管理

生态环境

水 利

交通运输

城乡建设与管理

电力、燃气和供排水

邮政通信

农业农村

制造业

建筑业

房地产业

商 贸 业

中介服务业

旅游业

金融业

财政税务

对外及对港澳台经济贸易

市场与管理

经济管理与监督

法　治

军 事

科学技术

教　育

文 化

医疗卫生

体　育

社会事业

民生保障

杭州湾上虞经济技术开发区(浙江省上虞经济开发区)

e 游小镇

乡镇·街道

机构及负责人

统计资料

文件目录

人物和荣誉

附 录

索 引

特　载

全面建设高水平“创新强区、品质名城”率先走出争创社会主义现代化先行省的区域发展之路

——在区委一届十次全体（扩大）会议上的报告

（2020年12月30日）

中共绍兴市上虞区委书记　徐　军

这次区委全体（扩大）会议的主要任务是：以习近平新时代中国特色社会主义思想为指导，全面贯彻党的十九大和十九届二中、三中、四中、五中全会精神，深入贯彻习近平总书记考察浙江重要讲话精神，按照中央经济工作会议和省委十四届八次全会、省委经济工作会议、市委八届九次全会部署要求，总结今年以来工作，部署新一年任务，审议通过区委《关于制定绍兴市上虞区国民经济和社会发展第十四个五年规划和二〇三五年远景目标的建议》，进一步动员全区广大党员干部围绕在忠实践行“八八战略”、奋力打造“重要窗口”中勇当排头兵争做优等生要求，干在实处、走在前列、勇立潮头，全面建设高水平“创新强区、品质名城”，奋力夺取“十四五”发展良好开局，率先走出争创社会主义现代化先行省的区域发展之路。

下面，我代表区委常委会，向全会报告工作。

一、交出“两手硬、两战赢”高分报表，高水平全面建成小康社会取得决定性成就

即将过去的2020年是极不平凡的一年。一年来，面对国际国内形势的深刻复杂变化特别是突如其来的新冠肺炎疫情冲击，区委常委会团结带领全区上下认真学习贯彻习近平总书记考察浙江重要讲话精神，全面落实上级各项决策部署，保持战略定力，积极主动应对，统筹推进疫情防控和经济社会发展，扎实做好“六稳”“六保”工作，经济持续回升向好，有望实现“一季正、半年红、三季进、全年赢”，社会保持和谐稳定，在大战大考之年交出了“双胜利”的高分答卷。预计，全年地区生产总值增长6%，财政总收入、一般公共预算收入分别增长4.5%和4.3%，城乡居民收入分别增长4%和7%。

1. 坚持思想对标、行动看齐贯通结合，推动“两个维护”扎根铸魂、落细落小。区委常委会始终把学懂弄通做实习近平新时代中国特色社会主义思想作为最大的政治任务，每当总书记发表重要讲话、重要文章，都及时通过区委常委会会议、区委理论学习中心组学习会、座谈会、调研宣讲等方式进行传达学习，坚决做到“总书记有号令、中央和上级有部署，上虞见行动见成效”。召开区委一届九次全会，深入学习习近平总书记考察浙江重要讲话精神，提出在建设“重要窗口”中勇当排头兵争做优等生的新要求。组织党员干部认真学习研讨《习近平谈治国理政》（第三卷）等系列重要讲话、重要文章，分层分类抓好十九届五中全会精神专题学习、集中宣讲、集中轮训，不断推动理论武装走深走心走实。围绕总书记对绍兴和上虞工作指示批示制定

"四张清单",并逐条逐项抓好贯彻落实。

2. 坚持疫情防控、经济社会发展统筹推进,交出"两战赢"高分报表。坚持人民至上、生命至上,第一时间落实一级响应机制、发起战时总动员,建立全域覆盖的联防联控、群防群控体系。根据疫情变化,迭代升级"源头查控 + 硬核隔离 + 精密智控"的"战时"管控机制和常态化防控措施,在全市率先出台稳企助企惠企系列政策和驻企帮扶等举措,"先点后面""以大带小"抓产业链供应链循环,较早控制住疫情并全面复工复产和恢复正常社会秩序。强化全国一盘棋,派出 2 批 15 名医护人员驰援湖北武汉,保障防疫物资生产企业开足马力、扩大产能,2 个集体、11 名个人获省级抗疫表彰。打好化危为机主动仗,专班运作开展争先创优行动,部署开展"争项目、争资金、争资源"活动,每季度举行"百项千亿"大会战,争取各类资金超 46 亿元、新增政府债券 28 亿元、省重点项目 6 个、用地指标 2941 亩,省市县长项目全部落地开工,投资、出口预计分别增长 14.5% 和 5%,消费复苏步伐加快,完成"四未一低"土地消化利用 10820 亩。坚持项目为王,健全"12320"招商体系,主动出击深化产业链精准招商,新引进 10 亿元以上项目 12 个,总投资 208 亿元圆锦新材料项目实现当年签约、当年供地、当年开工,实到外资保持全市前列。

3. 坚持大平台、工业园区两翼齐飞,构建高水平现代化平台体系。深化"2+5+9+N"高质量平台体系建设,杭州湾经开区"头部效应"持续释放,引进 2 个百亿元以上重大项目,产值、利润占全区比重分别达到 67.2% 和 79.8%,在全省国家级开发区考核中质量效益排名第 3,先进高分子材料入选省级"万亩千亿"新产业培育平台,创成全国绿色工业园区。曹娥江旅游度假区引领推进全域旅游,"一湖两镇"加快建设,举行 10 余场"诗画曹娥江"系列引流活动,顺利通过省级度假区年度考核,岭南乡获评省级旅游风情小镇。e 游小镇入选省级大众创业万众创新示范基地、数字文娱产业创新服务综合体;伞艺小镇列入省级特色小镇创建名单;孝德文化、瓷源文化等小镇建设扎实推进。着力做好"9+N"文章,创新整合 9 个乡镇工业园区,新增 6 个省级小微企业园。

4. 坚持制造业强区、服务业兴区"双轮驱动",奋力跑出高质量发展加速度。启动实施制造业高质量发展"188"行动,推进制造业"群、链"双育,新材料产业链"链长制"列入全省试点,新增上市公司 2 家、省"雄鹰"培育企业 2 家、市场主体 1.3 万家,规上企业亩均增加值、规上高新技术产业增加值、数字经济核心产业制造业增加值领跑全市,实现省政府质量奖零的突破。加快化工行业改造提升 2.0 版建设,21 家跨区域集聚提升化工企业完成签约,安全环保智慧监管平台得到省委、省政府高度肯定。实施服务业高质量发展"双抓双优双突破"三年行动,加快"一江两岸"总部经济、特色街区建设,21 个市级现代服务业重点项目全面推进,入选首批省级夜间经济培育城市,服务业增加值增长居全市前列。粮食生产经验做法入选省争先创优行动"最佳实践"案例,创成省级农业绿色发展先行区。加快建筑工业化发展,实现建筑业税收 11 亿元。

5. 坚持深化改革、全面创新双管齐下,下好应对变局危中抢机先手棋。部署开展"营商环境提升年"活动,像爱护家人一样爱护企业家、像呵护家庭一样呵护营商环境,制定促进经济高质量发展"1+9"系列政策,"快兑快补"各类资金 19 亿元,惠及企业 1 万余家。纵深推进"最多跑一次"改革,新增省级改革试点项目 13 个,"不见面"招投标、"一码管地"等做法在全省推广,国企市场化改革深入推进,获评中国营商环境建设示范案例奖。成立区委全面创新委员会,高质量推进曹娥江科创走廊"三园一中心"建设,与浙江大学签订全面战略合作协议,天津大学浙江绍兴研究院通过省级新型研发机构认定,入选省可持续发展创新示范区、省产教融合示范基地创建名单, R&D 经费支出占比跃居全省第 8 位。启动筹建新材料曹娥江实验室,设立全市首家文创银行,建成投用新动能创投产业园,人才引育工作继续走在全市前列。积极探索疫情常态化防控下重大赛事活动举办新模式,成功举办全球青年科技领袖峰会、人才发展大会、新材料产业创新发展论坛、"CHINA· 中国"陶瓷艺术设计大展、全国田径锦标赛等重大活动。

6. 坚持区域一体、城乡融合双向发力,推动城市能级品质大提升。部署开展"产城融合发展年"活动,出台全面融入长三角一体化发展实施意见,召开高水平交通强区推进大会,率先打响综合交通大会战,杭绍台高铁、舜江大桥拼宽工程加快建设，杭绍甬高速、329 国道北移等项目顺利开工，群贤路东延三期建成通车，通用航空机场选址获批。城市“拥江西进”加快推进，浙建院上虞校区建成开学，邵逸夫医院绍兴院区开工建设，鸿雁未来社区进展顺利。加快城市有机更新，曹娥街道城中村改造扎实推进，拔钉清障取得重大成效，老旧小区综合改造全面推进，房地产市场保持平稳发展。通盘研究城区治堵，启动江东路拓宽改造工程。开展新时代文明实践中心省级试点，高分通过全国文明城市国检复评。全域推进新时代八大“美丽行动”，丰惠镇入选美丽城镇省级样板，章镇镇列入省小城市培育试点，有望创成省新时代美丽乡村示范区。全力打好污染防治攻坚战，积极配合做好中央环保督察，受到督察组表扬肯定，“无废城市”建设、生活垃圾分类全市领先。高质量推进东西部扶贫协作、对口支援等工作。

7. 坚持高品质社会事业、高效能社会治理协同推进，致力于打造最具幸福感城市。始终把解决群众所盼作为施政所向，加大危旧房治理等补短板力度，用心用情办好省市区三级民生实事，低收入农户同步迈向高水平全面小康。加强疫情期间群众基本生活保障，城镇失业登记率控制在 1.6% 以内，基本养老保险、医疗保险参保率居全市前列。深化集团化办学，“明眸亮睛”防近视国家级试点扎实开展，教育现代化指数进入全省第一方阵。深入开展爱国卫生运动，加强公共卫生及传染病防治领域供给侧改革，基本建成医保经办“15 分钟服务圈”。召开全区民政会议，出台新时代民政事业高质量发展实施意见。部署推进第七次全国人口普查。深化乡镇街道专武干部队伍建设试点，“你为国尽忠、我代你尽孝”双拥品牌不断打响，创成新时代“枫桥式”退役军人服务中心。启动孝德文化传承生态保护区省级试点，人民文创产业园落户运行，获评全国体育事业突出贡献奖、全省农村文化礼堂建设示范区。部署开展“基层治理深化年”活动，推进公安情指行一体化改革，创新“三师三员回归乡村”、平安共同体建设、联勤警务“重华模式”，纵深推进扫黑除恶专项斗争，有力有效防范化解社会风险。健全党政主要负责人阅办信访件、领导干部下访接访、初次信访办理标准化、“以案说案”等制度，区镇村矛调中心实现全覆盖，平安指数保持省市前列，有望夺取“平安金鼎”。深入开展安全生产和食品药品综合治理，创新危化品安全生产“一件事”集成改革，开展“一支队伍管执法”省级试点。加强民法典学习宣传贯彻，全面完成“七五”普法。

8. 坚持党员干部思想观念、工作作风同步转变，以高质量党建引领保障高质量发展。强化“四责协同”，压紧压实管党治党政治责任，加快建设清廉上虞。抓实党政干部、企业家、乡贤三支队伍，召开高规格领导班子政治建设会议、企业家大会、首届乡贤大会，汇聚高质量发展强大合力。常态化近距离考察干部政治表现，对领导班子和领导干部精准“政治画像”。开展意识形态工作省级试点，深化网络生态综合治理体系建设，打造“虞声嘹亮”理论宣讲品牌。高质量举办第四届孝文化节，新乡贤做法在全省现场会上作经验介绍，获评道德教育基地。突出实干实绩导向，44 名抗疫一线表现优秀干部得到提拔或晋升职级。推进“两个担当”良性互动，成立容错免责裁定委员会，调整不胜任现职干部 13 名，为 16 名受到不实举报的干部澄清正名。全面推行“一肩挑”，全程全面高质量完成村社组织换届，探索换届后的管理和监督工作。深化各领域“五星”系列创建，探索推进产业链党建联盟，合作社党建入选全国基层党建创新优秀案例。坚持党建带群建，深入推进群团改革。完善政治监督“四清单”“两档案”“两报告”，一体推进“三不”机制和“四个规范化”建设，部署推进三轮区委巡察，深化阳光用权“五个三”工作体系，建成全省较为领先的审查调查和电子监察“两中心”，追逃工作取得重大突破。精准运用监督执纪“四种形态”立案查处 227 人。坚持边巡边改、立查立改，全力配合做好省委巡视、市委巡察，成为中央纪委国家监委直接联系的“基层监督样本”。

一年来，区委常委会高度重视自身建设，带头学懂弄通做实习近平新时代中国特色社会主义思想，带头把“两个维护”铭刻在头脑里、落实到行动上、体现在工作中，带头贯彻民主集中制和推动巡视巡察问题整改，带头巩固主题教育成果和常态化开展“三驻三服务”，带头落实中央八项规定精神和廉洁自律准则，为全区党员干部做好表率。坚持总揽全局、协调各方，加强对人大、政府、政协及法院、检察院的领导，支持各级组织依法依章履职，调动整合好区内外资源，巩固发展政通人和、心齐气顺的生动局面。

同志们，今年是“十三五”规划的收官之年。五年来，我们坚持“创新之区、品质之城”总体定位，一张蓝图绘到底，一任接着一任干，一以贯之抓落实，争当区域高质量发展排头兵。经过五年持续奋斗，“十三五”规划主要目标任务即将完成，全区综合经济实力迈上新的大台阶，地区生产总值有望突破千亿大关，发展动力活力实现新增强，创新能力实力展现新突破，开放融合程度彰显新进展，生态环境保护取得新成效，社会建设和治理水平得到新提高，全面从严治党呈现新气象，高水平全面建成小康社会胜利在望，为“十四五”时期开启社会主义现代化新征程打下了坚实基础。

在总结工作成绩的同时，区委常委会分析了面临的挑战和存在的问题不足，主要是：外部环境不稳定性不确定性明显提升，经济持续向好的基础尚不稳固，部分行业、部分企业经营困难；产业链创新链融合有待提升，硬核科技成果还很少；优质公共服务供给仍然不足，发展不平衡不充分突出问题尚未解决；各类风险防范化解机制仍不完善，基层治理现代化任重道远；党员干部能力素质作风与现代化建设要求仍有差距，落实全面从严治党要求需做出持续努力。对这些问题，我们一定要高度重视，认真研究，切实解决。

二、深入学习贯彻党的十九届五中全会精神，率先走出争创社会主义现代化先行省的区域发展之路

（一）准确把握新发展阶段上虞面临的形势

党的十九届五中全会是在我国进入新发展阶段、实现中华民族伟大复兴关键时期召开的一次具有里程碑意义的重要会议。会议审议通过的《中共中央关于制定国民经济和社会发展第十四个五年规划和二〇三五年远景目标的建议》，提出了“十四五”时期发展的指导思想、遵循原则、主要目标和重大任务举措，是开启全面建设社会主义现代化国家新征程的纲领性文件和行动指南。

省委十四届八次全会和市委八届九次全会深入学习贯彻党的十九届五中全会精神，围绕“忠实践行‘八八战略’、奋力打造‘重要窗口’”主题主线，分别审议通过省委《关于制定浙江省国民经济和社会发展第十四个五年规划和二〇三五年远景目标的建议》和市委《关于制定绍兴市国民经济和社会发展第十四个五年规划和二〇三五年远景目标的建议》，提出“十四五”时期的目标任务，开启“争创社会主义现代化先行省”和“率先走出争创社会主义现代化先行省的市域发展之路”新征程。12月1日，市委书记马卫光来我区调研时，要求上虞以非凡的奋斗精神，积极探索“四个率先”的实现路径，在高质量发展的轨道上走得更快一些、更好一些，为全市高质量发展大局贡献更多力量。这充分体现了市委对我区工作的高度肯定，对上虞未来的殷切期望，对上虞干部群众的充分信任，为我们推进各项事业发展继续走在前列注入了强大动力。

区委深入学习贯彻党的十九届五中全会和省委、市委全会精神，对新发展阶段上虞面临的战略机遇和重大挑战进行了深入分析。当前，世界百年未有之大变局进入加速演变期，新一轮科技革命和产业变革深入发展，全球新冠肺炎疫情大流行带来巨大变量。我国进入新发展阶段、加快构建新发展格局，浙江加快建设新时代全面展示中国特色社会主义制度优越性的“重要窗口”，绍兴率先走出争创社会主义现代化先行省的市域发展之路，长三角一体化发展、全省“四大”建设、全市“融杭联甬接沪”等重大战略将释放叠加效应，为我区在高质量发展的轨道上走得更快一些、更好一些带来叠加红利。区委常委会综合研判形势后认为，“十四五”时期，上虞正处于新发展格局构建的窗口期、改革创新系统集成的突破期、开放融合能级提升的关键期、区域治理现代化的迭代期。全区党员干部要胸怀“两个大局”，牢牢坚持正确的历史观、大局观、发展观，牢固树立“没有走在前列也是一种风险”的忧患意识，对照坐标系，找准新方位，努力探索出一条符合上虞实际、彰显上虞特色、实现共同富裕的现代化之路。

（二）准确把握新发展阶段上虞肩负的历史使命

“十四五”时期，全区经济社会发展的总体要求是：以习近平新时代中国特色社会主义思想为指导，围绕在忠实践行“八八战略”、奋力打造“重要窗口”中勇当排头兵争做优等生要求，立足新发展阶段，贯彻新发展

理念，构建新发展格局，推动高质量发展，全面建设高水平“创新强区、品质名城”，打造世界级绿色智造先进区、长三角开放活力新都市、新时代孝德文化传承地，积极探索“四个率先”实现路径，率先走出争创社会主义现代化先行省的区域发展之路，综合实力进入全国百强区前30强，主要经济指标进入全省区（县、市）前10强，并不断争先进位。到2035年，全区综合实力大幅跃升，社会治理能力、文化软实力、公共服务水平、生态环境建设跃上新台阶，地区生产总值突破3000亿元，常住人口人均地区生产总值达到5万美元，率先基本实现高水平现代化，展示“重要窗口”的最美风景。

区委常委会认为，进入新发展阶段，上虞要率先走出争创社会主义现代化先行省的区域发展之路，必须坚定一个战略目标，强化三大战略定位，把握四大战略原则。

坚定一个战略目标：全面建设高水平“创新强区、品质名城”。坚持一张蓝图绘到底，对“创新之区、品质之城”总体定位作迭代升级，实施全面大创新，推进全域大开放，实现发展大提升，建设更高水平创新强区；更加注重功能品质，更加注重文化铸魂，更加注重整体智治，建设更高水平品质名城。

强化三大战略定位：加快打造世界级绿色智造先进区、长三角开放活力新都市、新时代孝德文化传承地。

打造世界级绿色智造先进区。坚守实体经济不动摇，强化先进制造业与现代服务业“双轮驱动”，强化产业绿色发展本底和智能制造转型，强化产业链创新链融合发展，着力在新材料、现代医药、高端装备等领域打造标志性产业链、世界级产业集群，引领带动上虞制造业在全球产业分工中占据重要地位。

打造长三角开放活力新都市。把上虞放在长三角一体化发展的大背景中审视，充分释放交通区位和产业人文优势，以更加积极的姿态打造开放优势，以更加包容的文化激发双创活力，以更加务实的举措营造最优营商环境，建设宜居宜业宜游宜创、都市文明与自然属性和谐共存的新都市。

打造新时代孝德文化传承地。实施新时代文化工程，以孝德文化为统领，深入挖掘地域文化丰富内涵，做好传承历史、守正创新、物化活化文章，打造知名文化产品、文化地标，加强城市文明风尚建设，凝聚现代化建设的强大精神动力，建设新时代文化高地。

把握四个战略原则：

一要坚持高点定位谋好蓝图。着眼省委市委对上虞的战略定位，立足上虞“四个期”的阶段性特征，扛起“排头兵、优等生”的使命担当，跳出上虞看上虞，胸怀全局看上虞，面向未来看上虞，在更高能级、更多领域、更大范围全面对标一流、提升发展标杆，在现代化新征程中找准“用力跳、够得着”的发展目标定位，更好发挥优势、彰显特色、争创一流。

二要坚持系统观念整体推进。用政治眼光观察和分析经济社会问题，更加注重一体构思、统筹谋划、整体推进，统筹考虑当下与未来、全局与局部、继承与创新，构建起定性与定量、宏观与微观、确定性与不确定性相结合的目标指标体系。把系统观念、系统方法运用到抓落实的全过程，全面协调推进固根基、扬优势、补短板、强弱项各项工作，实现质量和效益、公平和效率、发展和安全的和谐统一。

三要坚持奋勇争先创出特色。始终保持奋进者姿态、创造性张力，搭建争先创优赛马平台，强化差别化考核激励，推动各级各部门走出“舒适区”、步入赛车道，形成勇争一流、追求卓越的干事创业氛围。坚持顶层设计与基层探索有机结合，以点上创新突破带动全局整体提升，努力为全市全省现代化建设创造更多可复制可推广的实践范例、经验素材。

四要坚持久久为功求得实效。树牢正确政绩观，以“功成不必在我、功成必定有我”的境界和担当，善于把大工作分解成小清单、小任务、小项目，务实功、求实效，通过阶段性目标的完成达到长远目标的实现。完善“项目化实施+专班化推进”运作方式，健全清单式闭环化管理，确保说一件、干一件、成一件，不断积小步为大步、积小胜为大胜。

（三）准确把握率先走出争创社会主义现代化先行省的区域发展之路的实践路径

围绕一个战略目标、三大战略定位、四大战略原则，全面落实区委“十四五”规划建议稿提出的各项举措，不断丰富完善高质量发展组合拳，谋划实施一批具有牵动性、创新性、突破性的战略抓手，为争创社会主义现代化先行省探索更多区域发展的实践路径、先行经验。

1. 率先探索集群智造实践路径，在打造全球先进制造业基地上走得更快一些、更好一些。坚持把高质量发展的着力点放在实体经济上，深入实施人才强区、创新强区首位战略，突出数字赋能、创新制胜，持续推动产业迭代升级，加快实现“先进制造”向“集群智造”跨越升级。

加快培育世界级集群。制造业是新一轮竞争的“竞技场”，也是支撑上虞高质量发展的“压舱石”。坚持制造业强区不动摇，以“建链、补链、强链”为重点，深入推进制造业高质量发展“188”行动，集中力量引进“头部”企业、“链主”型企业，做大做强百亿规模龙头企业，培育更多“隐形冠军”，打造世界级先进智造集群，建成省制造业高质量发展示范区。坚持以大平台承载大产业，以先进高分子材料“万亩千亿”平台为抓手提升杭州湾经开区龙头地位，整合乡镇工业园区打造省级曹娥江经济开发区，提升特色小镇带动效应，构建“国家级开发区＋省级开发区＋特色小镇＋小微企业园”高质量平台体系，杭州湾经开区跻身国家级开发区第一方阵，曹娥江旅游度假区创成国家级度假区。强化“双轮驱动”，深入实施服务业高质量发展“双抓双优双突破”行动，推进现代服务业与先进制造业深度融合发展，提升发展科技、金融、供应链物流等生产性服务业，加快旅游业裂变赶超，打响“诗画曹娥江”品牌，创成国家级全域旅游示范区。

全面推进数字化转型。抢抓新一轮数字革命浪潮，深入实施数字经济“一号工程”2.0版，推动数字产业化和产业数字化高质量融合发展，争创省级数字经济创新发展试验区，实现数字经济五年倍增。以e游小镇2.0版建设为重点，推动数字产业化跨越发展，打造数字文化产业的“中国乌镇”、全省5G产业发展应用先行区。加快工业、农业、服务业数字化转型，用“数”“智”技术改造和重塑化工、印染、伞业等传统产业核心竞争力，推进智能制造单元、智能生产线、数字化车间、智能工厂建设，打造产业数字化全省标杆。加快5G网络、数据中心等新型基础设施建设，迭代升级安全环保智慧监管平台，推进生活数字化、公共服务数字化，建设数字社会、云上上虞。

下好全面创新先手棋。强化创新核心地位，发挥区委全面创新委员会作用，对标对接全省三大科创高地，深化“产业研究院＋大学研究院＋企业研究院”体系建设，以曹娥江科创走廊为统领打造面向长三角的高能级创新平台，加快创新链、教育链、人才链和产业链贯通融合，推动产教融合走在全国前列。创新引才育才用才机制，打好高层次人才、青年英才、创新型企业家、“上虞工匠”等培育组合拳，办好全球青年科技领袖峰会、人才发展大会，建设长三角人才蓄水池。突出应用型创新和成果产业化，实施企业创新能力提升计划，支持领军企业联合上下游、产学研组建创新联盟，开展产业链创新链融合集成改革试点，提升龙头企业产业链供应链引领力、带动中小企业创新。完善人才科技评价奖励机制，迭代梳理需科研攻关的项目清单，推广“揭榜挂帅”“赛马制”，营造风景独好的创新生态、人才生态。

2. 率先探索开放融合实践路径，在融入区域一体化发展进程上走得更快一些、更好一些。经过多年努力，上虞已基本实现从县域经济向城市经济转型。面向未来，我们要顺应城市经济向区域一体化转型新趋势，借梯登高、借船出海，不断放大对外开放格局，在服务构建新发展格局中实现高质量发展。

在融入长三角一体化发展上争当节点。上虞地处杭甬金扁担的地理中心，坚持把上虞放在长三角区域大格局中去谋划，找准战略定位，全面融入区域一体化进程，打造全市“融杭联甬接沪”战略支撑。突出“接沪”重点，全力做好学习上海、对接上海、服务上海、融入上海文章，加快推进规划对接、科创协同、设施互通、民生共享、文化交融。优先推进交通互联互通，加快重大基础设施项目建设，积极谋划推进通用航空机场、轨道交通、沪绍金高铁等项目，打造铁、轨、公、水、空“五位一体”的现代化综合交通体系。深化与长三角高能级平台的合作，探索“园中园”“研发飞地”等板块共建新模式，更大力度承接先进城市溢出效应，联动开展产业链共建、创新链攻关、金融链融合，争创长三角产业协同创新示范基地。

在服务构建新发展格局上率先探索。上虞在交通区位、产业集群、龙头企业等方面有基础、有优势，要充分发挥比较优势，找准服务构建新发展格局的切入点、突破口，在扩大内需、提升实力、畅通循环上聚力攻坚、靶向发力。坚持扩大内需这个战略基点，把握消费分层与升级新趋势，抓好消费热点培育、消费平台构建、消费业态升级、商业模式创新等“消费新政”，推动线上线下消费深度融合、文化旅游协同发展。继续发挥关键作用，深化产业链精准招商，统筹推进新基建和传统基建，加快补齐基础设施、生态环保、公共卫生等领域短板，加大企业设备更新和技术改造投资，拓展有效投资空间。以“一带一路”统领全面开放，主动对接省市开放平台，积极争取自贸区联动创新区、出口加工区、跨境电商等试点政策，支持优势企业开展跨国并购、境外投资、经贸合作，促进内外贸一体化发展。深化东西部协作和对口支援、对口合作，念好新时代“山海经”。

在推动城乡融合发展上提供范例。坚持对外融入区域一体化与对内强化城乡融合两手齐抓，统筹推进新型城镇化和乡村振兴战略。推动国土空间布局由“北工、中城、南闲”向“北都市、南花园”转型，在更大范围内推动杭州湾经开区产城融合，推动 7 个街道及盖北、谢塘与经开区功能互补、组团发展；强化绿色化布局导向，统筹其他 11 个乡镇集镇、产业、居住和生态布局，增强新发展能力和服务能力。坚定“拥江西进”城市发展导向，加快推进以人为核心的新型城镇化，统筹抓好未来社区、未来小城、老旧小区改造、地下空间开发、特色街区等建设，以绣花功夫加强城市精细化管理，进一步彰显“一江两岸”独具辨识度的公园城市气质。加快高铁上虞南站区域开发，深化小城市培育试点，推进丰惠千年古城复兴，强化集镇基本公共服务保障。以宅基地改革试点为突破口深化农村综合集成改革，分类施策做强中心村、改造空心村、保护历史文化村落，推进农村一二三产融合发展，打造一批新时代美丽乡村。

3. 率先探索人文城市实践路径，在推进地域文化守正创新上走得更快一些、更好一些。人民是城市的主人，文化是城市的根和魂。要坚持以人民为中心，走人文为魂、生态塑韵的人民城市发展之路，建设城市品格更加彰显、环境质量更为优良、群众生活更有品质的幸福宜居城市。

擦亮地域文化金名片。上虞历史文化底蕴十分厚重，既是宝贵财富更是战略资源。面向未来，我们要坚定文化自信，切实把“沉睡”的文化资源挖掘好、利用好、发展好，大力推进创造性转化和创新性发展，全面展示上虞文化的历史魅力和时代风采。坚持守正创新，实施“文化基因”解码工程，系统梳理地域文脉，充分汲取文化滋养，创新融入时代元素，总结提炼新时代上虞人文精神，凝聚建设“创新强区、品质名城”的精神力量。坚持传承发展，实施主体文化培育工程，把孝德文化作为区域主体文化来培育，赋予新的时代价值，以孝德文化传承示范区创建为抓手，高质量建设孝德文化小镇，办好孝文化节等重点节会，创新培育孝文化旅游产品，打造全国孝德文化高地。坚持物化活化，实施文化产业倍增计划，高水平推进曹娥江文创走廊和浙东运河文化带、浙东唐诗之路文化带、春晖文化群落等建设，以项目为抓手推动物化利用，以科技为手段推动活化呈现，加快农商文旅体深度融合、跨越式发展，把文化资源厚度转化为产业发展高度。坚持事业产业“双轮驱动”，完善公共文化服务体系，提升文化阵地整体功能和使用实效，谋划建设一批重大文化地标，不断提升群众文化获得感、幸福感。

开辟全域美丽新境界。绿色是高质量发展最动人的底色。以系统思维打好生态环境巩固提升持久战，把涵养修复生态、保护生物多样性摆在突出位置，强化“三线一单”刚性约束，让青山常在、绿水长流、空气常新，筑牢美丽上虞的生态本底。坚持城市山水格局，迭代升级新时代美丽行动，绘好全域美丽工笔画，全面提升城市品质、乡村人居环境，变“一域盆景”为“全域风景”，创成国家级全域美丽示范区。坚决落实碳达峰、碳中和要求，紧扣生态产业化、产业生态化，积极构建绿色循环产业体系，不断拓宽“两山”转换通道，让绿色颜值与金色产值共生共赢。

建设最具幸福感城市。坚持人民城市定位，更好顺应人民对美好生活的向往，加快构筑共建共治共享的美好家园。健全创业就业扶持政策，实施低收入群体同步基本实现现代化行动，健全多层次社会保障、社会救助体系，精准帮扶城乡困难群体，扎实推动共同富裕。围绕满足人民全生命周期美好生活需要，完善为民办实事长效机制，扩大教育、医疗、养老、体育等民生服务供给，推动优质服务向基层下沉倾斜，不断提高基本公共服务均等化水平，邵逸夫医院绍兴院区建成投用，创成全国义务教育优质均衡发展区。

4. 率先探索整体智治实践路径，在推进基层治理

现代化上走得更快一些、更好一些。整体智治是加快从“事”向“制”“治”“智”转变的关键举措。树立系统观念、整体思维，从体制机制入手，加快治理方式数字化、智慧化转型，推动决策更加科学、治理更加高效、服务更加精准。

构建党建统领整体智治新格局。建立健全党“总揽全局、协调各方”的领导体制、工作机制和工作制度，实施党政机关谋划、决策、执行、督查、反馈等数字化协同工程，系统性增强党的领导力、政府执行力、群团组织活力、事业单位服务能力。开展“县乡一体、条抓块统”改革，以“整体”思维整合党政机关各项职能，以“智治”手段优化治理形态、完善治理模式，形成上下贯通、执行有力、运转顺畅的治理模式。推进“城市大脑”建设和应用场景开发，打破党政机关“数据孤岛”“信息壁垒”“业务障碍”，构建“一脑统管”现代城市治理新体系，打造百万级人口智慧城市标杆。创新发展新时代“枫桥经验”，深入推进社会治理“最多跑一地”改革，深化“平安共同体”创建，打造一批具有上虞特色的社会治理实践样本。实施网络生态“瞭望哨”工程，提升网络综合治理水平。

坚定打造全省营商环境最优区。发挥数字化改革的牵引撬动作用，深化各领域“一件事”集成改革，全面实现政务服务一网通办、全域通办、就近可办，加快群众和企业办事从“找部门”转变为“找政府”。打通党政机关与社会、企业之间的要素流动壁垒，提高经济社会的运行效率和资源要素的配置效率，激发各类市场主体活力。坚持像呵护家庭一样呵护营商环境，对标一流营商环境，迭代升级优化营商环境“10+N”便利化行动，健全完善促进高质量发展“1+9”政策体系，真正让本地企业放手经营、外地客商安心投资、优秀人才“近悦远来”。推进“大综合、一体化”行政执法体制改革，构建全覆盖的整体政府监管体系和全闭环的行政执法体系。

建设更高水平法治上虞平安上虞。深入贯彻习近平法治思想，坚持运用法治思维和法治方式解决问题、在法治轨道上推进治理体系和治理能力现代化，提升基层治理法治化水平。强化“大平安”理念，统筹发展和安全，建立健全风险预警、监测、处置闭环管控机制，坚决防范和化解影响现代化进程的各种风险。完善应急管理体制，深化以危化品为重点的安全生产“一件事”集成改革，加快构建“大安全、大应急、大减灾”体系。坚持专群结合、群防群治，全面构建大数据驱动下的现代警务模式，健全社会治安防控体系，打造最具安全感城市。

这次提交全会审议的区委《关于制定绍兴市上虞区国民经济和社会发展第十四个五年规划和二〇三五年远景目标的建议》稿，全面落实中央和省委市委要求，立足上虞实际、回应人民期盼，围绕在忠实践行“八八战略”、奋力打造“重要窗口”中勇当排头兵争做优等生要求，紧扣把握新发展阶段新要求、率先走出争创社会主义现代化先行省的区域发展之路的目标任务，提出“十四五”时期我区经济社会发展的总体要求、主要目标、重大任务、重要举措和二〇三五年远景目标，是指引我区高水平推进社会主义现代化的行动纲领。请大家在讨论时充分发表意见，共同把《建议》修改好、完善好。

三、奋力夺取“十四五”发展良好开局，确保以优异成绩庆祝建党100周年

明年将迎来中国共产党建党一百周年，是“十四五”和现代化新征程开启的开局之年，也是区镇两级集中换届之年。五年看头年，起步是关键，我们必须迈好第一步、展现新气象，更好展现排头兵优等生的担当和风采。

明年工作的总体要求是：以习近平新时代中国特色社会主义思想为指导，全面贯彻党的十九大和十九届二中、三中、四中、五中全会和中央、省市有关会议精神，围绕忠实践行“八八战略”、奋力打造“重要窗口”、开启社会主义现代化区域先行之路主题主线，坚持稳中求进、变革思进、克难奋进工作基调，坚持高质量、竞争力、现代化导向，坚持系统观念、系统方法，落细落实“四个更快一些、更好一些”要求，深入实施数字赋能提速年、文化铸魂提质年、基层治理提升年“三个年”活动，大力开展争项目、争资金、争资源、争试点、争荣誉等“五争”活动，着力推进一批产业发展、数字赋能、科技人才、城市功能、民生实事等“五个一批”重大项目，巩固拓展疫情防控和经济社会发展成果，夺取“十四五”发展良好开局，确保以优异成绩庆祝建党100周年。

明年经济社会发展的主要预期目标是：地区生产总值确保增长7.5%以上、力争增长8.5%；财政总收入、一般公共预算收入均增长7.5%以上；社会消费品零售总额增长10%；外贸出口增长5%以上，保持全国份额基本稳定；固定资产投资增长12%；城乡居民收入与GDP基本同步增长，城乡收入比小于1.82，城镇登记失业率控制在2%以内；R & D经费支出占GDP比重达到3.5%；完成上级下达的能源和环境指标计划目标。

围绕上述要求，新一年要聚力聚焦抓好12项重点工作：

1. 供需两端发力，在巩固稳中向好态势上开新局。实施"三服务"2.0版，把握政策时度效，更好推进政策创新、政策集成、政策调整、政策落实，助力企业、群众、基层解难题、开新局。把稳企业强主体放在更加突出位置，加快培育具有国际竞争力的"头部"企业，支持"腰部"企业加快股份制改造和上市步伐，推动中小企业"专精特新"发展，积极融入面向全国走向全球的高端要素循环。持续打好"百项千亿"投资大会战，深入推进"两新一重"建设，持续优化投资结构，确保省市县长项目100%落地，四大结构性投资指标均增长10%以上。主动对接绍兴三大国家级开放平台，抓好伞业集群跨境电商试点，鼓励支持企业"抱团出海"、开拓多元化市场、争创出口名牌。多措并举扩大消费，开展消费促进活动和数字生活新服务行动，推进城乡商贸设施均等化，打造"浙东新商都"2.0版。

2. 推进全面创新，在加快建设创新强区上开新局。实施全面创新八大行动，积极构建"曹娥江科创走廊＋省级实验室＋产业创新服务综合体＋众创空间"高能级创新平台体系，打造国际一流的新材料应用基础研究基地，争创省可持续发展创新示范区。推进大学研究院"一院一园一基金"发展，打造省级产教融合示范基地升级版。实施新一轮科技型企业倍增计划，推进"上市公司＋国家级领军人才"行动，使企业成为创新要素集成、科技成果转化的生力军。健全全方位全周期的人才创新生态，加快高层次人才创业园建设，做深做透全球青年科技领袖峰会"后半篇文章"，实现"引进一个人才、带来一个团队、落地一批项目、做大一个产业"的裂变效应，确保人才引育继续走在省市前列。

3. 优化空间布局，在构筑平台发展优势上开新局。杭州湾经开区要聚焦"4+3+1"产业培育，全面推进先进高分子材料"万亩千亿"新产业平台建设，在招引"链主"型企业和百亿级项目上有新突破，争取进入全国化工园区十强。曹娥江旅游度假区要积极构建"一体两翼三大走廊"发展格局，加快皂李湖重大文旅项目落地建设，牵引推动国家级旅游度假区创建。5个特色小镇要坚持定位，加快产业提质、投资提速、形象提升，加快推进特色小镇2.0版实质性落地。按照"四个一批"思路深化工业园区整合提升，加快组建曹娥江经济开发区，理顺体制机制，打造省级整治精品样板。

4. 坚持项目为王，在培育现代产业集群上开新局。坚持国资、民资、外资"三资齐上"，以商引商、基金招商、乡贤招商"三管齐下"，深化"12320"招商体系，确保引进10亿元以上项目10个，其中50亿元以上项目2个、100亿元以上项目1个，外资工作继续保持全市前列。深化产业链"链长制"试点，高标准推进化工行业改造提升2.0版，加快打造先进制造业集群高地。大力发展信息、科技、金融、现代物流等高端化专业化生产性服务业，做强做优高品质多样化的生活性服务业，推进省级夜间经济城市试点，确保服务业增加值占比提升1个百分点以上。高度重视粮食和重要农产品安全，大力推进现代农业产业园建设，补强"四季仙果"产业链，争创省级"互联网＋"农产品出村进城示范区。把握建筑产业链培育契机，重塑新优势，再创新辉煌，持续擦亮"建筑之乡"金名片。

5. 强化系统集成，在全面推进数字赋能上开新局。把数字化的理念方法手段贯穿于经济社会发展和党政机关运转各方面全过程，实施5G和工业互联网平台建设、工业机器人普及应用、企业上云等计划，数字经济核心产业制造业增加值增长12%以上。实施智慧城市建设三年行动计划，全方位深化与千寻位置战略合作，完成"城市大脑"一期建设，打造北斗时空智能应用示范基地。深化e游小镇2.0版建设，推进"云上小镇""创客之家"等建设，做强"游戏、影视、动画、视听阅读"四大中心。

6. 深化各项改革，在增创体制机制优势上开新局。以数字化改革增创体制机制新优势，用改革的办法打通发展堵点、民生痛点、治理难点，推动更多改革创新项目进试点、进示范、进案例。推进跨部门数据共享、流程再造和业务协同，加快“掌上办事之区”“掌上办公之区”建设，打造政务服务2.0版，不断打响“虞快办”品牌。全面深化亩均论英雄、标准地、国企市场化转型等改革，引导资源要素向优质企业流动、向优势产业集聚、向高能级平台集中。全面落实企业家大会精神，持续深化营商环境最优区建设，依法平等保护企业产权和企业家权益，健全产权执法司法保护制度。

7. 加快开放融合，在融入区域一体发展上开新局。树牢融入区域一体化没有“旁观者”“局外人”理念，全方位全区域融入长三角一体化发展，加快更多交通互联、推动更多创新协同、承接更多产业外溢、实现更多民生共享。打好综合交通基础设施建设三年大会战，加快推进杭绍甬高速、杭绍台高铁、329国道北移、南北中心大道高架等重大项目建设，研究推进城市快速路网建设，加快打造“外联内畅、互联互通”交通新格局。统筹推进国土空间规划、城市分区规划、专项规划和城市设计，深化拓展不动产“一码管地”。持续推进“四未一低”土地消化利用，完成城中村征迁30万平方米以上、老旧小区改造30万平方米，保持房地产市场稳健发展。全力支持乡镇街道特色化、差异化、高质量发展，全面提升区域竞争力。

8. 注重文化赋能，在打造地域文化高地上开新局。坚持以文铸魂，突出孝德文化主体地位，大力传承弘扬优秀传统文化，推进孝德文化传承生态保护区、“文化基因”解码工程两大省级试点，成立孝德文化研究院，创作以孝德文化为基调的区歌，高水平办好第五届孝文化节，确立上虞孝德文化在全国的品牌地位。坚持以文育德，把新时代上虞人文精神作为推动社会主义核心价值观落细落小的具体抓手，深化新时代文明实践、常态化文明指数测评，持续做强“最美”品牌，打造新时代文明高地。坚持以文兴业，挖掘用好大运河、浙东唐诗之路、孝德、青瓷、春晖等文化IP，高标准推进曹娥江文创走廊、四季仙果文旅融合产业带和孝德文化、瓷源文化等特色小镇建设，打造全国孝文化、瓷源文化研学游目的地。坚持以文惠民，推进人民文创产业园、博物馆、曹娥江文化艺术中心等重大项目建设，丰富公共文化产品和服务供给，打造区域文化新地标。

9. 践行“两山”理念，在擦亮绿色生态本底上开新局。驰而不息“治”，认真做好中央环保督察反馈问题和长江经济带生态环境警示片披露问题的整改，以“清新空气示范区”“污水零直排区”等创建为抓手，全形态、全链条、全区域推进“水气土废”治理，实施垃圾分类三年行动，深化空气异味整治，建设杭州湾安全环保应急指挥中心，推动生态环境治理在较高水平上持续改善，通过“无废城市”国家级试点验收。久久为功“养”，探索从环境治理向生态修复转变，深化“山水林田湖草”生态保护修复试点，保护曹娥江水系生物多样性，争创国家级生态文明示范区。坚定不移“转”，大力调整能源结构、产业结构、运输结构和农业投入结构，杭州湾经开区创成国家生态工业示范园区。

10. 统筹城乡发展，在实施乡村振兴战略上开新局。迭代升级八大“美丽行动”，全域开展“锦绣虞村”建设，以“微改造”巩固环境整治成果，建设高品质美丽乡村风景线、虞南民宿群，形成“一户一处景、一村一幅画、一镇一天地、一城一风光”的全域大美格局。实施强村富民计划和村级集体经济巩固提升三年行动，深化省级新时代美丽乡村综合集成改革，推动农村土地、山林、水域、历史、文化、旅游全要素激活，持续打开美丽经济转化通道，争创省级乡村振兴产业发展示范区、省级数字乡村示范区。补齐农村基础设施短板，构建城乡一体的基础设施和公共服务体系。

11. 聚焦共同富裕，在推进富民惠民安民上开新局。把稳就业促创业摆在优先位置，推动创业扶持政策落地落实，促进更加充分、更高质量就业。稳妥推进企业职工基本养老保险省级统筹。谋划完善人的全生命周期民生服务，着力解决公共服务不平衡不充分问题。深化医疗资源“上引下沉”，优化医疗资源布局，加快邵逸夫医院绍兴院区建设，高分通过国家级卫生城市复审。深化“名校+”集团化办学，启动建设体育中心小球馆，打造“互联网+义务教育”上虞样本，积极争创全国学前教育普及普惠区、省体育现代化区。健全分层分类社会救助体系，异地新建区社会福利中心。坚持“外防输入、内防反弹、人物并重”，落细落实常态化精准防控和应急处置机制。

12. 加强治理创新，在探索整体智治格局上开新局。以“一中心四平台一网格”为引领，推进“县乡一体、条抓块统”改革，推动区镇村三级矛调中心分层处置、资源统筹、业务协同，做实网格底座，打造红色物业，打响"最好家门口"品牌。以平安护航建党100周年为总牵引，探索构建"5431"涉稳风险预警监测体系，深化"一单一码"、"三师三员"回归乡村、乡贤及社会组织参与基层治理2.0版建设，确保平安创建处于全省第一方阵。出台新时代党管武装工作实施意见。深化初次信访办理标准化省级试点，争创信访"三无"区。深入开展安全生产综合治理三年行动，加强食品药品安全监管。启动"八五"普法，将更多"法治资源""法治产品"带到群众身边。

四、加强和改进党的全面领导，为夺取"十四五"良好开局、开启全面建设现代化新征程提供坚强保障

走好现代化之路，关键在党。全面贯彻落实新时代党的建设总要求和党的组织路线，一以贯之推进全面从严治党，不断把各级党组织建设得更加坚强有力。

1. 要加强政治建设，筑牢对党忠诚的思想之魂。 深入实施党的创新理论铸魂工程、溯源工程、走心工程，以庆祝建党100周年为契机，加强干部群众红色教育，完善学习实践习近平新时代中国特色社会主义思想的长效机制，持续推动党的创新理论"飞入寻常百姓家"。健全保障"两个维护"的制度机制，常态化开展领导干部政治素质考察，确保习近平总书记重要讲话和重要指示批示精神、中央和省市各项决策部署在上虞落地落实。壮大主流意识形态，推进区融媒体中心深度融合，讲好新时代"上虞故事"，争创省意识形态工作试点样板。

2. 要强化担当作为，锤炼勇争一流的工作作风。 大力弘扬"唯实惟先、善作善成"团队文化，完善争先创优的机制载体，健全大抓落实的目标任务、执行推进、政策保障、评估考核贯通闭环体系。区委带头，从区四套班子做起，开展责任担当大讨论、争先创优大比拼、实干实绩大检视、作风效能大提升、为官不为大整治"五大"集中行动，推动效能提标、效率提速、效绩提质。突出政治标准和实干实绩导向，把项目招引作为检验工作作风的"主战场"，在争先创优、急难险重任务中发现识别选用干部，一盘棋推进区镇两级换届，激发各年龄段干部活力。健全干部成长选育管用全链条机制，加强各级干部思想淬炼、政治历练、实践锻炼、专业训练，推进年轻干部"双增一优"三年行动，锻造高素质专业化干部队伍。健全"两个担当"良性互动机制，打好"精准问责、容错纠错、澄清保护"组合拳，激发干事创业激情。

3. 要注重固本强基，汇聚同心向上的奋斗力量。 精心组织庆祝建党100周年系列活动，唱响礼赞共产党、奋进新时代的时代旋律。支持区人大围绕中心、依法履职，支持区政协凝心聚力、建言资政，推动完善大统战工作格局，办好2021上虞乡贤大会，完成虞商联谊总会换届，凝聚最广泛的共识，汇聚最强大的合力。强化整体理念、系统思维，深化"整乡推进、整县提升"，统筹加强企业、农村、机关、学校、医院、国企、社会组织等基层党组织建设，打造"五星"系列创建升级版。强化"一切工作到支部"导向，加强"一肩挑"后村社组织标准化建设，深化村社干部专职化管理，全面推广新时代"四不出村"工作法。

4. 要坚持全面从严，巩固风清气正的政治生态。 持续深化清廉上虞建设，强化"四责协同"，加快"四项监督"有机贯通，推动监督下沉、监督落地，构建立体化、动态化、长效化的监督体系。锲而不舍落实中央八项规定精神，持续纠治形式主义、官僚主义，切实为基层减负松绑。高质量完成省委巡视、市委巡察反馈问题整改，组织"回头看"和"巡局带所"，实现一届区委巡察全覆盖。深化阳光用权"五个三"工作体系和"四个规范化"建设，强化工程领域全流程监管，打造基层监督上虞样本。坚持"严"的主基调，一体推进"三不"机制，精准运用监督执纪"四种形态"，坚决查处重点领域和群众身边腐败问题。深挖清廉文化，打造新时代"虞舜清风"。

新蓝图开启新征程，新使命呼唤新作为。让我们更加紧密地团结在以习近平同志为核心的党中央周围，始终保持奋进者姿态，激发创造性张力，唯实惟先，善作善成，全面建设高水平"创新强区、品质名城"，率先走出争创社会主义现代化先行省的区域发展之路！

绍兴市上虞区人民代表大会常务委员会工作报告

——在绍兴市上虞区第一届人民代表大会第五次会议上

（2021 年 1 月 14 日）

绍兴市上虞区人大常委会主任　陈　坚

我受绍兴市上虞区第一届人民代表大会常务委员会委托，向大会报告工作，请予审议，并请区政协委员和其他列席人员提出意见。

一、2020 年工作回顾

2020 年是“十三五”规划的收官之年，是高水平全面建成小康社会的决胜之年。区人大常委会高举习近平新时代中国特色社会主义思想伟大旗帜，在中共上虞区委的坚强领导下，围绕中心、服务大局，依法履职、为民尽责，依靠代表、服务代表，求真务实、担当作为，为坚持和完善人民代表大会制度、上虞在建设“重要窗口”中勇当排头兵争做优等生作出了积极贡献。一年来，共举行常委会会议 6 次、主任会议 11 次，听取和审议工作报告 40 个，开展执法检查 98 次、代表约见活动 5 次，组织代表视察 10 次，提出审议、视察意见 15 件。

（一）提高政治站位，始终坚定人民代表大会制度自信

常委会始终把政治建设摆在首位，保持政治定力，强化政治担当，牢牢把握人大工作正确政治方向。

切实加强政治建设。深入学习贯彻习近平新时代中国特色社会主义思想和党的十九届四中、五中全会精神，不断增强“四个意识”、坚定“四个自信”、做到“两个维护”。进一步加强理论武装、提高人大工作站位，坚持学以致用、增强工作能力，充分发挥人民代表大会制度作用。认真执行向区委请示报告制度，定期向区委报告重大活动和重要工作，主动请示人大工作中的重大问题和重要事项，确保区委决策部署和要求在人大工作中落实落地。重视常委会、人大机关党的建设，严格党内政治生活，落实全面从严治党责任，抓好党风廉政建设，积极创建“亮‘徽’路上”党建品牌，不断锤炼忠诚干净担当的政治品格，机关党建引领工程取得新进展。

深入贯彻落实区委人大工作会议精神。切实增强常委会及机关、全区各级人大代表的思想自觉、行动自觉，凝心聚力，众志成城，共同助力我区积极参与“重要窗口”建设。按照全区人大工作会议要求，对标对表区委《关于推进新时代人大工作高水平发展的意见》精神，把区委的高度重视和关心支持转化为做好人大工作的强大动力，以最高要求、最严标准、最实作风确保落地见效，不断加强人大政治能力、履职能力建设，推动全区人大工作取得新进步、迈上新台阶、实现新作为。

积极开创人大宣传工作新局面。牢牢把握正确的政治方向和舆论导向，召开全区人大宣传工作会议，出台《关于加强新时代人大宣传工作的实施意见》，拓宽渠道，创新方式，提升人民代表大会制度宣传工作质量和总体水平。积极发挥“上虞人大”微信公众号、网站、杂志、媒体专栏和代表联络站“五个一”宣传阵地作用，及时推送反映区镇两级人大工作的微信公众

号消息709条，被省、市人大录用的工作信息数首次超过100条并继续名列前茅；获省人大新闻奖三等奖1件，市人大好新闻一等奖1件，人大宣传工作再上新台阶。

（二）服务发展全局，持续助力经济社会高质量发展

常委会坚决贯彻新发展理念，充分发挥人大特点和优势，在维护大局、服从大局、服务大局中展现担当作为。

全力助推经济高质量发展。聚焦高质量发展要求，听取和审议国民经济和社会发展计划执行情况报告。上下联动开展数字经济发展情况调研，主任会议专题听取区政府工作报告并提出审议意见，助力“一号工程”扎实推进。多措并举开展《浙江省民营企业发展促进条例》宣传工作，积极开展条例贯彻实施情况调研，主任会议专题审议并提出工作意见，积极维护企业合法权益，提振发展信心。组织开展四级人大代表走进杭州湾上虞经开区视察活动，助力建设全省制造业高质量发展示范区。常委会会议听取和审议科技进步工作和科技经费使用、完成情况报告，助推科技创新，服务产业发展。

全力助推项目攻坚。牢固树立抓项目就是促发展理念，积极牵线招商引资，常态化开展联系项目跟踪解难，助推项目大会战。出台《关于民生实事项目和重点监督投资项目专项监督实施办法》，两次视察“三个一批”等重大项目推进情况，有计划、抓重点、分步骤监督民生实事项目实施，促使项目早落地、早开工、早见效；开展本届以来实施的民生实事项目“回头看”，评价项目绩效，完善长效机制，巩固项目惠民成果。组织开展全区重大水利工程项目、防灾减灾体系建设视察活动，围绕“四好农村路”建设情况组织开展代表约见活动，助力提升全区基础设施总体水平。主任会议听取农村饮用水达标提标工程情况，助力保障山区饮用水安全。

全力助推社会治理。紧扣基层社会治理体系和治理能力现代化目标，通过专项调研、代表约见、专题审议和常委会作出决定等多种形式开展社会组织参与基层社会治理专项监督，上下联动开展助推矛盾纠纷调处化解“最多跑一地”改革主题视察，发挥常委会在推进基层治理现代化中的重要作用。常委会会议听取和审议城乡养老体系建设情况、农村集体经济增收工作情况报告，提出跟踪监督问题清单，积极助力城乡养老体系建设和乡村振兴。贯彻执行生态环境状况报告制度，助力持续改善全区生态环境。主任会议听取居民生活垃圾分类处置工作、民办博物馆建设和发展、老旧小区加装电梯工作情况报告，提出审议意见，进一步推进工作落实。开展“上虞医保人都在做些什么”代表约见活动，通过面对面的代表问政，不断提升医保为民服务水平。

全力助推“两手硬”“两战赢”。把参与打赢疫情防控阻击战、经济社会发展总体战作为常委会及机关的重大政治任务，组建两个疫情防控指导组和人大机关防疫突击队，出击防控主战场。第一时间下发通知，宣传贯彻执行上级人大关于依法全力做好新冠肺炎疫情防控工作的决定，凝聚广大群众依法支持和配合疫情防控工作的强大合力。主任会议专题听取区政府关于新冠肺炎疫情防控工作情况的报告，并提出审议意见。第一时间组织视察，助力企业疫情防控和复工复产工作。第一时间向全区各级人大代表发出倡议书，各级人大代表立足自身岗位，发挥专业和资源优势，据不完全统计，捐赠的资金物资总价值达2100余万元，为全区打赢“两战”作出了积极贡献。

（三）聚焦依法治区，扎实推进民主法治建设

常委会认真学习贯彻习近平法治思想，注重运用法治思维和法治方式开展工作，推进“一府一委两院”依法行政、公正司法。

不断深化司法监督。加强检察机关法律监督工作，作出关于加强检察机关法律监督工作的决定。组织区人大代表参加法院庭审旁听活动，抓好法律专家咨询委员会建设，不断完善法治环境。扎实开展对区公检法司机关依法履职、公正司（执）法情况专项监督，常委会会议听取和审议公检法司机关四个报告并开展满意度测评，跟踪监督整改落实情况，致力推进司法公正。学习贯彻《监察法》，组织代表视察区监委专项工作。

切实推进依法行政。对《中华人民共和国中医药法》《中华人民共和国慈善法》,动物防疫、野生动物保护"两法、两条例和两决定",食品安全"一法一条例"等法律法规的落实情况开展执法检查。开展依法行政专题调研,围绕政府依法行政开展代表约见活动,组织代表视察公安工作,对人力社保局、农业农村局工作评议意见整改落实情况进行满意度测评,促进政府及相关部门改进工作作风、提升依法行政的能力和水平。加强基层地方立法联系点建设,配合做好《绍兴市道路交通安全管理若干规定》《绍兴市物业管理条例》等立法调研工作,积极提出意见建议,全力发出上虞声音。严格执行备案审查制度,全年审查政府报备的规范性文件42件。认真受理群众来信来访,积极维护社会和谐稳定。

着力加强公共财政管理监督。深化财政预决算监督,审议2019年度财政决算和2020年上半年财政预算执行情况,调整2020年度本级财政支出预算,对上会部门预算执行情况进行满意度测评。完成区人大常委会预算联网监督中心建设,制定预算联网监督工作规定。常委会会议听取和审议政府投资项目投资计划实施和调整情况报告,审议中期财政规划,批准地方政府债务限额,提高资金使用绩效。听取国有企业资产管理工作情况专项报告,国有资产的监督力度得到加强。支持审计部门依法履行审计监督职能,推动审计发现问题的整改落实。

依法行使重大事项决定权和人事任免权。依法依规讨论决定重大事项,全年作出重大决议决定8个。坚持党管干部和人大依法任免干部相结合的原则,坚决贯彻党委用人意图,依法行使好人事任免权,全年共任免国家机关工作人员56人次,组织24名国家工作人员进行宪法宣誓。依法补选区人大代表6名、市人大代表3名。

(四)强化服务保障,充分发挥代表主体作用

常委会始终坚持依靠代表、服务代表,支持和保障代表依法履职,有效发挥代表主体作用。

加强代表建议督办。坚持办理和督办人大代表建议意见"十步工作法",认真落实区一届人大四次会议期间143件口头建议交办工作。召开区一届人大四次会议代表建议交办会,对191件建议进行公示;将6月份明确为代表建议督办月,由人大常委会领导分别带队对全部建议办理情况及2019年B类建议落实情况进行督查。常委会会议听取和审议关于代表建议办理情况的报告,对区自然资源和规划分局、水利局的建议办理工作进行绩效评估,评选代表优秀建议10件、建议办理先进单位6个并进行大会表彰。着力提高代表建议的办结率和满意率,191件建议问题已经解决和正在解决的134件,占总数的70.2%;已部分解决或列入计划逐步加以落实的37件,占总数的19.4%。从反馈意见看,代表对办理工作表示满意的187件,基本满意3件,代表满意率和基本满意率达99.5%。

积极组织闭会期间代表履职活动。发动代表参加中心组、代表小组活动,开展"十四五"规划建言献策等主题活动,全年共有各级代表2574人次开展或参与各类监督活动,区代表58人次列席人大常委会、政府常务会议。建立列席常委会会议的区人大代表座谈制度,进一步密切与人大代表的联系。持续开展2020年度《上虞日报》宣传报道人大代表风采工作,扩大人大代表在群众中的影响力。健全完善代表培训和"一人一档"管理制度,深入开展人大代表向选民述职评议活动,认真做好代表履职考评,提高代表履职水平。

开展代表联络站全域提升。谋划打造区级人大代表联络总站,召开全区乡镇(街道)深化推进代表联络站建设工作会议,积极指导乡镇(街道)进一步完善代表联络站建设,在提档升级和规范化运作上下功夫,乡镇(街道)代表联络站基本完成升级工作。扎实开展"局长·代表面对面"活动,市级9个部门和20个区级部门全面参与乡镇街道人大的政策宣讲、主题接待、走访代表等活动,切实解决了一批实际问题。落实市、区两级领导干部代表和区人大常委会组成人员进代表联络站,扎实开展代表(议政会成员)接待选民活动,共接待选民(群众)2376人次,收集交办各类问题1147条,解决983条,取得了显著的成效。

(五)扛起责任担当,切实加强常委会自身建设

常委会主动适应新形势新任务新要求,全面加强

自身建设，不断提升依法履职和服务大局的能力。

持续改进工作作风。召开务虚会议，认真调研明确全年工作要点和行事历。举办区人大系统综合素质和履职能力提升班等各类学习培训活动，加强与兄弟人大的交流与学习，不断提高人大工作者的理论素养和业务水平。深化完善问题清单网上跟踪监督做法，构建人大常委会审议意见问题清单管理闭环体系，全年发出审议问题清单16件，督促解决问题44个，切实提升人大依法监督工作实效。积极践行群众路线，常态化开展“三服务”等活动，累计帮助基层协调解决问题172个。认真配合做好省委巡视和区委巡察工作。积极做好人大离退休干部的服务工作，发挥老干部作用。

不断规范制度建设。严格落实上级关于人大工作各项规定要求，加强调查研究，勇于改革创新，不断总结提炼、健全完善人大各项制度和规则，组织编撰《上虞人大工作创新与实践》，扎实推进常委会和人大机关工作的规范化、标准化、效能化建设。坚持双月常委会会议、每月常委会主任会议和主任例会制度，确保人大工作推进有计划、有重点、有成效。充分发挥法制（监察司法）、财政经济、社会建设三个专门委员会作用，全年累计召开专委会会议9次。

有效提升基层基础。改进完善常委会对乡镇（街道）人大考核工作，进一步树立真抓实干、注重实绩的工作导向。精心指导开好乡镇人代会、街道议政会，及时召开全区乡镇（街道）人大工作会议和工作例会，确保工作指导更有力、联动更紧密。认真抓好《浙江省街道人大工作条例》贯彻实施工作，健全人大街道工委组织及工作机制，常委会会议首次听取和审议人大街道工委工作报告，任命人大街道工委委员48名。扎实推进杭州湾上虞经开区人大机构筹建工作，指导建成“代表之家”。

一年来，常委会各项工作取得的成绩，是区委正确领导的结果，是常委会组成人员和全体代表共同努力的结果，是区人民政府、区监察委员会、区人民法院、区人民检察院和其他各级代表大力支持配合的结果，是区政协委员、各民主党派、人民团体和社会各界热情帮助的结果。在此，我谨代表区人大常委会，表示衷心的感谢！

在看到成绩的同时，我们也要清醒认识到存在的问题和不足，主要是：在依法监督上，执法检查等工作力度仍需加大，在“质询和特定问题调查”等监督手段上尚未突破；在代表工作上，保障促进代表履职的机制还需完善，主体作用发挥有待进一步增强；在自身建设上，常委会还需进一步适应新形势新要求，推进“两个机关”建设的能力和水平仍需不断提升。对此，我们要高度重视，切实研究解决。

二、2021年的主要任务

2021年是建党100周年，是“十四五”规划开局之年，也是本届常委会履职的收官之年。常委会工作的总体要求是：以习近平新时代中国特色社会主义思想为指导，全面贯彻党的十九大和十九届二中、三中、四中、五中全会精神，在中共上虞区委的正确领导下，按照区委一届十次全体（扩大）会议精神，扎实助推“三个年”“五争”活动和“五个一批”重大项目，密切联系代表群众，依法履行各项职责，着力展现人大新担当新作为，为上虞全面建设高水平“创新强区、品质名城”，奋力夺取“十四五”发展良好开局作出新的贡献。根据上述要求，常委会今年的主要任务是：

（一）保持政治定力，在坚定政治立场上始终走在前列

人民代表大会制度是坚持党的领导、人民当家作主、依法治国有机统一的根本政治制度安排。常委会要把深入学习习近平新时代中国特色社会主义思想作为首要任务，切实将党的创新理论转化为推进新时代人大工作高质量发展的实践力量。坚持以党的十九届五中全会精神为引领，坚定人大工作正确的政治方向，更加主动地将人大工作融入全局工作，把人大力量汇入整体力量。紧紧围绕党委中心任务谋划和推进人大工作，紧扣党委意图和要求行使人大各项法定职权，确保党的主张通过法定程序成为国家意志，确保党委意图在国家权力机关的贯彻落实，确保党组织推荐的人选通过法定程序成为国家机关的领导人员，始终保持与党委在政治上同向、思想上同心、行动上同步。

(二)保持制度刚性,在提升监督实效上始终走在前列

监督权是宪法和法律赋予人大及其常委会的重要职权。常委会要把党委重视、人大可为的事项作为监督重点,突出“盯住法”“管好钱”“把牢图”,深化跟踪监督,依法监督和支持“一府一委两院”开展工作,交出人大履职高分报表。做好“十四五”规划和专项规划编制、实施情况的监督,夯实新时期发展基础。密切关注新形势下疫情防控常态化工作,监督推进各项防控措施落实。紧紧围绕“三个年”活动和“五个一批”重大项目建设,加强对产业平台建设、链长制工作的监督,支持政府推动招商引资、科技进步、项目建设,促进经济高质量发展。持续助力推进曹娥江旅游度假区和杭绍台高铁上虞南站建设工作,不断优化区域发展环境。跟踪《浙江省民营企业发展促进条例》等法律法规贯彻实施、《关于加强新时代检察机关法律监督工作的决定》《关于加强社区社会组织参与基层社会治理决定》贯彻落实、司法专项监督审议意见和问题清单整改落实,听取和审议《信访工作条例》贯彻落实情况,视察公安机关枫桥警务模式实施工作,开展法官评议和公益诉讼监督,加强规范性文件备案审查,加强基层立法联系点和法律专家咨询委建设,促进依法行政、依法监察、公正司法。常态化做好财政预算联网监督工作,听取和审议财政预算、决算、国有资产管理工作报告,加强对审计发现问题整改情况的监督,不断提高财政资金使用绩效。根据上级人大统一部署,上下联动开展好执法检查等各项监督工作。

(三)保持为民初心,在实现群众期待上始终走在前列

人民对美好生活的向往是我们的奋斗目标。常委会要着力加强普惠性、基础性、兜底性民生建设的监督,切实维护好人民群众的根本利益,使人大工作具有更加深厚的群众基础和社会基础。重点监督政府民生实事项目的落地落实,督促完善管理运维机制,着力增强人民群众的获得感、幸福感。持续关注生态文明建设,聚焦生态环境报告制度贯彻落实,监督国家级生态文明建设示范区创建工作,视察全区清水工程,促进城乡人居环境质量不断优化。全力支持农业农村优先发展,审议全区粮食安全保障和农村宅基地制度改革试点工作,视察美丽经济发展,助力实施乡村建设行动,助推乡村全面振兴。紧紧围绕民生改善,视察全区体育事业发展情况,扎实开展调研,督促推进农贸市场提升、旧城改造、退役军人服务保障、稳定就业等工作。

(四)保持密切联系,在发挥代表作用上始终走在前列

代表工作是人大工作的重要基础。常委会要把加强代表工作摆到更加重要的位置,充分发挥代表来自人民、根植人民的独特优势和作用。建成区级人大代表联络总站,全面完成乡镇(街道)联络站提档升级,进一步提升代表联络站运作水平和代表履职信息化水平。健全闭会期间代表活动组织、培训、激励和保障机制,扎实做好代表届期履职考评,实现区人大代表向选区选民述职评议全覆盖。深入开展“局长·代表面对面”等活动,创新推进载体,造浓活动氛围,提高活动成效。加大代表议案建议督办力度,对届期内建议办理工作进行梳理总结,形成有布置、有落实、有督促、有检查、有反馈、有公示、有改进的工作闭环。持续开展代表约见工作,组织建筑业高质量发展等约见活动。加强在虞全国、省、市人大代表服务保障,协助组织开展代表活动。深化贯彻落实乡镇、街道人大工作条例,推进人大街道工委工作的规范化、制度化建设。完善杭州湾上虞经开区人大工作机构,促使区委决策部署得到更好落实。

(五)保持忠诚担当,在加强自身建设上始终走在前列

加强自身建设是常委会依法履行职责的重要保证。常委会要进一步提高适应新发展阶段使命任务的履职能力,推进人大常委会党组及机关党组政治、思想、组织、作风、纪律等各项建设,扎实整改巡视巡察提出问题,全面提升党建工作水平。切实增强“窗口”意识,强化“窗口”担当,在各项工作中贡献人大力量,展示人大作为,传递人大声音。做精做实准备工作,确保圆满完成区、镇两级人大换届选举工作。完善“双

联系”、深化“三服务”，力戒“四风”，打通联系群众的“最后一公里”，切实把人大工作做到人民群众的心坎上。不断加强制度建设，全面总结本届人大创新做法和工作实践经验，使各项工作更加规范化、标准化、精细化。加强对机关干部的思想淬炼、政治历练、实践锻炼、专业训练，努力锻造一支政治素质高、履职能力强、整体形象好的人大工作队伍。

新时代人大工作责任重大、使命光荣。让我们高举习近平新时代中国特色社会主义思想伟大旗帜，更加紧密地团结在以习近平同志为核心的党中央周围，在中共上虞区委的坚强领导下，牢记初心使命，依法履职尽责，勇于担当作为，不断推进人民代表大会制度在上虞的生动实践，为上虞忠实践行“八八战略”、奋力打造“重要窗口”，开启社会主义现代化区域先行之路作出新的更大贡献！

政府工作报告

——在绍兴市上虞区第一届人民代表大会第五次会议上

（2021 年 1 月 13 日）

绍兴市上虞区人民政府代区长　金进富

现在，我代表区人民政府向大会报告工作，请予审议，并请区政协委员和其他列席人员提出意见。

一、2020 年主要工作和“十三五”时期发展成就

2020 年是极不平凡的一年。新冠肺炎疫情突如其来，经济社会发展面临严峻挑战。面对前所未有的复杂局面，我们在上级党委政府和区委的坚强领导下，深入学习贯彻习近平总书记考察浙江重要讲话精神，坚持人民至上、生命至上，建立“源头查控＋硬核隔离＋精密智控”机制，广大医务人员白衣擐甲、逆行出征，党员干部、公安干警、民兵以及基层工作者、新闻工作者、志愿者冲锋在前、日夜奋战，各行各业坚守岗位、负重前行，社会各界奉献爱心、踊跃捐助，全区人民同舟共济、众志成城，打好疫情防控人民战争、总体战、阻击战。根据疫情防控向好态势，我们应势而变、精准施策，统筹疫情防控和经济社会发展，扎实做好“六稳”工作，全面落实“六保”任务，经济持续回升，社会和谐稳定，极大增强了全区干部群众的自信心和自豪感、凝聚力和向心力，实现了“一季正、半年红、三季进、全年赢”，交出了“两手硬、两战赢”的高分答卷。全年地区生产总值增长 4.6%；财政总收入增长 6.2%，其中一般公共预算收入增长 4.7%；社会消费品零售总额增长 3.6%，外贸出口增长 6.5%；城乡常住居民人均可支配收入分别增长 4.7% 和 7.3%；登记失业率 1.4%。

回顾一年来的工作，我们重点抓了以下五个方面：

1. 全力争先创优，拼出了稳中有进的良好局面。全市率先出台稳企业稳经济稳发展 35 条政策和实施细则，联动推进稳外贸、促消费系列活动，切实打响有效投资“百项千亿”大会战，外贸出口逆势上扬，成为首批省级夜间经济培育城市，固定资产投资增长 13.3%，MEI 指数进入全省前十。产业升级步伐加快，制造业高质量发展“188”工程扎实推进，新材料产业链“链长制”列入省级试点，规模以上工业增加值、高新技术产业增加值、新产品产值、数字经济核心产业制造业增加值领跑全市；化工行业改造提升 2.0 版加快推进，完成“六新”改造 20 家，累计建成数字化车间 11 个，传统制造业改造提升工作获省政府督查激励；“双抓双优双突破”服务业高质量发展三年行动破题实施，21 个市级现代服务业重点项目全面推进，服务业增加值同比增长 6.7%；粮食生产经验做法入选省争先创优行动“最佳实践”案例，列入省级“互联网+”农产品出村进城示范县（市、区）创建名单；建筑工业化发展扎实推进，实现建筑业税收 11 亿元。企业发展稳健向好，制定实施促进经济高质量发展“1+9”系列政策，召开全区企业家大会，兑现惠企资金 18 亿元，发放各类支农、支小再贷款 81.53 亿元，新增 A 股上市企业 2 家、国家级制造业单项冠军 1 家、专精特新“小巨人”企业 2 家、省“雄鹰行动”培育企业 2 家，

首获省政府质量奖。要素保障不断强化，深入实施“争项目、争资金、争资源”活动，新增省重点项目6个、用地指标3009亩、能耗指标11.22万吨标煤，争取各类资金46.67亿元，完成“四未一低”土地消化利用1.18万亩。

2. 深化改革创新，增强了赶超发展的内生动力。“最多跑一次”改革持续深化，“不见面”招投标、“一码管地”等省级改革试点成效明显，废气治理工作入选省“三服务”最佳案例，完成便民利企“一件事”改革41项，新增市场主体1.33万家，获评中国营商环境建设示范案例奖。曹娥江科创走廊建设加快推进，与浙江大学开启全面战略合作，天津大学浙江绍兴研究院列入首批省级新型研发机构，数字文娱产业创新服务综合体、新材料与高端装备制造产教融合示范基地列入省级创建名单，新增省级院士专家工作站1家、省级以上众创空间4家、省级以上企业研发机构11家，研发经费支出占地区生产总值比重达3.4%、位居全省第8。“双招双引”成效显著，总投资208亿元的圆锦新材料项目开工建设，新引进10亿元以上项目15个，实到外资保持全市第一；成功举办全球青年科技领袖峰会、中国新材料产业创新发展论坛、“CHINA·中国”陶瓷艺术设计大展等活动，引育高层次人才97名，新增就业大学生数全市领先。区域生产力布局进一步优化，杭州湾上虞经济技术开发区创成全国绿色工业园区，先进高分子材料产业平台列入省“万亩千亿”培育名单。曹娥江旅游度假区全域旅游建设步伐加快，“诗画曹娥江”品牌不断打响。乡镇工业功能区整合提升加速，新增省级认定小微企业园6个。e游小镇列入省大众创业万众创新示范基地，伞艺小镇列入省级特色小镇创建名单。

3. 加快协调发展，塑造了全域美丽的品质城乡。融杭联甬接沪五大行动扎实推进，高水平交通强区建设全面实施，群贤路东延三期工程建成通车，杭绍台铁路上虞段和上虞南站加快建设，杭绍甬高速上虞段及崧厦连接线、329国道盖北至道墟段改建工程、南北中心大道（人民大道至五甲渡大桥）快速路顺利开工，杭州湾通用航空机场选址获批。按照以人为本理念持续推进城市更新，“一江两岸”总部经济加快发展，鸿雁未来社区建设加速，房地产市场平稳有序，老城区交通规划编制实施，完成老旧小区改造53万平方米、城中村征迁改造43万平方米，改造提升城市道路12.8公里、交通堵点6个、积涝点3个，高质量通过全国文明城市复评。“八大美丽行动”全面推进，丰惠镇创成首批美丽城镇省级样板，章镇镇列入省小城市培育试点，岭南乡获批省级旅游风情小镇，东澄村列为全国乡村旅游重点村，创成省级“美丽河湖”3条，获评省级白金宿1家、金宿1家，实现旅游总收入161.58亿元，省新时代美丽乡村示范县（市、区）通过验收。国家级生态文明建设示范区创建扎实推进，高质量抓好中央生态环境保护督察整改工作，耕地保护、违建别墅整治有力有效，垃圾分类工作走在全省前列，生态环境公众满意度全市第一，PM2.5平均浓度下降21.2%，再夺“五水共治”大禹鼎。

4. 坚持人民至上，交出了充满温情的民生答卷。民生“关键小事”有力解决，投入92.7亿元全面完成66项省市区三级民生实事，其中年初确定的十方面民生实事完成绩效将接受代表满意度测评。民生基础更加稳固，新增就业岗位近4万个，农村饮用水提质改善惠及4万余人，改造治理农村危旧房291户，养老和医疗保险参保率居全市前列，镇街、社区两级居家养老中心实现全覆盖，创成省新时代“枫桥式”退役军人服务中心。东西部扶贫、山海协作等攻坚任务全面完成，对口支援的四川省小金县实现脱贫摘帽。“品质活教育”品牌进一步打响，名校集团化办学有序推进，建成投用幼儿园和中小学8所，浙江建设职业技术学院上虞校区正式开学，教育现代化发展指数居全省前列。“健康上虞”持续推进，邵逸夫医院绍兴院区开工建设，公共卫生体系进一步健全。文体事业日趋繁荣，新时代文明实践中心建设省级试点通过验收，“人民文创”产业园落户运行，举办全国田径锦标赛、首届乡贤大会、第四届孝文化节等影响力较大的活动18项，孝德文化基因解码工作和新乡贤做法全省推广，获全国体育事业突出贡献奖。平安共同体建设深入推进，“三师三员回归乡村”全面实施，镇村社会矛盾纠纷调处化解中心实现全覆盖，联勤警务“重华模式”创新开展，区监管中心建成投用，刑事治安类警情下降33.3%，安全生产事故起数、死亡人数均下降30%以上，有望夺取“平安金鼎”。

5. 坚持务实高效，提升了依法施政的履职能力。 深入贯彻落实习近平新时代中国特色社会主义思想，增强“四个意识”，坚定“四个自信”，做到“两个维护”。扎实推进法治政府建设，建立完善合法性审查和行政争议调解机制，落实行政负责人出庭应诉制度，“一支队伍管执法”列入省级试点，行政复议规范化建设成效明显。依法接受人大及其常委会的监督，自觉接受政协的民主监督，主动接受社会和舆论监督，办理各类建议提案409件，满意和基本满意率100%。政府数字化转型步伐加快，城市大脑一期“五大平台、十大应用”全面推进，“掌上办事之区”加快打造。村社组织换届顺利完成。财政绩效评估和审计监督实现全覆盖，累计节约财政资金10.88亿元。严格落实政府系统全面从严治党主体责任，巡视巡察和审计发现问题整改扎实推进，持之以恒纠治“四风”，推动反腐败工作，政务环境更加风清气正、廉洁高效。

各位代表，2020年各项目标任务的胜利完成，为高水平全面建成小康社会画上了圆满句号。回顾过去五年，我们认真贯彻落实上级党委政府和区委的决策部署，锚定建设“创新之区、品质之城”总体目标，接续奋斗、逐浪前行，奋力奔跑在高质量发展的道路上，完成了“十三五”规划确定的主要目标任务。

1. 综合实力有新跨越。 以财政收入规模进入全省前十为标志，区域综合实力迈上了新台阶，主要经济指标进入全市第一方阵。2020年地区生产总值有望突破千亿，人均地区生产总值达2万美元左右，年均增长6.7%；财政总收入突破150亿元，其中一般公共预算收入93.69亿元，分别是“十二五”末的1.6倍和1.7倍，年均分别增长10%和11.8%，城乡常住居民人均可支配收入分别达到6.83万元和3.80万元，年均分别增长7.6%和8.7%。

2. 动能转换有新进展。 创新驱动步伐加快，全区集聚高校3所、大学研究院13所、院士专家工作站30家，累计引育高层次人才206名，新增就业大学生6.6万名，国家重点扶持高新技术企业超过300家，省级科技型中小企业突破1000家，规模以上高新技术产业产值占比从54.9%提升至61.5%，位列“全国科技创新百强区”第19位。改革开放步伐不断加快，44项省级改革试点全面推进，获评中国营商环境建设示范区，累计引进10亿元以上项目56个，连续4年获全省外经合作十强县（市、区）。杭州湾上虞经济技术开发区整合提升经验全省推广，曹娥江旅游度假区全省考核不断进位，e游小镇通过省级特色小镇验收命名，省级认定小微企业园数量全市领先。

3. 质量效益有新提升。 化工行业实现“一园式”集聚，产业发展更为绿色安全、循环高效，规模以上工业增加值、服务业增加值年均分别增长7.4%和8.1%，新兴产业产值占比从39.7%提升至45.9%，规模以上工业企业亩均税收达22.25万元，全员劳动生产率由13.5万元/人提升到17.5万元/人，创成省级国土资源节约集约模范县（市、区），入选全省制造业高质量发展示范区试点、省服务业强县（市、区）试点。省建筑工业化优秀县（市、区）实现三连冠，创成国家农产品质量安全县（市、区）。A股上市企业达到19家，居全省第五、全市第一，入围中国民营企业500强3家，市场主体突破8.8万家。

4. 城乡融合有新突破。 城市发展由中心城区扩张向城乡共生共融转变。城市辐射带动力进一步提升，“一江两岸”总部楼宇错落有致，江城一体、现代大气的魅力城市绽放新姿，5个乡镇完成撤镇设街，城镇化率从64.2%提高到68%，创成全国文明城市、国家卫生城市和省“无违建区”。乡村振兴战略全面实施，累计投入近240亿元推动美丽乡村建设，获评省社会主义新农村建设先进集体、省小城镇环境综合整治工作优秀县（市、区）、省“四好农村路”示范县（市、区）、省农村生活垃圾分类工作优胜县（市、区）。城乡基础设施进一步完善，投入260亿元以上提升路网电网水网，征迁改造379万平方米，城乡面貌焕然一新。

5. 品质生活有新亮点。 坚持量力而行、尽力而为，每年办好十方面民生实事。空气质量优良率从74.6%提高到95.1%，市级以上断面水质考核全面达标，获评省“美丽浙江”考核优秀县（市、区），创成省级生态文明建设示范区、国家级节水型社会建设达标县（市、区）。新增优质学位1.21万个，学前3年到高中段的15年教育普及率达100%，高等教育毛入学率由85%提高到90%。创成全国健康促进县（市、区），人均预期寿命由81岁提高到82.6岁。群众体育文化活动更为丰富，创成省体育强县（市、区），获评省农村文化礼堂建设示范县(市、区)、全国群众体育先进集体。全民社保基本实现,累计发放各类救助资金5亿元,创成省级"老年友好城市"。群众安全感满意率达99.3%,实现平安上虞十一连冠。国防、双拥、司法、科协、民族、宗教、对台、侨务、外事、统计、档案、融媒体、工商联等工作扎实开展,工会、共青团、妇联、老龄、儿童、新居民、残疾人、红十字、慈善等事业扎实推进。

"十三五"的发展成绩来之不易,这是以习近平同志为核心的党中央领航掌舵、坚强领导的结果,是上级党委政府和区委正确领导、科学决策的结果,是全区广大干部群众奋力拼搏、攻坚克难的结果。在此,我代表区人民政府,向全区人民、广大建设者,向人大代表、政协委员,向各民主党派、工商联、人民团体、无党派人士和离退休老干部,向在虞直属单位和驻虞部队、武警官兵、公安干警、消防救援队伍,向所有关心支持上虞发展的各界人士、海内外朋友,表示衷心的感谢!

回顾五年来的工作,我们也清醒地认识到,我区经济社会发展中还存在不少困难和问题。主要是:高质量发展基础仍需稳固,创新支撑力还不够强,生产性服务业存在短板,发展格局和生产力布局有待优化;城市能级有待提升,功能品质还需完善,在长三角都市群中的竞争力还需增强;回应群众美好生活诉求还有差距,教育、医疗、养老等公共服务优质化均等化水平还不够高,南北向交通拥堵问题较为突出;治理能力和治理体系现代化水平有待提高,风险防范化解机制还需完善,公共卫生、安全生产、生态环保、社会治理等还有弱项;政府职能转变还不到位,少数干部的担当精神、专业素养和服务意识不足,党风廉政建设任重道远。我们一定高度重视这些问题,采取更加有力措施认真加以解决。

二、"十四五"时期发展目标和重点任务

"十四五"时期是谱写高质量发展新篇章、开启高水平全面建设社会主义现代化新征程的重要五年,是忠实践行"八八战略"、奋力打造"重要窗口"、加快实现"四个率先"的关键五年。通过共同奋斗,到二〇三五年,我们将率先基本实现高水平现代化,经济社会高质量发展迈上新的大台阶,基本建成富强民主文明和谐美丽的社会主义现代化强区。根据区委《关于绍兴市上虞区国民经济和社会发展第十四个五年规划和二〇三五年远景目标的建议》,区政府编制了《绍兴市上虞区国民经济和社会发展第十四个五年规划和二〇三五年远景目标纲要(草案)》,提请大会审议。经本次大会批准后区政府将认真组织实施。

"十四五"时期我区经济社会发展的总体要求是:以习近平新时代中国特色社会主义思想为指导,深入贯彻党的十九大和十九届二中、三中、四中、五中全会精神,坚定践行创新、协调、绿色、开放、共享的新发展理念,以"八八战略"为总纲,以高质量发展统贯全局,以深化供给侧结构性改革为主线,以改革开放创新为根本动力,以满足人民日益增长的美好生活需要为根本目的,全面建设高水平"创新强区、品质名城",奋力打造世界级绿色智造先进区、长三角开放活力新都市、新时代孝德文化传承地,深入实施数字化、一体化、集群化、绿色化、人本化"五化战略",全面开启社会主义现代化建设新征程,在建设"重要窗口"中勇当排头兵争做优等生。

"十四五"时期经济社会发展的主要目标是:到2025年,全区地区生产总值达到1400亿元左右,人均生产总值突破17万元,财政总收入达到220亿元,一般公共预算收入突破130亿元,研发经费支出占地区生产总值比重达到4%,人均预期寿命达到83岁以上,力争主要经济指标进入全省10强,综合实力进入全国百强区前30位,成为"重要窗口"的靓丽风景。

实现上述发展愿景,必须立足新发展阶段、贯彻新发展理念、构建新发展格局,聚焦建设"重要窗口"排头兵优等生新目标新定位,坚定不移推动高质量发展、促进高水平均衡、创造高质量生活、强化高效能治理,集中力量抓好五个方面:

1. 坚持"双轮驱动",构建现代化产业体系。突出产业绿色发展本底和智能制造转型,强化创新赋能、数字赋能,深入推进先进制造业与现代服务业"双轮驱动",加快建设具有国际竞争力的现代化产业体系。到2025年,产业基础高级化、产业链现代化水平显著提升,高端装备、新材料、现代医药、电子信息等新兴产业核心竞争力明显提高,"1+2+5+N"高质量产业平台体系全面完善,规模以上工业总产值突破2500亿

元，服务业增加值比重持续提升，“建筑之乡”金名片持续擦亮，数字经济实现五年翻一番，杭州湾上虞经济技术开发区进入国家级开发区50强，曹娥江经济开发区工业产值达到千亿规模，曹娥江旅游度假区跻身省级旅游度假区前十强，力争A股上市企业达到30家以上，人才资源总量达到25万人。

2. 坚持开放融合，建设高品质现代都市。顺应新发展格局，抢抓长三角一体化机遇，提升城市区位能级，营造最优营商环境，激发创新创业活力，建设宜居宜业宜游的高品质现代都市。到2025年，面向湾区、接轨上海、融入杭绍甬的区域一体化发展格局基本形成，杭州湾南翼综合交通枢纽初步建成，“北都市、南花园”城市格局加快塑造，常住人口城镇化率达75%以上；高水平“走出去、引进来”双向循环渠道加快打通，供应链物流、特色跨境电商、现代商贸服务等蓬勃发展，全社会固定资产投资年均增长12%，外贸进出口总额达到400亿元，累计实际利用外资12亿美元，争创长三角产业协同创新示范基地，打造长三角开放高地、双循环重要节点。

3. 坚持守正创新，擦亮地域文化金名片。以社会主义核心价值观为引领，推进传统文化创造性转化和创新性发展，打响孝德文化品牌，物化活化虞舜、春晖、乡贤、梁祝、东山、青瓷等特色文化，不断赋予“崇孝守信、务实创新”上虞精神新的时代内涵，打造传统文化和现代文化交融新高地。到2025年，“中国孝德文化之乡”影响力进一步提升，公共文化服务体系和文化产业体系更加健全，人民精神文化生活日益丰富，思想道德素质大幅提升，农商文旅深度融合，形成一批具有较大影响力的文化品牌、文化平台、文化企业，居民人均文化教育娱乐支出占比提高到15%，文化产业增加值占地区生产总值比重达8%。

4. 坚持以人为本，打造最具幸福感城市。坚持以人民为中心的发展思想，实施富民惠民安民、推动共同富裕新举措，完善人的全生命周期民生服务供给，提升生态环境、教育体育、医疗养老等公共产品质量，不断满足人民对美好生活的向往。到2025年，公共就业创业服务和社会保障体系更为健全，居民收入水平与经济发展基本保持同步，城乡居民收入比降至1.72以内；国家生态文明建设示范区全面建成，美丽经济转化通道进一步拓宽，生态颜值和环境质量全面提升；公共服务更为优质均衡，“品质活教育”“健康上虞”“娥江晚情”品牌不断打响。

5. 坚持整体智治，推进基层治理现代化。加快建设智治上虞，迭代升级“城市大脑”，打好数字城乡、数字社会、数字政府组合拳，构建综合集成、即时感知、高效智能的数字化治理体系，努力打造百万级人口智慧城市标杆。到2025年，“党委领导、政府负责、社会协同、法治保障、科技支撑”的整体智治体系基本建成，“县乡一体、条抓块统”的高效协同治理格局全面形成，风险防范化解闭环管控机制不断健全，高效规范、公平竞争的市场体系和资源配置体系加快构建，营商环境便利度达90%以上，城市风险防范、应急救援、防灾救灾能力显著增强，社会保持持续和谐稳定，基层治理能力和治理体系现代化水平大幅提升。

三、全力以赴做好“十四五”开局工作

2021年是建党100周年，是“十四五”规划的开局之年，做好新一年政府工作意义重大。根据区委全会部署安排，今年政府工作的总体要求是：以习近平新时代中国特色社会主义思想为指导，全面贯彻党的十九大和十九届二中、三中、四中、五中全会及中央、省市有关会议精神，围绕忠实践行“八八战略”、奋力打造“重要窗口”、开启社会主义现代化区域先行之路主题主线，坚持稳中求进、变革思进、克难奋进工作基调，坚持高质量、竞争力、现代化导向，坚持系统观念、系统方法，落细落实“四个更快一些、更好一些”要求，深入实施数字赋能提速年、文化铸魂提质年、基层治理提升年“三个年”活动，大力开展争项目、争资金、争资源、争试点、争荣誉等“五争”活动，着力推进一批产业发展、数字赋能、科技人才、城市功能、民生实事等“五个一批”重大项目，巩固拓展疫情防控和经济社会发展成果，夺取“十四五”发展良好开局，确保以优异成绩庆祝建党100周年。

综合考虑各方面因素，建议2021年全区经济社会发展主要预期目标为：地区生产总值增长7.5%以上；财政总收入、一般公共预算收入均增长7.5%以上；社会消费品零售总额增长10%；外贸出口增长5%以上；固定资产投资增长12%；城乡常住居民人均可支

配收入与地区生产总值基本同步增长，城乡收入比小于1.82，登记失业率控制在2%以内；研发经费支出占地区生产总值比重达到3.5%；完成上级下达的能源和环境指标计划目标。

围绕上述目标任务，我们将着力抓好事关全局的要事、跨越关口的难事和群众关切的实事，重点是七个方面工作：

（一）强化科技赋能，高质量打造曹娥江科创走廊

1. 提升创新平台能级。对标省三大科创高地，实施全面创新八大行动，积极构建“曹娥江科创走廊+省级实验室+产业创新服务综合体”高能级创新平台体系，争创省可持续发展创新示范区。启用产教融合创新园一期，加快天津大学浙江绍兴研究院、哈工大机器人长三角中心、杭州湾产业协同创新中心二期建设。持续推进产业集群创新服务综合体全覆盖行动，对照省级标准加快汽车部件、通风制冷、时尚伞艺等综合体创建。完善大学研究院“一院一园一基金”发展，发挥大学研究院联盟作用，实施合作研发项目50个以上。

2. 激发创新主体活力。尊重企业创新主体地位和主导作用，逐步推进规模以上工业企业研发机构、研发人员、研发活动、发明专利、产学研合作“五个全覆盖”。支持领军企业组建创新联合体，承接国家、省级重大科技攻关项目。启动新一轮科技型企业倍增计划，新增国家重点扶持高新技术企业50家、省科技型中小企业150家以上、省级企业研发机构5家以上，新建院士专家工作站5个、博士后工作站2个，确保国家重点扶持高新技术企业占规模以上企业比重达到40%。实施关键技术“揭榜挂帅”项目10个以上，引育科研成果产业化项目300个以上，切实加大“卡脖子”技术和产业链共性技术、短缺技术、进口替代技术攻关力度。启动省专利融入标准试点区建设，建立知识产权一站式服务中心，新增企业标准10项、发明专利授权数220件。

3. 优化创新创业生态。统筹产教融合基地、高层次人才创业园、新材料中试转化平台等“双创”空间，加快以创新链为牵引，推进政策链、资金链、人才链贯通融合，营造鼓励创新、扶持创业、宽容失败氛围，让创新源泉充分涌流，创造活力充分激发。健全完善科创全生命周期孵化扶持体系，新增省级众创空间（孵化器）2家以上，引进创新创业项目50个以上。放大全球青年科技领袖峰会成果，探索建立“高层次人才+科创项目”集成引育模式，全面链接全球青年科创人才资源。积极打造与产业链相匹配的人才链，深入实施人才新政，强化以赛引才、中介引才、以才引才，新引育高层次人才100名，新增就业大学生2万名。

（二）聚力数字赋能，高质量打造先进制造业强区

1. 推进数字经济“一号工程”。突出数字化引领、撬动、赋能作用，深入推进数字经济五年倍增计划，实施11个重大数字赋能项目，数字经济核心产业增加值增长12%。深化e游小镇2.0版建设，加快推进“云上小镇”“创客之家”项目，做强“游戏、影视、动画、视听阅读”四大中心，引进数字经济企业100家，实现税收5.5亿元。实施“5G+工业互联网”工程，推广应用新智造模式，推进企业高水平上云用云，新增企业智能化改造项目100个，建设数字化车间6个，培育未来工厂1家，形成一批可复制可推广的新技术融合工业应用场景。统筹布局数字新基建，全域新增5G基站850个，实现5G信号重点区域全覆盖。

2. 培育优势产业链群。纵深推进制造业高质量发展“188”工程，力争规模以上工业增加值增长8%。深入实施新材料产业链“链长制”省级试点，积极推进省级新材料实验室和新材料工程师协同创新中心建设，大力培育链主型企业，增强产业链、供应链的安全度和支撑力，加快推进圆锦新材料、国科控股新材料产业链等项目建设，力争新材料产业链产值超600亿元，全力打造高分子新材料全省“万亩千亿”产业平台。深耕智能电机、机器人装备等细分领域，提升产业链协同制造水平和核心竞争力，力争高端装备制造业集群产值超350亿元。加快现代住建产业链培育，力争建筑业总产值增速全市第一、税收增长10%。

3. 提档升级产业平台。持续优化生产力布局，加快构建“1+2+5+N”发展格局。做大做强杭州湾上虞经济技术开发区，优化“一轴两片三组团三协同”发展

格局，积极构建“4+3+1”产业体系，完成化工企业对标改造提升和国家级园区循环化改造示范试点，创成国家生态工业示范园区，确保国家级开发区考核争先进位。整合推进曹娥江经济开发区建设，建立职责明确、高效精简的运行机制，推进“四个一批”改造提升，强化“亩均论英雄”评价结果运用，打造全省工业园区全域治理精品样板。加强伞艺小镇培育建设，引进伞艺小微工业园项目 10 个以上。新增省级认定小微企业园 3 个。

4. 推动企业梯度升级。深入实施“凤凰行动”上虞计划，新增上市企业 2 家、辅导和报会企业 5 家、完成股改 20 家，积极打造上市公司高质量发展“上虞样板”。完善企业梯次培育机制，扎实推进“雄鹰行动”“雏鹰行动”，新增专精特新“小巨人”企业和省级隐形冠军 2 家以上、销售超亿元以上企业 10 家、“小升规” 65 家，新认定“品字标”企业 7 家，制订发布“浙江制造”团体标准 10 项。加快国企市场化转型步伐，做大做强国企板块。推进新时代工匠培育行动，筹备建设校地人才转化中心，打造与先进制造业相匹配的工程师和技能人才队伍。

（三）强化内外融通，高质量打造双循环战略节点

1. 放大区位优势。加快推进全面融入长三角一体化发展六大行动，积极对接 G60 科创大走廊、杭州城西科创走廊，深化区域战略合作和制造协同，谋划建立上海“上虞号”和飞地产业园，力促长三角地区市民卡互通使用，达成一批共享共建合作项目。加强综合交通体系建设，全面提升“融杭联甬接沪”通道能级，深化杭州湾通用航空机场、上虞杭州湾港区、绍兴轨道交通 2 号线上虞段、104 国道南移上虞段、新章镇大桥等“空港铁陆”综合交通项目前期，加快杭绍甬高速上虞段及崧厦连接线、329 国道上虞盖北至道墟段、新东线公路上虞段、南北中心大道（人民大道至五甲渡大桥）快速路、普速铁路景观提升一期工程、曹娥江上浦船闸及航道等重大交通工程建设，建成杭绍台铁路及上虞南站站前广场，完成交通设施投资 50 亿元以上，进一步构筑“外联内畅、互联互通”的综合交通网络。

2. 抓好精准招商。坚持招商引资“一把手”工程，围绕新材料、现代医药、高端装备、电子信息等主导产业，突出生产性服务业、文商旅等重点领域，瞄准北上广深等产业高地，主攻世界 500 强、民营 500 强、上市公司，主动承接溢出的高端优质资源。深化“12320”招商体系，加强招商队伍建设，提升专业素养，创新招商模式，深化招商信息和跨区域利益共享机制，完成虞商联谊总会换届，发挥各类商会、乡贤团体等作用，加强“虞商回归”工作，全年新引进 10 亿元以上项目 10 个，其中 50 亿元以上项目 2 个，100 亿元以上项目 1 个，实到外资 2 亿美元。

3. 扩大有效投资。坚持“项目为王”，集中财力办大事，打好“五个一批”百项千亿大会战，建设一批打基础、利长远、关全局的重大项目。优化项目全生命周期管理，建立“四比四看”推进机制，围绕前期审批、征迁保障、工程进度，实施清单化管理、协同式推进，确保省市县长项目落地率 100%，交通运输投资、高新技术产业投资、生态环保及城市更新和水利设施投资、民间项目投资均增长 10% 以上。深入开展“五争”行动，争取省重点建设项目 4 个以上、重点项目“戴帽”土地指标 1000 亩以上，新增建设用地指标 800 亩以上，消化利用“四未一低”土地 5600 亩以上。

4. 深耕内外市场。深入推进“双抓双优双突破”服务业高质量发展三年行动，大力发展研发设计、供应链物流等新业态，加快 20 个重点生产性服务业项目建设，力争生产性服务业增加值增长 10%，占服务业增加值比重提高 1 个百分点；实施浙东新商都 2.0 版十大工程，开展消费促进活动和数字生活新服务行动，建成开业数创广场特色商业街区，深化省级夜间经济、智慧商圈培育城市创建。主动对接绍兴综保区、跨境电商综试区、市场采购贸易试点等全市国家级开放平台，深入推进外贸小微企业成长三年行动，加快跨境电商产业园建设，完善外贸“订单 + 清单”系统，不断提升对外贸易竞争力。

（四）坚持城乡融合，高质量打造品质名城新能级

1. 完善城市发展格局。按照“北都市、南花园”总体格局，高质量完成国土空间总体规划编制，推进中心城区“中优西进南拓北融东延”，加快“一江两岸”

总部楼宇建设，高起点规划设计临江岸线，统筹抓好景观带公益设施配套；坚定“拥江西进”；加快城南区域开发；促进虞北乡镇（街道）与杭州湾上虞经济技术开发区功能互补、组团发展；完善城东区块规划布局；支持沥海街道发展。坚持“房子是用来住的、不是用来炒的”定位，按照“稳预期、稳地价、稳房价”要求，把握土地出让节奏，健全长效稳控机制，重点打击违规预售、捂盘惜售等行为，加强房产中介管理，促进房地产市场平稳健康发展。

2. 加快城市有机更新。匠心打造精致宜居的品质城区，积极构建5分钟、15分钟、30分钟三级生活圈，统筹提升路网、水网、绿网，推动城市有机生长。有序推进老城区改造提升，下大力气解决群众反映强烈的老城区基础设施短板问题，加快鸿雁未来社区建设，改造老旧小区30万平方米以上，完成征迁改造30万平方米以上，加装既有住宅电梯20台以上，让老城区焕发新活力。系统科学推进城市拥堵治理，开展南北向交通骨干道路研究，启动城区快速路网建设，实施老城区交通专项规划，对重点拥堵路段落实“一点一策”方案，完成江东路赵家桥至铁路桥段拓宽，打通春澜路、舜江西路延伸段等断头路，新建改造城区道路12公里，建设停车位2000个以上，治理大通购物中心、区人民医院等附近区域交通堵点3个，优化城乡公交线网和智慧交通管理，切实改善交通出行体验。积极打造海绵城市，加快曹娥街道建成区河道综合整治工程建设，改造老旧供水管网20公里、积涝点4个，通过省级海绵城市优秀县（市、区）复评。启动绍嘉220千伏输变电工程，新建改造电力线路386公里，新增变电容量7.5万千伏安。大力建设公园城市，完成“一江两岸”景观工程三期、美丽示范街创建三期、城市公园亮化提升工程，加快推进曹娥江人行桥建设，改造提升绿化景观10万平方米。

3. 涵养城市文化品位。深入实施新时代文明实践中心省级试点，完善文明城市长效管理，大力弘扬“节约为荣”等时代新风。开展省级孝德文化传承生态保护区创建，成立孝德文化研究院，加快孝德文化小镇建设，高水平办好孝文化节、曹娥庙会等特色节会，建设运行“恋上孝德”志愿服务智能平台，打造全国孝文化研学游目的地。实施名人故居保护三年行动计划，修缮名人故居3个，完成上虞博物馆异地新建，争取列入全省首批文化基因转化利用示范项目名单。加快人民文创产业园建设，办好首届人民文创国际创意大赛。启动曹娥江文化艺术中心（大剧院）建设，加快上虞剧院保护改造提升，新建城市书房4家、天香书吧5家，实现农村文化礼堂和文化下乡活动全覆盖。

4. 强化城市精细管理。深化综合执法改革，提升城市管家平台，探索“城市服务一键通”新模式，推动“一支队伍管执法”试点扩面，加快综合执法规范化建设。建成省级城乡社区治理和服务创新实验区，创建美丽小区40个，通过省“无违建区”复评。实施城乡环境卫生“十四五”专项规划和垃圾分类三年行动，推进建筑渣土资源化利用中心建设，城乡生活垃圾分类覆盖率达100%，回收利用率达60%。建设“洁净城市”2.0版，扩面实施环卫“一把扫帚”、绿化“一把剪刀”一体化管理，改造智慧公厕30个，城区机械化清扫率达90%以上。

（五）厚植生态底色，高质量打造“全域美”建设标杆

1. 打响新时代美丽乡村品牌。迭代升级八大“美丽行动”，全力描绘新时代上虞版“富春山居图”。提升集镇辐射带动力，实施章镇镇小城市培育试点三年行动，支持丰惠镇争取省“千年古城”复兴计划试点，推动永和、驿亭等边界乡镇与周边地区协同，促进发展“边界经济”，创成美丽城镇省级样板1个、美丽城镇达标镇2个、省级森林城镇1个。统筹项目资源，集中资金力量，高质量推进美丽廊道、美丽田园、美丽村居建设，75%以上行政村实现新时代美丽乡村省级达标，改造提升乡村公路30公里。持续深化“千万工程”，推进农村垃圾、污水、厕所“三大革命”标准化建设和长效管理，省内先行试点农村人居环境运维管理。

2. 打通美丽经济转化通道。牢固树立“绿水青山就是金山银山”理念，推动人迎进来、货销出去，群众致富、乡村兴旺。落实“米袋子”“菜篮子”负责制，保障粮油、生猪、蔬菜等重要农产品安全，保持粮食播种面积55万亩以上。大力实施高效都市农业“224”计划，加快省级乡村振兴产业发展示范县（市、区）、省级“互联网＋”农产品出村进城示范县（市、区）、省级数字乡

村示范县(市、区)创建,打造一批国家农业产业强镇、省级现代农业园区和省级农村电商专业村。发挥农合联桥梁纽带作用,打通农民与市场的连接渠道,建设产业农合联2家、现代农业综合服务中心2家。实施农村宅基地部级改革试点为牵引的农村综合集成改革,深入推进“两进两回”行动,全面激活闲置农房和闲置资源,大力发展美丽乡村休闲旅游、夜间经济和民宿经济。实施强村富民计划和村级集体经济巩固提升三年行动,全面消除村级集体经营性收入35万元以下的行政村。

3. 打造浙东唐诗之路重要节点。编制完成上虞全域旅游总体规划、浙东唐诗之路建设规划,优化虞南山区乡镇生态保护和旅游开发,合理布局一批要素项目,提升资源禀赋带动力。研究谋划杭绍台高铁上虞南站周边区域发展格局,统筹推进东关、长塘等周边乡镇(街道)基础设施建设。曹娥江旅游度假区全面推进“两创”战略,加强与上海国际旅游度假区战略合作,串珠成链沿线文旅项目,构建“一体两翼三大走廊”发展格局,落地推进百亿元以上重大项目1个,加快东山区域文化旅游综合开发建设,力争瓷源文化小镇早出形象。实施全域旅游提升三年行动,打造精品旅游线路2条以上,打响“诗画曹娥江·浙东唐诗路”金名片,实现旅游总收入增长12%以上。

4. 打好生态环境提升巩固战。深入实施“蓝天、碧水、净土、清废”四大行动,积极创建“清新空气示范区”。启动污水处理异地扩建项目,创成省市美丽河湖3条,“污水零直排区”创建全域通过省级验收,确保市级以上考核断面水质达标率达到100%。高标准完成第二轮中央生态环保督察反馈问题整改,坚决落实碳达峰、碳中和要求,深化山水林田湖草生态保护修复试点,持续推进生态殡葬改革,高质量通过“无废城市”建设试点国家级验收,争创国家级生态文明建设示范区。

(六)注重整体智治,高质量打造社会治理现代化

1. 加快政府数字化转型。全面深化数字化改革,加强数据共享、流程再造和系统集成,打通和整合部门职能,推进决策执行、督查、反馈等数字化协同工程建设,实现跨层级、跨部门、跨区域协同管理和服务,加快“掌上办事之区”“掌上办公之区”建设。深化群众、企业全生命周期和部门内部“一件事”集成改革,把住安全和质量关口,加大容缺受理范围和力度,实现非涉密事项网上可办率100%,民生事项镇级可办率达80%,村级便民中心可办事项达100件,全面落实15分钟政务服务圈,切实打响“虞快办”品牌。制定实施城市大脑和智慧城市建设三年行动,完成城市大脑一期,上线运行“i”上虞,深化立体式水环境智慧监管、违法停车柔性执法、96345线上商城和社区智慧养老服务等场景应用,优化升级国防“智慧动员”系统,提升杭州湾安全环保智慧监管平台,让政府治理变得更聪明更智慧。

2. 着力营造一流营商环境。学习借鉴深圳、浦东、苏州等地创新做法,迭代升级优化营商环境,加大“1+9”政策兑现的简便化、网络化办理力度,把政策含金量全面转化为生产力。实施厂房结顶预验收先行投产、水电气网一站通办等机制,探索实行市场“一证准营”、一般工业项目“拿地即开工”、低风险小型项目“最多20个工作日”办结。深化实施“三服务”2.0版,打好企业降本减负组合拳,以真招硬招解困、以真金白银减负、以真情实意助企,加快构建亲而有度、清而有为的“亲”“清”政商关系,让“无事不扰、有呼必应”成为新常态。大力弘扬新时代企业家精神,着力培育虞商“领头雁”和新生代“雏鹰”队伍,推动新时代虞商接续奋斗、勇攀高峰。

3. 弘扬新时代“枫桥经验”。牢固树立“大平安”理念,积极构建“大安全、大应急、大减灾”体系,坚决守住社会稳定、安全生产、防灾减灾三条红线,坚决防范和化解影响高质量发展的重大风险。扎实推进第二轮“平安共同体”建设,探索推行“三师三员回归”城市版,加强社会组织规范化建设,启用区社会矛盾调处化解中心,确保平安创建十三连冠。加快推进治安防控体系建设三年行动,持续推动扫黑除恶,坚决打击黄赌毒、电信诈骗和经济领域犯罪,确保社会稳定。深入实施第二轮安全生产综合治理三年行动,建成自然灾害风险防控和应急救援平台,实施食品安全提升工程和城市社区消防安全提档升级工程,完成水库除险加固2座、山塘整治12座,建成危化品运输车辆综

合服务中心一期，强化危化品、道路交通、食品药品等安全监管，高水平打造平安上虞。

（七）共创幸福生活，高质量打造“大民生”建设愿景

1. 提升教育优质均衡水平。实施全区学校网点布局规划，新建改建康居路小学、博文小学、道墟街道中心小学、谢塘镇中心幼儿园、永和幼儿园等中小学、幼儿园17所，新增优质学位3000个以上。加快崧厦中学异地新建项目前期工作。深化名校集团化办学模式，探索中心城区新建学校纳入集团化办学，加快紧密型教育共同体建设，盘活扩容优质教育资源，努力让每个孩子享有公平而有质量的教育。启动实施“名师名班主任名校长”培育工程，加大优秀教师内育外引力度，建立知名高校（专业）优秀在校生教育实践机制，优化高素质教师队伍来源。建立健全中小学素质教育长效机制，深化“明眸亮睛”防近视国家级改革试点，积极争创全国学前教育普及普惠区，抓好特色职业教育，努力打造“学在上虞”品牌。

2. 深入建设“健康上虞”。健全突发公共卫生事件应急体系，慎终如始抓好常态化疫情防控。加快推进邵逸夫医院绍兴院区建设，建成投用城南医用综合中心一期、人民医院科技综合楼。推动区级医院与浙江大学附属医院同质化融合式发展，搭建北上广省级中医医院医联体。深化医共体建设，制度性推动更多医疗资源下沉基层，方便群众家门口就医取药。为65周岁以上老年人免费接种流感疫苗和肺炎疫苗，为高危人群开展结直肠癌筛查。高质量通过第五轮国家卫生城市复审，力争健康浙江考核优秀四连冠。实施全民健身提升工程，加快建设小球馆，办好全国田径奥运选拔赛、十三届区运动会等赛事12项以上，创成省体育现代化县（市、区）。

3. 扎实做好社会保障。实施新时代稳就业促创业政策，新增就业岗位3.5万个。持续推进社保人群全覆盖攻坚行动，深化医保“15分钟服务圈”建设，统筹做好因病致贫群众、特殊救助对象、零就业家庭帮扶，推动无房危房户动态清零，率先探索建立先富帮后富、推动共同富裕的有效路径，打造更有温度的城市。持续优化山区教育、医疗、公交等公共服务供给，推动改革发展成果惠及更多山区群众。重视解决“一老一小”问题，实施养老服务专项规划，发展3岁以下婴幼儿照护服务，启动区福利中心异地新建，完成困难老年人和残疾人家庭适便化改造500户，开设“老年食堂”20家，乡镇（街道）示范型居家养老服务市级四星运营覆盖率达70%以上。做好东西部扶贫、山海协作、对口支援等工作。完成第七次人口普查。加强新时代国防教育和征兵工作，创建全国标杆型、示范型退役军人服务中心（站）。发挥工会、共青团、妇联、工商联、科协、红十字会、残联等作用，做好民族、宗教、对台、侨务、新居民、档案、气象、融媒体、外事、老龄、慈善等工作。

高质量办好民生实事是政府法定义务，更是重大民心工程。根据“体现普惠性、注重获得感、具备可行性、力求指标化”的原则，按照“群众提、委员议、代表定、政府办”的理念，通过前期公开征集和广泛征求意见，区政府梳理形成了2021年民生实事建议方案，将提请大会表决。票决确定后，我们将压实责任、全力推进，确保兑现承诺。

四、建设惟实惟先 善作善成的现代政府

开创高水平“创新强区、品质名城”新局面，必须坚持系统观念，突出目标选择、抓纲带目、统筹兼顾，以工作的确定性应对形势的不确定性，把既定的目标落实好，把作出的承诺兑现好，决不辜负人民的信任和重托。

坚守为民理政。牢记“民生无小事”，把理顺群众的情绪，回应群众对美好生活的诉求，作为工作的出发点和落脚点。强化问题导向、目标导向、效果导向，推进“三服务”制度化长效化，下更大力气解决群众、企业、基层反映强烈的共性问题、深层次问题、老大难问题，不以小而不为，不以难而避之，以看得见的变化回应群众的期盼。

坚定高效施政。坚持实干至上，把“两强三提高”作为高效施政的重中之重，探索基层、企业和群众评判政务服务绩效机制。主动对标先进，更大力气对上争取资金、项目、资源、试点和荣誉，确保各项工作走在全省第一方阵。坚持“项目为王”，完善工作项目化、项目清单化、清单责任化“三化”机制，确保说一件、干一件、成一件。

坚持依法行政。善于用法治思维和法治方式解决问题、制定政策，探索建立“开门决策”机制。自觉接受人大法律监督和政协民主监督，落实重大事项向人大报告和向政协通报制度。认真办理人大代表建议和政协提案，广泛接受群众、媒体和社会监督。加强行政争议预防化解，推进诉源治理。完善行政机关负责人出庭应诉制度。

坚决清廉从政。强化政府过紧日子、群众过好日子措施，严控“三公”经费，取消低效无效支出，非刚性、非重点项目支出压减不低于10%，完善全方位、全过程、全覆盖的绩效管理体系。狠抓纪律建设，坚决贯彻中央八项规定及其实施细则精神，驰而不息纠治“四风”，高标准抓好巡视整改任务的落实。严格落实政府系统全面从严治党主体责任，深入推进“清廉上虞”建设，健全廉政风险防控制度，实现公共资金、国有资产、国有资源和领导干部履行经济责任情况审计监督全覆盖，营造清正廉洁、干事创业的更好氛围。

实干成就梦想，奋斗赢得未来。让我们更加紧密地团结在以习近平同志为核心的党中央周围，在区委的坚强领导下，在区人大、区政协的监督支持下，团结和依靠全区人民，始终保持奋进者姿态，激发创造性张力，唯实惟先，善作善成，全面建设高水平“创新强区、品质名城”，为率先走出争创社会主义现代化先行省的区域发展之路而努力奋斗！

中国人民政治协商会议
第一届绍兴市上虞区委员会常务委员会工作报告

——在政协第一届绍兴市上虞区委员会第五次会议上

(2021 年 1 月 12 日)

顾世明

我受政协第一届绍兴市上虞区委员会常务委员会委托，向大会报告工作，请予审议，并请列席会议的同志提出意见。

一、2020 年工作回顾

过去一年，区政协常委会在中共上虞区委的坚强领导下，高举习近平新时代中国特色社会主义思想伟大旗帜，深入学习贯彻习近平总书记关于加强和改进人民政协工作的重要思想，全面贯彻落实中央和省市区委决策部署，围绕在“重要窗口”建设中勇当排头兵、争做优等生目标，坚持发扬民主和增进团结相互贯通、建言资政和凝聚共识双向发力，政协履职工作在传承中创新、在创新中发展：省级“乡贤文化委员会客厅”被省政协领导赞誉为“样板标准”，8 件重点提案、22 篇社情民意信息获得区委徐军书记批示肯定，政协宣传工作首次荣获省级先进，以项目化手段抓政协工作的相关做法在全省政协工作经验交流会上作典型发言。

（一）以党的建设领航政协事业新发展，政治引领坚强有力

始终坚持把维护党的领导作为最高政治原则，坚决守住政治底线、筑牢思想根基。

强化思想理论武装。坚持把习近平新时代中国特色社会主义思想作为统揽政协工作的总纲，在学懂弄通做实上下功夫。建立健全以党组理论学习中心组学习为引领、“周一夜学”等形式相配套的常态化学习体系。全年党组理论学习中心组专题学习 12 次、机关学习会 50 余次。“夜学项目化”有关做法得到省政协葛慧君主席批示肯定。

坚持党的全面领导。自觉在区委领导下谋划和推进工作，先后就政协全年工作安排、贯彻落实中央和省市区委政协工作会议精神等重大事项向区委作专题汇报。全面落实区委政协工作会议主要任务清单，及时出台《关于发挥“重要阵地”“重要平台”“重要渠道”作用，为建设“重要窗口”展示最美上虞风景贡献政协智慧力量的若干意见》，确保政协工作沿着正确方向笃定前行。

突出党建引领作用。充分发挥区政协党组把方向、管大局、保落实的核心作用，全面履行从严治党主体责任，重视抓好党风廉政建设和意识形态工作。全年召开政协党组会议 14 次，出台《贯彻落实〈中国共产党党员教育管理工作条例〉若干措施》，党员委员和机关党员干部的先锋模范作用得到进一步发挥。切实加强对政协机关党组的领导，推动实现“两个全覆盖”。

（二）以一线姿态彰显建言资政新担当，服务大局主动有为

始终坚持把政协工作融入全区发展大局，精准对接、积极作为，助力党委政府增强决策科学性和施政

有效性。

服务助推更加自觉。健全政协常委会每季度听取区政府工作通报和政协委员列席区政府常务会议制度。组织开展对纪检监察工作、金融支持“三服务”、土地要素保障、工会事业、“三百千”大会战推进情况、文明城市复评迎检等专项视察，全力助推党政决策部署落地见效。召开专题议政性常委会，对法检两院工作、交通强区三年行动计划等重大事项进行协商，在建言资政过程中广泛凝聚共识。

课题调研更加深入。围绕社会治理现代化，开展“打造基层治理共同体”课题调研，有关完善“枫桥式”大调解体系的建议被相关部门转化为具体举措。“新材料产业链培育发展”课题报告在市政协常委会上交流，有关建议引起领导关注。开展“发挥科技人才作用”“优化营商环境”等课题协商，部分建议被吸纳到区委一届十次全会报告中。聚焦“城市大脑”建设进行专题协商，建言成果得到区委相关领导充分肯定。有关“推进农商文旅融合发展”的对策建议，引起区委、区政府领导重视，相关部门正在积极采纳落实。

建言献策更加精准。提案工作坚持党政领导牵头领办重点提案制度，区委徐军书记带头领办督办优化营商环境一号提案，并对8件重点提案逐一提出办理要求。截至6月底，242件提案、意见建议全部办理完毕，满意和基本满意率达到100%，被采纳、所提问题已解决或基本解决的占总数的94%。社情民意信息工作走在全市前列，全年共编发《社情民意反映》102期，其中全国政协采用1篇、省政协采用5篇、省委办公厅采用1篇、市政协采用29篇；获区委、区政府领导批示26篇。

协商平台更加宽广。精心打造“请你来协商”平台，全年组织各类协商活动9场，累计提出意见建议157条、落实130条。有关“老旧小区改造”的专题协商，金进富代区长与委员、群众双屏互动，实现网络议政“零”的突破。有关提升城市社区中心功能、佛教规范化管理、商业预付卡监管等协商活动，建言方式更接地气，协商文化不断厚植。有关乡贤参与乡村治理、培育发展夜间经济、支持残疾人事业发展等专题协商，建言精准、助推有力，有关建议正在转化落实中。

（三）以凝心聚力厚植团结奋进新优势，增进共识积极有效

始终坚持团结民主两大主题，扩大联系面、画好同心圆，努力为上虞高质量发展凝聚共识、凝聚智慧、凝聚力量。

在深化合作共事中团结人。围绕年度协商议政和民主监督重点，积极为各民主党派、工商联和无党派人士履职建言搭建平台、创造条件，全年共提交大会发言42份、集体提案30件、社情民意信息254篇。加强同党外知识分子、非公有制经济和新社会阶层等人士的沟通联系，建立党组成员联系无党派和民族宗教界委员制度，注重激发三胞眷属界委员履职积极性，进一步增进感情、凝聚人心。

在延伸工作手臂中凝聚人。“乡贤文化委员会客厅”顺利揭牌，成功举办以乡贤助力家乡建设、乡贤参与乡村治理和理论宣讲走进企业等为主题的活动。委员工作站建设各具特色，百官街道委员工作站“点、线、面”工作法进一步完善推广，汤浦镇委员工作站聚焦当地块状经济开展基层协商、凝聚发展共识；以“伞业+”为特色的崧厦街道委员工作站围绕“直播平台建设”开展协商活动，为擦亮伞艺小镇金名片献计出力。

在增进文化交流中影响人。完成“全面小康路上的政协人”、《上虞文史资料选粹》（四）编撰工作。虞舜书画院等联谊平台运行有序，胡愈之故居成为市政协首批“同心教育基地”，吴觉农先生铜像落成揭幕。“上虞三百年乡贤翰墨展”“全国农民书法大赛优秀作品展”等高层次展览，赢得区内外群众广泛赞誉；开展“觉农·翠茗”杯茶艺师技能比赛、“全民饮茶、健康饮茶”等特色茶事活动，全年举办各类书画展7期、茶事活动25场次。

在强化宣传引领中鼓舞人。致力于宣传上虞好故事、传递政协好声音，共在省级及以上主流媒体刊发各类报道68篇，其中《人民政协报》2篇、全国政协公众号5篇《浙江日报》1篇《新民晚报》2篇《联谊报》12篇（头版3篇）、省政协同心苑24篇（头条4篇）、省政协网站21篇。上虞政协公众号推播245篇，4篇报道进入全国政协公众号“政能量榜单”，数量居全省前列。

（四）以固本强基树立政协履职新样子，抓人促事统筹有方

始终坚持把固本强基作为政协事业高质量发展的基础保障，切实加强自身建设，有效激发政协工作活力。

重抓委员队伍建设。注重政治能力建设，政协委员政治引领力提升班赴井冈山培训，从思想上扣好履职尽责的"第一颗扣子"。开展"书香政协·知行合一"委员读书活动，促使委员养成常态化读书习惯。充分发挥委员主体作用，结合"界别活动周""委员服务日"，组织开展"'无废城市'建设"和"最多跑一地"改革专项民主监督、"文明创建委员在行动"等专项活动共60余次，参加委员400多人次，提出建议250条。

常抓制度规范建设。充分发挥专委会基础性作用，健全主席季度例会和委、室联系界别制度。牢固树立"界别强则政协强"的工作理念，坚持界别工作例会，落实各项管理制度，界别主抓模式更加成熟。优化考评结果运用，对政协系统年度先进集体和个人开展"送奖上门"，进一步激发履职热情。修订完善政协机关各项规章制度，服务保障水平有新的提升。

严抓机关作风建设。扎实开展"在'重要窗口'建设中展示政协新作为"专题讨论，召开读书会，机关干部撰写体会文章22篇。高质量完成政协机关党总支及下属支部换届工作，1名70后干部推荐提拔到正科级岗位、2名年轻干部走上中层岗位。认真做好省委巡视和区委巡察相关工作，支持派驻区政协机关纪检监察组履行监督职能。组织机关干部参与各项中心工作，按时完成招商引资任务，认真做好退休干部工作，机关工作活力日趋增强。

今年以来，面对疫情防控严峻形势，广大政协委员坚决贯彻习近平总书记"坚定信心、同舟共济、科学防治、精准施策"的要求，按照区委"两手都要硬、两战都要赢"的工作部署，闻令而动、担当有为，积极投身防控阻击战和发展保稳战。区政协第一时间向全体委员发出带头抓好疫情防控和复工复产的号召。主席会议成员靠前指挥，赴联系乡镇（街道）指导工作，2名副主席分别带队奋战在抗疫一线。成立区政协助企复工复产服务团，机关正局级以上领导干部与30家委员企业结对帮扶，深入开展"三服务"活动。全体机关干部自觉参与基层疫情防控和助企服务工作，广大政协委员坚守一线、各展所长、共克时艰。医卫界委员白衣擐甲、逆行而上，委员们慷慨解囊、尽其所能，据不完全统计，共捐款捐物价值250余万元。陈添鑫委员捐出我区第一笔支援武汉的10万元定向爱心款，阮兴祥委员荣获"省抗疫先进个人"和"省优秀共产党员"称号。省政协葛慧君主席来虞视察疫情防控工作时给予高度肯定。

收获来自耕耘，成绩源于实干！过去一年，上虞政协事业之所以能够迈上新台阶、展现新样子，是中共上虞区委坚强领导的结果，是区人大常委会、区政府大力支持的结果，是各乡镇（街道）、部门和社会各界人士密切配合的结果，是历届区政协老领导、老同志热情关心的结果，也是政协各参加单位、广大委员和政协工作者共同努力的结果。在此，我代表区政协常委会，向所有关心支持政协工作的同志们、朋友们，致以崇高的敬意和诚挚的感谢！

我们也清醒地认识到，政协工作与新时代新使命和社会各界期盼还有一定的距离，主要有：凝聚共识的路径和方法有待进一步拓展，协商成果采纳、落实和反馈机制有待进一步完善，部分委员责任担当有待进一步强化，等等。这些都需要认真研究，切实加以解决。

二、2021年工作任务

今年是"十四五"规划的开局之年，也是全面建设高水平"创新强区、品质名城"的起步之年。区政协工作的指导思想是：高举习近平新时代中国特色社会主义思想伟大旗帜，全面贯彻中共十九大和十九届二中、三中、四中、五中全会精神，把坚持和发展中国特色社会主义作为巩固共同思想政治基础的主轴，把服务发展大局、增进民生福祉作为履职主线，把加强思想政治引领、广泛凝聚共识作为中心环节，紧紧围绕区委一届十次全会作出的决策部署，在助推"三个年"、"五争"活动和"五个一批"重大项目中彰显政协作为，为开启社会主义现代化区域先行之路、奋力开创新时代上虞发展新局面贡献智慧力量。

（一）坚定政治方向，始终保持“把政协打造成为政治共同体”的定力

牢记人民政协是一个政治组织、政协委员是政治身份，坚定不移夯实共同的政治基础、承担共同的政治责任。

把习近平新时代中国特色社会主义思想作为打造政治共同体的总纲领。深入学习贯彻习近平新时代中国特色社会主义思想以及中央、省市区委政协工作会议精神，自觉把习近平总书记关于加强和改进人民政协工作的重要思想作为履职尽责的根本遵循。注重思想理论武装，健全常态化学习机制，以理论清醒保证政治坚定，以思想自觉引领行动自觉，做到学思用贯通、知信行合一。

把坚持党的领导作为打造政治共同体的主心骨。严格落实党对政协工作的全面领导，真正做到党委有部署、政协就坚决贯彻，党委交任务、政协就担当作为，党委有禁令、政协就严格遵守。确保政协一切工作都在党委领导下开展、所有活动都紧扣党政决策部署进行，努力使政协成为坚持和加强党对各项工作领导的重要阵地。

把加强党的建设作为打造政治共同体的着力点。进一步落实区政协党组、机关党组主体责任，健全区政协党组成员联系党员委员、党员委员联系党外委员制度，以高水平党建引领政协事业高质量发展。全力支持派驻区政协机关纪检监察组履行政治监督职责，推动政协党的组织和党的工作从“有形覆盖”向“有效覆盖”转变。

（二）聚焦中心大局，切实增强“服务高水平‘创新强区、品质名城’建设”的助力

坚持在大局下思考谋划、在大局下履职尽责，主动把政协工作融入全区“一盘棋”中去落实、推进。

锚定助推目标。聚焦“打造世界级绿色智造先进区、长三角开放活力新都市、新时代孝德文化传承地”的战略定位，协助党委政府实施好“十四五”规划。围绕区域经济高质量发展，在推进全面创新、强化数字赋能、加快开放融合和优化营商环境等方面献计出力；围绕城乡提质发展，开展乡村建设行动、生态环境提升、孝德文化传承等课题的调研协商。把经常性监督与调研、视察、协商融为一体，组织开展“五争”活动、“五个一批”重大项目专项视察。按照省、市政协统一部署，对“矛调中心”建设运行情况、无废城市建设等开展联动监督。

拓展协商平台。进一步完善政协全体会议协商、常委会协商、主席会议专题协商、专委会对口协商、界别协商、提案和社情民意办理协商等多位一体的协商格局。围绕增进民生福祉，紧盯学前教育、智慧居家养老、智慧停车等热点问题，深化“6＋X”请你来协商平台建设，培育协商文化，创建特色品牌。探索开展巡回协商、远程协商，努力实现“协商过了”向“协商成了”的转变，进一步擦亮专门协商机构牌子。

畅通建言渠道。坚持把提案和社情民意信息工作作为建言资政的重要渠道来抓。提案工作要进一步打响党政领导领办重点提案品牌，统筹开展提案办理监督活动，注重提案协商质量，不断提高提案办理的转化率和满意度。社情民意信息工作要进一步提升反映效能，聚焦中心大事、发展要事、民生实事和治理难事，加强收集和反映工作，更好发挥民意“直通车”优势。

（三）坚持凝心聚力，广泛汇聚“夯实团结奋斗共同思想基础”的合力

把加强思想政治引领、广泛凝聚共识作为履职的中心环节，铆定“圆心”，拉长“半径”，画出最大最美同心圆。

努力寻求最大公约数。正确处理好一致性和多样性的关系，全力为区级各民主党派、人民团体、工商联和无党派人士发挥作用搭建平台、提供舞台，探索建立专委会联系民主党派的常态化机制。进一步深化同社会各界的联系交往，加强与非公经济、新社会阶层、民族宗教界代表等人士和留学人员的联系联谊，把更多的人团结凝聚在党的周围。

倾情搭建为民连心桥。拓展委员工作站成果，探索“民生议事堂”建设，聚焦基层治理创新，深化协商、凝聚共识，协助党委政府做好宣传引领、理顺情绪、化解矛盾工作，打响特色履职品牌。持续提升“乡贤文化委员会客厅”建设水平，通过委员影响界别群众，影

响有影响力的人。深化“界别活动周”“委员服务日”履职品牌建设，开展“五下乡”等活动，共同奏响履职为民协奏曲。

持续画好最大同心圆。充分发挥团结联谊功能，巩固基本盘，拓展联系面。精心组织庆祝建党一百周年系列活动，广泛开展书画、茶饮、文史等文化交流，全年举办6期以上书画展览和12场次以上茶文化活动，出版《上虞茶文化》，启动《上虞文史资料选粹》（五）、《百村赋》编纂工作。更好发挥政协门户网站、微信公众号等媒体优势，汇聚团结奋进正能量，让凝心聚力更广泛、更务实、更有效。

（四）扛起使命担当，充分激发“干出新时代人民政协新样子”的活力

主动适应新时代新要求，切实加强自身建设，构建高效务实的履职格局，全面提升政协队伍水平。

夯实政协履职基础。加强常委会自身建设，当好勤学善思、建言献策、凝心聚力、敬业奉献的表率。坚持把界别作为政协组织架构的铜梁铁柱来抓，进一步完善界别履职、评价激励和服务保障等机制。挖掘专委会特色和潜能，发挥好对口联系的桥梁作用和服务委员的纽带作用。切实加强对乡镇（街道）政协工作的联络指导，进一步发挥政协系统整体效能。

提升委员履职能力。按照“懂政协、会协商、善议政，守纪律、讲规矩、重品行”的要求，教育引导政协委员站稳政治立场、扛起使命担当。坚持严管与厚爱结合，完善委员服务联络和激励考核机制，进一步调动履职积极性。高质量构建起“1+X”的委员学习培训机制，深入开展“书香政协·知行合一”委员读书等活动，全面提升委员素质和履职能力。

优化整体履职环境。主动与纪检监察、组织、宣传、统战等部门沟通联系，为政协党的建设、委员队伍建设、干部队伍建设、新闻宣传等方面提供支持和保障。坚持从严教育、从严要求、从严管理、从严监督，加强作风建设，抓好区委巡察意见的整改落实，着力提升机关干部素质水平，为委员履职和政协工作创新发展提供有力保障。

三、奋力谱写新时代上虞政协工作高质量发展的新篇章

进入新发展阶段，我们要聚焦高质量、服务高水平、画好同心圆，在建设“重要窗口”的伟大实践中提供更多政协素材、上虞样本。

（一）毫不动摇坚持区委对政协工作的全面领导。自觉接受区委领导，是上虞政协事业不断发展进步的根本保证。政协履职要想区委所想、做政协可做，推动履职重心与发展大局贴得更紧、履职行动与时代要求贴得更近。要找准履职切入口，真正做到中心工作推进到哪里、政协工作就跟进到哪里，努力把区委决策转化为社会各界的广泛共识和自觉行动，更加积极地在高水平“创新强区、品质名城”建设中贡献智慧力量、展现政协担当。

（二）牢固树立政协工作高质量发展的鲜明导向。实现政协工作高质量发展，要求政协履职必须从“做了什么”“做了多少”向“做出什么效果”转变。要坚持有扬有弃，强化问题导向，确保干到点子上、忙到关键处。要坚持有质有效，牢固树立“效果为先、质量为要”的理念，着力打造拿得出、叫得响的工作精品和履职品牌。要坚持有点有链，注重打造集成化履职链，加强各种履职方式、平台载体、工作力量的统筹整合，实现履职效果的最大化。

（三）以项目化管理为抓手推进政协各项工作。项目化管理是实现政协工作高质量发展的方法论，必须巩固延伸到政协履职的各方面。对年度重点工作既规划好路线图、又落实好任务书。要注重精心谋划，强化责任落实，通过一钉一铆抓落实、步步为营抓深化，充分释放出专门协商机构的效能。

“征途漫漫，惟有奋斗”。站在“十四五”奋斗目标新起点上，人民政协使命光荣、责任重大。让我们更加紧密地团结在以习近平同志为核心的中共中央周围，在中共上虞区委的坚强领导下，同心同德、锐意进取，以排头兵、优等生的使命担当和“用力跳、够得着”的奋进姿态，全力谱写新时代上虞政协事业高质量发展新篇章，为全面建设高水平的“创新强区、品质名城”作出新的更大贡献！

关于绍兴市上虞区2020年国民经济和社会发展计划执行情况及2021年国民经济和社会发展计划草案的报告

——在绍兴市上虞区第一届人民代表大会第五次会议上
（2021年1月13日）

绍兴市上虞区发展和改革局

受区人民政府委托，现将上虞区2020年国民经济和社会发展计划执行情况及2021年国民经济和社会发展计划草案提请各位代表审议，并请区政协委员和其他列席人员提出意见。

一、2020年全区国民经济和社会发展计划执行情况

2020年以来，在区委的正确领导下，在区人大、区政协的监督支持下，面对新冠疫情影响和复杂多变的经济形势，全区上下坚持一手抓疫情防控、一手抓经济发展，按照“两手硬、两战赢”各项部署要求，聚焦经济“高质量、可持续、普惠性”主线，准确识变、科学应变、主动求变，扎实开展营商环境提升年、产城融合发展年、基层治理深化年“三个年”活动，全力贯彻“争先创优”行动部署，提高站位、立足实际，高标准编制“十四五”规划，较好地实施了区一届人大四次会议通过的国民经济和社会发展计划。预计全年地区生产总值增长6%；实现财政总收入156.72亿元，增长6.2%，居全市第二，其中一般公共预算收入93.69亿元，增长4.7%，居全市第一；预计社会消费品零售总额增长3%；预计外贸出口总额增长5%；研究与试验发展经费支出占GDP比重3.4%；预计城镇、农村常住居民人均可支配收入分别增长4%、7%；登记失业率1.41%，控制在3%的预期目标之内。

2020年全区国民经济和社会发展主要呈现五个特点。

（一）经济结构不断优化，发展稳固性显著增强

1. 工业企业筑基回暖。坚持抓发展基本盘，着力促复工复产，预计全区规模以上工业增加值增长6.7%，保持全市前二。工业用电量增长2.7%，居全市第一。数字赋能加速，预计数字经济核心产业制造业增加值增长15%以上，卧龙、闰土、安诺、安瑞思4家企业入选全国工业互联网企业库名录。创新能力持续增强，战略性新兴产业增加值、高新技术产业增加值均列全省第七，新增高新技术企业80家、省科技型中小企业163家，获得省科学技术进步奖三项。企业梯队不断稳固，新增上市公司2家，境内A股上市公司数量达19家，获第三届浙江凤凰榜并购引领区域产业升级特别贡献奖；卧龙等多家企业入选中国民企500强、浙商500强、浙江省民营企业百强等榜单；新增“小升规”企业93家，获省中小微企业培育工作成绩突出先进集体称号。

2. 服务业建筑业挖潜拓展。危中抢机，全力挖潜，

出台服务业"双抓双优双突破"三年行动计划，预计实现规模以上服务业增加值450亿元，增长7%。新兴服务业逆势增长，科技服务业营业收入占规模以上服务业营业收入比重增幅居全省第一；规模以上其他营利性服务业营业收入增长38.2%，居全市第一。e游小镇预计完成税收5亿元，入选省第四批大众创业万众创新示范基地。商贸业态活力复苏，预计限额以上批发业、零售业销售额分别增长20%、8%以上，限额以上住宿业、餐饮业营业额实现正增长。成功列入首批省级夜间经济培育城市，开展"提信心促消费十项活动"，出台促进汽车消费政策，拉动消费超5亿元。建筑业稳步发展，获评全省建筑工业化优秀县（市、区），预计实现省内建筑业总产值525亿元，增长12%。建筑工业化强势推进，新增PC构件基地1家，建筑工业化基地总数达6家。亚厦装饰获浙江省人民政府质量奖。

3. 农业生产稳步提升。 农产品稳产保供到位，农林牧渔业总产值预计增长2.5%，保持全市第一。全年实现粮食播种面积55.01万亩，产量4.7亿斤，其中早稻种植14.65万亩，连续四年居全省第一，水稻耕种收综合机械化率达88.7%，成功创建省级农业绿色发展先行县，入选"互联网+"农产品出村进城工程试点县名单。盖北通过省级特色农业强镇验收，丁宅国家级农业产业强镇、永和水果水稻特色省级农业强镇、章镇省级现代农业园区建设扎实推进。都市农业、"四季仙果"全产业链培育进一步加快，"丁宅水蜜桃""上虞觉农翠茗茶"通过国家农产品地理标志认证，都市农创智谷启动建设，推进"四季仙果"数字产业化发展，打造数字果园8个。

（二）内生动力不断强化，发展持续性有效提高

1. 平台体系优化升级。 围绕"188"工程，持续推进"链长制"工作。杭州湾经开区纵深推进化工产业2.0版改造提升，成功创建全国绿色工业园区。曹娥江旅游度假区启动国家级全域旅游示范区创建，东澄村被评为第二批全国乡村旅游重点村，桃花源景区列入国家AAAA级景区创建名单，岭南乡创成第四批省级旅游风情小镇。成功举办第四届"CHINA·中国"（上虞）陶瓷艺术设计大展，组织开展"皂李湖杯"皮划艇越野赛等20余场首届曹娥江文化旅游节系列活动，创新开展"云直播"等引流活动。文化旅游风情街获评省级示范性青创基地。e游小镇、孝德文化小镇、瓷源文化小镇、伞艺小镇、花田小镇等五个特色小镇有序发展。乡镇工业功能区整合提升加速，新增省级认定小微企业园6个。

2. 有效投资提质提速。 开展"三个一批、百大项目、千亿投资"大会战，建立六大推进机制，安排项目111个，总投资1305.4亿元。预计固定资产投资完成275.2亿元，增长14.4%，其中民间项目投资，交通运输投资，生态环保、城市更新和水利设施投资，高新技术产业投资分别增长10%、36%、14%和20%；制造业投资、民间投资占固定资产投资比重分别为25.8%、65.1%；完成房地产投资101.37亿元，增长12%，销售商品房面积159.7万平方米，增长26%。"12320"招商引资体系进一步健全，引进项目60个，其中10亿—50亿元项目10个，50亿—100亿元项目3个，100亿元以上项目2个，引进500强企业合作项目1个。8个省市县长项目全部落地并开工建设，11个省重点项目顺利推进，新增补6个省重点项目。

3. 要素争抓成果丰实。 抢抓"窗口期"机遇，推进"三争"行动。"争先创优"5月MEI指数排名进入全省前十，粮食生产经验做法入选三季度省级"最佳实践"。共争取到上级各类资金46.67亿元，其中财政资金6.29亿元，各类政府债券40.39亿元。土地用能指标取得突破，争取建设用地指标3009亩、能耗指标11.22万吨标煤。示范创建成绩突出，先进高分子材料产业平台列入省"万亩千亿"新产业平台；杭州湾经开区以"新材料产业链"列入省开发区产业链"链长制"试点示范单位；新材料与高端装备制造产教融合示范基地、数字文娱产业创新服务综合体分别列入省级创建名单；伞艺小镇列入省第六批特色小镇创建名单，章镇镇列入省第四批小城市培育试点名单，丰惠镇"千年古城"积极申报省级试点；e游小镇主导研发浙江省网络游戏服务管理平台。

（三）开放融合不断深化，发展协调性日益加强

1. 区域联动谋深谋实。深入谋划融入长三角一体化发展，推进融杭联甬接沪行动。交通互联更加便捷，杭绍台铁路上虞段、曹娥江上浦船闸及航道等工程有序推进，群贤路东延公路工程三期完成建设，329 国道盖北至道墟段改建、杭绍甬高速上虞段及崧厦连接线、风情线旅游新干线百官站等工程开工建设。优势产业对接更加紧密，储备沪杭甬地区 10 亿元以上重大项目 6 个。积极发展“边界经济”，推动余姚慈溪小家电、模具等产业合作。医教体合作更加深入，邵逸夫医院绍兴院区项目正式开工。实现公立医疗机构异地就医直接结算全覆盖和苏浙皖沪三省一市异地门诊直接结算互联互通。13 所学校与浙师大、南师大等高校合作。成功承办潮起上虞·2020 年全国田径锦标赛、全国木球锦标赛等大型赛事 12 场，曹娥江半程国际马拉松赛荣膺中国田径协会金牌赛事。

2. 创新能级全面提高。大力推进曹娥江科创走廊建设，新增省级以上众创空间 4 家。入选省级可持续发展创新示范区建设名单。产学研互动加深，杭电产教融合创新园等项目加快推进，成立大学研究院联盟，各大学研究院引进项目团队 69 个，教授（副教授）203 人。天津大学绍兴研究院通过省级新型研发机构认定。成功举办全球青年科技领袖峰会暨第四届《麻省理工科技评论》“35 岁以下科技创新 35 人”中国榜单发布仪式。招才引智有力，全年引育高层次人才 97 人，成功实现倍增目标，建成海创人才长三角产业技术协同创新基地，推进全球路演中心建设。新增就业大学生 1.98 万名，居全市第一，新建成大学生见习实习基地示范工场 2 个。人力资源服务产业园晋级省级产业园，为区内 1069 家企业派遣人员 1.76 万人。

3.“三外”经济承压前行。加大外贸主体培育、风险防控和品牌建设，加强“订单 + 清单”监测预警，着力助外贸企业“保份额、去库存、转内销”，助力峻山、鼎创、夸烨 3 家企业列入商务部防疫物资出口“白名单”。预计实现出口 275.5 亿元，有望连续十一年保持正增长（全市唯一），占全国比重 15.37 ‱，高出目标 0.14 个万分点。省级出口名牌数保持全市首位，获 2019 年度省出口名牌建设考核先进。有序推进双向投资，预计外资到账 2.3 亿美元，新增外商投资企业项目 14 个，实到外资完成率和总量有望继续保持全市第一。鼓励民营企业走出去，预计全年实现境外投资 5000 万美元。

（四）营商环境不断活化，服务精准性进位提质

1. 政策惠企落实落细。在全省率先实施复工复产政策措施，建立驻企督导员制度。全市县区一级率先出台“稳企业稳经济稳发展”政策，安排 5000 万元资金用于金融专项奖励；将用水、用气价格优惠拓展至服务业。开行“就业大巴”和专列 274 辆次，接回员工数占全市三分之一。累计兑现政策资金 18 亿元，兑现速度从平均 1 个月提至 7 个工作日。积极落实“五减”政策，已完成 26.26 亿元，完成率 173.56%。发放小微企业和个体工商户纾困资金 9899.4 万元、央行抗“疫”专项再贷款 15.05 亿元、支小再贷款 30.71 亿元、万亿普惠再贷款 50.68 亿元。加强政策梳理，制定实施促进经济高质量发展“1+9”系列政策，建立政策快速申报兑现机制。

2. 政务改革纵深推进。“最多跑一次”改革持续深化，依托“互联网 + 政务服务”，推行“一号管理、一门集中、一窗受理”，网办率达 80% 左右，贯彻落实政务服务 2.0 应用测试及推广，上线事项 1393 个。“一码管地”等省级改革试点成效明显，“不见面”招投标系统实现全覆盖。创新开展“开门搞改革”系列活动，在全省率先组建改革（营商环境）观察员督察机制，获中国营商环境建设示范案例奖、全省营商环境建设优秀县（市、区）。

3. 政府服务解难深入。“现场解难、常态服务”等制度深入实施，“亲清直通车”、“专车、专列”精准运作，“三服务”积极推进，招聘 1479 名农村社区专职工作者，统筹选派 1053 名机关干部下沉一线，解难数 30377 个，办结率 99.45%，长期居省市前列。“虞快办”服务品牌不断打响，创新实施农村社区（便民）服务中心 2.0 版建设，打造“最近家门口”一站式服

务平台,"最快线上跑"不出村服务模式,第一批33个试点村创建工作全面完成,15分钟政务服务圈加快构建。

(五)社会治理不断细化,保障全面性显著增强

1. 城乡治理精细到位。开展"产城融合发展年",滚动推进城市有机更新。老旧小区综合改造全面开展,城市排涝能力持续提升,恒利路、藕舫路完成积涝点改造。交通治堵逐步推进,舜江西路延伸段、江东路改造等工程启动建设,新增停车位5182个,新建美丽经济交通走廊75公里,新建和改造提升农村公路148公里,完成农村公路亮化90公里。村级换届选举顺利完成,全域推进新时代八大"美丽行动",打造新时代美丽乡村精品示范村40个,新增激活闲置农房29万平方米,吸引社会资本4.05亿元。盖北镇农村综合改革集成建设项目列入省级试点。深入推动"五星3A"争创,超额完成市3A村创建任务。新(改)建公交候车亭76个,建设公交首末站及停保场3个,完成农村港湾式停靠站建设15个。

2. 社会保障健全完善。全力做好城乡医保参保登记和医保宣传"五进"工作,全民参保率99.97%,居全市第一。高标准落实医保扶贫攻坚战,医疗救助政策落实和符合条件困难群众资助参保均实现100%,实现基本医疗保险、大病保险、医疗救助、重点优抚对象住院医疗费用补助省域内"3+N"一站式报销结算。稳步推进"1+8+X"大救助体系建设,救助困难群众12.18万人次,发放救助金7865万元。完善智慧养老平台,实现全区镇街级居家养老中心、城乡社区居家养老服务照料中心实体化运作全覆盖。实验小学上德校区、杭州湾未来城小学等学校建成投用,新增优质学位5780个,入选省"互联网+义务教育"实验区,教育现代化发展水平居全省第一方阵。

3. 社会大局和谐稳定。以"雪亮工程""智慧综治""未来社区"为核心联合打造智慧"城市大脑"。深化"三色"预警机制,完成重大决策社会稳定风险评估115件,平安上虞建设更进一步。深化源头治理,打造35个基层治理品牌工作室,镇村矛调中心全覆盖。信访办理"2211"工作机制全面推行,初次"信、访、网"一次性化解率分别达91.3%、97.3%和98.4%。扎实开展第七次全国人口普查,高分通过全国文明城市复评。第二轮中央生态环境保护督察信访量下降31.5%,按时办理率和审核通过率均实现100%。绿色发展指数全省排名前进15位,"无废城市"建设全市领先。殡葬改革进一步推进,14个乡镇(街道)开展节地生态安葬点建设。生态环境公众满意度居全市第一,空气质量综合指数3.16,下降13.3%,PM2.5平均浓度26微克/立方米,下降21.2%,两次获全省"蓝天之星"称号,市控考核断面水质达标率100%,"五水共治"连续两年获得"大禹鼎"。

在充分肯定成绩的同时也要清醒地认识到,疫情变化和外部环境存在诸多不确定性,世界经济形势仍复杂严峻,国内经济复苏不稳定不平衡,我区经济和社会发展也还存在一些矛盾和问题。参与长三角一体化发展还需进一步突破,产业链和创新链的融合还需进一步增效,交通外联内畅还需进一步谋划,全域旅游及浙东唐诗之路的打造还需进一步深化,城市配套设施能级还需进一步提高,治理能力和各类风险防范机制还需进一步提升。对此应高度重视,采取有效措施努力加以解决。

二、2021年全区国民经济和社会发展主要预期目标

2021年,是开启全面建设社会主义现代化国家新征程的起始之年,也是"十四五"规划的开局之年,站在新的历史起点上,扎实推进新一年经济社会发展工作意义重大。根据区委总体部署和《政府工作报告》安排,提出年度指标安排建议。

(一)主要考虑

安排2021年全区国民经济和社会发展目标主要基于以下三方面考虑。

一是应对新形势的需要。国际环境仍较复杂、新冠肺炎疫情持续反复,但机遇和挑战并存,要增强忧患意识,坚定必胜信心,牢牢把握长三角一体化、"双循环"发展格局全面构建的开放融合机遇,应对

变局、开拓新局的改革创新机遇，以数字化、智能化为主要特征的产业变革机遇，推动我区经济持续恢复和高质量发展。

二是勇当排头兵的需要。统筹破解产业发展、两链转化、产城融合、社会治理等领域中存在的矛盾和短板，是实现我区经济高质量发展的必由路径。要在建设“重要窗口”中勇当排头兵，争做优等生，按照“用力跳、够得着”要求，在发展指标的设定上高于全市平均水平，高于大湾区范围内体量相较更大的县市区，高于“十四五”规划既定的指标。

三是扛起新担当的需要。强化以人民为中心的思想，全面推进“创新强区、品质名城”建设，推动经济增长与居民收入增长相协调、民生事业与经济发展齐头并进，主动担当，积极进取，合力驱动上虞加快从县域经济向新都市经济跃迁，真正把扩大发展成果共享体现在经济社会发展预期目标安排中。

（二）重点说明

对主要预期目标作如下重点说明。

1. 关于地区生产总值增速保 7.5%，争 8.5%。随着我区融入长三角一体化发展工作的深入推进，经济提质增效、产业结构优化、发展动力转换持续推进，“大好高”项目招引不断取得新突破，经济高质量发展基础得到进一步夯实。

2. 关于财政总收入、一般公共财政预算收入均增长 7.5% 以上。我区经济运行继续保持稳中向好态势，传统产业改造提升、新兴产业培育坚实、企业效益增势较好等均为财政增收提供了有力保障。考虑新冠疫情、贸易摩擦、减税降费等因素叠加影响，预计财政收入增长 7.5% 以上。

3. 关于固定资产投资增长 12%，投资结构趋于优化。随着全区政府投资项目、“五个一批”重大项目、省市县长项目等持续推进，固定资产投资将保持稳定增长，民间项目投资、交通基础设施投资、生态环境建设投资、高新技术产业投资增长目标分别为 10% 以上，省市县长项目落地率 100%。

4. 关于社会消费品零售总额增速 10%。以深入实施“双抓双优双突破”服务业高质量发展三年行动计划为抓手，引领我区消费结构转型升级，加快消费场景建设，积极发展夜间经济、网红经济等，重点培育信息消费、旅游消费、文化消费等新业态，深入挖掘消费增长点，进一步激发居民消费潜力。

5. 关于外贸出口增速 5% 以上，保持全国份额基本稳定。当前汇率波动幅度依旧较大，贸易形势不确定性仍存，但随着我国加入《区域全面经济伙伴关系协定》(RCEP) 和中欧投资协定谈判完成，外贸结构调整优化，出口产品竞争力进一步提升，为我区争创出口名牌，全力推进跨境电商，以外贸新业态新模式拉动出口等带来全新机遇，外贸出口将稳健增长。

6. 关于研究与试验发展经费支出占 GDP 比重达 3.5%。当前，科创走廊建设深入推进、创新要素资源不断集聚，通过实施创新平台联动、创新主体倍增、创新人才集聚、创新环境优化等四大工程，将有效提升区域创新能力。

7. 关于登记失业率控制在 2% 以内。稳就业、稳金融、稳外贸等政策措施深入推进，新时代就业创业服务体系不断完善，企业用工监测及社会就业形势分析研判更为全面精准，预计 2021 年将新增就业岗位 2.1 万个，总体就业形势基本稳定。

8. 关于城镇、农村常住居民人均可支配收入与 GDP 基本同步增长，城乡收入比小于 1.82。为切实提升人民群众生活的幸福感和获得感，随着乡村振兴战略深入实施，社会保障体系逐步健全，多元化社会救助体系完善，民生福祉日益增进，收入渠道将不断拓宽，更趋多样。

9. 关于节能减排完成上级下达任务。节能减排是约束性指标，必须不折不扣完成。

三、2021 年全区国民经济和社会发展主要工作措施

为顺利实现全区经济社会发展目标，必须高举习近平新时代中国特色社会主义思想伟大旗帜，全面落实党的十九大，十九届二中、三中、四中、五中全会精神和省市各项决策部署，围绕在忠实践行“八八战略”、奋力打造“重要窗口”中勇当排头兵争做优等生要求，开启社会主义现代化区域先行之路，大力实施数字赋能提速年、文化铸魂提质年、基层治理提升年“三个年”活动，积极开展争资金、争资源、争

项目、争试点、争荣誉“五争”活动，深入推进产业发展、数字赋能、科技人才、城市功能、民生实事“五个一批”重大项目，促进经济健康发展和社会和谐稳定，着力提高群众获得感、幸福感、安全感，奋力夺取“十四五”发展良好开局，以优异成绩庆祝中国共产党成立100周年。建议重点落实六方面措施。

1. 紧扣重大战略，构筑更新发展格局。一是积极融入长三角一体化。深化融杭联甬接沪行动，出台全面融入长三角一体化发展《实施意见》，加快交通路网工程和基础设施建设，推进产业合作互补共促、科技创新协作发展、公共服务联动共享，积极对接长三角生态绿色一体化发展示范区，争取在优质资源导入上有更大突破，着力构建与长三角城市间全方位融合格局。二是阔步迈向双循环新格局。实施“智慧上虞”商圈、“娥江盛市”市集以及“点亮上虞”夜地标建设等工程，力争实现限额以上批发和零售业销售额分别增长15%、10%；限额以上住宿和餐饮业营业额均增长10%，网络零售额增长20%以上，全力打造“浙东新商都”2.0版。开拓国际市场，争取外贸出口增速5%以上，新增进出口备案企业150家以上，组织企业争创省市出口名牌，加快建设跨境电商产业园。三是大力拓展数字化新蓝海。深入实施数字经济“一号工程”，推动大数据、云计算、物联网等数字技术应用，力争实现5G基站全开通，数字经济核心产业制造业增加值增长12%，软件产业主营业务收入增长15%。分行业推进化工、机电等优势传统产业数字化改造提升，力争实现重点工业企业装备数控化率77%和机器联网率57%，新增两化融合贯标5家，新增工业机器人370台以上，引进培育本地智能化工程服务公司2家以上。

2. 突出项目引领，激发更强创新活力。一是推进平台建设。高质量打造“1+2+5+N”平台体系，以先进高分子材料“万亩千亿”平台为抓手提升杭州湾经开区龙头地位，争取进入全国化工园区十强。曹娥江旅游度假区积极构建“一体两翼三大走廊”发展格局，全力创建国家级旅游度假区。深化九大工业园区整合置换，加快组建曹娥江经济开发区，实现实体化运作。推进e游小镇开展2.0版特色小镇建设，打造数字内容产业的“中国乌镇”。调整花田小镇建设方向，推动伞艺小镇智能化改造，加强孝德文化小镇景区化建设，发展瓷源文化小镇文创产业。大力推进小微企业园建设，新增省级认定小微企业园3个。二是扩大有效投资。深入开展总投资超1400亿元“五个一批”大会战活动，民间项目、交通基础设施、生态环境建设、高新技术产业等投资分别增长10%以上，省市县长项目落地率100%，力争省重大项目、省重点项目新增数量再创新高。坚持制造业、服务业双轮驱动，统筹推进全域招商，力争实到外资2亿美元，引进10亿元以上重点制造业项目10个以上，其中50亿元以上项目2个，5亿元以上高端服务业项目5个以上，亿元以上优质产业链项目15个以上。三是加快创新驱动。以科技创新为核心，以“八大创新行动”为牵引，打好全面创新三年行动第一仗。加快打造曹娥江科创走廊，重点推进“四园二中心”高端创新平台建设。完善科技企业梯度培育机制，新增高新技术企业50家、省科技型中小企业150家以上。引导和鼓励企业加大科技研发投入，不断增强自主研发和创新能力，争取建成省级以上企业研发机构5家以上。深入实施“雄鹰行动”“雏鹰行动”，新增“小升规”企业65家。抢抓资本市场改革机遇，力争新增上市公司2家、完成股改20家。全面实施人才首位战略，引育高层次人才100名以上，高水平建设杭电产教融合创新园，打造省级产教融合示范基地升级版。加强成果转化，新增校地合作项目50个以上，全年推动科研成果产业化项目300个以上。

3. 统筹城乡规划，建设更高能级城市。一是逐步构筑北都市主体空间。推进杭州湾经开区与七个街道共同打造城镇化发展优势地区，建设杭州湾经开区未来小城，提升盖北镇、谢塘镇的协同作用。强化整体智治，狠抓城市大脑落地见效。加快城市快速路研究，谋划南北向快速路通道，完成新改建城区道路12公里，继续实施舜江西路延伸、春澜路、英台路等道路建设工程，治理交通堵点3个。推进鸿雁未来社区、省级城乡社区治理和服务创新实验区建设，对银河新村等18个老旧小区进行改造提升。二是系统推进南花园美丽格局。突出虞南地区整体开发，发挥皂李湖、东山区域文旅开发主引擎作用，打造“浙东唐诗之路”重要节点。启动实施全域旅游提升三年行动计划，加快形成“一路一湖两镇”发展格局，力争通过省级全域旅游示范区复核。推进丰惠镇“千年古城”、章镇镇小城市建设。创建美丽城镇省级样板1个、美丽城镇达标镇2个。加快美丽乡村建设，完成3个美丽宜居示范村省级项目验收。三是不断强化新时代文化引领。突出孝德文化主体地位，成立孝德文化研究院，高水平办好第五届孝文化节，串联青瓷文化、东山文化等特色文旅资源，探索研学游模式。积极开发春晖中学人文景观、浙东古运河文化遗址资源。组织开展第二届曹娥江文化旅游节等宣传推介活动，推动文旅融合发展。

4. 围绕绿色发展，打造更优生态环境。一是保护绿色生态。积极争创国家级生态文明建设示范区，切实推进山水林田湖草生态保护修复省级试点，继续实施森林扩面提质、湿地保护、城乡园林绿化建设工程，创建省级森林城镇1个，人均公园绿地面积达到14.6平方米。二是倡导绿色生活。综合施策巩固蓝天保卫战成果，深入推进涉气企业“科学治废气”行动，谋划异味评价体系三期项目建设，确保全区空气质量优良率88%以上、PM2.5平均浓度32微克/立方米以内。促进生活垃圾源头减量和资源化利用，加强生活垃圾分类指导，严把固废产出关，强化全过程监管。力争市级以上水质考核断面达标率100%，饮用水源水质全面达标。三是注重绿色生产。严格能源“双控”，推进煤炭消费减量替代工作。纵深推进化工行业改造提升2.0版，加快无人车间建设，力争新增市级以上绿色工厂5家以上，创建省市级节水型企业3家以上。完善种养业布局和农业资源利用循环体系，创新发展绿色金融，支持金融机构创新绿色信贷产品和服务，全面建设全省全域“无废城市”。

5. 聚焦惠民实事，构筑更高品质生活。一是促进就业创业。以产业园为载体，积极实施好新时代稳就业和促创业政策。全年新增就业大学生2万名，新增就业岗位3.5万个，登记失业率控制在2%以内。做强职业技能提升平台，培养高技能人才1700人以上，培训技能人才15600人以上，进一步维护和谐劳动关系。二是增强社会保障。深化医保经办“15分钟服务圈”建设，加快医保领域数字化转型，确保网上办事率80%以上，实现全国12个省市门诊费用跨省直接结算。全面推进医保电子凭证应用，实现激活量30%以上。继续做好养老保险精准扩面，实现养老参保率99%以上。实施困难群众探访关爱制度，建立“探访+发现+服务”救助关爱机制，最低生活保障标准达到10680元/年。三是发展社会事业。扎实推进图书馆公共文化服务大提升行动，引进民办博物馆1–2家，新建城市书房4家。新建改建中小学、幼儿园17所，创建市级以上研学基地1个。推进体育赋能城市发展，办好曹娥江马拉松等高质量品牌赛事12次以上。打响“健康上虞”新品牌，持续打好常态化疫情防控战，启动邵逸夫医院绍兴院区人才招聘三年行动，深化上虞人民医院与上海瑞金医院等省内外三甲医院长期合作。打造“娥江晚情”养老品牌，启动区社会福利中心（区儿童福利院）异地新建项目，实现乡镇（街道）示范型居家养老服务市级四星级运营覆盖率达70%以上。

6. 优化重点保障，提升更强发展定力。一是优化服务体系。坚持以“最多跑一次”理念为引领，突出“直接可办、网上好办、一次能办、内部快办”，迭代完善“1+9”政策体系。加快推进农村社区（便民）服务中心2.0版建设全覆盖，持续加大权限下放力度。推动更多政务服务事项由网上、掌上可办向好办、易办转变。二是深化法治建设。健全依法行政体制机制，严格落实重大行政决策和行政规范性文件制定程序，推进“大综合一体化”行政执法改革。完善公共法律服务体系，优化村社法律顾问制度，创新精准矫正体系建设，打响“虞法同行”社会化普法品牌。三是强化平安保障。完善经济风险识别预警机制和应对预案，构建完善金融风险防控处置体系，加强政府债务管理。严格落实安全生产责任制，全面推进危化品生产领域“一件事”集成改革，强化重点行业领域“全链条”监管。全力维护社会大局稳定，大力开展“平安共同体”建设，推进矛调中心体制机制创新，打造“一单一码”“基层治理四平台”升级版。系统构建现代警务模式，深化“扫黑除恶”专项斗争。切实维护群众生命安全，加强防灾减灾体系建设，完善疾病防控、物资保障、公共卫生应急管理体系，筑牢食品安全防线。

做好2021年全区国民经济和社会发展工作，任务艰巨，责任重大。我们将在区委的坚强领导下，在区人大、区政协的监督支持下，不忘初心，砥砺前行，为顺利完成2021年国民经济和社会发展各项任务而不懈奋斗！

特 辑

2020 年绍兴市上虞区国民经济和社会发展统计公报

2020 年是高水平全面建成小康社会决胜之年，也是“十三五”规划收官之年，更是疫情之下不平凡的一年。全区上下坚持稳中求进工作总基调，深入开展营商环境提升年、产城融合发展年、基层治理深化年“三个年”活动，扎实做好“六稳”工作，全面落实“六保”任务，交出了“两手硬、两战赢”的高分答卷，在建设“重要窗口”中勇当排头兵争做优等生。

表 1

上虞经济社会发展主要指标

指标名称	单位	2020 年	2019 年	增幅(%)
年末户籍人口	万人	77.75	77.94	–0.2
地区生产总值(GDP)	亿元	1043.82	983.65	4.6
规模以上工业总产值	亿元	1697.57	1597.73	6.2
社会消费品零售总额	亿元	452.41	436.87	3.6
自营出口	亿元	278.25	261.34	6.5
实际利用外资	万美元	22828	28702	–20.5
财政总收入	亿元	156.72	147.61	6.2
# 一般公共预算收入	亿元	93.69	89.52	4.7
金融机构本外币存款余额(本外币)	亿元	1566.01	1403.04	11.6
金融机构本外币贷款余额(本外币)	亿元	1365.94	1184.72	15.3
全社会用电量	亿千瓦时	66.74	64.88	2.9
# 工业用电量	亿千瓦时	50.74	49.42	2.7
城镇常住居民人均可支配收入	元	68309	65234	4.7
农村常住居民人均可支配收入	元	38044	35443	7.3

注：GDP 增幅按可比价计算，其余均按现价计算。

一、综合

综合实力稳步提升。据初步核算，2020年我区实现地区生产总值1043.82亿元，按可比价计算增长4.6%，增幅比绍兴平均高1.3个百分点，居六县(市、区)首位。按户籍人口计算，人均生产总值134082元，增长4.8%，按年平均汇率(6.8976)计算，人均生产总值达19439美元。从三大产业看：第一产业实现增加值52.14亿元，增长2.2%；第二产业实现增加值514.58亿元，增长3.3%；第三产业实现增加值477.10亿元，增长6.7%。三次产业占地区生产总值的比重由上年的5.1:51.6:43.3演变为5.0:49.3:45.7，对GDP的贡献率分别为2.3%、38.7%和59.0%。

图1 2016—2020年地区生产总值及增长进度

二、农业

农业经济平稳增长。2020年我区实现农林牧渔业增加值53.33亿元，按可比价计算增长2.4%。实现农林牧渔业总产值84.41亿元，按可比价计算增长2.4%，比绍兴平均高0.1个百分点居首位。其中农业产值51.18亿元，增长7.7%；林业产值4.98亿元，增长4.4%；牧业产值9.19亿元，下降31.7%；渔业产值17.72亿元，增长4.9%；农林牧渔专业及辅助性活动产值1.34亿元，增长11.2%。年内生猪出栏11.79万头、牛出栏1278头、羊出栏2.18万头、禽出栏79.87万只，肉类产量1.14万吨，禽蛋产量0.16万吨，水产品产量4.61万吨，水果产量11.05万吨，茶叶产量2419吨。

现代农业彰显生机。完成省级农业绿色发展先行县创建，粮食生产经验做法入选省争先创优行动“最佳实践”案例，列入省级“互联网+”农产品出村进城示范县创建名单。数字科技赋能增效，完成新华网溯源中国·四季仙果数字化平台系统搭建，打造数字果园8个。新建农业“机器换人”示范乡镇2个、示范基地9个，水稻耕种收综合机械化率达88.7%。新建省级水稻千亩高产创建示范区6个、市级百亩高产创建示范方2个、区级百亩高产创建示范区8个，总面积达0.79万亩；完成0.84万亩粮食生产功能区提标项目基础工程建设。

乡村振兴蓬勃发展。全区财政对农林水事务投入12.15亿元，增长2.2%。新增“五星达标”村64个、“3A示范”村13个，打造新时代美丽乡村精品示范村40个。盖北镇高分通过省级特色农业强镇验收。新型主体不断壮大，打造“三丰粮食”“四季仙果新农人”等省级产业化联合体2个，深化“规模主体+基地+农户”的利益联结机制。培育农创客35人、乡村振兴“领雁人才”40人，培训高素质农民311人。大力发展村庄经营，立项42个，投资1.2亿元，带动村级经济年增收960余万元。村均经营性收入达到72.41万元，增长15.0%，全面消除30万元以下村。实施闲置农房激活计划，吸引社会资本4.05亿元，激活项目366个，新增激活闲置农房29万平方米。

绿色品牌持续发展。提前完成“无废城市”相关农业项目建设，建成全市领先的农药废弃包装物收储仓库。创建省、市级农业绿色发展示范区2个、5个，建成省级“肥药两制”示范农资店5家，省级水产健康养殖示范场9家。顺利通过国家农产品质量安全县交叉检查，全区农产品质量安全检测合格率达99.2%。“丁宅水蜜桃”“上虞觉农翠茗茶”顺利通过国家农产品地理标志认证。新建省级美丽牧场2家，新认证绿色食品4个。加大林业生态保护力度，全年新增造林面积3040亩。

三、工业和建筑业

工业经济提速回暖。2020年实现规模以上工业产值1697.57亿元，增长6.2%，比绍兴平均高3.9个百分点居首位，产销率为92.6%。从轻重工业看，规模以上轻工业实现产值431.91亿元，增长0.6%，规模以上重工业实现产值1265.67亿元，增长8.3%。分行业看，机械装备业实现规模以上产值329.46亿元，增长

15.8%；医药化工业实现规模以上产值626.54亿元，增长7.8%；轻工纺织业实现规模以上产值173.23亿元，下降7.1%；照明电器业实现规模以上产值50.56亿元，下降2.0%。规模以上工业增加值369.39亿元，增长6.2%，比绍兴平均高1.3个百分点居第二。全年完成工业用电量50.74亿千瓦时，增长2.7%。

图2 2016—2020年工业用电量及增长速度

发展动能加速积蓄。全年实现新产品产值739.05亿元，增长10.0%，新产品产值率为43.5%，同比提高1.4个百分点。新旧动能加快转换，数字经济核心产业制造业增加值增长17.8%，比规模以上工业高11.6个百分点居首位，高新技术、战略性新兴、高端装备、装备制造、环保等产业制造业分别增长8.3%、9.8%、10.7%、8.0%、18.8%，均高于规模以上工业。十七大传统制造业增加值增长6.6%，其中十大重点传统制造业增长7.6%居全市首位。产业升级步伐加快，制造业高质量发展"188"工程扎实推进，新材料产业链"链长制"列入省级试点。化工行业改造提升2.0版加快推进，完成"六新"改造20家，累计建成数字化车间11个，传统制造业改造提升工作获省政府督查激励。杭州湾上虞经济技术开发区创成全国绿色工业园区，先进高分子材料产业平台列入省"万亩千亿"培育名单。

企业效益稳固提升。规模以上工业企业实现营业收入1581.85亿元，增长3.9%；利税总额209.45亿元，增长16.2%；利润总额165.91亿元，增长20.6%；企业亏损面为21.0%。营业收入利润率为10.5%，同比提高1.5个百分点；每百元营业收入中的成本为80.6元，同比下降0.6元。

大型企业继续领跑。全区共有规模以上工业企业791家，其中年营业收入50–100亿元企业2家，10–50亿元企业31家，5–10亿元企业36家，1–5亿元企业186家。营业收入亿元以上企业实现产值1443.48亿元，增长9.3%，营业收入1368.89亿元，增长7.6%，利润总额161.73亿元，增长23.3%，占规模以上工业企业的比重分别达85.0%、86.5%和97.5%。90家大中型企业引领发展，产值、营业收入、利润总额分别占全区规模以上工业的48.9%、46.6%和72.9%。

节能降耗大力推进。持续打好节能减排攻坚战，节能"双控"成效明显。全年规模以上工业企业综合能耗178.98万吨标准煤，增长0.8%；万元产值能耗0.1054吨标准煤/万元，下降5.1%；规模以上单位工业增加值能耗下降4.1%。

建筑产业稳扎稳打。建筑工业化发展扎实推进，建筑业税收达11.1亿元。新增PC构件基地1家，全区建筑工业化基地总数达6家。新实施装配式建筑面积141.57万平方米，全装修住宅建筑面积99.31万平方米。工程创优成果丰硕，建筑企业共获国家级奖项36项，其中鲁班奖1项、国家优质工程奖4项、中国建筑装饰精品工程4项、中国建筑幕墙精品工程1项、中国建筑工程装饰奖26项；省级奖项74项，其中钱江杯4项、白玉兰奖5项、扬子杯1项、浙江省优秀建筑装饰工程12项、浙江省优秀安装质量奖3项、金石奖21项等。

四、固定资产投资和房地产

投资增速全面回升。全年完成固定资产投资272.66亿元，增长13.3%，比绍兴平均高6.6个百分点居第二。四个结构性指标均实现两位数增长，民间项目投资，交通运输投资，生态环保、城市更新和水利设施投资，高新技术产业投资分别增长10.3%、37.3%、11.7%和20.7%，制造业投资和民间投资占比分别为26.3%和65.8%；"双招双引"成效显著，新引进10亿元以上项目15个，总投资208亿元的圆锦新材料项目开工建设，省重大产业项目晶盛机电产业园一期已建成投产。

房产销售持续向好。全年实现商品房销售面积161.31万平方米，增长27.2%；商品房销售额238.24亿元，增长34.9%；房屋施工面积593.93万平方米，增长41.0%，其中新开工191.07万平方米，增长13.7%；年末待售面积42.80万平方米，下降10.5%。

五、城市建设

城市建设提速提质。城市功能日益完善,完成老旧小区改造53万平方米、城中村征迁改造43万平方米,搬迁滞留户18户,新建改造城市道路12.8公里、交通堵点6个、积涝点3个,新增停车位2000个,高质量通过全国文明城市复评。加快城乡融合,丰惠镇建成浙江省第一批美丽城镇省级样板,完成1个美丽宜居示范村省级项目验收。新建改造城镇配套污水管网建设项目14只,完成管网16.03公里。加快危旧房治理,D级、C级危房已经全部实现腾空,改造治理农村危旧房291户。

六、国内贸易

消费市场逐步回暖。省服务业强县(市、区)试点扎实推进,第三产业增加值占GDP比重比上年提高2.4个百分点。全年社会消费品零售总额452.41亿元,增长3.6%,其中限上社会消费品零售总额165.49亿元,增长2.1%。按销售单位所在地分,城镇社会消费品零售额260.25亿元,增长3.5%,乡村社会消费品零售额192.17亿元,增长3.6%。全年上虞区批发零售业实现销售额928.61亿元,增长7.4%,其中限额以上单位销售额453.96亿元,增长20.8%;住宿餐饮业实现营业额42.26亿元,下降3.7%,其中限额以上单位营业额10.45亿元,增长4.4%。多措并举促消费,汽车促消费补助政策合计补贴资金1672.8万元,拉动消费超5亿元。加快发展电子商务,新建村级电商服务站10个,社区智能投递终端50个,新增(跨境)电商主体171家。全年实现网络零售额85.13亿元,增长4.9%。快递业务量和业务收入分别增长29.9%和15.2%。

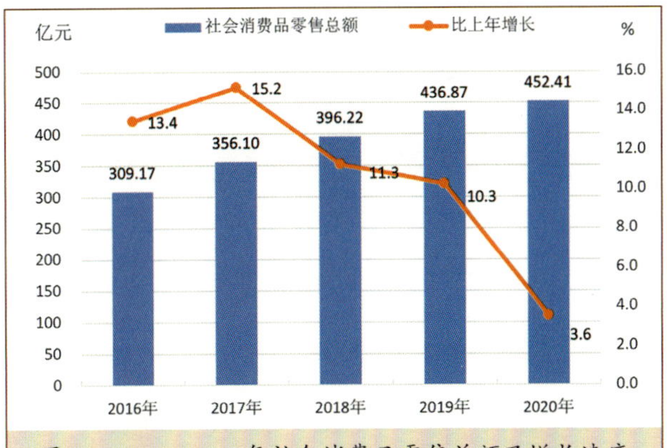

图3 2016—2020年社会消费品零售总额及增长速度

商品市场恢复繁荣。全区共有实体市场45个,实现成交额128.31亿元,其中消费品市场成交额122.11亿元,生产资料市场成交额6.2亿元。大型商品交易市场活力彰显,年成交额超亿元市场15个,实现成交额118.54亿元,占全区商品交易市场成交额比重达92.4%,其中绍兴大通集团公司农副产品批发交易市场和浙江石狮商贸城年成交额均超30亿元。

七、对外经济

利用外资量质齐升。紧抓重大外资项目,瑞昶实业成功实现外资并购,景鸿贸易、竹子药业等外资项目顺利到资。新办外商投资企业15家,新批外商增资项目12个。实现合同利用外资2.76亿美元,实际利用外资2.28亿美元,实际利用外资完成率和总量均居全市首位。新批项目总投资4.43亿美元,其中1000万美元以上项目9个,到资1.56亿美元,占实到外资总量的68.5%;第三产业项目占新批项目合同外资总额的比重达53.6%。

对外贸易逆势增长。全区实现进出口总额310.95亿元,增长9.4%,其中进口总额32.70亿元,增长43.2%;出口总额278.25亿元,增长6.5%。对"一带一路"沿线国家出口85.37亿元,增长5.3%。新增进出口备案企业271家,新增重点境内外展21个,组织228家次企业报名参加109场网上交易会。新培育出口名牌6个,累计35个,其中省级出口名牌14个,居全市首位。全区有贸易往来国家(地区)达194个,其中出口超亿元的国家(地区)45个,出口总量居前五位的国家(地区)依次为美国、德国、印度、韩国、日本;出口超亿元的企业62家。从出口方式看,一般贸易出口265.05亿元,增长7.9%;加工贸易出口13.13亿元,下降15.6%。从出口产品结构看,机电产品出口96.46亿元,增长14.5%;化工产品出口92.14亿元,增长2.7%;纺织服装类产品出口30.06亿元,下降5.6%。高新技术产品出口100.43亿元,增长12.8%。

外经合作步伐放缓。受全球疫情影响,"走出去"步伐明显放缓。全年实现境外投资额5272万美元,实现境外工程营业额6730万美元。全区累计拥有境外企业161家,总投资额24.4亿美元,其中中方投资额22.6亿美元。

八、交通和旅游

交通事业阔步前进。全年实施综合交通建设类项目 11 个，完成投资 39.38 亿元，交通建设综合评价指数 103.51，位居全市首位。“四好农村公路”建设持续推进，今年新建和改造提升农村公路 30 公里，新建美丽经济交通走廊 75 公里，完成农村公路亮化 60 公里。“公交优先”扩面提质，新增（更新）公交车辆 134 辆，其中新能源车辆比重达到 100%，新增（更新）清洁能源出租车 54 辆；优化调整公交线路 13 条、开通特色公交线路 1 条，新增公交线路 2 条；新建（改建）公交候车亭 77 个。资金保障有力有效，全年新增融资 31.92 亿元、转贷 45.41 亿元、储备授信 62 亿元。

旅游事业破茧重生。全域旅游持续深化，成功通过省级全域旅游示范区验收，岭南乡获批省级旅游风情小镇，东澄村列为全国乡村旅游重点村；省新时代美丽乡村示范县（市、区）通过验收。“山居岭南”民宿集聚区成为首批民宿助力乡村振兴改革试点名单，雪花谷民宿成功创建为省级白金宿。“诗画曹娥江”异彩纷呈，成功举办“CHINA·中国”陶瓷艺术设计大展等 20 余场曹娥江文化旅游节系列活动，上映中华孝德园水幕电影和江上花海 3D 全息投影。举办文化旅游风情街夜市 20 期，成为首批省级夜间经济培育城市，文化旅游风情街被评为省级示范性青创基地和绍兴市十大文旅夜间消费集聚区。全年总接待游客 1910.02 万人次，旅游总收入 161.58 亿元，其中接待国内游客 1909.94 万人次，国内旅游收入 161.55 亿元。全区共有星级饭店 4 家，其中五星级 3 家、三星级 1 家；旅行社 16 家，其中四星级 2 家、三星级 2 家。

九、财政和金融

财政收支提质增效。收入形势稳中向好，全年实现财政总收入 156.72 亿元，增长 6.2%，一般公共预算收入 93.69 亿元，增长 4.7%，分别居全市第二和第一位。在一般公共预算收入中，税收收入 79.68 亿元，增长 5.3%，其中增值税增长 3.8%，企业所得税增长 11.6%，个人所得税增长 22.7%，契税和耕占税下降 31.9%。税收收入占一般公共预算收入的比重为 85.1%，比全市平均高 3.4 个百分点。支出保障有力有效，全年完成一般公共预算支出 121.05 亿元，增长 15.9%，其中民生领域共支出 92.71 亿元，增长 11.8%，占一般公共预算支出的 76.6%。

图 4　2016—2020 年财政总收入及增长速度

金融市场平稳运行。年末金融机构本外币存贷款余额 2931.95 亿元，增长 13.3%，本年新增 344.20 亿元。存款余额 1566.01 亿元，增长 11.6%，本年新增 162.97 亿元，其中住户存款 863.26 亿元，增长 13.3%；本外币贷款余额 1365.94 亿元，增长 15.3%，本年新增 181.23 亿元。其中短期贷款 591.49 亿元，增长 10.6%，中长期贷款 740.83 亿元，增长 21.4%。全区银行不良贷款率降至 0.57%。

资本市场支撑有力。荣获第三届浙江凤凰榜并购引领区域产业升级特别贡献奖。“凤凰行动”再出成果，今年新增上市 2 家、辅导报会 5 家，境内 A 股上市公司数量达 19 家，保持全市第一、全省第五。全年实现直融并购规模 263.16 亿元，连续七年突破百亿元。防疫举措有效落实，累计发放央行抗“疫”专项再贷款 15.05 亿元、支小再贷款金额 30.72 亿元、万亿普惠再贷款 50.81 亿元。落实“三减”政策，核实兑现企业 25 家、涉及资金 440.79 万元。基金与产业融合实践创新突破，首个基金投资项目产业园——上虞新动能创投产业园开园投用。新引进银行 1 家，首家专业性银行文创银行开业。全区累计银行业金融机构 22 家、证券期货营业部 11 家、保险公司 29 家、小额贷款公司 5 家、民融中心 1 家、担保公司 3 家、典当公司 5 家。

十、科学技术和教育

科技创新活力迸发。成功创建省产教融合示范基地和省可持续发展创新示范区，绿色环保化工产业创新服务综合体通过省级创建绩效评价，数字文娱创新服务综合体列入省级创建名单。2019年度全区R&D经费支出达33.17亿元，占GDP比重达到3.4%，全省排名第八位。创新资源加速汇集，新增国家级众创空间1家、省级众创空间4家、市级众创空间7家，贰捌和辑众创空间获评省级优秀众创空间。全年新入选省"万人计划"2人、国家创新人才推进计划1人。新引进落户"娥江英才计划"、绍兴"海内外英才计划"等高层次创业项目10个。创新动能进一步激发，全年新增高新技术企业80家、新认定科技型中小企业163家。自主研发能力不断提升，4个项目列入2020年省重点研发计划，14个项目入选省"四个百项"重点技术改造示范项目计划，425个项目列入省级新产品试制计划。天津大学浙江绍兴研究院列入首批省级新型研发机构，新增省级院士专家工作站1家，新认定省级企业研究院3家、省级企业研发中心8家、省级企业技术中心4家。加快成果转化，全年完成成果登记369个，完成技术市场交易额14.9亿元。全年专利授权数6556件，其中发明专利352件。

教育事业步履铿锵。全区共有小学51所，在校学生39095人；普通中学34所，在校学生30995人；中等职业学校2所，在校学生7028人，九年制义务教育对象入学率100%。接收义务教育阶段新居民子女入学15893人，入学率达100%，占全区义教段学生总数的27.3%。高考普通类一段上线超省市平均水平，4位学生被清华、北大录取，100位学生被C9高校录取，417位学生被双一流高校录取。1所学校被评为全国文明校园，4所学校列入省中小学劳动实践教育项目试点学校，1所学校被评为全国青少年校园排球特色学校，3所幼儿园被评为全国足球特色幼儿园。建成投用幼儿园和中小学8所，新增优质学位3530个，浙江建设职业技术学院上虞校区正式开学。名校集团化办学有序推进，集团化办学涵盖全区45所校(园)，教育现代化发展指数居全省前列。全面实现报名入学"最多跑一次"，民办学校摇号招生，"公民同招"平稳落地。实施"明眸亮睛"民生实事工程，全区儿童青少年总体平均近视率比2019年下降1.35个百分点；"四前并举·三方共管"近视防控工作经验入选浙江省"健康浙江行动"十大优秀典型案例。扎实推进各类职业人员继续教育工作，全年共完成培训16.58万人次，完成扫盲教育培训502人，成人"双证制"教育培训686人。

十一、文化、卫生和体育

文化事业全面繁荣。2019年度全省文博事业发展指标数据评估晋级12位，列全省14位。孝德文化基因解码项目成功列入省厅工作试点，孝德文化传承生态保护区成功列入浙江省文化传承生态保护区创建培育名单。新时代文明实践中心建设省级试点通过验收，"人民文创"产业园落户运行。凤凰山考古遗址公园项目通过省级考古遗址公园验收，仿古龙窑完成建设。强化文化阵地建设，成功引进民办博物馆2家，新建城市书房3家、"天香书吧"5家、农村文化礼堂48家。全区现有国家级非遗项目2个、省级非遗项目14个、市级非遗项目44个、区级非遗项目173个。全区公共图书馆总藏量93.1万册，年末数字电视用户达22万户。

卫生健康稳健发展。"健康上虞"持续推进，全国健康促进区创建通过国家级评估，邵逸夫医院绍兴院区开工建设。有效防控新冠肺炎疫情，发放中药31万袋，选派15名医护人员驰援武汉。全面深化县域医共体建设，人民医院、中医医院两个医共体全年累计下派医务人员6101人次，服务群众近7.4万人次；全区基层医疗机构门急诊人次占65%。扎实做好基本公共卫生服务，完成70岁以上老年人流感疫苗接种2.25万针次。做好人口健康发展工作，全年建设标准化母婴室28家，配置率达到100%；对615名失独对象发放保险补贴11.07万元。建立电子健康档案71.88万人，建档率90.02%。65岁老年人体检10.63万人，农民健康体检26.49万人。持续做好计划生育工作，2020年全区计划生育率98.93%。

体育事业提档升级。上虞被授予"浙江省运动休闲基地"称号，区教体局获全国体育事业突出贡献奖。成功承办全国田径锦标赛、全国木球锦标赛等大型赛事12场，曹娥江半程国际马拉松赛荣膺中国田径协会金牌赛事。全市首个出台体育产业政策，设立1000万元体育产业发展专项引导资金；教体集团挂牌成立。新建社区多功能运动场5个、小康村提升工程18个、百姓健身房16个、体育公园2个，体育设施进公园6

个，拆装式游泳池 2 个，笼式足球场 2 个，人均拥有体育场地面积达到 2.77 平方米。

十二、生态环境

生态建设持续推进。国家级生态文明建设示范区创建扎实推进，连续两年获得全省“五水共治”“大禹鼎”，两次获全省“蓝天之星”称号；“无废城市”建设全市领先，多个特色亮点在全国“无废城市”建设现场会上被参观推介。绿色发展指数全省排名较去年前进 15 位，生态环境质量公众满意度全市第一。深入开展生态绿色创建活动，新创建省级绿色学校 2 所、省级绿色教育基地 1 个；创成省级“美丽河湖” 3 条。

环境质量稳步提升。持续提升重点断面水环境质量，完成 8 个水质自动站改造工程，市考断面水质达标率为 100%，农村饮用水提质改善惠及 4 万余人。深化工业废气治理，完成 VOCs 深度治理、工业炉窑重点治理、工业臭气异味治理项目 41 个，燃气锅炉低氮改造 47 台；建立 LDAR 监管平台，实现 VOCs 减排 57.2 吨。今年全区空气质量优良率达 95.1%，同比提高 3.1 个百分点。PM2.5 颗粒浓度为 26 微克 / 立方米，同比下降 21.2%，空气质量综合指数为 3.17。城市区域环境平均噪声 52.0 分贝，符合功能区要求。

十三、人口、居民生活和社会保障

人口规模总体稳定。据公安局人口年报统计，2020 年全区总户数 28.61 万户，比上年增加 594 户，户籍人口 77.75 万人，比上年减少 1907 人。其中男性人口 38.25 万人，女性人口 39.50 万人，分别占总人口的 49.2% 和 50.8%。全年出生 4606 人，人口出生率为 5.92‰；死亡 5653 人，人口死亡率为 7.26‰，人口自然增长率为 -1.34‰。2020 年全区流动人口 20.79 万人。

人民生活稳固提升。全年居民人均可支配收入 54434 元，增长 5.6%。分城乡看，城镇常住居民人均可支配收入 68309 元，增长 4.7%。人均生活消费支出 35736 元，增长 1.2%，城镇恩格尔系数为 30.2%，比上年降低 0.2 个百分点。城镇居民人均住房建筑面积 54.0 平方米，增长 0.2%；农村常住居民人均可支配收入 38044 元，增长 7.3%。人均生活消费支出 22680 元，增长 1.7%。农村恩格尔系数为 32.1%，与上年持平。农村居民人均住房建筑面积 63.9 平方米，增长 0.6%。随着收入分配结构的改善，城乡收入差距进一步缩小，全年城乡居民人均收入比为 1.80，比上年收窄 0.04。

图 5　2016—2020 年城镇常住居民人均可支配收入及增长速度

图 6　2016—2020 年农村常住居民人均可支配收入及增长速度

招才引智谱写新篇。在全市率先成立“就业大巴”服务专班，共面向 18 个省（市、自治区）开行就业大巴和专列共计 274 辆次，接回省外员工 1.06 万人。全年累计组织 6719 家次企业举办线上线下各类招聘会 391 场次，新增就业大学生 2.06 万名，全市领先。成功举办全球青年科技领袖峰会、中国新材料产业创新发展论坛等活动，引育高层次人才 97 名。新建成大学生见习实习基地示范工场 2 个，全年吸引来虞见实习大学生 1.07 万名。人力资源服务产业园成功晋级省级人力资源服务产业园，全年培训 3819 人次，实现税收 506.85 万元。e 游小镇列入省大众创业万众创新示范基地。全年我区新增就业岗位 4 万个，实现下岗失业人员再就业 8284 人，就业困难人员再就业 1291 人，新吸纳小金籍农牧民就业 93 人来虞就业。城镇登记失业率控制在1.41%,低于去年0.66个百分点。全年共完成各类培训2.14万人,培养高技能人才2901人。鉴定各类技能人才6566人,核发职业资格证书5970本。

社会保障提质扩面。进一步提高社会保险参保覆盖面,至年末全区基本养老保险参保单位1.37万家,职工基本养老保险参保40.06万人,城乡居民社会养老保险参保16.60万人;基本医疗保险参保单位共计1.52万家,职工基本医疗保险参保32.94万人,城乡居民医疗保险参保41.55万人;工伤保险参保单位1.51万家,参保29.71万人;失业保险参保单位1.44万家,参保20.90万人。兑现企业失业保险、工伤保险费率下调、阶段性企业社保费减免、困难企业社保费缓缴等和社会保险稳岗补贴返还等政策红包,累计为全区企业减负13.2亿元。

民政事业高效推进。至年末全区共有最低生活保障家庭5690户7504人,其中城镇887户1114人,农村4803户6390人。全年最低生活保障资金支出7535万元,其中城镇1104万元,农村6431万元。切实保障困难群众日常生活,向1.03万名困难群众发放“爱心红包”515余万元,全年累计发放各项救助资金0.27亿元。政府养老民生实事工程扎实推进,对116户困难老年人家庭实施适老化改造,新建成并投运永和等5家镇街级居家养老中心,镇街、社区两级居家养老中心实现全覆盖。积极推动慈善事业,共募集慈善资金7186万元,其中“合力抗疫”慈善项目1585万元。全年发放各类慈善资金累计6186万元,销售各类福利彩票1.3亿元。

说明:

1.本公报所列各项数据为年度初步统计数据。

2.全区生产总值、各产业增加值绝对数是按当年价格计算,增长速度按可比价计算。三次产业划分执行国家统计局2012年制定的《三次产业划分规定》。

第一产业是指农、林、牧、渔业(不含农、林、牧、渔专业及辅助性活动);

第二产业是指采矿业(不含开采专业及辅助性活动),制造业(不含金属制品、机械和设备修理业),电力、热力、燃气及水生产和供应业,建筑业;

第三产业即服务业,是指除第一产业、第二产业以外的其他行业。

3.规模以上工业企业指年主营业务收入在2000万元及以上的工业企业。限额以上批零住餐企业指批发业年主营业务收入2000万元以上、零售业年主营业务收入500万元以上、住宿业年主营业务收入200万元以上、餐饮业年主营业务收入200万元以上的法人单位及个体户。

4.图表中地区生产总值和社会消费品零售总额历年数已按第四次经济普查结果修订。

5.按照我国地区生产总值统一核算和数据发布制度规定,地区生产总值核算包括初步核算和最终核实两个步骤。经最终核实,2019年,上虞区地区生产总值现价总量为983.65亿元,按不变价格计算,比上年增长7.4%,三次产业增加值结构为5.1:51.6:43.3。

6.部分数据因四舍五入的原因,存在与分项合计不等的情况。

大事记

1月

3日 省侨联党组书记、主席连小敏一行调研上虞"深化三服务、助推开门红"活动。

4日 浙江大学公共管理学院院长、社会治理研究院院长郁建兴带队调研乡贤参与基层社会治理的上虞故事。

7日 "两会"中共党员大会在区委党校召开。

7—9日 中国人民政治协商会议第一届绍兴市上虞区委员会第四次会议召开。

8—10日 绍兴市上虞区第一届人民代表大会第四次会议召开。

10日 全区"不忘初心、牢记使命"主题教育总结大会召开。

13日 区委书记、区委全面深化改革委员会主任陶关锋主持召开区委全面深化改革委员会第四次会议。

13—15日 区四套班子领导分赴各地开展扶贫帮困送温暖走访慰问活动。

14日 区人民检察院入选全国检察宣传先进单位。

16日 绍兴市乡村振兴"五星3A"暨农村人居环境整治提升现场推进会在区召开。

16日 杭绍台铁路上虞段白沙岭1号隧道、长山隧道相继贯通，系上虞段首条隧道贯通。

17日 2019年国家级经开区综合发展水平考核评价结果专题新闻发布会召开，杭州湾上虞经开区被列入"国家级经开区发展10个优秀案例"名单。

18日 国家应急管理部党组成员、副部长孙华山带队到虞调研，实地考察杭州湾上虞经济技术开发区。

21日 区纪委一届四次全体会议召开。

23日 上虞区章镇镇新江村、东关街道大西庄村、丰惠镇双溪村入选第二批国家森林乡村名单。

24日 区召开新型冠状病毒感染的肺炎疫情防控工作会议，区委书记陶关锋强调各级各部门要把疫情防控作为当前压倒一切的重大政治任务。

28日 上虞人民医院冯晶晶、蔡鸳、丁秀莹3位80后作为浙江省抗击新冠肺炎紧急医疗队第二批队员出征支援武汉。

2月

1—29日 区四套班子赴全区各地督查调研疫情防控工作。

10日 区召开新冠肺炎疫情防控工作领导小组（扩大）会议，研究部署区疫情防控和复工复产工作。

12日 省委书记车俊到上虞督查疫情防控和复工复产工作。

13日 区紧急派出12名医护人员（吕东、李立栋、厉巧凤、方银佳、单奇杰、甘军、孙伟义、钟丽丽、金莹莹、章佳、邵丽华、陆伟娣），组成浙江省第四批抗击新冠肺炎紧急医疗队，驰援遭受疫情突袭的武汉。

18日 市委书记马卫光到上虞看望慰问援鄂医疗队医护人员家属代表。

19日　省政协主席葛慧君指导督查上虞疫情防控和企业复工复产工作。

24日　区委书记陶关锋专题研究招商引资和项目建设情况，强调要把招商引资和项目建设作为应对疫情影响的重要举措，统筹推进疫情防控和经济社会发展。

26日　上虞区被评为浙江省AAA级景区城，系绍兴市唯一。

28日　上虞区被列入2020年度浙江省产业集群跨境电商发展试点专项激励名单培育类。

2月　区人防蓝天救援队、心梦义工社社长徐玲芝入选抗疫行动中的“绍兴好人”名单。

3月

1日　绍兴市举行扩大有效投资重大项目集中开工仪式，区12个重大项目参加集中开工，总投资282亿元。区启动“三个一批”、百大项目、千亿投资大会战。

9日　上虞区获2019年度全省实施乡村振兴战略优秀单位。

9日　2019年分领域分行业“亩均效益”领跑者名单公布，上虞e游小镇跻身浙江省特色小镇“亩均效益”领跑者行列。

10日　卧龙电气驱动集团股份有限公司与德国采埃孚股份公司签约，绍兴上虞、上海和德国施韦因富特全球三地同步进行，通过“屏对屏”实现跨国“云签约”。新成立的卧龙采埃孚合资公司总部将设在上虞，实现新能源汽车关键零部件全球化输出。

11日　浙江省副省长、民盟省委会主委成岳冲到上虞开展“同心抗疫情 全力促发展”活动，实地走访调研浙江春晖智能控制股份有限公司等盟员企业疫情防控和复工复产情况。

16日　区召开一届区委第十轮巡察工作动员部署会议。

18日　省委常委、省委统战部部长熊建平一行到上虞调研企业开复工情况。

24日　省委副秘书长、省档案局局长刘芸一行到上虞专题调研区档案工作。

25日　副省长彭佳学到上虞调研粮食生产和菜篮子保供情况。

28日　首期“春晖大讲堂·云课堂”开课，全程直播。

4月

4月　区新时代美丽公路建设三年行动拉开序幕。

2日　区举行企业营商环境评价新闻通气会，浙江大学调研团队发布2019年度上虞区企业营商环境评价报告。

8日　2019年浙江省专利奖获奖名单公布，浙江自立新材料股份有限公司的“一种烧结刚玉的制备方法”专利项目上榜。

9日　全区“清廉村社”标准化建设现场推进会在百官街道文化社区召开。

10日　省人民检察院党组书记、检察长贾宇一行调研指导上虞工作。

11日　上虞区在陈溪乡举行上虞区城际旅游巴士试运行开通仪式暨“诗画曹娥江，青春浪漫行”春日远足活动，越城区至上虞区陈溪乡、柯桥区至上虞中华孝德园两条城际旅游大巴率先开通。

13日　省农业科学院农业装备所专家一行到丁宅乡，考察乡农业科技试验与推广示范基地。

14日　上虞农商银行“金融服务三农、助推乡村振兴”暨“丰收”基金发布会举行。

14日　区举行纪念“当代茶圣”吴觉农先生诞辰123周年暨吴觉农先生铜像落成揭幕仪式。

16日　区召开“一支队伍管执法”、不见面招投标、国有资产转性注入和“四未一低”土地消化利用等重点工作现场推进会。

23日　省委书记、省疫情防控工作领导小组第一组长车俊到上虞区调研。

24日　总投资约5.14亿元绍兴东关站站前广场工程开动。

27日　上虞区岭南乡入选第三批“省级运动休闲小镇”培育名单。

28日　区举行2019年高质量发展指数发布会，上虞综合实力位居全国百强区第37位。

29 日　杭州湾上虞经开区“未来小城”系列活动开启。

30 日　杭州湾上虞经开区向海湖生态公园建成投用。

5 月

8 日　全区建设平安上虞工作会议召开。

12 日　省总工会党组成员、副主席张卫华到上虞调研督导职工队伍稳定情况及新时代产业工人队伍建设情况。

13 日　区民间文化交流协会、东山文化研究会和上虞东山谢氏宗亲联谊会共同发起举办纪念谢安诞辰 1700 周年座谈会。

13 日　上虞区入选浙江省“互联网 + 义务教育”实验区。

13 日　浙江省妇联党组成员、副主席陆英，省妇联常委、妇联组织部部长方芳一行调研上虞基层妇女组织建设工作。

15 日　亚厦股份董事长丁泽成被授予“华人华侨抗疫英雄”称号。

15 日　丁宅仙果农业产业融合发展示范园上榜第二批省级农业产业融合发展示范园创建名单。

20 日　区举行首场“亲清直通车・政企恳谈会”。

21 日　副省长彭佳学到上虞调研重大产业项目落地推进和农业生产情况。

28 日　第五届浙江省争做中国好网民接力活动暨绍兴市“抗疫情・促发展・话小康”好网民好故事分享活动在上虞启动。

29 日　区被列入农村综合改革集成建设项目试点县(市、区)。

29 日　区委召开领导干部大会，宣布浙江省委、绍兴市委关于上虞区委区政府主要领导调整的决定。提名陶关锋为绍兴市政府副市长人选，免去其中共绍兴市上虞区委书记、常委、委员职务。徐军任中共绍兴市上虞区委书记，不再担任绍兴市上虞区政府区长职务。提名金进富为绍兴市上虞区政府区长候选人。

6 月

5 日　全市深化“闲置农房激活”改革现场推进会暨优秀项目推介会在上虞区召开。

6 日　e 游小镇第一届“合伙人”行动启动，搭建小镇与客商零距离交流平台。

6 日　区在沪启动 2020“海创人才”国际创业大赛暨上海城市分站赛。

8 日　绍兴市上虞区医保定点医疗机构协会成立大会暨第一次会员大会在人民医院举行。

9 日　区与人民日报系的文创品牌“人民文创”签订合作协议，合作共建“人民文创”文化产业创意园。

12 日　位于上虞区上浦镇四峰村的雪龙采砂场开始拆除，曹娥江边长达半个多世纪的采砂堆砂成为历史。

14 日　“诗画曹娥江 运动皂李湖”2020 上虞“皂李湖杯”皮划艇定向越野赛举行。

17 日　区发布《关于机关企事业单位内部停车场实行错时开放的通告》。

18 日　上虞新动能创投产业园开园。

18 日　区又一个新能源汽车租赁品牌“哪吒”发布。“舜畅出行”城北租赁点启用。

19 日　省人大常委会委员、法制委员会主任委员丁祖年一行到上虞，就数字经济立法工作情况展开调研。

22 日　绍兴市“无废城市”建设试点现场推进会在上虞区召开。

23 日　纪念何云诞辰 115 周年座谈会在烈士故乡永和镇召开。

24 日　省关心下一代工作委员会主任徐宏俊一行到上虞调研关心下一代工作。

28 日　区举行“三个一批”百大项目千亿投资大会战二季度重大项目集中开工、集中投产和平台入驻仪式。

6 月　上虞援川医疗队赴小金县结斯乡向花村举行送医下乡义诊活动，上门为当地藏民群众免费进行健康咨询、疾病诊治和送药等医疗服务。

6 月　区全面推进村级事务小微权力清单制度。

7月

1日　绍兴发往杭州的首趟城际列车开通，是目前国内首条贯通三地运营的市域城际列车。

6日　上虞区公安分局被授予“全国公安机关执法示范单位”称号。

7日　全国人大华侨委委员、省十二届人大常委会党组书记、副主任王辉忠调研上虞侨资企业和物流企业发展情况。

10日　区召开村社组织换届选举工作领导小组会议暨试点动员部署会。小越街道、章镇镇2个镇街被确定为全省村社组织换届试点单位。

10日　浙江锦盛新材料股份有限公司在深圳证券交易所挂牌上市。

10日　第二批全国乡村旅游重点村拟入选名单公示，上虞区岭南乡东澄村入选。

15日　省委常委、省委组织部部长黄建发调研上虞村社组织换届和创新发展等工作。

16日　省台办主任庄跃成一行到上虞调研指导基层对台交流工作。

17日　浙江日报报业集团县级融媒体中心共享联盟·绍融+上虞工作站授牌成立。

20日　全区农村集体“三资”去现金化管理改革工作现场会召开。

23日　区委召开一届九次全体(扩大)会议。审议通过《中共绍兴市上虞区委关于深入学习贯彻习近平总书记考察浙江重要讲话精神，努力在建设“重要窗口”中展示最美上虞风景的决议》和《中共绍兴市上虞区委关于建设新时代“名士之乡”人才高地，打造高水平创新之区的决定》。

24日　2020年“创青春”浙江省青年创新创业大赛在上虞启动。

27日　浙江小百花越剧院在上虞建立艺术创作研究中心。

29日　区召开化工产业改造提升2.0版工作和圆金新材料项目专班会议。

31日　中国化学品安全协会硝化分会在上虞成立。

8月

4日　全省不动产登记创新试点集中调研会议在上虞召开。

6日　女儿红·浙江省第三届女子体育节开幕式暨迎亚运·绍兴市全民健身文体展示活动在上虞区华通体育馆举行。

6日　中国计量大学上虞高等研究院与浙江省可再生能源协会共建的“可再生能源研究所”揭牌。

8日　区政府一届五次全体会议暨争先创优工作部署会召开。

11日　浙江省夜间经济试点(培育)城市名单开始公示，上虞区的曹娥江“一江两岸”夜经济聚集区上榜。

15日　上虞区获2019年度“五水共治”(河长制)工作优秀市县区“大禹鼎”。

17日　区社会应急救援协会成立。

25日　区启动第四届新乡贤培育“青蓝工程”暨青蓝学友成果分享会。

25日　e游小镇入选省级双创示范基地。

28日　中国教育电视台水墨丹青书画院绍兴分院授牌仪式在区举办。

29日　2020浙江省足球超级联赛开幕式及揭幕战在上虞体育中心打响。

31日　全省定点零售药店信用监管建设现场推进会在虞召开。

9月

1日　区成立“青春唱响 虞声嘹亮”青年宣讲团。

2日　上虞申报的“孝德文化传承生态保护区”上榜《浙江省省级文化传承生态保护区(创建)名单》。

3日　浙江理工大学“大学生思想政治教育教学与研究基地”揭牌仪式在中华孝德园举行。

3日　退役军人事务部公布第三批著名抗日英烈和英雄群体名录，区著名抗日英雄、新四军浙东游击纵队第5个支队3个大队7个中队中队长观杰名列其中。

8日　纪念《共产党宣言》首个中文全译本出版100周年主题活动在上虞区举行。

10 日　浙江阳光照明电器集团股份有限公司举行阳光商学院成立揭牌仪式。

12 日　2020 上虞孝女曹娥祭祀大典在孝德广场举行。

15 日　上虞·2020 年全国田径锦标赛在上虞体育中心开幕。

16 日　省委副书记、代省长郑栅洁考察杭州湾上虞经济技术开发区。

18 日　阮炳炎、傅秋光 2 人上榜 2020 年“最美诚信浙江人”。

25 日　主题为“美好生活，由我而创”的首届人民文创国际创意大赛新闻发布会在人民日报社新媒体大楼启动。

27 日　区举行观杰烈士纪念碑重修落成典礼暨座谈会。

28 日　上虞区举行 2020 年“三个一批”大会战第三季度系列集中活动。

28 日　2020 年化工行业危险废物及废盐处理处置论坛在上虞举行。

10 月

9—12 日　环球网携北京大学经济学院专家学者采访调研上虞，共同聚焦区优化营商环境、打造“重要窗口”的生动实践。

10 日　区召开村(社区)组织换届工作会议。

10 日　浙江建设职业技术学院上虞校区迎来首批新生。

13 日　区医保分局在“上虞医保”微信公众号上公开公布基金运行情况，系全省首个。

16 日　“尚才之地 · 虞梦同行”2020 上虞人才发展大会举行。

19 日　上虞区被确定为《浙江省中长期青年发展规划(2017—2025 年)》省级试点地区。

20 日　民泰银行上虞小微综合支行揭牌开业仪式在财富广场举行。

21—22 日　绍兴市新媒体短视频、H5 创作大赛在区举行。

22 日　上虞区职业教育中心教师任城龙和外聘教师朱静斌联手获 2020 年全国行业职业技能竞赛——第二届全国新能源汽车关键技术技能大赛决赛新能源汽车电控技术赛项职工组一等奖，两人将被授予“全国技术能手”称号。

23 日　区新四军历史研究会举办中国人民志愿军抗美援朝出国作战 70 周年纪念活动。

23 日　浙江省建筑集成热水系统水质保障及节能节水技术研究与应用研讨会在上虞区召开。

27 日　浙江省政府研究室副主任俞征率调研组到上虞，专题调研年度经济运行情况。

27 日　“炉峰慈联 · 天天向上”2019 学年奖学基金颁发仪式在区职教中心举行。

28 日　上虞“统战之家”建成启用。

30 日　浙江省人民政府办公厅关于公布第四批小城市培育试点名单的通知。

11 月

3 日　全区企业家大会召开。

5 日　上虞—小金东西部扶贫协作工作联席会议召开。

6 日　章镇镇入选全省第四批小城市培育试点。

6 日　2020CTDC 首席技术官领袖峰会暨数字经济融合创新发展论坛活动在区举行。

7 日　区举行纪念“中国稀土之父”徐光宪院士诞辰 100 周年活动。

7 日　浙江阿克希龙舜华铝塑业有限公司举行红十字会第一次会员大会，是绍兴首家企业红十字会。

8 日　上虞社会各界祭祀中华道德始祖舜帝典礼在中华孝德园举行。

12 日　第五届《儿童文学》“金近奖”颁奖大会在区金近小学举行。

18 日　“数字未来 · 品牌出海”上虞跨境电商产业峰会在区举行。

18 日　上虞伞艺小镇入选第六批 15 个省级特色小镇创建名单。

26 日　2020 年仪器仪表产业发展峰会在区举行。

26 日　在北京举行的 2020 环球趋势大会上，上虞区作为优化区域营商环境建设示范案例被引用解读介绍，并获评营商环境建设示范案例。

28 日　越马系列赛——匹克 2020 绍兴·上虞曹娥江半程马拉松在上虞体育中心鸣枪开跑。

28 日　上虞法华寺举行纪念弘一大师诞辰 140 周年座谈会。

12 月

2 日　区召开平安建设专项工作推进会。

2 日　区"点亮一盏灯"爱心服务社负责人董国光入选首批浙江省首批志愿服务专家人才库名单。

4 日　2020 中国(曹娥江)新材料产业创新发展论坛在上虞举行。

6 日　上虞区上榜《2020 胡润中国最具投资潜力区域百强榜》。

10 日　全球青年科技领袖峰会暨《麻省理工科技评论》中国"35 岁以下科技创新 35 人"颁奖典礼在区举行。

10 日　中华全国供销合作总社理事会主任、党组副书记喻红秋一行到上虞区调研。

10 日　永和精亮小微产业园获评省级数字化示范小微企业园。

11 日　上虞港至宁波港集装箱水运航线试通航。

14 日　"朱小英调解工作室"获全省首批"金牌人民调解工作室"称号。

15 日　第四届"CHINA·中国"陶瓷艺术设计大展暨青瓷之源——中国(上虞)·越窑青瓷文化传承与创新主题论坛在区举行。

17 日　2020 年全国木球锦标赛暨 2021 年第 12 届亚洲杯热身赛在上虞区永和镇锦绣四明木球场挥杆开幕。

19 日　上虞区监管中心启用。

22 日　由华孚时尚股份有限公司、江南大学联合完成的"花式色纺纱多模式纺制关键技术及应用"项目获得 2020 年度中国纺织工业联合会科技进步一等奖。

23 日　浙江省副省长刘小涛一行调研上虞，实地调研联系企业运营发展情况。

23 日　总投资 208 亿元的圆锦新材料项目在杭州湾上虞经济技术开发区开工。

28 日　区举行"三个一批"大会战第四季度系列集中活动。

30 日　区委召开一届十次全体(扩大)会议。审议通过区委《关于制定绍兴市上虞区国民经济和社会发展第十四个五年规划和二〇三五年远景目标的建议》。

地　情

人文历史

【建置沿革】 上虞历史悠久，史籍记载和出土文物证明，早在4000多年前的新石器时代，就有人类在这里生活。上虞又是传说中虞舜的出生地及其后裔的封地，有许多与虞舜相关的古迹。《太康地记》记载："舜避丹朱于此，故以名县。百官从之，故县北有百官桥。"亦云："舜与诸侯会事讫，因相娱乐，故曰上娱（娱通虞）。"

夏帝少康时，属越国。战国时楚灭越，属楚。秦王嬴政二十五年（前222），置上虞县，县治百官，隶属会稽郡。新王莽始建国元年（9），废上虞入会稽县，属会稽郡。东汉建武（25—56）初，恢复上虞县，属会稽郡。东汉永建四年（129），分上虞南乡入始宁县，属会稽郡，历三国、两晋、南北朝不变。隋开皇九年（589），废上虞、始宁入会稽县，先后属吴州、越州、会稽郡。唐初，上虞境仍为会稽县的一部分，属越州。唐武德四年（621），以剡县与故始宁地为嵊州，八年州废。天宝、至德年间（742—758），属会稽郡。乾元元年（758）后，仍属越州。贞元元年（785），分会稽复置上虞。长庆元年（821）并入余姚，次年复置，县治设今丰惠，属越州。五代，属吴越国东府。北宋仍属越州。南宋绍兴元年（1131）改越州为绍兴府，元世祖至元十三年（1276）改绍兴府为绍兴路，元至正二十六年（1366）复为绍兴府，上虞皆为其属县。清承明制。民国元年（1912）改府制为道制，上虞属会稽道。民国16年（1927），废道制，直属浙江省。民国21年（1932），属浙江省第七行政督察区。民国24年（1935），属浙江省第三行政督察区。民国37年（1948），属浙江省第二行政督察区。中华人民共和国成立初，属绍兴专区。1952年2月起，属宁波专区。1964年9月，复归绍兴专区。1968年6月起，属绍兴地区。1983年8月起，属绍兴市。

中华人民共和国成立后，上虞与绍兴县、余姚县相邻乡（镇）有些许变动。1954年秋，绍兴县东关区及汤浦区的四峰、渔浦、汤霞、四村、胜江5个乡和富盛区的长东、保山、长塘、会胡4个乡划入上虞。1956年11月，丰惠区永兴乡和下管区王家庄、大岭顶村划入余姚县，绍兴县川下村划入汤浦乡。1960年8月和1966年1月，下管公社的大山、隐地、黑龙潭、悬岩、溪山5个村以及陈溪公社戴王、糜家2个村划入余姚县。1954年9月，县治迁至百官镇。1992年4月撤区扩镇并乡，撤销百官、下管、章镇、丰惠、东关、小越、崧厦、海滨8个区公所，原57个乡镇调整为百官、蒿坝、东关、沥东、谢桥、道墟、上浦、汤浦、梁湖、下管、驿亭、小越、永和、谢塘、崧厦、沥海、丰惠、章镇18个镇和陈溪、丁宅、岭南、龙浦、大勤、盖北6个乡。8月24日，国务院批准上虞撤县建市。10月18日上虞举行撤县设市庆祝活动。2001年10月，撤销百官镇、蒿坝镇和东关镇，设立百官、曹娥、东关3个街道办事处，将蒿坝镇全部和东关镇局部划入城区，单独设立长塘镇；撤销沥东镇，崧厦镇和沥东镇的局部合并设立新的崧厦镇，沥海镇和沥东镇的局部合并设立新的沥海镇；撤销谢桥镇和丰惠镇，合并设立新的丰惠镇；撤销龙浦、大勤乡和章镇镇，合并设立新的章镇镇；盖北乡撤乡设镇，道墟镇、上浦镇、汤浦镇、梁湖镇、下管镇、驿亭镇、小越镇、永和镇、谢塘镇、陈溪乡、丁宅乡、岭南乡12个乡镇保持不变。调整后，辖百官、曹娥、东关3个街道，道墟、上浦、汤浦、梁湖、下管、驿亭、小越、永和、谢塘、崧厦、沥海、丰惠、章镇、长塘、盖北15个镇,陈溪、丁宅、岭南3个乡。2005年10月1日,上虞市人民政府由百官街道市府路5号迁入市民大道987号。2013年11月18日,上虞在区行政中心举行撤市设区挂牌仪式,为绍兴市上虞区。2017年10月,撤销道墟镇、梁湖镇、小越镇,设立道墟、梁湖、小越3个街道办事处。2019年11月,撤销崧厦镇、沥海镇,设立崧厦、沥海2个街道办事处。

【历史文化】 上虞不仅是浙江建县最早的县份之一,也是古越文化的核心区域之一,境内有属于河姆渡文化的五星村遗址和牛头山遗址。至春秋时期,上虞即以酿酒、烧瓷、制茶、冶炼著称,东关牛山为当时越国冶炼铸造基地。上虞更是中国青瓷的发源地,以全国重点文物保护单位——汉代上浦四峰山小仙坛窑址为代表,其古窑址已发现的达300余处,构成了早自商周延续到宋代的庞大窑系,而且时代特征明显,青瓷器皿种类有几百种。

除了青瓷文化,上虞更以虞舜文化、东山文化、白马湖文化闻名海内外。作为虞舜故地,上虞历史上有许多与舜相关的地名,以及有关舜的传说记载与祭祀活动。上虞既是以孝文化为核心的虞舜文化的传承地,亦是谢安"东山再起"之处。东晋的谢安与谢氏家族中的谢道韫、谢灵运、谢惠连、谢朓以及王羲之、孙绰、支遁等,构成了东山文化的高雅品位,使东山成为浙东唐诗之路上的圣地。上虞又是传播"五四"新文化的重要阵地。20世纪20年代初,经亨颐、夏丏尊、丰子恺、朱自清、朱光潜等一大批文化精英集聚上虞白马湖畔,这一现象又被称为白马湖现象,白马湖流派文人荟萃,对中国现代文化的推动具有重要意义。

上虞"达人杰士、史不绝书"。汉代的王充、魏伯阳和孝女曹娥,魏晋时期的嵇康、谢安,宋代李光,明代"上虞四谏"——叶经、陈绍、谢瑜、徐学诗,清代的章学诚,直至近现代的罗振玉、陈春澜、杜亚泉、王一飞、叶天底、徐懋庸、马一浮、胡愈之、竺可桢、经叔平等,都是上虞杰出的乡贤。

【名胜古迹】 上虞江海环带,山川盘郁,历史悠久,人文荟萃,历代为浙江望邑,自然人文景观甚多。

大舜庙 原在百官龙山脚下,始建于夏朝,时与绍兴禹庙为浙江两大祀庙。现大舜庙移建于曹娥景区舜耕公园,投资2.5亿元,按两汉建筑风格设计,以天然石材砌筑,融原始风格与当代技术为一体。庙前为舜耕群雕,以花岗岩为主材料的象队群雕长68米、高27米,与大舜庙同为奇观。

曹娥庙 位于曹娥江西岸孝女庙村,距城区3千米,为纪念孝女曹娥而立。曹娥庙始建于东汉元嘉元年(151),距今已有1800余年历史,几经迁徙、扩建、修葺,奠定了现有庙宇布局严谨、错落有致、气势恢宏的建筑基调,占地面积6000平方米,建筑面积达3840平方米。曹娥庙文化积淀深厚,富含艺术之美,尤以庙内雕刻、壁画、楹联和书法"四绝"而饮誉海内外,被誉为"江南第一庙"。庙内现存的曹娥碑系王安石女婿蔡卞重书,已有千年历史。曹娥庙为省级文物保护单位。

英台故里祝家庄 位于上虞区东南,距城区7.3千米。三面环山,庄前的玉水河与开凿于西晋的四十里河贯通。现尚存有祝氏祖堂、玉水河、井孔泉、药师寺等与英台文化相关的古迹。

凤鸣山风景区 坐落于丰惠镇东南4千米,距上虞城区17千米。景区面积2.4平方千米,以山陡谷深、急流叠瀑、苍山翠绿、小桥流水的自然美而闻名,其中"悬石飞瀑""千年古藤"堪称奇观。凤鸣山是道教"第九小洞天"所在地,有东汉道教祖师魏伯阳炼丹遗址。景区内凤鸣真人祠始建于汉初,至今已有2000余年历史。

白马湖春晖名人园 位于距城区4千米的春晖中学内,为省级文物保护单位。20世纪20年代,夏丏尊、朱自清、丰子恺等到春晖执教,何香凝、蔡元培、叶圣陶、李叔同、胡愈之等到春晖讲学,享有"北南开、南春晖"之美誉。春晖名人园是当初这些文化名家的暂住生活之处,其中有夏丏尊的"平屋"、丰子恺的"小杨柳屋"、弘一法师李叔同的"晚晴山房"、经亨颐的"长松山房"等。

东山景区 距城区10千米,有200公顷自然水域与生态林地。东山是东晋政治家谢安的隐居地,也是成语"东山再起"的出典处,景区内有谢安墓、国庆寺及指石等遗迹。唐代李白、贺知章、刘长卿等,宋代苏东坡、陆游等,都曾盘桓东山留下著名诗篇。

称山风景区 位于上虞区西北，离城区 7 千米。相传春秋末期，越王勾践为复国雪耻，卧薪尝胆，奋发图强，曾在此山称炭铸剑、锻造兵器，称山由此而得名。景区成立后，为弘扬越王爱国精神，在铸剑遗迹处设立爱国主义教育基地——越王史迹陈列室。景区内还有明代石亭等建筑。

桃花源景区 地处上虞区西南，离城区 13 千米，距离绍兴市约 25 千米。面积为 2.6 平方千米，景区内除有满目青山和 330 余公顷的桃李竹林外，还有桃源湖、龙潭湖（共 26 公顷水域面积），山明水秀，寺院清净。建有马一浮纪念室。

秀峰寺 位于章镇堆高山景区，距城区 35 千米，南邻嵊州。堆高山上有建于明代的秀峰庵，现扩建为秀峰寺，建筑面积 3.8 万平方米，内有一尊高达 2.8 米的缅甸玉佛。景区苍山翠岭之中多有飞瀑，其中雨娘瀑高 60 米。

普净寺 位于蒿坝卧龙山景区，距城区 7 千米。普净寺始称普净莲社，建于南宋，屡经废兴，清乾嘉年间重新修复。20 世纪 80 年代起陆续扩建。寺庙现占地面积 3 万余平方米，建筑门类齐全，成为佛教活动场所。

峰山道场 位于今曹娥街道，距城区 5 千米。唐初，日本佛教界的高僧最澄法师来华学法，在峰山灌顶授法，后回国创立日本第一大教派——日本天台宗，峰山道场由此成为中日文化交流的重要见证，为日本宗教朝拜圣地。

覆卮山冰川 覆卮山位于上虞、嵊州、余姚 3 地交界处，在上虞区的最南端，主峰海拔 861.37 米，为上虞最高峰，因南朝山水诗人谢灵运“登此山饮酒赋诗，饮罢覆卮”而得名。山峰南坡无数巨石顺坡而下，气势壮观，为国内外罕见的第四纪古冰川遗迹。

同兴里 同兴里位于上虞区小越镇衡山徐村，是上虞著名乡贤陈春澜和其侄子出资建造的一处中西合璧的清末民国初江南代表性民居，寓意“兄弟同心，共同兴旺”。主体建筑坐北朝南，分三纵三横轴线布局，占地 10 亩，建筑面积近 4000 平方米。建筑布局严谨、气势恢宏，中西合璧、外雄内秀，为上虞单体独院规模最大的台门式建筑。2010 年，在中轴线布置有“陈春澜生平事迹陈列馆”，展览面积近 2000 平方米，以情景再现的方式生动形象地展示陈春澜一生的奋斗历程。2011 年 1 月，同兴里被列为浙江省文物保护单位。

中华孝德园 坐落于上虞城区西南凤凰山麓，面积 37.5 公顷，是曹娥江省级风景名胜区的核心区块。景区以孝文化为主题，以“孝感动天”的远古圣君虞舜和“投江救父”的东汉孝女曹娥为依托，通过对虞舜文化、孝德文化、佛教文化以及民俗文化的挖掘，集中展现上虞悠久的人文历史，传承和弘扬千百年来激励着中华民族不断前进的孝德精神。中华孝德园主要景点包括大舜庙、虞舜宗祠、般若寺、中国孝德文化馆、舜耕群雕、神州舜迹等，以“大象无形”的理念，力求古朴、厚重、大气，完整体现虞舜的孝德品质。景区一期和二期项目分别于 2011 年 6 月 18 日和 2015 年 5 月 22 日相继建成开放。2015 年 11 月 27 日，景区通过 AAAA 级景区验收，成为上虞区首家国家 AAAA 级旅游景区。

自然环境

【地理位置和面积】 上虞区地处浙江省中北部、杭州湾南岸，东临余姚，南接嵊州，西连绍兴，北濒钱塘江口，隔江与海宁市、海盐县相望。位于北纬 29° 44′ 00″ 至 30° 13′ 29″，东经 120° 38′ 25″ 至 121° 06′ 12″。全境南北走向，成长方形轮廓；南北跨度 60 千米，东西跨度 46 千米。总面积 1405.79 平方千米。城区中心地理坐标为北纬 30° 01′，东经 120° 51′，面积 36.5 平方千米。

【地形地貌】 全境处在浙东丘陵山地与浙北平原地貌的交接地带，地形南高北低，南部山地丘陵分属两支：东南系四明山余脉，山势高峻，主峰覆卮山海拔 861.37 米，是全区最高点；西南属会稽山脉，略为平缓，最高点罗村山，海拔 390.7 米。市域内有章镇和丰惠两大盆地，其中章镇盆地东起丁宅庙湾，南至章镇新三联，西至章镇花坎，北至上浦鲍岙，海拔 10—25 米之间，总面积 80 平方千米；丰惠盆地东起丰惠镇单家岙，西至外梁湖，南起丰惠镇百西，北至丰惠镇东光村之间，海拔 7.88 米左右，总面积 89 平方千米。两处盆地土质肥沃，是全区主要产粮处。北部为水网地带，属宁绍平原，地势低平，平均海拔10米左右，总面积672.1平方千米，盛产粮、棉及葡萄、黄花梨等经济作物。南部山地丘陵与北部水网平原面积基本参半，俗称“五山一水四分田”。境域面积构成中，按性质分：陆地面积1334平方千米，杭州湾海域面积69平方千米。陆地面积按类型分：山地丘陵面积598平方千米，占土地面积的44.8%；平原面积567平方千米，占42.5%；盆地面积169平方千米，占12.7%。

【河流湖泊】 上虞城区内江河纵横交错，湖泊星罗棋布，素以水资源充沛享誉浙东。浙江省第三大河——曹娥江自南而北纵贯全境（境内长70千米），境内主要支流有小舜江、下管溪、隐潭溪。浙东运河（萧曹运河与虞甬运河两段）越境而过；其他还有四十里河、十八里河、百沥河及海涂中心河等人工河。平均年入境水量约27.95亿立方米，是全市水资源总量的3.33倍。主要湖泊有小越河、破冈湖、白马湖、铲还湖、皂李湖、西溪湖、谢憩湖、康家湖、贺家池（部分属绍兴市越城区）9个，以皂李湖为最，水域面积117公顷。

【自然资源】 区域内土壤类型众多，分布复杂，性态各异，质地良好，宜植宜种。从类型看，除地带性红壤、黄壤外，还广布隐域性的水稻土、岩性幼年土、潮土、盐土等6个土类、15个亚类、46个土属、84个土种。其中红壤土占3个亚类、9个土属、14个土种，面积4.65万公顷，占土壤总面积的41.6%；黄壤土占2个亚类，面积480公顷，占土壤总面积的0.4%；水稻土占4个亚类、24个土属、46个土种，面积3.86万公顷，占土壤总面积的31.76%；岩性幼年土占2个亚类，面积3261公顷，占土壤总面积的2.8%；潮土占2个亚类，面积12333.3公顷，占土壤总面积的10.4%；盐土仅占1个亚类，面积17140公顷，占土壤总面积的13%。全区林地面积80.7815万亩，全区活立木总蓄积量231.3707万立方米。上虞地处北亚热带常绿阔叶林植被带，其中天然森林植被以次生常绿阔叶林、针叶林、针阔混交林、竹林为主，覆盖率达41.08%。人工植被主要有粮油作物、经济作物和观赏植物三大类，其中粮油作物超过20种，经济作物品种超过30种，蔬菜作物有11类37种。全区有木本植物81科527种。全区境内分布的野生动物种类繁多，约有450种，其中兽类近80种、鸟类290种、两栖类30余种，土著鱼类有23科70种，1982年后从外埠新引进30余种。国家级野生保护动物有69种、省级重点保护的有73种。动物资源中属饲养的种类有25种，其中特种动物15种。上虞境内已查明矿种为3类18种（不包括花岗岩），矿藏有铁、锰、铜、铅锌、金银、叶蜡石、萤石、高岭土、石英、白云石、黄铁等，其中叶蜡石蕴藏量约200万吨，已有40余年的开采历史。南部山地（岭南乡田家山村至余姚市梁弄镇）岩体中分布着大量脉岩体（俗称花岗岩），该脉岩体侵位于晚侏罗纪地层中，贮量丰富。

行政区划

【百官街道】

行政村9个：百官一村、外严村、金家岙村、联新村、南一村、南二村、南三村、路东村、新叶家埭村。

居委会7个：二村居委、四村居委、五村居委、大坝居委、后村居委、新建居委、三村居委。

社区居委30个：龙山社区、恒利社区、上源闸社区、万和社区、城南社区、西横河社区、平阳山社区、文化社区、凤山社区、上棉社区、九浸畈社区、阳光社区、胜利路社区、高丰社区、半山社区、大通社区、卧龙山庄社区、绿城社区、金渔湾社区、星光社区、头甲社区、二甲社区、四甲社区、岭光社区、盛丰社区、星宇社区、梁江社区、星丰社区、后郭社区、天祥社区。

【曹娥街道】

行政村7个：蒿坝村、丽樟村、金村村、朱山头村、漳汀村、蒿东村、董村村。

居委会7个：里睦桥居委、白米堰居委、新沙居委、新楼下居委、梁巷居委、徐家塘居委、狮子居委。

社区居委12个：大三角社区、舜杰社区、曹娥社区、德济苑社区、金桂苑社区、银河社区、聚英社区、振兴社区、鸿雁社区、和城社区、民丰社区、大厂社区。

【东关街道】

行政村18个：马家桥村、大西庄村、东塘村、保驾山村、凌江村、新建庄村（托管）、三丰村、高田头村（托管)、金鸡山村、红星村(托管)、马山村、前村村(托管)、担山村、彭家堰村、新丰村、联星村、高泾村、东风村。

社区居委2个:越泉社区、南阳社区。

【道墟街道】

行政村24个:中联村、新民主村、庙桥村、国庆村(托管)、茅家村(托管)、积山村、长湊村、云里村、沥泗村(托管)、杜浦村、新里港村、江协村、称海村、联江村、汇联村、肖金村、联浦村、东桑村、大湖村、五四村、韩浜村、新屯南村、钱上村、沽渚村。

社区居委会1个:道墟社区。

【小越街道】

行政村14个:越北村、胜桥村、横山徐村、冯柯山村、新宅村、倪梁村、小越湖村、罗家村、越中村、双堰村、越东村、小越村、田家村、建越村。

社区居委1个:越兴社区。

【梁湖街道】

行政村11个:外梁湖村、潘家陡村、古里巷村、拗花山村、皂李湖村、倪家堡村、任庄村、南穴村、西华瑶村、玩石梁岙村、新花浦村。

居委会6个:大厍居委、禄泽居委、华山居委、洪山湖居委、华光居委、华东居委。

社区居委1个:天香华庭社区。

【崧厦街道】

行政村38个:时华村、丁泽村、潘韩村、联胜村、东上湖村、双埠村、新光村、共何村、杭郭村、东凌湖村、前庄村、三华村、金中村、庙川村、舜源村、严巷头村、陆家村、任谢村、祝温村、章黎村、万湖村、黄家堰村、港联村、杨凌湖村、章家村、吕家埠村、雀嘴村、蔡林村、西华村、三友村、内五甲村、福海村、新下湖村、外五甲村(托管)、联海村、联塘村、勤联村、寺前村。

社区居委4个:祝家街社区、顾家弄社区、跃进桥社区、高铁新城社区(托管)。

【章镇镇】

行政村27个:笕桥村、花坎村、中兴村、越星村、章家埠村、新南村、龙浦村、龙江村、大钱村、湾头村、清潭村、新魏家庄村、新三联村、大勤村、任叶村、河浮村、张村村、建设村、陈埠村、龙马村、镇南村、新区村、灵运村、新江村、泰山村、秀峰村、陈墩村。

社区2个:章镇社区、滨笕社区。

【丰惠镇】

行政村26个:夹塘村、虞东村、西郊村、东光村、永庆村、西南门村、南门村、渔门村、南源村、西溪湖村、三溪村、双溪村、丰南村、凤鸣村、后山村、东门村、西湖村、孟尝村、通明村、祝家庄村、盛茂村、夏王村、谢桥村、虞光村、五云村、陈夏谢村。

居委会1个:北门居委。

社区居委2个:庙弄社区、启文门社区。

【上浦镇】

行政村13个:上浦村、九连村、渔家渡村、戚山村、舜江村、东山村、王湖村、冯浦村、四峰村、夏家埠村、大善小坞村、梅坞村、昆岙村。

【汤浦镇】

行政村8个:汤浦村、霞越村、舜岸村、蒋村村、霞里村、鹤湖村、长山新村、达郭村。

社区居委会1个:舜水社区。

【永和镇】

行政村8个:永和村、安家渡村、青峰村、大墩村、新岙村、项家桥村、朱巷村、三桥村。

【驿亭镇】

行政村14个:新驿亭村、联桥村、五夫村、西陡门村、春晖村、鲁溪闸村、贾家村、五洲村、新横塘村、二都村、白马湖村、杨溪村、五好村、新杨梅村。

【谢塘镇】

行政村14个:晋生村、铲还湖村、谢家塘村、新戴家村、东联村、丰园村、新章村、东闸村、建塘村、星明村、联民村、东升村、禹峰村、岑仓村。

【盖北镇】

行政村10个：兴海村、珠海村、夏盖山村、丰富村、新河村、丰棉村、联合村、镇东村、世海村、镇海村。

社区1个：盖北社区。

【长塘镇】

行政村8个：长塘村、桃园村、何家溇村、罗村村、谢憩村、会篁村、湖田村、广陵村。

【岭南乡】

行政村8个：龙山村、丰树坪村、泰岳村、青山村、覆卮村、许岙村、立功村、东澄村。

【陈溪乡】

行政村8个：小陈岙村、虹溪村、夏家岙村、干溪村、陈家岙村、太平山村、陈溪村、塔溪村。

【下管镇】

行政村9个：东里村、新庄村、联新桥村、兴南村、新民村、振新村、洙凤村、芦山村、前溪岙村。

【丁宅乡】

行政村7个：上宅村、缸岙村、下宅村、丁宅村、新任溪村、双桥村、华湾村。

【沥海街道】

行政村22个：四联村、渔村村、光荣村、东海村、民生村、伟明村、联谊村、新联村、舜海村、南桥村、阮家村、城西村、百沥村、联邵村、城沿村、郭渎村、二渡村、沥东村、潭许村、华东村、华平村、南汇村。

居委会2个：沥海居委、三汇居委。

除沥海，总计行政村281个，社区57个，居委会21个。（王维诺）

人口、民族

【概况】 2020年，全区总户数28.61万户，比上年增加594户，户籍人口77.75万人，比上年减少1907人。其中男性人口38.25万人，女性人口39.50万人，分别占总人口的49.2%和50.8%。全年出生4606人，人口出生率为5.92‰；死亡5653人，人口死亡率为7.26‰，人口自然增长率为-1.34‰。2020年，全区流动人口20.79万人。（黄 瑛）

【民族】 2020年，上虞区常住人口中除汉族外，有少数民族45个，少数民族总人口4.5万人。苗族人数最多，有7895人；布依族次之，7181人。（谭红燕）

气象特征及水文

【气象概况】 2020年，较常年异常偏高，高温日数较常年略偏多；日照时数较常年少；降水量较常年同期偏多，且时空分布极不均匀。年内主要气象灾害有强对流（强雷暴、冰雹、大风、短时强降水等）、暴雨、连阴雨、高温、台风、大雾和霾等。（周 庆）

【气温】 年内，区年平均气温18.3℃，比常年同期高1.3℃，与2019年相比高0.6℃，年极端最高气温为38.6℃（8月14日）；年极端最低气温为-5.4℃（12月31日）。极端最高气温≥35.0℃的高温天数为33天，较常年多5天，日最高气温≥38.0℃的高温天数为1天。日最低气温低于0℃的冰冻天数为8天，比常年少14天。

终霜日期出现在2月18日，比常年早35天；初霜日期出现在12月3日，比常年晚11天。连续3天日平均气温≤20.0℃的秋季低温，出现在10月9日，比常年晚10天。稳定通过10℃的初日出现在3月31日，回暖比常年迟6天。

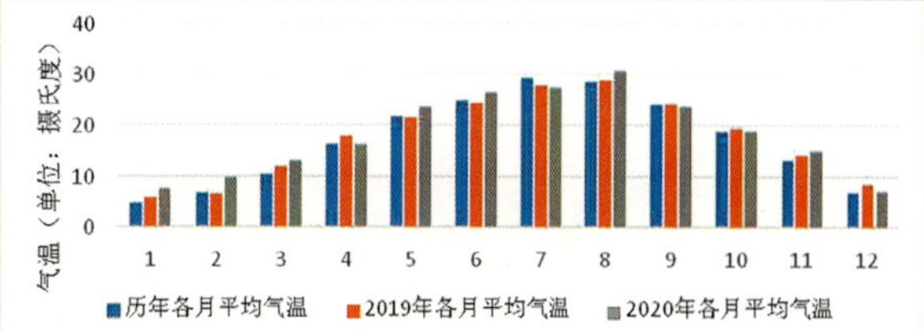

图1 上虞区2020年各月平均气温与历年及上年的比较

全年7月和9月平均气温比常年同期偏低，4月、10月平均气温与常年基本持平，其余月份平均气温比

常年同期高，其中 1 月、2 月、3 月、5 月、6 月、8 月和 11 月较常年高 1.5℃以上。（周　庆）

【降水】 年内，上虞境内年降水量为 1696.4 毫米，较常年（1468.5 毫米）多 15% 左右，比 2019 年（1881.7 毫米）减少近 1 成。总雨量空间分布总体呈现南多北少的分布态势。时间分布也极不均匀，其中 5 月较常年基本持平；2 月、4 月、8 月、10 月、11 月和 12 月较常年同期少，其中 4 月和 10 月较常年少 6 成多，12 月较常年少 5 成左右，8 月和 11 月较常年少 4 成，2 月较常年少 1 成；1 月、3 月、6 月、7 月、9 月则均比常年多，其中 6 月、7 月较常年多 8 成，3 月较常年多 4 成，9 月较常年多 2 成，尤其是 1 月降水量是常年的 1.4 倍；全年最大月降水量出现在 6 月，月降水量达 371.0 毫米。

全年暴雨天数 12 日，总降水日数为 167 天，比常年多 10.6 天，比 2019 年多 3 天。（周　庆）

【日照】 2020 年总日照时数为 1512.1 小时，较常年少 209.4 小时，较 2019 年少 144.5 小时。其中 1 月、3 月、5 月、6 月、7 月、9 月、10 月和 12 月较常年少，7 月较常年少近 6 成，6 月较常年少 4 成多，1 月、9 月较常年少 3 成左右，3 月、5 月、10 月、12 月较常年少 1 成左右；11 月较常年基本持平；其余各月较常年多，其中 4 月多近 3 成，8 月多 2 成。（周　庆）

【风】 全年平均风速 2.3 米 / 秒，出现大风（瞬时风速 ≥ 17 米 / 秒）共 4 天。极大风速达 30.3 米 / 秒（3 月 12 日）。最大盛行风向为东北偏东风。（周　庆）

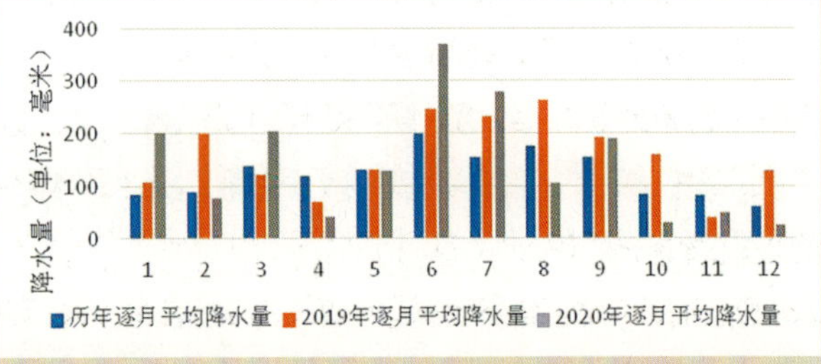

图 2　上虞区 2020 年逐月降水量与历年及上年的比较

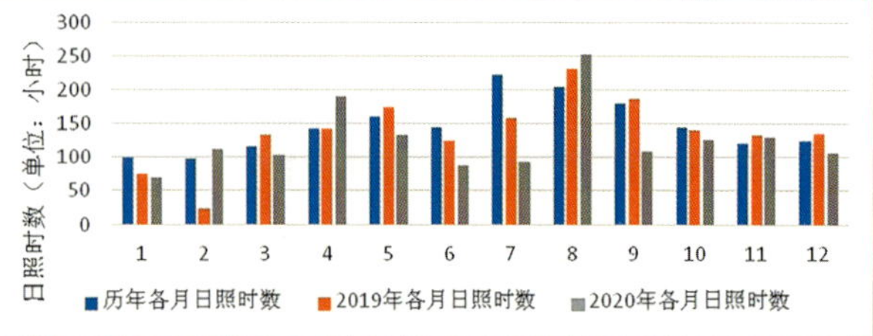

图 3　上虞区 2020 年各月日照时数与历年及上年的比较

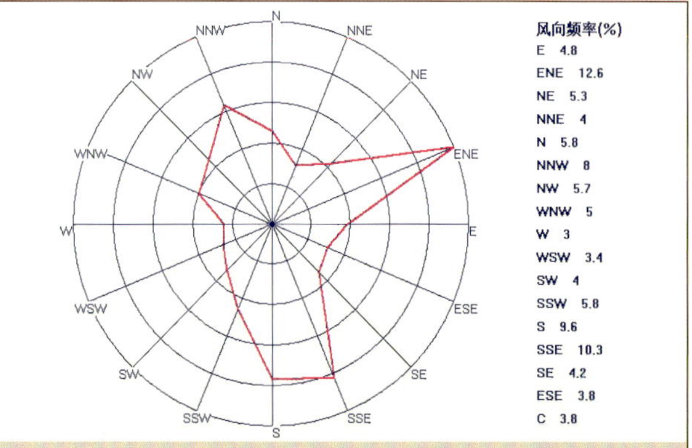

图 4　上虞区 2020 年风向频率

【霾】 全年灰霾天数为 38 天，灰霾天数最多为 12 月，达 9 天，其次为 4 月为 8 天，1 月和 11 月为 6 天，2 和 10 月为 3 天，5 月为 2 天，3 月为 1 天，6—9 月无霾日。该年的霾日较 2019 年减少 3 天。（周　庆）

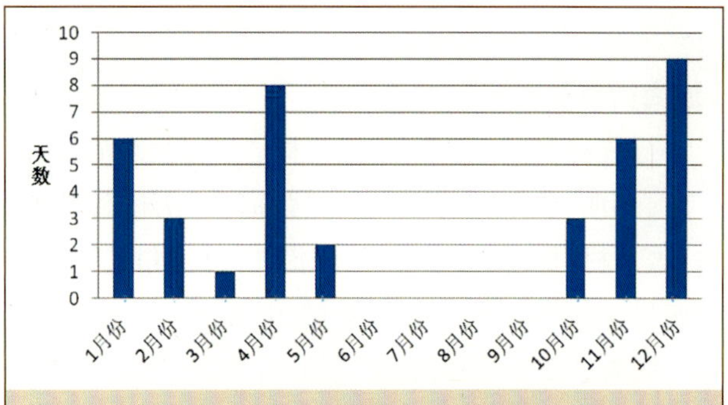

图 5　上虞区 2020 年逐月灰霾天数

【重大天气事件】 全区年平均气温 18.3℃，为历史记录以来第一，比常年高 1.3℃，比 2019 年高 0.6℃。全区年极端最高气温为 38.6℃（8 月 14 日），极端最高气温 ≥ 35.0℃的高温天数全区为 33 天，比常年平均（28 天）多 5 天。

1 月全区降水量为 201.4 毫米，较常年同期（82.2

毫米)多119.2毫米,其中1月23—26日,上虞区境内出现持续性强降水,全区面雨量109毫米,最大为长塘125毫米。1月下旬全区面雨量创历史极值。

3月21—26日,受强对流云团影响,全区多地出现强雷电、短时强降水、雷暴大风、冰雹等强对流天气,对居民生产生活造成严重影响。特别是3月21日16时至3月22日7时,全区自西向东出现强雷电、短时强降水、雷暴大风等强对流天气,部分地区出现冰雹,全区过程面雨量40.3毫米,有5个测站雨量超过50毫米,最大为沥东62.2毫米,有20个测站出现8级以上大风,最大为小越34.7米/秒。

5月29日入梅,7月18日出梅,入梅时间比常年早12天(常年6月10日);出梅时间比常年迟8天;梅期50天,比常年多20天;梅雨量562.8毫米。梅汛期暴雨过程频繁、短时雨强、强降雨区域重叠,整个梅汛期全区共出现7轮强降雨过程。

该年仅1个台风影响上虞地区,是自1949年有气象记录以来首次出现7月"空台"。

年内第4号台风"黑格比"于8月4日凌晨3时30分在乐清沿海登陆,登陆时中心附近最大风力38米/秒(13级),中心最低气压970百帕。"黑格比"于4日13时进入绍兴市西南部,穿过嵊州、柯桥、越城,强度维持热带风暴级,给上虞区中南部和东部地区带来狂风暴雨,影响严重。"黑格比"影响期间全区面雨量118毫米,多地出现8级以上大风,最大小越8级(17.7米/秒)。

9月18日入秋后,降水较常年显著偏少,其中10月20日至11月19日期间,除10月22日和11月2日出现微量降水外,其余天数均无降水,面雨量2.9毫米,比历史同期(82.6毫米)少79.7毫米,旱情十分严重。

12月29日起受强寒潮影响,全区出现剧烈降温、大风、雨雪和严重冰冻天气,过程平均气温降温幅度达12℃以上。29日夜里自北向南出现降雪,其中部分山区出现积雪。31日早晨最低气温平原地区-5—-7℃,山区-8—-10℃,出现严重冰冻,地面温度-3—-8℃,路面积水区有明显结冰。

全区年平均霾日数为38天,较2019年(41天)偏少3天,以轻微霾为主。其中轻微霾31天,轻度霾5天,中度霾1天,重度霾1天。从时间分布上看,第四季度霾日数最多,达18天,第三季度无霾日,第一季度霾日与第二季度均为10天。

(周 庆)

【水雨情概况】 2020年降水量主要变化范围在1493.5—1908.5毫米之间,上虞区平均降水量1646.2毫米,较常年1427.1毫米偏多15.4%。

上虞区5月29日入梅,较常年早17天,7月18日出梅,较常年晚10天,梅雨期共50天。梅汛期,最大日降水量通明87.5毫米,下管74.5毫米,上浦闸69.0毫米。梅汛期全区平均降水量为546.0毫米,与多年平均241.2毫米相比,多126.4%。

2020年,对上虞区影响较大的台风有4号"黑格比"。"黑格比"台风于8月4日3点30分在温州乐清沿海登陆,台风期间全区平均面雨量达到100.3毫米,此次台风降雨量较大站为通明190.5毫米,童山湖158.5毫米,上浦闸141.5毫米。

主要站点的最高和最低水位:

曹娥江:东沙埠8月5日最高水位7.83米,1月25日最低水位2.77米。上虞东山6月22日最高水位7.22米,实测最大流量1740立方米/秒,1月25日最低水位2.75米。

虞北平原:小越(上)6月21日最高水位3.31米,超警戒水位0.11米,8月4日最低水位2.62米。小越(下)6月21日最高水位3.20米,6月3日最低水位2.23米。

四十里河平原:通明(上)8月5日最高水位4.36米,超警戒水位0.26米,8月4日最低水位3.22米。

东关平原:东关6月21日最高水位4.41米,超警戒水位0.11米,8月4日最低水位3.71米。(金建良)

【水文测报】 完成曹娥江中下游水文气象耦合式洪水预报系统建设,针对曹娥江流域特性,结合上下游及工程运行调度,研制科学的预报模型、方案,通过专业预报人员的培养,对曹娥江洪水进行预报作业并提供相关部门会商决策。

(金建良)

【水文基础设施建设】 2020年,完成上虞区山塘水库遥测系统建设工程,实现小型水库水文测站全覆盖,重要屋顶山塘大部覆盖。开展上虞水文防汛"5+1"工程建设,主要实施内容为预报双提升、通信双保障、站网优化、综合平台等。

(金建良)

中共绍兴市上虞区委员会

综 述

【概况】 2020年,中共绍兴市上虞区委员会团结带领全区上下认真学习贯彻习近平总书记考察浙江重要讲话精神,全面落实上级各项决策部署,保持战略定力,积极主动应对,统筹推进疫情防控和经济社会发展,扎实做好“六稳”“六保”工作,经济持续回升向好,实现“一季正、半年红、三季进、全年赢”,社会保持和谐稳定,在大战大考之年交出“双胜利”的高分答卷。

【强化政治建设】 始终把学懂弄通做实习近平新时代中国特色社会主义思想作为最大的政治任务,第一时间通过区委常委会会议、区委理论学习中心组学习会、座谈会、调研宣讲等方式传达学习总书记重要讲话、重要指示,坚决做到“总书记有号令、中央和上级有部署,上虞见行动见成效”。召开区委一届九次全会,深入学习习近平总书记考察浙江重要讲话精神,提出在建设“重要窗口”中勇当排头兵争做优等生的新要求。组织党员干部认真学习研讨《习近平谈治国理政》第三卷等系列重要讲话、重要文章,分层分类抓好十九届五中全会精神专题学习、集中宣讲、集中轮训,不断推动理论武装走深走心走实。围绕总书记对绍兴和上虞工作指示批示制定“四张清单”,逐条逐项抓好贯彻落实。

【统筹推进疫情防控和经济社会发展】 坚持人民至上、生命至上,第一时间落实一级响应机制、发起战时总动员,建立全域覆盖的联防联控、群防群控体系。根据疫情变化,迭代升级“源头查控+硬核隔离+精密智控”的“战时”管控机制和常态化防控措施,在全市率先出台稳企助企惠企系列政策和驻企帮扶等举措,“先点后面”“以大带小”抓产业链供应链循环,较早控制住疫情并全面复工复产和恢复正常社会秩序。强化全国一盘棋,派出2批15名医护人员驰援湖北武汉,保障防疫物资生产企业开足马力、扩大产能,2个集体、11名个人获省级抗疫表彰。打好化危为机主动仗,专班运作开展争先创优行动,部署开展“争项目、争资金、争资源”活动,每季度举行“百项千亿”大会战,争取各类资金超46亿元、新增政府债券28亿元、省重点项目6个、用地指标2941亩,省市县长项目全部落地开工,投资、出口预计分别增长14.5%和5%,消费复苏步伐加快,完成“四未一低”土地消化利用10820亩。坚持项目为王,健全“12320”招商体系,主动出击深化产业链精准招商,新引进10亿元以上项目12个,总投资208亿元圆锦新材料项目实现当年签约、当年供地、当年开工,实到外资保持全市前列。

【构建高水平现代化平台体系】 深化“2+5+9+N”高质量平台体系建设,杭州湾经开区“头部效应”持续释放,新引进百亿元以上重大项目2个,产值、利润占全区比重分别达到67.2%和79.8%,在全省国家级开发区考核中质量效益排名第3,先进高分子材料入选省级“万亩千亿”新产业培育平台,创成全国绿色工业园区。曹娥江旅游度假区引领推进全域旅游,“一湖两镇”加快建设,举行10余场“诗画曹娥江”系列引流活动,顺利通过省级度假区年度考核，岭南乡获评省级旅游风情小镇。e游小镇入选省级大众创业万众创新示范基地、数字文娱产业创新服务综合体；伞艺小镇列入省级特色小镇创建名单；孝德文化、瓷源文化等小镇建设扎实推进。着力做好“9+N”文章，创新整合9个乡镇工业园区，新增6个省级小微企业园。

【坚持制造业强区、服务业兴区“双轮驱动”】 启动实施制造业高质量发展“188”行动，推进制造业“群、链”双育，新材料产业链“链长制”列入全省试点，新增上市公司2家、省“雄鹰”培育企业2家、市场主体1.3万家，规上企业亩均增加值、规上高新技术产业增加值、数字经济核心产业制造业增加值领跑全市，实现省政府质量奖零的突破。加快化工行业改造提升2.0版建设，21家跨区域集聚提升化工企业完成签约，安全环保智慧监管平台得到省委、省政府高度肯定。实施服务业高质量发展“双抓双优双突破”三年行动，加快“一江两岸”总部经济、特色街区建设，21个市级现代服务业重点项目全面推进，入选首批省级夜间经济培育城市，服务业增加值增长居全市前列。粮食生产经验做法入选省争先创优行动“最佳实践”案例，创成省级农业绿色发展先行区。加快建筑工业化发展，实现建筑业税收11亿元。

【全面深化改革创新】 部署开展“营商环境提升年”活动，制定促进经济高质量发展“1+9”系列政策，“快兑快补”各类资金19亿元，惠及企业1万余家。纵深推进“最多跑一次”改革，新增省级改革试点项目13个，“不见面”招投标、“一码管地”等做法在全省推广，国企市场化改革深入推进，获评中国营商环境建设示范案例奖。成立区委全面创新委员会，高质量推进曹娥江科创走廊“三园一中心”建设，与浙江大学签订全面战略合作协议，天津大学浙江绍兴研究院通过省级新型研发机构认定，入选省可持续发展创新示范区、省产教融合示范基地创建名单，R&D经费支出占比跃居全省第8位。启动筹建新材料曹娥江实验室，设立全市首家文创银行，建成投用新动能创投产业园，人才引育工作继续走在全市前列。探索疫情常态化防控下重大赛事活动举办新模式，举办全球青年科技领袖峰会、人才发展大会、新材料产业创新发展论坛、“CHINA·中国”陶瓷艺术设计大展、全国田径锦标赛等重大活动。

【提升城市能级品质】 部署开展“产城融合发展年”活动，出台全面融入长三角一体化发展实施意见，召开高水平交通强区推进大会，率先打响综合交通大会战。加快推进城市“拥江西进”，浙建院上虞校区建成开学，邵逸夫医院绍兴院区开工建设，鸿雁未来社区进展顺利。加快城市有机更新，曹娥街道城中村改造扎实推进，拔钉清障取得重大成效，老旧小区综合改造全面推进，房地产市场保持平稳发展。通盘研究城区治堵，启动江东路拓宽改造工程。开展新时代文明实践中心省级试点，高分通过全国文明城市国检复评。全域推进新时代八大“美丽行动”，丰惠镇入选美丽城镇省级样板，章镇镇列入省小城市培育试点，创成省新时代美丽乡村示范区。全力打好污染防治攻坚战，配合做好中央环保督察，受到督察组表扬肯定，“无废城市”建设、生活垃圾分类全市领先。高质量推进东西部扶贫协作、对口支援等工作。

【打造最具幸福感城市】 加大危旧房治理等补短板力度，用心用情办好省市区三级民生实事，低收入农户同步迈向高水平全面小康。加强疫情期间群众基本生活保障，城镇失业登记率控制在1.6%以内，基本养老保险、医疗保险参保率居全市前列。深化集团化办学，“明眸亮睛”防近视国家级试点扎实开展，教育现代化指数进入全省第一方阵。深入开展爱国卫生运动，加强公共卫生及传染病防治领域供给侧改革，基本建成医保经办“15分钟服务圈”。召开全区民政会议，出台新时代民政事业高质量发展实施意见。部署推进第七次全国人口普查。深化乡镇街道专武干部队伍建设试点，“你为国尽忠、我代你尽孝”双拥品牌不断打响，创成新时代“枫桥式”退役军人服务中心。启动孝德文化传承生态保护区省级试点，人民文创产业园落户运行，获评全国体育事业突出贡献奖、全省农村文化礼堂建设示范区。部署开展“基层治理深化年”活动，推进公安情指行一体化改革，创新“三师三员回归乡村”、平安共同体建设、联勤警务“重华模式”，纵深推进扫黑除恶专项斗争，有力有效防范化解社会风险。健全党政主要负责人阅办信访件、领导干部下访接访、初次信访办理标准化、“以案说案”等制度，区镇村矛调中心实现全覆盖，平安指数保持省市前列。深入开展安全生产和食品药品综合治理，创新危化品安全生产“一件事”集成改革，开展“一支队伍管执法”省级试点。加强《民法典》学习宣传贯彻，全面完成“七五”普法。

【全面加强党的建设】 强化“四责协同”，压紧压实管党治党政治责任，加快建设清廉上虞。抓实党政干部、企业家、乡贤三支队伍，召开高规格领导班子政治建设会议、企业家大会、首届乡贤大会，汇聚高质量发展强大合力。常态化近距离考察干部政治表现，对领导班子和领导干部精准“政治画像”。开展意识形态工作省级试点，深化网络生态综合治理体系建设，打造“虞声嘹亮”理论宣讲品牌。举办第四届孝文化节，新乡贤做法在全省现场会上作经验介绍，获评道德教育基地。突出实干实绩导向，44 名抗疫一线表现优秀干部得到提拔或晋升职级。推进“两个担当”良性互动，成立容错免责裁定委员会，调整不胜任现职干部 13 名，为 16 名受到不实举报的干部澄清正名。全面推行“一肩挑”，全程全面高质量完成村社组织换届，探索换届后的管理和监督工作。深化各领域“五星”系列创建，探索推进产业链党建联盟，合作社党建入选全国基层党建创新优秀案例。坚持党建带群建，深入推进群团改革。完善政治监督“四清单”“两档案”“两报告”，一体推进“三不”机制和“四个规范化”建设，部署推进三轮区委巡察，深化阳光用权“五个三”工作体系，建成全省较为领先的审查调查和电子监察“两中心”，追逃工作取得重大突破。精准运用监督执纪“四种形态”立案查处 227 人。坚持边巡边改、立查立改，全力配合做好省委巡视、市委巡察，成为中央纪委国家监委直接联系的“基层监督样本”。（罗灿良）

重要会议

【区委全体会议】

7 月 23 日上午，召开区委一届九次全体（扩大）会议。会议内容：区委书记徐军代表区委常委会作报告，讨论审议区委徐军书记所作的报告、《中共绍兴市上虞区委关于深入学习贯彻习近平总书记考察浙江重要讲话精神努力在建设“重要窗口”中展示最美上虞风景的决议（讨论稿）》和《中共绍兴市上虞区委关于建设新时代“名士之乡”人才高地打造高水平创新之区的决定（讨论稿）》，区委全委会审议通过《中共绍兴市上虞区委关于深入学习贯彻习近平总书记考察浙江重要讲话精神努力在建设“重要窗口”中展示最美上虞风景的决议（草案）》和《中共绍兴市上虞区委关于建设新时代“名士之乡”人才高地打造高水平创新之区的决定（草案）》。

12 月 30 日上午，召开区委一届十次全体（扩大）会议。会议内容：区委书记徐军代表区委常委会作报告，讨论审议区委徐军书记所作的报告、《中共绍兴市上虞区委关于制定绍兴市上虞区国民经济和社会发展第十四个五年规划和二〇三五年远景目标的建议（讨论稿）》，区委全委会审议通过《中共绍兴市上虞区委关于制定绍兴市上虞区国民经济和社会发展第十四个五年规划和二〇三五年远景目标的建议（草案）》。

【其他重要会议】

1 月 7 日下午，召开经济运行工作会议。

1 月 10 日下午，召开全区“不忘初心、牢记使命”主题教育总结大会。会议内容：深入学习贯彻习近平新时代中国特色社会主义思想，认真贯彻落实中央、全省和全市“不忘初心、牢记使命”主题教育总结大会精神，全面总结上虞区主题教育开展情况，巩固拓展主题教育成果，加强不忘初心、牢记使命制度建设，全力推进“八八战略”再深化、改革开放再出发，合力建设更高水平“创新之区、品质之城”。

1 月 13 日下午，召开区委全面深化改革委员会第四次会议。会议内容：传达上级会议精神，审议相关议题，听取重点改革项目进展情况。

1 月 14 日下午，召开全区副局级以上离退休干部迎新情况通报会。

1 月 16 日上午，召开 2020 年度全区党管武装暨国动委会议。

1月16日上午，召开全区新时代美丽行动动员部署会。会议内容：部署新时代美丽行动工作。

1月20日下午，召开全区党（工）委书记述职工作会议。

1月21日下午，召开区纪委一届四次全体会议。会议内容：回顾总结2019年纪检监察工作，部署2020年任务。

1月23日下午，召开上虞首届乡贤大会。

3月6日上午，召开全区深化推进“两手硬、两战赢”担当作为大抓落实暨经济工作会议。会议内容：研究部署2020年经济社会发展工作。

3月10日上午，召开区委全面深化改革委员会第五次会议。会议内容：传达上级会议精神，审议相关议题，有关部门汇报2019年度改革创新工作情况及重点项目进度安排。

3月21日上午，召开全区制造业高质量发展工作推进会。

3月24日上午，召开全区新时代美丽乡村精品示范村建设工作部署会。会议内容：部署新时代美丽乡村精品示范村建设工作。

3月27日上午，召开全区一季度经济社会形势分析会议。会议内容：总结分析今年以来经济运行和社会稳定情况，明确当前经济和社会发展的各项任务和措施。

4月9日下午至10日上午，组织区委理论学习中心组“深入学习贯彻习近平总书记在浙江视察时的重要讲话精神”专题学习会。会议内容：学习习近平总书记关于“不忘初心、牢记使命”系列重要论述和习近平总书记在浙江视察时的重要讲话精神，交流发言。

4月13日上午，召开区委人才工作领导小组会议暨区委科技创新委员会全体会议。会议内容：传达省委人才工作领导小组会议和市委人才工作领导小组会议暨市委科技创新委员会全体会议精神，听取并审议相关议题。

4月17日上午，召开上虞区2019年文明指数报告暨2020年第一季度文明指数发布会。会议内容：发布上虞区2019年度文明指数报告，发布2020年第一季度全区文明指数。

4月24日下午，组织参加全市建设平安绍兴工作会议。

4月26日晚上，组织收听收看县（市、区）委书记工作交流会。

4月30日下午，召开全区党建工作会议。会议内容：部署纪检监察工作、组织工作、宣传思想文化工作、统战工作。

5月8日上午，召开全区建设平安上虞工作会议。会议内容：部署落实当前及今后一个时期平安上虞建设工作。

5月8日下午，召开全区农村社区（便民）服务中心2.0版建设现场会。

5月9日下午，召开全区第三批“五星3A”创建暨农村人居环境整治提升推进会。会议内容：对第三批“五星3A”创建迎检及年度农村人居环境整治提升工作进行部署。

5月11日晚上，举办春晖大讲堂“当前宏观经济形势”专题讲座。

5月29日下午，召开全区领导干部会议。会议内容：党政领导更替。

6月1日下午，召开全区领导干部会议。会议内容：传达全国“两会”精神。

6月23日上午，举行纪念何云烈士诞辰115周年活动。

6月28日上午，开展2020年上虞区“三个一批”大会战第二季度系列集中活动。

7月1日下午，召开全国文明城市迎检动员会暨创建工作推进会。会议内容：传达上级会议精神和部署创建工作。

7月4日上午，召开全区“四未一低”土地消化利用专题推进会。会议内容：总结上半年度工作完成情况，部署下一阶段工作安排。

7月7日上午，组织区委理论学习中心组《中华人民共和国民法典》专题学习会。会议内容：《中华人民共和国民法典》专家作简要解读。

7月10日下午，召开全区村（社区）组织换届选举工作领导小组会议暨试点动员部署会议。会议内容：通报前阶段村社换届准备工作和试点方案。

7月14日下午，召开专题政党协商、政治协商会议。

7月20日上午，召开全区“平安共同体”、平安创建“一单一码”暨镇村矛调中心建设工作推进会。

7月24日下午，召开全区双拥工作会议。会议内容：总结一年来双拥工作取得成绩，谋划下阶段工作。

8月4日下午，召开区委全面深化改革委员会第六次会议。会议内容：传达上级会议精神，面上工作情况通报，审议相关议题，公共场所服务大提升情况汇报。

8月10日下午，召开全区信访工作会议。会议内容：总结2020年以来全区信访工作，分析研判当前形势，研究部署下阶段工作任务。

8月14日上午，组织区委理论学习中心组《习近平谈治国理政》第三卷专题学习会。会议内容：书面学习《中共浙江省委贯彻〈中国共产党宣传工作条例〉实施办法》，围绕《习近平谈治国理政》第三卷谈学习体会。

8月15日上午，召开全区招商引资工作领导小组会议。会议内容：有关部门汇报2020年招商引资工作情况和下步工作计划。

8月18日下午，召开区委巡察工作暨一届区委第十一轮巡察动员部署会议。

8月19日晚上，召开上虞区庆祝第三个“中国医师节”大会。

8月25日上午，举办上虞区第四届新乡贤培育“青蓝工程”仪式暨青蓝学友成果分享会。

8月28日上午，召开全区民政会议。

9月10日上午，举行庆祝第36个教师节大会暨龙盛、闰土奖教金颁奖大会。

9月10日下午，组织参加全市调解工作会议。

9月10日下午，组织参加浙江大学战略合作暨邵逸夫医院绍兴院区项目签约仪式。

9月14日上午，组织参加全市信访积案攻坚化解工作推进会。

9月18日上午，召开全区副局级以上离退休干部情况报告会。

9月18日下午，召开上虞区管领导班子政治建设会议。会议内容：观看绍兴市政治建设专题片《坐标》、上虞区干部作风建设警示专题片，交流发言。

9月30日上午，举行向革命烈士敬献花篮仪式。

10月9日下午，召开“西安·绍兴周”活动筹备工作有关事宜专题会议。会议内容：研究“西安·绍兴周”活动有关筹备工作。

10月10日下午，召开全区村（社区）组织换届工作会议。会议内容：动员部署会，业务培训会。

10月10日下午，召开村（社区）组织换届选情研判会。会议内容：相关乡镇街道汇报选情复杂村居基本情况、存在问题和下步计划，与会部门单位交流发言。

10月19日下午，召开高水平交通强区建设推进大会。会议内容：部署上虞区推进高水平交通强区建设工作，有关部门作表态发言。

10月30日上午，召开巡视工作联络组全体（扩大）会议。会议内容：部署省委巡视组进驻前准备工作及职责分工，与会部门交流发言。

11月3日上午，召开全区企业家大会。会议内容：传达中共十九届五中全会精神，介绍优化营商环境情况，介绍“1+9”政策体系情况，有关企业作会议交流，有关部门发言。

11月9日下午，召开省委第九巡视组巡视绍兴市上虞区工作动员会。

11月9日下午，召开省委巡视组与区委书记见面沟通会。

11月9日下午，召开上虞区委工作汇报会。

11月12日，组织区委“学习贯彻党的十九届五中全会精神”专题学习会。会议内容：集中自学，围绕主题进行分组讨论交流，交流发言。

12月3日上午，召开2021年区直部门工作思路汇报会。会议内容：有关部门汇报2021年工作思路及对区委、区政府2021年工作的意见建议。

12月9日晚上，召开全区领导干部会议。

12月11日下午，召开2021年乡镇街道工作思路汇报会。会议内容：各乡镇、街道汇报2021年工作思路及对区委、区政府2021年工作的意见建议。

12月17日上午，召开年轻干部座谈会。会议内容：年轻干部代表交流发言。

12月18日上午，召开“十四五”规划专题政党协商、政治协商会议。

12月21日上午，召开区委务虚会。

12月22日上午，召开区委务虚会第二阶段会议。

12月25日下午，召开2020年度全区考核工作会议。

12月28日上午，组织开展2020年上虞区“三个一批”大会战第四季度系列集中活动。

政策调研和督查、信息工作

【加强课题调研】 围绕区委区政府的重大决策，做好调查研究、加快工作推进。起草发布《关于深入学习贯彻习近平总书记考察浙江重要讲话精神努力在建设“重要窗口”中勇当排头兵争做优等生的决议》《关于制定绍兴市上虞区国民经济和社会发展第十四五个五年规划和二〇三五年远景目标的建议》政策文件2个，调研撰写《疫情对上虞外贸企业的影响与对策建议》《疫情对新材料产业链影响的调研报告》等专题系列课题8个，调研撰写《关于深化推进乡贤参与村社治理的调研思考》《关于村集体经济增收问题的再研究》等重点课题12个并纳入《政研参阅》刊发。充分发挥决策咨询委作用，调研撰写《关于“浙东唐诗之路”背景下“诗路上虞”建设的思考与建议》《创新发展跨境电商 增强开放发展新动力——上虞跨境电商发展对策研究》《积极应对“二孩”入学高峰着力推进教育优质均衡化》等课题5个，提交《加强机关事业单位闲置的国有资产亟待抓紧处置》《加强上虞新生代企业家队伍建设的建议》等建议提案9篇。（顾　臻）

【开展调研活动】 结合上虞经济社会发展实际，确立《关于建设全省制造业高质量发展示范区的思考研究》《抢抓机遇建设四个“更高品质体系”加快推动上虞跻身综合实力全省前十强》等19个区领导重点课题，推动调研工作掀起热潮、重点工作创新突破。（顾　臻）

【上报经验类信息800余条(篇)】 年内，共向绍兴市委办、省委办公厅上报各类信息800余条(篇)，被省委办采用60余条(篇)，其中，《上虞区探索乡镇运行机制改革推进基层治理现代化》《上虞区探索“一体两翼多细胞”党建引领基层社会治理新模式》等被《浙江信息(工作情况交流)》录用，《上虞区实施“三化”工程打造绿色化工园区》获副省长高兴夫批示；被绍兴市委办录用120余条(篇)，其中，《上虞区创新推进“一码管地”改革强化不动产全生命周期管理》《上虞实行政策兑现“一件事”改革》等15篇信息被《绍兴信息(工作情况交流)》《绍兴信息(决策参考)》录用，《上虞区村(社区)组织换届实现高质量开局》《上虞区动真格出实招打通干部“下”的通道》《上虞区完善“县统筹抓乡促村”机制着力提升基层监督质效》被《绍兴信息(专报)》录用，其中村(社区)组织换届获市委书记马卫光批示肯定；编发本级信息260余期。（张兆慧）

改革与发展工作

【概况】 年内新增省厅级以上试点项目43个，其中省部级试点6个，“一码管地”等30多项改革经验在全省推广，“不见面”招投标和改革观察员制度被省《领跑者》刊发，分别获得时任省委书记车俊、省长郑栅洁批示肯定，“不见面”招投标入围省2020年度改革创新优秀实践案例，公民信息变更“一件事”等3项工作被省《竞跑者》推广，在全省改革工作年度考评获得优秀等次。（徐堃鹏）

【强化改革赋能】 聚力经济发展高质量。以《融杭联甬接沪行动计划》为纲，统筹推进融杭联甬接沪五大行动，整合9个乡镇工业园再造一个千亿级产业平台，实行杭州湾经开区与崧厦、道墟等区块一体融合发展。做好“9+N”文章，推进全省制造业高质量发展示范区创建，新材料产业链列入“链长制”全省示范，“数字经济”百项智能化改造项目、两化融合贯标、企业上云、5G工业应用、伞业省级跨境电子商务产业集群试点等有序推进，化工产业2.0版工作得到高兴夫副省长批示肯定。政府性债务风险“化管防”体制机制创新试点成效明显，统筹区级国企和乡镇街道资产资源，建立健全资源要素流转通道，创新乡镇街道资产运行及财力保障机制成果突出，4家企业跻身全省制造业重点行业“亩均效益”领跑者建议名单。

聚力争先动能可持续。持续深化科创走廊建设，国家级、省级众创空间分别新增1家和4家，5个项目列入省重点研发计划，14个项目入选省“四个百项”重点技术改造示范项目计划。成立首个县级产业研究院，集聚高校3所、大学研究院13所、院士专家工作站30家，引育高层次人才79名。布局建设产业协同创新中心、中科院新材料创新中心及中试平台,构筑“政府+高校+企业”三位一体的产业联动创新体系。创新“总园+分园”模式,绍兴(上虞)人力资源服务产业园入选全市首家政府主办的省级人力资源服务产业园。聚力社会治理现代化。推出基层治理亮点和示范基地培育“301010”计划,以“最多跑一地”改革为牵引,深化源头治理,着力构建“一四一”社会治理新模式,镇村矛调中心全覆盖。实施平安创建“一单一码”,工作经验在全省推广。深化民主法治改革创新,区行政调解中心挂牌运营,推行法律服务“不见面”模式,崧厦街道纳入全省综合行政执法第二批试点,“综合查一次”的“上虞经验”加速形成。

聚力民生保障普惠性。推出“一员一制双长一网”机制,筑牢疫情防控群防群控防线,“1+35”稳企业稳经济稳发展等政策快速兑现得到盛阅春市长批示肯定,“就业大巴”形成全省示范。各项社会事业创新前行,儿童青少年近视防控国家级改革试点入选“健康浙江行动”十大优秀典型案例;居家养老实现镇街级居家养老中心与城乡社区居家养老服务照料中心实体化运作全覆盖;未来社区顺利推进,南丰社区“善伴邻”构建城市社区15分钟生活服务圈样本;率先在全省建设医保服务全区通办点和公开医保基金运行机制,承办全省定点零售药店信用监管建设现场推进会,得到成岳冲副省长批示;助残服务“1+X”联办机制全省推广。 （徐堃鹏）

【优化便民服务】 升级“标准化”平台服务。深化最多跑一次,全年按期办结政务服务事项204万件,投诉件同比下降30.56%。推广政务服务2.0应用,上线事项1393个,认领1324个,收件数据和工单提交均居全市第一。启用投标保证金线上保函系统,服务企业7346家,缓解企业资金压力14.5亿元。升级便民中心大厅,推出掌办区、网办区等多个自助服务区;打造社区服务中心2.0版,完成全区所有村社服务中心改造升级,完成首批35个示范村社区服务中心创建。扩容79项可办事项,提供高效率办事体验,“虞快办”品牌加快打响。

强化“一件事”集成改革。落实落细省定41件便民利企“一件事”改革,紧盯企业、群众全生命周期,实现入学无纸化网上报名、养老退休“无感智办”、军人退役“一窗受理”、车辆检测“一件事”、轻微交通事故处理“一件事”、结婚生育户口“一件事”、身后“一件事”办理提速,企业开办长三角“一网通办”、重大项目“1+9+X”一体化审批、权证登记“零资料”“无感知”即办、水电气网土联办等改革,“车驾培一件事”工作走在全省前列。公民信息变更“一件事”工作得到王双全副省长批示肯定。

拓展“不见面”智慧办事。引导市民登录“浙里办”App,全年网办掌办近196万件,占总办结量78.53%。迭代升级互联网不动产登记,实现境外1230余宗和境内39800余宗“不见面”业务办理。探索开展“互联网+婚姻服务”,线上办理业务5929件。推出“房e签”服务,商品房交易实现全流程网办。试点不动产全生命周期“一码管地”,累计完成存量不动产单元“旧码转新码”33万余件,“一码管地”453宗,实现自然资源系统内部全流程管理,得到书记马卫光批示肯定。深化“不见面”招投标工作,累计完成项目1558个,中标额达67.45亿元,系统覆盖率与项目完成率全省前列。

扩大“全方位”延伸覆盖。开展部门间“最多跑一次”,400余件事项实现100%在线可办。坚持“五化”原则,推进体育场馆、商圈、医疗场所等九大公共场所服务大提升,体育中心改造列入省级试点,上虞游泳馆服务大提升、车辆检测集成改革入选全省月度亮点项目评选。创新推出网订店送、无人售药、慢病用药诊疗一体配送。构建“五定”服务体系和“1+5+1”闭环管理机制,持续打响“三服务”品牌,全年共收集办结33877个,办结率99.58%,均位居省市前列。（徐堃鹏）

【区委全面创新委员会成立】 10月13日,印发《中共绍兴市上虞区委关于成立区委全面创新委员会的通知》(区委〔2020〕24号),区委全面创新委员会成立。下设办公室和产业创新专项小组(全民创新创业专项小组)、科技创新专项小组、人才引育专项小组、政务服务创新专项小组、社会治理创新专项小组、文化创新专项小组、党建创新专项小组7个专项小组,一体推动制度创新、技术创新、模式创新,为全面建设高水平“创新强区、品质名城”谋篇开局。 （徐堃鹏）

组织工作

【各类举措保障】 在全市较早出台关心关爱十条暖心举措和操作细则，分两次下拨专项党费166万元，落实一线医务人员“一人一帮扶”。制定人才招引暖心9条，落实线上免费招聘、人才返虞交通补贴、市场化引才补助、减免房租等举措，开通就业大巴，采取“不见面”审批和“零跑腿”办理等方式快速兑现人才政策资金6347万元，实施海内外高层次人才“一人一档一策”服务解难，帮助解决各类需求。（金泽耀）

【细化强化“两个担当”】 健全“两个担当”良性互动机制，成立容错纠错裁定委员会，为6名受到不实举报的干部澄清正名。组建12个考察组，实施疫情防控三轮专项考察，开展表现突出干部署名推荐，掌握优秀基层党员干部典型759名。疫情期间，新提任区管干部8名，职级晋升34名；9名村干部提任为村党组织书记、副书记；共收到一线入党申请书177份，吸收入党积极分子21名，发展预备党员6名；及时嘉奖疫情防控和复工复产先进集体3个、先进个人10名，表彰先进基层党组织35个、优秀共产党员80名，推荐省级优秀共产党员2名、先进个人8名、先进集体2个；市级先进基层党组织4个、优秀共产党员8名。（陈　坤）

【抗击新冠疫情】 50个非一线部门结对36个社区，678名机关干部下沉投身疫情防控阻击战，4300余名村社专职工作者、党团员志愿者参与一线防控；在全市率先选派812名驻企督导员到规上企业和重点服务业企业督导疫情防控工作，防控形势稳定后，全部转为驻企服务员，全力帮助企业复工复产。牵头人社、税务、金融等9个单位，成立融资贷款、减税降费、人才招聘等6个“红色帮帮团”，组团上门送政策、送服务、送关爱，为企业排忧解难。（孙琪铨）

【主题教育成果深化巩固】 常态化推进理论学习、调查研究、检视问题和整改落实，探索“不忘初心、牢记使命”长效机制。实施基层组织“固本强基”专项行动，开展党员“跑小二”助力“最多跑一次”改革、党员“包亲联户、红领群心”等系列活动，打造“红漫娥江、先锋虞行”党员志愿服务品牌。发布5条“红色之旅”线路，设计“红色之旅忆初心”主题党日、“千堂党课强党性”等八大载体，精心组织开展中国共产党建党99周年系列纪念活动。（孙琪铨）

【政治教育常态抓实】 开展区管领导干部和村社主职干部中共十九届四中全会精神轮训，组织全区广大党员干部深入学习习近平新时代中国特色社会主义思想、习近平总书记考察浙江时重要讲话精神和中共十九届五中全会精神。与浙江大学、苏州大学等院校合作，举办高质量发展、营商环境提升、党建引领全域美丽等专题研讨班，分类分专题开展专业化培训。按照乡镇点题、部门排班的模式，同步推进乡镇街道干部适岗履职培训。针对疫情影响，加快推进智慧党校和智慧干教系统建设，开设“春晖大讲堂·云课堂”，全年累计举办各类主体、计划班次25个，春晖大讲堂4期，培训干部人才8195人次。（魏颖英）

【政治规矩从严落实】 出台加强区管领导班子政治建设的若干意见，召开全区领导班子政治建设会议，常态化近距离考察识别干部，常委部长带队，逐个走访乡镇部门，开展谈心谈话，考准考实政治表现。高度重视个人有关事项报告，按15%比例开展核查比对，对16名有漏报瞒报情形干部进行问责。认真做好省委巡视迎检配合工作，即知即改抓好问题整改。（陈　坤）

【干部工作】 提任正科干部10名，副科干部53名，进一步使用10名。深入整治不担当不作为，调整不胜任现职干部13名，其中直接免职6名。选树先进典型，推荐入选省担当作为好干部、最美公务员、东西部扶贫协作突出贡献奖各1名，市“五强”好班子1个、担当作为好干部3名，表彰优秀乡镇街道干部20名。

新引进“双一流”高校党政储备人才、选调生43名。注重墩苗历练，选派110名年轻干部到建设拆迁、信访工作、重大项目等一线锻炼。（陈　坤）

【公务员管理】 突出正向激励效应，稳妥有序推进职级晋升工作，完成区管领导干部职级晋升310人次、普通公务员职级晋升669人次。在全市率先完成机关事业单位工作人员职业生涯全周期管理“一件事”改革，推进干部心理健康关爱中心建设。 （董桂燕）

【村社换届】 高质量完成小越街道、章镇镇村社换届省级试点。制作2部选举动漫以及流程图，明确5个阶段15个重点环节任务要求、完成时限和注意事项。推进选举工作整体智治，区镇两级分别设立智慧调度中心，实时掌握分析选情。逐村建立换届风气监察点和观察团，纪委、公安提前介入复杂村，第一时间查处并通报拉票贿选案1起、造谣侮辱案2起，确保换届风清气正。 （孙琪铨）

【“三驻三服务”成效明显】 下派驻企服务员和驻村（社）指导员1005名，全面推行服务代办、首问责任、会商交流等十项基本制度，开展“大宣讲、大走访、大排解”以及“‘三驻’干部展形象、重要窗口显担当”系列活动，抓实队伍日常管理。区领导以上率下、常态化开展现场解难。发挥“小管家”系统平台作用，对摸排的问题需求，推行清单式建档、销号式管理、跟踪式督办的闭环机制，累计上报问题5692个，现场解决4860个，集中会商解决832个。 （孙琪铨）

【“五星”系列创建】 新创建“五星达标”村64个、“3A”村13个，“五星达标”社区22个、“和美”社区2个，“五星双强”两新组织25个。出台农村环境卫生整治长效管理办法。深化合作社党建，建成“大通悦园”党群服务中心，“党组织＋合作社”党建富民新模式入选全国基层党建创新优秀案例。 （孙琪铨　朱少靖）

【党建引领基层治理】 完成新一轮农村社区专职工作者聘用工作，推行80条标准化履职清单，加快农村社区服务中心2.0版建设，着力打造“虞快办”农村治理特色品牌。制定深化新时代“四不出村”工作法加强和改进乡村治理工作的意见，指导谢塘镇开展试点，通过固本强基、便民服务、法治乡村、乡风文明、美丽经济等“五大建设”，努力实现群众办事不出村、矛盾调处不出村、文化需求不出村、兴业致富不出村。试点探索以区域大党委为主体、综合服务和联勤共治平台为两翼、小区“红色管家”等为末梢细胞的城市社区“一体两翼多细胞”社区治理模式，南丰社区中心投入运行。 （孙琪铨）

【产业链党建工作探索开展】 成立新材料产业链党建联盟，建成新材料产业链党建研习馆，龙头带动、项目推动、条块联动的产业链党建机制初步形成。实施新生代企业家“青蓝接力”计划，146位企业家参加创业创新深度研学班，12名新生代企业家赴市、区经济部门挂职锻炼。 （朱少靖）

【机关党建】 理顺机关党委设置，配强机关党建专职工作力量，进行机关基层党组织书记集中轮训，49个年度特色项目集中展评。开展“两地报到、组团回归”活动，4382名公务人员到原籍地和居住地村社报到，建立组团回归服务队伍282支，认领服务项目3300个，相关做法被省机关党建专刊介绍。成立鸿雁未来社区建设项目等红领项目支部8个，实现投资1亿以上国企工程项目党建全覆盖。按照标准化理念，建成机关党建示范点12个，形成一纵一横2条“旗帜领航、红漫娥江”示范带。 （叶伟伟）

【人才工作】 实施“上市公司＋省级以上领军人才”行动，根据企业发展需求进行精准对接。按照“一个城市分站赛一个产业方向”的模式，高质量举办2020“海创人才国际创业大赛和尚才之地·虞梦同行”2020人才发展大会，承办2020年全球青年科技领袖峰会暨《麻省理工科技评论》中国“35岁以下科技创新35人”颁奖典礼，进一步打响上虞在人才创新领域的知名度和影响力。2020年，引育高层次人才79名，其中顶尖人才3名、国家级引才计划人才14名、省万4名、省级引才计划人才1名、绍兴“海内外英才”计划20名、绍兴“海内外英才”计划领军型创新团队3个21名、娥江英才计划16名；新增高校毕业生17672名。

按照“总园＋分园”模式，推进高层次人才创业园建设，完成占地6万平方米创业园总园的选址和规划设计，启用高层次人才创业园壹号园，入驻高层次人才项目11家。建成海创人才长三角产业技术协同创新基地，推进全球路演中心建设。绍兴（上虞）人力资源服务产业园入选全市首家政府主办的省级人力资源服务产业园，累计入驻30家服务机构。

制定人才新政3.0版操作细则，出台“1+9”政策补充条款，完善网上申报兑现系统，实现人才政策申报、审核、兑现“最多跑一次”。制定专项管理办法，规范政策资金兑现管理、项目引进落户和服务管理，已兑现人才政策资金1.3亿元。建立人才服务专员制度，定期召开人才服务解难会议，扎实做好高层次人才联谊会活动组织、人才疗休养、体检、子女就学等日常服务。（金泽耀）

宣传工作

【概况】 2019年，区委宣传部紧紧围绕学习宣传贯彻习近平新时代中国特色社会主义思想这个首要任务，以庆祝中华人民共和国成立70周年为主线，开展“三服务”活动，建立实施全系统“三服务”解难机制，参与“三服务”活动2530人次，深入基层帮助解决难题320个。（李瑶）

【庆祝中华人民共和国成立70周年宣传教育活动】 全面部署开展29项主题宣传教育活动，全区1万多名干部群众共同唱响《我和我的祖国》献礼祖国70华诞；3万余人参观庆祝中华人民共和国成立70周年图片展；区级新闻媒体开设“壮丽70年、奋进新时代”专题专栏，推出报道60余篇（条）、专版16个，展示中华人民共和国成立以来上虞的历史变迁和发展成就。（陈健）

【主流舆论营造】 建立完善快速反应、联动协作的宣传报道工作机制，高质量完成区委全委会、区“两会”、全区经济工作会议、全省重大项目暨特色小镇建设现场推进会、接沪推介活动、市九运会等一系列重大会议活动的宣传保障任务。精心组织“深化三服务”“聚焦高质量”“不忘初心、牢记使命”等重大主题宣传报道，举办教育、文创、人才等新闻发布会6次，在省级以上媒体刊播报道200多篇（条）。（陈健）

【推进媒体融合发展】 制定出台区融媒体中心组建实施方案，致力打造绍兴一流、全省领先的县域新型主流媒体。6月30日，上虞区融媒体中心（传媒集团）正式揭牌成立。发挥媒体融合优势，聚焦党委政府中心工作和民生热点，开展“三服务”、数字经济“一号工程”、“三个年”活动、“三个一批”重大项目等全媒体宣传报道，为加快推进“创新之区 品质之城”建设提供融媒力量。（陈健）

【新闻出版工作】 完成新闻出版机构改革，承接73个行政权力和公共服务事项，累计办件60余件，落实行业监管主体责任，联合文化执法等部门开展出版物和印刷行业专项检查11次，反馈通报整改问题50余个。（陈健）

【“春晖大讲堂”理论学习品牌】 创设“春晖大讲堂”，出台《春晖大讲堂运行规则》，排定一年8期重点课题，内容涵盖习近平新时代中国特色社会主义思想、融媒体建设、陶瓷文化、智慧社会与5G、中国数字经济发展、中国氢能源产业发展、“两山”理论、中共十九届四中全会精神宣讲，邀请国内知名专家学者来虞开展讲座，以全区领导干部为主要对象，扩大学习影响力，打造成为广大干部学习教育培训的上虞名片。（董丹）

【理论宣讲】 把党的政策理论与上虞的创新发展历程紧密结合，成立形势任务宣讲暨上虞故事宣讲团，创设和制作体现上虞政治、经济、文化以及改革发展的故事19个，在反复修改打磨的基础上，挑选17名宣讲员进村入企、赴乡镇部门学校开展宣讲，全年宣讲达110场次。（董丹）

【理论论文征集评优】 “创新营商环境 促进民营经济高质量发展”“法治思维引领征迁 执法规范保障民权”等一批课题列入评选，出版《上虞社科》4期。（董丹）

【社科联工作】 为纪念胡愈之诞辰120周年，举办第十三届世界语大会；联合慈溪、嘉善、孝感、奉贤，举办“慈、善、孝、贤”五地联盟暨第三届青蓝工程上虞峰会，打响上虞乡贤文化品牌，着眼孝德文化作为上虞主导文化，围绕孝德文化定位、今后研究方向及发展思路等开展孝德理论研讨活动，编辑出版《曹娥的故事》等系列连环画；拍摄“浙东唐诗之路与上虞”电视短片，浙江新闻频道“文化浙江大讲堂”分两集播出《曹娥庙与浙东唐诗之路》和《东山与浙东唐诗之路》，收集整理唐代诗人咏上虞诗集；举办“方寸见辉煌——庆祝中华人民共和国成立70周年”大型邮展红色收藏展、“龙行天下”藏品展。 （董　丹）

精神文明建设

【概况】 2019年，全区开展春泥计划、第十一届“社区邻里月”“我们的节日”“五星3A”村文明星、“五星和美”社区文明星创建、农村移风易俗整治推进工作等群众性精神文明建设主题系列活动。继续深化全国文明城市创建工作和绍兴市文明集镇创建工作。投资600万元的最美人物馆、新时代文明实践中心和社会主义核心价值观主题公园等文明阵地相继正式启用。推荐入选“中国好人榜”2人、“浙江好人榜”4人、“绍兴好人榜”7人。完成176个区级文明村镇、269个区级文明单位、51个区级文明校园的复评工作，新创市级文明村镇（单位、校园）28个，区级文明单位（村镇）16个，摄制播出27期《好人、好事、好风尚》电视栏目，用镜头记录虞城凡人善举传递好人好事。

【文明创建】 围绕《上虞区文明程度指数测评和考核办法》《上虞区2019年度文明程度指数测评标准》《绍兴市文明集镇创建考核标准(2019年)》，长效推进文明城市和文明集镇创建工作。首创首发上虞县域文明指数体系，制定出台《上虞区文明指数测评方案》并组织召开区文明指数发布会，每季度公布《上虞区文明指数报告》，创立一套可量化评价体系。组织开展文明城市创建提升百日攻坚行动，完成四季度的区第三方文明程度指数测评，通过媒体公开通报、下发整改清单、回头看督查等推进问题整改清零，累计督查整改问题6500余条。完成省、市第三方文明程度指数测评考核。省测成绩为三区第一。

【新时代文明实践中心志愿服务活动】 3月5日，正式启用区新时代文明实践中心，实施社会志愿团队轮值制，招募志愿团队和优秀志愿者，开展集中培训，进行志愿化日常管理。2019年度，新时代文明实践中心做到每日开放，已累计接待参观群众3000余人，接待各地参观团队40余支。梳理各级各类志愿服务队伍，已入驻区文明实践中心社会志愿队伍42支。以“志·爱出发”为品牌，协调、组织各志愿服务团队，创新成立“周末爱出发”“娥江健步走”等各类特色品牌活动，累计开展志愿服务活动5000余次。

【最美人物馆和社会主义核心价值观主题公园启用】 5月份正式启用绍兴市第一家区最美人物馆，馆内重点集中展示全区最美人物5个系列84位人物的典型事迹，成为宣传先进典型、弘扬崇德向善又一精神高地，并利用周末及寒暑假组织机关干部及学生进行参观学习，截至2019年年底，共接待参观群众1万余人。完成信义广场社会主义核心价值观主题公园建设，宣传道德模范事迹。

【春泥计划活动深化】 下发《关于做好2019年暑期“春泥计划”实施工作的通知》，要求各乡镇、街道，有关部门和单位围绕“以弘扬社会主义核心价值观为根本，开展道德实践活动；以传承优秀传统文化为主线，开展社会体验活动；以养成良好行为习惯为目标，开展能力提升活动”三方面开展好暑期春泥计划，帮助未成年人“扣好人生第一粒扣子”。截至8月30日，各乡镇街道已累计开展各类活动2000场次，参与人员达5万余人，评选出优秀活动项目一等奖4个，二等奖8个，三等奖12个。

【第十一届“社区邻里月”活动举办】 8月，以“守望相助显真情　共建共享美家园”为主题，百官、曹娥、东关、道墟、小越、梁湖6个街道38个社区围绕“邻里同乐互动、邻里守望互助、邻里共议互宣、邻里共学互促、邻里传颂互评”五大内容，开展为期1个月的第十一届“社区邻里月”活动。各社区共计开展活动项目450余个，参与居民人数达到6万人左右，区级主要新闻媒体多角度全方位开展活动报道。

【农村移风易俗整治试点工作启动】 制定《上虞区进一步深化移风易俗工作任务清单》，完善村（居）红白理事会和村规民约。各个社区建立红白理事会，发放移风易俗相关倡议书5万余份。 （王国艳）

机构编制工作

【概况】 2020年，区委编办牵头召开编委会2次，审议17件部门单位机构编制请示事项。办理事业单位设立登记13家、变更登记407家、注销登记40家，对336家事业单位年度报告进行审核、公示。办理出编手续904人、入编手续1139人，完成区级及乡镇机关事业单位753名用编计划和456个中层职数使用的审核工作。全年共核减回收编外用工控制数101名，锁定待核减编外用工控制数102名。

【事业单位改革】 全区共撤并事业单位40家，精简率19%，成为全省首批全面完成改革的县（市、区）。

【综合行政执法改革】 完成"五大领域"282名综合执法队人员转隶工作，指导推动执法队实体化运作。跟进完善自然资源、卫生行政执法体制，协同推进跨部门综合行政执法改革执法事项调整，牵头完成森林公安管理体制调整工作。结合公益类事业单位改革，统筹谋划其他领域执法体系，完成拟保留执法类事业单位"三定"研制工作。协同深化崧厦街道"一支队伍管执法"试点。

【指导推动重点部门理顺运行机制】 梳理机构改革中涉及重大职能调整部门和职能交叉的17个重点部门单位，深入实地开展职能运行情况"回头看""再评估"，共发出评估反馈意见25条，推动农村宅基地管理、价格监督管理等一批争议职责的落实。

【建立基层干部适岗培训长效机制】 与区委组织部协同构建基层干部适岗培训项目生成、质量管控、督查考核三大机制，督促乡镇街道和部门完成自办班次146个，培训乡镇基层干部11229人次。

【梳理乡镇（街道）"属地管理"事项清单】 公布首批79项乡镇（街道）"属地管理"事项清单，明晰牵头部门、乡镇（街道）工作责任，同步印发《关于规范乡镇（街道）"属地管理"的实施意见》。

【"最多跑一次"工作】 及时完成部门间"最多跑一次"事项和部门联办"一件事"办事指南印发，调整优化部门间网办事项，协同改革办和大数据发展管理中心推动部门事项上线办理、高效运行。配合做好机关事业人员职业生涯全周期管理"一件事"改革，梳理归集"一件事"改革中与机构编制相关的办事事项清单，确保"一件事"管理服务平台顺利运行，全年共审核事项2827件。

【机构编制法定化管理与监督】 在全省率先研究制定《机构编制审核论证办法》《机构编制绩效评估办法》《机构编制核查办法》3个办法，依法依规完成机构编制事项审核61项、"三定"规定168个。

落实"清单式管理"要求，常态化开展机构编制执行情况的跟踪监督，全年共向16个部门单位发出问题清单，督促抓好整改落实。建立机构编制核查与区委巡察工作联动机制，对28个乡镇部门开展专项核查，发现问题116个，其中立查立改完成98个，巡察反馈整改18个。 （杨慧丽）

侨务工作

【夯实共同思想政治基础】 组织乡镇（街道）侨务干部、侨联委员、留学生代表等参加党外人士专题培训班，强化其对中共十九大精神、习近平总书记重要讲话精神和侨务方针政策的把握与理解。组织侨联开展各类思想政治学习，举办上虞侨联、留联会"红色之旅"活动，在"七一"中国共产党建党节之际，参观浙西南革命根据地纪念馆，进一步提升侨界人士"不忘初心、牢记使命"的理想信念。

【疫情防控保卫战】 全力做好全区侨情数据摸排调查，摸排华人华侨、留学生等数据8400余条。派专员到上虞区疫情防控指挥部驻点工作，专职负责境外人员到上虞转接机、境外疫情日报编写、境外回虞数据汇总下发等工作，编发《境外入虞人员管理组工作日报》230余篇，为疫情防控打下坚实基础。疫情期间共收到上虞旅港同乡会爱心捐赠10万元，海外华人华侨通过各方渠道积极采购口罩支援家乡疫情防控；境内华人华侨、归国留学生踊跃捐资捐物，共计捐赠物资143.7万元。海外疫情严重时期，上虞区侨联积极向海外华人华侨投递口罩等防疫物资，向美国上虞同乡会投寄1000余个口罩。举办“同舟共济”圆桌论坛，组织区内侨资企业特别是海外归国创业人士共同探讨后疫情时代全球大变局下企业发展应对之道。

【海内外联谊联络】 组织开展“共筑海创梦 同叙中秋情”中秋联谊活动，广泛凝聚归国留学生、华人华侨、侨眷侨属向心力。全区侨联、留联会活动场所——“侨心驿站”正式在统战之家启用，成为华人华侨、留学生会员交流联谊的重要阵地。深化侨联及留联会组织建设，召开留联会一届二次理事会议，调整部分理事并选举产生新任秘书长、副秘书长。

【为侨服务】 做好侨务政策宣传普及，通过开展侨务工作培训、侨法资料下发等方式开展侨法宣传活动，共计下发《涉侨法规政策选编》《浙江省华侨权益保护条例》等500余份，受理涉侨咨询80余件，切实维护归侨侨眷和海外侨胞的正当权益。梳理涉侨法律法规和办事事项，修改完善7类涉侨事项流程及上报内容，织密服务侨界群众的“联心网”。完成2020年度“三侨生”身份认定高考加分工作，共为2为虞籍“三侨生”办理加分业务。开展“侨资企业服务年”活动，通过结对联系、上门走访等方式，共走访调研20余家侨资企业，探访侨界知名人士40余名，精准帮扶复工复产堵点难点问题37条。完善省级侨情数据库数据，新增录入上虞侨资企业20家，重点侨界人士20名。

【全区乡镇(街道)实现基层侨联组织全覆盖】 上虞区侨联积极推动基层侨联组织建设，指导全区20个乡镇(街道)陆续成立基层侨联组织，截至12月13日，上虞区盖北镇归侨侨眷大会闭幕，上虞区盖北镇侨联成立，标志着上虞区全部乡镇(街道)侨联组织实现全覆盖，上虞区侨联工作获得新突破迈进新领域，基层侨联建设开启新征程。 （毛利湧）

港澳工作

【旅港同乡会】 疫情期间，共收到上虞旅港同乡会爱心捐赠10万元。上虞旅港同乡会开展活动，组织庆中秋联谊活动、义工团志愿服务活动。走访慰问上虞旅港同乡会会长等在虞港胞侨胞，看望部分困难侨眷侨属。

对台工作

【惠台服务】 2020年，贯彻落实省委、省政府“两手硬、两战赢”的决策部署，同心防疫，助力台企复工复产高质量发展。严格落实到上虞区台胞疫情防控措施，建立区防指办、属地镇街、区台办到上虞区台胞三级联动机制。建立规模以上台企驻企指导员制度，加强对台企复工和疫情防控全过程督查督导。区委分管领导专题指导督查台企复工复产工作，现场协调解决4家台企在复工过程中防疫物资短缺、外地员工返回等困难问题。深入台资企业开展“三服务”活动，了解中美贸易摩擦、新冠疫情对台资企业生产经营情况产生的影响，通过意见征求，现场解难，会同相关部门帮助台资企业解决发展中的实际问题12个。组织台商开展涉企政策辅导培训，深入台企宣传国家发改委、国台办等部门印发的《关于应对疫情做好支持台企发展和推进台资项目有关工作的通知》(“11条”措施)和省、市、区有关惠企政策，扎实做好“五减”政策的落地，区内台企享受“五减”等惠企资金580余万元。浙江三荣塑胶有限公司复工复产成效及创新发展经验在全省台资企业座谈会上作典型交流发言。区台办与上虞农商银行建立金融支持台企台胞战略合作，开展系列金融助力台企台胞活动，推出“台融卡”“台融贷”等专属产品，为区内台资企业落实信贷资金2500余万元，办理“台融卡”11张。 （贾意美）

【台胞权益保障】 年内，完善涉台突发事件应急预案和涉台民商事案件协调机制，健全完善区台胞权益保障工作联席会议制度，认真贯彻落实“一法一条例”，定期会商涉台信访矛盾，依法依规处置涉台矛盾纠纷，2起督办案件处置化解工作得到省台办肯定。全年妥善处置台企、台胞反映的涉及环保、土地、房产、劳动用工等矛盾纠纷10起。落实台企台胞同等待遇，帮助2名台胞子女就近办理入学入园手续，协助台胞加急办理台湾居民居住证5张。 （贾意美）

【涉台宣传和经贸交流】 年内，宣传推介上虞投资环境，在《两岸关系》杂志上宣传省级特色小镇——e游小镇招商引资政策和投资环境，向来虞参访台商宣传杭州湾上虞经开区大平台建设情况。广泛宣传台商台青防疫复产和创业创新故事，吸引更多台商台胞来虞参访交流、实习就业创业。组织台商参加绍兴·宁波台协会“长三角一体化”战略协作签约活动和国台办、商务部等举办的“拓内销”线上对接活动等。（贾意美）

【青年和基层交流】 2020年，邀请20余位青年台商与区新生代企业家举办两岸新生代企业家“创新与发展”交流会，协助做好全国台企联台商二代精英特训营活动，接待全国台企联青联会一行考察e游小镇。做好“文融两岸青年，共享美好未来”2020浙东唐诗之路两岸青年交流活动启动仪式。组织在上虞台湾青年考察美丽乡村建设，广泛联络台北上虞同乡会三四代青年，组织台属联谊会青年理事赴洞头区半屏山同心小镇开展交流联谊。 （贾意美）

老干部工作

【概况】 2020年年底，全区有离休干部55人，其中属行政事业单位离休的30人，企业单位离休的25人；享受县处级待遇24人，科局级31人；抗战时期参加革命工作8人，解放战争时期参加革命工作47人。

【《关于进一步规范干部退休有关工作的通知》印发】 7月13日，印发《关于进一步规范干部退休有关工作的通知》，明确通过举办必要的仪式和活动，落实务实有效的关爱举措，让干部退休时接受思想政治再教育。

【《关于推进离退休干部党支部规范化建设的实施意见》印发】 12月8日，印发《关于推进离退休干部党支部规范化建设的实施意见》，明确从政治思想建设规范化、组织建设规范化、班子建设规范化、作用发挥规范化、保障机制规范化五方面开展党支部规范化建设，全面提升区离退休干部党建工作科学化规范化水平。

【疫情防控引导服务工作】 针对疫情防控实际，加强与老干部联系，了解身体状况、出行信息，进行信息通报、问题解答，做好药品配给、防控物资保障，联系和督促各镇街、部门做好本辖区本单位老干部健康防护和心理慰藉。向上虞老干部“银耀娥江”志愿团队、上虞老年大学“银耀娥江”志愿团队的志愿者发出倡议，就近就便开展联防联控志愿服务“银耀”行动，4位老干部被省局评为“最美银耀老干部抗疫志愿者”。

【助力社会治理系列活动】 重点围绕村社组织换届选举、全国文明城市复评迎检等区委区政府阶段性重点工作，开展“三服务三助力”再出发、老干部助力村社组织换届推进基层社会治理、“社会治理·银耀有我”“三师两员·银雁返乡”“文明创建、有你有我”等一些系列活动，以“一月一主题”活动形式，组织老同志走进村社推进换届选举、调解基层矛盾、开展红色宣讲、助力和美创建。

【老党员驿站成为党建共享基地】 通过提供“主题党日”“红色观影”“党建交流”等菜单式学习教育服务项目，做好全区离退休干部党组织、老干部志愿团队等活动学习承接工作，引导老干部加强政治学习、落实党内政治生活要求。

【“家门口”+“线上”老年大学有效推进】 深入推进“家门口老年大学”建设，制订五年发展规划和分校评级奖励制度，新增镇街分校4所、社区教学点1个。开通“云”上老年大学平台，有序推进“云课堂”教学，非老年大学学员也可在注册后收看，让更多老干部足不出户享受老年教育。

【首个上虞区干部退休仪式】 9月11日下午，组织开展上虞区“荣光助薪火金霞耀娥江”干部集体退休仪式现场颁发退休证和《乐龄服务指南》。现场，新退休干部向社区报到，社区也向新退休干部发出邀请函，引导广大离退休干部融入社区、贡献力量。

【首次举办离退休党员干部培训班】 面向离退休党支部党员干部开设离退休党员干部培训班，经单位推荐与个人申报并审核后确定培训名单，采取专业课程、党建理论和时政知识教学，以及实践活动相结合的方式开展，学制一年。首次培训班共80人。（王菊芳）

信访工作

【概况】 上虞区信访局全年共受理信访事项41789件次，其中：群众来信来访1544件次，受理政务热线30869件次，受理网上信访9316件次，信访事项复查申请107件。全年区领导共接待群众来访426批1187人次，调处信访问题551件。

【调整设立绍兴市上虞区社会矛盾纠纷调处化解中心】 2020年6月，区委、区政府信访局所属事业单位绍兴市上虞区政务咨询投诉举报中心更名为绍兴市上虞区社会矛盾纠纷调处化解中心，机构规格调整为区委直属副科级事业单位，内设综合信息科、指导协调科，主要承担线上线下各类矛盾纠纷的受理分派指导协调、跟踪督促、信息研判及中心日常管理工作。

【国家级“三无”县(市、区)首次创建】 坚持“三到位一处理”，依法及时就地解决群众合理合法诉求，全年区级以上四级走访总量1036人次，同比下降47%，成为全市唯一进京访“零登记”，百万人口走访数锐减至全省第53位，创建信访工作全国“三无县(市、区)”。

【省级“无信访积案区”创建】 化解信访积案，落实信访积案领导包案责任，建立“以案说案”工作例会制度，专案协调疑难复杂信访事项47次，“以案说案”交流点评3次，创建省级“无信访积案区”，五项指标执行情况优良，17件国家级交督办件化解16件、化解率94.1%；2件省级交督办件化解率100%；77件市级信访积案已化解68件、化解率88.3%；52件区级信访积案化解率100%；历史积案化解率72.73%，新增积案率0.77%。

【初次信访全流程办理省级标准化试点工作】 在全省率先开展初次信访全流程省级标准化试点工作，成立初次信访全流程办理省级标准化试点工作领导小组，广泛开展试点项目动员和知识培训，全方位探索建立初次信访办理核心标准，营造良好的标准化工作氛围，助推信访“最多跑一次”改革。

【“空中信访”助力打赢疫情攻坚战】 新冠肺炎疫情期间，创新推出“空中信访”服务，建立“信访‘不见面’，云端‘无接触’”调解模式，运用“12345”工作法狠抓防疫期间“12345”空中热线涉疫咨询投诉件，全部实现24小时内办结销号。

【做好信访工作】 年内，抓好重要时期信访维稳任务，实现进京“零扰序”、赴省“零集访”。精准打击违法信访行为，评定严重信访失信行为1起，打击、宣传违法信访行为4起。（田　瑶）

档案管理

【概况】 2020年，区档案馆接收纸质档案35709卷、113321件，照片档案1406张，录音磁带、录像磁带、影片档案298盘，实物档案117件；征集纸质档案87卷，照片档案221张，录音磁带、录像磁带、影片档案5盘，实物档案871件。本级馆藏档案总量达521429卷/938202件，馆藏资料总量达21701册，馆藏实物档案总量达8775件。全年向社会公众提供档案查阅利用7939人次/9749卷次，出具证明9704份；在线查档657人次，出证333份。完成档案登记备份、进馆和馆藏档案数字化成果2437035万页，录入条目共14万条。“真理之甘、信仰之源”——纪念《共产党宣言》首个中文全译本出版100周年主题展开展，档案文化展厅全年共接待参观3000余人次。档案馆通过省示范档案馆测评，被授予全省档案工作先进集体、绍兴市第二批中小学生研学实践基地、2020年度示范社科普及基地等荣誉称号。（茅佳晨）

【获“全省档案工作先进集体”荣誉称号】 2月27日，浙江省档案局、浙江省人力资源和社会保障厅联合印发《关于表彰全省档案系统先进集体和先进工作者的决定》，上虞区档案馆荣获“全省档案系统先进集体”称号。（茅佳晨）

【档案工作目标管理认定（复查）工作】 3月23日，区档案局公布2019年度通过档案工作目标管理认定（复查）单位的名单，绍兴市住房公积金中心上虞分中心等9家单位通过档案工作目标管理省级、绍兴市级和上虞区级认定，丰惠镇人民政府等54家单位通过档案目标管理省级、绍兴市级和上虞区级复查。（丁柳颖）

【中共浙江省委副秘书长、省档案局局长刘芸调研上虞档案】 3月24日，省委副秘书长、省档案局局长刘芸一行到上虞专题调研区档案馆档案工作。调研组听取关于上虞区经济社会发展和近年来上虞档案工作取得的成绩等情况汇报，并就高起点谋划档案工作“十四五”规划、深入开展“三个地”档案资源建设、提升基层档案管理和服务水平、精细谋划区域智慧档案馆基础数据库建设项目等工作提出意见和建议。（蒋　明）

【区档案馆通过省示范档案馆评价】 5月18日，浙江省档案局公布2019年度通过档案馆业务建设评价的国家综合档案馆名单，上虞区档案馆名列其中，成为绍兴地区首批通过省级示范的档案馆之一。（蒋　明）

【2020年度全区档案管理岗位培训班】 6月15—24日，绍兴市上虞区档案局、档案馆联合举办2020年度全区档案管理岗位培训班，来自乡镇街道、区直部门、企事业单位的272名新任档案员报名参加培训。此次培训班共设5门课程，对档案信息化发展进程及未来趋势、四大门类档案基础知识、收集范围、整理方法等内容进行详细讲解。（丁柳颖）

【《中华人民共和国档案法》专题学习会召开】 8月10日，区档案馆召开《中华人民共和国档案法》（简称《档案法》）专题学习会。新修订《档案法》将于2021年1月1日起正式施行，这是我国档案法治建设进程中一个新的里程碑。会议要求全馆上下充分认识学习宣传贯彻《档案法》的重要意义，全面把握《档案法》的内容要义和精神实质，切实抓好《档案法》的贯彻实施。（茅佳晨）

【承办纪念《共产党宣言》首个中文全译本出版100周年活动】 9月8日，上虞区纪念《共产党宣言》首个中文全译本出版100周年活动举行。上海市档案馆二级巡视员张新，浙江省档案馆副馆长张明决，复旦大学档案馆馆长黄岸青，陈望道家属陈振新、朱良玉夫妇以及区相关领导出席活动。当天，上虞区“重温《共产党宣言》喜迎建党一百年”红色志愿宣讲活动启动。（倪佳丽）

2020年9月8日，上虞区纪念《共产党宣言》首个中文全译本出版100周年活动在区档案馆举办（王力湛　摄）

【第一届机关工会会员大会】 9月30日，区档案馆召开第一届机关工会会员大会。会议通过选举办法草案、监票人及候选人名单，选举产生上虞区档案馆第一届机关工会委员会。之后，馆机关工会第一届第一次工会委员会召开会议，选举产生工会主席。（茅佳晨）

【浙江省档案馆馆长李波一行到区档案馆开展“三服务”】 10月27日，浙江省档案馆馆长李波一行深入上虞区档案馆开展“三服务”并调研指导工作，实地考察档案文化展厅、特藏库以及纪念《共产党宣言》首个中文全译本出版100周年主题展，听取区档案馆工作汇报。（蒋　明）

【全国档案信息化专家“把脉会诊”区智慧档案馆建设项目】 12月18日，绍兴市上虞区智慧档案馆建设项目研讨会在杭州举行。会上，朱宝生馆长介绍上虞区经济社会发展总体情况和上虞区档案馆基本情况，汇报上虞区智慧档案馆建设项目建设情况，项目承接方浙江星汉公司技术人员介绍演示区域智慧档案馆建设技术方案。（周友泉）

【获评2020年度示范社科普及基地】 12月21日，绍兴市社会科学界联合会公布2020年度示范社科基地、示范学会的通知，区档案馆获评2020年度示范社科普及基地。（茅佳晨）

党史编研

【概况】 2020年，区委党史研究室履行存史、资政、育人的职能，突出重点、聚焦主业，征集整理党史资料，组织举办纪念活动，有序开展各项工作。

继续开展《中国共产党上虞历史(三卷)》的资料征集工作。

印刷完成《中共上虞县委文件选编(1986—1992.10)》《中共上虞县委文件选编(1992.10—1996)》。

【党史教育基地摸排】 在全区范围内仔细摸排掌握党史陈列馆、党史教育基地的布展情况，特别是为上虞党史陈列室改造提升、重新布展多次召开研讨会，论证、考订、核实展陈大纲。筛选上报区内新增革命遗址、纪念馆设施以及第四批浙江省党史胜迹教育基地，不断增强党的历史严肃性。

【党史宣教】 参与主办“第十届红展——上虞军人风采展”。开展“红色讲堂”宣讲活动，编写《上虞抗疫故事》《上虞历史上的时疫》等读本。配合绍兴市新四军历史研究会随绍兴电视台赴章镇镇和任叶村拍摄观杰烈士专题片，专题片于2020年8月14日在绍兴电视台公共频道播出。

【“纪念何云烈士诞辰115周年”活动】 6月23日，区委党史研究室、绍兴市新闻传媒中心共同主办的纪念何云诞辰115周年座谈会在烈士故乡永和镇召开。（沈瑶圆）

党校工作

【概况】 2020年，区委党校超额完成年度重点工作清单任务。教育培训方面，共举办主体计划班次34期，培训各类学员14873人次，培训人数同比增长69.57%。科研咨政方面，在各级报刊发表文章40篇次，获上级科研奖项26项，获省市级课题立项13项，咨政报告获批示或直接吸收进决策23篇次，发行校刊《虞情探索》4期。社会培训方面，举办社会培训班次30期，培训各类干部2781人。校外宣讲方面，共计宣讲125场次，受众达10750余人。获全省党校(行政学校)系统成绩突出集体和上虞区年度目标责任制考核一等奖。

【党建引领】 完成区委第一巡察组巡察反馈问题整改和全省党校系统办学质量创优评估整改工作。新修订或修改完善21项制度，问责8人次，清退资金2400元。制定出台《党委议事制度》《干部廉政谈话实施办法》《党风廉政建设责任分工》《党风廉政建设和反腐败工作计划》《党建工作计划》等制度和办法。2020年度，区委党校机关党建特色项目获优胜奖。

【理论教育和党性教育】 区委党校高质量举办中共十九届四中、五中全会精神轮训班、高质量专题研讨班、营商环境专题研讨班等重点班次；在培训班次中突出理论教育和党性教育，将深入学习习近平新时代中国特色社会主义思想、习近平在浙江考察时的重要讲话精神作为干部教育培训的必修课，推动习近平新时代中国特色社会主义思想学习。党性教育和理论教育课时占总课时的70%以上。

【培训平台】 区委党校依托“智慧党校”“钉钉直播”“春晖大讲堂·云课堂”、干部教育网络学院H5等平台，实现“线上+线下”教学齐发展。特别是借助自有平台“智慧党校”，先后举办打赢蓝天保卫战线上专题培训班、区管领导干部学习中共十九届四中全会精神轮训班、2020年上虞区党员发展对象培训班等8

个班次,实现13674人次学员在线学习。

【新型智库建设】 区委党校通过抓好“调研+咨政”“业务+服务”“激励+考核”,强化科研氛围营造,鼓励专兼职教师通过发表文章、征文获奖、课题立项、领导批示四大途径推进党校科研咨政工作,不断推进新型智库建设。获全省党校系统理论研讨会一等奖2项、二等奖1项、三等奖3项,成绩位列全省第五、全市第一;全省党校系统优秀咨政报告评选二等奖、三等奖各1项;省科社学会二等奖2项,优秀奖5项;第三届“红船论坛”二等奖1项;另有11篇文章在全市征文比赛中获奖。获得省社科规划课题立项2项,省社科联年度课题1项(连续9年获得省社科联课题立项),省委党校中特理论课题3项,市社科联课题6项、其他课题1项。撰写完成22篇咨政报告,《疫情对我省制造业出口企业的影响及对策建议》一文获得副省长高兴夫批示。

【高规格会议活动承办】 区委党校承办浙江省社会科学界第五届学术年会分论坛:高水平全面建成小康社会理论研讨会暨浙江省科学社会主义学会第九届会员代表大会,来自全省高校系统、党校系统、职业院校系统从事马克思主义、科学社会主义事业的200余名专家学者参加会议。区委党校获省科社学会优秀组织奖。

【社会培训】 区委党校共举办30期社会培训班次,合计培训各类干部2781人次,其中线上6期,线下24期,总培训时长102天,本校教师在社会培训班次授课58场次。

【师资力量建设】 重点加强年轻干部培养,推进“名师、名课、名篇、名校”的“四名”建设三年行动计划,并新制定出台《青年教师综合素养提升“十个一”活动实施意见》《教师进修培训制度》《教师外出宣讲规定》《教师基层调研联系制度》等制度。 (魏 杰)

绍兴市上虞区人民代表大会

综　述

【概况】 2020年，区人大常委会高举习近平新时代中国特色社会主义思想伟大旗帜，在中共上虞区委的坚强领导下，围绕中心、服务大局，依法履职、为民尽责，依靠代表、服务代表，求真务实、担当作为，为坚持和完善人民代表大会制度、上虞在建设“重要窗口”中勇当排头兵争做优等生作出积极贡献。一年来，共举行常委会会议6次、主任会议11次，听取和审议工作报告40个，开展执法检查98次、提出审议和视察意见15件，全年作出重大决议决定8个，共任免国家机关工作人员56人次，组织24名国家工作人员进行宪法宣誓。

一年来，区人大常委会始终把政治建设摆在首位，深入贯彻落实区委人大工作会议精神，切实增强常委会及机关、全区各级人大代表的思想自觉、行动自觉，共同助力全区积极参与“重要窗口”建设。

【监督工作】 服务中心大局，出台《关于民生实事项目和重点监督投资项目专项监督实施办法》，2次视察“三个一批”等重大项目推进情况，常态化开展联系项目跟踪解难，助推项目大会战。上下联动助推数字经济发展、《浙江省民营企业发展促进条例》、矛盾纠纷调处化解“最多跑一地”改革、基层社会治理专项监督等工作，合力推进经济高质量发展。积极参与打赢疫情防控阻击战、经济社会发展总体战作为常委会及机关的重大政治任务，组建两个疫情防控指导组和人大机关防疫突击队，全力助推“两手硬”“两战赢”。着力加强公共财政管理监督，完成区人大常委会预算联网监督中心建设，制定预算联网监督工作规定。深化完善问题清单网上跟踪监督做法，构建人大常委会审议意见问题清单管理闭环体系。扎实开展对区公检法司机关依法履职、公正司（执）法情况专项监督，作出关于加强检察机关法律监督工作的决定，对《中华人民共和国中医药法》《中华人民共和国慈善法》，动物防疫、野生动物保护“两法、两条例和两决定”，食品安全“一法一条例”等法律法规的落实情况开展执法检查。

【阵地建设】 认真督办191件代表建议及2019年B类建议落实情况，组织各级人代表参与各类监督活动。开展代表联络站全域提升，乡镇（街道）代表联络站基本完成升级工作。扎实开展“局长·代表面对面”活动，市级9个部门和20个区级部门全面参与。认真抓好《浙江省街道人大工作条例》贯彻实施工作，健全人大街道工委组织及工作机制，常委会会议首次听取和审议人大街道工委工作报告，任命人大街道工委委员48名。

（陈吉茂）

重要会议

【区一届人大四次会议】 2020年1月7—10日，绍兴市上虞区第一届人民代表大会第四次会议在百官召开。

会议听取和审查区人民政府代区长徐军所作的

《政府工作报告》;听取和审查批准绍兴市上虞区2019年国民经济和社会发展计划执行情况及2020年国民经济和社会发展计划、绍兴市上虞区2019年财政预算执行情况和2020年财政预算;听取和审查区人大常委会主任陈坚所作的工作报告;听取和审查区人民法院院长钱长龙所作的工作报告;听取和审查区人民检察院检察长张斌所作的工作报告。大会通过关于政府工作报告的决议,关于绍兴市上虞区2019年国民经济和社会发展计划执行情况及2020年国民经济和社会发展计划的决议,关于绍兴市上虞区2019年财政预算执行情况和2020年财政预算的决议,关于区人大常委会工作报告的决议,关于区人民法院工作报告的决议、关于区人民检察院工作报告的决议。大会投票表决2020年度区民生实事项目。会议应到代表276名,实到265名。大会投票表决任命徐军代区长为区长。

【区一届人大常委会会议】 全年,区一届人大常委会共举行6次常委会会议。

3月30日,区一届人大常委会举行第二十六次会议。会议听取并审议通过各人大街道工委工作报告、区一届人大四次会议代表审议发言意见办理情况的报告、区政府关于2019年全区环境状况和环境保护目标 任务完成情况的报告、区人大常委会2020年工作要点,表决通过关于人大百官街道工委等8个工作报告的决议。会议以投票表决的形式,通过有关人事任免事项,任命区人大办有关委室领导职务、各人大街道工作委员会委员,以及其他任免事项。常委会会议后,召开人大代表座谈会。

5月31日,区一届人大常委会举行第二十七次会议。会议听取并审议通过2019年度上会部门区农业农村局和区商务局预算执行情况的报告、区政府关于城乡养老体系建设情况的报告。会议以投票表决的形式,通过有关人事任免事项,接受徐军辞去绍兴市上虞区人民政府区长职务的请求,陈刚、谢晋辞去绍兴市上虞区人民政府副区长职务的请求,并报区一届人大五次会议备案;决定任命金进富为绍兴市上虞区人民政府副区长,代理区长;周尊隆为绍兴市上虞区人民政府副区长,周晓国为绍兴市上虞区人民政府副区长、绍兴市公安局上虞区分局局长。会议举行金进富、周尊隆、周晓国的任命书颁发仪式和宪法宣誓仪式。会议还通过其他任免事项。

8月25日,区一届人大常委会举行第二十八次会议。会议听取区政府关于上半年工作情况的通报,听取并审议通过区政府关于半年度国民经济和社会发展情况的报告、区政府关于2019年度财政决算和2020年上半年财政预算执行情况的报告、区政府2019年度区本级财政预算执行和其他财政收支审计工作的报告、区政府关于国有建设项目投资计划半年度调整情况的报告、区政府中期财政规划(2020—2022年)编制情况的报告、区政府关于区一届人大四次会议代表建议办理情况的报告,会议审议并表决通过《绍兴市上虞区人大常委会关于加强新时代检察机关法律监督工作的决定》。会议以投票表决的形式,通过有关人事任免事项,接受赵俊杰辞去绍兴市上虞区人民政府副区长职务的请求,并报区一届人大五次会议备案;决定任命凌健为绍兴市上虞区人民政府副区长。会议任命区人民政府办公室、区应急管理局主要负责人,并通过其他任免事项。

9月18日,区一届人大常委会举行第二十九次会议。会议听取并审议区政府《关于提请审议〈绍兴市上虞区部分行政区划调整组织实施总体方案〉的议案》(简称《议案》),表决通过《议案》,并作出《绍兴市上虞区人民代表大会常务委员会关于上虞区部分行政区划调整的决议》。

10月26日,区一届人大常委会举行第三十次会议。会议听取并审议通过关于我区社会矛盾纠纷调处化解"最多跑一地"改革工作情况的报告、区政府关于2019年度全区国有资产管理情况的报告、区政府关于调整2020年度本级财政支出预算和批准地方政府债务限额的报告、区政府关于2019年度科技进步工作和科技经费使用、完成情况的报告。会议通过关于同意调整2020年度财政支出预算的决议和关于批准绍兴市上虞区2020年地方政府债务限额的决议。会议以投票表决的形式,通过有关人事任免事项。

12月10日,区一届人大常委会举行第三十一次会议。会议听取审议并通过区公检法司机关依法履职公正司(执)法情况报告、区政府关于农村集体经济增收工作情况的报告和《绍兴市上虞区生态文明建设示范区规划(2020—2025 年)》编制情况的报告,听取并通过《关于社会组织参与基层社会治理工作的决定》,听取并表决通过有关代表许可、辞职事项,听取关于开展区人大代表补选工作的报告。会议表决通过关于召开绍兴市上虞区第一届人民代表大会第五次会议的决定、关于接受孙云苗辞去绍兴市上虞区第一届人民代表大会代表职务的决定、关于批准《绍兴市上虞区生态文明建设示范区规划(2020—2025 年)》的决定、关于许可对绍兴市上虞区第一届人民代表大会代表王忠华采取刑事强制措施的决定。会议还通过有关人事任免事项。

【区一届人大常委会主任会议】 全年,区一届人大常委会主任会议共召开 11 次会议。

3 月 25 日,区一届人大常委会主任会议召开第 48 次会议,研究决定《绍兴市上虞区人大常委会听取和审议人大街道工委工作报告的办法》和《绍兴市上虞区人民代表大会常务委员会街道工作委员会委员提名和任免办法》,研究决定区一届人大常委会第二十六次会议相关事宜,以及《关于民生实事项目和重点监督投资项目专项监督实施办法》《关于开展我区数字经济发展情况监督工作的实施方案》《关于民营企业促进条例宣传贯彻执法检查实施方案》等三个方案。会议讨论通过《关于进一步明确区人大常委会主任会议成员(党组成员)分工联系人大街道工委的通知》,研究决定区人大常委会 2020 年工作行事历。

4 月 23 日,区一届人大常委会主任会议召开第 49 次会议。会议听取审议并通过区政府关于新冠肺炎疫情防控工作情况的报告和区政府关于数字经济发展情况的报告,听取区人社局、区农业农村局整改落实人大常委会评议意见的报告。

5 月 29 日,区一届人大常委会主任会议召开第 51 次会议。会议审议通过关于提名金进富为绍兴市上虞区人民政府代理区长的议案,提交区一届人大常委会第二十七次会议作出决定。

6 月 24 日,区一届人大常委会主任会议召开第 52 次会议,听取和审议区政府关于居民生活垃圾分类处置工作情况的报告、区政府关于民办博物馆建设和发展情况的报告、区政府关于既有住宅加装电梯工作情况的报告。研究决定《上虞区人大预算联网监督工作规定(试行)》,要求规范人大预算联网监督系统的使用和管理,不断提高监督实效。

7 月 29 日,区一届人大常委会主任会议召开第 53 次会议,听取和审议区政府关于区一届人大一次会议以来实施的民生实事项目“回头看”情况的报告、区政府关于争先创优实施情况的报告,要求补齐项目短板,打造精品工程,在建设“重要窗口”中当好排头兵,做好优等生。

9 月 17 日,区一届人大常委会主任会议召开第 55 次会议,听取区政府关于农村饮用水达标提标工作情况的报告,研究决定《关于听取和审议区公检法司机关依法履职、公正司(执)法情况报告的实施方案》和区一届人大常委会第二十九次会议相关事宜。

11 月 24 日,区一届人大常委会主任会议召开第 57 次会议,听取并审议通过区政府关于审议查出问题整改落实情况的报告、区政府关于《浙江省民营企业发展促进条例》宣传贯彻情况的报告、区政府关于社区社会组织参与基层社会治理整改落实情况的报告,听取区政府关于交通强区基础设施三年行动计划建设工作的汇报,审议通过 2021 年度预算上会审查重点部门为区自然资源与规划分局和区生态环境分局,及区人大常委会重点监督政府投资(国有建设)项目。

另有 4 次主任会议,主要是讨论决定召开常委会会议的有关事宜,听取有关工作情况的汇报等。

【全区“两会”建议提案交办会议】 3 月 25 日,全区“两会”建议提案交办会议召开。区一届人大四次会议期间人大代表向区政府提出的 191 件书面建议,分别交给区政府部门和单位办理,徐军区长对办理工作作部署。会后,相关乡镇街道、部门和单位在规定时间内办理完毕,截至 8 月末,191 件代表建议问题已经解决和正在解决的 134 件,占总数的 70.16%,已部分解决或列入计划逐步加以落实的 37 件,占总数的 19.37%;因政策、条件等因素暂时难以解决的 20 件,占总数的 10.47%。代表对办理工作表示满意的 187 件,基本满意 3 件,表示理解 1 件,代表满意率和基本满意率达 99.48%。

【全区乡镇街道人大工作会议】 4月22日，全区乡镇街道人大工作会议召开。会议充分肯定2019年乡镇街道人大工作，作出新一年乡镇街道人大工作加强理论武装、深化跟踪监督、做实代表工作、提升履职水平等部署。区人大常委会副主任徐耘作工作报告，区人大常委会主任陈坚作重要讲话。

【全区人大宣传工作会议】 5月15日，全区人大宣传工作会议召开，区人大常委会主任陈坚对进一步加强人大宣传工作作出部署，区委常委、宣传部长潘立峰就加强人大宣传工作作讲话。

【深化推进全区人大代表联络站建设工作会议】 11月3日，区人大常委会召开深化推进全区人大代表联络站建设工作会议。区人大常委会主任陈坚充分肯定我区推进代表联络站建设的成绩，要求进一步增强工作信心、提高工作站位、拉高工作标杆，深化推进人大代表联络站建设，形成"1+X"的联络站体系。区人大常委会副主任徐耘对深化推进人大代表联络站建设作出具体指导，并部署下阶段乡镇街道的人大工作。

（陈吉茂）

主要活动

【区人大常委会视察活动】 全年，区人大常委会共组织7次视察活动。

2月19日，区人大常委会开展企业复工复产和防疫情况特别视察活动，听取区政府关于当前企业复工复产和防疫情况的专题汇报，对区政府企业复工复产和疫情防控工作取得的成绩予以充分肯定。

6月29日，区人大常委会视察全区重大水利工程项目，听取区政府工作报告并进行审议，作出《关于全区重点水利工程建设情况的视察意见》。

7月9日，区人大常委会视察民生实事项目和人大重点监督投资项目半年度进展情况，听取区政府工作报告并进行审议，财经工委、法制（监察司法）工委、教科文卫工委、社会建设工委、城建环保工委、农经工委分别汇报监督情况，会后印发监督通报。

8月24日，区人大常委会视察防灾减灾体系建设情况，听取区政府的工作报告并进行审议，作出《关于全区防灾减灾体系建设情况的视察意见》。

9月27日，区人大常委会视察《中华人民共和国中医药法》贯彻落实情况，听取区政府的工作报告并进行审议，作出《关于全区〈中华人民共和国中医药法〉贯彻实施情况的视察意见》。

10月22日，区人大常委会视察全区"四未一低"土地消化利用情况，听取和审议区政府的工作报告，作出《关于全区"四未一低"土地消化利用情况的视察意见》。

12月25日，区人大常委会视察民生实事项目和人大重点监督投资项目完成情况，听取和审议区政府的工作报告，对区人大重点监督项目2020年度完成情况进行满意度测评，会后印发监督通报。

【代表约见活动】 全年，区人大常委会共组织5次代表约见活动。

4月13日，区人大常委会组织人大代表开展"上虞医保人都在做些什么"的代表约见活动，区政府及区医保分局、卫健局、市场监管局、民政局等部门领导解答代表提出的问题，副区长赵俊杰作发言，区人大常委会领导提出具体工作要求。

5月21日，区人大常委会组织人大代表开展"政府依法行政工作"的代表约见活动，区政府及区自然资源和规划分局、区编办、农业农村局、综合执法局、司法局、建设局、东关街道、丰惠镇等部门和镇街分别详细解答人大代表的提问，副区长章颖芳作发言，区人大常委会领导提出具体工作要求。

6月28日，区人大常委会组织人大代表开展"社会组织参与社会治理"的代表约见活动，区政府及区民政局、区编办、应急管理局、税务局、财政局、人社局等部门领导解答人大代表提出的问题，并就突出问题、难点及对策措施进行探讨和交流。副区长章颖芳作发言，区人大常委会领导提出具体工作要求。

7月27日，区人大常委会组织人大代表开展"新时代美丽建设情况"代表约见活动，区政府及区农业农村局、财政局、交通局、建设局、综合行政执法局、水利局、文广旅游局、经信局、妇联等部门领导围绕八美行动（美丽城镇、美丽乡村、美丽公路、美丽河湖、美丽园区、美丽街区、美丽小区、美丽庭院）实施方案和具体建设情况、资金补助、工作举措、长效机制等方面详细解答人大代表的问题。副区长周尊隆作发言，区人大常委会领导提出具体工作要求。

11月30日，区人大常委会组织人大代表开展"'四好农村路'建设情况"的代表约见活动，区政府及区交通运输局、财政局、自然资源和规划分局、公安分局等部门解答人大代表提出的问题。副区长魏国剑作发言，区人大常委会领导提出具体工作要求。

【建议办理工作绩效评估】 12月8日，区人大常委会对区自然资源和规划分局、区水利局的人大代表建议办理工作情况进行绩效评估，组织33名各级人大代表对区自然资源和规划分局承办的15件、协办的12件，区水利局承办的10件共37件人大代表建议的办理工作进行绩效评估和满意度测评，满意和基本满意率分别达到100%和97.92%，有力地推进人大代表建议的办理工作。（陈吉茂）

绍兴市上虞区人民政府

综　述

【概况】 2020 年，上虞区辖 10 个镇、3 个乡、8 个街道办事处，281 个村（村委会）、72 个社区（居委会）。户籍人口 77.75 万人，人口自然增长率为 -1.34‰。全区实现地区生产总值 1043.82 亿元，增长 4.6%，居全市第一。其中，第一产业增加值 52.14 亿元，增长 2.2%；第二产业增加值 514.58 亿元，增长 3.3%；第三产业增加值 477.10 亿元，增长 6.7%。财政两项收入规模首次跻身全省前十，其中财政总收入 156.72 亿元，增长 6.2%；一般公共预算收入 93.69 亿元，增长 4.7%。实现社会消费品零售总额 452.41 亿元，增长 3.6%，其中限上社会消费品零售总额 165.49 亿元，增长 2.1%。批发零售业实现销售额 928.61 亿元，增长 7.4%，其中限额以上单位销售额 453.96 亿元，增长 20.8%；住宿餐饮业实现营业额 42.26 亿元，下降 3.7%，其中限额以上单位营业额 10.45 亿元，增长 4.4%。网络零售额 85.13 亿元，增长 4.9%。全区共有实体市场 45 个，实现成交额 128.31 亿元，其中绍兴大通集团公司农副产品批发交易市场和浙江石狮商贸城年成交额均超 30 亿元。实现外贸进出口总额 310.95 亿元，增长 9.4%，其中进口总额 32.70 亿元，增长 43.2%；出口总额 278.25 亿元，增长 6.5%。新办外商投资企业 15 家，新批外商增资项目 12 个。实现合同利用外资 2.76 亿美元，实际利用外资 2.28 亿美元，实际利用外资完成率和总量均居全市首位。（陈仕清）

【农业】 2020 年，上虞区实现农林牧渔业增加值 53.33 亿元，按可比价计算增长 2.4%。全区粮食播种面积 55.01 万亩，粮食总产量 2.34 亿公斤，粮食生产经验做法入选省争先创优行动“最佳实践”案例，获“全省产量大县”称号。年内生猪出栏 11.79 万头、牛出栏 1278 头、羊出栏 2.18 万头、禽出栏 79.87 万只，肉类产量 1.14 万吨，禽蛋产量 0.16 万吨，水产品产量 4.61 万吨，水果产量 11.05 万吨，茶叶产量 2419 吨。完成新华网溯源中国 · 四季仙果数字化平台系统搭建，打造数字果园 8 个。新建农业“机器换人”示范乡镇 2 个、示范基地 9 个，水稻耕种收综合机械化率达 88.7%，列入省级“互联网 +”农产品出村进城示范县创建名单。全区财政对农林水事务投入 12.15 亿元，增长 2.2%，新增“五星达标”村 64 个、“3A 示范”村 13 个，打造新时代美丽乡村精品示范村 40 个、省级产业化联合体 2 个。实施闲置农房激活计划，吸引社会资本 4.05 亿元，激活项目 366 个，新增激活闲置农房 29 万平方米，带动村级经济年增收 960 余万元，村均经营性收入达到 72.41 万元，增长 15.0%，经营性收入 30 万元以下行政村全面消除。建成省级“肥药两制”示范农资店 5 家、水产健康养殖示范场 9 家、美丽牧场 2 家、农业绿色发展示范区 2 个，新认证绿色食品 4 个，丁宅水蜜桃、上虞觉农翠茗茶顺利通过国家农产品地理标志认证，全区农产品质量安全检测合格率达 99.2%，创成省级农业绿色发展先行县。培育农创客 35 人、乡村振兴“领雁人才”40 人，培训高素质农民 311 人。新增造林面积 3040 亩。

【工业】 2020年,上虞区实现规模以上工业产值1697.57亿元,增长6.2%、居全市第一。规模以上工业增加值369.39亿元,增长6.2%,从轻重工业看,规模以上轻工业实现产值431.91亿元,增长0.6%,规模以上重工业实现产值1265.67亿元,增长8.3%。从行业看,机械装备业实现规模以上产值329.46亿元,增长15.8%;医药化工业实现规模以上产值626.54亿元,增长7.8%;轻工纺织业实现规模以上产值173.23亿元,下降7.1%;照明电器业实现规模以上产值50.56亿元,下降2.0%。全年工业用电量50.74亿千瓦时,增长2.7%,居全市第一。杭州湾上虞经济技术开发区实现经济总量1500亿元,其中规上工业产值1127亿元,增长6.9%,在国家级开发区综合考评中排名第60位,中国化工园区30强第13位。化工行业改造提升2.0版建加快设,21家跨区域集聚提升化工企业完成签约,完成"六新"改造20家,累计建成数字化车间11个,安全环保智慧监管平台得到省委、省政府高度肯定。建筑产业发展稳中有进,全年房屋施工面积593.93万平方米,商品房销售面积161.31万平方米,实现建筑业税收11.1亿元,获国家级奖项36项,其中鲁班奖1项、国家优质工程奖4项、中国建筑装饰精品工程4项、中国建筑幕墙精品工程1项、中国建筑工程装饰奖26项;省级奖项74项,其中钱江杯4项、白玉兰奖5项、扬子杯1项、浙江省优秀建筑装饰工程12项、浙江省优秀安装质量奖3项、金石奖21项等,获"全省建筑业工业化优秀县(市、区)"。

【旅游业】 2020年,上虞区全年总接待游客1910.02万人次,旅游总收入161.58亿元,新增省级白金宿1家、金宿1家,成功举办"CHINA·中国"陶瓷艺术设计大展等20余场曹娥江文化旅游节系列活动,省级全域旅游示范区通过验收。

【城市建设】 2020年,上虞区完成老旧小区改造53万平方米、城中村征迁改造43万平方米,新建改造城市道路12.8公里、交通堵点6个、积涝点3个,新增停车位2000个,建成农村生活污水标准化运维终端300座,高质量通过全国文明城市复评。城乡融合步伐加快,丰惠镇创成首批美丽城镇省级样板,章镇镇列入省小城市培育名单,岭南乡创成首批美丽城镇省级样板,通过省新时代美丽乡村示范县(市、区)验收。新建改造城镇配套污水管网建设项目14个,完成管网16.03公里。深入危旧房治理,改造治理农村危旧房291户,D级、C级危房全部腾空。

【改革创新】 2020年,上虞区持续深化"最多跑一次"改革,"不见面"招投标、"一码管地"等省级改革试点成效明显,废气治理工作入选省"三服务"最佳案例,完成便民利企"一件事"改革41项,国企市场化改革深入推进,获评中国营商环境建设示范案例奖。曹娥江科创走廊建设加快推进,与浙江大学开启全面战略合作,天津大学浙江绍兴研究院列入首批省级新型研发机构,数字文娱产业创新服务综合体、新材料与高端装备制造产教融合示范基地列入省级创建名单,新增国家级众创空间1家、省级众创空间4家、市级众创空间7家;新增高新技术企业80家、省科技型中小企业163家;新列入省级产品试制计划425个、省"四个百项"重点技术改造示范项目14个。成功承办2020年全球青年科技领袖峰会暨《麻省理工科技评论》中国"35岁以下科技创新35人"颁奖典礼,成功引育高层次人才97名,新入选省"万人计划"2人、国家创新人才推进计划1人。科技成果转化步伐加快,全年完成成果登记369个,完成技术市场交易额14.9亿元。全年专利授权数6556件,其中发明专利352件。

【社会事业】 2020年,全区共有小学51所,在校学生39095人;普通中学34所,在校学生30995人;中等职业学校2所,在校学生7028人,九年制义务教育对象入学率100%。接收义务教育阶段新居民子女入学15893人,入学率达100%,占全区义教段学生总数的27.3%。浙江建设职业技术学院上虞校区正式开学,教育现代化发展指数居全省前列。拥有区级医院4家,民营医院9家,乡镇卫生院(街道卫生服务中心)20家,村卫生室95家,社区卫生服务站105家,共有床位3849张,医疗卫生技术人员5449人。其中执业(助理)医师2300人,注册护士2182人。邵逸夫医院绍兴院区开工建设,苏浙皖沪三省一市异地门诊直接结算实现互联互通,公立医院综合改革成绩全市领先,全国健康促进区创建通过国家级评估。县域医共体建设持续深化，全年累计下派医务人员 6101 人次，服务群众近 7.4 万人次。建立电子健康档案 71.88 万人，建档率 90.02%。65 岁老年人体检 10.63 万人，农民健康体检 26.49 万人。建设标准化母婴室 28 家。完成 70 岁以上老年人流感疫苗接种 2.25 万针次。全区计划生育率 98.93%。社会保障进一步加强，完成 116 户困难老年人家庭实施适老化改造，镇街、社区两级居家养老中心实现全覆盖。

【生态环境】 2020 年，上虞区持续推进生态建设，建立 LDAR（泄露检测与修复）监管平台，完成燃气锅炉低氮改造 47 台，实现挥发性有机物减排 57.2 吨，全区空气质量优良率达 95.1%，同比提高 3.1 个百分点，$PM_{2.5}$ 颗粒浓度为 26 微克 / 立方米，同比下降 21.2%，空气质量综合指数为 3.17。完成水质自动站改造工程 8 个，市考断面水质百分百达标，创成省级“美丽河湖”3 条，再夺全省五水共治“大禹鼎”。“无废城市”建设特色亮点在全国现场会上被参观推介。高质量抓好中央生态环境保护督察整改工作，耕地保护、违建别墅整治有力有效，垃圾分类工作走在全省前列，生态环境公众满意度全市第一。

【统筹推进疫情防控和社会经济发展】 2020 年，面对突如其来的新冠肺炎疫情，上虞区坚持人民至上、生命至上，第一时间建立全域覆盖的联防联控、群防群控体系。派出 2 批 15 名医护人员驰援湖北武汉，保障防疫物资生产企业开足马力、扩大产能，2 个集体、11 名个人获省级抗疫表彰。根据疫情变化，在全市率先开通“就业大巴”，出台稳企助企惠企系列政策和驻企帮扶等举措，较早控制住疫情并全面复工复产和恢复正常社会秩序。部署开展“争项目、争资金、争资源”活动，新引进 10 亿元以上项目 12 个，新增省重点项目 6 个、用地指标 3009 亩、能耗指标 11.22 万吨标煤，争取各类资金 46.67 亿元，完成“四未一低”土地消化利用 1.18 万亩。主要经济指标实现“一季正、半年红、三季进、全年赢”。

【制造业高质量发展蹄疾步稳】 2020 年，上虞区启动实施制造业高质量发展“188”行动，推进制造业“群、链”双育，新材料产业链“链长制”列入省级试点，先进高分子材料产业平台被列入省“万亩千亿”新产业培育名单，新增上市公司 2 家、国家级制造业单项冠军 1 家、专精特新“小巨人”企业 2 家、省“雄鹰行动”培育企业 2 家，规上企业亩均增加值、规上高新技术产业增加值、数字经济核心产业制造业增加值领跑全市，实现省政府质量奖零的突破。

【文体事业日趋繁荣】 2020 年，上虞区新引进民办博物馆 2 家，新建城市书房 3 家、“天香书吧”5 家、农村文化礼堂 48 家。新时代文明实践中心建设省级试点通过验收，“人民文创”产业园落户运行。凤凰山考古遗址公园项目通过省级考古遗址公园验收，孝德文化传承生态保护区列入省文化传承生态保护区创建培育名单，孝德文化基因解码工作全省推广。新建社区多功能运动场 5 个、百姓健身房 16 个、体育公园 2 个，承办全国田径锦标赛、全国木球锦标赛等大型赛事 12 场，曹娥江半程国际马拉松赛荣膺中国田径协会金牌赛事，获省运动休闲基地、全国体育事业突出贡献奖。

（陈仕清）

重要会议

【区政府全体会议】 2020 年 8 月 8 日，上虞区人民政府召开区政府第一届第五次全体会议（争先创优工作部署会），要求各级各部门高举习近平新时代中国特色社会主义思想伟大旗帜，深入学习习近平总书记考察浙江重要讲话精神，全面贯彻省市相关会议精神，按照建设“重要窗口”的政治担当，大抓落实、奋勇争先，在建设“重要窗口”中勇当排头兵争做优等生。代区长金进富作讲话。

会议指出，面对突如其来的新冠肺炎疫情冲击和异常严峻复杂的宏观形势，全区上下坚定信心、迎难而上，苦干实干、大抓落实，疫情防控成效显著、经济运行稳中有升、有效投资支撑有力、产业转型步伐加快、民生福祉持续改善、社会大局和谐稳定，交出了“两手硬、两战赢”的高分答卷。

会议要求，要围绕区委提出的干好“一三十”、奋进“十四五”主线，以排头兵、优等生的姿态，慎终如始抓好常态化疫情防控、持续推进争先创优行动、持续扩大有效投资、加快推进产业转型升级、有效激发市场活力、内外兼修提升城乡品质、坚持不懈保障和改善民生、持续推进治理体系和治理能力现代化，高质量完成各项年度工作目标任务。

会议强调，要奋力完成全年目标任务，夺取疫情防控和经济社会发展“双胜利”，需要全区上下干字当头、实字为先，以“清醒敏锐、前瞻专业、攻坚克难、解放思想、廉洁自律”的状态，干好每一天、决胜“全年红”。（陈仕清）

【区政府常务会议】 2020年，区政府召开12次常务会议，通过多项政策意见。

1月14日，一届区政府召开第40次常务会议。会议审议并原则通过关于绍兴市上虞区职业技能提升行动实施方案的情况汇报；关于企业重组政策若干意见的情况汇报；关于明确杭州湾上虞经济技术开发区（浙江省上虞经济开发区）功能规划和职责边界工作方案的情况汇报；关于对北京金融街教育投资有限公司承租中加学校增项建设项目进行资金配套补助的情况汇报；关于城市大脑·上虞平台V1.0项目建设的情况汇报；关于开展新时代美丽行动相关工作的情况汇报；关于创建省“污水零直排区”建设示范县（市、区）实施意见的情况汇报；关于创建省“污水零直排区”建设示范县（市、区）实施意见的情况汇报；关于上虞区工业投资项目全流程管理办法的情况汇报；关于“四未一低”土地消化利用的情况汇报；关于上虞区高田头村等征迁改造项目补偿安置实施细则的情况汇报；关于国务院安委会第三督查组来虞专项督查安全生产的情况汇报；关于生猪增产保供稳价工作的情况汇报；关于2019年消防安全工作和2020年重点工作情况的汇报。

2月18日，一届区政府召开第41次常务会议。会议审议并原则通过关于深入推进“三个一批”重大项目实施意见的情况汇报；关于开展“产城融合发展年”活动实施意见的情况汇报；关于开展“营商环境提升年”活动实施意见的情况汇报；关于招商引资（工业项目）地价差异化指导意见的情况汇报。

3月17日，一届区政府召开第42次常务会议。会议审议并原则通过关于联东U谷上虞智造科技谷项目的情况汇报；关于组建绍兴市上虞区国建评审咨询有限公司的情况汇报；关于进一步推进全区卫生健康事业高质量发展实施意见的情况汇报；关于东西部扶贫、山海协作、对口支援等对口工作的情况汇报；关于打造e游小镇2.0版行动计划实施意见（2020—2022）的情况汇报；关于上虞区区长质量奖评审管理办法修订的情况汇报；关于高田头村等征收改造项目补偿安置补充意见的情况汇报；关于调整滨江新城8号地块处置方案的情况汇报；关于要求实施上虞区工业企业不动产处置办法暂行办法的情况汇报；关于加快推进“一江两岸”总部楼宇建设的情况汇报；关于开展“蓝天保卫攻坚年”行动的情况汇报；关于五长线改建工程涉铁段改线变更事宜的情况汇报；关于2020年全区城乡道路平安畅通提升行动方案的情况汇报。

4月16日，一届区政府召开第43次常务会议。会议审议并原则通过关于2020年一季度全区安全生产工作的情况汇报；关于创新乡镇街道资产运行及财力保障机制的情况汇报；关于上浦闸闸前大桥至皂梁线公路建设工程的情况汇报；关于加快发展体育产业促进体育消费的实施意见的情况汇报；关于深化“亩均论英雄”改革实行资源要素差别化配置的政策意见的情况汇报；关于促进小微企业园建设提升激励政策的情况汇报；关于制定出台关于进一步助力稳外贸渡难关的政策意见的情况汇报；关于实施老城区体育场和步行街改造项目的情况汇报；关于公安分局“情指行”一体化合成作战中心改造提升及机关大楼安全隐患整改项目建设的情况汇报。

6月10日，一届区政府召开第44次常务会议。会议审议并原则通过关于浙大网新独栋办公楼宇购买工作的情况汇报；关于加快“一江两岸”金融机构集聚若干政策的情况汇报；关于舜元集团拟将“半导体+5G”相关产业项目落户上虞的情况汇报；关于2020“海创人才”国际创业大赛及人才发展大会安排及经费的情况汇报；关于开展上虞区争先创优行动全力夺取经济发展高分实施意见的情况汇报；关于浙江农发集团澜海公司项目存量土地回收和资产收购等处置工作的情况汇报；关于“人民文创”文化产业创意园项目的情况汇报；关于浙江大学医学院附属邵逸夫医院绍兴院区合作协议部分事项变更的情况汇报；关于区政府与浙江大学开展战略合作的情况汇报；关于杭绍甬高速公路（新东线）上虞段土地回收及政策处理办法的情况汇报；关于上虞区征地区片综合地价及土地附属物和青苗补偿标准调整的情况汇报。

7月13日，一届区政府召开第45次常务会议。会议审议并原则通过关于上虞城南医用综合中心二期建设及一期配套建设项目的情况汇报；关于区农业专班印发粮食生猪增产保供工作方案的情况汇报；关于《上虞区“双抓双优双突破”服务业高质量发展三年行动计划(2020—2022年)（送审稿）》起草情况的汇报；关于《关于加快产业创新服务综合体建设的实施意见（送审稿）》起草情况的汇报；关于杭州湾先进智造全球路演中心建设方案的汇报；关于杭绍甬高速公路崧厦互通连接线及329国道上虞盖北至道墟段改建工程征迁政策事宜情况的汇报。

8月10日，一届区政府召开第46次常务会议。会议审议并原则通过关于2020年政府投资（国有建设）项目投资计划半年度调整情况的汇报；关于“三个一批”重大项目半年度调整情况的汇报；关于上半年部门预算追加及“两直”资金分配情况的汇报；关于“延五”人员补缴养老保险过渡性方案的汇报；关于《绍兴市上虞区突发事件总体应急预案（送审稿）》修编情况的汇报；关于开展上虞区第二轮安全生产综合治理三年行动的汇报；关于党校教学楼整体设计调整增加金额情况的汇报；关于《推进新时代民政事业高质量发展的实施意见（送审稿）》起草情况的汇报；关于上虞区“四季仙果”数字化产业发展示范建设项目情况的汇报；关于要求调整体育中心体育场、游泳馆工程概算事宜情况的汇报；关于农村生活污水处理设施终端提升改造相关情况的汇报；关于绍兴市上虞区2020年上半年国民经济和社会发展计划执行情况的汇报；关于学习传达全省扫黑除恶专项斗争领导小组全体（扩大）会议精神的汇报；关于2020年上半年度法治政府建设工作情况的报告；关于2020年上半年度行政复议工作情况的报告。

9月14日，一届区政府召开第47次常务会议。会议审议并原则通过关于区国投公司参股拟上市公司浙江金科日化原料有限公司的汇报；关于组建污水预处理设施运维控股公司的汇报；关于上虞区部分行政区划调整组织实施总体方案的汇报；关于请求落实百官街道南丰平安共同体项目资金等事项的汇报；关于上虞区监管中心医务保障相关事宜情况的汇报；关于《加快工业经济高质量发展的若干政策（送审稿）》起草情况的汇报；关于《上虞区制造业高质量发展“188”工程行动计划(2020—2022年)（送审稿）》起草情况的汇报；关于全区工业企业综合评价工作的汇报；关于2020年上半年全区食品药品安全工作的汇报；学习传达全市扫黑除恶专项斗争领导小组第九次会议精神的汇报。

9月30日，一届区政府召开第48次常务会议。会议审议并原则通过关于全区城乡道路平安畅通提升行动和交通治堵工作推进情况的汇报；关于上虞区综合行政执法事项划转工作的汇报；关于与北京演绎科技有限公司开展人才科技合作事宜的汇报；关于制订村（社区）组织换届选举规程的汇报；关于上虞区疫情防控医疗救治能力提升建设方案的汇报；关于百官路东工业园区部分闲置工业用地处置的汇报；关于上虞区高水平建设交通强区实施方案、三年行动计划、领导小组及工作专班方案的汇报；关于区城建集团与千寻位置合作组建城市大脑运营维护混合所有制公司的汇报；关于推进与浙文投战略合作的汇报；听取贯彻落实习近平总书记关于“9·28”特别重大交通事故重要指示精神，省、市安全生产电视电话会议精神及上虞区“两节”期间安全生产工作建议的汇报；学习传达省委书记袁家军在省委党校秋季学期开学典礼上的讲话精神、省委副书记代省长郑栅洁在绍兴调研时的重要讲话精神、省管领导班子政治建设座谈会、市管领导班子政治建设座谈会、区管领导班子政治建设会议精神；关于上虞区综合行政执法事项划转工作的汇报。

10月31日，一届区政府召开第49次常务会议。会议审议并原则通过关于学习贯彻省委常委会三季度经济形势分析会、市委常委扩大会议精神及上虞区前三季度经济形势分析及第四季度预测情况的汇报；关于“1+9”扶持政策修订情况的汇报；关于《推进师范类在校生来虞教育实践实施意见（送审稿）》起草情况的汇报；关于实施农村宅基地制度改革试点工作的汇报；关于上虞区第二轮中央生态环境保护督察工作的汇报；关于绍兴市上虞区节水行动实施方案的汇报；关于要求追加梁家山居委、横江里村、前一居委黄泥坝自然村三个区块征迁安置工程投资的汇报；关于104国道和309省道杭绍台下穿段工程实施代理建设事宜的汇报；关于加强新时代调解工作的实施意见（送审稿）起草情况的汇报；关于粮食工作情况专题汇报；传达学习中共十九届五中全会精神；习近平总书记对供销合作社工作的重要指示精神。

11月24日，一届区政府召开第50次常务会议。会议审议并原则通过关于上虞区扎实融入长三角一体化发展实施意见（送审稿）起草情况的汇报；关于市对区安全生产巡查整改及区级第一轮安全生产巡查情况的汇报；关于上虞区规上（限上）服务业企业“亩产效益”综合评价工作的汇报；关于绍兴市上虞区生态文明建设示范区规划（2020—2025）草案编制情况的汇报；关于推广工业化装配式装修的指导意见（试行）（送审稿）起草情况的汇报；关于进一步促进建筑业持续发展若干意见（送审稿）起草情况的汇报；关于明确体育中心小球馆项目设计费用情况的汇报；关于2020年全区食品药品安全工作的汇报；传达学习省委十四届八次全体（扩大）会议精神及袁家军书记在绍兴组讨论时的重要讲话精神；全国疫情防控工作电视电话会议精神进一步做好上虞区常态化疫情防控工作；全国扫黑除恶专项斗争第三次推进会、全省扫黑除恶专项斗争视频推进会会议精神。

12月14日，一届区政府召开第51次常务会议。会议审议并原则通过关于传达学习推动长江经济带发展领导小组会议、省委常委会会议精神及上虞区贯彻落实意见情况的汇报；关于传达学习全省规范企业职工养老保险省级统筹专题部署会议精神及上虞区贯彻落实意见情况的汇报；关于上虞区政府投资（国有建设）项目审计办法（试行）（送审稿）起草情况的汇报；关于上虞区人防工程易地建设费违规“减免缓”整改情况的汇报。 （陈仕清）

外事活动

【概况】 自新冠肺炎疫情发生以来，上虞区外事工作严格贯彻落实党中央、国务院、省委、省政府和市委、市政府关于加强疫情防控工作的决策部署，准确把握形势，保持高度警惕，严密措施，严防严控，坚决防范境外输入疫情风险。一是加强组织领导。随着境外国家疫情蔓延，上虞区政府牵头成立“境外入虞人员管控组”，完善工作机制，及时强化境外人员来虞、返虞的排查和防控力度，精准指导和推进全区乡镇（街道）的联防联控工作。二是加强服务管理。针对严防境外输入工作的特殊性，协助做好入境人员接机接返、隔离观察和外籍人士服务管理，筑牢防范境外疫情输入的严密防线。积极主动服务好“三外”企业复工复产。帮助解决实际困难。三是加强对外交流。疫情防控期间，针对来自不同国家的外籍人员，开展必要的人性化服务，确保在疫情期间保持良好的国际形象。积极与国外友城分享抗疫经验，力所能及的提供帮助。 （沈小青）

人事与编制工作

【概况】 2020年，上虞区人力资源和社会保障局（以下简称区人社局）共组织各类事业单位公开招聘19次，其中“双一流”择优招聘2次，其他各类事业单位公开招聘6次，教体系统6次，卫健系统5次。共计招录事业编制聘用人员442名，其中硕士108人。完成一年一次的人事年报统计工作和2019年全区333家事业单位工作人员年度考核情况汇总。在考核过程中，严格按照《关于明确部门派驻乡镇（街道）机构及人员管理有关事项的通知》文件精神，实行派驻机构事业人员年度考核优秀等次比例提高到20%。全区事业人员12485人参加考核，其中优秀人数2014人，优秀比例为16.13%。 （陈晓华）

【事业干部队伍优化】 2020年推出55个岗位，面向全国“双一流”高校择优招聘上虞经济社会发展急需的高层次党政储备人才。报名总人数达到306人，其中博士22人，硕士284人。引进教育、卫生事业专业人才139、145名，提升专业化队伍水平。 （陈晓华）

【事业单位机构改革工作】 根据《绍兴市上虞区机构

改革方案》(区委〔2019〕2号)和《区级机构改革人员转隶工作意见》(区机改办〔2019〕2号)精神,完成涉及机构改革的事业单位人员转隶,分三批(第一批31人,第二批43人,第三批41人)共计115人办理事业人员人事关系调动手续。 (陈晓华)

【事业单位工作人员职业生涯全周期管理"一件事"改革】 为进一步深化"三服务"内容,着力破解事业人员入职、离职等业务多次跑、多头跑、时间长、环节多、材料多等问题,多部门联合,进一步梳理办事事项、业务流程、申报信息、申报材料和数据标准,重新设计事项场景,采取合并、取消、并联等方式,解决事项和部门互为前置、串联办理等问题,精减经办环节,重塑办事体系,将出入编、养老保险、医疗保险、工伤保险、失业保险、公积金、"一卡通"7项后续经办业务整合为"一件事",多个部门可同步"一键办"。(陈晓华)

【事业单位人事工资管理系统平台建设】 启动事业单位人事工资信息化平台系统建设工作,深入推进机关内部"最多跑一次"改革。系统的建设有利于规范事业单位人事工资业务流程,加强事业单位工作人员"进、管、出"职业生涯全周期管理,及提升事业单位人事工资管理服务水平。此服务系统也作为"一件事"平台的唯一数据来源,事关事业单位工作人员职业生涯全周期管理"一件事"改革。 (陈晓华)

【抗疫先进表彰】 上虞区出台《关于坚决贯彻落实关心关爱疫情防控一线工作人员省级"八项举措"、市级"十二项举措"和区级"十条举措"有关政策的操作细则》。对于援助武汉防疫医务人员工作性补助及时予以发放,激励医疗卫生机构医护人员在疫情防控中履职尽责,担当作为。疫情期间及时树立典型、鼓舞干劲,上虞人民医院冯晶晶等16名个人获市级嘉奖。上虞人民医院感染呼吸急诊团队等3个集体和俞栋等10名个人获区级嘉奖。2020年12月组织绍兴市抗击新冠肺炎疫情先进个人、先进集体的评选活动,对丁秀莹等42名个人、上虞中医医院等12个集体进行表彰。 (陈晓华)

【国家级博士后工作站新增3家】 截止2020年底,区博士后工作站累计建站家数为21家,累计招收博士后42名。其中当年获批3家国家级博士后工作站(亚厦装饰、晶盛机电、杭州湾上虞经济技术开发区管委会)。 (徐晓园)

【选拔培养高层次人才】 2020年11月27日,区17家企业通过绍兴市第五批重点企业技术创新团队评选,5家企业获绍兴市第四批重点企业技术创新团队考核优秀。 (徐晓园)

【职称评审和管理】 2020年3月8日,职称证书实现电子化,由原来的纸质证书转为电子证书。2020年11月,完成中等职业学校教师职称过渡,涉及职教中心和职业中专2家单位共371人。2020年12月,完成教体系统滨江小学等10所学校的自主评聘工作,卫生系统人民医院、中医院等两个医共体的自主评聘工作。 (徐晓园)

【首次组织省级公务员考试和社会性资格考试】 受新冠肺炎疫情影响,根据绍兴市考办部署和要求,公务员、一建、社工等招录考试组织工作下放到各区市。7月26日共100个考场3300名考生参加公务员笔试,8月29日120余人面试角逐43个岗位。一建资格考试4场考试共有4078名考生参加,社工资格考试3场考试近2000名考生参加。 (许彩华)

【国企招聘56人】 2020年共组织区园林市政集团、水利集团等12家国有企业56个岗位的公开招聘考试,共组织笔试8次,考试人数1307余人,组织面试6次,面试人数154人,共招录56人。 (许彩华)

行政审批与便民服务

【概况】 2020年,上虞区便民服务中心(招标投标监督办公室)共受理各类行政审批、服务事项2038295件,办结2038293件,按期办结率100%,网办掌办共办结1955896件,占总办件率的78.53%,收到各级各类投诉(咨询、建议)25件,投诉率低于万分之一,现场评议满意率 100%,发生真实差评 1 件,及时通过整改复核,差评按期整改率 100%。

【“最多跑一次”】 围绕“最多跑一次”“就近跑一次”和“不用跑一次”改革目标,打造“智慧民生服务中心”,依托“互联网 + 政务服务”模式,推行“一号管理、一门集中、一窗受理”;完成区部门业务系统均与省办件库对接,网办率在 90% 左右;10 个高频事项制作可视化办事指南。

新冠肺炎疫情期间,通过“浙江政务服务网”或“浙里办 App”,主推网上办;辅助电话办,对外公布咨询代办电话 46 个,平均每日电话办理业务 40 件,接听咨询电话 80 个;启动“无感办”,退休等事项人社窗口通过邮寄表格形式直接办件;高效现场办,平均每天现场办理 850 余件,接待办事群众 1000 余人。

贯彻落实政务服务 2.0 应用测试及推广,目前共上线 1393 个事项,已认领 1324 个事项,已测试 101 个事项 251 件。调整新建 24 小时自助服务区、网办区、掌办服务区、自助复印区、文件资料寄取柜,共配置自助服务终端 12 台,电脑 9 台,并专门设置人社医保引导员 2 名。升级“双查双保”监管平台。配合发改局做好“十佳一差”中介机构评选,通过大力推行中介网上注册、网上备案、网上审核,克服疫情影响,使中介备案更便捷、信息更准确,全年新增 185 家中介机构确认登记,新项目备案 8401 个,新出具项目证明 8939 个,涉及合同资金 3.6 亿元,与上年同期持平。为加强中介监管平台管理,组织实施中介监管网络性能提升项目,初拟了信息发布管理办法。

按照“小平台大服务”思路和“能进则进”原则,扩充村级(便民)服务中心政务服务清单,使可办事项从原先的 33 项增加到 79 项。已基本完成第一批 33 个试点村的创建工作,在全区全面推行。以群众“会办”“好办”“愿意办”为目标,推广自助服务终端,全区已有 61 个村社区配置自助服务终端,每台终端日均办理事项在 30 件左右,实现数字化助推下的办事不出村。

面向社会招聘 329 名专职工作者,平均年龄 29.8 岁,大专以上学历占 87.6%,强化素质提升,已累计开展各类培训 9 场次,培训工作人员 800 人次。实施服务大厅标准化建设项目,做到环境规范标准、人员形象标准、政务服务流程标准等。建设智慧大厅。实现评价结果动态显示、科学分析、实时处理;构建集统计、分析、展示于一体的数据应用系统。打造示范平台。围绕“窗口即形象、服务更温馨、执行显担当”主题,持续提升群众和企业到窗口办事的温馨感、获得感和满意度。提升服务品牌。强化党建统领“最多跑一次”政务服务,持续提升政务服务和交易监管质量。

【加强公共资源交易监管制度保障】 结合本区实际,出台《上虞区国有投资建设项目招标投标管理暂行办法》(虞政办发〔2020〕44 号)文件,重新划分区、乡镇部门两级招投标管理权限,突出管理中心的下移,对法律规定可以下放的,结合乡镇部门的承接能力,能放则放、应放尽放:将乡镇、部门基层限额标准从 50 万元提高到 200 万—400 万元不等,省去基层建设单位进区公共资源交易中心交易的审批流程,减少到行业主管部门和审计部门的审核审批环节。废除影响公平竞争文件,取消区内区外入围门槛限制。因《绍兴市上虞区人民政府办公室关于印发公共资源交易监督管理系列制度的通知》(虞政办发〔2017〕153 号)中有关意见涉及区外企业备案购买办公用房条款影响公平竞争,与司法局进行多次对接,并于 2019 年 10 月份废止该文件。经研究,会同相关行业主管部门一致同意取消区内区外抽签入围门槛。2020 年 3 月 20 日实现施工项目评标抽签入围 20 家,其他项目全入围。2020 年 6 月 18 日,进入交易中心审批的施工、监理项目,全部实行抽签入围 20 家。（徐晓霏）

公共资源交易管理

【概况】 2020 年,全区公共资源交易平台共完成各类交易项 1057 项(笔、宗),成交金额 167.32 亿元,分别是建设项目 81.45 亿元,比底价下浮 10.54%;政府采购 6.27 亿元,比预算降低 10.29%;产权交易 2.40 亿元,比底价增长 4.35%;土地交易 73.21 亿元,比底价增长 35.37%;国企采购交易 3.99 亿元,比预算降低 20.64%。5 项累计节(增)资金 30.58 亿元,平均节(增)19.18%。

【拓展其他交易领域】 除建设工程、政府采购、土地、产权四大类交易领域外，交易平台还覆盖其他多类交易，包括公房租赁、城建资产（公房出让）、物业、乡镇工程、小额工程、医疗器材等。新引进国企采购进入中心交易，设立项目受理与监督岗位，落实国企采购专职工作人员2名，明确人员职责，保障国企进场项目顺利推进。

【公共资源交易目录编制】 根据相关文件要求，坚持应进必进，建立区统一的公共资源交易目录清单，扩大平台覆盖范围，实现清单内公共资源交易必进平台实行市场化交易，做到平台外无交易。截至2020年底，公共资源交易领域政务公开标准化目录第一轮已编制完成。

【镇街全流程网上交易系统运行】 由区财政全额保障，在全区乡镇、街道、部门中建设全流程网上交易系统，改变原来线下纸质交易方式。目前已在区公共资源交易中心和21个乡镇（街道、开发区）招投标中心投入使用。系统启用后，要求镇街限额以下所有项目必须在系统内完成，信息公开化程度有效提高，实现区镇两级平台贯通，使分散的平台基本得到整合、信息资源实现有效整合利用。

【系统安全性管理】 在平台运行维护方面，严格遵守安全管理要求，从未发生数据泄露等严重安全事故，每月数据上传前置系统中断时间累计低于4小时，应急处理方案及时有效，故障发生率低。及时与省服务平台、市交易平台对接，完成交易信息、信用信息、监管信息三类接口开发。 （徐　利）

应急管理

【防灾减灾工作】 制订出台《防汛防旱指挥部工作规则》，明确指挥协调机构和相关部门行业管理职责。出台《加强防汛防台应急物资储备工作的指导意见》《区级应急物资储备调拨使用管理工作制度》《自然灾害风险形势会商研判工作规定》，建立健全应急物资储备管理和调拨使用机制、抢险救灾协调联动机制。下发《关于明确2020年度基层防汛防台体系责任人的通知》，实行防汛防台“四张清单一张表”工作机制，夯实基层防汛防台责任体系。常态化开展森林防灭火督导巡查。完成5个避灾安置场所规范化建设和1个全省综合减灾示范社区创建。深入开展汛前防汛大检查，加强实时监测预警，召开区级防御会商会议15次，联合气象发布综合预警信息1.1万条，明确基层防汛防台各级责任人3242人，更新上墙村级防汛防台形势图363份。防范应对梅雨6次强降水过程以及4号台风“黑格比”。

【应急救援能力建设】 持续推进“1+6+X”应急救援体系建设，加快构建“15分钟应急救援圈”，在2019年全市试点的基础上，于2020年11月召开全市现场会作为绍兴经验全面推广。完成指挥中心可视化指挥调度建设，为各乡镇街道、“两区一办”配发移动单兵等配套设施，实现突发事件现场视频30分钟内回传。优化完善上虞区应急管理综合指挥平台，接入十大系统（平台），强化数据资源集成应用。完成4个综合应急消防救援站的建设并运行，小越、丰惠两个站点完成主体建设，后期按计划投入运行。建成投用森林火险智慧监测预警平台，加强森林火险监测预警，实现森林火灾全流程全链条管理。修订完成全区总体应急预案和61个专项应急预案，组织开展区级专项应急演练10余次。成立全市首家区县级社会应急救援协会，2支社会救援队伍纳入省市级培育计划。2020年，全区共有60支救援队伍1784名救援人员。 （熊　山）

【消防概况】 2020年，上虞区消防救援大队坚持立足改革新形势新起点，全力服从大局、服务大局，坚定扛起改革新职责新使命，勇立潮头、勇敢拼搏，全面转型升级。全年，大队共接警899起，出动车辆1393辆次，出动警力8058人，抢救被困人员25人，抢救财产价值323万元。 （丁益帆）

【创新基层消防安全管理】 一是深化重点单位标准化管理。加快推进万达广场等10家社会单位消防安全标准化建设试点、梁湖金顺小微企业园消防安全生产标准化管理试点及加工制造类小微企业消防安全综合治理试点工作，结合“三服务”活动加强引导和上门服务，将试点成果加以推广，坚持一手抓重大安全风险管控，一手抓治理长效机制建设，积极探索符合辖区实际的治理方法、措施及工作机制，形成典型示范效应。二是深化消防安全网格化管理。积极对接崧厦街道，以崧厦街道为试点开展消防安全网格化管理探索工作，结合崧厦街道消防安全现状和工作实际，成立一支村（社区）级消防安全管理员队伍。主动提请区委区政府在崧厦街道基层综合行政执法改革增加涉消执法事项试点，并与区综合执法局、崧厦街道对接，以崧厦街道为试点拟定相对集中行使行政处罚调整事项。

【消防安全专项整治】 以消防安全专项整治三年行动为主线，突出工业企业、仓储物流、高层建筑、商业综合体、老旧小区、学校等重点场所，采取突击检查、错时检查、"回头看"等形式，强化消防安全监管力度。组织公安、应急、综合执法等职能部门，对重点场所进行排查，针对检查发现的问题，制定整改措施，指定帮扶跟踪人员，督促各类场所严格落实安全责任，切实发挥部门联动优势，实施有效监管，确保各类隐患按时整改到位。年内，大队共检查单位1179家，发现火灾隐患或违法行为917处，督促整改火灾隐患或违法行为907处，下发责令改正通知书598份，下发行政处罚决定书85份，下发临时查封决定书14份，责令"三停"单位20家，罚款60.6万元，完成4处市级重大火灾隐患单位和5处区级重大火灾隐患单位的整治。

【建强多种形式消防队伍】 构建反应快速的应急救援调度指挥体系，上虞区15个乡镇专职队、42家微型消防站、1家企业专职队完成了四个平台建设，实现"一体化"调度。大队邀请地方专业教员开展多批次的游泳、绳索、化工培训。联合龙盛、新和成等7家化工园区规模以上的企业组建化工专业工艺处置编队；大队与上虞区杭州湾综合管理办公室联合出台"辖区危险化学品综合应急救援协同体系"建设方案，进一步加强应急救援力量、明确工作职责和提升危险化学品事故救援水平。

【提升灭火救援实战能力】 坚持"以考促训、以练为战"的指导思想，把全员岗位练兵工作作为提升队伍战斗力的重要举措，对标"主力军、国家队"职责使命，在大队内部全面掀起大练兵、大培训、大比武热潮。在今年全市第三届越州红门运动会中，大队百官站获中心站团体第三；在绍兴市第十四届多种形式消防队伍业务技能比武中上虞区代表队获总分第三的好成绩。大队不断加强大队各站队之间、与社会联动力量之间的协同作战能力，进一步完善综合应急救援体系。组织2020年绍兴市危险化学品重大危险源泄漏事故应急救援演练、上虞区大型商场、超市微型消防站联合演练，参与2020年上虞区危险化学品道路运输交通事故应急救援演练。

【完善消防宣传教育体系】 协助支队积极研发并推行"越消云"消防培训微信小程序。截至2020年底，小程序已登记使用企业3842家，有效注册企业从业人员33871人，开展培训、课件学习达475282人次。充分利用国家级杭州湾（上虞）绿色化工人才公共实训基地、上虞区舜道培训学校等平台优势，在理论知识增强安全意识、丰富知识储备的基础上，增设灭火器使用、VR体验馆、事故案例剖析等安全教育体验现场教学课程，将社会公众培训和消防指战员业务培训纳入其中。 （丁益帆）

【参加绍兴市森林消防技能比武】 12月7日，区民兵应急连参加2020年全市森林消防技能比武暨应急演练活动。上虞区代表队获得背负水泵竞速跑比赛项目第一名，背负水带竞速跑比赛项目第二、三、四名，三台水泵串联出水操比赛项目第二名，获得奖牌数占总数的三分之一。 （卢颖颖）

绍兴市森林消防技能比武现场（卢颖颖 提供）

扶贫开发

【低收入农户高水平全面小康】 2020年,全区低收入农户人均可支配收入17332元,同比增长15.6%;村均经营性收入72.41万元,比上年增长15%,281个行政村常年经营性收入全部超30万元。全区登记在册低收入农户5507户、共7883人,全面完成8000元以下、"两不愁三保障"突出问题和集体经济薄弱村"三个清零"目标任务。（俞金涛）

数字政府

【概况】 2020年,大数据中心紧扣区委、区政府各项决策部署,按照"排头兵、优等生"的要求,全力打造"掌上办公之区""掌上办事之区"。一年来,着力提升政务服务2.0体验,全区政务服务网办率达97%以上,部门间内跑事项400余项、100%可办,有力支撑各部门"一件事"改革;开展数据大归集、系统大联接、应用大集成活动,数据归集总量超过60亿条,杭州湾智慧化工园区项目入选省观星台,"一码管地"通过省级审核;完成全区所有机关单位和行政村(社)无纸化办公系统延伸。一年来,大力推进城市大脑建设,加快一期"五大平台、十大应用"建设,北斗精准时空、区块链+、立体式治水等应用得到省经信、财政、卫健委、治水办等部门的认可和支持,上虞城市大脑"数字样板间"在阿里云栖大会和央视展示,建设成效初显。一年来,奋力开展数字抗疫,转办省市各类指令1000余条,核查境内外重点管控人员信息3万余人次,承担守小门监管和省市每周督查工作,精密智控指数考核总体走在全市前列。

【政务服务迭代】 推动多业务协同应用。杭州湾智慧化工园区系统已入选省观星台,作为观星台优秀在建项目向全省推广;上虞区物业综合管理服务系统、公民身份信息变更一件事等5个应用已进入省初审阶段。做好项目申报的同时,也加强对各部门政务服务应用的优化升级,以多业务协同为支撑,打造一批便民服务应用,不断提升人民群众的获得感、幸福感和满意度。推进"掌上办公"迭代升级。根据省、市统一部署,全面完成上虞区所有单位人员浙政钉2.0的迁移激活、信息完善、头像规范、应用迁移等工作,人员激活率100%,信息完善率100%。同时,以浙政钉为载体,通过无纸化办公系统钉应用实现"掌上办文",提高机关办公协同能力。推广"浙里办"掌上办应用。完成与事项库系统对接、一窗受理系统对接、统一用户认证、一证通办系统对接、省办件库对接;完成上虞区权力运行系统升级改造工作,集成浙江省可信身份认证平台接入应用,实现刷脸办。推行机关"一件事"改革。协同组织部、人社局、退役军人事务局、教体局、应急管理局等部门开展"一件事"改革工作,公务员、事业单位人员、退役军人全生命周期"一件事"平台和新生入学一件事平台均已建设完成,累计上线机关内部最多跑一次事项397项,在线可办率达100%。

【数据资源治理】 推进数据治理深度。开展全区数据大归集、系统大联接、应用大集成工作,一对一走访调研40余家部门单位,完成1080套信息系统普查工作,归集34家单位目录资源220项(其中特色开放目录108个),归集数据量31.2亿条数据,并保持目录更新率及归集率100%。推进数据应用广度。本年度推进共享省级数据目录1765个、市级数据目录475个,协同综合行政执法局、民政局、建设局等10个部门完成接口对接,实现人口信息、行驶证信息、全省健康码基本信息等85个数据资源用于入学报名、公积金贷、停车催缴等应用共享,调用接口数据1139万余次。推进数据交换力度。数据治理工作覆盖29个部门,完成400余张表单、4亿多条数据的接入和治理工作,同时建设具备安全保障机制的数据交互中心,兼具完备的数据集成、处理与加工能力,支持数据资源"统筹管理、统一算用",形成以城市大脑数据中心这一"中心化"的数据核心与交互市场。

【网络信息安全】 实施全区912工程。开展全区信息系统和设备调查,全年完成年度替代任务300余台。升级电子政务网。为承接诸如视频会议、大量的监控、通信设备等复杂业务的终端,更有效的分配IP地址,中心完成电子政务外网主干线路IPv6升级,实现IPv4

网络与 IPv6 网络中用户与资源互访，切实提供政府数字化工作强有力的网络支撑保障。完善政务终端防护。持续开展日常 360 电子政务外网终端安全巡检，扩面推广 360 终端安全防护软件，全区共安装 9000 余个防护终端，切实保障网络安全和网络畅通。

【城市大脑建设情况】 上虞城市大脑一期确立“一屏纵览全局、一网治理全城、一端服务全域”的总体框架，主攻城市治理、人的服务两大方向，突出北斗时空智能特色(服务于北斗产业发展国家战略，并具有三大创新点：第一次实现北斗时空大数据与城市大脑的深度融合；第一次在同一城市内实现以北斗精准时空为基础的多场景应用互动与融合；第一次尝试用北斗高精度能力去构建动态的数字平行城市)，重点是建设统一的能力支撑平台、统一的数据交互平台、统一的分析展示平台、统一的指挥调度平台、统一的时空智能平台等五大平台和十大应用场：

(1)治水大脑

项目概况：运用北斗高精度、AI 图像识别技术等技术，将数据实时传送到河长制 App 平台。无人机、无人船智慧化巡检系统能够在降低 70% 人工投入的同时提升 3 ~ 4 倍巡检效率。同时，实时对接工业污水、农村生活污水、污水零直排等多个系统，打造空中、地面、地下立体式、创新性、智能化区域水环境治理新模式。

(2)违停柔性执法

项目概况：基于北斗时空智能高精度执法终端，拍照识别车牌号码，获取车主信息，结合车辆位置信息，给车主推送提醒信息和附近停车场信息，在规定时间内驶离的不予处罚。

(3)区块链 + 商保理赔

项目概况：使用区块链上流转的医疗票据，为用户提供便捷无接触的商保理赔，解决理赔麻烦、周期长的难题，最快可实现不出医院即可完成商保理赔。

(4)社区智慧康养

项目概况：打造社区“健康小屋”、居家慢病管理、视频急救等线上线下一体化的社区智慧康养系统，集自助的健康监测与专业的健康服务为一体，为市民康养提供就近就便的管家式服务。

(5)区块链 + 恋上孝德

项目概况：将优秀的传统文化与前沿的技术结合起来，利用上虞孝德文化品牌，拓展上虞文明城市指数从区域评价、行业评价到引导人的爱心行为、公益行动，通过时间银行(行孝积累时间)+ 文明积分运行体系，倡导广大市民“每周奉献一小时”，并以区块链不可篡改、可追溯的方式记录。

(6)“96345”线上平台

项目概况：改变传统线下对接链路长、价格不透明、服务难评价的现状，以线上 O2O 的方式，打造线上服务商城；后期谋划融入精准帮扶功能，通过数据比对，将政府面向各类人群的补助实现线上精准发放和全链路管理。

(7)物业综合管理服务平台

项目概况：建设绍兴市首个区级统一的物业管理平台，打造强大的社区人、车、物、事、管理能力，为基层精密智控奠定基础；实现政府部门对全区物业公司的数字化考核，逐步建立末位淘汰制度，全面提升对物业的管控力。同时，居民端提供智能访客、投诉建议、报事报修、生活缴费等服务功能，改变以前社区服务中的一些老大难问题。

(8)试点智慧社区“城市之星”

项目概况：通过对城市之星小区智慧人脸系统、高空抛物系统、电梯系统、物业巡更系统、停车系统等改造，融合访客预约、环境智能监察等功能，打造智慧社区的样板间。

(9)生活垃圾全生命周期分类管理

项目概况：通过北斗高精度位置数据及其他相关的传感器信息结合，实现垃圾从“出生—分类—运输—填埋或焚烧”，甚至焚烧尾气整个全链路的数字化监管，从而实时监管垃圾分类作业过程的各阶段运行状态。已接入相关企业和 50 多个村社，接下去将进一步扩面与完善，力争打造全省领先的垃圾全生命周期分类管理系统。

(10)“1345”城市精密智控体系

项目概况：以精密智控为导向，构建“1 指数”(平安指数)、“3 色”(红、黄、绿)预警、“4 情”(警情、访情、舆情、社情)掌控、“5 重”(重点人、重点事、重点车、重点物、重点区域)管理为特色的一体化、信息化评价体系。比如在重点人重点事管理方面，通过视频算法实现对重点人员画像、识别、分析和10分钟告警圈、1小时通知圈、24小时提示圈“三圈”管控以及区域内重点事件、重点车识别处置。（庄益变）

机关事务管理

【概况】 2020年，完成区“两会”和全区经济工作会议主会场的服务工作，全年共保障各类会议470余场，计30000余人次。优化设施管理，完成2个中心配电房电力设备检测试验、改造更换，更换100余台开水器滤芯，完成23台电梯的日常维保及检测，完成便民中心中央空调清洗消毒、过滤消毒装置安装、检测等工作，完成250余台分体式空调的清洗、消毒、保养。行政中心与市民中心两个机关食堂持续高效运作，保障日均1800余人次就餐。规范办公用房使用管理，先后对26家单位的办公用房使用情况进行督查，完成7家单位办公用房调配。加强垃圾分类宣传指导，累计制作发放宣传折页2000份，指导手册500余本，宣传海报100余套，环保袋1000余个，宣传小风扇近千台，普及“再生资源回收利用信息化服务平台”千余人。（杜娟娣）

【“光盘行动”】 一是开展“光盘行动”宣传引导，通过张贴宣传标语、播放“节约粮食”公益广告、微信公众号推送倡议书等形式，形成人人知晓、人人参与的良好氛围。二是开展“光盘行动”周系列活动，通过实行“专设小份菜窗口、光盘奖励机制、光盘监督行动”等一系列举措，切实提高机关干部节约意识，形成文明节俭的餐饮习惯。三是开展“光盘行动”精细管理，通过加强管理，健全制度。核算成本，规范源头。编制菜单，调研满意度等方式，减少浪费，进一步推进“光盘行动”。（杜娟娣）

【垃圾分类】 机关事务服务中心作为区级65家党政机关事业单位垃圾分类、“无废城市”建设试点工作牵头部门，高度重视生活垃圾分类这件“关键小事”，通过四项举措，多维度、全方位地推动垃圾分类工作再上新台阶。一是抓制度建设。印发《上虞区级党政机关和事业单位2020年生活垃圾分类工作实施方案》《关于开展“无废机关”创建活动的通知》，明确目标任务。及时梳理更新全区党政机关和事业单位垃圾分类工作名册，健全组织体系，落实工作职责。二是抓宣传指导。面上强培训，召开全区党政机关事业单位垃圾分类工作培训会，指导各单位开展内部学习培训。线下搞活动，以“节能宣传周活动”为载体，联合区资源回收公司在区行政中心开展垃圾分类宣传活动，吸引了千余名机关干部参加。三是抓督查考核。依托第三方力量每月对65家党政机关事业单位垃圾分类工作进行实地督查，联合区分类办开展党政机关和事业单位垃圾分类专项督查，结合“文明城市”复评、“无废机关”创建、爱国卫生运动、“公勺公筷”等活动，借势借力开展垃圾分类检查。四是抓示范典型。指导档案馆创建2020年垃圾分类“头雁工程”单位，牵头指导综合执法局等20家单位创建为2020年绍兴市“无废机关”，发改局等28家单位创建成垃圾分类示范机关，示范机关创建率累计达43%。（杜娟娣）

地方志编修

【《上虞市志》编修】 2020年，区地方志办公室聚焦主业、突出重点，力求在坚持进度与质量双保障的前提下，努力完成全省“两全”目标。至年底，《上虞市志》编纂速度明显加快，全书54编中已完成16编总纂稿，27编分纂稿共计600余万字，基本达到省、市关于地方志送审稿的要求，并按规定启动评审工作。

【书籍出版】 年内，《潘韩村志》《上虞年鉴(2019)》印刷出版，《上虞年鉴(2020)》定稿送审。印刷出版《上虞史志》季刊杂志4期。（沈瑶圆）

政协绍兴市上虞区委员会

综　述

【概况】 2020年，政协第一届绍兴市上虞区委员会（简称区政协）及其常委会围绕在“重要窗口”建设中勇当排头兵、争做优等生目标，坚持发扬民主和增进团结相互贯通、建言资政和凝聚共识双向发力，切实履行政治协商、民主监督、参政议政三大职能，政协履职工作在传承中创新、在创新中发展，为上虞争当区域高质量发展排头兵贡献智慧和力量。省级“乡贤文化委员会客厅”被省政协领导赞誉为“样板标准”，政协以项目化手段抓政协工作的相关做法在全省政协工作经验交流会上作典型发言。

聚焦党委、政府中心工作，紧扣大局深化协商议政，全年完成6个调研课题并形成成果报告，分别报送区委、区政府。围绕社会治理现代化，开展“打造基层治理共同体”课题调研，有关完善“枫桥式”大调解体系的建议被相关部门转化为具体举措。“新材料产业链培育发展”课题报告在市政协常委会上交流。开展“发挥科技人才作用”“优化营商环境”等课题协商，部分建议被吸纳到区委一届十次全会报告中。聚焦“城市大脑”建设进行专题协商，建言成果得到区委相关领导充分肯定。有关“推进农商文旅融合发展”的对策建议，引起区委、区政府领导重视，相关部门正在积极采纳落实。（杨雅芬）

【“请你来协商”平台】 精心打造“请你来协商”平台，全年组织各类协商活动9场，累计提出意见建议157条、落实130条。有关“老旧小区改造”的专题协商，金进富代区长与委员、群众双屏互动，实现网络议政“零”的突破。有关提升城市社区中心功能、佛教规范化管理、商业预付卡监管等协商活动，建言方式更接地气，协商文化不断厚植。有关乡贤参与乡村治理、培育发展夜间经济、支持残疾人事业发展等专题协商，建言精准、助推有力，有关建议正在转化落实中。

先后组织开展对纪检监察工作、金融支持“三服务”、土地要素保障、工会事业、“三百千”大会战推进情况、文明城市复评迎检等专项视察，全力助推党政决策部署落地见效。

【提案】 区政协一届四次会议收到委员以提案形式提出的意见建议242件。经审查，立为提案218件，作为意见建议24件，立为重点提案8件。经各承办单位的认真办理，到6月底，所有提案和意见建议全部办理完毕。据统计，218件提案中，被采纳、所提问题已经解决或基本解决的A类提案为205件，占提案总数的94%；提案所提问题部分解决或已列入计划准备解决的B类提案为9件，占提案总数的4.2%；提案所提问题因受条件限制留作参考或不可行的C类提案为4件，占提案总数的1.8%。从委员对提案办理情况的反馈意见来看，委员对提案办理情况的意见反馈率达到100%。其中，表示满意的215件，占提案总数的98.6%；基本满意的3件，占提案总数的1.4%，满意和基本满意率达到100%。

【社情民意信息工作】 社情民意信息工作走在全市

前列，全年共编发《社情民意反映》102期，其中全国政协采用1篇、省政协采用5篇、省委办公厅采用1篇、市政协采用29篇。

【舆论宣传工作】 加强与区融媒体中心合作，做深做透政协宣传文章。在省级及以上主流媒体刊发各类报道68篇，其中《人民政协报》2篇、全国政协公众号5篇、《浙江日报》1篇、《新民晚报》2篇、《联谊报》12篇（头版3篇）、省政协同心苑24篇（头条4篇）、省政协网站21篇。上虞政协公众号推播245篇，4篇报道进入全国政协公众号“政能量榜单”，数量居全省前列。

【政协履职能力建设】 注重委员履职能力建设，政协委员政治引领力提升班赴井冈山培训，从思想上扣好履职尽责的“第一颗扣子”。开展“书香政协·知行合一”委员读书活动，促使委员养成常态化读书习惯。充分发挥委员主体作用，结合“界别活动周”“委员服务日”，组织开展“‘无废城市’建设”和“最多跑一地”改革专项民主监督、“文明创建委员在行动”等专项活动共60余次，参加委员400多人次，提出建议250条。

（杨雅芬）

重要会议

【政协第一届绍兴市上虞区委员会第四次会议】 2020年1月7—9日政协第一届绍兴市上虞区委员会第四次会议在百官召开。该次会议应到委员283人，实到270人，会议审议通过顾世明主席受常委会委托所作的《中国人民政治协商会议绍兴市上虞区委员会常务委员会工作报告》、郑建庆副主席受常委会委托所作的《中国人民政治协商会议绍兴市上虞区委员会常务委员会关于提案工作情况的报告》、蒲伟明副主席受常委会委托所作的《中国人民政治协商会议绍兴市上虞区委员会常务委员会关于反映社情民意工作情况的报告》；大会选举孙云苗为政协第一届绍兴市上虞区委员会副主席，叶方为政协第一届绍兴市上虞区委员会常务委员；28篇议政材料书面交流，其中9位委员分别作大会发言；大会表彰政协工作先进集体和先进个人，通过《中国人民政治协商会议第一届绍兴市上虞区委员会提案审查委员会关于一届四次会议提案审查情况的报告》和《中国人民政治协商会议第一届绍兴市上虞区委员会第四次会议决议》。参会全体人员列席区一届人大四次会议，听取和讨论代区长徐军所作的《政府工作报告》和其他报告。

【区政协常委会议】 全年区政协共召开常委会议6次，分别为：

2020年1月9日，区政协举行一届十八次常委会议，会议听取区政协一届四次会议各联组讨论情况的汇报，通过候选人建议名单、选举办法（草案），提出总监票人、监票人名单（草案），审议《中国人民政治协商会议第一届绍兴市上虞区委员会提案审查委员会关于一届四次会议提案审查情况的报告（草案）》和《中国人民政治协商会议第一届绍兴市上虞区委员会第四次会议决议（草案）》。

2020年5月19日，区政协召开一届十九次常委会议，听取区委常委、常务副区长金山中关于今年以来区经济社会发展和政府重点投资项目进展情况的通报，会议审议通过有关人事事项，叶方为政协绍兴市上虞区委员会农业农村和财经科技委员会主任，宋建明为政协绍兴市上虞区委员会城建交通和环境资源委员会主任，不再担任政协绍兴市上虞区委员会副秘书长、政协绍兴市上虞区委员会办公室主任职务，陆海军为政协绍兴市上虞区委员会副秘书长、政协绍兴市上虞区委员会办公室主任，黄建华不再担任政协绍兴市上虞区委员会农业农村和财经科技委员会主任职务，谢亚平（女）不再担任政协绍兴市上虞区委员会城建交通和环境资源委员会主任职务。

2020年8月11日，区政协召开一届二十次常委会议，听取区委副书记、代区长金进富关于全区上半年度经济社会发展形势和下半年经济社会发展工作的报告，还听取“关于持续优化区营商环境的意见建议”的课题报告，并进行协商议政，会议审议通过有关人事事项。

2020年9月16日，区政协召开一届二十一次常委会议，表决通过区政府提出的《绍兴市上虞区部分行政区划调整组织实施总体方案（送审稿）》，听取协商区人民法院、区人民检察院工作情况通报。

2020年11月3日，区政协召开一届二十二次常委会议，传达学习中共十九届五中全会公报，人民日报社评《奋力夺取全面建设社会主义现代化国家新胜利》；第一阶段会议听取“发展新时代‘枫桥经验’，打造社会治理共同体”课题报告并进行协商讨论，区委副书记、区委政法委书记赵文中应邀参加并讲话；第二阶段会议听取区交通运输局题为《交通强区基础设施三年行动计划建设工作》的汇报。

2020年12月30日，区政协召开一届二十三次常委会议，听取区委副书记、代区长金进富通报区经济社会发展情况以及区府办主任陶海强汇报区政协一届四次会议以来政府系统提案办理情况，审议有关区政协一届五次会议有关事项及有关区委员、常委、界别召集人调整等人事事项。

【区政协主席会议】 2020年，区政协召开主席会议6次，分别为：

4月22日，区政协召开一届二十四次主席会议，专题视察纪检监察工作，区委常委、纪委书记、监委主任许建超应邀出席。

10月30日，区政协召开一届二十五次主席会议，专题协商“发挥科技人才作用，为可持续发展提供支撑”课题，区政府副区长周尊隆应邀出席。

12月8日，区政协召开一届二十六次主席会议，专题协商“推进数字化治理提升智慧化服务”课题，区委常委、副区长凌健应邀出席。

12月9日，区政协召开一届二十七次主席会议，专题协商区“十四五”规划纲要编制工作，区委常委、副区长金山中应邀出席。

12月28日，区政协召开一届二十八次主席会议，听取、审议区政协委员调整情况汇报、有关委员界别及界别召集人调整情况汇报，研究区政协一届五次会议相关工作。

12月29日，区政协召开一届二十九次主席会议，专题协商“关于新时期区农商文旅深度融合发展的思考与建议”课题报告，区政府副区长周尊隆应邀出席。

（杨雅芬）

主要活动

【政协干部及政协委员政治引领力提升培训班】 2020年10月19—24日，由区政协和区委组织部、区委党校联合举办的政协干部及政协委员政治引领力提升培训班在革命老区井冈山举行，区政协徐光华、蒲伟明副主席和40名政协委员参加培训班学习。

【区政协读书会】 2020年8月13日，区政协举行“在‘重要窗口’建设中展示政协新作为”理论研讨暨2020年读书会。

【上虞乡贤文化政协委员会客厅首场活动】 2020年8月3日，区政协组织开展上虞乡贤文化政协委员会客厅首场活动，省政协副主席马光明到会并点评，省政协副主席马光明和区委徐军书记为上虞乡贤文化政协委员会客厅揭牌。

【投身新冠肺炎疫情防控工作】 2020年，面对疫情防控严峻形势，广大政协委员坚决贯彻习近平总书记“坚定信心、同舟共济、科学防治、精准施策”的要求，按照区委“两手都要硬、两战都要赢”的工作部署，闻令而动、担当有为，积极投身防控阻击战和发展保稳战。区政协第一时间向全体委员发出带头抓好疫情防控和复工复产的号召。主席会议成员带头赴联系乡镇（街道）指导工作，2名副主席分别带队奋战在抗疫一线。成立区政协助企复工复产服务团，机关正局级以上领导干部与30家委员企业结对帮扶，深入开展“三服务”活动。全体机关干部自觉参与基层疫情防控和助企服务工作，广大政协委员坚守一线、各展所长、共克时艰。医卫界委员白衣擐甲、逆行而上。据不完全统计，共捐款捐物价值250余万元。陈添鑫委员捐出区第一笔支援武汉的10万元定向爱心款，阮兴祥委员荣获“省抗疫先进个人”和“省优秀共产党员”称号。

（杨雅芬）

协商议政

【协商平台】 始终坚持团结民主两大主题，扩大联系面、画好同心圆。加强同党外知识分子、非公有制经济和新社会阶层等人士的沟通联系，建立党组成员联系无党派和民族宗教界委员制度。“乡贤文化委员会客厅”揭牌，举办以乡贤助力家乡建设、乡贤参与乡村治理和理论宣讲走进企业等为主题的活动。委员工作站建设各具特色，百官街道委员工作站“点、线、面”工作法进一步完善推广，汤浦镇委员工作站聚焦当地块状经济开展基层协商、凝聚发展共识；以“伞业+”为特色的崧厦街道委员工作站围绕“直播平台建设”开展协商活动，为擦亮伞艺小镇金名片献计出力。全年举办各类书画展7期、茶事活动25场次。

【“请你来协商”活动】 2020年，区政协举行“请你来协商”活动共9场，分别为：

2020年6月9日，区委徐军书记带头领办区政协一届四次会议001号重点提案《区优化营商环境的几个问题及对策建议》的同时，开展首场“请你来协商”活动。

2020年6月10日，崧厦街道政协委员工作站举行成立仪式暨首场“请你来协商”活动，以电商直播平台建设为议题，11名驻站委员与崧厦街道党政领导干部面对面，共同把脉直播营销模式的发展运营。

2020年6月11日，区政协举办“请你来协商”首场云直播活动，就老旧小区改造进行专题协商。

2020年9月23日，区政协组织“请你来协商——支持残疾人事业维护残疾人权益”协商活动。

2020年9月25日，区政协组织“请你来协商——加强佛教规范化管理”活动，共同聚焦佛教规范化管理工作。

2020年9月28日，区政协举办上虞“乡贤文化”政协委员会客厅“乡贤参与乡村治理”暨请你来协商活动，传达学习省委办公厅《关于发挥新乡贤在助推乡村振兴战略中积极作用的指导意见》文件精神，开展“乡贤参与乡村治理”专题协商。

2020年11月19日，区政协总工会界别围绕“单用途商业预付卡管理”主题开展“请你来协商”活动，以界别形式开展“请你来协商”活动，在上虞尚属首次。

2020年12月9日，区政协组织开展“请你来协商——培育发展夜间经济”协商活动，听取曹娥江旅游度假区、区商务局、区文广旅游局作培育发展夜间经济情况汇报并进行协商。

2020年12月11日，百官街道政协委员工作站组织以“有效提升百官街道南丰社区功能”为主题的“请你来协商”活动。 （杨雅芬）

民主监督

【“百名政协委员促进提案办理”督查活动】 2020年8月17—28日，区政协开展“百名政协委员促进提案办理”督查活动，分别由区政协领导带队，邀请区委区政府相关领导参加，区政协各委室协调，采取专题调研、实地考察、听取汇报、协商讨论等方式对区政协一届四次会议提案涉及的“关于促进风情街夜市经济发展的建议”“关于加强食品药品卫生安全的建议”“关于推进医养结合发展的建议”“关于加大人才引育的建议”“关于促进集体经济发展的建议”5个方面相关内容的办理情况开展督查活动，切实促进提案办理，提高办理质量。 （杨雅芬）

【专题视察活动】 2020年，区政协举行专题视察活动共6次，分别为：

2020年4月22日，区政协召开一届二十四次主席会议，专题视察纪检监察工作，视察崧厦街道纪检监察工作规范化建设，参观区虞舜清风展厅，听取区委常务、区纪委书记、区监委主任许建超关于区纪委监委纪检监察工作情况的通报并进行协商讨论。

2020年5月9日，区政协专题视察金融支持“三服务”工作，实地视察丰惠镇西湖村丰收驿站、绍兴大木匠木业有限公司和上虞农商银行党建中心，听取上虞农商银行相关金融服务工作情况的汇报。

2020年5月27日，区政协开展土地和规划要素保障工作专题视察活动，实地视察浙大邵逸夫医院绍兴院区建设项目、浙江运发集团文创典藏工艺品研发设计制造项目、浙江建设职业技术学院上虞校区建设项目用地保障情况，听取区自然资源和规划分局关于区土地要素保障工作情况的汇报，并围绕课题展开协商讨论，就土地超前规划、集约利用土地、土地使用税征收等方面提出相关建议和意见。

2020 年 7 月 20 日，区政协组织中共界别、特邀界别部分委员赴曹娥、东关视察全国文明城市复评迎检工作，顾世明主席、陈忠庆秘书长参加。

2020 年 7 月 22 日，区政协开展乡镇工会事业发展专题视察活动，实地视察曹娥街道职工文化活动中心、卧龙集团“范国伟劳模工作室”，听取区总工会关于乡镇工会事业发展情况的汇报并进行专题协商。

2020 年 9 月 2 日，区政协专题视察杭州湾经开区“三个一批、百大项目、千亿投资”大会战推进情况，实地视察浙建院上虞校区建设项目、中科院杭州湾新材料产业创新基地项目、通用航空产业园情况。

（杨雅芬）

纪检监察

综　述

【概况】 2020年是高水平全面建成小康社会和"十三五"规划收官之年。面对国际国内形势的深刻复杂变化特别是突如其来的新冠肺炎疫情冲击，区委立场坚定、旗帜鲜明，坚决担负起管党治党政治责任，坚定不移推进全面从严治党向纵深发展，反腐败斗争压倒性胜利巩固发展，党内政治生态呈现持续向上向好的新气象。全区各级纪检监察组织在上级纪委监委和区委的坚强领导下，聚焦主责主业，强化政治担当，坚决践行"两个维护"，高质量推进纪检监察各项工作，在服务中心保障发展、改革创新提升质效等方面取得新的更大突破，有力推动中国特色社会主义监督制度在上虞的生动实践。

【年度成绩】 2020年9月，区被确定为中央纪委国家监委直接联系的"基层监督样本"。国家统计局绍兴调查队的民意调查结果显示，被访者评价2020年区全面从严治党成效度为97.1%。　（夏浙栋）

重要会议

【区纪委一届四次全体会议】 2020年1月21日，区纪委一届四次全体会议在百官举行。区委书记陶关锋出席全会并讲话。全会审议通过区委常委、区纪委书记许建超代表区纪委常委会所作的《聚焦区域治理现代化深化全面从严治党 为建设更高水平"创新之区、品质之城"提供坚强保证》的工作报告。全会传达学习习近平总书记，以及省委书记车俊、市委书记马卫光在中央，省、市纪委全会上的重要讲话和中纪委书记赵乐际、省纪委书记许罗德、市纪委书记陈灿所作的工作报告精神。

【全区纪检监察系统年终总结大会】 2020年1月22日，全区纪检监察系统年终总结大会在区老年大学召开，区委常委、区纪委书记、区监委主任许建超出席会议并讲话，全面回顾总结2019年工作，并对做好区纪委一届四次全会部署的2020年工作作了再次强调。区纪委监委机关、区委巡察机构、派驻纪检监察组全体干部以及各乡镇街道纪(工)委书记、副书记、纪检监察专干参加会议。

【一届区委第十轮巡察工作动员部署会】 2020年3月16日，一届区委第十轮巡察工作动员部署会议在区档案中心三楼会议室召开。会议传达区委陶关锋书记在区委书记专题会议上听取巡察情况汇报后的讲话精神，宣布第十轮巡察组组长授权任职和任务分工名单。驿亭镇党委书记叶涛、区委第四巡察组组长严国芳代表作表态发言。区委常委、区纪委书记、区监委主任、区委巡察工作领导小组副组长许建超讲话。会议以书面形式交办第九轮巡察问题线索。

【区纪委监委机关党员大会】 2020年3月23日，区纪委监委机关召开党员大会，严格按照《中国共产党章程》和选举办法的规定，选举产生中共绍兴市上虞区纪委监委机关委员会和机关纪律检查委员会。陶劲松当选为机关党委书记。区纪委监委机关全体党员参加会议。

【党风廉政建设和反腐败工作情况通报座谈会】 2020年3月31日，上虞区召开党风廉政建设和反腐败工作情况通报座谈会，区委常委、区纪委书记、区监委主任许建超向各民主党派负责人、工商联负责人和无党派人士代表通报了2019年度全区党风廉政建设和反腐败工作情况，并听取意见建议。区委常委、区委统战部部长王永表出席并主持会议。通报会上，与会人员对纪检监察工作给予高度评价，并提出了许多中肯的、建设性的意见建议。

【区委反腐败协调小组会议】 2020年4月3日，上虞区委反腐败协调小组召开会议，区委常委、区纪委书记、区监委主任、区委反腐败协调小组组长许建超主持会议并讲话。区委常委、区委组织部部长、区委反腐败协调小组副组长夏永江，区政府副区长、区公安分局局长、区委反腐败协调小组成员谢晋，区人民法院院长、区委反腐败协调小组成员钱长龙，区人民检察院检察长、区委反腐败协调小组成员张斌等相关领导出席会议。会议审议通过《中共绍兴市上虞区委反腐败协调小组工作规则》，对2020年度全区反腐败工作进行研究部署。

【"清廉村社"标准化建设工作现场推进会】 2020年4月9日，我区在百官街道文化社区召开"清廉村社"标准化建设现场推进会。区委常委、区纪委书记、区监委主任许建超对"清廉村社"标准化建设工作进行再动员再部署。各村(居)、社区党组织负责人、村(居)民委员会主任、村(居)、社务监督委员会主任、街道纪(工)委监察办全体参加会议。会议还通报8起侵害群众利益的不正之风和腐败问题典型案例，并书面通报6起村监委成员履职不力或违规违纪违法典型案例，进一步严明纪律，加强警示教育。

【全区纪检监察半年度工作暨警示教育会议】 2020年7月31日，区纪委监委召开半年度工作暨警示教育

"清廉村社"标准化建设工作现场推进会(区纪委监委 提供)

会议，学习贯彻省、市、区委全会精神及省纪委锻造匹配"重要窗口"纪检监察铁军暨警示教育会议精神，回顾总结上半年纪检监察工作，部署下阶段工作任务。区委常委、区纪委书记、区监委主任许建超出席会议并讲话。区纪委监委机关、区委巡察机构、派驻纪检监察组全体干部以及各乡镇街道纪(工)委书记、副书记、纪检监察专干参加会议。会上，区纪委监委相关领导部署和通报政治监督、巡察整改、"打伞破网"、追逃追赃以及警示教育月等有关工作。

【一届区委第十一轮巡察工作动员部署会】 2020年8月18日，区委巡察工作暨一届区委第十一轮巡察动员部署会议在区档案中心三楼会议室召开。会议通报了区委巡察发现和巡察整改中存在的问题，宣布一届区委第十一轮巡察授权名单和任务分工。区委书记、区委巡察工作领导小组组长徐军讲话。会议以书面形式交办第十轮巡察问题线索。

【市委第一巡察组上虞区扶贫开发领域专项巡察动员部署会】 2020年9月9日，市委第一巡察组上虞区扶贫开发领域专项巡察动员部署会在上虞宾馆会议中心二楼会议室召开。会议分两个阶段。第一阶段：市委第一巡察组组长邓港林作巡察动员；市委第一巡察组上虞区专项巡察组组长俞靖峰介绍巡察方式；市纪委副书记、市监委副主任吴海洋讲话；区扶贫开发工作领导小组主要负责人(区委副书记赵文中)对配合支持市委巡察工作提出要求。第二阶段：区纪委监

委、区教体局、区民政局、区财政局、区人力社保局、区建设局、区医疗保障局、区水利局、区农业农村局、区卫生健康局、区残联等部门汇报扶贫工作情况。

【一届区委第十二轮巡察工作动员部署会】 2020年11月29日，一届区委第十二轮巡察工作动员部署会议在区档案中心三楼会议室召开。会议传达徐军书记在区委书记专题会议上听取第十一轮巡察情况汇报后的讲话精神，并宣读一届区委第十二轮巡察授权名单及任务分工。杭州湾综合管理办党工委书记、主任吴自强，区委第五巡察组组长宋建潮代表作表态发言。会议移交第十一轮巡察发现的问题线索。区委常委、区纪委书记、监委主任、区委巡察工作领导小组副组长许建超讲话。（陈佳静）

执纪监督

【概况】 持续强化对基层公权力的监督和制约，深化阳光用权"五个三"工作体系，督促推动基层治理体系和治理能力现代化。

【"清廉村社"建设】 按照全省会议要求，以"五清对标、三好引领"为载体，深化"清廉村社"标准化建设，已创成99个示范型、222个规范型"清廉村社"，形成5条示范带，消灭乡镇（街道）零自办案，同比增长300%。以此为突破口，一并推动清廉机关、清廉国企、清廉学校、清廉医院等清廉单元迸发活力。

【工程监管】 紧盯工程领域突出问题深化"双查双保"工程监管，解剖项目17个，通报曝光15起，处理12人，有力保障政府投资项目开工率95.8%、村级工程平均变更率4.7%。

【村社监督】 严肃村社组织换届选风选纪，通过联审取消换届候选人（自荐人）资格6人，派出20个工作组加强现场监督，查处并通报案件3起5人，确保换届风清气正。探索数智赋能村社换届后监督的"五招七系统"，督促推动村社"三务"栏上屏上掌上全公开、村社"三资"去现金化、村社重大事项决策即时上报、村社工程建设项目全流程监管、村社集体土地征收"一码管地"，相关做法省纪委肯定。持续深化乡镇（街道）纪检监察工作规范化建设，进一步发挥片区协作机制在推动"两手抓""两战赢"、破解重大紧要疑难复杂问题等方面的作用，全年共开展片区协作176次，联办案件9起，破解难题24个。

【智慧纪检监察】 突出"智慧纪检监察"建设，推进检举举报平台应用和管理，区镇两级收录的检举控告和问题线索全部"上线"，实现全程可追溯、可查询、可分析。进一步建立20人的特约监察员队伍、354个村社监察工作联络站、59个民营企业纪检组织等三支监督队伍，完善党风政风日常监督组织体系。2020年6月，中央纪委副书记、国家监委副主任肖培肯定区"四项监督"全覆盖工作。深入推进"打伞破网"攻坚行动，同步介入调查涉黑涉恶案件4起，查处涉腐涉"伞"公职人员5人，追责问责党员干部、公职人员37人。精准运用监督执纪"四种形态"，共处理859人，其中第一种形态占比72.4%，第二种形态占比19.6%。建成市监察留置场所上虞分点，省市联合揭牌，全市统筹使用。持续推进追逃追赃工作，成功追回潜逃18年之久的原工商银行上虞支行营业部副主任邵某，省纪委和市委主要领导均作出批示，写入市委八届八次、九次全会报告。（夏浙栋）

作风建设

【概况】 聚焦上级和区委重大决策部署贯彻落实情况强化监督检查，确保政令畅通、决策落地。如围绕打赢疫情防控阻击战，配合4个督导组并组建12个检查组，实施区镇村三级联动，督促整改32起，通报曝光11起。

严肃整治形式主义、官僚主义，查处相关问题23起，处理党员干部30人，做好"基层减负若干措施"监督检查，切实为基层干部减负。深化作风建设，以专题片形式在区管领导班子政治建设会议上通报"作风之弊"，督促限期整改问题23个，追责问责66人次。协助区委把好选人用人关，共回复党风廉政意见12批202人次。坚持惩治与激励并重，牢牢把握"三个区分开来”要求，协助区委出台容错免责裁定工作规则并建立裁定委员会，为16名受到诬告错告的党员干部澄清正名。

【基层检查】 在助力脱贫攻坚中，成立5个检查组开展三级联查，走访低保户8918户次，推动完成291户C、D级危房改造工作。在制止餐饮浪费检查中，开展明察暗访117次，处理4起7人。对落实“六稳”“六保”“最多跑一次”改革、减税降费、“不忘初心、牢记使命”主题教育成果巩固转化、中央环保督察等一系列中心工作强化监督、精准问责。

【专项监督】 推动落实中央八项规定精神及其实施细则，针对“四风”问题隐形变异新动向，紧盯重要节点，开展经常性、专项性和突击性检查，严防“四风”问题反弹回潮。推进“烟票”背后“四风”问题、违规收送礼品礼金、统计领域数字造假、违规参与“两局”“两所”等专项监督工作。2020年，共开展正风肃纪专项行动33次，发现问题40个，处理36人，查处违反中央八项规定精神问题16起，追责问责22人，党纪政务处分14人。 （夏浙栋）

纪律审查和监察调查

【概况】 召开4次反腐败协调小组会议，协同推进追责问责、审查调查、打伞破网、追逃追赃和防逃等工作。

【高压惩治】 坚持有腐必反、有贪必肃，始终保持惩治腐败高压态势，立案查处违纪违法案件235件，其中涉及区管干部5人，监察留置9人，移送司法9人，严肃查处梁湖街道党工委委员兼办事处原副主任严某、市自然资源和规划局上虞分局曹娥自然资源所原所长王某、小越街道越中村原党总支书记兼村委主任罗某等严重违纪违法案件。针对案件暴露出的问题深化标本兼治，制发纪检监察建议书5份，有力推动问题长治长效。 （夏浙栋）

巡察工作

【概况】 全力配合中央巡视督导、省委巡视，以及市委提级巡察和扶贫领域专项巡察等工作。全年共实施3轮区委巡察，巡察单位党组织31个，累计巡察76个，覆盖率达92.7%。“巡镇带村”护航村社组织换届，全年巡察村社党组织177个，累计巡察298个，覆盖率达80.7%。全年共反馈问题3322个，问责处理党员干部652人，其中党纪政务处分33人、移送司法1人，追缴资金487万元。

【巡查机制建设】 健全巡察工作规则，完善全程纪实、立行立改、信访处置、问题底稿、线索移交、回访检查等10项规范性制度，建立健全巡察与组织、信访、政法、审计等单位统筹协调和联动机制，同步开展选人用人、法治建设、机构编制管理、食品安全责任制等专项检查，形成监督合力。开通二维码巡察举报平台，打造“指尖上”的监督。深化巡察发现问题“双反馈”“双表态”“双整改”机制，实施“五类整改”，相关做法被省委巡视办编入2020年《全省市县巡察工作经验材料汇编》。 （夏浙栋）

党风廉政宣传教育

【创新警示教育形式】 做好案件查办“后半篇文章”，创新警示教育的形式和载体，以“画说违纪”“猎狐记”等通俗易懂、吸引眼球的形式剖析通报一部分案例，使案例的警示教育作用深入人心，2020年以来共创作猎狐记1期，画说违纪4期，并在中央纪委网站、中国纪检监察报、浙江省纪委网站、清廉浙江微信公众号等权威媒体发表。

【党员干部廉洁警示教育】 在全区党员干部中开展廉洁警示教育活动，组织参观绍兴清廉馆等警示教育基地，实现区管领导干部警示教育全覆盖。同时，系统梳理监察体制改革以来区查办的党员干部违纪违法典型案件，编印《违纪违法党员干部典型案件警示录》，并发送至每位区管领导干部手中进行对照学习。

成立宣讲小组，对区委办、杭州湾经开区等15家单位开展廉政教育宣讲，受教育人数1500余人。常态化做好区管领导干部任前测试、微考学等工作，以一刻都不松懈的劲头，筑牢党员干部拒腐防变的思想防线，推动警示教育常态化制度化。

【清廉文化建设】“五廉并举”深入挖掘清廉文化资源，利用虞舜清风展厅、派驻机构规范化建设展厅等充分展现上虞清廉因子，开辟太廉堂、春晖中学、瓷韵荷香等清风廉旅，将传统文化资源提升为清廉文化建设的鲜活教材。 （夏浙栋）

民主党派·工商联

民革绍兴市上虞区委

【概况】 中国国民党革命委员会浙江省绍兴市上虞区支部于2019年1月22日成立，于2020年11月成立民革绍兴市上虞区总支部委员会（简称“民革上虞总支”）并分设一、二支部。有党员25人，预备党员6人。2020年，民革上虞总支得到省委会及市委会高度认可，获省级民革示范支部、民革全省宣传思想工作先进集体、市级先进支部等多项集体荣誉，多名党员受到各级组织表彰。年内，总支合心聚力完成民革党员之家建设。

【民革绍兴市上虞区总支部委员会成立大会】 11月27日，民革绍兴市上虞区总支部委员会成立大会举行。绍兴市政协副主席、民革绍兴市委会主委余利明对总支成立表示热烈祝贺。中共上虞区委常委、区委统战部部长王永表对民革上虞总支提出殷切期望。

【参政议政】 年内，民革上虞总支参加区委统战部组织的政党专题协商会，充分发挥党派参政履职职能，认真筹备两会议案。作为基层新生力量，把社情民意撰写作为党派职能发挥的重要阵地，全年共撰写社情民意64篇，省市区三级录用20篇，其中全国政协录用1篇，省政协录用1篇，省委统战部录用3篇并报中央统战。12月3日，支部主委李蕊受邀参加省委会十三届十五次常委会议，并作参政议政典型经验交流。

【“博爱—同行”社会服务】 开展系列社会服务活动，打响“博爱—同行”社会服务品牌。开展“以法律助发展”的三服务活动。年内，多次走进企业进行法制体检，进社区开展普法宣传活动，在统战之家内设立“与法同行”法律工作室，为统一战线成员提供法律咨询服务，与区人社局共建上虞区创新创业人才服务基地，举办“民法典”系列宣讲，联合美团外卖开展“争当宣传员、普兴国法典”的“民法典”巡街宣传活动。各党员在各自岗位上也践行社会服务，服务人数达2000余人次。新冠疫情期间，党员参加防控并捐款捐物，为在区内多家企业进行“线上+线下”法律服务，制作并发放系列风险提示书。组织党员对樟塘小学、天香小学等学校捐赠防疫物资。

【党员荣誉】 2020年，党员陈松荣获全省“民革e家”优秀管理员二等奖，党员叶超、王海远、朱敏被民革绍兴市委会评为2020年度优秀党员；李蕊、丁迪飞、郑福民、张超、方植瑜被评为参政议政工作先进个人；陈松、蒲菁菁被评为思想宣传工作先进个人；叶枫、黄富强被评为社会服务工作先进个人。

主委李蕊多次获“业务能手”“调解能手”、绍兴市十佳优秀法官、绍兴市十佳优秀青年法官等称号，并被记个人“三等功”、个人“二等功”；副主委陈松多次获“绍兴市优秀青年律师”“上虞区优秀律师”“上虞区十大普法能手”等称号；副主委丁迪飞多次获评区优秀政协委员、市委会年度参政议政先进个人、获个人三等功、被民革浙江省委会评为疫情防控工作中表现突出的党员。

（张　超）

民盟绍兴市上虞区委

【概况】 2020年，民盟绍兴市上虞区基层委员会(简称民盟上虞基层委员会)新发展盟员5人，其中代表性人士1名。截至年底，共有盟员95人，在职盟员82人，退休盟员13人。盟员中中高级职称占95.6%，基层委员会分为机关支部、科技支部、文卫支部、上虞中学支部、春晖中学支部。下设有爱心艺术团、妇女工作委员会、社会服务工作委员会、宣传调研工作委员会、华夏书画学会上虞分会。2020年度，基层委员会获盟中央盟务工作先进基层组织及盟省委“双十佳”示范基层组织。8月，民盟上虞基层委在上虞区司法局社区矫正中心举行上虞民盟社会服务实践基地“黄丝带帮教工作室”揭牌仪式。

【同心战疫情】 1月26日，发动广大盟员捐赠防疫物资驰援疫情重灾区，共捐赠医用N95口罩7370个，带护目镜全面具145套(折合人民币76320元)，另通过盟省委企业家联谊会、上虞区红十字会认捐5867元。10余名盟员参与志愿服务，《上虞盟讯》公众号发布抗疫动态专题推文8篇。助企复工，收集摸排情况表11份，收集疫情影响情况10条、“双复”主要障碍8条、建议要求5条。17位盟员分别对应落实18家盟员企业。3月11日，民盟浙江省委会主委成岳冲专程到上虞调研盟员企业疫情防控和复工复产情况，对民盟上虞基层委员会工作给予充分肯定。

【传统教育基地扩建】 6月，盟员传统教育基地胡愈之故居增挂绍兴市政协首批“同心教育基地”牌子。接待民盟杭州市委会基层组织培训班、盟省委新盟员培训班等6批次到访。11月7日，徐光宪纪念馆开馆暨徐光宪院士塑像落成典礼在上虞区汤浦镇舜岸村东山七亩的徐氏祖居举行，民盟浙江省委专职副主委徐燕峰为徐光宪故居授“浙江省盟员传统教育基地”匾牌。

【提案与社情民意】 向市、区两级“两会”提交建议提案41件，其中集体提案6件。区“两会”期间，盟员徐芳委员代表民盟上虞区基层委员会作题为《关于提升我区小微企业园建设，助推工业经济高质量发展的建议》、盟员周建良委员、陆俊蔚委员分别代表所在界别作题为《培育特色商圈和特色街，提升“浙东新商都”活力》《关于加快发展我区跨境电子商务的建议》大会发言。另有《关于加强金融保障，优化营商环境的建议》《提升职业教育能级，服务现代产业发展》《提高基层服务能力，建立健全相关制度，让基层群众在分级诊疗工作中有更多的获得感》《关于在城镇化进程中提升乡村教师幸福感的建议》《关于将绍兴文理学院上虞分院以及上虞职教中心整体搬迁到上虞城东的建议》列入大会书面交流材料。

社情民意信息通过民盟省委会上报34则，录用24则，报区政协46则，录用9则，其中区领导批示4则。

【课题调研】 召开“关注民生保障，推进区域治理现代化”为主题专题议政会，形成专题调研报告，该课题成果转化为盟省委民生法制论坛论文，被评为优秀论文，并受邀在全论坛会议上作交流发言。

《全球疫情下我省中小企业面临的困境及对策建议》《激发提升民营经济发展活力》等2篇盟中央经济论坛论文上报；上报盟中央妇女委员会承担重点课题子项目《强化规划纲要落地 以文化引领大运河区域高质量发展》的建议；报送教育论坛论文《关于初中学校开展乡情文化教育的建议与思考》；民生法治论文《健全和改善民生保障制度体系，提升保障机制制度执行效能》和《加强法治政府建设，推进社会治理现代化——以上虞区基层社会治理为视角》均获盟省委“盟声议政”优秀论文；承担了盟省委、盟市委委托年度课题《关于发挥行业协会商会自律功能，构建基层社会治理新格局的建议》和关于近视防控问题的调研；《关于加强我区新居民居住保障工作的建议》作为区委统战部民主党派直通车信息向区委上报，就新居民“居住难”问题建言献策。

到绍兴、杭州及教体局、卫健局等多城市多部门开展多项调研，形成提交《关于激发行业协会功能与活力，不断推进基层社会治理的几点建议》《关于我区高层次创新人才队伍建设的思考》《关于加强我区产业技术工人居住保障工作的建议》《关于如何有效激发在外虞籍乡贤回归热情的建议》《关于加强社区物业管理工作的几点建议》《关注老有所养和幼有所育，有效提升制度执行效能》《精准培育扶持，助力电子化学材料产业发展》《关于打赢儿童青少年近视防控战的建议》等8篇调研文章。（桑江珍）

【发挥平台宣传】 全年上虞民盟公众号发出推文43篇，刊出《上虞盟讯》4期，盟员智慧讲堂2期，在盟市委、盟省委网站及相关媒体发出报道50余篇。（桑江珍）

民建绍兴市上虞区委

【概况】 中国民主建国会上虞支部（简称民建上虞支部）成立于2019年10月，现有会员18人，分别由企业家、教师、医生、律师、政府部门人员等组成。会员平均年龄40岁，本科学历及以上，其中博士生1人，研究生2人。第一届支委会主委为周圣；副主委邹刚、王建柱；委员为阮方圆、袁芩。民建上虞支部将继续秉承会的优良传统，加强自身建设、发挥自身优势，切实履行参政议政、民主监督和参加中国共产党领导的政治协商职能。

【参政议政履职尽责】 民建增强政党意识，把其参政议政作为其科学发展的首要任务，建立适合民建自身特点、有利于促进民建工作规范化和科学运行的制度，注重质量，保持特色，做好自身组织发展工作；加强参政党的民主监督作用。一篇《建议把王充路两侧高压线入地改造列入我区经济社会发展“十四五规划”》获区领导批示，一篇《完成公共卫生服务体系任重道远，建议我省“十四五”规划予以优先发展》报送省政协。“关于加强疫情期间企业四肢复工监督和排查”等19篇社情民意被绍兴市委会录用。

【社情民意培训】 为切实加强支部社情民意信息工作，提高会员撰写社情民意信息水平，8月10日下午，民建绍兴市上虞区支部开展2020年社情民意信息工作专题培训。

【结对共建活动】 2020年9月19日上午景宁县秋炉乡与民建上虞区支部开展结对共建活动，深化乡村振兴战略在秋炉的实施，助推上虞—景宁山海协作乡村振兴示范点建设。

活动中，民建上虞区支部实地考察了秋炉运动小镇户外拓展基地、研学基地等建设情况，并走访慰问了秋炉乡困难农户，了解农户生产生活及增收情况。随后，秋炉乡与民建上虞区支部举行运动小镇基地共建签约仪式。秋炉乡与民建上虞区支部将深化共建意识，立足资源优势，精准对接服务，双方将从增强经济发展后劲以及促进农业增效、农民增收着手，加强合作与交流，科学制定共建目标，精心设计共建主题，努力创新共建方式，打造上虞—景宁山海协作乡村振兴新典范。

【老干部调研考察活动】 2020年10月23日，为充分发挥民建市委会机关退休老干部的余热，做好传帮带，推动市委会工作更好地开展，并指导新建上虞区支部的工作，民建绍兴市委会一行赴e游小镇等地开展联合调研考察活动。（阮方圆）

民进绍兴市上虞区委

【概况】 2020年，中国民主促进会绍兴市上虞区基层委员会（简称基层委）新发展会员4名，至年底，共有会员88名，基层委下属春晖、医卫、机关、文教、综合5个支部。

【自身建设】 基层委坚持把思想政治建设放在自身建设的首位，认真学习领会习近平总书记在浙江考察期间的重要讲话和中共十九届五中全会精神，准确把握新时代中国特色社会主义对参政党基本职能的要求。持续推进“不忘合作初心，继续携手前进”主题教育。以固本强基为宗旨，完善参政议政奖励办法等18个管理制度。打造会员之家，6处会员活动场所成为会员学习交流和内外联谊的枢纽；与德济苑社区开展结对共建活动。与绍兴市直文艺支部一起组织开展“以书为媒 以艺会友”兰亭雅聚活动。接待民进广西区委到区调研，接待诸暨市委会到区考察学习。基层委在乡贤广场举办“凝心聚力担使命，同心共筑中国梦”活动。

【参政议政】 市、区“两会”上，共上交提交提案、建议案38件，其中集体提案6件，政协大会发言1件，书面发言1件；基层委上报《细化红利政策制定和实施，促进民营经济高质量发展》的课题被民进绍兴市委会立项，作为市委会集体提案上报，并被市政协评为优秀提案、重点提案。基层委提交的集体提案《关于加快我区老旧小区改造的几点建议》被区政协评为“优秀提案”。《关于进一步完善社区居家养老的建议》获区人大代表优秀建议。全年共上报社区民意信息81条，录用20条，其中全国政协采用1条，民进会中央采用2条，省委办录用1条，省委统战部录用1条，民进省委会录用6条，上虞区委书记等区领导批示6条。会员撰写的《推进学前教育普惠优质发展的“三层”思考》获民进省委会组织的开明论坛征文优秀奖。1名会员获市政协委员履职优秀，1名会员获市政协反映社情民意信息工作先进个人。年内，基层委参加区委组织的8次专题政党协商、政治协商，参加区委办组织的区域治理现代化民主监督等。《勇立时代潮头，打造便民方舟》入选省政协《70年70人——浙江省政协庆祝中华人民共和国、人民政协70华诞史料专辑》。

【社会服务】 年内，会员捐款用于购买10万个口罩捐赠区红十字会。会员们投身帮扶企业复工复产。文教支部送文化下基层，赴乡镇街道送春晚。医卫支部送医下乡，在陈溪乡开展为民义诊，给区社会福利中心智障儿童送衣物和食品。综合支部积极推广健身气功锻炼，开展健身公益课数期。机关支部积极推广上虞农产品，助力上虞文旅发展。张飞军会员援川事迹被民进省委会采用，并报送会中央。邢福义撰写《携手共进奔小康，共叙汉藏一家亲》被《开明》刊用。

【会员风采】 年内，王剑鑫获全国无偿献血奉献奖银奖；陈秀春获中国微篇小说新锐奖；朱剑萍荣获多项全国性比赛大奖，评为浙江省优秀社会体育指导员称号。杨国华获民进浙江省优秀基层组织负责人；芦洪娣获浙江省首届思政课大赛一等奖；杨国华被聘为绍兴市改革观察员。徐煜书法专著《楷法八分志》由西泠印社出版社出版；张飞军获四川小金扶贫消费先进个人；管红娟获西藏比如县颁发的突出贡献奖；肖岚萍获第三届绍兴市音乐新作演唱演奏大赛银奖；许玲娟获绍兴市民政工作先进个人；陈中明获浙江省医药行业特有职业技能竞赛单项团体一等奖。（刘燕敏）

九三学社绍兴市上虞区委

【概况】 2020年，九三学社绍兴市上虞区基层委员会（简称基层委）新发展社员4名、去世社员1名，截至年末，4个支社共有社员100名，其中高级职称56名，占56%，退休社员30名，成员主要为科技界、医卫界和经济界。基层委主委徐光华。基层委围绕区委决策部署，深入调查研究，致力参政为民，各项工作取得较好成绩，被社浙江省委评为“2020年社会服务工作先进集体”“新冠肺炎疫情防控工作”先进集体；被社绍兴市委评为“2019年度先进基层委员会”。

【参政党职能】 在绍兴市“两会”上，提交人大建议2件，政协提案2件。在区“两会”上，提交集体提案6件，个人提案21件，其中1件集体提案“纵深推进化工行业改造提升2.0版建设助力上虞经济实现高质量发展”被立为重点提案；陈炯军代表基层委作“关于有效推进上虞区数字农业发展的相关建议”的大会发言。基层委“做‘深’做‘活’现代农业，推动乡村产业振兴”、孙伟琴“防范化解金融风险的建议”2件提案获“2019年度优秀提案”。

向区政协、社绍兴市委报送社情民意信息50多篇，其中1篇被省政协录用，6篇被社省委录用，1篇被浙江政务信息录用，6篇被绍兴市政协录用，11篇被区政协录用，3篇信息获徐军书记批示。基层委领导参加政党协商6次。参加政协“请你来协商”专题活动10多人次。社员参加人大、政协、统战部、法院等组织的民主监督活动90多人次。

【全力助推“两手硬、两战赢”】 社员们向红十字会捐款38200元，口罩500只；基层委组织社员赴社会服务基地——梁湖街道新花浦村，赠送防疫物资；报送关于疫情防控和复工复产的社情民意24篇，被社省委和区政协录用5篇。

【赵国生获“浙江九三榜样”】 8月28—29日，九三学社浙江省第三十七次思想政治工作会议暨纪念九三学社创建75周年大会召开，基层委社员、浙江闰土股份有限公司技术副总、研究院院长赵国生获“浙江九三榜样”，受到表彰。“浙江九三榜样”是社省委授予社员的最高荣誉，每五年评选一次。

【参与东西部扶贫协作】 8月，基层委资助1万元帮助四川小金县沃日乡日尔村的王书琴同学完成卫校学业；叶珊丰社员被选派参加“十百千”浙川帮贫扶困送医下乡工程活动，组成上虞东西部扶贫第三批援川医疗队，其间，叶珊丰带小分队在小金县妇幼保健院积极开展医疗帮扶活动，助力打赢脱贫攻坚战。

【服务社会树形象】 1月17日，基层委组织社员来到社会服务基地——梁湖街道新花浦村（吴家楼、前塘、花浦）10户大病患者及困难家庭，开展送温暖活动。12月20日，基层委组织社员赴梁湖街道新花浦村，开展医疗科技下乡活动，共为150余人次村民提供义诊服务，赠送价值9000多元的药品、蔬菜种子、各种小礼品，发放科普资料300多份，真情为民服务，履行党派职能。

【社员风采】 赵国生被省科协评为全省“十佳科技追梦人”，入选“绍兴工匠”；在纪念九三学社创建75周年暨在浙江省建立组织65周年表彰活动中，赵国生获“浙江九三榜样”、沈娟芬获省级“优秀社员”、陈炯军获省级“优秀社务工作者”；叶珊丰被社省委评为2020年度社会服务工作先进个人；沈娟芬撰写的《赵国生：匠心托举中国梦寸心反哺故乡情》获社省委2020年度新闻宣传优秀作品二等奖；张海君获浙江省市场监管安全保障成绩突出个人；胡苗火获绍兴市政协及区政协“反映社情民意工作先进个人”；连妙芬荣获“上虞名医”称号；夏赛霖、韩玲娟等9名社员被社市委评为“新冠疫情防控工作先进个人”；张启祥获“2020墨韵中华书画展览活动”金奖；贾震雷获聘浙江省中西医结合学会神经内科专业委员会青年委员会委员。（陈　瑾）

上虞区工商联

【概况】 2020年，区工商联（总商会）坚持“两个健康”工作主题，围绕中心，服务大局，推动各项工作取得明显成效，获2019—2020年度全省“五优”县级工商联称号。

【助力疫情防控】 及时倡议、引导广大商会和民营企业为新冠肺炎疫情奉献爱心，各基层商会及会员企业仅在区红十字会、区慈善总会捐款捐资数额即超过1730万元；与区委统战部联合开展“助企抗疫情、联企复生产”专项行动，成立联企工作专班，走访上风高科、上百贸易等几十家执常委企业，帮助指导企业复工复产；充分发挥“工商联法律服务团”作用，通过带队走访重点企业、辑录相关《法律建议书》等，向广大会员企业提供免费的法律服务超100次；优化调整企业互助基金转贷规定，举措获评省工商联服务“两个健康”优秀案例。

【开展界别活动】 组织政协工商联界别委员开展参政议政活动。在政协会议上提交集体提案2件，个人提案20件，其中《“培育特色商圈和特色街、提升‘浙东新商都’活力”》的集体提案被列为重点提案，并获2020年度优秀提案。开展界别周活动和委员活动日2次。

【创新专项服务】 创新“亲清直通车”政企交流模式，通过政企面对面恳谈形式搭建立体化工作载体和平台，倾听企业意见建议，全年举办交流活动3场，邀请36家企业，19个乡镇街道、部门单位参会，通过现场释疑、“三服务小管家平台”督办答复等，为企业解决实际问题47个，成效得到区领导批示肯定。

【基层商会建设】 10月8日，区丰惠镇商会召开成立大会，首批企业会员71家。

【推进互助基金及商调会服务】 年内，帮助61家企业转贷101笔，涉金额17.85亿余元；商调会共调解涉及会员企业、个人民商事纠纷80件（受新冠疫情影响，2月份未开放调处纠纷），涉金额2100余万元。（金　穗）

群众团体

总工会

【概况】 2020年，全区有产业工会2个（财贸工会、教育工会），区级机关成立工会联合会，12个系统（局）建立工会工作委员会，金融系统成立工会联合会，杭州湾上虞经济技术开发区成立总工会，e游小镇成立总工会，21个乡镇（街道）全部建立工会组织，其中16个乡镇（街道）成立总工会，5个成立工会工作委员会。在绍兴市工会年度重点工作考核中获得优秀。

【助推疫情防控和复工复产】 对全区小微企业工会经费实行全额返还，实施企业拨缴上级工会经费缓减20%的政策，为企业减负1600多万元。安排专项资金124.8万元，为疫情防控和复工复产提供支持，引导职工与企业共克时艰。鼓励职工在区内疗休养，年内，全区内职工疗休养基地增加到135家，又新增限额以上住宿餐饮企业21家为职工疗休养消费点，区内基地消费7759万元，创历史纪录。开展“抗击疫情、助力复工”就业服务专项行动，组织网上招聘会6场，推出600多个工种，近5000个岗位。

【一届二次全委（扩大）会议暨产业工人队伍建设改革工作会议召开】 5月14日，区总工会召开一届二次全委（扩大）会议暨产业工人队伍建设改革工作会议。同日，上虞区第二届“上虞工匠”颁奖大会在区老年大学举行，表彰20名业绩卓越、行业领军、社会认可、技德双馨的新时代“上虞工匠”。

一届二次全委（扩大）会议暨产业工人队伍建设改革工作会议（区总工会　提供）

【cosplay7080复古主题交友派对】 8月23日晚，由区总工会、e游小镇管理委员会主办的cosplay7080复古主题交友派对在e游小镇举行。区各企事业单位的近400名优秀单身青年参加。

【“中国梦、劳动美”商业服务品牌走进上虞演示交流活动】 8月26日，“中国梦、劳动美”商业服务品牌走进上虞演示交流活动在上百万和城中厅举行。

【第七批绍兴市劳动关系和谐企业创建】 8月26—28日，绍兴市总工会党组成员、副主席陈光祥带队，对区第七批绍兴市劳动关系和谐企业进行考评验收。通过审阅台账资料，现场询问等方式进行考核评分。崧厦伞艺小镇、太平洋财产保险公司、恒安（浙江）家庭生活用品有限公司等21家企业创建为第七批绍兴市劳动关系和谐企业。

【首届职工游泳比赛】 8月30日，由区总工会主办，区游泳协会和舜康体育发展有限公司承办的首届职工游泳比赛在上虞游泳馆举行。共有23支队伍160名运动员参加。

【承办浙江省职工职业（数控车工、数控铣工）技能竞赛】 10月24—25日，由浙江省总工会主办，绍兴市总工会、上虞区总工会承办的2020浙江省职工职业技能竞赛（数控车工、数控铣工），在上虞区职业教育中心举行。

【范国伟被评为全国劳动模范】 11月24日，全国劳动模范和先进工作者表彰大会在北京人民大会堂举行，区卧龙电气驱动集团股份有限公司维修电工范国伟被授予“全国劳动模范”荣誉称号，并受到党中央、国务院的表彰。

【“我心向党”中共十九届五中全会精神宣讲暨全国劳模范国伟事迹报告会举行】 12月8日，区总工会举行“我心向党”中共十九届五中全会精神宣讲暨全国劳模范国伟事迹报告会。全区各乡镇街道、系统（局）、产业工会主席和企业优秀职工代表等近百人参会。

【上虞区职工心理健康服务中心揭牌成立】 12月28日上午，上虞区职工心理健康服务中心揭牌成立。仪式后，浙江省总工会员工关爱项目组组长、上虞区职工心理健康中心督导顾老师给与会人员科普心理学相关知识。 （周建桥）

共青团

【概况】 截至12月底，上虞区共有14—35周岁青年164750人，其中14—28周岁青年95921人。全区共有团员26560名，基层团组织1453个，其中基层团（工）委70个，基层团（总）支部1383个。团区委直属团组织84个，其中乡镇（街道）团委20个，区直部门单位团组织43个，区直学校团组织19个，非公企业团组织2个。

【“共青团与人大代表、政协委员面对面”活动】 1月2日下午，团区委组织开展“共青团与人大代表、政协委员面对面”活动，讨论交流“关于构建高危未成年人临界预防帮扶机制的意见建议”。

【上虞青年志愿者服务春运“暖冬行动”】 1月10日上午，“逐梦新时代志愿新征程”——上虞青年志愿者服务春运“暖冬行动”启动仪式在青少年宫举行。

【上虞区青年企业家协会六届六次理事会议】 1月14日下午，上虞区青年企业家协会六届六次理事会议在上虞农商银行会议室召开。

【疫情防控】 1月28日，与区委组织部共同发起倡议，开展“党员团员请出列，我为控疫出份力”活动，搭建志愿报名平台，号召广大党员、团员加入疫情防控志愿者队伍。共收到4707名志愿者的“请战书”，累计上岗服务9000余人次，累计服务时长超8.2万小时。此外，发动青年企业家协会志愿捐物捐款合计2000余万元。

2月20日，团区委积极筹措新冠肺炎疫情防护物资，联系绍兴市上虞区物流行业协会，通过协会向中通、申通、圆通、韵达、邮政等5家快递企业捐赠1500个口罩、800双橡胶手套、60副护目镜及50箱牛奶。

【上虞银团合作存贷款政策上线】 疫情防控期间，团区委携手上虞农商银行，针对上虞区青年企业家协会会员、农村青年致富带头人协会会员、青联委员企业、新农人联盟成员，以及经团区委认定的青年创业企业、创业个人，区内医疗卫生系统青年医务工作者和公安系统青年员工推出多种信贷政策，办理贷款4500万元。同时，针对青年一线医务工作者推出专属暖心系列存款产品“天使存”，给予青年医务人员存款利率优惠政策。

【“爱留共青林·温暖追梦人”2020青少年圆梦微心愿公益植树活动】 4月25日上午，“爱留共青林·温暖追梦人”——2020青少年圆梦微心愿公益植树活动举行。参加活动的还有上虞援鄂医疗队及一线医务工作者和他们的家属、崧厦街道中心小学、西塘小学的15名留守儿童、青年文明号创建单位志愿者、青年团员干部、青年环保志愿者。

【发布“青游上虞”电子地图】 4月30日，团区委发布“青游上虞”电子地图，覆盖全区休闲文旅、青创空间、乡贤名士、历史漫游、产业创新等五大类，共37个“青虞”基地，吸引1000余名青年前往研学打卡。

【“瓷源”传承人养成计划教学基地共建管理协议签约仪式】 5月9日上午，上虞区“瓷源”传承人养成计划教学基地共建管理协议签约仪式在上浦镇中学举行。

【“村村都有好青年”评选】 5月，团区委开展上虞区“村村都有好青年”评选，经前期资格审查、组织审核等环节，最终确定陈城等361人为上虞区“好青年”人选并表彰。

【区“青春带货王”青年直播带货助农活动】 6—7月，开展二都杨梅和野藤葡萄2场“青春带货王”青年直播带货助农活动，获得150余万人次的关注量，累计销售杨梅和葡萄1000余斤，有效地宣传推介上虞四季仙果。该活动被评为全国度“网聚‘政’能量共筑同心圆”——各地走好网上群众路线优秀创意案例。

【绍兴市上虞区青年工作联席会议召开第一次全体会议】 6月22日上午，绍兴市上虞区青年工作联席会议第一次全体会议在区行政中心正式召开。会议通过《上虞区青年工作联席会议工作规则》《上虞区青年工作联席会议成员单位重点工作任务》。

【“大手牵小手维权向前走”上虞区“亲青帮”模拟法庭进校园活动】 6月、12月，“大手牵小手，维权向前走”上虞区“亲青帮”模拟法庭进校园活动分别在区职业教育中心和东关中学举行，通过法庭调查、法庭辩论、法庭宣判等程序，演绎案件庭审的全过程。12月4日，团区委和浙江舜江律师事务所签订上虞区青少年权益维护合作协议。

【上虞区“家燕归巢”暑期大学生实习活动】 暑期，团区委联系区内36家机关事业单位和国企，面向虞籍在校大学生推出实习岗位138个，共有1027人报名参与，举行38场线上面试会，最终录取暑期实习生168名。

【活力青春助小康“青牛奖”绍兴专场直播活动】 7月14日，由共青团浙江省委、省农业农村厅、省农科院、省农信联社和浙江广播电视集团共同指导的寻访浙江省青春助力乡村振兴带头人“青牛奖”活动之活力青春助小康“青牛奖”绍兴专场直播活动在虞开展，浙江电视台著名主持人小强主持直播，绍兴市南野生态农业有限公司负责人王园园等5名青牛奖候选人共同参与。

【“创青春”浙江省青年创新创业大赛】 7月24日上午，“创青春”浙江省青年创新创业大赛在上虞启动，启动仪式在央视直播、网易直播、浙江共青团新浪微博等线上平台开放观看通道，累计在线观看人数达110万。9月22—23日，2020“创青春”浙江省青年创新创业大赛闭门决赛、总决赛暨颁奖仪式在绍兴上虞举行。最终，来自绍兴的《绝世战魂》手游项目加冕大赛总冠军。5个项目与绍兴上虞有关平台签署意向落地协议。

【团省委副书记王慧琳一行到上虞调研共青团工作】 8月4日，团省委副书记王慧琳一行到上虞调研共青团工作，团绍兴市委书记赵浪平，绍兴市上虞区委书记徐军，上虞区委副书记、代区长金进富，上虞区委副书记赵文中陪同调研。先后走访调研瓷源文化小镇、e游小镇等地。

【“青春唱响虞声嘹亮”上虞区青年宣讲团成立】 9月1日，区成立“青春唱响虞声嘹亮”青年宣讲团，并在百官街道南丰社区综合文化服务站开展首场“我最喜爱的习近平总书记的一句话”宣讲活动。

【第二期创建“青少年零犯罪零受害社区(村)”省级试点工作】 上虞区曹娥街道德济苑社区、梁湖街道天香华庭社区、小越街道倪梁村于2019年12月被确定为第二期创建“青少年零犯罪零受害社区(村)”省级试点单位。

【青年党团知识竞赛】 9月25日，由区委宣传部和团区委举办的“青春向党学习强国”上虞区青年党团知识竞赛结束。通过笔试、现场知识竞答等选拔，最终决出一等奖队伍1组，二等奖2组，三等奖3组。

【村（社区）团组织换届】 11月7日下午，绍兴市村（社区）团组织换届工作现场推进会暨小越街道新宅村团支部换届选举团员大会召开。大会发布《上虞区村（社区）团干部任期履职清单》。随后，绍兴市村（社区）团组织换届工作交流部署会在小越街道新宅村举行。

【上虞区中长期青年发展规划调研】 11月9日，浙江大学公共管理学院社会保障与风险管理系教授、博导，浙江大学人口大数据与政策仿真工作坊主任米红及其青年发展规划编制团队赴上虞区开展上虞区中长期青年发展规划调研。先后调研青瓷文化教育实践基地、景行山居、e游小镇2.0。12月18—21日，课题组在上虞蹲点调研，分组通过问卷调查、座谈交流、个案访谈、实地考察等方式深入考察了解上虞工业产业、乡村产业、服务行业等，同上虞区青年企业家、高端引进人才、乡村青年、在虞大学生、青少年心理咨询师等各界青年代表进行交流。

匹克2020绍兴·上虞曹娥江半程马拉松志愿者动员大会暨岗位培训（团区委 提供）

【2020曹马志愿者动员大会岗位培训】 11月26日下午，匹克2020绍兴·上虞曹娥江半程马拉松志愿者动员大会暨岗位培训在浙江建设职业技术学院上虞校区召开。动员大会结束后，召开志愿者培训大会。大会就医疗急救基本知识和应对马拉松赛突发状况的应急救援处理方法为志愿者们进行专项培训，并明确各个志愿者岗位职责。11月28日上午，1200余名志愿者圆满护航曹娥江半程马拉松。

【“播种真善美研学实践路”优秀成果】 活动利用本土资源，围绕“红星少年、童心向党”“孝善少年、知贤学贤”“仙果少年、学农知节”“非遗少年、探究瓷源”“娥江少年、共话成长”五大主题设计10条研学线路，建立66个研学基地，开展争“五色少年”奖章。成立“真善美小讲解员团”，组织研学微队会，持续播种“真善美”，践行“真善美”。

【省青科协五届三次理事会议在上虞召开】 12月9—10日，省青科协五届三次理事会议在绍兴市上虞区召开。会议学习传达中共十九届五中全会、省委十四届八次全会和省青联十一届三次常委（扩大）会议精神，改选赵凯同志为省青科协秘书长，增选7人为省青科协会员。

（葛如婷）

妇　联

【概况】 2020年，绍兴市上虞区妇女联合会（简称区妇联）下设办公室、权益部、妇女发展部，下属1个事业单位为区妇幼活动中心。有上虞区女企业家协会、上虞区家庭教育研究会、上虞区农村妇女科普协会、上虞区旗袍艺术协会、上虞区女书法家协会、上虞区木兰拳协会、上虞区霓亮爱心志愿服务社、“虞妹子”新农人联盟和“虞之韵”女子公益合唱团9个社团组织。全年涌现全国巾帼文明岗1个、省示范性乡镇（街道）妇联1个、全国“最美家庭”1户、省“最美家庭”3户、市抗疫“最美家庭”25户。区妇联在2020年工作目标责任制考核中获一等奖。

实施美丽庭院“十百千万工程”，连续开展“我和庭院共美丽”抖音展示大赛、“美丽庭院 你的故事”有奖征集等，收到参赛视频、征文2607个，点击量140余万次，奖励优秀庭院1535户。开展“美丽课堂进文化礼堂”，累计向镇村授课、现场指导142次，受益农户超2万户。2020年完成创建美丽庭院全域村10个、“绿币计划”村122个、美丽庭院示范带314条，新增三级美丽庭院26727户。启动打造“娥江女当家”巾帼志愿服务队，截至2020年12月底，队伍已覆盖全区363个村(居、社区)，总队下辖407个大队、小队，在册志愿者4583人，已在微信小程序发布开展活动908次，服务时长7826小时。联动部门、乡镇、社会力量，构建“1+2+4”妇儿维权平台。在妇幼中心建设启用“虞爱行·幸福家”家庭教育服务基地，依托“虞爱行·幸福家”巾帼健康服务基地、“萍姐姐”心理驿站，开展适龄妇女“两癌”筛查10937人，为800名低保女性免费落实康乃馨女性健康公益保险，全年接待心理咨询面诊80余人，电话咨询300余次。依托检察院向日葵工作室心理咨询窗、“舜江有爱 法律护航”妇儿维权工作室、“幸福伞”家事调解站、重华警务站反家暴工作室和“女当家”家事调解室，为涉案未成年人、弱势妇女等提供亲职教育、法律援助、家事调解等，为30余名来访女性提供法律服务，开展法律讲座14次，调解撤诉成功62件，参与调解撤诉143件。向对口地区四川省小金县妇联提供救灾帮扶，捐赠物资11.156万元。

组织发动614名社会志愿者参与疫情联防联控，募集女企业家会员捐款130万元、物资25万元用于抗疫。走访看望15户援鄂医护家庭、25户市级抗疫“最美家庭”，累计向隔离点、医院、镇街等一线工作者慰问物资1800余份，并落实提供心理咨询、代购配送、家庭教育指导等服务。

完成296个村和57个社区的村社妇联组织换届，其中村(居)民代表中女性占比42.7%，村民委员会成员中女性比例达到39.8%，村党组织中女性成员的比例达到24%，比上届提高5.8个百分点；全区行政村中“一肩挑”女书记17人。村社区妇联主席35周岁以下117人，占33.05%，大专及以上学历204人，占57.8%。

【上虞区泉州商会妇联成立】 1月10日，上虞区泉州商会第一次妇女代表大会召开，大会选举执委11名，吴秀最为主席，苏秀珠、吴美蓉为副主席。

【向日葵工作室心理咨询窗揭牌仪式】 3月18日上午，区妇联联合区检察院出台《关于未成年人检察心理咨询工作的实施意见》文件，在区检察院向日葵工作室设立心理咨询窗，并聘请王彩萍、叶海萍、阮莉萍为心理咨询师，共同助力区未成年人检察工作。

【“娥江女当家”巾帼志愿服务队成立】 5月13日上午，区妇联举行“娥江女当家”巾帼志愿服务队在崧厦街道科创中心举行。

【陆英到虞调研基层妇联组织建设】 5月13日上午，浙江省妇联党组成员、副主席陆英一行到上虞崧厦街道调研基层妇女组织建设工作。

【区政协妇联界开展界别活动暨区妇联“三服务”活动】 6月10日上午，区政协妇联界、区妇联、区女企业家协会联合开展“凝心聚力谋对策，争先创优促发展”调研考察、专题协商活动，共同探究后疫情时代企业生存发展对策。区政协党组副书记、副主席郑建庆，区政协常委、提案和社会法制委员会主任林水德应邀参加活动。

【上虞美丽庭院打造大赛】 7月14日下午，上虞区妇联组织九名评委通过走访踏看崧厦街道祝温村、丰惠镇西湖村的十户参赛庭院现场，观看庭院改造视频，聆听设计团队打造理念，评出名次。

【上虞区妇联常委(扩大)会议召开】 8月14日下午，区妇联召开常委(扩大)会议。会议传达学习区委一届九次全体(扩大)会议、省妇联常委(扩大)会议、绍兴市妇联八届一次常委(扩大)会议精神，总结上半年工作，研究部署下阶段工作。 (蒋　莎)

文　联

【概况】 2020年，区文学艺术界联合会(简称区文联)立足“守阵地、强服务、创精品、固基础”，依靠广大文艺工作者，围绕中心服务大局、面向基层服务群众，开展一系列活动。创作各类文艺作品2000多篇(件)；举办、协办各类文艺下乡和文艺展览、演出、竞赛活动200多场次；开展文艺创作采风和文艺交流讲座活动50多场次；参与筹办上虞区首届乡贤大会、纪念“中国稀土之父”徐光宪院士诞辰100周年活动;组织召开乡贤参与基层社会治理研讨会和接待各地来上虞乡贤馆参观、调研的人员近100场次。

区文联党组成员、副主席陈肖平获省文联系统成绩突出个人。

【“行走乡村、文化润乡”活动】 元旦、春节期间组织文艺小分队送文艺下乡,全年创作赠送对联13500幅,书画、剪纸等作品5000多幅;赴崧厦街道寺前村参加文化礼堂落成典礼送书画活动,其专题视频被浙江省委宣传部推荐到学习强国平台上播出。

年内,先后到盖北镇新河村、道墟街道钱上村、驿亭镇白马湖村、谢塘镇东升村等文化礼堂开展文艺下乡演出。开展文艺欣赏及创作课程的巡回讲座,共举办20场次,覆盖全区20个乡镇(街道)。为配合全区村(社区)换届选举工作,创作编排莲花落《选举风波》、说唱《精选当家人》等作品。

承办“暖春行动”“青年助力帮农带货”大型融媒公益活动,推介、助销樱桃、杨梅果产和美食、民宿。开展“越文明、越风尚”活动,编排莲花落《说勺唱筷》、小品《请客》、小戏《文明用餐》等文艺节目;在百官街道文化社区举办打赢全国文明城市复评攻坚战书画作品创作活动。

【举办展览、演出、赛事活动】 主办、承办的主要活动有:“全省画院画师走基层——上虞汤浦行作品展”“第三届农民丰收节暨西华村书法文化艺术节”书画展、“梨园清梦——周子清戏画上虞展”、“双拥共建 情满虞城—让双拥之花更灿烂”书画摄影大赛展、“舜禹风华”柯桥——上虞书法联展、“丰惠古城中秋游园活动”主题摄影比赛、“兰亭杯”全国农民书法大赛优秀作品展、“上虞晚晴”书画展、“吴一笑经典莲花落演唱会”、崧厦街道祝温村丰收节文艺晚会、上虞和慈溪的戏曲家协会联合在陈溪乡陈家岙村举办文艺专场演出。文化客厅“娥江书场”先后举办浙江省棒棒虎幼儿故事大赛选拔赛暨上虞区首届“曹娥江杯”幼儿故事大王比赛、“曹娥江杯”青少年器乐公开赛等活动。

【文艺创作采风、交流讲座活动】 年内,以“唐风晋韵,诗路上虞”为主题开展征文活动,对上虞区内唐诗之路进行考察采风;在陈溪乡太平山村举行“迎接建党100周年上虞区百名作家走镇入村采风”启动仪式。

区摄影家协会在陈溪乡创作采风并建立创作基地;区老年书画研究会在陈溪乡陈溪村、太平山村开展创作采风活动,并在太平山村建立创作基地,在学习强国平台推送的《浙江绍兴上虞这个地方保留了老底子的端午习俗》视频观看超20万次。

【创作“抗疫”作品】 区文联微信公众号设立“众志成城、抗击疫情”专栏,推送诗歌、散文、书画、摄影、演唱等文艺作品16期200多篇(件),其中被绍兴市级以上媒体或网络平台转载300多篇(件)次,美术教师陈利妹抗疫组创作的书画登上《人民日报》、《光明日报》和学习强国等。

【文艺创作成果】 顾志坤出版长篇人物传记《狙击英雄沈树根》;蒋军辉在《啄木鸟》发表短篇小说《马伟杜的夜晚》,在《文学港》发表中篇小说《摇摇晃晃的生活》;陈荣力在《江南》发表长篇散文《夜宵店》;徐莉瑛在《浙江诗人》发表组诗《玫瑰、疆域和灰烬》。

黄建根在中国民族管弦乐学会主办的2020第五届北京竹笛邀请赛中获中年组金奖,在全国“松庭杯”大赛中获中年组竹笛金奖;黄加伟在中国民族管弦乐学会主办的2020第五届北京竹笛邀请赛中获青年C组金奖。许翼等创作的歌曲《青砖瓦房》在2020年首届长三角原创流行歌曲大赛获得金奖。袁伟文编剧、杨国华导演、祝立轮和高国森主演的鹦哥小戏《还鸡》在浙江省小戏比赛中获银奖;张益在首届《绍兴戏剧——兰花奖》中获兰花奖提名。徐煜书的论文《论赵之谦、徐三庚在晚年书法变革中的贡献》刊登在西泠印社出版的《绍兴书画研究》清代卷,论文《明初四大文事与“吴门书派”形成》刊登在《书法导报》,并由西泠印社出版学术著作《楷法八分论》。谢宜灿在《全球华人龙字榜书大典》中荣获优秀奖。区乡贤研究会组织编写《上虞故事・王充论衡》《上虞故事・孝女曹娥》《上虞故事・明德始祖虞舜》《上虞故事・中国稀土之父徐光宪》。孝德文化研究会编印上虞古代孝德故事连环画《包娥的传说》。区文联参与编辑《在上虞》

一书，由浙江摄影出版社出版。（何武玉）

科　协

【概况】 2020年，区科学技术协会（简称区科协）开展学术交流，普及科学知识，推广先进技术，服务科技人才，加强科协系统组织建设。围绕四大重点人群（青少年、农民、城镇劳动者、领导干部和公务员）开展百场科普宣传进农村（社区）、学校、机关等活动，提高全民科学素质。推进“院士专家工作站”建设，加强学会党组织建设，开展建站企业工作交流，组织动员全区各级科协和广大科技工作者积极投身科技创新和经济建设。

【院士专家工作站建设管理】 全年创建省级院士专家工作站1家，专家工作站7家；新签约院士1名，国家级领军人才7名；累计建立院士专家工作站30家，其中1家国家级模范院士站，4家省级院士站，22家市级院士站，8家市级专家站，柔性引进院士29名，国家级领军人才10名，工作站总数位省市前列。年内，召开院士专家工作站交流座谈会，组织市级专家组对2018年前建站的15家院士站进行考核，其中5家优秀、9家良好、1家合格。

【重点科普活动与科普基地建设】 2020年，上虞区具备科学素质公民的比例达到13.8%，高出市定“十三五”目标0.8个百分点。全年，区科协组织开展“送医下乡、文化下乡、科普下乡”三下乡服务6场次，联合10多个成员单位开展广场科普宣传咨询活动1次；邀请科普演讲团7位中科院老科学家走进校园做科普报告7场；向市民及青少年普及科学知识；新建市级基层特色科普馆3个，市级农村科普示范基地5个，市级农村科技示范户1个，全年上虞区有竺柯桢中学现代气象实验基地等13个市级科普教育基地，曹娥街道和城社区等10个市级基层特色科普馆，章镇新叶和谐果业等14个市级科普示范基地，区级以上农村科技示范户共1535户，其中绍兴市级208户，省级34户。

【区级学会制度建设】 区科协所属学会涵盖教育、医疗卫生、农业、财会、税务等行业领域。年内，区科协深入实施学会项目申报制，对科普活动、学术交流、党建工作三大类共五大学会项目进行立项资助，资助金额达12万元。同时出台区级学会管理办法，开展星级学会评审，就学会换届、承接政府工作转移、科普活动、年检年审等学会工作进行分值量化，截至2020年末，上虞区有四星级学会1家，三星级学会3家。

【联系服务科技工作者】 为加强与虞籍院士专家的联系联络工作。开展优秀科技工作者评选活动，科技工作者先进事迹在《上虞日报》、上虞电视台等媒体宣传报道15人次；向绍兴市推荐5名科技工作者参加市级青年英才评选，推荐1名科技工作者获省科协2020年度十佳科技追梦人。

【高端人才对接活动】 年内，区科协与浙江大学、复旦大学等高等科研院校的院士专家开展合作，开展高端人才对接交流活动13批次，邀请对接院士、高层次专家人才20余人次。策划实施“科创中国”全国青年高端智力上虞行活动，25名青年专家来虞与区内30余家企业互研共进；组织10家纺织企业技术负责人参加相关国际学术研讨会。

【农函大教育培训】 围绕“三农”实际，整合培训资源，农函大上虞区分校与全区乡镇、街道农函大辅导站通力合作，借势借力开展各类培训活动。全年培训一年制以上学员1316人；短期适用技术培训335期，21996人次。在村“两委”班子成员、科普示范基地负责人、农民高级技师等农村致富带头人、新农村建设“领头雁”队伍中，选定培训对象2人，参加省科协农村实用人才、科普惠农带头人科学素质提升班学习，提高创新创业新思路、新技能。（叶佳维）

残　联

【概况】 2020年，全区有乡镇（街道）残联20个、残疾人专门协会5个，残疾人专职委员20名，持证残疾人15386人，其中：肢体残疾8134人、听力残疾2070人、视力残疾1629人、智力残疾1492人、精神残疾1908人，言语残疾122人，多重残疾31人。全年，享受困难生活补贴和重度护理补贴的残疾人累计12292人次，补助金额2852.14万元，其中困难残疾人生活补贴4849人次，补助金额1314.45万元；重度残疾人护理补贴7443人次，补助金额1537.69万元。年内共有15612名残疾人和325名残疾军人参加意外保险，保险补贴金额24万元，69人获理赔，理赔金额35万余元。

举办残疾人专场招聘会，100余名残疾人参加，16人与用工企业初步达成就业意向。组织开展电商直播及创业素质提升项目培训班，全年免费培训310人。实施“助学工程”，资助残疾学生及残疾人家庭子女83人，发放助学补贴39.85万元。对全区机关、企事业单位开展按比例安排残疾人就业情况申报认可工作，申报认可企业741家，残疾人按比例就业人数1568人。

开展精准康复服务，全年开展康复服务15839人，基本康复服务率100%，辅具适配率100%，确保全区残疾人“小康路上，一个也不能少”目标的实现。开展三助工程项目及残疾儿童康复训练补助工作，将残疾人康复工作整体融入“健康浙江·健康绍兴·健康上虞”战略，全年共验配助听器10台，验配盲人智能眼镜10台，装配下假肢1条；对残疾儿童在定点康复机构进行康复训练的，最高补助2.4万元，全年为75名符合条件的儿童发放补助共计108万元。认真做好重性精神病住院补助工作。重性精神病人住院在报销后自负部分的医药费用，凭有关凭证申请补助，共计487人次享受补助，补助金额307万元（其中安康医院26名精神病人住院医药费补助49万元）。大力推进困难残疾人家庭无障碍改造，全年为20个乡镇街道的350户（其中省政府民生实事工程164户）残疾人家庭进行无障碍设施改造和辅具配发。

8月上虞区肢残人竹笛演奏家黄建根获第五届北京竹笛邀请赛暨首届北京萧邀请赛中年组金奖。

【聚英社区、文化社区先后创评“浙江省无障碍社区”】 根据省政府残工委《浙江省无障碍社区创建考核办法》，对公共服务设施、社区道路、绿化地、活动场所和残疾人、老年人家庭全面进行无障碍改造。1月6日，浙江省人民政府残疾人工作委员会下发《关于命名第二批浙江省无障碍社区的决定》，曹娥街道聚英社区被命名为第二批“浙江省无障碍社区”；12月28日，百官街道文化社区创评第三批“浙江省无障碍社区”。

【史济荣跻身省“最美残疾人”提名】 5月13日，史济荣跻身浙江省第二届“最美残疾人”提名人物。史济荣，丰惠中学老师，1998年意外事故，让他失去双腿，成为一级肢残人。他没有自暴自弃，利用空余时间坚持写作，走上文学创作之路。2014年初，他发起成立“上虞古县城文史研究会”，抢救挖掘历史遗存。在“喜马拉雅”播音平台开设“史说上虞”和“听史老师讲上虞民间故事”两个栏目，用方言讲述传统文化、历史人物和民间故事。他还热心公益，为许多困难家庭和残疾人送去温暖。

【捐赠助听器助力四川小金】 9月，向小金县残联捐赠价值近4万元的助听器50台。

【区重度残疾人集中托养中心挂牌成立】 区残联根据《绍兴市残联等四部门关于印发〈绍兴市重度残疾人集中托养实施办法〉的通知》精神，12月24日，在上虞海阳养老服务有限公司的丰惠养护院挂牌成立上虞区重度残疾人集中托养中心。丰惠养护院占地面积18亩，拥有362多张床位，配备完善的功能用房、相应的养护设施和专业的管护人员。充分利用丰惠养护院现有的场地设施和专业资源，挂牌建立区残疾人集中托养中心，为重度残疾人提供完善满意的托养服务。

（黄佳敏）

红十字会

【概况】 2020年，全面落实红十字会改革实施计划，攻坚克难，敢为人先，红十字基层组织建设持续走在前列，“三救三献”核心业务稳步发展。获得2020年度省红十字工作先进单位，绍兴市红十字重点工作评估第一名，区委区政府目标责任制考核一等奖。区职教中心荣获全国红十字模范单位，小越街道、崧厦街道等红十字会获省突出贡献红十字基层组织，区红十字户外救援队获全市社会应急救援大赛团体第二名。

【疫情防控工作】 接受社会捐赠，共接受疫情防控捐赠款物1123.09万元，其中捐款761.15万元，物资361.94万元，全部及时拨付，专款专用。关爱援鄂医务人员，落实"一人一帮扶"工作，落实16.6万元资金，对上虞区援鄂的15名医务人员以现金和物资进行慰问，根据援鄂医务人员家庭实际，对其中3个家庭进行一对一帮扶照料老幼家属。开展志愿服务助力防控和复工复产复学。

【基层组织建设】 新建企业红十字会15家，实现企业领域红会组织零的突破。结合全区村级换届选举，实施"站改会"工作，实现村(社)红十字会依法规范。工作被省红十字会宣传推介。发展成人会员，累计已发展10417名，比上年增长10%。完善红会通手机App软件，建立健全三级管理的组织架构。建立会员数据库，试点启用省级"数字红会"，信息化水平全省领先。规范会费管理，开展基层会费返还工作。会费收缴近2万元，返还7049元，上缴市红会1019元。

【基红十字服务有效提升】 梳理完善红十字基层办事服务项目清单，整理出红会8项业务，统一制作办事二维码转台，下达到全区所有行政村、社区便民窗口，切实打通"服务群众最后一公里"。依托"博爱超市"，推行"爱心兑换券"，让困难群众每月免费领取一定额度的日常生活用品。创新设立"志愿服务银行"，推行"志愿积分兑换"，激发各类志愿者参与基层治理的积极性。发挥红十字"三救三献"的优势，结合救护培训、救援保障、人道救助、志愿服务等工作，扩大红十字的影响力。

【三救三献稳步推进】 通过公开征求选点、实地勘查、招标采购、安装调试、操作技能培训等，在公共场所配置AED 16台。大力推进救护培训"五进"活动，举办三级师资培训班。全年完成救护员培训3669人，普及培训30598人次。动员99公益日捐赠，推行项目筹集形式，全力推进人道筹资。除防控捐赠外，全年募集捐赠款物400余万元。投入32.6万元开展博爱送万家活动，对因病因残因灾等困难群众和爱心人士进行走访慰问。积极实施君安博爱、教育红十字博爱、肠道早筛项目、义警基金、教育基金、残疾人关爱基金、孝德文化基金等救(资)助项目。开展东西部扶贫，捐助40万元与小金县红十字会共同实施"股骨头坏死术后医疗救助"项目。开展暑期防溺水工作，向全区易落水河流、湖泊等投放游泳救生圈500套。发放家庭急救包1000个和99公益互助器材12套。加强队伍建设，加大资金扶持，添置救援装备，更新救援服装，加强办公场所建设，区红十字户外救援队冠名绍兴市红十字赈济队，并争创为浙江省红十字赈济救援队。全年参加夜市安保、水幕电影安保、搜寻走失人员、马拉松安保等活动299场次。完成造血干细胞捐献登记95例，器官捐献登记517人，实现多器官捐献1人。

(全莉莉)

国土资源管理

综　述

【概况】 上争内盘，做大指标盘子，着力确保全区重大基础设施、重大产业、重大平台、重点民生项目用地需求，统筹保障经济社会发展土地要素供给。2020 年共筹取新增建设用地指标 3009 亩，其中重点项目“戴帽”指标 1219 亩，保障上虞智造科技谷、东湖高科等支撑经济高质量发展的重点项目及时落地。

【国土空间规划编制】 完成三调数据转换等基础性研究工作，划定主体功能区、生态红线、城镇开发边界线，初步完成国土空间规划用地布局方案。老城交通专项规划通过评审，完成东关站前区域等 5 个区块城市设计及控规调整，完成社区生活圈、综合管网、商业网点等专项规划编制，探索编制 30 个“多规合一”实用性村庄规划。

【耕地“三位一体”保护】 上虞区连续 4 年获得绍兴市耕保考核优秀等次。完成垦造耕地验收 1323 亩、建设用地复垦验收 229 亩。2 个全域土地综合整治项目被列入省级试点，5 个续建项目年度绩效评价列绍兴市第 1。新增造林面积 3807 亩，完成年度目标任务的 131%。认真开展农村乱占耕地建房摸排、森林土地卫片执法等自然资源监察工作，共查处各类涉林涉土涉矿案件 62 起，扣押挖机 38 台。

【“四未一低”土地消化利用】 消化 2009—2017 年批而未供土地 2594 亩，完成率达 216%；闲置土地处置率 100%，省厅动态监管系统无新增闲置土地；盘活拆而未用土地 513 亩，利用用而未尽土地 239 亩，均超过下降 20% 的要求；完成低效用地再开发 3421 亩，完成率 201%。经营性土地做地出让成果丰硕，共完成经营性土地做地 41 个地块、面积 2789 亩，任务完成率达 186%；出让经营性土地 31 宗 932 亩，出让金 68 亿元，出让金收入完成市局下达任务数的 114%。

【不动产全生命周期“一码管地”试点深化】 “一码管地”信息平台于 2020 年 5 月正式运行，共完成“旧码转新码”33.7 万余个，实施“一码管地”322 宗，智能实现了自然资源系统内部全流程管理及“零资料”权证登记无感直办。全民所有自然资源资产清查试点和自然资源监测试点成效明显，自然资源资产统计信息管理平台搭建全面完成并通过省厅验收，自然资源监测分析评价体系基本形成。

【荣誉】 2020 年度，区自然资源和规划分局被被授予省“除险安居”三年行动成绩突出集体，“森林浙江”建设工作突出贡献集体，区委、区政府岗位工作目标责任制考核一等奖单位，“三个年”活动、“三个一批”重大项目建设突出贡献集体，区人大代表建议、提案办理工作先进集体等荣誉称号。 （石映曦）

土地管理

【土地整治项目推进】 2020 年度土地开发项目新立

项14个共计79.9188公顷，其中水田64.3864公顷；验收7个(含往年立项)共计9.6628公顷，其中水田6.1774公顷。“旱改水”新立项3个共计23.9969公顷；验收1个(含往年立项)共计11.4307公顷。耕地质量提升项目新立项5个共计72.341公顷，其中水田89.9938公顷。标准农田补建项目新立项2个共计121.2825公顷。完成上级对上虞区的耕保考核要求。（金一宁）

【失土农民社会保险落实】 2020年共依法征收报批集体土地186.1243公顷。为维护被征地人员、被征地村的合法权益，进一步梳理征地补偿工作程序，配合完成曹娥街道、道墟街道、东关街道等14个乡镇(街道)45个村的1331位被征地人员的参保工作。（厉　佶）

【“四未一低”土地消化利用】 2020年全区消化批而未供土地4732亩，其中2009—2017年批而未供消化2612亩；完成供而未用土地处置35宗2213亩；盘活拆而未用土地513亩；利用用而未尽土地239亩；完成低效用地再开发3421亩；盘活存量建设用地4464亩；低效用地再开发工作完成情况位居全市第一。（闾　萍）

【土地出让】 2020年共出让工业用地32宗1393亩，出让金5.01亿元。出让经营性用地31宗932亩，出让金68.23亿元，其中区本级出让11宗550亩，出让金52.92亿元。（闾　萍）

【“标准地”出让】 按“标准地”要求出让工业用地32宗1393亩，实现除负面清单项目外100%“标准地”出让的目标。（闾　萍）

【“一江两岸”总部楼宇地块出让】 出让“一江两岸”总部楼宇地块5宗70亩，出让金2.29亿元。（闾　萍）

【自然资源资产清查试点】 完成上虞区全民所有土地、矿产、森林、水、湿地自然资源资产清查试点工作。形成上虞区全民所有自然资源实物量、价值量数据库，进行统计分析、图件编制、价值估算、平台建设等。（闾　萍）

【疫情防控和深化“三服务”有机结合】 2020年2月，上虞不动产登记中心一手抓防疫，一手抓复工复产，进一步优化工作模式，通过与农商银行深度合作，推行代办服务，积极为企业解决特殊期间的不动产登记。对急需融资的企业群众申请不动产抵押登记的，通过互联网不动产登记中心，“以点对点、总对总”方式予以即办。2月份，共为复工复产企业办理抵押登记51件，解决企业融资19.84亿元。

同时，通过与房产公司、房产中介合作，设立不动产登记代办点，利用互联网登记分别办理一手房、二手房登记事项。2—3月，共预约受理互联网“不见面”业务62宗，提供网上查询并出具权属证明966次，提供政策咨询152次。（冯桑阳）

【互联网不动产登记代办服务】 2020年5月9日，上虞不动产举行互联网不动产登记代办服务入围中介机构授牌仪式，本次共有9家中介机构入选，进一步拓宽业务渠道，全流程推动、全业务推行、全过程打造“互联网不动产登记”，标志上虞区纵深推进不动产登记“最多跑一次改革”，做到“零环节、零距离、零跑腿”。（冯桑阳）

【不动产登记资料电子化归档试点项目通过验收】 2020年9月9日，浙江省自然资源厅和浙江省档案局在上虞组织召开“绍兴市上虞区不动产登记资料电子化归档试点项目”验收会。评审专家经过讨论，一致同意该项目通过验收。（冯桑阳）

【“一码管地”改革试点工作】 2020年12月3日，上虞区不动产全生命周期“一码管地”试点项目通过浙江省自然资源厅验收。绍兴市上虞区深化“最多跑一次”改革和政府数字化转型，聚焦自然资源全生命周期管理，在全省率先实施不动产全生命周期“一码管地”改革试点。试点期间，绍兴市上虞区运用业务协同和数据共享V字迭代模型，围绕“一码管一空间”理念，以法定的不动产单元代码为核心，重塑业务链、串联数据流，倒逼工作流程集成、审批稽核集成、信息共享集成，有力破解“内部共享弱”“群众多头跑”“监管溯源难”等问题。该项目被人民日报、环球网、新华

网、学习强国、浙江新闻等主流媒体报道。（冯桑阳）

上虞区不动产全生命周期“一码管地”平台(冯桑阳 提供)

【耕地保护责任制落实】 根据《绍兴市上虞区人民政府办公室关于全面建立耕地保护补偿机制的通知》(虞政办发〔2016〕153号),按照补偿政策要求和村级集体耕地保护责任落实情况,合计拨付耕地保护以奖代补资金1928.26万元。（俞园松）

【全域土地综合整治】 以全域规划为统领,对田水路林村进行全要素综合整治,建成农田集中连片、建设用地集中集聚、空间形态高效节约的土地利用新格局。开展全域土地综合整治与生态修复工程,是实施乡村振兴战略的重要平台。2020年共实施全域土地综合整治省级试点工程6个,全区实施区域整治面积达8.39万亩,新立项1个,续建工程5个(其中完成整体验收2个)。上虞区上浦镇全域土地综合整治已列入部级试点工程,盖北镇世海村等3村全域土地综合整治工程已申报省级示范工程。（叶立标）

【农村土地综合整治项目】 落实保护耕地基本国策,为建设用地指标“开源”,围绕上级下达的“611”耕地保护工程任务,规范、有序推进农村土地综合整治工作,2020年建设用地复垦项目全年经区政府批准立项6个,面积194.7亩;验收19个,新增耕地面积228亩,其中水田115.2亩。（卢 山 金烨洒）

土地督察

【概况】 2020年度,上虞区自然资源和规划分局开展自然资源执法监察工作,完成季度卫片执法监察、土地例行督察工作任务,开展土地矿产执法、信访调处、农村乱占耕地建房问题清查整治、扫黑除恶专项斗争等工作,取得一定成效。（章志峰）

【卫片执法检查】 自然资源部2019年度卫片执法检查共下发区监测图斑702宗,总面积17010.30亩,其中耕地面积7329.01亩。经核查后梳理分析疑似违法图斑94宗,土地面积1398.2亩,其中耕地面积740.09亩,永久基本农田23.23亩。94宗违法图斑,主要为杭绍台高铁建设先行动工,涉及77宗,94宗违法图斑均已处置到位。（王 英）

【涉土信访办结】 全年共受理承办各类涉土信访件总量674件,其中来信652件,来访22件23人次,受理区信访联席会议办公室委托复查件3件。所有信访均已按规定要求及时报结,按时报结率达到100%。（王亚裙）

【打击非法开采、乱倒渣土行为】 认真组织落实24小时巡查监管制度,通过加强源头监管、加大执法力度等措施,结合农村基层组织巡视、自然资源领域“扫黑除恶”专项斗争等工作,会同属地乡镇街道和司法部门,联合打击滥开滥采矿产资源和乱倒渣土行为。全年共查处土地、矿产违法案件36起,罚没款总计279.5万元,扣押挖掘机52台,3起矿产案件和4起填倒渣土案件依法移送公安机关处理。（沈武军）

【自然资源领域扫黑除恶专项斗争】 推进扫黑除恶专项斗争在自然资源管理领域纵深发展,进一步铲除自然资源管理领域黑恶势力易生土壤,建立健全《自然资源和规划领域涉黑涉恶黑名单制度》和《矿产资源领域建立监管长效机制》,完善和提升自然资源综合治理体系和治理能力。（沈武军）

【开展农村乱占耕地建房问题清查整治】 开展农村乱占耕地建房问题清查整治工作,提请上虞区政府召开工作推进会,拟定乱占耕地建房问题摸排工作方案并由区政府发文实施,成立领导小组和工作专班。通过对国家、省三批 27887 块疑似图斑排查，共发现农村乱占耕地建房问题 138 宗，面积 41326.5 平方米，其中耕地 35489.2 平方米，涉及永久基本农田 7706 平方米。

（王　俊）

矿产管理

【划定地质灾害风险防范区“一张图”】 组织由技术支撑单位绍兴有色金属地勘局、林矿科和自然资源所工作人员组成的地质灾害排查小组，分赴各重点地质灾害易发区乡镇，进行野外调查摸排，通过室内遥感解译与野外排查结合，调查确定 180 处地质灾害风险防范区，划定了风险防范区“一张图”，对防范区内威胁或影响对象，逐户统计登记造册，纳入“安全码”统一管理。切实落实“早部署、早检查、早整改、早落实”的地质灾害防治工作，确保人民生命财产安全。（钟　雯）

【地质灾害“整体智治”三年行动】 制定《上虞区地质灾害“整体智治”三年行动方案(2020—2022 年)》，开展新三年行动，推广应用“地灾智防”App，安装“安全、经济、适用、普适”的监测仪器装备，着力提高科学防控水平。

（钟　雯）

生态环境

综　述

【概况】 区生态环境质量稳步提升，全区 PM2.5 平均浓度为 26 微克 / 立方米，全市排名与新昌并列第一，空气质量综合指数 3.17，优良天数比例达到 95.1%，各项指标均居绍兴市前列。全区 22 个市考断面、5 个交接断面Ⅰ—Ⅲ类水比例和达标率提升至 100%。“无废城市”建设全市考核第一。第二轮中央生态环境保护督察未出现重大负面典型和追责事件，信访量较第一轮下降 31.5%。杭州湾上虞经济技术开发区产业拓展扩容区规划环评通过省厅批复，有效保障杭州湾经开区今后 5—10 年发展所需的环境资源要素。（任　银）

【荣誉】 集中式饮用水源地水质持续稳定达标，获全省“五水共治”“大禹鼎”。智慧监管、产业提升工作得到督察组充分肯定，并成为下沉督察时全市受到表扬的唯一一个县(市、区)。生态环境“三服务”、污染源普查、排污许可证管理、环境执法等多项工作走在全市前列，全区绿色发展指数全省排名较 2019 年前进 15 位，生态环境质量公众满意度全市第一。（任　银）

环境质量与监测

【概况】 2020 年，全年共出具各类监测报告 1410 份，监测报表 172 份，获得各类监测数据 21.8 万个(其中自动站日均值 18.4 万个、实验室 3.4 万个)。全区环境空气质量优良率 95.1%，同比上升 3.1 个百分点，全年开展执法监测 570 家次，中央第一轮环保督察、省级环保督察为主的信访“回头看”监测 118 家次，中央第二轮生态环境督察信访监测 140 家次，执法局委托信访监测 55 家次，水重点污染源监督性监测 201 家次、气重点污染源监督性监测 106 家次、重点企业辐射监测 96 家次。完成位于上虞中学和重华小学的国家环境空气质量监测城市站设备的更新、酸雨自动站完成建设验收、2 个 VOCs（挥发性有机化合物）站完成改造。（任　银）

【环境空气质量状况】 2020 年，上虞区城市环境空气质量优良率较上年提高 3.1 个百分点。区城市环境空气质量稳中向好，主要污染物较上年下降趋势明显，其中日均值浓度范围为 3—13 微克 / 立方米，日评价达标率为 100%。年均值浓度为 5 微克 / 立方米，达到国家一级标准。第九十八百分位数浓度为 9 微克 / 立方米，达到国家一级标准。二氧化氮日均值浓度范围为 4—81 微克 / 立方米，日评价达标率为 100%。年均值浓度为 22 微克 / 立方米，达到国家一级标准，较上年下降 12.0%。第九十八百分位数浓度为 58 微克 / 立方米，达到国家一级标准。可吸入颗粒物日均值浓度范围为 5—156 微克 / 立方米，日评价达标率为 99.2%。年均值浓度为 45 微克 / 立方米，达到国家二级标准，同比下降 16.7%。第九十五百分位数浓度为 94 微克 / 立方米，达到国家二级标准。细颗粒物日均值浓度范围为 5—113 微克 / 立方米，日评价达标率为 98.4%。年均值浓度为 26 微克 / 立方米，达到国家二级标准，较上年下降 21.2%。第九十五百分位数浓度为58微克/立方米，达到国家二级标准。臭氧日均值(最大8小时滑动平均)浓度范围2—217微克/立方米，日评价达标率为97%，比上年上升1.9个百分点。第九十五百分位数浓度为138微克/立方米，达到国家二级标准，较上年下降5.48%。一氧化碳日均值浓度范围为0.4—1.6毫克/立方米，日评价达标率为100%。第九十五百分位数浓度为1.2毫克/立方米，达到国家一级标准，与去年持平。全年酸雨发生率为3.03%，酸雨量占总降水量的0.835%，降水pH平均值为6.06。由于SO_2减排政策，与上年相比，区酸雨发生率继续下降，酸雨量占总降水量比例显著下降，pH均值较上年度明显上升(2019年酸雨发生率为4.63%，酸雨量占总雨量的2.87%，降水pH平均值为6.04)，目前属非酸雨区。

【地表水状况质量】 2020年，全区2个市级以上考核断面，5个跨行政区交接水质类别为Ⅰ—Ⅲ类，断面达标率为100%，水质与去年同期相比略有提高。全区地表水水质污染类型主要为有机污染，主要污染因子是总磷。主要河流水系中，曹娥江水系水质状况为优、绍虞平原河网状况为良好、姚江支流水质状况为优，均满足功能要求。曹娥江水系10个监测断面中，Ⅰ—Ⅲ类水质断面占100%，满足功能要求断面占100%。与上年同期相比，水质状况持平。绍虞平原河网10个监测断面中，Ⅰ—Ⅲ类水质断面占100%，满足功能要求断面占100%。与上年同期相比，水质状况持平。姚江支流2个监测断面均为Ⅱ类水。满足功能要求断面占100%。出境水质三项考核指标均达到水质目标要求，与上年同期水质状况持平，三项考核指标均达到地表水环境质量标准(GB 3838—2002)Ⅲ类水质标准。2020年市级饮用水源地(汤浦水库)断面水质稳定，3个监测断面均达到Ⅰ类水。

【声环境质量状况】 2020年上虞区区域环境噪声昼间监测结果为52.0分贝(A)，交通噪声昼间监测结果为65.6分贝(A)，根据“城市环境质量年度考核”评分标准体系分值计算公式及对照浙江省声环境质量分级标准。2020年上虞区城市声环境质量综合评价结果为优级。 (任　银)

污染治理

【蓝天保卫攻坚年行动】 2020年，上虞区紧紧围绕“蓝天保卫攻坚年”行动，深入开展大气污染防治工作，成立工作专班，制定实施“一意见、一方案、两办法”。完成25个VOCs(挥发性有机物)深度治理、4个工业炉窑治理、12个臭气异味治理和47台燃气锅炉低氮改造(淘汰)任务，开展低VOCs涂料源头替代和分类管控，建立LDAR监管平台，60家化工企业累计修复泄漏点2894个，VOCs减排57.2吨。化工2.0版生态环保工作初见成效，99家企业通过专家评审，完成整改问题1547个，新增改造设施设备1192台套，共计投入整改资金6.67亿元。严格落实扬尘防控“8个100%”专项行动，督查督办扬尘污染问题481处。淘汰并补助老旧营运货车583辆，跨部门查处超标柴油货车46辆，发放非道机械环保牌证2400张，查处尾气黑烟超标车辆96辆。新建秸秆收储运示范点2个，建设高空瞭望平台72个，预警处置火点898处，打造户外禁烧“15分钟工作圈”。 (任　银)

【“污水零直排区”建设】 2020年，上虞区对市下达乡镇(街道)“污水零直排区”建设2020年实施项目完工率100%。13个镇(街道)申报省级创建验收，10个年度“污水零直排区”建设工业园区全部完成建设，15个年度“污水零直排区”建设城镇居民小区全部完成建设。全年共赴有关乡镇街道开展专项业务指导70余次，开展面向工业企业的业务培训8次。截至12月，列入2020年市级及以上创建计划的10个工业园区已全部完成建设工作，12个乡镇已通过区级验收，争创省“污水零直排区”建设示范县(市、区)，全年预计共投资6630万元，涉整改企业1165家。

【净土活动】 2020年，区开展重点行业企业农用超标点位“对账销号”、经营性用地土壤环境调查、土壤污染隐患排查整治等工作，完善土壤污染防治工作机制。完成全区241个重点行业企业用地基础信息调查及风险等级确定工作，全区56个重点行业企业用地土壤采样检测。完成区剩余6个农用地超标点位“对账销号”工作。开展全区黑臭水体排查，共排查20个乡镇街道，2201个大小水体。开展农村环境整治评估工作，编制完成农村环境整治成效评估报告并报市局。开展全区用地性质变更为住宅、公共管理和公共服务地块土壤污染状况调查报告专家评审及备案工作，共召开调查报告专家评审会20次，评审并出具备案意见108个，为区建设用地安全开发利用提供有力技术保障。全面落实重金属减排工作，已完成266.37千克重金减排任务资料整理上报，并经市局审核认可。全区103家重点企业完成土壤和地下水自行监测，排查出有毒有害地下储罐企业15家，及时整改消除土壤污染环境隐患29个。

【清废行动】 2020年，区制定印发《上虞区小微企业危险废物收运处置管理办法（试行）》，全年签约小微企业437家，累计出车500余次，及时收运处置小微企业危险废物1070余吨，一般工业固废约2200吨。开展固废规范化管理及省固废管理平台申报登记培训，至年底，全区已有961家危险废物产生企业，2693家一般工业固废产生企业纳入省固废管理平台，较上年度新增监管企业近50%。工业固废利用处置能力方面，全年新建完成春晖能源0号垃圾炉排炉技改项目、众联环保工业废物综合处置项目。新增国邦药业1.5万吨/年气固液焚烧处理资源综合利用项目等4个危险废物利用处置项目纳入省建设规划。服务指导龙盛集团、闰土股份下属子公司间开展特定类别危险废物定向“点对点”利用试点。对全区重点监管单位组织开展《中华人民共和国固体废物污染环境防治法》等相关法律法规培训，完成22家重点产废企业危险废物智能化监管系统试点。完成10家重点产废企业危险废物产生、转移、利用处置物流及资金流专项审计。将工业固废日常环境监管作为环境执法“双随机、一公开”重要内容，全年共查处固废违法案件18起，处罚金额约134.21万元。

【“无废城市”建设】 2020年，区建立固体废物减量化、资源化、无害化的综合管理模式，出台制度38项，完成重点项目建设30个，完成“无废工厂”“无废学校”等“无废细胞”创建53个，生活垃圾分类处理智能化大数据平台、杭州湾经开区安全环保智慧监管平台、医疗废物智慧监管系统平台等监管体系基本建成，打造小微企业危废收运“直通车”、“肥药两制”、农村垃圾智能分类以及装配式建筑“四位一体”等多个特色亮点，承办全市“无废城市”现场会并通过全国现场会的检验，基本形成一批可推广、可复制的“无废城市”经验模式，为全国“无废城市”建设提供“上虞样板”。

【中央生态环境保护督察】 2020年，区扎实做好第二轮中央生态环境保护督察各项工作，受理交办信访件102.09件，较上轮下降31.5%，完成整改72.75件，未出现重大负面典型，推进园区智慧环保监管、传统产业提档升级、生态环保工作成效。持续开展第二轮督察问题整改和第一轮督察、省督察整改“回头看”，制定督察整改工作方案，加快推进督察交办信访件整改、销号和长效管理，同步解决突出环境问题和风险隐患。组织各类生态环境执法行动25次，作出行政处罚95起，处罚金额997.74万元，刑事拘留14人，查封扣押36起，停产限产3家次。全区环境信访量同比下降29%。

【智慧环保中心建设】 2020年，区智慧环保中心一是持续做好一期建设项目优化工作，开展云桌面功能试用工作，开发综合信息查询系统2.0版本，进一步提升系统数据完整性，调整优化大气、水环境四张图展示效果。二是全力推进智慧环保中心二期项目建设，通过建设前项目需求调研、建设中项目需求会商、建设单位走访执法单位和全程参与执法活动等多种形式，着力将智慧环保中心打造成执法监管服务的利器。经过6个月的开发周期，二期项目涉及的污染源雷达系统、远程执法指挥系统、执法辅助系统、水环境管理系统四大模块已基本建成并具备上线运行条件，投入运行后能有效提升智慧化监管水平。 （任 银）

污染减排

【概况】 2020年，区根据《关于印发〈绍兴市“十三五”主要污染物总量减排实施方案〉的通知（绍市减排办函

〔2018〕3号)》文件要求,区"十三五"减排目标为化学需氧量"十三五"削减比例20%,重大工程削减量2397吨。氨氮"十三五"削减比例23%,重大工程削减量179吨。 (任 银)

【建设项目环保审批】 2020年,区推出"全程代办""线上评审"、绿色审批渠道、正面审批清单等措施,持续提升环评审批效能,为上虞经济高质量发展提供优质环保服务。截至2020年末,帮助企业"全程代办"5家,组织"线上评审"12场次。完成审批报告书项目33个,报告表项目192个,38个按照"区域环评+环境标准"改革实施方案区内实施的降级项目,正面清单44个小行业中采用告知承诺制审批的项目数量51个,完成绿色审批项目9个。

【排污许可证管理】 区在绍兴市内率先完成2020年排污许可证发证和登记工作,完成发证和登记数8005家,其中发证管理289家,登记管理7716家。同时按照上级要求,开展国家排污许可证回头看工作,做好两方面自查,分类准确性和发证登记合规性。完成49家企业延续工作,其中11家在押企业,16家需先变更企业。

【排污权有偿使用和市场化交易】 2020年,区在持续推进排污权有偿使用工作方面,1—12月收取排污权有偿使用金70笔,合计金额358.8124万元。在开展排污权公开出让方面,1—12月出让废水1066吨/日、二氧化硫49.708吨/年、氮氧化物163.34吨/年,交易金额1516.446万元。在重点推进排污权二级市场交易方面,1—12月开展企业之间交易26笔,成交废水1625吨/日,二氧化硫41.04吨/年、氮氧化物35.06吨/年,交易金额2514.3853万元。在做好排污权抵押工作方面,1—12月办理排污许可证抵押贷款32笔,贷款金额8.5694亿元,为企业拓宽融资平台,发展绿色信贷。

【辐射管理】 2020年,上虞区新申领辐射许可证13家,变更辐射许可证6家,重新申领9家,注销1家。在放射源管理方面完成绍兴市上虞和邦金属制品有限公司废旧放射源收贮、浙江亿众数码新材料有限公司放射源转入网上备案。根据市局统一安排,绍兴市上虞和邦金属制品有限公司、绍兴市舜鑫制管有限公司2家放射源单位安装固定放射源在线监控合计5套。在对核辐射申报系统中第四次系统核查结果发现的392条问题方面,指导辐射工作单位落实整改,组织开展2020年上虞区突发辐射环境污染事故应急演练。

【行业整治提升】 根据《上虞区电镀行业整治提升三年(2018—2020年)行动实施方案》等系列文件,全区9家电镀企业中原地整治提升的5家企业已全部通过综合验收,过渡性生产4家企业于2020年12月实施原址关停。根据相关会议纪要《印染企业退出奖励(补助)资金操作办法》等系列文件要求,2020年完成退出印染的9家企业的土地、设备等奖补。至此,区13家印染企业退出企业奖励(补助)资金已全部拨付到位,全区印染企业由原来的36家减少至23家,杭州湾开发区外由原来的20家减少到5家,印染产业"一园式"发展格局基本显现。完成21家企业完成省级强制性清洁生产审核工作,10家企业通过涉水清洁化改造验收。开展全区减排工作,2020年全面完成上级下达的减排任务。

【第二次全国污染源普查】 2020年,区通过第二次全国污染源普查验收。制定《上虞区第二次全国污染源普查档案管理制度》,按规定对档案进行分类归档整理工作,纸质台账共计308盒45369份,扫描影像光盘台账15张,照片台账30张,实物台账8份,做到完整性、规范性、安全性相统一。区第二次全国污染源普查工作已于2020年8月通过市级验收,获第二次全国污染源普查工作先进集体。

【温室气体清单管理】 2020年,根据上级工作要求,清单编制工作建立常态化机制。2020年9月,启动2019年上虞区温室气体清单编制工作,11月通过市级评审确认,根据评审意见修改完善后于11月底正式上报省生态环境厅备案。组织开展企业碳报告填报,协助并督促企业及时编制报告上传浙江省气候变化研究交流平台，做好碳交易市场启动的准备工作。

（任 银）

生态建设

【概况】 2020年，区完成《深化生态文明示范创建高水平建设新时代美丽上虞规划纲要(2020—2035年)》的初稿编制工作，印发《2020年美丽上虞建设(生态文明示范创建行动)工作任务书》，统筹打好"碧水、蓝天、净土、清废"四大污染攻坚战役，全部落实区镇两级生态环境状况报告制度。生态环境质量公众满意度从2015年的70.89分上升至2020年的86.41分。（任 银）

【生态文明示范区创建】 2020年，区根据最近省级创建指标要求，对照相应管理规程和建设指标认真开展自查，并对42项最新的省级创建指标进行资料收集和重新评估。开展国家级创建规划的修编工作。根据省厅《关于组织开展生态文明建设示范市县和"绿水青山就是金山银山"实践创新基地申报推荐及复核评估工作的通知》启动编制《上虞区国家生态文明建设示范县申请报告》，向各部门上门收集整理指标证明材料，并率先上报市局，各项指标全部达标，开展国家生态文明建设示范市县申报工作。

【"山水林田湖草"生态保护修护试点】 2020年，区7大重点工程24个试点项目，所有试点项目已全部开工，开工率100%。计划于2020年完工的项目共计16个，全区河道整治、清淤、小流域治理等工程项目等14个工程已全部完工进入长效管理阶段，蟠龙岙垃圾填埋场提升改造项目工程由于机构调整进度较慢，目前已完成主体工程建设。电镀行业整治退出项目目前仍处于准备阶段。计划于2021年完成的3个项目整体进度约80%，计划于2022年完成的5个项目整体进度约60%，达到实施方案关于工程进度的要求，整体工程进度和资金拨付率全省领先。

【生态保护】 2020年，区按照《浙江省自然资源部厅生态环境部厅浙江省林业局关于开展生态保护红线评估调整工作的通知》(浙自然资函〔2019〕51号)，主动协助相关部门识别矛盾冲突，合理增补红线工作，确保红线面积不减少，功能不降低，目前生态红线评估调整工作经过省级部门3次审核，基本调整到位。印发《关于开展"绿盾2020"自然保护区专项检查工作的通知》，着力开展"绿盾2020"行动。对生态环境部卫星中心移交的人类活动遥感监测问题点位进行核查，并落实整改措施，舜江源保护区内一处杭绍台交通设施临时工棚于12月底拆除，计划2021年3月完成复绿。草拟上虞区畜禽养殖禁养区规范调整工作报告，总结区畜禽养殖禁养区调整工作开展情况、法律法规文件依据和划定结果报区政府，于2月28日发布。开展轧石轧沙专项整治，制定轧石、轧(洗)砂行业综合提升整治实施方案，配合开展两轮轧石、轧(洗)砂行业专项整治，发现问题60余条，要求企业对生态环境问题进行整改。

【法律顾问制度改革试点】 2020年，区落实一案两审工作机制，制定《绍兴市生态环境局上虞分局行政处罚案件质量月报制度》，下发4期案件质量情况通报。法律顾问协助审查重大、疑难行政处罚案件。1—12月，共受理行政处罚案件108件，拟处罚金额1161.0519万元。其中已下发行政处罚决定书95件，处罚金额977.7405万元。涉水案件17件，处罚金额236.7万元。涉气案件49件，处罚金额399.5万元。涉固废案件19件，处罚金额157.2133万元。涉建设项目案件10件，处罚金额205.3272万元。涉其他类型1件，处罚金额2万元。

【环境监管执法】 2020年，区共组织开展环境监管执法飞鹰行动10次，双随机抽查12次，交叉执法检查3次。截至12月31日，拟立案查处案件108件，拟处罚金1161.0519万元，查封扣押36起，停产限产3起，2家企业移送公安，采取强制措施14人，责令整改152家次。"12369"平台上，立案查处案件97件，处罚金额981.2669万元，五类案件数34件。全面落实"双随机"抽查制度。每月开展污染源日常监管随机抽查工作，全年共抽查企业1174家，责令整改94家。全年，开展跨部门"双随机"抽查7次。完成全区87家重点污染源在线监控企业升级改造工作。增建污染源自动监控设施并联网监控点10个(废水氨氮10个)。完成全区污染源自动监控系统自动监测设备计量检定工作。开发并运行废水远程自动采样系统,发现超标企业及时采样监测,达到查处条件的立案查处。

【环境信访处置】 2020年,区共受理环境信访819件,其中涉水105件,占12.82%;涉气509件,占62.15%。噪声86件,占10.5%;固废26件,占3.17%;建设项目29件,占3.54%;其他64件,占7.81%,信访总量同比下降29%。对全区重点信访、重复信访调处情况进行后督查和"回头看",个别重复信访制订专门的化解方案,2020年未发生因环境引起的群体性信访事件和重大突发环境污染事件。全面落实环境应急各项措施,完成《突发环境事件应急预案》等4个预案的更新备案工作,推进涉危涉重及重点企业应急预案管理,完成重点企业环境信息公开,重点风险源现场检查及信息公开工作,今年新增(重新备案)应急预案备案111家。

【环境应急管理】 2020年,区完成《突发环境事件应急预案》等4个预案的更新备案工作,按要求开展环境应急演练。完成重点企业环境信息公开,重点风险源现场检查及信息公开工作。加强涉危涉重及重点企业应急预案管理,督促超过三年有效期企业及时重新备案,2020年新增(重新备案)应急预案备案111家。2020年7月,联合浙江美诺华药物化学有限公司开展突发环境事件专项应急演练。 (任 银)

水　利

综　述

【概况】 水旱灾害防御扎实有力。编制完成上虞区超标准洪水防御预案；实施山洪灾害防御能力提升项目；完成水库及重要屋顶山塘水文遥测系统建设；新（改）建35个水文测站，曹娥江中下游洪水预报系统通过省级验收，成为全省率先应用大数据模型开展预报的地区；科学调度骨干水利工程，抵御超强台风“黑格比”和梅汛期多轮强降雨侵袭，实现全区安全度汛目标。

水利投资指标。省下达上虞区5亿元水利投资任务，实际完成6.45亿元，完成率129%；市下达上虞区7.97亿元投资任务，完成9.66亿元，完成率121%；水利管理业结构性指标截至年底完成12.9亿元，同比增长16.69%，增长率位居全市第一。

重点项目建设。集中力量抓好重点工程建设，被水利部评为长江经济带重大水利工程建设劳动和技能竞赛先进集体（全省仅3家）。其中虞东河湖综合整治工程完成年度投资1.6亿元，完成率100%，主体工程基本完工；曹娥江“一江两岸”景观工程三期完成年度投资1.88亿元，完成率105%；虞北平原崧北河综合治理工程完成年度投资8050万元，完成率100.6%；曹娥江综合整治工程上虞区段完成年度投资6000万元，完成率120%；曹娥街道建成区河道综合整治工程完成年度投资7531万元，完成率100.5%；曹娥江（四环至铁路桥）两岸滨水骑行绿道建设工程基本完工；大厂泵站改造工程开始试运行；完成水库除险加固2座，山塘整治5座。

民生水利建设。农村饮用水达标提标三年行动计划完成，获评全省农饮水达标提标行动成绩突出县（市、区），共完成40053人的饮用水达标提标任务，建成91个农村供水站点，在全市率先开展供水站数字化全覆盖建设。实施“一江十河百溪水美”工程，创建省级“美丽河湖”3条，建成乡村美丽河湖31条。完成河湖清淤45万方，河道整治48公里。

水利改革创新。农业水价综合改革通过省、市联合验收，获评全省水价综合改革工作绩效评价优秀县（市、区），在全省会议上作典型经验交流。实施“互联网＋政务服务2.0”建设，涉水服务事项网办率、掌办率、跑零次率均达100%。大力推进水利工程管理“三化”改革，制订出台标准化管理长效管护办法，已创建示范工程1个，重点水工程物业化管理覆盖率、确权颁证率均达25%以上。

水利行业监管。编制水资源保护和开发利用综合规划、水域保护规划等，完成新一轮水域调查，被评为全省最严格水资源管理制度成绩突出集体；创建国家级、省级节水型社会建设双达标县（区），区水利局获评全省水利行业节水型机关。编制水土保持“十四五”规划，治理水土流失2.8平方公里。持续开展河湖“清四乱”行动，取缔非法经营砂场6个，创建“无违建河道”9条计54.58公里。在全市率先完成18座小水电站清理整改。实现安全生产“零事故”，安全管理工作成为全市唯一获省水利厅表彰单位。

（金建良）

水旱灾害防御

【概况】 2020年,全区降水时空分布较为不均,梅雨异常偏多,短历时强降雨多发,热带气旋影响较小。汛期降水比常年偏多,4—9月全区平均降雨量1049.3毫米〔代表站(下同)〕,比常年平均940.9毫米偏多一成。1—9月降雨量1324.6毫米,其中1月、6月、9月降雨量明显偏多,其余月份均接近或少于多年平均降雨量,汛情基本平稳,无较大水利工程出险。（金建良）

【防汛抗台】 调整完善水旱灾害防御工作领导小组、应急抢险技术专家组,编制印发水旱灾害防御工作规则,实现制度化落实目标责任。切实加强水库大坝、农村水电站等水利工程安全管理,按照分级管理、分级负责的原则,明确落实上虞区水库大坝、堤防、水闸等水利工程安全管理责任人。3月5—10日,区水利局及早组织开展水利工程安全大检查。发现各类工程隐患29处,督促责任单位限期整改,截至台汛期前,所有隐患基本完成整改或落实临时度汛措施,确保安全。

【发布预警】 2020年汛期,共向乡镇、街道及有关部门的领导和水旱灾害防御相关人员发送预警短信18436条。根据区防指统一部署,全年启动防汛应急响应2次、防台风应急响应1次,其中防台风应急响应1次提升为Ⅲ级。共发布山洪预警3期,自动触发山洪预警4次,通知相关乡镇、村及时按照预案落实防御工作。

【应急抢险技术】 提前调整区级水利工程应急抢险技术专家组,落实乡镇、街道技术联络人员,为各地提供水利技术服务。落实抢险队伍集中待命,一旦出现险情,做好第一时间奔赴现场进行抢险救助的准备。6月份还根据省防指部署,重点指导有关乡镇(街道)完成小流域山洪灾害高危险区4319名转移人员信息排查及"安全码"赋码等工作。

【水利工程安全管理】 严格执行水利工程安全巡查制度,险工险段和重要部位落实专人24小时值守,发现险情及时报告、及时预警和处置。汛期共组织水库山塘、堤防等巡查10000多人次。重点做好水库安全度汛工作,确保"三个责任人、三项重点措施"落实到位,应急响应期间抽查"三个责任人"300余人次,督促水位相对较高的水库山塘加大预泄力度,腾出拦洪库容。提前做好沿江电排站调试。检查督促重点在建涉水工程严格落实安全度汛措施。

【科学调度水工程】 2020年1—12月共调度新东进闸、二号闸、一号闸等排涝水闸排泄涝水48166万立方米。其中新东进闸开闸运行140次,外排水量23820万立方米;二号闸开闸运行150次,外排水量24346万立方米;一号闸开闸运行3次,外排水量3997万立方米。调度引水工程上浦闸引水9736万立方米、浙东引水工程三兴闸引水40148万立方米。同时向下游余姚供水50762万立方米。

2020年汛期,全区骨干水利工程运行正常。通过提前预泄,51座小型水库累计拦蓄洪水约1500余万立方米,有效减轻下游防洪压力;通过平原排涝闸在提前预排基础上全力抢排,力保平原地区不受淹;通过浙东引水三兴闸、上浦闸引水工程向平原供水5亿立方米。（金建良）

水利工程建设

【概况】 2020年,列入政府投资的10项续建、新建水利项目全年计划完成投资9.24亿元,其中续建项目3.4亿元,新建项目5.84亿元;全年计划财务数4.754亿元,其中续建项目1.32亿元,新建项目3.434亿元。全年续建、新建项目实际共完成投资9.4257亿元,占年度计划投资数的102%。其中续建项目完成投资3.4830亿元,占年度计划投资数的102.4%;新建项目完成投资5.9427亿元,占年度计划投资数的101.76%。（金建良）

【曹娥江城区段(四环大桥至铁路桥)滨水骑行绿道建设】 工程主要建设内容:曹娥江(四环大桥至铁路桥)局部堤防维修加固、滩地护岸整理等,新建改建约11公里绿道等。工程概算总投资4143万元。开工日期为2020年8月28日,截至年底工程基本完工。

【虞东河湖综合整治】 工程主要建设内容:包括皂李湖、白马湖、小越湖、孔家岙泊、东泊和西泊“六湖”整治,建设护岸40.14公里,清淤306.87万立方米;新建堤防1.39公里;整治河道16.68公里;新建隧洞2.8公里;节制闸6座;新建及拆建桥梁26座。工程概算总投资12.03亿元。开工日期为2017年2月6日,截至年底主体工程基本完成。

【白水水库除险加固工程】 白水水库位于章镇镇建设村,集雨面积5.19平方千米,主坝坝长101米,最大坝高20米,灌溉农田约600亩,是一座结合灌溉、防洪的小(2)型水库。除险加固工程概算总投资498.8万元,于2019年12月6日开工,截至2020年11月26日完成坝顶铺设透水砖,干砌块石护坡;下游坝坡进行放坡,增设排水棱体和排水沟;溢洪道拓宽修整;新建输水涵管,增设出水池;防汛道路拓宽修整等分部工程。

【山塘整治】 2020年,完成章镇镇斗底岙、四清,岭南乡岭顶、油车浪、西岙、黄岙、桐柏岙,下管镇大红岙,驿亭镇冷湾,上浦镇坝段、小青坑,丰惠镇牛角湾,汤浦镇里青等13座山塘整治项目,完成总投资约1800万元。

（金建良）

水资源管理

【概况】 2020年全区水资源总量为134044万立方米,比多年平均偏多25.6%。产水系数为0.57,产水模数为95.34万立方米/平方公里。人均占有水资源量为1718.5立方米。上浦闸总干渠年总引水量为0.97亿立方米,绍兴市城区曹娥江引水工程年总引水1.8亿立方米,浙东引水工程引水量为6.4亿立方米。全区总供水量为31843万立方米,其中地表水源供水量31761万立方米,地下水供水量为82万立方米。全区总用水量31843万立方米。全区总耗水量21996万立方米。单位国内生产总值用水量31.88立方米/万元。单位工业增加值用水量12.03立方米/万元。全区水资源利用率23.76%。2020年,绍兴市对上虞区最严格水资源管理考核结果为优秀。

（金建良）

【水行政审批】 2020年度,共办理水行政许可项目122件,其中涉水许可事项122件(水土保持87件、取水审批22件、涉河涉堤13件),收取各类规费151.4万余元。纵深推进防洪影响、水资源论证、水土保持“三合一”区域水影响评价改革,竺可桢智创产业园、崧厦时尚伞艺产业园、章镇现代机械产业园区域水影响评价工作基本完成。

【水资源总量控制】 绍兴市政府对上虞区水资源管理控制目标(2016—2020年)为用水总量控制指标3.45亿立方米;用水效率控制指标为万元GDP用水量下降27%、万元工业增加值用水量下降18%、农田灌溉有效利用系数0.576。上虞区均超额完成。

【取用水管理】 进一步完善“一户一档”制度,建立全区取水许可台账数据库,共登记取水许可证53本,有关台账信息已100%录入省水资源管理信息系统实现数据共享。根据全区年度用水总量控制指标、用水定额以及取水户近三年实际用水情况确定53家取水户的取水计划,严格实行超计划累进加价制度,核定总计划取水量为7338.5万立方米。

【节水型社会建设】 截至2020年底,全区累计创建省级节水型灌区2个、省市级节水型企业53家(其中六大高耗水行业节水型企业覆盖率95.8%)、区级公共机构节水型单位174家、省级节水型居民小区61个,形成良好的社会示范效应。加强供水管网改造,全区新改建供水管网133.2公里,供水管网漏损率5.8%,居全省先进水平。开展城镇节水工程,完成雨水收集系统315处;“一户一表”改造25011户;节水器具推广、改造13558套。推进农业节水,新增高效节水灌溉工程面积2.07万亩。上虞区被评为国家第三批节水型社会建设达标区。

【水资源有偿使用】 严格执行《浙江省水资源费征收管理办法》,实施水资源有偿使用制度。2020年度累计征收水资源费159.34万元。

【水政巡查执法】 2020年共组织巡查2517人次,其中内河巡查 1634 人次,曹娥江巡查 883 人次,出动车辆 839 次,出动船只 96 次。掌上执法巡查检查任务完成 59 起。日常巡查及专项巡查轨迹已经水行政执法统计直报系统全程线上录入。全年共查获水事违法案件 57 起,其中立案查处并按照水行政处罚一般程序办理的 7 起;当事人在规定时间内自行整改或采取补救措施,给予当事人警告和违法登记的 16 起;按照“控违拆违网格化管理”工作方案移交属地街道、乡镇的 34 起。

【河湖“清四乱”行动】 推进河湖“清四乱”常态化规范化工作,2020 年 3 月开展上浦闸总干渠两岸清理整治行动,4 月拆除下管溪违建桥梁 1 座、曹娥江水域管理范围内违法搭建简易钓鱼台 5 座,6 月取缔拆除上浦镇雪龙砂场、志峰砂场,9 月清运曹娥江吕家埠段东岸滩地被非法倾倒建筑垃圾 10 车次、60 立方米,清理百崧河二号桥北侧桥脚下、总干渠上源府段河滩地生活垃圾并恢复原状,11 月拆除曹娥街道狮子村浙东古运河沿线违法建材吊装码头设施设备及违法建筑等。

【巩固无违建河道创建成果】 2020 年,计划实现全区范围内省、市、县三级河道基本无违建,并将创建工作向乡镇级河道延伸。区水利局组织力量第一时间开展地毯式摸排工作,明确县级河道 1 条(下管溪)、乡镇级河道 8 条〔赖柴江、星丰新开河道、东八字江、友爱河、三棚桥北直河、崧泽河(加油站段)、十八里河、西直河〕为 2020 年度“无违建创建河道”。截至年底前,创建县级“无违建河道”1 条计 31.7 公里,创建乡镇级河道 8 条计 22.88 公里,共计 54.58 公里,拆除违章建筑 24 处计 955 平方米,完成全年计划的 100%。 (金建良)

交通运输

综　述

【概况】 2020年综合交通建设投资实现高速增长，年度计划投资34.5亿元，全年累计完成投资39.2亿元，完成年度计划的113.7%；其中续建项目3个，新开工项目7个，涉及铁路、高速公路、国省道、县乡公路、水运等领域，完成交通有效投资24.85亿元，同比增长41.5%。2020年区交通运输局负责政府投资项目共涉及24个，其中续建项目11个，新建项目13个，计划完成年度投资44911万元，至2020年底，已完成投资47831万元，完成年度计划的106.50%。续建项目全部完工，新建项目中农村公路大中修、农村公路提升工程、农村公路亮化工程三项工程进度超前，其他新建项目进度与计划基本持平。推进“交通强区”战略，实施《绍兴市上虞区建设高水平交通强区实施方案》《绍兴市上虞区推进高水平交通强区基础设施建设三年行动计划(2020—2022年)》,《上虞区综合交通运输“十四五”发展规划》年底前基本完成。2020年10月，完成省万里美丽经济交通走廊示范县申报、省级评定复验及现场考核验收工作。

2020年度上虞交通工程质量安全监管覆盖全区所有在建应受监项目。年底前已完工的70个工程项目中，59个工程项目已通过交(竣)工质量评定，质量合格率达100%，11个工程项目完工待验收。全年在建交通工程质量安全生产均处于受控状态，未发生等级以上质量安全事故。

【综合行政执法改革】 2020年，绍兴市上虞区交通运输局率先完成综合行政执法改革。涉及绍兴市上虞区道路运输管理所(自收自支)、绍兴市上虞区公路管理段(自收自支)、绍兴市上虞区港航管理局(自收自支)、绍兴市上虞区交通工程质量安全监督站(全额拨款)4家事业单位，改革后绍兴市上虞区交通工程质量安全监督站更名为绍兴市上虞区交通运输综合行政执法队(全额拨款事业单位)，新设立绍兴市上虞区公路与运输管理中心(全额拨款事业单位)、绍兴市上虞区港航管理中心(全额拨款事业单位)，撤销绍兴市上虞区道路运输管理所、绍兴市上虞区公路管理段和绍兴市上虞区港航管理局3家事业单位。至7月31日，在绍兴各区、县、市中率先基本完成改革各项工作任务，实现改革预期目标。于12月全面完成3家事业单位撤销工作。 (糜何芬)

交通工程建设

【概况】 2020年杭绍台铁路上虞段完成年度投资15.6亿元；杭绍甬高速公路上虞段主线6月开工；329国道上虞盖北至道墟段改建工程、南北中心大道快速路工程年底前已动工建设；“三区融合第一路”群贤路三期工程已完工。绍兴风情旅游新干线百官站施工图设计已通过上海铁路局的评审，完成百官站区域的房屋拆迁工作，总投资约1.93亿元。

绍兴港上虞曹娥作业区三期完工投用；省重点工程和“十三五”交通运输部重点项目——曹娥江上浦船闸及航道工程完成年度投资2亿元，桥梁标段基本完工，船闸标段完成50.3%。总体形象进度至64.2%。

重大交通工程项目加紧前期研究攻坚。绍兴市城市轨道2号线二期工程（上虞段），已完成绍兴市城市轨道交通线网规划（2021—2035）评审，完成市轨道交通二期建设方案编制，已开展社会风险评估、环评等专项审批；104国道绍兴东湖至蒿坝段改建及四环向南延伸工程，已通过工可审查，正在开展初步设计、线位设计、文保专项对接。（糜何芬）

【杭绍台高铁上虞段建设】 杭绍台高铁是国内首条民营控股高速铁路，杭绍台高铁建设项目新建正线全长约223.57千米，疏解线、动车行走线等线路长约15.45千米，总投资约449亿元，设计时速350千米/时，其中上虞段全线为新线，长约27.2千米，总投资47.1亿元，杭绍台高铁上虞境内途经道墟、东关、长塘、汤浦、上浦、章镇6个乡镇（街道）、24个行政村，是上虞区目前投资最大的交通项目。

杭绍台铁路上虞南站站前广场于7月31日桩基施工，至年底已完成总工程量的27%。上虞南站项目用地面积约50713平方米，设计总建筑面积约31750平方米。建设内容主要包括高架平台、引桥及接线、站前广场景观及绿化、广场地下空间及综合管线等以及站前广场相关配套设施工程。站前广场建设项目由上虞区交通集团投资建设，项目概算总投资约5.14亿元。

9月10日，杭绍台铁路小舜江特大桥顺利合龙（魏新宇　摄）

2个下穿杭绍台铁路道路项目开工建设。绍兴东湖至蒿坝段道路下穿杭绍台铁路段，截至年底完成总工程量至20%。上虞永和至长塘段道路下穿杭绍台铁路段，截至年底完成总工程量至15%。

主线架梁及上虞南站站房主体结顶，2020年全年累计完成投资15.6亿元。

9月10日，杭绍台铁路小舜江特大桥合龙，全长1411.28米，小舜江特大桥是全线主跨跨度最大的曲弦钢桁加劲连续梁。

【绍兴风情旅游新干线百官站区域拆迁工作完成】 绍兴风情旅游新干线百官站区域的房屋拆迁工作于2020年年底完成，总投资约1.93亿元。百官站建设实施方案通过上海铁路局的批复并同意按照技改的方式开工建设，规划选址意见书与用地预审意见书已经办理，土地农转用、建设用地规划选址已办结，百官站实施方案2019年11月4日已获绍兴市发改委批复，施工图设计于2020年06月完成并通过上海铁路局的评审。

【3个大项目开工】 6月，杭绍甬高速上虞段主线动工建设，杭绍甬高速上虞段全长29.3千米，总投资70.8亿元。

10月30日，329国道上虞盖北至道墟段改建工程（329国道功能外移上虞段）开工建设，主线全长约20.17千米，连接线长5.38千米（上虞段2.74千米，滨海段2.64千米），项目总投资32.6亿元，其中上虞段27.2亿元。

12月30日，南北中心大道（人民大道至江东北路）快速路开工建设，投资约11.2亿元，用地面积199105平方米。

【群贤路东延三期工程完成建设】 群贤路东延三期工程是三区融合第一路，2019年3月开工建设，实际投资12.70亿元。2020年底交工验收。

群贤路东延建设计划投资14.0亿元。三期工程主线全长4.9千米，为全立交、全高架。三期工程西起道墟街道钱上村，东至人民大道西段和南北中心大道交叉口，穿越道墟街道、曹娥街道所属的庙桥、钱上、云里、积山、沥泗、茅家、国庆7个村，跨越绍诸高速和常台高速，途中不设红绿灯，双向六车道，设计时速80千米/时，成为上虞区联通越城区、柯桥区最为便捷的快速通道，也是上虞第一条快速高架路。

【绍兴港上虞曹娥作业区三期投用】 8月，绍兴港上虞曹娥作业区三期工程投入使用。绍兴港上虞曹娥作业区是浙江省重点建设物流项目，跨越6年，分三期建成，共建成500吨级泊位11个（水工结构按靠泊1000吨级设计），其中2个兼营集装箱泊位，建成岸线总长度1235米，占地305亩，投资总规模3.76亿元。年通过能力190万吨。曹娥作业区内还建有平房仓三幢，物流大厦一幢及相关附属设施用房，总建筑面积34660平方米，过渡性货物堆场41180平方米。

【曹娥江上浦船闸及航道工程推进】 该项目是浙江省重点项目和“十三五”交通运输部重点项目。至年底，曹娥江上浦船闸及航道工程2020年度完成投资2亿元，总体形象进度至64.2%。曹娥江上浦船闸及航道工程于2019年4月24日进场施工。

【上浦大桥主跨合龙】 该大桥作为上浦船闸及航道工程的主体项目之一，于2019年6月动工建设，长965米、宽15米，按二级公路标准设计，设计时速60千米/时。大桥西接104国道，东连玩昆线，横跨曹娥江。

【上虞打造绿色交通构件工业化基地】 绿色交通构件工业化基地线路长、体量大，总体以曹娥江为分界，划分为东、西两段，每段各设置1座梁板预制厂。至年底已完成基地办公楼、宿舍改造，预制厂区改造完成95%，全年完成投资4.46亿元。 （糜何芬）

农村公路建设

【概况】 2020年上虞新建和改造提升农村公路148千米，完成农村公路亮化126千米。其中完成续建2019年四好农村路（跨年度项目）项目11个，涉及团农线、玩昆线、谢马线、汤王线、皂梁线、曹娥工业园—104国道连接线等。新建2020年四好农村路（跨年度项目）项目13个，截至年底，章清线完成10%，公路交通安全提升工程完成90%，西上线、井枫线等线路整治工作完工，至年底总体完成进度至40%，完成年度目标。丰惠镇、盖北镇完成2020年度绍兴市“四好农村路”示范乡镇的创建。

2020年上虞美丽经济交通走廊创建里程75千米。继续巩固美丽经济交通走廊达标县创建成果，加强国县道日常养护工作，2020年组织实施县道路面大中修（谢黄线、迳芦线、皂梁线、梁章线上浦段、百悬线岭南集镇段），路域环境整治提升工程（五长线、梁章线梁湖段）。以“国县道照明项目”为载体，2020年完成36千米县道路灯安装。至2020年底，县道路灯覆盖率达93%。 （糜何芬）

【陈家岙村环村道路铺设完毕】 1月，陈溪乡美丽乡村PPP项目陈家岙村环村道路全面铺设完毕，该工程总投资400万元。

建成后的陈家岙村环村道路（魏新宇　摄）

【皂梁线祝家庄段分流道路建成投用】 皂梁线祝家庄段分流道路建设工程于3月开工建设，年底建成。该工程总投资达1700万元，全长1.95千米。

【汤王线公路两侧整治提升工程完工】 6月，汤王线公路两侧整治提升工程完工，汤王线起于汤浦镇西部达郭村、终接柯桥区界王化村，是联通虞西南和柯桥的重要通道，全长5.7千米，共投资5100余万元。

【东澄至平山通景道路建成】 8月，岭南乡东澄至平山通景道路建成。该道路总长度为0.95千米，总投资680万元。

【夏家岙村石夏线至213省道盘山公路全线贯通】 8月，上虞区陈溪乡夏家岙村石夏线至213省道的盘山公路全线贯通，全长4.1千米，宽6米，投资1900万元。213省道的一边是宁波余姚市，另一边是陈溪乡夏家岙村。

【省万里美丽经济交通走廊示范县创建办来虞考核验收】 9月29日，由浙江省公运中心前期处处长洪斌带队，省万里美丽经济交通走廊创建办验收组一行对上虞区创省级“万里美丽经济交通走廊”示范县工作进行考核验收。

【覆卮山东澄至丁山梯田游步道对外开放】 12月1日，覆卮山东澄—丁山梯田游步道工程对外开放。该游步道工程投资概算250万元，全长1.2千米。

覆卮山东澄—丁山梯田游步道（魏新宇 摄）

【玩昆线提升改造工程完工投用】 年底前，玩昆线提升改造工程完工投用。玩昆线连着梁湖玩石村和上浦东山湖景区，为切实解决玩昆线车辆会车困难问题及服务景区建设需要，工程实施路基加宽、排水及安保设施等项目，改造里程4.5千米，投资2700万元。（糜何芬）

公路运输

【概况】 2020年，上虞交通运输局坚决贯彻落实省、市、区有关疫情防控和复工复产决策部署。自2020年农历大年初二起，严把“两站一中心”（绍兴东站、上虞火车站、上虞客运中心）交通关口。疫情一级响应期间，按照“外防输入、内防扩散”的原则，严格执行环绍卡口“受控进入”疫情防控工作机制。在疫情防控前期，严格落实停运措施控制疫情发展，同时全面做好各类应急物资、生活物资、重点生产物资的运输保障工作，累计核发专用通行证176份。助力企业复工复产，建立返岗员工政府指定包车运输组织保障专班，集中受理辖区企业包车接送需求，为138家次企业接送返岗人员5125人。有序复运后，常态化抓好客运和冷链食品运输防疫工作。有效应对国庆假期等人流集中爆发期风险挑战，累计检测人数高达300余万，转运“红黄码”和到上虞人员4000余人次，期间未出现通过公共交通工具输入、扩散的病例，未发生大规模、长时间旅客滞留事件。为支持交通运输行业的稳定和交通运输服务的恢复，对受疫情影响严重的交通运输企业，补助防疫费用、政策性亏损等累计130万元。

2020年上虞公路客运量161.4万人，同比下降49.02%。公路客运周转量28311.2万人千米；同比下降47.10%。公路货运量3277.55万吨，同比增长5%。公路货运周转量250965.78万吨千米，同比上升5%。春运、“五一小长假”、“十一黄金周”三大节假日，全区道路客运累计安全发送旅客10.6万人次，客运周转量807.67万人千米。未发生旅客滞留现象和安全生产责任事故。

持续推进“四好农村路”运输服务建设，加快农村物流服务点及乡镇运输服务站等设施建设进程，打通农村物流“最后一千米”，2020年安装“村邮站+E邮柜”70个（2019年安装90个），累计160个，加上2019年提升的143个大通电商服务网点，实现全区行政村农村物流服务点全覆盖。

2020年度，汽车维修行业开展全区一、二类机动车维修企业维修质量监督检查及维修企业信用考核工作；对区机动车驾驶员培训行业进行专项整治。

落实2020年农村客运、出租车等行业成品油价格改革财政补贴工作，共涉及5家客运企业，共补贴金额230.22万元。（糜何芬）

【保障应急物资车辆畅通】 自抗击疫情以来，多个职能部门紧密对接，按照从紧、从快、便捷的原则，有序推进保障疫情防控应急物资运输车辆通行证线上办理工作。自2月4日起，专用通行证办理权限下放县级交通部门后，按照应急物资通行保障要求和专用通行证办理流程，建立24小时值班机制并公布业务咨询电话。2月9日起，全省实行专用通行证"移动办"和"承诺办"模式，通过"浙里办"App的综合交通服务专区，为应急物资运输企业和单位开通线上申办窗口。区交通运输局全面部署做好部门转办的各应类急物资、生活物资、重点生产物资的运输保障工作。截至2月14日，累计发出应急物资运输车辆专用通行证156份，共运送生活物资1589.01吨，医疗物资52.6吨，重点生产物资998吨。

【104趟"虞你有约"专车接回2800余名返岗员工】 累计派遣104辆专车，共计接回员工2800余名，解决阿克希龙舜华、卧龙电气、绍兴中盈等多家企业的用工难题。

【运输行业蓝天保卫战】 一年内淘汰老旧运营车辆207辆，完成率111.2%。5月，启动大型客车提前淘汰工作，累计淘汰10年以上、国三排放重点大型客车32辆。开展104国道沿线环境专项整治行动，狠抓道路抛洒和扬尘整治，全年查处路面污染车辆82辆次。加大重污染时段对重点管控区域周边道路的洒水频率，重点路段晴朗天气每日洒水逾10次，全年共落实蓝天办问题交办单整改17处。

【上虞客运中心打造智慧综合客运枢纽站】 客运中心服务大提升是全市唯一一个客运提升项目。2020年，上虞区客运中心通过内部设施设备及导向标识的改造升级，提高信息化水平，拓展综合服务功能。口罩售卖机、智慧公厕、车辆ETC支付系统一应俱全，客运中心红立方内的充电宝租赁自助机、自助按摩椅、智能存储柜、自助贩卖机等"智能化"设备为旅客出行提供便捷。客运中心优化站场及周边环境，增设网约车、出租车临时停靠点，设置共享单车。

【汽车维修行业监管】 2020年继续开展汽车维修行业"阳光维修"优质服务活动。重点加强对货车维修企业的监管，理顺行业举报投诉、应急联动机制，开展打击非法改、拼装货车专项整治行动。10月19日起，上虞区公路与运输管理中心组织开展2020年度全区一、二类机动车维修企业维修质量监督检查及维修企业信用考核工作。经考核上虞区2020年共有合格的一类、二类机动车维修企业61家；三类机动车维修企业222家。对人员、设施、设备、场地等条件不符合一、二类机动车维修企业开业要求，均已现场提出整改或予以降级及取消经营资质。

【驾培行业规范】 上虞区公路运输管理中心对区机动车驾驶员培训行业进行专项整治活动。其中包括驾培机构资质条件的审查、驾培机构主体责任的落实、学时造假整治及违规使用计时设备整治等。截至2020年，上虞区共有8所驾校，560位教练员，692辆教练车。

（糜何芬）

铁路运输

【上虞站至杭州南站城际列车开通】 7月1日起，绍兴城际列车新增加杭州南站站点，上虞区市民可乘坐列车直达杭州南站。上虞站至杭州南站的列车为S2102、S2104、S2106和S2108次，杭州南站至上虞站的列车为S2015、S2101、S2107和S2103次，单程票价暂定为12元。

（糜何芬）

【高铁绍兴东站运营】 2020年，车站发送旅客144万人，到达旅客大致人数142万人次，每日经过列车约70趟。春运期间发送旅客9.5万人次，到达旅客9.9万人次。

（王丽芳）

水路运输

【概况】 2020年，上虞继续加快推进水路运输结构调整，完善港口服务功能，促进内河港口物流建设，引导大宗货物交通运输"公转水"。上虞开发区锚泊服务区提升工程完成。绍兴港上虞港区曹娥作业区建成投用。上虞港至宁波港集装箱船舶试通航。

2020年辖区完成水路货运量561万吨，周转量151177万吨千米，货运量同比增长2.2%，周转量同比增长4.7%，其中内河完成货运量499万吨，周转量84646万吨千米，货运量同比增长3%，周转量同比增长8%；沿海完成货运量62万吨，周转量66531万吨千米，货运量同比下降4.6%，周转量同比增长1%。2020年，上虞区塘角、大厍、通明三座船闸过闸船舶5.32万余艘，过闸量超1577万吨。

全年完成港口吞吐量391万吨，同比增长19.21%，其中进口379.7万吨，出口11.6万吨。2020年上虞区净增船舶14艘，净增载重9098吨；内河船舶平均载重吨从514.4吨增加到533吨，船舶吨位平均增长3.7%。（糜何芬）

【船闸通航助力复工复产】 2月16日上午9时许，前往宁波港运输煤炭的钱江35017号货船稳稳驶出通明船闸，标志着杭甬运河上虞段全面恢复通航。

【水上交通恢复通航】 2月19日下午，上虞区撤销水上交通防疫管制点，当日仅通过8艘船。随着全省各地有序复工复产，货运日益增长，近一周水运量到达高峰。2月16日至3月2日，途经曹娥江上虞段船只达1368艘次，运输总量位超过40万吨。

【水运集装箱进入自有时期】 上虞区最大的水运企业——绍兴市王氏物流有限公司拥有130个集装箱，标志着上虞水运集装箱发展进入自有时期。该企业已有5艘船舶用于集装箱运输，与散货船舶相比，能有效减少运输成本、节省时间、提高效益。2020年，该企业的集装箱运输每月在350标箱左右，占总运输量的20%以上。

【打造现代物流新高地】 上虞依托绍兴港上虞港区曹娥作业区，通过边建设边经营打造现代物流新高地。已有山东、河南、安徽、江苏、上海跨省、市，及本省杭州、宁波、长兴、建德、富阳、嵊州、诸暨等地。年内，投资700万元的新集装箱吊机及20万平方米的2个仓库及新物流大厦的投入使用。

【浙闸通上线】 9月25日，"浙闸通"上线。上虞境内3座船闸与省内杭州、宁波、金华、衢州等地共计14座船闸过闸App、过闸调度系统、数据库全面获得整合统一。

【上虞港至宁波港集装箱船舶试通航】 12月11日，杭甬运河"上虞港—宁波港"试通航。上虞港至宁波港集装箱船舶通航打破长期以来由公路集装箱运输周转出海的交通物流"瓶颈"。

【红星锚泊服务区提升工程完工】 12月15日，上虞开发区红星锚泊服务区提升工程完成建设任务，项目投资为380.26万元。工程主要内容为靠泊护岸及设施修复、船务休息服务大厅改造提升、电气系统、给排水系统、标志标牌等工程等进行提升改造。

【船舶污染防治】 上虞积极倡导绿色水运抓好船舶污染防治，2020年辖区符合改造要求146艘100—400总吨内河货船全部完成的生活污水系统改造并检验发证，全区散货码头及堆场完成防尘网及防尘喷淋装置安装建设，实现作业区及堆场喷淋装置全覆盖，绍兴市上虞区曹娥作业区完成两套岸电设施的配置，并多处设置垃圾回收分类设施及船舶生活污水接收装置，配备船舶生活污水回收流动车两辆，辖区港口企业已完成环境提升专项验收工作。2020年开展船舶港口污染物接收转运处置联合监管专项行动7次，发现并整改问题24处，强化对船舶污染的执法力度，共查处船舶涉污突出违法行为9起。（糜何芬）

城市公共交通

【概况】 2020年，上虞加强公交出行疫情防控管理的同时，积极倡导绿色出行，城市公共交通得到持续发展。新建丁宅、谢塘、长塘、蒿坝4个公交首末站和77座公交候车亭；优化调整公交线路8条、开通特色公交线路1条(百官中学学生专线)，新增公交线路2条(专2003、专2005)；134辆城乡公交车更新为电动公交车，新能源出租车更新56辆，新增公交车、出租车清洁能源比率分别达90%、80%；完成新建公交电子站牌20个；公交车驾驶区隔离装置安装率达100%；新建公交专用道4千米；城南、城北2个电动公交充电站年底前建成投用。完成公共自行车服务系统五期建设，全区新设置公共自行车租赁点30处，新投放共享单车1400辆。

至年底，上虞区已有营运公交线路126条，夜公交 18 条，营运公交车 567 辆。城区公交站点 500 米半径覆盖率达到 98% 以上，公交分担率达到 25% 以上。共有公共自行车租赁点 172 处，共享单车 3000 辆；新能源共享汽车租赁点 81 处，快充充电桩建设 66 个，慢充充电桩 92 个。（糜何芬）

【公交防疫出行】 2 月 10 日起，区公交全面启用实名制乘坐，以确保公交乘客信息可查询可追溯。2 月 27 日起，市民乘坐公交车时需要主动出示“健康码”，凭“绿码”乘公交。

【城际旅游巴士开通】 4 月 11 日，上虞区在陈溪乡举行上虞区城际旅游巴士试运行开通仪式暨“诗画曹娥江 青春浪漫行”春日远足活动，越城区至上虞区陈溪乡、柯桥区至上虞中华孝德园两条城际旅游大巴开通。

【梁湖街道公交站启用】 6 月梁湖街道公交站启用，该公交站位于梁湖华光村旁，距离梁湖街道办事处及张杰中学约 50 米。

【开通学生公交专线】 9 月开学季，绍兴市公交集团第三分公司为百官中学开通定制学生公交专线，试运营阶段往返汽车东站、百官中学方向的定制公交——专 2005 北线、南线，北线发车时间为 6∶23、6∶48，南线发车时间为 6∶20、6∶45，下午接送时间为 17∶30。校园定制线路每日接送学生近 200 人。

【公共自行车升级上线】 11 月 29 日，上虞公共自行车系统升级上线。新建租还车服务点 30 个，扩大覆盖区域约 10 平方千米，新投放“小绿车”——新款智能锁自行车 1400 辆。五期建设完成后上虞公共自行车系统已拥有租还车站点达 172 个、自行车 3000 辆。

【电动公交充电站建设】 12 月 10 日，上虞区城南电动公交充电站建成投用，充电站共设 20 个双头直流充电桩，可同时供应 40 辆车充电，每车 2 小时满电。同年，拥有 34 个充电桩的城北站投用。（糜何芬）

交通安全

【概况】 2020 年，交通运输突出“安全生产”“疫情防控”，继续强化公路运输安全管理。围绕“两客一危一重”、隐患路段整改、联合治超等重点领域，持续开展“执法大亮剑”行动，严厉打击各类超限超载、非法营运、非机动车道无证设摊等扰乱交通运输市场秩序和安全的行为，防范化解安全风险隐患。全年累计查处道路运输违法违规行为 2511 件，卸载超限货物 44427.26 吨，扣分 9576 分（移交交警处理案件）。

2020 年，上虞区无上报道路交通、水上交通责任事故，无其他较大安全生产责任和重大财产损失事故，交通行业安全生产形势总体平稳。（糜何芬）

【三防工作】 开展防汛防台检查暨隐患大排查工作。在汛期来临前，梳理、更新应急救援物资器械储备，调整局综合应急抢险救援队伍，对“三防”工作准备情况、重点行业、重要地段进行自查，共出动 81 人次，检查 71 处，管辖的重要公路、桥梁、隧道，曹娥江航段，曹娥电坝等地，均未发现“三防”安全隐患。

【“浙海巡 0458”顺利接水】 5 月 26 日，区交通运输局港航部门 25 米海巡艇——“浙海巡 0458”顺利接水。历时 8 个月、耗资 320 余万元打造的浙海巡 0458，全长约 25 米，是绍兴最大的海巡艇。

【交通全行业扫黑除恶排查】 开展对机动车维修经营企业、机动车驾驶员培训机构、道路货物运输经营企业、客运站点、客运企业、在建项目、码头、企业、运输船舶的摸排工作 273 家次，未发现涉黑涉恶现象。加强公交行车安全管理，开展公交驾驶员基本情况摸排、家访行动，共排查驾驶员 701 人，家访 52 人，未发现相关隐患。

【道路危货运输挂靠清零】 落实浙江省道路危险品货物运输安全“铁拳整治”行动部署，全面清理危险货物道路运输挂靠经营行为，8 月 25 日，上虞完成存在挂靠经营行为五家道路危险品货物运输企业的 49 辆危货车辆(含挂车12辆)清理工作,提前完成危货运输安全专项行动任务,是省内第一批完成危险品货物运输挂靠清零的区县。

【督查在建项目安全生产】 9月中旬,区交通运输管理局执法队质监中队对各交通在建项目进行安全生产和扬尘管控监督检查。质监中队对绍兴市袍江马山至上虞曹娥(群贤路东延)公路三期、桃旺公路—五长公路乡村公路提升工程、长塘—蒿坝公路、长塘村—马山美丽乡村公路提升工程等线路开展实地检查,要求责任单位对场地内易产生扬尘的项目增设喷淋设施。施工过程中对局部道路有污染的,应及时清扫冲洗,做好扬尘防控措施等。

【道路客运安全维护】 国庆节前夕,上虞区对全区9个高速道口、城区主要道路、火车站、汽车站等地采取中蹲点值守与流动稽查相结合的方式,严厉打击整治非法营运客车、客运汽车非法组客、非法上下客等情况,共计查处违法营运客车17辆,罚款1.65万元,取缔非法组客点4个。

【整治道路限高限宽设施和检查卡点】 11月20日,上虞完成辖区道路限高限宽设施和检查卡点完成排查任务,梳理全区道路限高限宽设施与检查卡点共62处,形成存量清单并明确权责信息。至12月15日,按属地、按分类逐条逐项完成整改落实29处、清理拆除2处、非公路限高限宽设施抄告相关责任单位33处。

【道路隐患治理】 2020年,上虞落实资金4200万元提升交通安全设施,完成2处市级事故多发点段百夹线与驿丰线路口、G104国道蒿坝高速路口改造;完成20处两次过街设施建设、10处礼让行人抓拍设备安装;完成93处农村道路平交路口"一灯一带"建设、3处二级加宽公路中央或机非隔离设置、1处一级公路集散路段或事故多发段中间带设置、7处公路隧道、桥梁、长下坡安全隐患治理等。

【水路运输港口经营企业安全生产建设上台阶】 2020年,区交通运输局实施辖区港口码头安全提升专项整治工作,加强对水路运输、港口企业的监督检查,年底前全区7家水运企业、4家港口经营企业已完成安全生产标准化建设,完成安全责任保险,辖区未发生责任上报事故,未发生骨干航道、船闸8小时以上堵航事故及船舶污染水域事故,水上交通安全形势继续保持良好态势。 (糜何芬)

城乡建设与管理

综　述

【概况】 2020 年半年度调整后，建设局政府投资项目总计 86 个，其中续建项目 13 个，新建项目 30 个，前项项目 30 个，城建集团企业自融资项目 4 个，城建集团代建项目 9 个。总投资 255.1 亿元，年度投资 96.4 亿元。

（章佳彬）

【代建工程】 2020 年，区城建集团推进代建项目实施，包括区监管中心、舜江大桥拼宽工程、区社会治理综合服务超市及城市大脑工程、区消防大队东关消防站、区财政局机关食堂改造装修项目、北斗导航综合应用服务站、区统战之家、应急指挥中心功能性用房改造项目、训练基地征兵综合楼射击靶场及跑道项目、青少年宫综合提升等 10 个项目，完成年度投资额 3.02 亿元。总投资额 4.94 亿元的区监管中心竣工投用，区监管中心、区消防大队东关消防站、区财政局机关食堂改造装修项目、北斗导航综合应用服务站、区统战之家、应急指挥中心功能性用房改造项目完工。舜江大桥拼宽工程、社会治理综合服务超市及城市大脑建设、青少年宫综合提升等项目持续推进。（张珉铭）

城市规划

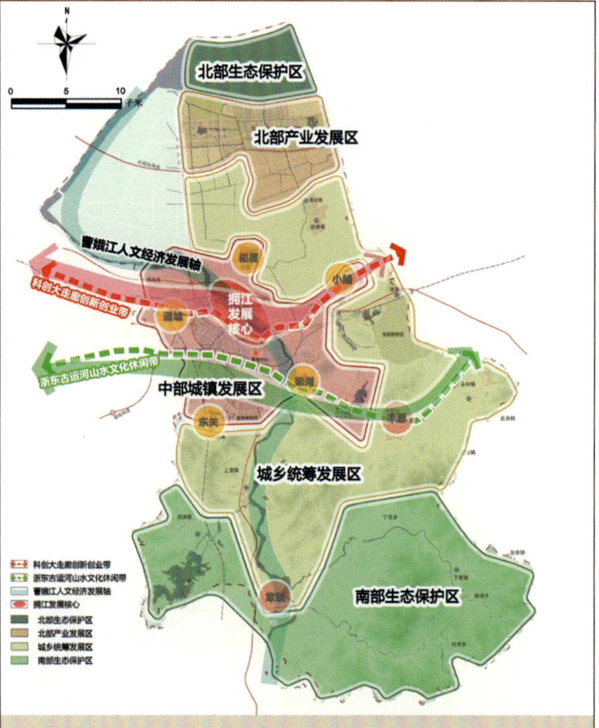

上虞区国土空间开发保护总体格局（张惠英　提供）

【上虞区国土空间总体规划编制】 2020 年集中力量推进国土空间总体规划编制工作，充分结合“十四五”

规划编制，顺应区域一体化和都市区发展趋势，确定上虞区国土空间布局由“北工、中城、南闲”向“北都市、南花园”转型。已完成更新完善基数转换成果、整合优化生态保护红线与自然保护地的矛盾冲突图斑处理、城镇开发边界试划方案。同时各乡镇也全面开展乡镇级国土空间总体规划的编制工作。全区国土空间总体规划编制初步形成全域全要素自然资源保护和利用的国土空间规划体系。（张惠英）

【岭南乡郊野单元控制性详细规划】 作为全市第一个乡村地区“多规合一”项目试点，规划结合土地利用现状提出减量化潜力分析，重点关注建设用地指标的节约集约利用，通过工业用地及空闲用地减量、生态保护红线内减量、灾害易发点减量和自然村减量空间研究等，引导通过安置、宅基地平移归并、坡地村镇等方式挖掘村庄减量潜力。规划落实到控规图则管理深度，形成近期行动计划并有序指导后续乡村建设。

（姚泽宇）

【上虞老城区交通专项规划】 规划列入2020年区政府民生实事项目，目的为提升完善上虞老城区道路交通功能，重点解决南北向交通不畅等问题。规划通过完善道路系统、改善交通吸引点、加强公交供给及静态交通管理、构建慢行体系和提高智能化交通水平等方面破解老城区拥堵问题，切实提升居民出行体验，把上虞打造成宜居宜业的鲜活城市。（廖学强）

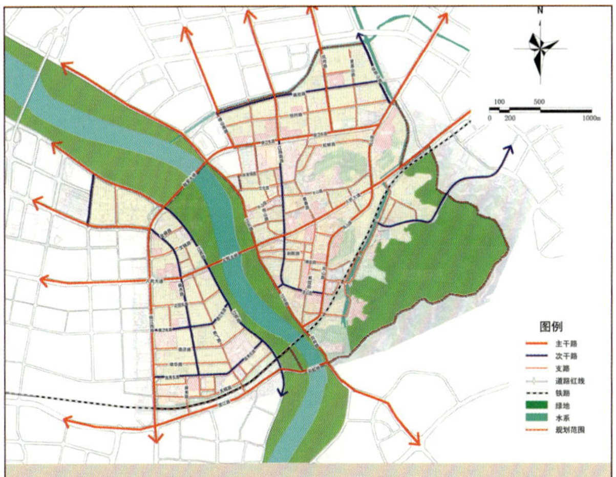

上虞老城区道路系统规划（廖学强　提供）

【村庄规划】 2020年完成百官街道新叶家埭村、联新村、南三村，小越街道越北村，丁宅乡新任溪村5个村庄规划方案的初步审查和审批，完成崧厦街道吕家埠村、道墟街道汇联村、驿亭镇二都村等46个村庄规划局部调整的审查。截至2020年底，结合乡镇编制上报情况共完成全区237个村庄规划的审批工作。高效推进30个试点村庄实用性村庄规划编制工作。村庄规划以上级国土空间规划的资源环境承载能力和国土空间开发适宜性评价及村庄原有规划的评估结果为基础，以第三次国土调查土地利用现状数据为依据，根据村庄发展类型，因地制宜开展规划编制。（姚月君）

【用地指标】 全年共争取新增建设用地指标3009亩。其中跨省增减挂钩结余指标购入355.1亩。为杭绍台高铁上虞段、南北中心大道快速路工程、曹娥街道建成区河道综合整治工程项目等一系列重大战略、重要平台、重点项目用地提供保障。

在过渡期向上争取新增建设用地指标使用额度（规划空间指标）6369.2亩，其中，通过5个批次向省厅争取到地方规划指标使用额度（规划空间指标）3363.1亩；通过曹娥江综合整治工程、绍兴市上虞区虞北平原崧北河综合治理工程、329国道上虞盖北至道墟段改建工程3个省重点建设项目向省厅争取到省留规划指标使用额度3006.1亩。科学编制和审批规划实施方案。（姚泽宇　张惠英）

【规划局部调整】 全年编制各类规划局调方案46个。涉及中心城区和15个乡镇（街道），共160个项目，合计调整面积6997亩。其中：落实方案28个，落实项目115个，落实面积6274亩；实施方案12个，实施项目24个，实施面积528亩，修改方案6个，修改项目21个，修改面积195亩。（张惠英）

【地块规划设计条件书编制】 完成222个规划设计条件书的编制，其中经营性地块69个，工业地块26个，划拨地块42个，“四未一低”地块85个。（严莉莉）

【项目规划设计方案审查】 完成中南君启、卧龙万诚府、鸿雁社区等42个项目的方案审查，合计用地面积

约135万平方米，建筑面积约157万平方米。（严莉莉）

【项目批后监管工作】 对东麟府、城北49号地块、上虞经济开发区〔2017〕J3号地块、绍兴上虞经济开发区〔2018〕J6号地块等10余个楼盘样板房、售楼处及现场进行规划巡查、检查工作。 （严莉莉）

【城区实景三维地图与示范应用建设项目】 利用无人机倾斜摄影测量、贴近摄影测量、全息移动扫描、地理信息时空大数据、云服务等新型技术构建一套城市级室内外实景三维数据、一个城市实景云服务平台、多个应用服务体系。项目完成上虞城区130平方千米的实景三维精细地图建设、8处历史建筑数字化保护与虚拟现实展示、2处大型公共场所便民与应急服务、1处地下空间普查、1403平方千米“3D”产品的无缝融合等内容；基于自主研发的云服务平台搭建数字化驾驶舱，融合多源异构专题数据，实现不动产登记、“竣工测验合一”审批、规划方案评审等示范应用。

（田潇洒）

重点工程

【舜江西路延伸段工程】 舜江西路延伸段建设工程位于上虞区曹娥老区区块，北起现状渡江路，南至舜耕大道，全长约502.6米。道路标准断面宽度28米，道路红线面积19721平方米。道路用地总面积为19721平方米（其中征地12863平方米，约计19.29亩）。项目资金由部门（乡镇）自筹，总投资7721.45万元，其中工程建设费6427.5万元，工程建设其他费926.27万元，预备费367.69万元。上虞区舜江西路延伸段道路建设工程是根据《上虞区曹娥单元ZX13-2控制性详细规划》提出的项目，经过对其性质、交通功能及其在路网中地位的分析，认为项目建成后能够完善上虞区的基础设施建设，加速上虞曹娥老区区块的开发，对缓解城区交通瓶颈、改善人居环境、开发曹娥老区和提升城市承载力具有重要的现实意义和民生作用。截至2020年12月底，工程已完成运河北侧全部盖梁桥台，完成总投资的50%，计划于2021年12月底竣工并投入使用。 （章佳彬）

【南丰社区中心开展运营】 南丰社区中心，即城北68-2号地块社区中项目，总用地面积26075.3平方米，总建筑面积约28341.17平方米，总投资15200万元，于2019年8月竣工投用。是上虞区首个“邻聚里”社区中心综合体。 （张玳铭）

南丰社区中心（建设局 提供）

【前江社区中心基本建成】 前江社区中心项目位于上虞城北前江区块内，是前江组团的核心建筑，总用地面积6.4万平方米，包含3万平方米社区中心和1.1万平方米前江幼儿园两个建筑单体，总投资2.6亿元。辐射周边158万平方米住宅区域，受益人口规模达4万余人，2020年底基本建成。 （张玳铭）

【鸿雁未来社区进入主体结构施工】 鸿雁未来社区，即绍兴上虞鸿雁社区项目，是全省首批24个未来社区试点创建项目之一。该项目规划单元用地面积163.6公顷，实施单元用地面积20.7公顷，总建筑面积约53万平方米（含地下室面积），总投资约55亿元。项目建成后，预计直接受益居民6210人，其中引进各类人才4168人，回迁2042人。 （张玳铭）

【舜江大桥拼宽工程】 舜江大桥拼宽工程，项目东起舜江东路峰山路口，西至舜江西路五星中路口，工程范围包括舜江大桥拼宽段及峰山路交叉口以东的舜江东路改造段，路线全长1266.686米，其中桥梁长857.7米，其中主桥176米，设计为单向三车道+非机动车道+人行道，标准断面宽16.75米，主桥标准断面宽22.5米，概算总投资2.86亿元。工程由中铁二局集团有限公司中标承建，计划于2021年底前完成项目建设任务。截至12月底，已经完成桥梁桩基100%、承台92%、墩身91%、道路改造施工70%，引桥现浇箱梁完成35%，年内累计完成投资额达8000万元，整体进度

完成至 53%。（高　琪）

【曹娥江人行景观桥工程】 曹娥江人行景观桥建设工程，位于上虞“一江两岸”景观核心带，跨越曹娥江，西起兴业路西岸大堤堤顶道路，东至江广路东岸大堤堤顶道路，桥梁在平面上由西桥和东桥组成，路线全长 776.993 米。该工程主线桥梁标准段桥宽 9 米，在两侧分幅后桥宽各 5 米，景观匝道桥宽 4.5 米，主桥跨径 145 米（最大单跨）。工程建设内容主要包括桥梁工程、照明亮化工程、堤塘改造及相应的配套设施，是上虞区首座城市专用慢行系统桥梁。桥梁的建设将完善两岸慢行交通联系，塑造亲水公共空间环境，建成后将成为曹娥江“一江两岸”的又一标志性建筑。项目概算总投资 1.6 亿元。该工程由区城建集团下属绍兴市上虞城乡生态环保发展有限公司投资新建，同济大学建筑设计研究院（集团）有限公司负责设计，施工中标单位为杭州萧宏建设环境集团有限公司，中标价 1.12 亿元，监理中标单位为浙江恒超工程管理有限公司，中标价 139 万元。项目建设工期为 600 日历天。截至 12 月底，项目前期手续基本完成，项目驻地搭设完成并通水、通电，施工便道方案正与水利局相关部门对接完善，省水利厅防洪审批已经通过，目前开始准备进场施工，处理施工便道苗木清点评估。（高　琪）

【人民西路（舜杰路—永祥路）提升工程】 人民西路（舜杰路—永祥路）提升工程，东起舜杰路，西止永祥路，工程道路概算总投资 7985.8402 万元，施工道路全长 3000 米，宽 32 米，道路等级为城市主干道路，建设内容包括道路、排水、管线、交通标志等。工程于 2019 年 6 月 12 日开工，2020 年 12 月底基本完工。（杨　勇）

【上虞区城北 ZX04 单元前江组团五路】 上虞区城北 ZX04 单元前江组团五路实施地址：东起百崧河，南至三环线，西临峰山北路、北到四环路，是城北新区的重要组成部分。5 条城市道路总用地面积 87099 平方米，建设内容包括道路工程、雨污排水工程、桥梁工程、交通工程、河道工程、绿化及附属设施等。五路工程于 2018 年列入区委区政府年度政府投资项目，2019 年 4 月相继启动设计开工和进场施工，并于 2020 年 12 月底基本完工。

1. 江华路（广场路—盖山路），东起广场路，西止盖山路，工程道路概算总投资 2223.45 万元，施工道路全长 455 米，宽 30 米，道路等级为城市次干道，道路内含跨径 25 米、宽度 30 米预应力箱梁桥一座。

2. 江环路（凤鸣路—越国路），东起凤鸣路，西止越国路，工程道路概算总投资 3333.12 万元，施工道路全长 694 米，宽 30 米，道路等级为城市主干道，道路内含跨径 25 米、宽度 30 米预应力箱梁桥一座。

3. 盖山路（江华路—江环路），南起江华路，北止江环路，工程道路概算总投资 580.63 万元，施工道路全长 322 米，宽 20 米，道路等级为城市支路。

4. 广场路（江环路—梁祝大道），南起梁祝大道路，北止江环路，工程道路概算总投资 1639.04 万元，施工道路全长 682 米，宽 20 米，道路等级为城市支路，道路内含跨径 13 米、宽度 20 米及跨径 8 米、宽度 20 米空心板桥各一座。

5. 江扬路（江环路—梁祝大道），南起梁祝大道路，北止江环路，工程道路概算总投资 1630.47 万元，施工道路全长 788.89 米，宽 30 米，道路等级为城市次干道。

（杨　勇）

【城区道路积涝改造工程（藕舫路、恒利路）】 藕舫路和恒利路周边大多为开放式老小区，地下管网为雨污合流，管径小，防汛能力差。2020 年城区道路积涝改造工程（藕舫路、恒利路）列入政府投资项目工程，工程于 3 月初启动，2020 年 5 月 1 日开工，2020 年 6 月 30 完工并投入使用。

1. 藕舫路积涝改造工程，东起保驾山路，西止江扬南路，工程道路概算总投资 1065.1 万元，施工道路全长 1100 米，宽 10 米，地下管道从江扬路和藕舫路交叉口东侧自东向北方向敷设排至百崧河。

2. 恒利路积涝改造工程，东起保驾山路，西止江扬南路，工程道路概算总投资 835.14 万元，施工道路全长 1100 米，宽 8 米，地下管道从江扬路和恒利路交叉口东侧自东向北方向敷设排至百崧河。（杨　勇）

【老旧小区提质改造工程】 2020 年，区建设局会同属地街道，对全区 18 个老旧小区实施综合提升改造，涉及百官街道西横河、恒利、文化等小区，曹娥街道振兴、双桥、金舜、卧龙、江滨等小区。改造内容为道路整修、积水治理、雨污分流、环卫配套、园林景观、车位增配、管线整理、楼道靓化等。年度投资 3.2 亿元，总建筑面积约 98.1 万平方米，惠及住户 10963 户。（姚烨涛）

市政建设

【概况】 2020 年，市政建设以交通节点整治、道路提质改造、积涝改造和园林景观提升等工作重点，实施城市基础设施提升工程。其中市政工程 20 个和园林工程 25 个，年度投资分别为 2502 万元和 3610 万元。市政工程：摊铺沥青路面约 3353 平方米，浇筑砼路面约 4247 平方米，铺装人行道透水砖面砖约 6451 平方米，铺设花岗岩面砖约 14317 平方米，新建公交专用道 4 公里，增设红绿灯 1 处等，改造交通治堵治乱 3 处。园林工程新建提升城区绿化面积约 94300 平方米。

（杨 勇）

【道路及人行道改造】 对保驾山路（三环路—江环路）和万固等楼盘周边新建人行道，在城北上德校区周边配套人行道建设，在城市花园北侧、春江花城东侧、曹娥卫生院东侧、望山路（江环—四环）东侧、江环路（蒋丰路—蒋星路）北侧和夏盖山路（舜江东路－恒利路）等新改建人行道，在三环路与广场路交叉口完成平交口道路改造。（杨 勇）

【交通安全设施改造】 为有效解决城区道路交通节点，努力为市民打造和谐畅通的交通出行环境，完成九浸畈、江环路与凤鸣路交叉口红绿灯等交通治堵道路安全提升工程。为推进公交路权优先，优化公交出行，在五星中路（梁祝大道—虞舜大道）新建 4 公里公交专用道，公交专用道设置公交专用标线、提示标线及其他标志牌等，避免其他车辆与和公交车抢道。

（杨 勇）

【排涝截污改造】 为有效防御城市内涝，2020 年实施新世纪周边积水改造、高铁新城管网提升和多元世纪城泵站改造工程，共投资 485 万元。（杨 勇）

市政公共设施

【概况】 2020 年，城区市政公共设施养管以深化改革市政管养体制为基础，全力迎战全国文明城市复评迎检攻坚工作，跨江谋划城西管养新格局，全面抓好市政设施统筹管养工作，促进市政设施养管精细、标准化和养护工作效益提升，保障市政设施安全运行。全年共实施养护维修项目工程 195 个，累计维修沥青路面 22 万余平方米，水泥硬化约 6800 平方米，修补侧、平石 26800 米左右，标志标线新增、淡化重划累计约 4.5 万平方米，更换一体化防沉降井盖 533 套，清洗道路隔离栏近 20 万米。（吕建松）

【积涝整治】 对易积涝点的地下雨水管道进行摸排和日常疏通。年内累计应急机械疏通清理 580 次，清理疏通雨污管线 230 公里，CCTV 管道检测 82.5 公里。解决如江东路原成功馆、峰山路开元酒店北、虞兴路、财富路、多元西路金色家园南门、花园中路、通江西路上虞中学南门等 50 余处积涝问题。（吕建松）

【防汛应急处理】 组建应急小分队，专人落实值班值守、道路巡查工作，远程监控城区 46 座泵站运作，实时掌握城区内涝动态。6—8 月强降雨期间，累计出动巡查车 324 辆次、应急抢险人员 1347 人次。（吕建松）

【一桥一档】 为加强管辖区内的城市桥梁的养护工作，提高养护水平，保障城市桥梁完好和安全运行，委托浙江大学土木工程测试中心于 2020 年 7—11 月对管养的人民大桥等 101 座桥梁的常规、结构、索力检测及静载试验等项目及龙山隧道的土建结构、衬砌裂缝、砼强度进行安全检测，建立“一桥一档”健康档案。

（吕建松）

【精细化市政设施管养】 全年主要是对江东北路信义广场区块、舜江东路汽车东站周边、科技馆东北角、市民大道人民医院对面、江西路三环大桥下等区域进行提升，结合周边市民需求，分别重点实施机、非停放区。累计改建车位 65 个、维修停车场板块

3163 平方米。（吕建松）

龙山隧道采用探地雷达进行物探检测（建设局 提供）

城市绿化

【概况】 2020 年，制定《上虞城区园林养护现状及拟接管计划》，按照“成熟一个、移交一个、接管一个”的原则，当年底，区园林养护公司已接收绿地面积 59.2 万平方米，其中包括峰山路隔离带及两侧绿化带共 4.8 万平方米，水利局“一江两岸”景观工程期、滨江河（西横河至市民大道段）共 43 万平方米，高铁新城、康亭路绿化、站前广场绿化区域等 9.4 万平方米，行道树共计 2373 株。同时启动“五线一园”的绿化移交工作，完成与区交通集团对长海线、人民西路延伸段（公路段）进行初步对接与现场查看，达成初步口头协议。（阮先羽）

【全力助力文明城市复评】 7 月初，为做好全国文明城市复评迎检准备工作，园林养护公司对照《全国文明城市（地级以上）测评体系操作手册》（2020 年版），严格按照文明城市要求，对城区绿地进行自检补苗并对照整改单及时整改；对龙山公园的宣传牌、木凳座椅等进行油漆翻新、景观等设施进行维修，更换凳子 13 把、垃圾箱 10 个，垃圾箱内丹 50 余个，安装、更换各类规格公益广告 108 块。组织工作人员和志愿者 50 余人投入公园、广场拾垃圾、劝导游客，整齐车辆停放、维持秩序等工作，加强对公园、广场的安全巡查，圆满完成文明城市复评迎检工作。（阮先羽）

【迁移城市改造乔木 2283 株】 参与老旧小区以及城市道路改造等区域乔木迁移工作。2020 年，完成曹娥江老旧小区江滨新村、金舜花园、卧龙花园、银河新村、花园新村、舜杰花苑和舜江大桥拼宽建设工程、上虞经济开发区美丽示范街创建三期（舜江西路）、人民医院东侧生态停车场等改造范围内乔木迁移共 2283 株。其中舜江大桥拼宽建设工程迁移完成率 50%，上虞经济开发区美丽示范街创建三期（舜江西路）迁移完成率 40%，预计 2021 年 1 月底完成；其他地段乔木迁移完成率 100%。（阮先羽）

【城市垂直绿化工程】 为美化城市环境，提高城市绿量，2020 年投资 360 万元，在人民大桥、三环大桥和区建设局外墙实施垂直绿化布置试点。城市垂直绿化种植主要是结合上虞风貌特色、区位定位和文化品位，采取植物材料沿建筑物或构筑物立面随意攀附、固定、贴植、垂吊等方式。通过多种载体拓展城市绿色空间，致力打造“城在林中、人在花里、行在绿下”的城市景观，提升城市品位。（杨 勇）

【园林工程建设】 相继实施复兴路（三环—四环）绿化工程、四环匝道绿化、城区道路交叉口绿化、人民东路周边环境提升、高铁新城草花布置、城区草花布置和国庆环境与国旗布置、2021 年春节灯笼悬挂工程、2021 年春节环境布置（小品草花）等，在龙山公园实施安全设施改造和公园广场标志标牌改造等，共投资 3610 万元。（杨 勇）

城市管理

【上虞“城市管家”平台建设】 建成高位烟雾感知系统和扬尘监控系统，引入行为识别系统，共下派行为识别系统有效案件 2270 件，提醒疑似烟雾报警 450 起。建成指挥联动执法系统、生活垃圾分类智能监管系统、渣土车智能监管系统。持续探索“最多一小时”快速处置机制，共受理“最多一小时”案件 57838 条，按期处理率达到 99.8%。实施“全科管理”，将城市管理核心区域划分为 23 个网格，由网格员全权处理网格内所有城市管理问题。建立“月通报、年考核”机制，实现信息采集、协同处置、监督考核、决策分析的管理闭环，完成每日要情通报 466 期、周通报 67 期、月通报 11 期，区结案率和按期结案率均达到 98% 以上。

【垃圾分类推行】 2020 年，全面推进生活垃圾分类工作，城乡原生生活垃圾基本实现“零增长”和“零填埋”；城乡生活垃圾分类基本实现全覆盖，生活垃圾资源化利用率和无害化处理率均达到 100%，回收利用率达 50%。完成《上虞区环卫基础设施“十四五”专项规划》编制。创建省级高标准垃圾分类示范片区 1 个、示范小区 10 个、示范村 3 个，省级分类处理项目村 24 个，市级垃圾分类头雁工程 15 家、示范片区 2 个、示范村 5 个。完成生活垃圾焚烧企业 0 号炉技改项目，3 个镇级易腐垃圾资源化处置站建设，完成农村易腐垃圾资源化处置中心收购并投入试运行，完成区级再生资源智能化分拣中心建设，新增再生资源回收站点 49 个。抓好源头减量，完成农贸市场净菜进城试点 15 个，在百官农贸市场、滨江农贸市场实现易腐垃圾就地资源化处置。成立全市首个垃圾分类管理研究院，率先在曹娥街道西郊花园小区推行“四定四分 两网融合”试点，在盖北镇珠海村开展“互联网 +”精准分类试点。建成全市首个区级生活垃圾大数据管理平台，同步指导 17 个镇街完成平台建设，可覆盖 57 个行政村。

【城市管理专项整治】 区综合行政执法局开展城市环境整治“春雷行动”、文明城市创建“八大战役”等一系列整治行动，共取缔占道经营 11324 处，流动摊 18938 处，拆除横幅、违规户外广告 898 块，捕捉无证流浪犬 694 条，处罚人行道违停机动车 36012 辆，市容秩序全面提质。做好文明创建复评迎检工作，组织开展夜间集中整治 24 次，整理问题下发督查清单 12 期，共计 413 处；完成区文明办督查整改单 24 期、绍兴市督改单 32 期，共计问题 1402 处。开展车库车棚、非机动车停车秩序等 8 件城管“关键小事”专项整治，全年共整治违规广告牌 1000 余块，发放临时居住证 1350 块，处罚人行道违停机动车辆 5 万余辆。依托支付宝开启网上申办养犬登记证业务，发出全市首张“电子犬证”。

【城乡环境优化】 区综合执法局环卫集团实施环卫工作机制改革、管理模式创新、基础设施提档工程，推行“三位三化”保洁新模式，完成“智慧环卫”四期建设。完成王充路等 7 条“洁净示范街”创建。推进“机器换人”，精简一线保洁工种人数 30%，基本实现主干道、人行道机械化作业全覆盖，城区保洁作业机械化率达 90% 以上。推进“无违建”创建，拆除违建 16.71 万平方米，历年拆后土地利用率达 85%。逐步完善防违控违平台基础信息，导入数据 12 万余条。建立住宅小区“物业 + 城管”违建防控机制，对村（社区）组织换届人选、拟提拔领导干部、各类先进个人等开展无违建审查，共审查 5000 余人次。实施新时代美丽行动，首批 30 个美丽小区创建顺利完成。完成普铁沿线外部环境安全隐患专项整治和“回头看”，完成 75 个省级问题整改验收，培育省级绿化美化精品道路 1 条。加强农村生活污水运维和改造，完成农污设施标准化运维 300 座、农污终端提标改造 83 个。完成“污水零直排区”其他类、公共区域类 59 个项目建设，持续攻坚高层小区二次供水设施改造工作，完成改造数 3 个。完成屋顶集雨收集系统建造 10 处、“一户一表”500 户和节水器具改造 1000 个，用水单位的水平衡测试 8 家。完成 121 个 5000 平方米以上在建工地扬尘监测设备安装，建成杭州湾渣土临时消纳场一期，库容 29 万立方米。

【执法效能提升】 2020 年，区综合行政执法局围绕“市、区两级综合行政执法事项保持一致”原则，完成 22 个方面、395 项执法事项的区级事项梳理。推进崧厦“一支队伍管执法”试点建设，完成 19 个条线共 585 项拟下放崧厦街道行政执法事项的梳理明确，被列入全省第二批基层综合行政执法试点名单。2020 年，共办理行政处罚一般案件 3205 件、“非现场执法”案件 12 起、重大案件 33 起。掌上执法检查 9466 次。探索执法模式创新，尝试公证参与行政执法，出具我区首份电子证据保管公证书。推行柔性执法，推行人行道违停预警，累计发放违停温馨提示短信 18680 条。开展智慧城管与综合执法一体化运作试点，选取城市管理中的突出问题，按照“智慧城管受理、查重与评估、平台流转、执法办案、追踪反馈”五大流程，倒逼执法办案。

（赵雪旦）

村镇建设

【美丽乡村建设】 2020年，新时代美丽乡村建设累计投入3亿元，建成精品示范村40个。创建省级美丽乡村示范乡镇2个、特色精品村6个、新时代美丽乡村精品村25个，新时代美丽乡村达标村75个；绍兴市级美丽乡村示范乡镇2个、特色精品村8个。继续开展"五星达标、3A争创"工作，累计建成3A示范村33个，五星达标村273个。

2020年度，上虞区创建成为浙江省新时代美丽乡村示范县。

（孙树芳）

【开展宅基地制度改革试点】 9月20日，中农办、农业农村部下发批复文件（中农函〔2020〕20号），绍兴市作为东部地区代表被列为全国新一轮农村宅基地制度改革3个整市推进试点市之一，上虞区根据改革任务和"二上二下"要求，编制上报试点实施方案。12月17日，农业农村部办公厅下发通知（农办经〔2020〕10号），上虞区被列为全国15个宅基地基础信息预调查县之一。

（俞金涛）

电力、燃气和供排水

电 力

【概况】 2020年，上虞电网拥有500千伏变电站2座，主变6台，总容量5500兆伏安；220千伏变电站5座，主变11台，总容量2340兆伏安；110千伏变电站20座，主变41台，总容量2090兆伏安；35千伏公用变电站10座，主变19台，总容量308.6兆伏安。

上虞电网总装机容量300.48兆瓦，其中并网小火电3座，均为供热机组，装机容量93兆瓦(其中春晖能源为生物质能发电，装机容量39兆瓦)；小水电12座，20台机组，装机容量4.78兆瓦；分布式光伏电站70座，装机容量202.71兆瓦。调度口径最高负荷1150.2兆瓦，比上年增长10.11%；网供最大负荷1013.4兆瓦，比上年增长11.49%。

全年，全区总供电量66.74亿千瓦时，比上年增长2.86%；售电量59.74亿千瓦时，比上年增长2.69%。

(陶旭东)

【电网建设】 年内，编制完成上虞区"十四五"电力设施布局规划、电力发展规划及各类专项规划。全面完成杭绍台高铁外部输电工程基础浇筑、立塔，工程进度位居全市第一。首个"智慧工地"丁宅变竣工并提前完成产权证办理。推进220千伏绍嘉变、110千伏涂北、进港、城南、章江变及35千伏岭南变等输变电工程，500千伏春晖变工程获国家优质工程奖。建成上虞首个标准接线A类网格，投运6组全自动FA，完成5组双环网建设。群贤路东延、舜江西路无杆化、上浦船闸、皂李湖景区等配套迁改按期完工。自主研发站房屋顶渗漏检测装置及环境综合监测装置，广泛应用智能巡检手机、智能巡检机器人开展线路巡视，实现无人机、红外测温仪在基层班所的配置全覆盖。

(陈嘉锋)

110千伏丁宅变顺利竣工投运(任演清 摄)

【交通集团综合能源屋顶光伏项目签约启动】 11月4日，绍兴市上虞区交通产业发展有限公司分布式10兆瓦光伏发电项目启动仪式在上虞区杭州湾工业园区交通产业发展有限公司召开。"绍兴市上虞区交通产业发展有限公司分布式10兆瓦光伏发电项目"是全省最大综合能源屋顶分布式光伏项目，采用"自发自用，余电上网"模式，计划投资4548万元，利用厂房屋顶约98350平方米，组件29000余块，接入电压20千伏。项目于2020年11月进场，建设周期5个月，2021年3月正式投运。年发电量1000千瓦时，相当于减少标准煤用量3094.77吨，相当于减少二氧化碳排放量7710.40吨，在节能减排的同时还将持续25年为业主省电，产生约2400万元的收益。 (陈嘉锋)

【营销服务】 全力协助复工复产，全市范围内率先提供企业复工生产情况分析日报。开展“惠企连心·电力暖春”行动，分层分级走访全区重点企业、重点项目，及时掌握企业面临困难和复工进度，解决企业难题。推进需求响应建设，签约“日前响应”160户，响应能力15.12万千瓦，建成“分钟级响应”10户。全面推广带电作业，全年完成带电作业1354次。严格落实疫情期间国家降价降费政策，支持性两部制电价政策惠及暂停用户270户，减收容量电费395.95万元。全面提升营销业务管理水平，实现线上办电率100%，累计查获窃电及违约用电77件，追补电费及违约使用电费156.72万元。（陈嘉锋）

燃　气

【概况】 2020年，完成气量销售20690万立方米，居民累计开通76776户，非居民累计开通786户，管线延伸至900多千米。

【推进老旧小区改造】 3月初，参加由百官街道召开的百官街道老旧小区改造设计方案汇报会。针对拆除范围、道路提升和停车场建设、管道煤气铺设等内容进行重点汇报。上虞公司针对改造方案提出意见与建议，并与社区居委会商讨制定切实可行的改造方案。进一步推进老小区管道燃气铺设惠民工程。

【燃气管道抢修排民兵组织成立】 5月27日，上虞天然气公司开展首次基干民兵点验大会。

【两条中压管线穿越油气管道通过安全评估】 10月30日，上虞区发改局就上虞公司横江路、驿五公路中压管线穿越甬绍金衢成品油管道、镇杭成品油管道和杭甬天然气管道召开安全评估会议，会上通过安全评估。

【商业综合体安全专项排查】 12月，上虞天然气公司针对大型商业综合体开展燃气安全专项排查活动，防范燃气安全事故，并向燃气用户宣传相关法律法规和燃气安全使用基本常识。（张　莹）

供排水

【概况】 2020年，上虞区全年累计供水量9014万吨，售水量8532万吨，同比分别增长1.04%、1.37%；产销差率达到5.35%，同比下降0.35个百分点，为历史最佳水平；出厂水水质综合合格率100%、管网水水质综合合格率99.8%，出厂水在线水质内控合格率98.35%；全年经营收入26078万元，实现综合效益4464万元。

疫情期间，公司助力67所中小学完成复课前水质检测，协助5所学校进行校内排放和水质检测，高考前组织区内9个高考考点的水质检测；通过二级安全生产标准化创建工作评审；继续深化推进“最多跑一次”服务改革，全面推广“1-1-0-0”操作新模式，即1个环节、1日办结、零材料、零次跑。

全年累计实现建设工程总投资11.3亿元。新建DN100以上管道87公里，改造DN100以上危旧管网136公里；全面完成城乡供水一体化联网工程，共计完成222个村109418户农村用户的“一户一表”改造、33个村11176户城乡联网供水工程；原水管道复线工程建成通水、上源闸水厂迁建工程具备通水条件；高层两次供水改造共计完成44个小区，改造接收用户18530户；开展农村饮用水运管平台和4座千人供水站、18座单村供水站数字化建设。（赵婷婷）

【上源闸水厂迁建工程】 上源闸水厂迁建工程总投资3.29亿元，新建成15万吨/日规模净水厂一座，于2019年3月动工，至2020年末已具备通水条件。上源闸水厂迁建配套输配水管道工程总投资1.77亿元。原水管线工程DN1400管长约3.16公里，DN1200管长约0.9公里，出厂管线工程DN1200管长约13.96公里，应急备用水源取水工程DN1800管长度约0.17公里，DN1400管长约0.12公里，并建设取水头部及泵房，污泥输送管线工程DN200管长约6.82公里，至年底完成总工程量的80%。（赵婷婷）

【全区农饮水运行管理工作】 对全区91个单村供水站进行统筹规划，制定《农饮水联网工程三年行动计划(2021—2023年)》，按照“统一规划、分步实施”原则对海拔 300 米以下 77 座供水站进行联网改造，投资 17340 万元，户均约 21560 元，联网供水区域覆盖 28 个村，8044 户，约 28154 人；实施“一站一策”提升方案，完成 4 个Ⅳ类供水站、18 个Ⅴ类供水站数字化建设，纳入城乡供水统一管理平台。（丁　勉）

【污水处理】 2020 年，共处理污水 6320 万吨，持续稳定达标排放，处理率 100%、达标率 100%；全年无害化处置 70% 含水率污泥 7.6 万吨。削减主要污染物排放 COD 9767 吨，氨氮 1167 吨，其中生活污水 COD 减排 4257 吨，氨氮减排 769 吨，分别完成削减目标的 134% 和 157%。全年实现营业收入 1.93 亿元，争取财政补助 1.3 亿元，实现综合效益 1136 万元。上虞区水处理公司通过省级文明单位复评、ISO 管理体系复评、省级安标化企业复审。自主创新工艺技改取得 10 个国家实用新型专利。（杨东海）

【污水处理尾水排放口工程建设完成】 该工程属污水处理二期工程续建工程，是政府性投资建设重点项目，总投资约 4500 万元，计划建设总高 41.2 米（地下 34 米）排海高位井一座，及排放管、喷头、固定桩架、航标灯等设施。11 月底完成全部工程量，试运行情况良好，提升尾水外排能力至 30 万吨 / 日。（杨东海）

【生活污水清洁排放改造工程建设完成】 根据浙环函〔2018〕296 号文《关于推进城镇污水处理厂清洁排放标准技术改造的指导意见》文件精神，在原有一级 A 排放标准基础上对 CODcr、总氮、总磷、氨氮实施提标。工程于 2020 年 11 月份完成建设并调试运行，12 月底完成竣工验收。（杨东海）

【工业线脱氮改造项目建设完成】 脱氮技改项目于 2020 年 6 月中旬完成建设并调试运行，7 月出水总氮浓度已可稳定控制在 25.3 毫克 / 升以下，完成脱氮提标任务。（杨东海）

【污水池加盖及废气处理项目建设完成】 根据上级打赢“蓝天保卫战”工作要求，根据污水处理厂内废气臭气排放情况自查摸底情况，制定推进臭气异味“一厂一策”治理方案。10 月完成建设，11 月完成尾气合格验收。空气污染物得到有效削减，达到相应排放标准要求，其中硫化氢预计可削减 1.325 千克 / 时，氨可削减 0.584 千克 / 时，每年削减量分别为 11.607 吨、5.116 吨。（杨东海）

【排水】 2020 年共收集输送污水 6353.91 万吨，比上年减少 0.91%，收取污水处理费 1800 万元，比上年下降 4%，排水公司实现营业收入 4346.24 万元，比上年减少 26%。（吴　丹）

【农村运维成绩优秀】 全年完成标准化运维终端 305 座，按时完成水质提标改造 83 座，完成省级农污提标改造试点终端建设一个（东关街道大西庄 2 号），完成 2017—2019 年农污优化代建工程的验收工作，完成新三年农污运维招标工作。（吴　丹）

【梁湖中心泵站新建工程】 该工程为收集梁湖街道部分区域污水，转输送丰惠中心泵站污水至路东泵站或城南泵站，实现双向输送，确保污水输送安全，概算总投资 2124.62 万元，占地面积约 2141.78 平方米，泵站设计规模为 3.5 万吨 / 天，新建泵站配电管理用房 1 座，泵池与调节池合建 1 座。该工程于 8 月 24 日开工，截至年底完成工程量的 90%。（吴　丹）

邮政通信

邮　政

【概况】 2020年，上虞区邮政分公司（以下简称上虞邮政）按照年初制定的发展目标，累计完成业务收入12685万元。

【中国邮政集团有限公司绍兴市上虞区分公司成立】 4月20日，中国邮政集团有限公司绍兴市上虞区分公司揭牌。根据集团有限公司公司制改制工作要求，上虞邮政于4月初完成工商变更登记，由原“中国邮政集团公司绍兴市上虞区分公司”名称变更为“中国邮政集团有限公司绍兴市上虞区分公司”，分公司类型变更为“有限责任公司分公司（国有独资）”，其他工商登记事项未变更。

【全力抗疫彰显“国家队”担当】 根据《关于全力做好新型冠状病毒感染的肺炎疫情防控工作的紧急通知》要求，上虞邮政累计为全区中小学学生配送教材5万余件，确保学生“停课不停学”；完成震元堂医药口罩配送7.2万只，切实缓解市民口罩购买难问题；与区税务局加快推进“税邮合作”项目，全面推行“便民服务、免费邮寄”模式，税务空白发票增长至日均150件左右。

【农村电商“三个生态圈”】 上虞邮政以支局为“圆心”，通过优质站点建设和业务叠加，助力金融、寄递源头获客，建成优质站点193个，密集布局1个，日均代收代投1件以上易邮自提站点131个，邮乐购站点绿卡开办205张，完成邮掌柜会员2.02万个，新增邮特惠会员0.39万个，信息完善且有交易的邮掌柜便民服务站135个。深化与地方合作，聚焦农民合作社、家庭农场，销售自营农产品390.6万元，销售全国基地农产品34万元，完成猕猴桃万单扶贫项目1个。通过自营大单品和区域代理项目，完成自营批销额776.2万元，十大品牌商品销售额467.6万元。　（陈柠柠）

电　信

【概况】 2020年，上虞电信拥有OLT局点48个，其中OLT数量151个，媒体网关8个。拥有宽带接入点363个，IP城域网接入点102个，交换机125个，截至年末，出口带宽已达680G。拥有CDMA基站275个，LTE基站669个，WLAN热点275个。全年完成主营业务收入2.3亿元，拥有移动用户21.1万户，有线宽带用户12.5万户。

【加快基础网络建设】 年内，上虞电信推动与联通开展5G网络共建共享，双方利用3.5GHz室外200M、室内300M的频率带宽优势，为客户提供全新的高速体验，200M带宽峰值达2.7G，平均下载速率达800兆/秒。全年，全区已具备5G基站能力645个，实现市区以及重点乡镇的连片覆盖。加快新一代千兆光网建设，全区光纤接入端口达80多万个，实现全区光网全覆盖。进一步加快10G PON光网升级改造，加厚城区覆盖，加大农村延伸，满足广大用户对千兆光网的需求。

【智慧应用赋能百业】 助力“最多跑一次”改革:新承建8个政府部门政务云,整合升级“12345”平台,方便老百姓“一号接入,最多拨一次”。助力基层治理:承建村委换届选举平台、全域旅游平台、智慧电梯平台、舆情在线平台,参与建设全区雪亮工程平台、退役军人管理平台等应用平台。做好智慧城市重点项目建设:承建城市大脑平台IDC项目;完成雪亮工程、天翼看家监控点3万多个。加强应急通信保障,配合做好2020中国田径锦标赛、曹娥江半程马拉松的通信保障工作。参与应急管理局可视化调度平台建设,开通全区218部卫星电话。推动企业上云:发挥云网融合、安全可信、专享定制三大独特优势,持续推动企业业务上云、设备上云、数据上云及核心系统应用上云,截至年末,企业上云累计超2000家。加快教育信息化:承建全区教育网万兆升级,为全区143所学校提供数字校园服务,覆盖师生超9万人。开展智慧小区试点建设:7月,上虞电信与盖北镇政府签订省级“智慧小区”建设战略合作协议,对盖北滨海花园开展智慧小区试点建设,并计划于2021年7月投入运营中。

【网络信息安全】 年内,上虞电信完成恶意网址预警全区推广,累计预警提醒5.8万次。同时,接应“断卡”行动,建立“不良信用通信网用户”处理流程,完成九批不良信用用户的号码处置工作。守护清朗网络空间,全面落实国家互联网基础信息管理要求,进一步加强接入网站管理;严格执行备案管理,网站实名备案率达99.99%;做好涉黄涉非事件处置,全年累计处置违法不良信息20余条,工信部网页篡改事件处置及时率100%。加强个人信息保护,完善数据安全和用户个人信息管理制度,明确数据分类分级标准;落实工信部App侵害用户权益专项整治行动,违规收集、使用用户个人信息问题零发生。

【疫情防控通信保障】 为保障疫情期间通信畅通,由27名技术人员组成疫情防控通信保障应急突击队,全面做好党政、医疗、防疫、卫健系统等重点单位通信网络的支撑保障工作。一是通过数据(定位)支撑“健康码”平稳运作,为老百姓出行和企业复工复产提供有力支撑;通过“天翼看家”视频监控,协助沥海街道、滨海新区、小越街道、曹娥街道、盖北镇等做好隔离病房、重点人群的管理。二是支撑“入园入学报名系统”。为全区中小幼学校提供入园入学服务。三是保障复工复产。紧扣“六稳”“六保”,开展“暖春行动”,推出96666复工复产热线,为中小企业免费提供“云会议”“云办公”等上门/远程指导服务,优先为制造类企业提供5G+云网协同的网络能力。 (黄燕君)

移 动

【概况】 2020年,中国移动上虞分公司运营收入达5.35亿元,区域市场份额占比达到64.8%,5G用户达8.2万户,有线宽带用户到达20万户。全年完成通信基础设施投资近1.5亿,建设核心机房14个,5G基站开通305个,布放光缆163公里,建设管道108管程公里,宽带建设完成10514户,解决空白小区5个。

【精品网络建设】 年内,新建农村区域站点38余个,其中虞南片区19个,涉及投资400余万元。重点为陈溪风情小镇、覆卮山风景区,为上虞旅游推广做好基础保障工作。参与区政府防汛抗台、反恐演练等重要应急保障,完成政治任务保障10余次,其他大型活动保障20余次,保障期间做到零投诉。总计建设长期站点20余个、临时站点60余个,调用应急通信车/应急方舱20余次,总投入成本超过2000万元。

【5G+落地应用多面开花】 继续推动5G工业互联网产业布局,提升智能制造5G应用水平。结合绍兴市上虞区智能化改造清单项目,全力推进智能制造转型,落地浙江锦盛新材料股份有限公司5G智慧数据传输服务项目。以5G+工业为起点,在其他领域,中国移动上虞分公司联合绍兴市公安局上虞区分局、生态环境分局及各类中小学等重点局办和场所,落地5G+热成像疫情防控项目;开展5G+无废城市应用试点,重点突破医废领域5G场景创新,推动整体5G+无废城市模式推广。

【助力美丽乡村、美丽田野建设】 按区政府要求从原来的党建路整治扩大到整村三线整治。全年共承担建设整治8个行政村，9条美丽田野三线整治。配合区政府完成文明城市国检中5个社区的三线整治工作、完成老旧小区整治割接7个小区。（任敏敏）

联　通

【概况】 2020年，中国联通上虞区分公司（以下简称上虞联通）拥有各类型基站1829个，4G网络实现全区深度覆盖，5G网络与电信共建共享实现全区覆盖。拥有模块局3个，光综合业务接入点20余个，城域网出口带宽达800G。通过数字化转型的形式实现了联通业务可以全部线上办理，服务更贴近客户。

【持续推进企业信息化建设】 年内，上虞联通推进本地企业5G应用，协助卫健局建设第一个5G应用远程和移动护理项目；助力绍兴市公安局上虞分局智安小区平台深化建设工程项目，同时上虞联通保障了高考的智能安防系统。

【助力美丽城镇建设】 配合区交通建设局、街道办事处老旧小区弱电改造工程，为美丽上虞"创新之区、品质之城"贡献联通应用的力量。（刘建东）

农业农村

综　述

【概况】 2020年上虞区实现农林牧渔业增加值53.33亿元，按可比价计算增长2.4%。实现农林牧渔业总产值84.41亿元，按可比价计算增长2.4%，比绍兴平均高0.1个百分点居首位。其中农业产值51.18亿元，增长7.7%；林业产值4.98亿元，增长4.4%；牧业产值9.19亿元，下降31.7%；渔业产值17.72亿元，增长4.9%；农林牧渔专业及辅助性活动产值1.34亿元，增长11.2%。年内生猪出栏11.79万头、牛出栏1278头、羊出栏2.18万头、禽出栏79.87万只，肉类产量1.14万吨，禽蛋产量0.16万吨，水产品产量4.61万吨，水果产量11.05万吨，茶叶产量2419吨。（章佳蓉）

【农产品质量安全】 组织实施2020年农产品质量安全监测，完成区本级定量监测1846批次（其中监督抽查1000批次，风险监测846批次），定量监测总量和监督抽查总数均居绍兴各县（市区）第一，省级农产品质量安全例行监测合格率99.2%。开展农产品"一标一品"认定，"二都杨梅""上虞觉农翠茗茶""丁宅水蜜桃"3个产品取得农产品地理标志，新获证绿色食品4个，续展16个。开展农产品质量安全追溯体系建设，2020年新增追溯体系建设7家，截至2020年底，食用农产品可追溯生产主体达到236家。开展绍兴市精品绿色农产品基地认定，经综合评选，绍兴市虞舜茶业有限公司等13家主体获得市级认定。（吕靖芳）

【农产品质量安全检测】 2020年，区、乡二级检测室共开展农产品质量安全风险监测抽检样品14494批次。其中区级风险监测1379批次（例行监测642批次、专项监测204批次、动态监测533批次），合格率99.1%。开展定量检测846批次，药物（农药、兽药）检出率34.6%。乡镇风险监测13115批次，合格率100%。（胡惠平）

【政策性农业保险】 在2019年基础上，新增一个地方特色农险产品，为桑葚采摘期降雨指数保险，累计办有三大类22个险种。2020年共实现政策性农险总保费2293.68万元。其中，种植业共承保3307户次，承担3.19亿元的风险保障，实现保费1743.46万元；养殖业共承保60户次，承担1.21亿元的风险保障，实现保费540.29万元；森林险：生态公益林火灾进行全区统保14714.07公顷，实现保费9.93万元。2020年农业保险政策享受理赔体现到的农户2211户次，已支付赔款2237.01万元。（徐小燕）

【种植业"五园"创建】 创建省级种植业"五园"，其中果园2家（浙江上虞原野农业发展有限公司、绍兴市虞东生态农业综合开发有限公司），茶园1家（绍兴上虞高山尖农场）。（徐小燕）

【农业"机器换人"示范创建】 2020年，上虞区盖北镇、丁宅乡创建成为浙江省农业"机器换人"示范乡镇，绍兴市上虞区丰惠镇华君家庭农场等9个基地创建为浙江省级农业"机器换人"示范基地。（郎春晓）

【去现金化管理改革试点工作】 按照“最多跑一次”改革的理念，最大限度减少村集体现金收支，推进农村集体“三资”管理便捷化、规范化、数字化。2020年底，农村集体“三资”去现金化管理改革实现全区所有乡镇（街道）全面覆盖。 （钱丹丹）

【规范一事一议筹资筹劳】 确定全区农村一事一议筹劳中以资代劳的工价为120元。审核一事一议建设项目，对2020年度区财政立项的19个农村公益事业建设项目涉及一事一议筹资筹劳的标准、范围、程序等环节进行逐一审核，对不符合要求的部分筹资筹劳内容进行否决，保障一事一议筹资筹劳的规范。

（吴志刚）

【20万元以上村级工程项目审计】 全年累计完成工程审计项目934个，涉及工程金额124940万元，核减金额5593万元。其中完成工程结算审计421个，涉及工程金额48057万元，核减率7.21%；完成工程预算确认513个，涉及工程金额76883万元，核减率2.76%。

（潘建荣）

【新增土地流转面积91.6公顷】 与绍兴市农村土地流转奖励政策相衔接，重点引导整村整组流转，制订出台2019年度土地流转政策及实施细则，对历年农村土地承包经营权流转工作开展回头看，加强流转行为规范。全年新流转家庭承包土地91.6公顷，其中通过村级2公顷以上规模流转57公顷，流转率85%以上的整村流转5个，落实奖励资金150.45万元。（张荣灿）

乡村振兴

【实施村庄经营项目】 发展村庄经营项目，立项42个，投资1.2亿元，带动村级经济年增收960余万元。村均经营性收入达到72.41万元，增长15.0%，全面消除30万元以下村。 （俞金涛）

【乡村人才培育】 开展上虞区首批乡村振兴“领雁计划”人才选拔工作，选拔乡村优秀人才42名，并举办绍兴市首场“领雁计划”人才宣讲活动。全年新培育农创客33名，全区农创客累计在册人数118名。组织开展农民培训工作，2020年共完成农民培训13651人，其中，高素质农民311人，农村实用人才3289人，普及性培训10051人。 （罗森林）

【闲置农房激活】 截至2020年底，激活闲置农房面积累计为115万平方米，完成“三年激活100万平方米”的目标任务，累计实施激活项目366个，激活闲置农房3535幢，带动农户年增收4862万元，带动村集体年增收2101万元。6月5日，在上虞区召开绍兴市深化“闲置农房激活”改革现场推进会，会上上虞区3个乡镇被绍兴市列为全域激活试点乡镇（全市共计12个），1个项目被绍兴市评为最佳项目（全市共计3个）。

发展休养、养生养老、民宿、文化创意、文化旅游、后勤服务、乡村旅游7种新兴业态，带动农户增收4176万元，带动增加村集体收入1300万元。（俞金涛）

粮　油

【概况】 全区粮食播种面积36675公顷，与上年持平，粮食总产量23.39万吨，较上年增长2.32%。其中，早稻面积9769.5公顷，产量6.75万吨，分别较上年增长2.05%、2.72%；连作晚稻面积9775.8公顷，较上年减少2.89%，产量6.57万吨，较上年增长3.79%；单季晚稻面积8299.6公顷，产量6.56万吨，分别较上年增长7.97%、4.82。小麦面积3419.43公顷，产量13913.74吨；其他旱粮面积5410.76公顷，产量21146.50吨。

早稻种植面积分别约占全省10%、绍兴市60%，连续四年居省、市第一。粮食生产经验做法入选2020年全省争优创先行动“最佳实践”。 （范立炎）

【粮食生产功能区建设】 全区开展粮食生产功能区提标改造561公顷。2020年，全区拥有粮食生产功能区总面积14020公顷。 （娄利峰）

【开展粮食高产创建】 全年创建省级水稻绿色高产高效千亩示范片6个，面积400公顷，省级旱粮示范区1个，面积12.3公顷，市级水稻绿色高产示范区2个，

面积 17.3 公顷，区级高产创建示范方 8 个，面积 107.7 公顷。（郎春晓）

【粮食生产综合机械化】 全区粮食生产综合机械化率 88.61%，粮食生产机耕率 98.48%，其中水稻机耕面积 27367 公顷，大小麦机耕面积 3413 公顷；全区粮食生产机收率 98.76%，其中水稻机收面积 27560 公顷，大小麦机收面积 3306.7 公顷；全区粮食生产机械化栽植率 65.29%，其中水稻机械化栽植面积 18293.3 公顷，大小麦水稻机械化栽植面积 2113.3 公顷。（郎春晓）

【高标准农田建设项目】 年内，绍兴市农业农村局批复高标准农田建设项目 5 个，计划建设高标准农田面积 605.2 公顷，建设高效节水面积 107.87 公顷，计划总投资 3334.81 万元，其中：曹娥街道高标准农田建设项目治理面积 248 公顷，高效节水面积 44 公顷，计划总投资 1335.88 万元；东关街道高标准农田建设项目治理面积 166.4 公顷，高效节水面积 30.2 公顷，计划总投资 964.34 万元；梁湖街道高标准农田建设项目治理面积 33.53 公顷，高效节水面积 7.47 公顷，计划总投资 187.45 万元；章镇镇高标准农田建设项目治理面积 100.33 公顷，高效节水面积 16.67 公顷，计划总投资 540.33 万元；汤浦镇高标准农田建设项目治理面积 56.93 公顷，高效节水面积 9.53 公顷，计划总投资 306.81 万元；5 个项目建设期限均为一年。（黄志刚）

蚕桑

【桑园面积持续下降】 全区桑园面积 135 公顷，其中果桑面积 83 公顷。共发放蚕种 390 张，生产蚕茧 20 吨，蚕茧平均收购价每公斤 30 元，产值 59 万元。果桑产量 578 吨，产值 590 万元。有养蚕村 25 个，养蚕户 410 户。（魏贵林）

畜牧

【概况】 2020 年，全区畜牧业总产值 6.76 亿元（不包括沥海街道），同比下降 8.28%，其中生猪业产值 4.29 亿元，同比下降 20.56%；家禽业保持增长，产值 2.05 亿元，同比增长 31.41%；其他产值 0.42 亿元。2020 年生猪饲养量 16.76 万头，同比下降 29.73%，其中，年末存栏 7.06 万头，包括能繁母猪 0.70 万头，年内出栏 9.7 万头。家禽饲养量 174 万羽，同比上升 16%，其中，年末存栏 58.65 万羽，年内出栏 115.35 万羽。牛存栏 316 头，羊存栏 1.63 万头，兔存栏 0.78 万只。全年肉类总产量 10728.21 吨，其中猪肉产量 7771.3 吨，禽肉产量 1461.39 吨，禽蛋产量 2391.71 吨。（宋佳明）

【畜牧业转型升级】 召开生猪养殖场安全复产技术培训会议，讲解非洲猪瘟疫病防控形势及复产相关政策并进行安全复产技术培训，组织成立专家组对全区生猪养殖场开展生物安全水平评估并进行复产指导，累计走访 56 家猪场。组织开展第二轮生猪养殖场整治提升，完成 71 家养殖场的验收，通过 38 家，暂未通过 28 家，关停拆除 3 家，改扩建 2 家。完成闻千根猪场等 7 家养殖场畜禽清养和设施拆除，拨付畜禽养殖场关停拆除补偿资金区级承担部分 45.54818 万元。考察金华“乌啦乌金华两头乌产业文化园”和“义乌正康猪业有限公司”2 家万头猪场，调研新建万头猪场项目立项、环评审查、开工建设等各个环节存在问题及解决途径，12 月，2 家万头猪场投产，分别为绍兴市上虞农发牧业有限公司和绍兴市嵊花种猪有限公司备份场，增加生猪存栏 1.8 万头。（宋佳明）

【动物疫病防控】 做好上虞区重大动物疫病防控工作，严防非洲猪瘟、高致病性禽流感、口蹄疫等重大动物疫情区域性发生，制定《2020 年度上虞区重大动物疫病强制免疫方案》，按季部署开展春、秋两季重大动物疫病集中免疫行动，平时开展补免。全年免疫猪瘟 15.99 万头，免疫率 95.41%，猪口蹄疫免疫 16.02 万头，免疫率 95.58%. 猪高致病性蓝耳病免疫 15.41 万头，免疫率 91.95%，禽流感免疫 174 万羽，免疫率 100%；狂犬病免疫 6.11 万只，免疫率为 100%。牛羊口蹄疫免疫 1.66 万头，免疫率为 100%，小反刍兽疫免疫 1.63 万头，免疫率为 100%。按疫病监测计划开展重大动物疫病检测，共检测主要动物疫病血清样品 9567 份，主要动物疫病抗体检测合格率 85% 以上。无害化处理中心全年共收集处理病死猪 5.1188 万头、重 815.33 吨，

其他动物18.19吨、猪副产品4.44吨，合计重837.96吨。（宋佳明）

【非洲猪瘟防控】 制定《关于落实非洲猪瘟常态化防控措施的通知》和修订《上虞区突发非洲猪瘟疫情应急实施方案(2020年)》，组织全区突发重大动物疫病疫情应急演习和非洲猪瘟应急处置技术培训会。全年排查生猪养殖场、屠宰场、无害化处理厂2290场次、生猪16.25万头次，签订《非洲猪瘟防控告知承诺书》61份，发放《规模猪场(种猪场)非洲猪瘟防控生物安全手册(试行)》《中小养猪场户非洲猪瘟防控知识问答》等防控资料165份。对实存栏68家生猪养殖场、1家生猪屠宰场和1家病死动物无害化处理中心开展非洲猪瘟病毒抽样检测，检测样品1866份，均为阴性，完成区域性洗消中心项目建设，年底投入运行。（宋佳明）

渔　业

【概况】 包括绍兴滨海新城江滨区，全区渔业总产值11.78亿元，同比增加3.15%，包括海洋捕捞0.17亿元，淡水捕捞0.75亿元，淡水养殖10.23亿元，水产苗种0.63亿元。全区水产品总产量4.61万吨，同比增加3.13%，包括海洋捕捞0.07万吨，淡水捕捞0.60万吨，淡水养殖3.94万吨。水产养殖总面积6509公顷，与去年持平，包括池塘5185公顷，湖泊318公顷，水库393公顷，河沟613公顷，另有稻田1953公顷不计入总面积。创建浙江省级渔业健康养殖示范场9家。（吕泽平）

【渔业养殖】 受新冠肺炎疫情影响，水产品的消费需求被大幅度压缩，导致部分水产品价格低迷。同时，作为上虞区渔业养殖主要品种的南美白对虾因遭受苗种质量问题，养殖产量较上年同比大幅度下降，出现量价齐跌现象，南美白对虾养殖形势严峻。

全区加州鲈鱼、日本锦鲤等高产值高效益的品种的养殖面积不断扩大，地区影响力不断提高。（吕泽平）

【渔业资源修复养护管理】 开展水生野生动物保护执法行动，及时组织救援放生。加强与公安、水利等部门合作，协同检察机关开展渔业资源公益诉讼索赔。在对非法捕捞等案件进行审理过程中，通过采取损害修复，预防、减少对水域生态环境的破坏。2018—2020年，全区已有50余人履行生态环境的司法修复义务，共放回鱼苗2000万尾。

6月6日上午，在湿地公园组织开展“全国放鱼日”增殖放流活动，采用发放宣传资料、媒体报道、现场放流等多种形式举行，旨在尽力修复渔业资源，改善水域生态环境。2020年全年积极开展多次渔业增殖活动，增殖放流点以曹娥江水域、百崧河道、城区河道、浙东引水工程、运河、虞南山区水库、溪河等水域为主。共放流鱼种20万尾、夏花鱼苗1600万尾。（陈　丽）

林　业

【概况】 2020年，全年审批林木采伐证68份，采伐蓄积量993立方米，占下达限额指标蓄积179.5立方米。共审核、办结林地征占用项目26个，使用林地21.4009公顷，其中占用征收林地19.4631公顷，临时占用林地1.9378公顷，收缴森林植被恢复费4080815元。将存在安全隐患和生长不良的10株古树名木列入保护范围，投入财政资金13.6万元。（阮雁飞）

【“爱鸟周”暨野生动植物保护】 受新冠肺炎疫情的影响，2020年野生动物保护月暨“爱鸟周”的宣传活动通过报纸、网络等方式开展宣传，主要有张贴宣传海报、悬挂宣传横幅、展示图片等形式。全年救护野生动物及鸟类27起，其中10起涉及国家二级保护动物，4起涉及省重点保护动物，1起涉及外来物种，12起涉及浙江省一般保护动物。（陈桂君）

【开展野生动植物保护】 与森林公安局、地监大队开展疫情防控和野生动物专项保护行动，全局共出动3251人次，检查野生动物养殖场28家次，农贸市场2925家次，饭店7451家次，印发宣传册2000余册，宣传教育5000余人。根据《浙江省人民政府办公厅关于全面禁止非法交易和滥食野生动物妥善处置在养野生动物的意见》，为扎实推进在养野生动物后续处置工作，绍兴市自然资源和规划局上虞分局对上虞区域内在养野生动物养殖场进行了全面统计，按照野生物种和管理权属进行了归类。对二家梅花鹿养殖场、一家黄缘闭壳龟养殖场根据《浙江省农业农村厅省林业局关于做好纳入〈目录〉畜禽品种和明确按照水生动物管理的物种监管职责交接的通知》，对这两个物种于2020年9月份已顺利完成与绍兴市上虞区农业农村局的相关交接工作。（陈桂君）

2020年6月6日上午，在湿地公园组织开展“全国放鱼日”增殖放流活动（樊坚峰 摄）

果 蔬

【水果产量下降】 全区水果种植面积6133公顷，较上年增1.65%，总产量12.6万吨，较上年减31.7%。因疫情与春节倒春寒影响，水果产量下降较多。（任建杰）

【蔬菜面积略增】 全区蔬菜播种面积14566.7公顷，较去年增4.94%；总产量45.52万吨，较去年增6.58%；总产值7.12亿元，较上年增5.59%。受“新冠肺炎”疫情影响，春季蔬菜销售不畅，推出基地—小区直送等措施，一定程度上缓解蔬菜滞销问题。在梅雨季节及8月上中旬高温干旱时期及时制订下发蔬菜应对不良气候条件防灾措施，指导农户做好防灾抗灾工作。组织参加省精品甜瓜评比，金烨家庭农场的“翠雪7号”甜瓜获得金奖。（俞镇浩）

【茶叶产值增加】 全区茶园总面积2900公顷，与上年持平，茶叶总产量2250吨，较上年减少5.9%，产值14900万元，比上年增加7.07%，其中名优茶产值13500万元，占总产值的90.6%。全年持续推动“觉农·翠茗”公用品牌建设。（张 旭）

农业生态

【无废农业】 完成“无废城市”试点创建相关农业项目建设，其中农药废弃包装物收储仓库标准化建设项目为全市建立可参考可复制模板；秸秆综合利用工作为全市试点项目；密闭式发酵罐推广应用有效解决规模生猪养殖的粪污处置的难题。随着农药废弃包装物和废旧农膜回收处置、病死猪保险联动无害化处置、秸秆收储综合利用体系等项目不断完善，全区已基本形成农业废物资源化利用、无害化处置、绿色可循环发展模式。（徐小燕）

【土壤保护】 全年累计推广测土配方施肥面积48000公顷，推广应用配方肥0.65万吨，配方肥施用面积16666.7公顷。继续做好对全区28个重金属污染定位监测点进行管护和监测。审核标准农田占补（置换）项目5个，总面积26.7公顷。开展土地开发、耕地提质，全年新增耕地面积111.9公顷，新增水田面积31.9公顷，耕地等级提升196.6公顷。（俞海平）

【农作物病虫害防控】 全区开展农作物病虫害统防统治13066.7公顷，绿色防控14533.3公顷。建设省级水稻绿色防控示范区2家，总面积133.3公顷，设立草地贪夜蛾监测点80个，开展病虫害调查800人次，发布《农作物病虫情报》10期。（翁俊雄）

【农村能源治理】 推进农作物秸秆综合利用，新建秸秆粉碎中心5个，现有秸秆综合利用主体22家，全年秸秆综合利用率96.4%。开展农作物秸秆资源台账制度建设和农村沼气工程建档服务，摸清农作物秸秆产生和利用情况，动态了解农村沼气工程运行情况，精准性、高效性开展农村能源技术服务。（方 洁）

【“肥药两制”改革示范农资店创建】 年内，农业中队积极推动“肥药两制”改革示范农资店创建工作。根据省级示范店创建指标，区内5家农资经营单位顺利通过自主申请、区级初审、市级复审、省级综合评估等环节，被评为2020年全省“肥药两制”改革农资店，获得创建经费补助1万元/家，以点扩面，有效助推全区“肥药两制”改革。（赵妙苗）

【农业废弃包装物回收处置】 年内，区财政共安排农废回收处置专项资金486万元，实际拨付486万元。全年全区回收农药废弃包装物1140万个(176.66吨)，处置215.6吨，超额完成任务；回收率198.58%，处置率269.26%，均超过省市考核指标。回收农膜219公斤。（赵妙苗）

农业产业化

【概况】 2020年，上虞区成为浙江省级“互联网+”农产品出村进城示范县。梁湖现代农业园区列入省级创建名单，盖北葡萄省级特色农业强镇高分通过验收，成为继丁宅之后全区第二个省级特色农业强镇。丁宅乡国家级农业产业强镇、永和省级特色农业强镇、章镇省级现代农业园区创建扎实推进。葡萄特色农产品优势区被认定为为省级特色农产品优势区。（章妙芬）

【农业产业化】 制定出台三农高质量发展扶持政策，确定现代农业发展项目11个，涉及投入资金3600余万元。“三丰粮食”“四季仙果新农人”2个省级产业化联合体项目基本完成建设。（章妙芬）

【省级乡村振兴产业发展示范建设项目】 推进“四季仙果”数字产业化发展建设项目，完成示范建设项目实施方案设计评审，农业大数据中心和相关软件设计等信息化建设内容由阿里云计算有限公司中标实施，数字农业综合体、都市农创智谷项目有序推进，盖北葡萄、谢塘梨园两个数字化示范点启动建设，溯源中国四季仙果数字经济平台完成系统搭建，打造数字果园8个。（章妙芬）

农业科技

【概况】 实施基层农技推广建设项目，全年建设高品质绿色科技示范基地6家，实施区级农业产业团队项目3个，组织基层农技人员参加省级培训124人次，推介发布2020年农业主导品种88个、主推技术74项。（罗森林）

【院地合作】 上虞区与浙江省农科院继续开展“院地合作”，实施新一轮院地合作项目13个，涉及项目资金总额645万元。修订出台院地合作项目资金管理办法，进一步规范项目资金管理。（罗森林）

【水稻生产机械化育插秧技术推广】 全区全年完成水稻机械化栽植面积18293.3公顷。与东关街道等6个乡镇街道的粮食(农机)专业合作社、家庭农场签订机插储备秧协议，完成机插早稻储备秧4.6万盘；晚稻储备机插秧2.2万盘，调运9010盘，拨付2020年水稻机插储备秧补助资金32.198万元。（郎春晓）

【各类农业机械新增862台(套)】 全年全区新增各类农业机械862台(套)，其中大中型拖拉机83台，联合收割机36台，粮食烘干机51台，水稻插秧机126台，植保无人机44台，2020年，全区农户共购置各类农业机械862台(套)，合计发放农机购置补贴1678.027万元，受惠农户485户。（郎春晓）

【全区农机动力】 2020年，全区农机总动力拥有量为35.54万千瓦，其中柴油机21.47万千瓦，汽油机1.79万千瓦，电动机12.28万千瓦。大中型拖拉机1029台，合计5.2万千瓦(其中80马力以上大中型拖拉机226台)；水稻插秧机706台(其中高速插秧机538台)，合计0.79万千瓦；联合收割机714台，3.68万千瓦(其中半喂入式联合收割机59台)；谷物烘干机603台，批次烘干能力7323吨。（郎春晓）

【农用无人机飞防植保服务推广】 根据《上虞区农用无人机飞防植保服务奖励实施细则》，对符合条件的

22 家无人机飞防植保服务单位进行补贴，合计奖励资金 196382.5 元，合计服务面积 5237.65 公顷。（郎春晓）

【拖拉机和联合收割机年检年审及上牌发证】 全年年检拖拉机 36 台，收割机 35 台；核发拖拉机牌照 89 副（轮式拖拉机 82 副，手扶拖拉机 6 副，履带拖拉机 1 副），收割机牌照 36 副，跨区作业证 47 本，办理区内过户 5 台（手扶拖拉机 2 台，收割机 3 台）。核发拖拉机、收割机驾驶证 228 本（初次申领 1 本，换证 227 本），注销 4 本，考试考核驾驶员 7 人。（万佳蕾）

【农机安全生产宣教和隐患排查】 全年累计组织开展农机安全生产专题活动 3 次，进村入户宣传 16 次，发放农机安全宣传资料 1000 份，组织永和、丰惠、上浦等乡镇街道召开农机安全生产培训，宣讲农机安全生产、事故应急处理和报废更新等内容。切实开展农机安全隐患排查，加大田间作业安全监管力度，累计组织农机安全巡查 12 次，参加巡查 64 人次，检查农机大户、合作社或家庭农场 88 家次，排除各类安全隐患 25 处。

（万佳蕾）

【拖拉机和联合收割机报废更新补贴】 4 月 9 日下发《关于做好 2020 年绍兴市上虞区农业机械报废补贴工作的通知》，全年定点回收企业规范回收解体高耗能农业机械 451 台，其中大中型拖拉机 432 台，小型拖拉机 6 台，联合收割机 13 台，农业机械报废补偿资金 158.88 万元，变型拖拉机提前报废补贴资金 432.15 万元。

（万佳蕾）

农业行政执法

【农业综合行政执法队成立】 绍兴市上虞区农业综合行政执法队于 2019 年 10 月 23 日挂牌成立，作为绍兴市农业综合行政执法队在上虞区的派驻执法队，承担全区兽医兽药、饲料及饲料添加剂、畜禽屠宰、种子（种畜禽）、肥料、农药、农产品质量、动物卫生监督、植物检疫、渔业、农村宅基地、农机等领域的综合行政执法工作，受理、调处相关举报投诉。

绍兴市上虞区农业综合行政执法队内设 5 个机构，包括综合室、农业执法中队、渔业执法中队、畜牧业执法中队、农机执法中队，进一步充实了农业执法力量，完善农业执法体系。（赵懿懿）

【变型拖拉机专项治理行动】 根据省、市统一部署，自 7 月以来组织开展变型拖拉机专项治理行动，8 月 19 日出台《绍兴市上虞区人民政府办公室关于变型拖拉机限行禁入和提前报废淘汰专项治理行动的实施意见》，组建变型拖拉机专项整治行动领导小组，进一步加大警农联合执法力度，行动以来开展联合执法行动 18 次，出动执法人员 136 人次，检查变型拖拉机 227 辆次。以 6 月 30 日全区在册本地籍变型拖拉机 932 台为底数，截至 12 月 31 日，完成报废注销变型拖拉机 858 台，总体进度达 92%。（万佳蕾）

【畜产品质量安全】 加强养殖、调运、屠宰等关键环节的畜产品质量安全监管。对生猪养殖、调运、屠宰环节尿样抽样 4635 份，其中监督抽检 470 份；对牛羊定点屠宰场尿样抽样 289 份，上述 2 项经“瘦肉精”检测，结果全部阴性，合格率达 100%；对全区家禽养殖场进行禽肉、禽蛋抽样检测，共抽检 8 批次，合格率达 100%。（朱晨晖）

【畜牧执法】 推进基层站点规范化建设，完成机械化屠宰场省级动物检疫申报点示范窗口建设。加大执法检查力度，组织开展动物诊疗机构、生猪屠宰违法行为专项整治行动，加强全区动物诊疗机构管理、规范动物诊疗和职业兽医从业行为，强化生猪调运、屠宰环节的执法监督，严厉打击违规调运、非法屠宰等违法行为，保障全区畜牧业健康发展，维护公共卫生安全。（朱晨晖）

【渔业执法】 2020 年渔业中队累计出动执法人员 500 人次，执法车辆 150 余车次，执法船艇 65 艘次，其中与公安、边防、海事等部门联合检查 35 次，查获各类渔业违法犯罪案件 85 件次，涉案人员 106 人次，其中追刑 47 件，涉案 56 人，行政案件 38 件，涉案 50 人。

（陈　丽）

【中国渔政亮剑"2020"系列执法行动】 年内先后组织开展"中国渔政亮剑'2020'"系列执法行动，建立杭州湾海上治安管理联勤联动协作机制，共开展省联合行动2次，区联合钱塘江行动20余次，收缴各类违规渔具2000余张，查处钱塘江非法捕捞案件15起，检查各类船舶30余艘。组建专业清理队伍一支，2020年共组织清理违规渔具行动50余次，清理区级河道地笼9500余个，流刺网具55张。 （陈　丽）

【渔船安全生产检查及禁渔期执法】 经常性组织安全生产专项执法检查，特别在春节、"五一""十一"等重大节假日、春雾季、秋冬汛、台汛期等重点时期，同时抓好涉渔疫情防控，有效预防和减少渔业生产安全事故，保障人民生命财产安全；禁渔期管理期间，开展"钱塘江流域禁渔"、"幼鱼保护攻坚战"和"伏休资源保卫战"等各项工作，共组织执法检查80余次，出动执法人员500余人次，会同公安机关开展联合执法30余次，查获案件83起，其中行政处罚36件，刑事立案47起，采取刑事强制措施56人。 （陈　丽）

【农业执法】 2020年，区农业综合行政执法队农业中队负责全区种植业行政执法和农产品质量安全监督工作。全年共立案查处农业违法案件8起，监督抽检农业投入品88批次、农产品350批次。 （赵妙苗）

【"绿剑"3+X执法行动】 年内，农业中队组织开展"绿剑"春、夏、秋执法行动、农资打假联合执法行动、农业投入品生产经营专项检查、农产品质量安全专项整治"利剑"行动、限制使用农药专项整治等执法行动。累计出动执法人员331人次，共检查各类农资生产经营单位、种养殖基地113家次。立案查处各类违法案件8起，其中农药3起，肥料4起，农产品1起。合计罚没款27623元，查获农资数量80.12千克。 （赵妙苗）

【农业法律法规宣传】 年内，农业中队在全区开展各类涉农法律法规宣传告知活动。向辖区内各农药店发放《农药实名制购买告知书》，签订《农药实名制购买承诺书》，全区共签订承诺书、告知书320份。通过上虞农资信息化建设QQ群宣传农药、肥料实名制购买，督促农药经营单位做好肥药两制工作。 （赵妙苗）

【农业投入品监督抽检】 全年全区共监督抽检农业投入品88批次，其中农药48批次，肥料15批次，兽药8批次，饲料5批次，种子12批次，完成全年抽样任务的142%。合格86批次，不合格农药1批次，肥料1批次，对抽检不合格样品的单位均进行立案查处。 （赵妙苗）

【农产品监督抽检】 全年全区共监督抽检农产品350批次，其中水果148批次、茶叶13批次、蔬菜189批次，合格率100%。 （赵妙苗）

【植物疫情防控】 全区共规范化建设植物疫情监测点12个（新增3个红火蚁疫情监测点和1个甘薯茎腐病疫情监测点），涵盖全区东南西北各域，监测面积达94.66公顷。开展加拿大一枝黄花防控工作，发生面积共34公顷，比上年秋季发生面积35.07公顷减少3%，科学防控面积34公顷，全面完成防控任务；其中，药剂防除面积3.2公顷，占9.4%；人工清除面积20.6公顷，占60.6%；复耕复种和绿化造林面积10.2公顷，占30%。 （赵妙苗）

【植物检疫】 全年全区共签发调运植物检疫要求书7份，调运检疫证书54份，调运检疫合格种子1087.2吨，合格种苗6800株。共签发植物产地检疫合格证11份，合计包括水稻、大小麦、蔬菜等繁种面积1259.2公顷，生产合格种子730.6万千克；另柑橘种苗繁育面积0.027公顷，生产合格种苗8000株。种子种苗产地检疫监管率达100%。 （赵妙苗）

【种子管理】 全年全区储备救灾种子26.603万千克，其中小麦救灾储备种子3万公斤，早籼稻救灾储备种子10.5万公斤，晚粳稻救灾储备种子13.0万公斤，油菜救灾种子0.103万公斤。发放订单小麦、水稻良种奖励资金3518535元，其中订单小麦良种奖励资金990193元，早稻良种奖励资金917060元，订单晚稻良种奖励资金1611282元，通过"一卡通"发放到户。 （赵妙苗）

【现代种业项目】 年内，区种子管理站完成2016年度、2019年度、2020年度省级现代种业发展项目验收工作。3个项目均由绍兴市舜达种业有限公司负责实施，2016年度项目省补资金150万元(项目实施期3年，2016年底已预拨90万元)，用于高产优质抗病晚粳稻新品种选育、区试站(点)运维、小麦、晚粳稻、瓜菜新品种展示示范；2019年度项目省补资金40万元，用于小麦、油菜、晚稻、瓜菜品种展示示范。2020年度项目省补资金10万元，用于油菜、瓜菜新品种展示示范。

(赵妙苗)

制 造 业

综 述

【概况】 2020 年，全区规模以上工业增加值同比增长 6.2%，高于全市平均 1.3 个百分点，居全市第二。数字经济核心产业制造业 37.74 亿元，同比增长 17.8%，增速及规模均位列全市第一。纵深推进“9+N”“两园”平台建设，进一步激发乡镇工业平台发展活力。新增省定小微企业园 6 个，总量 23 个，列全市第一。永和精亮小微产业园获评省级数字化示范小微企业园，实现“零突破”。抓好发展“窗口期”，加快数字化改造速度，加速数字赋能，厚植竞争优势。紧抓工业互联网平台建设，卧龙、闰土等 4 家企业入选全国工业互联网企业库名录，灏宇科技和瑞华化工成功入选 2020 年度省级互联网平台。年内已建成 5G 基站 1445 个，超额完成年度目标，完成投资 2.21 亿元。着力推进“雄鹰行动”，阳光、闰土入围省第二批“雄鹰培育企业”，34 家企业入选省优质企业（入围数全市第一）。金科日化、上虞京新荣膺省级隐形冠军称号。闰土股份成为区第四家制造业单项冠军企业，京新药业等 4 家企业技术中心成功创建为省级企业技术中心，杭州湾上虞经济技术开发区被认定为国家级绿色工业园区、华孚色纺 3 个产品入围国家级绿色设计产品，卧龙电驱成功入围第二批国家级绿色设计企业。是年，实现规模以上工业产值 1697.57 亿元，增长 6.2%，比绍兴平均高 3.9 个百分点居首位，产销率为 92.6%。从轻重工业看，规模以上轻工业实现产值 431.91 亿元，增长 0.6%，规模以上重工业实现产值 1265.67 亿元，增长 8.3%。规模以上工业增加值 369.39 亿元，增长 6.2%，比绍兴平均高 1.3 个百分点居第二。（徐 旌）

图 6 2016—2020 年工业用电量及增长速度（经信局 提供）

【产业制造业发展】 全年实现新产品产值 739.05 亿元，增长 10.0%，新产品产值率为 43.5%，同比提高 1.4 个百分点。新旧动能加快转换，数字经济核心产业制造业增加值增长 17.8%，比规上工业高 11.6 个百分点居首位，高新技术、战略性新兴、高端装备、装备制造、环保等产业制造业分别增长 8.3%、9.8%、10.7%、8.0%、18.8%，均高于规模以上工业。十七大传统制造业增加值增长 6.6%，其中十大重点传统制造业增长 7.6% 居全市首位。产业升级步伐加快，制造业高质量发展“188”工程扎实推进，新材料产业链“链长制”列入省级试点。化工行业改造提升 2.0 版加快推进，完成“六新”改造 20 家，累计建成数字化车间 11 个，传统制造业改造提升工作获省政府督查激励。杭州湾上虞经济技术开发区创成全国绿色工业园区，先进高分子材料产业平台列入省“万亩千亿”培育名单。

【**大型企业营业情况**】 全区共有规模以上工业企业791家,其中年营业收入50亿—100亿元企业2家,10-50亿元企业31家,5亿—10亿元企业36家,1-5亿元企业186家。营业收入亿元以上企业实现产值1443.48亿元,增长9.3%,营业收入1368.89亿元,增长7.6%,利润总额161.73亿元,增长23.3%,占规模以上工业企业的比重分别达85.0%、86.5%和97.5%。90家大中型企业引领发展,产值、营业收入、利润总额分别占全区规模以上工业的48.9%、46.6%和72.9%。

【**规上企业效益**】 规模以上工业企业实现营业收入1581.85亿元,增长3.9%。利税总额209.45亿元,增长16.2%。利润总额165.91亿元,增长20.6%。企业亏损面为21.0%。营业收入利润率为10.5%,同比提高1.5个百分点。每百元营业收入中的成本为80.6元,同比下降0.6元。

【**节能降耗**】 持续打好节能减排攻坚战,节能"双控"成效明显。全年规模以上工业企业综合能耗178.98万吨标准煤,增长0.8%。万元产值能耗0.1054吨标准煤/万元,下降5.1%。规模以上单位工业增加值能耗下降4.1%。 (徐 旌)

机械装备业

【**概况**】 2020年,全区规模以上机械装备企业202家,实现工业总产值3294633万元,同比增长15.8%。营业收入2868555万元,同比增长8.5%。利税总额410432万元,同比增长35.9%。利润总额318458万元,同比增长38.8%。 (徐 旌)

【**获奖情况**】 卧龙控股集团有限公司获中国制造业企业500强。

浙江世纪华通集团股份有限公司获浙江省100强企业。

卧龙电驱位列"2020年浙江省高新技术企业创新能力百强"榜单42名。

春晖智控获2020中国创新力企业100强。

卧龙电气驱动集团股份有限公司获"2019年度中国机械工业科学技术"一等奖。其参与的"基于典型负载和工况匹配的电机系统节能技术与产品开发"项目,综合技术达到国际先进水平,部分指标居国际领先,填补该领域多项技术及产品空白。

卧龙电气驱动集团股份有限公司获"松睿奖"——2019年度轨道交通机电电机优秀供应商企业奖。

3个项目获省科学技术奖三等奖,分别为:浙江国祥股份有限公司蒸发冷凝式高效螺杆冷水机组的关键技术研究及工程应用,浙江思纳克热流道科技有限公司的轻量化汽车模具针阀热流道系统模块化的开发及产业化项目,以及浙江林江化工股份有限公司3,4,5-三氟溴苯含氟芳香化合物的溴代定位。

浙江晶盛机电股份有限公司获"2019年浙江省人民政府质量管理创新奖",该奖申报企业近三年主要经济指标和社会贡献程度需居省内同行业或同类型组织前列,技术、服务和质量指标达到国内领先或国际先进水平。

春晖集团公司和春晖仪表公司等企业创建第七批绍兴市劳动关系和谐企业。

【**复工复产绿色通道**】 经信局第一时间成立复工审批、检查等六大组,开辟企业提前复工审批绿色通道、制定企业复工审批规程、协调打通产业链及人员返虞等症结问题等。至2月16日,全区规上企业全面完成复工审批/备案,提前一天完成省定复工率目标,位居全市前列。

【**春晖中标绍兴天然气门站及连接线工程**】 9月25日,浙江春晖智能控制股份有限公司以20492730元成交金额中标绍兴天然气杨汛桥门站及连接线工程。

【**"上风高科"一个月研发成果显著**】 浙江上风高科专风实业有限公司,2月14日复工复产,至3月上旬,公司产销已步入正轨。1个月以来,研发团队已申请磁悬浮风机、全生命周期监测系统等23项发明专利。1个月研发成果超上年全年。

【**春晖精密机电创新提升竞争力**】 2020年,因新冠疫情影响，制造业企业受到冲击。春晖精密机电有限公司因体制机制的改革创新，逆势上扬。是年，销售收入大幅增长，人均产出翻了一倍多，实现净利润1300万元，创历史最高纪录。

【卧龙集团优先生产防疫物资】 2月4日，因防疫物资配套产品生产需要，集团公司获区政府特批后提前复工。2月10日，卧龙集团上虞厂区全面复工，返岗员工达470名，复工一周来，已生产1000万元左右的电机产品，第一时间供应防疫物资生产需求。

【世纪华通开展产学研线上对接交流】 4月28日，"2020年武汉理工大学—绍兴市上虞区产学研合作线上对接交流会"举办。邀请武汉理工大学汽车学院、机电学院专家教授，与浙江世纪华通车业股份有限公司进行技术对接与产学研合作交流。

【晶盛机电国内首台硬轴直拉炉再创新纪录】 8月23日，浙江晶盛机电股份有限公司研制开发的国内首台硬轴直拉炉成功生长出首颗8英寸硅单晶。

【春晖仪表突破军品技术难点】 2020年，春晖仪表大力推进新产品研发和科技成果转化，研制出涡轴发动机用的四点、六点热电偶，近50套产品已装机飞行并通过军方鉴定，有望今年批量生产。航天卫星用热刀项目，于8月通过客户鉴定，已小批量供货。三代堆AP1000安全装置氢气点火加热器通过鉴定，获百万元订单。一年中公司共为中航工业集团研制完成新型号产品18项，与军方，配套厂共同完成3个型号6个产品的定型鉴定工作。是年，公司销售收入同比增长14%，利润增长10%。

【卧龙BLDC电机获"浙江制造"认证】 中国质量认证中心(CQC)审核专家组对卧龙集团开展2020年度"浙江制造"认证审核，认定其符合"浙江制造"的评审要求。

【晶盛机电设立"国家级博士后科研工作站"】 经人力资源和社会保障部、全国博士后管理委员会批准，晶盛机电设立"国家级博士后科研工作站"。

晶盛机电创办14年来，以技术创新为发展动力，在"打造半导体材料装备领先企业，发展绿色智能高科技制造产业"使命引领下，聚集大批高智技术人才，形成以教授、博士为核心的技术研发和管理团队。目前，公司在职博士及博士生12人，同时拥有工业4.0方向的省级重点研究院、省级晶体装备研究院、省博士后工作站等研究平台，累计获得专利420多项。

【明新风机进行信息化系统建设】 年内，明新风机投资120万元，设立"明新风机信息化系统建设项目"，项目建设期为2020年3月至2021年12月。主要建设内容：针对公司目前没有信息化系统平台、内部协同和数据共享存在一定障碍的现状，采用云盘存储数据，运用SOlidworks三维设计软件进行图纸设计管理，采用PDM对产品数据进行整合管理，导入MES+ERP进行业务系统管理，打通部门间数据更新和交流渠道，实现办公无纸化、设计标准化、产品BOM数据化。

【卧龙电驱中标国家级应用示范平台项目】 年内，卧龙电气驱动集团股份有限公司接下由卧龙电驱牵头组成的新材料特种电机联合体，共同承担2020年国家新材料生产应用示范平台建设项目"特种电机材料生产应用示范平台"的建设任务，项目总投资达4.93亿元。

（徐 旌）

医药化工业

【概况】 2020年，龙盛入围中国民营企业和中国制造业企业500强。闰土、皇马等3家企业获省发明专利100强。闰土、金科、皇马、国邦等获绍兴市百强企业。是年，全区规模以上企业116家，实现工业总产值6265439万元，同比增长7.8%。营业收入5610877万元，同比下降0.8%。利税总额1095968万元，同比增长11.0%。利润总额898401万元，同比增长15.2%。

（徐 旌）

【企业捐赠】 1月16日，一年一度的和谐基金捐赠仪式在杭州湾经济技术开发区企业协会举行。144家企业现场认捐1613.2万元，认捐数量和金额双双实现历史新高。其中龙盛集团捐赠200万元，闰土股份捐赠150万元，新和成捐赠50万元。

1月28日，金科日化向上虞疫情防控物资保障组捐赠近100桶固体过氧乙酸消毒剂，市值15万元。一桶固体消毒剂25千克，通过A剂、B剂和水的比例配置可调出3吨消毒剂，100桶固体消毒剂可调出300吨消毒液，满足上虞全区所有公共场所的消毒需求。

【新和成23位职工获得有机合成工（四级）证书】 年内，新和成在上虞产业基地举行岗位大练兵暨技能证书等级发放仪式。在绍兴市技能鉴定中心的指导下，通过理论闭卷考试和实践技能操作，白雄等23位职工获得有机合成工（四级）证书。是上虞区第一批企业自主培训考核的技能等级证书。

【龙盛举行"浙江大学—安诺智能制造联合研发中心"揭牌仪式】 7月11日，'浙江大学—安诺智能制造联合研发中心'揭牌仪式在浙江龙盛安诺化学智能制造中心举行。

【获奖情况】 3月26日召开的浙江省制造业高质量发展大会上，浙江龙盛集团有限公司在本次大会中受到表彰，旗下浙江鸿盛化工有限公司、浙江龙盛染料化工有限公司获石化类亩均效益领跑者。

9月28日，"2020中国制造业企业500强榜单"发布，浙江龙盛集团股份有限公司获中国制造业企业500强。

10月26日，"2020绍兴市百强企业名单"发布，闰土控股集团有限公司、浙江金科日化原料有限公司、浙江皇马科技股份有限公司获绍兴市百强企业。

浙江中欣氟材股份有限公司参与的项目《多用途含氟芳香烃高效低碳生产关键技术研发与产业化》获中国商业联合会颁发的"2020年度中国商业联合会科学技术奖一等奖"。

4月21日，浙江省"4·26"知识产权宣传周启动仪式上，浙江闰土控股集团有限公司、浙江龙盛集团股份有限公司、浙江皇马科技股份有限公司入围《浙江省创造力百强企业名单》。

【国邦药业投资兴建生命科技产业园】 总投资50.2亿元兴建的重点项目，共分两期建设，一期300亩，投资26.88亿元。二期200亩，投资23.32亿元。综合仓库预计在5月前完成建筑结顶，6月30日前完成初步验收条件。生产车间预计7月30日前完成建筑结顶，8月30日前具备初步验收条件。动力车间预计8月5日前完成建筑结顶，9月5日前具备初步验收条件。项目完成达产后，可新增销售100亿元。

【3家企业获省发明专利100强】 年内，《浙江省市场监督管理局关于印发2019年全省专利申请量和授权量统计数据的通知》发布，我区2019年有效发明专利拥有量达到2457件，位居绍兴市第一。浙江龙盛集团股份有限公司、浙江闰土股份有限公司、浙江皇马科技股份有限公司等3家公司获2019年全省发明专利有效量100强企业。

【新和成能源计量工作成优秀案例在全国推广】 年内，市场监管总局下发《市场监管总局办公厅关于宣传推广计量助推企业提质增效典型案例的通知》，其中有20家大型企业和10家中小型企业"榜上有名"，上虞新和成生物化工有限公司成功入围，作为计量标杆企业在全国推广。 （徐　旌）

轻工纺织业

【概况】 2020年，华孚获中纺联科技进步一等奖。新天龙等两企业获"纺织之光"2020科学技术二等奖。3家制伞企业获中国制伞十强企业。是年，全区规模以上轻工纺织业203家，实现工业总产值1732331万元，同比下降7.1%。营业收入191112万元，同比下降28.4%。利税总额109307万元，同比下降10.3%。利润总额75462万元，同比下降4.0%。 （徐　旌）

【获奖情况】 12月22日，中国纺织大会上，由华孚时尚股份有限公司、江南大学联合完成的"花式色纺纱多模式纺制关键技术及应用"项目获得2020年中国纺织工业联合会科技进步一等奖，新天龙集团"精油微纳胶囊的设计、制备及其在纺织品功能整理中的应用”、浙江灏宇科技“无甲醛免烫整理剂的研制及其在高品质免烫全棉面料的开发”研发项目均获“纺织之光”2020科学技术奖二等奖。

10月26日,“2020绍兴市百强企业名单”发布,新天龙集团有限公司获绍兴市百强企业。

12月22日,2020年全国伞业年会活动举行,友谊菲诺、天玮雨具、雨中乐3家企业获2019年度中国制伞十强企业,华联印染、恒洋伞业、盛源旅游等5家企业获2019年度中国制伞配套十强企业。

【培训童装抖音营销】 7月8日,汤浦童装协会举办“助力汤浦童装,加快转型升级”抖音营销培训班。培训中31家童装企业电商部负责人和相关人员参加培训。

【举办童装直播大会】 为进一步推动汤浦产业顺应数字技术创新和疫后生活型服务,加速数字化转型升级,支持直播电商发展,做强数字生活新服务,推进上虞数字商贸、智慧商圈发展,9月12日,童装协会举办汤浦童装电商直播大会。此次直播大会共16支直播团队参加了比赛。直播大会的举办,引领童装企业打造多元化电商服务体系,走出了一条“互联网+童装”的新发展之路。

【汤浦童装年产值超25亿元】 有童装加工及相关配套企业近500家,汤浦镇内近三分之一的人口从事童装行业,年产值超25亿元,产品远销海外20多个国家,特别是线上电商行业发展迅速,是年,线上销售额达17.5亿元,占总销售额的70%。 (徐 旌)

照明电器业

【概况】 2020年,阳光、晨辉获绍兴市百强企业,阳光照明成立企业商学院。是年,全区有规模以上照明电器业39家,实现工业总产值505636万元,同比下降2.0%。营业收入479459万元,同比下降4.4%。利税总额88280万元,同比增长20.3%。利润总额81343万元,同比增长22.7%。 (徐 旌)

【晨辉光宝助力疫情防控】 1月26日,晨辉光宝将20万元捐款打人上虞红十字会武汉疫情定向账户,驰援武汉人民战胜疫情。

晨辉光宝科技股份有限公司为全体员工投保新型冠状病毒的公益性意外险。2月11日,1783名员工获3.566亿元的疫情保障。

【阳光与厦大开展产学研合作】 年内,阳光照明与厦门大学开展产学研合作项目的签约仪式在厦门大学举行。此次合作项目为“深紫外杀菌消毒研究及产业化”,项目将为紫外光杀菌消毒应用、对人体皮肤和眼睛的伤害及防护提供技术调研报告,并且对紫外光杀灭细菌、病毒的有效剂量开展实证性研究。

【阳光照明开拓营销新途径订单超5000万元】 3月18日,针对五金渠道直播,销售达到3000万元。3月22日,针对家居渠道直播,销售超过2000万元。

【阳光照明成立企业商学院】 9月10日,浙江阳光照明电器集团股份有限公司举行阳光商学院成立揭牌仪式,并通过网络直播形式发布人才战略规划。一期课程将从9月持续至2021年2月。

【2家企业获绍兴市百强企业】 10月26日,“2020绍兴市百强企业名单”发布,浙江阳光照明电器集团股份有限公司、晨辉光宝科技股份有限公司2家企业获绍兴市百强企业。

【共话数字经济与跨境电商“发展经”】 11月18日,“数字未来,品牌出海”上虞跨境电商产业峰会在曹娥江畔举行。此次峰会由区商务局指导、浙江国贸数字科技有限公司主办、区跨境电商孵化园和电子商务协会承办。此次峰会举办线上线下培训及沙龙活动200余次,帮助企业开设跨境平台账户近100家,实现阳光照明集团跨境电商销售超1000万美元。 (徐 旌)

食品工业

【概况】 2020年,全区食品有规模以上企业12家(含饮酒和茶叶制造业），实现工业总产值 139217 万元，同比下降 4.97%。实现营业收入 96202 万元，同比下降 5.78%。上缴税金 5221 万元，同比下降 11.45%。利润总额 7115 万元，同比增长 38.75%。（徐 旌）

【上虞被命名为省级食品安全县】 年内，上虞区被命名为第三批"省级食品安全县(市区)"。

【3 家食品企业获老字号企业】 年内，上虞香素斋食品厂、上虞区汤浦荣升食品厂、绍兴外婆烧餐发展有限公司 3 家企业被命名为第六批绍兴老字号企业。

【白马湖食品参加第二十一届中食展】 9 月 28—30 日，第二十一届中国国际食品和饮料展览会在上海国家会展中心举办，绍兴市白马湖食品有限公司参展。

【女儿红黄酒营业情况】 绍兴女儿红酿酒有限公司是城东最大的酿酒企业，浙江省食品行业质量管理先进企业。注册商标"女儿红"牌获浙江省著名商标。企业工业总产值 77132.8 万元，营业收入 38338.9 万元，上缴税金 4376.6 万元，利润总额 8020.8 万元。

【绍兴多哈茶叶出口近 1 万吨】 绍兴多哈茶叶有限公司辖 5 家具有出口茶叶标准的茶叶原材料供应基地 8500 亩，是绍兴骨干龙头企业。是年，工业总产值达到 3117.8 万元。（徐 旌）

建筑业

综 述

【概况】 全年实现建筑业总产值1157亿元，同比增长3.8%，增幅位居绍兴全市第一。实现省内产值526亿元，同比增长12.12%，增幅位居绍兴全市第二。实现建筑业税收11.1亿元，同比增长9.9%，再创历史新高。（曾小军）

【年度荣誉】 上虞区被省住房和城乡建设厅、省财政厅考核为优秀县（市、区）。浙江舜江建设集团有限公司被浙江省企业联合会、省企业家协会、省工业经济联合会授予2020年“浙江省百强企业”（96位）和“浙江省成长性最快百强企业”荣誉称号。浙江亚厦装饰股份有限公司、浙江亚厦幕墙有限公司分别被中国建筑装饰协会幕墙工程分会授予“2020年度全国建筑幕墙行业优秀企业”称号。浙江亚厦装饰股份有限公司、浙江舜江建设集团有限公司、浙江舜杰建筑集团股份有限公司、浙江中富建筑集团股份有限公司、浙江江河建设有限公司等5家企业被浙江省建筑行业协会授予“浙江省建筑业新冠肺炎疫情防控工作先进单位”荣誉称号。

【优质工程】 由浙江舜江建设集团有限公司承建的上海市松江区松江南站大型居住社区C-19-16-02地块动迁安置房工程（新晟宝邸），其6号楼于2020年10月28日通过2020年下半年度上海市建设工程“白玉兰”奖现场预评审。该工程位于松江区车墩镇，由4幢商业用房和8幢高层住宅及地下车库共同组成，总建筑面积逾17万平方米，工程造价7亿元。工程于2017年1月开工，2020年9月竣工。其中，此次参评“白玉兰”奖的6号楼工程建筑面积9180平方米，地下1层、地上28层，为装配式剪力墙结构。施工过程中与该项目5号楼工程同时获得2019年度上海市优质结构工程奖。（曾小军）

建筑行业管理

【概况】 年底有建筑企业355家，其中特级企业7家，一级企业43家，二级企业136家，三级企业93家，不分等级和劳务企业76家。在企业资质审核方面，全年共受理企业资质申请47项，其中专业承包三级资质20项、不分等级资质27项。受理企业注册地址等变更事项14项。受理企业资质重组合并分立事项26项。（曾小军）

【建筑企业抗击新冠疫情】 浙江亚厦装饰股份有限公司积极参与武汉雷神山、西安“小汤山”医院项目以及绍兴市防疫隔离安置区项目的建设和捐赠。

【建筑企业廿强】 浙江亚厦装饰股份有限公司、浙江舜江建设集团有限公司、中鑫建设集团有限公司、浙江海滨建设集团有限公司、浙江中富建筑集团股份有限公司、浙江舜杰建筑集团股份有限公司、浙江江河建设有限公司、浙江鸿富建设有限公司、浙江中泰建设工程有限公司、浙江舜峰建设集团有限公司、浙江双堰建设有限公司、浙江上安建设有限公司、浙江康达建筑有限公司、浙江凤山建设工程有限公司、浙江港海建设集团有限公司、浙江宏祥建设工程有限公司、浙江中企建设集团有限公司、浙江信龙建设有限公司、浙江华昇消防机电安装有限公司、浙江纳特智能网络工程有限公司等20家企业被绍兴市上虞区人民政府授予“2020年建筑业优秀企业”称号。

【建筑工业化引领产业变革】 紧扣“十个一”机制，扎实推进建筑工业化产业链“链长制”试点工作，完成编制区建筑工业化专项发展规划和精准招商方案，打造涵盖装配式部品构件设计、生产、项目运用、运营维护的全产业链。新培育PC构件基地1家，建筑工业化生产基地总数达到6家。全年实施装配式建筑项目35个面积166.97万平方米。全装修住宅建筑面积99.32万平方米，全区新建装配式民用建筑占新建民用建筑比例已达30%。实现“浙江省建筑工业化优秀县（市、区）”三连冠。

【市场开拓】 全区建筑业企业牢牢抓住业务这一生存发展之本，通过各种方式加强市场开拓，特别是一批龙头骨干企业，调整和优化市场布局，全面提升区域市场精耕细作能力，进一步扩大市场覆盖面，提高市场占有率，全年业务遍及西藏之外的30个省、市、自治区，进一步巩固“以长三角为龙头，辐射全国”的市场格局。其中，浙江舜江建设集团有限公司着力打造长三角、北方、中西部、大西南四大区域市场。浙江舜杰建筑集团股份有限公司新开辟山东烟台建筑市场，承揽业务7.76亿元。江河建设集团有限公司重点打造贵州、河南、江西市场，计划未来打造施工产值10亿元以上省份4个。

【主编团体标准1项】 浙江亚厦装饰股份有限公司主编的《职业技能考评标准 装配式内装工》T/ZS0119—2020为团体标准。

【参编国家标准2项】 浙江亚厦幕墙有限公司参编的《中空玻璃结构安全隐患现场检测方法》GBT 37784—2019、《建筑幕墙耐撞击性能分级及检测方法》GBT 38264—2019为国家标准。

【参编行业标准5项】 浙江亚厦装饰股份有限公司参编的《建筑室内装配式装修技术规程》DB4401/T 90—2020、《装配式冷弯薄壁型钢房屋施工质量验收标准》T/ZS0076—2019、《超高层建筑玻璃幕墙施工技术规程》TCBDA 33—2019、《室内装饰装修金属饰面工程技术规程》T/CBDA 34—2019、《建筑装饰装修工程施工组织设计标准》T/CBDA 35—2019为行业标准。

【省级工法11项】 获浙江省施工工法6项，其中有浙江亚厦装饰股份有限公司的“装配式装饰墙板施工工法”“整体面层琉晶板吊顶技术施工工法”“柱面装配式装饰施工工法”“亚镁复合内隔墙板施工工法”，中鑫建设集团有限公司的“基于圆台形套筒外墙脚手架组合式连墙件施工工法”，浙江中富建筑集团股份有限公司的“内倾悬挑式斜圆柱大型钢套筒精准预埋施工工法”。获江苏省施工工法5项，其中有浙江亚厦装饰股份有限公司的“瓷砖镘刀铺贴施工工法”“无损结构柱耐久性的饰面施工工法”“室内墙面石材‘干粘法’施工工法”，浙江亚厦幕墙有限公司的“建筑组合幕墙施工工法”“室外照明线管穿单元体幕墙新型施工工法”。

【国家专利820项】 国内发明专利10项，实用新型专利724项，外观设计专利86项。其中浙江亚厦装饰股份有限公司国内发明专利6项，实用新型专利632项，外观设计专利86项。浙江亚厦幕墙有限公司国内发明专利2项，实用新型专利29项。浙江中富建筑集团股份有限公司国内发明专利1项，实用新型专利2项。浙江瑞大建设有限公司国内发明专利1项。浙江舜江建设集团有限公司实用新型专利5项。中鑫建设集团有限公司实用新型专利22项。浙江海滨建设集团有限公司实用新型专利8项。浙江江河建设有限公司实用新型专利9项。浙江纳特智能网络工程有限公司实用新型专利17项。（曾小军）

工程质量管理

【概况】 全年获省级以上工程奖110项，其中国家级36项，省市级74项。浙江亚厦装饰股份有限公司获省政府质量奖，全省仅10家企业获此殊荣。在全国建筑业领域，也是唯一获得省政府质量奖的企业。（曾小军）

【源头管理】 严把图审关，全年完成图审项目285个，对图审发现违反强制性条文的严格按规定进行处理。严把技术交底关，在每个工程开工前，召集建设、施工、监理三方做好重点部位、重点环节的安全质量技术交底。严把开工审查关，对不符合开工制度要求的坚决不予开工。

【过程监管】 常态化开展钢筋等原材料抽检、开展现浇板等混凝土构件实体检测、开展渗漏、裂缝等质量通病防治。全年累计抽检各类规格的钢筋原材料533批次，电工套管12批次，混凝土构件5047个。

2020年省部级以上优质工程一览表

表1　　单位：个

企业名称	浙江亚厦装饰股份有限公司	浙江亚厦幕墙有限公司	浙江康达建筑有限公司	浙江海滨建设集团有限公司	浙江舜江建设集团有限公司	浙江中富建筑集团股份有限公司	浙江舜杰建筑集团股份有限公司	浙江纳特智能网络工程有限公司	浙江华昇消防机电安装有限公司	浙江双堰建设有限公司	合计
鲁班奖	1	—	—	—	—	—	—	—	—	—	1
国家优质工程银奖	2	1	1	—	—	—	—	—	—	—	4
浙江钱江杯优质工程	2	—	—	2	—	—	—	—	—	—	4
上海白玉兰杯优质工程	—	—	—	—	3	2	—	—	—	—	5
江苏扬子杯优质工程	1	—	—	—	—	—	—	—	—	—	1
天津金奖海河杯优质工程	1	—	—	—	—	—	—	—	—	—	1
陕西长安杯优质工程	1	—	—	—	—	—	—	—	—	—	1
上海市用户满意工程	—	—	—	1	—	—	9	—	—	—	10
中国建筑工程装饰奖	24	2	—	—	—	—	—	—	—	—	26
中国建筑装饰精品工程	4	—	—	—	—	—	—	—	—	—	4
中国建筑幕墙精品工程	—	1	—	—	—	—	—	—	—	—	1
长三角金石奖	10	5	—	—	—	—	6	—	—	—	21
浙江省优秀建筑装饰奖	8	3	—	—	—	—	—	1	—	—	12
浙江省优秀安装质量奖	—	—	—	—	—	—	—	—	3	—	3
上海市申安杯优质安装工程	—	—	—	—	—	—	—	—	2	—	2
天津市装饰海河杯	1	—	—	—	—	—				—	1
海南省建筑工程装饰奖	1	—	—	—	—	—	—	—	—	—	1
云南省建筑装饰工程优质奖	1	—	—	—	—	—	—	—	—	—	1
湖北省优良建筑装饰工程	1	—	—	—	—	—	—	—	—	—	1
江苏省扬子杯装饰专业奖	2	—	—	—	—	—	—	—	—	—	2
贵州省杜鹃杯优质建筑装饰工程	2	—	—	—	—	—	—	—	—	—	2
上海市优质结构工程	—	—	—	—	5	—	—	—	—	—	5
江西省优质结构工程	—	—	—	—	—	—	—	—	—	1	1
合计	62	12	1	3	8	2	15	1	5	1	110

【7个质量管理小组获奖】 浙江亚厦装饰股份有限公司高尊108QC小组“自紧式玻璃隔断边框研制”获中国建筑业协会工程建设质量管理小组活动成果大赛Ⅰ类成果奖。浙江中富建筑集团股份有限公司尚隽公馆QC小组“改善剪力墙砼外观质量”、中鑫建设集团有限公司城南医用综合中心QC小组“提高现浇混凝土框架柱观感合格率”、浙江舜杰建筑集团股份有限公司浦迪1号4标(酒店)项目QC小组“提高外墙抹灰面施工质量”、浙江亚厦装饰股份有限公司北极星QC小组“提高墙面钢板安装一次性合格率”、高尊108QC小组“自紧式玻璃隔断边框研制”、丝绸之路QC小组“提高复杂异形不锈钢造型吊顶安装一次性合格率”、玫瑰园QC小组“提高面层整体吊顶安装一次性合格率”分别获浙江省工程建设优秀质量管理小组称号。 (曾小军)

工程安全管理

【概况】 全年辖区新受监建筑工程178项,建筑面积399.8万平方米。监督竣工验收141项,建筑面积284.9万平方米;到年底全区共有在建建筑工程317项,建筑面积916.1万平方米。全年未发生建筑施工亡人事故和工程质量事故,安全生产形势总体平稳。 (曾小军)

【责任落实】 健全各层级抓安全质量工作的责任机制,坚持党委会、月例会研判分析、部署解决安全质量工作,与区内166家建筑业企业签订工作目标管理责任书。

【执法检查】 建立实施中心本级、安质站、安质员三级联动,日、周、月相结合的巡查督查制度,大力开展建筑施工安全质量隐患排查整治活动。全年开展领导带队督查5次、专项检查17次、巡查190余次,共排查整治各类安全质量隐患2800余条。发布安全质量监督通报10期,对16项在建工程的14家施工企业、14家监理公司的14个项目经理、总监以及8家机械租赁、安拆、维保单位作出通报批评。对4项在建工程负责人予以约谈,对48个工地进行停工整治,立案查处安全生产违法案件14起,罚款525.3万元。

【环保治理】 认真贯彻落实“蓝天保卫战”决策部署,把建筑扬尘治理纳入工作重点,坚持源头防控、标本兼治,持续深化大气污染治理。一是加强沟通对接。派专人入驻区蓝天办,对接蓝天保卫行动,及时做好上情下达、下情上报。二是严格落实要求。对全区在建工地严格实行扬尘管理“8个100%”要求,对5000平方米及以上建筑工地落实扬尘在线监测系统和超标报警系统全覆盖。三是强化检查整治。把建筑施工扬尘防治纳入安质员巡查重要内容,常态化开展检查整治。大力开展专项行动,先后组织开展“建筑蓝天一号”施工扬尘治理大检查大整治活动和工程渣土(泥浆)处置管理百日攻坚专项整治行动。

【省市级文明标化工地17项】 浙江海滨建设集团有限公司施工的“上虞区城北68-2地块邻里中心项目”获浙江省安全生产标准化工地。浙江舜江建设集团有限公司施工的“杨浦区58、62号地块商品房项目(1号办公楼)”和浙江舜杰建筑集团股份有限公司施工的“临港05地块”“长风10号南地块项目001”等3项工地分别获上海市文明工地。浙江舜江建设集团有限公司施工的“杨浦区58、62号地块商品房项目(1号办公楼)”和浙江舜杰建筑集团股份有限公司施工的“临港05地块”等2项工地分别获上海市安全生产标准化工地。浙江亚厦装饰股份有限公司施工的“苏地2016-WG-34号地块建造商业、住宅用房项目(2—4号)精装修工程”“金融城西区幕墙施工三标段金融城二期工程、华东石油局办公科研中心装修工程”“南京市高淳人民医院扩建三期工程建设项目装饰一标段(病房楼)”,浙江亚厦幕墙有限公司施工的“天隆寺地铁上盖物业项目幕墙工程”“南京高淳螃蟹产业园中国固城湖螃蟹城项目B1-B3、A1-A8、B4幕墙工程”“南京市环境监测与应急中心项目幕墙工程”,浙江海滨建设集团有限公司施工的“仙林翠谷六期(R区)工程”,浙江舜杰建筑集团股份有限公司施工的“2017-3号地块开发项目一标段”“XDG-2009-66地块住宅项目一期施工总承包”“XDG-2010-03号地块住宅项目施工总承包”“XDG-2009-66地块住宅项目二期施工总

承包”等11项工地分别获江苏省建筑施工标准化星级工地。（曾小军）

勘察设计管理

【概况】 2020年底，有设计资质的企业14家。其中建筑工程设计3家(甲级2家、丙级1家)。建筑装饰工程设计2家(甲级2家)。幕墙专项设计甲级1家。建筑装饰设计专项5家(乙级5家)。建筑智能化设计专项甲级1家。化工石化医药行业设计乙级1家。电力行业变电工程设计、送电工程设计丙级1家。（曾小军）

【施工图审】 全年施工图审项目285个，建筑面积449.5805万平方米。

【2项装饰设计获奖】 由浙江亚厦装饰股份有限公司设计的中国人寿保险股份有限公司山东省分公司营业用房项目精装饰工程四标段(即国寿大厦)和桐乡濮院毛衫时尚小镇时尚中心酒店装修工程分别获中国建筑装饰行业协会颁发的中国建筑工程装饰奖。（曾小军）

房地产业

开发经营

【概况】 2020年,全区房地产开发企业完成房地产投资98.92亿元,比2019年增长9.5%。商品房施工面积593.93万平方米,同比增长41%,其中新开工面积191.07万平方米,同比增长13.7%。商品房竣工面积85.61万平方米。商品房销售面积161.31万平方米,同比增长27.2%,其中住宅销售面积144.16万平方米,同比增长25.7%;商品房销售额238.24亿元,同比增长34.9%,其中住宅销售额218.93亿元,同比增长31.6%,住宅销售套数12185套。全年全区商品房成交均价为14886元/平方米,同比上涨6.3%,其中商品住宅成交均价为15478元/平方米,同比上涨4.2%,非住宅成交均价为10458元/平方米,同比上涨23.2%。(钱一梅)

【楼盘销售】 2020年,上虞区共有25个楼盘开盘预售商品房,预售总面积144.42万平方米,其中住宅129.18万平方米,商业7.12万平方米,写字楼5.54万平方米,其他2.58万平方米。25个楼盘中有16个为新开楼盘,预售面积94.90万平方米,其中,城区楼盘7个,预售面积67.26万平方米,乡(镇)楼盘9个,预售面积27.64万平方米。

截至12月底,全区商品房可售面积为127.94万平方米,其中商品住宅可售面积为67.99万平方米,非住宅可售面积为59.95万平方米。 (钱一梅)

【资质审批】 核定房地产企业开发资质申请65家,其中四级资质25家,暂定资质40家。 (钱一梅)

2020年房地产开发企业资质一览表

表2 单位:万元

序号	申请单位	法人代表	注册资金	等级
1	绍兴市上虞宏盛置业有限公司	赵宝军	8000	四级
2	浙江世邦置业有限公司	赵云囡	5000	四级
3	绍兴市上虞华锋置业有限公司	丁如坤	5800	四级
4	绍兴市上虞财富置业有限公司	阮兴祥	100	四级
5	绍兴通盛房地产开发有限公司	张君尔	2000	四级
6	绍兴市上虞天越置业有限公司	丁建华	5500	四级
7	绍兴上虞金峰置业有限公司	赵锴祥	2000	四级
8	绍兴市上虞区中德置业有限公司	沈国富	1000	四级
9	绍兴汇锦置业有限公司	张明尧	1580	四级
10	绍兴上虞创恒置业有限公司	王　可	2000	四级
11	绍兴市上虞天城房地产开发有限公司	经乐毅	1000	四级

续表 2

序号	申请单位	法人代表	注册资金	等级
12	绍兴市上虞区华孚房地产开发有限公司	孙伟挺	100	四级
13	绍兴市上虞新天龙置业有限公司	吕　城	10800	四级
14	绍兴上虞新都置业有限公司	罗润忠	23800	四级
15	绍兴市上虞区百峰置业有限公司	裘彩琪	2850	四级
16	浙江协诚置业有限公司	韩金山	3000	四级
17	绍兴市上虞区广嘉房地产开发有限公司	王吉尧	1000	四级
18	绍兴市上虞海纳置业有限公司	吴晓燕	10100	四级
19	绍兴市上虞越嘉置业有限公司	沈兰珍	12000	四级
20	绍兴上虞国际汽车机电广场有限公司	石银海	728	四级
21	浙江艾尔威伞城发展有限公司	石青松	610 万美元	四级
22	绍兴祥生弘盛房地产开发有限公司	叶国伟	5000	四级
23	绍兴上虞宝华房地产开发有限公司	孙千尧	5000	四级
24	浙江锦绣四明置业有限公司	徐海刚	2888	四级
25	绍兴上虞瑞灵置业有限公司	杜瑞林	2000	四级
26	绍兴上虞康业房地产开发有限公司	朱庆雄	1000	暂定
27	绍兴瑜杰房地产开发有限公司	王岳千	1000	暂定
28	绍兴上虞创意农谷农业旅游开发有限公司	王恩雨	200	暂定
29	浙江舜杰置业有限公司	陈坤校	19000	暂定
30	绍兴市上虞舜泰房产开发有限公司	钱　琨	1700	暂定
31	绍兴上虞尚杰置业有限公司	杜栋杰	1000	暂定
32	绍兴市上虞亿峰置业有限公司	王灿峰	1000	暂定
33	绍兴鑫川置业有限公司	边学海	1000	暂定
34	绍兴大通购物中心有限公司置业分公司	张君尔	5000.0865	暂定
35	浙江华孚网链投资管理有限公司	孙伟挺	10000	暂定
36	绍兴上虞新马置业有限公司	马剑峰	1000	暂定
37	绍兴上虞闰创置业有限公司	章文松	35000	暂定
38	绍兴上虞言青房地产开发有限公司	许成旺	1000	暂定
39	绍兴锦驰置业有限公司	倪建山	3600	暂定
40	绍兴港兴置业有限公司	恽良波	10000	暂定
41	浙江鸿越置业有限公司	徐国军	5000	暂定
42	绍兴上虞日新置业有限公司	方栋良	680	暂定
43	绍兴市上虞天衡置业有限公司	丁建华	1000	暂定
44	浙江蓝城宏逸有道建设管理有限公司	张法荣	5000	暂定
45	绍兴市上虞金盾华通房地产开发有限公司	周建灿	200	暂定
46	绍兴市上虞星晟房地产开发有限公司	陈海荣	1000	暂定
47	绍兴市上虞金座置业有限公司	杨　辉	6000	暂定
48	绍兴嘉虞置业有限公司	徐海乔	1000	暂定
49	绍兴上虞祥宏房地产开发有限公司	王文强	1000	暂定
50	绍兴市上虞舜兴房地产有限公司	田雨兴	500	暂定
51	绍兴市上虞瑞诚置业有限公司	叶列峰	2200	暂定
52	绍兴上虞百盛置业有限公司	石柏祥	588	暂定
53	绍兴上虞兴树置业有限公司	沈渭兴	1000	暂定
54	绍兴璟虞置业有限公司	纪志远	10000	暂定
55	绍兴市上虞安兴置业有限公司	杨　辉	1000	暂定

续表 2

序号	申请单位	法人代表	注册资金	等级
56	浙江宇石置业有限公司	杨秀明	1000	暂定
57	绍兴市上虞澳凯置业有限公司	沈渭良	1000	暂定
58	绍兴通瑞房地产开发有限公司	张君尔	2000	暂定
59	绍兴骏阳置业有限公司	陈　勇	80000	暂定
60	绍兴港同置业有限公司	恽良波	2000	暂定
61	绍兴上虞佳远置业有限公司	李更美	100	暂定
62	绍兴市上虞金锐房地产开发有限公司	陈　勇	500	暂定
63	绍兴汉龙置业有限公司	杨荣兴	1000	暂定
64	绍兴市上宅置业有限公司	邵国庆	1000	暂定
65	绍兴市上虞诚投置业有限公司	朱良文	1000	暂定

保障性住房

【住房保障】 根据上级文件精神，落实上虞区保障性安居工程年度任务，实际开工棚户区改造货币安置补偿1864套，安置房建设项目680套。实际竣工、交付入住货币安置补偿1864套。（钱一梅）

表 3　2020年绍兴市上虞区棚改计划项目一览表　单位：套/户

序号	项目名称	项目类别	实际开工数
1	曹娥街道高田头居委征迁改造项目	棚户区改造	497
2	曹娥街道梁巷村征迁改造项目	棚户区改造	1367
3	绍兴上虞鸿雁社区—安置房建设项目	棚户区改造	680
合计			2544

【公共租赁住房常态化配租】 全面推行公共租赁住房常态化配租，2020年上虞区新增货币配租家庭177户，其中低保19户，退租家庭12户，截至2020年12月31日，实际在保家庭1085户，实物配租家庭616户，货币配租家庭469户。完成符合条件保障家庭的租金收缴及货币补贴发放工作，全年收缴租金196.58万元，发放租赁补贴193.94万元。（钟子善）

【公共租赁住房资格年审】 根据《上虞区公共租赁住房管理实施细则》（虞政办发〔2015〕59号）文件规定，公租房承租资格实行“两年一审”，区建设局住房保障办联合相关部门对241户公租房保障家庭进行资格年审，符合条件的家庭按规定重新签约，并对不符合条件的4户家庭进行清退。年审通过家庭分别于2020年6月15日、12月7日进行公示。（钟子善）

房地产市场

【概况】 2020年，受新冠肺炎疫情影响，全区房地产项目建设工程周期受到不同程度的影响。以助企“三服务”活动为抓手，重点对年内即将交房的房地产项目及信访矛盾突出的企业进行走访调研、约谈对话。对房地产企业上报的开发楼盘预售价格精准定位、合理定价，加强车位价格管控力度。应对不确定性，提前识别市场风险，结合商品房网签系统，利用大数据，按季度对全区房地产销售情况进行客观分析对比，及时反映全区商品房销售现状。加强全装修管理，根据《浙江省住房和城乡建设厅关于做好全装修商品住宅项目交付样板房管理工作的通知》要求，做好预售许可、销售环节管理，明确装修材料、样板房实施公证，销售合同中明确品牌、规格等细节。根据《关于进一步完善商品房预售资金监管的通知》要求，建好商品房定价机制、强化市场执法监管。继续做好房地产领域违法违规行为的监管，继续保持高压态势，促进房地产市场平稳健康发展。（钱一梅）

【房地产交易管理】 2020全年完成存量房网签交易13266件，面积157.28万平方米，提供上门服务15次。截至12月31日，商品房网签平台上共有网签楼盘192个，1—12月完成网上签约12797次，交易面积149.21万平方米。（钟子善）

【房地产市场管理】 预售资金监管。年内，对商品房资金监管平台进行优化，完善预售资金与房源的匹配功能，在原先“唯一子账户”匹配模式的基础上，新增“房屋编号”识别匹配，确保监管资金规范。资金监管平台中共有142个房产公司(49个预售项目)，其中2020年新增项目60个，共监管预售资金213亿元。

规范市场秩序。针对社会上对有关房地产企业存在恶意抬高房价、捂盘惜售、与中介串通炒作等行为反响比较大的，联合局保障科进行现场检查和约谈，要求限期整改。同时，根据省建设厅《关于进一步规范商品房委托销售行为的通知》精神，自2020年12月起，要求全区在售楼盘及新申领预售的项目出具相关承诺（含开发公司及代理销售机构），承诺在项目销售期间切实规范自身销售及委托销售行为，不以各类名义变相收取“电商费”“服务费”“咨询费”等价外费用，一旦发现问题，立即整改，并无条件退还相关费用。

推进“最多跑一次”。6月2日，推出“房e签”平台，实现商品房交易“零次跑”，成为继杭州之后，全国第二个应用电子签名进行网签备案的城市。11月1日，又推出存量房网签合同电子签，实现区房屋网签交易“零次跑”全覆盖。

对接“浙江政务服务网”。在“浙江政务服务网”和“浙里办”App开通实名查询房屋预订、网签、备案等交易信息的入口，方便购房户实时解所购房屋交易信息，提高交易信息对称性，有效降低因有序网签带来的信访量。

开展不见面审批。2020年新冠肺炎疫情期间，中心窗口工作人员配合不动产登记部门，从正月初十起开始接受网上预约和电话预约，共计办理商品房、存量房不见面审批业务306件。（钟子善）

房产中介

【房地产经纪机构行业管理】 启动年检备案。根据2018年6月《关于规范和加强上虞区房地产经纪管理的通知（试行）》（虞建〔2018〕60号）文件要求，规范经纪机构备案管理，强化经纪活动监督检查。为加强对房地产经纪机构的管理，规范房地产经纪活动，2020年的房地产经纪机构备案及年检工作于2020年度6月3日开始，截至12月底，共有326家符合条件的房地产经纪机构完成备案。

开展经纪机构业务培训。为保证存量房电子签业务的顺利推进，分五期对全区已备案的315家房地产经纪机构（近500人）进行系统化的电子签业务培训。（钟子善）

【绍兴市房地产市场监管系统上线使用】 从2020年12月开始预现售业务在浙江省政务服务“一网通办”的2.0窗口收件平台收件，转到“浙江省房地产监管分析系统”受理审核后直接在网上出证。2020年，上虞区建设局通过“浙江省房地产监管分析系统”总计发放58本预售证和2本现售证。（陶慧军）

物业管理

【概况】 2020年，新缴存物业两金项目31个，其中物业保修金7617.76万元，物业专项维修金5626.41万元，按规定做好物业专项维修资金支取工作，支取资金264.83万元，维修支出项目8个，保修金使用89.74万元；退还物业保修金7个，退还资金724.48万元（本金）。疫情期间，积极收集、审核、整理归档街道提交的疫情补助资料，共补助166个小区，总面积达1194万平方米，补助金额约477万元，成为绍兴首个补助完成的地区。抓好行业管理，完成业委会备案共46个，物业项目备案共47个，物业企业备案29个，物业项目

经理备案 169 个;物业管理用房确定书出具 45 份,物业用房预提 22 间。（钟子善）

【白蚁防治】 2020 年,承接白蚁防治新建项目 113 个,面积 373.71 万平方米,完工 34 个,面积 147.72 万平方米;完成全区白蚁灭治 534 户,计 15.94 万平方米。（钟子善）

【物业两金存取】 完成 2020 年物业两金资金存放银行招标,资金规模约 4 亿元,分 5 个标段,经综合评标,最终由绍兴银行、农商银行、浙商银行、招商银行、杭州银行 5 家银行中标。（钟子善）

【安全管理】 2020 年疫情期间,按照上级要求,收集、编制汇总、上报物业企业疫情相关数据信息,检查物业项目 42 个,查出安全隐患 127 个,其中疫情防控隐患为 40 个。针对疫情防控和日常消防安全,走访上虞 37 个住宅小区和高层大厦。（钟子善）

【物业行业管理】 开展宣传、培训工作。开展安全生产工作、电梯安全、消防安全、业委会选举、物业项目招投标等培训工作,联合区质监部门开展住宅、办公大厦电梯安全巡查。

推进上虞区物业企业信用平台建设,建立绍兴首个物业信用平台。对在本区范围内从事物业服务活动的物业服务企业进行量化评分考核,于 2020 年 10 月,发布信用考核结果,推动守信联合激励、失信联合惩戒工作。

鼓励协会专业力量成立第三方物业服务专业机构。通过政府购买服务,规范小区业委会选举、物业续聘选聘等流程,减少相关投诉、信访等问题的产生。

开展住宅项目物业普查工作,提升小区环境绿化、秩序、安全等管理水平,进一步规范物业管理服务行为,为提高物业服务质量打好基础。

2020 年,组织举办全区社区物业工作者有关物业监督与指导的实务培训,编订并发放《物业管理相关法律法规汇编(2020 年)》《社区物业工作者业务指导实务》各 120 本。

2020 年,先后印发《关于开展 2020 年度上虞区住宅小区优秀业主委员会考评活动的通知》(虞建〔2020〕78 号)、《关于开展 2020 年度上虞区住宅小区物业管理优秀社区工作者评选活动的通知》(虞建〔2020〕79 号)、《关于开展上虞区优秀物业管理住宅小区评选活动的通知》(虞建〔2020〕80 号),对业主委员会、社区工作者、住宅小区进行考评。（钟子善）

表 4

2020 年度上虞区住宅小区优秀业主委员会一览表

获奖情况	获奖业主委员会
一等奖	江南一品业主委员会城市之星业主委员会 闰土嘉和园业主委员会新天龙·文惠苑业主委员会
二等奖	金通华府业主委员会亚厦中央假日业主委员会 绿城桂花园业主委员会上源府小区业主委员会 宝华和天下业主委员会天城花园小区业主委员会 德济苑小区业主委员会舜秀新村业主委员会
三等奖	金通浅水湾业主委员会水尚名都业主委员会 大通佳苑业主委员会亚厦风和苑业主委员会 华维公寓业主委员会大通东方名都业主委员会 宝华家天下业主委员会中富花苑业主委员会 渡江花园南区业主委员会舜江新村业主委员会 卧龙天香西园业主委员会百花庄园业主委员会

续表 4

获奖情况	获奖业主委员会
鼓励奖	滨江 1 号业主委员会高丰家园业主委员会 东城水岸业主委员会广济苑小区业主委员会 多元世纪城业主委员会银河湾业主委员会 南都花园业主委员会振通新村业主委员会 新世纪花园业主委员会凯瑞·米兰公馆业主委员会 星辰首府业主委员会华鸿水岸业主委员会 大通楠苑业主委员会世邦万祥城业主委员会 春江花城业主委员会舜景秀水苑业主委员会 舜杰公寓业主委员会卧龙花园业主委员会 渡江花园北区业主委员会建开花园业主委员会 恒祥苑业主委员会博文新村小区业主委员会 新兴苑小区业主委员会越秀花苑小区业主委员会 流星花园业主委员会

表 5　2020 年度上虞区住宅小区物业管理优秀社区工作者一览表

序号	社区名称	所属街道	优秀工作者
1	德济苑社区	曹娥街道	杨阳、章燕、陶小飞
2	绿城社区	百官街道	张佳丽、何双、陈亚利
3	和城社区	曹娥街道	傅含笑、岑国叶、许芳、任晓豫
4	大通社区	百官街道	高佳璐、朱思珂、王燕芳、陈待捷
5	上源闸社区	百官街道	梁瑞玲、赵敏、蒋玲娣
6	鸿雁社区	曹娥街道	夏梅玲、朱坚盛、叶湘萍
7	高丰社区	百官街道	梁文莉、周灏娜、吴金萍
8	聚英社区	曹娥街道	陆美、钟松青、包春兰
9	星光社区	百官街道	周菁苔、许丹、陈秋丽
10	舜杰社区	曹娥街道	胡锦烽、张芳琴
11	城南社区	百官街道	成明华、张芳、周萍
12	恒利社区	百官街道	陶霞
13	文化社区	百官街道	阮榕榕
14	阳光社区	百官街道	林芳、赵燕、曹文文
15	金桂苑社区	曹娥街道	祝祖英、叶伟忠、叶玲玲
16	曹娥社区	曹娥街道	刘国军、方燕
17	大三角社区	曹娥街道	任红飞、徐小文、潜金花
18	九浸畈社区	百官街道	丁欢喜
19	天祥社区	百官街道	糜娜、张艳珍、金泽英、阊佳英
20	大厂社区	曹娥街道	沈百根
21	越兴社区	小越街道	袁森媛、顾小珍、王煜
22	滨笕社区	章镇镇	姚文林、郑佳妮、叶钢杰、郑秀文
23	平阳山社区	百官街道	蒋桂军

表 6　2020 年度上虞区优秀物业管理住宅小区一览表

项目名称	所属街道	管理单位
天香南园	曹娥街道	杭州绿宇物业管理有限公司上虞分公司
龙山观邸	百官街道	杭州滨江物业管理有限公司上虞分公司
国大花园	百官街道	绍兴大三元物业管理有限公司

住房公积金管理

【概况】 2020 年，区住房公积金中心新增单位 1604 家，新增职工人数 21644 人，净增加 871 人。完成区政府目标任务 216.44%。累计缴存单位 4703 家，总缴存人数 102427 人。全年住房公积金归集 18.52 亿元，完成区政府目标任务 185.2%，扩面净增人数 5558 人，净增率 5.77%，位居绍兴市各县（市）区第一。全年批准符合提取住房公积金共计 15.43 亿元，办理公积金贷款 2278 户，发放贷款 8.84 亿元，住房消费（提取和发放贷款）24.27 亿元，完成区政府目标任务 224.27%。年内，完成增值收益 5996 万元，存贷比 100.72%。

【阶段性支持政策】 疫情期间，为稳妥落实缓缴、停缴、贷款逾期不作逾期处理、二手房申请时限调整、放宽租房提取条件等阶段性支持举措，帮助企业纾难解困，保障职工合法权益。截至 6 月末（政策截止日），已为全区 15 家企业办理住房公积金缓缴，涉及缴存职工 1495 名，累计缓缴住房公积金近 788 万元；已有职工 1744 人享受住房提取额度新政实惠；已办理申请缓缴职工公积金贷款 4 笔，涉及贷款余额 105 万元。同时为缓解公积金资金使用压力，大大缩短职工的贷款轮候期，向市住房公积金中心报请调剂资金和开展公转商贴息贷款业务，其中 1 月申请调剂资金 5000 万元，8 月获批准开展公转商贴息贷款额度 3 亿元，9 月份申请续借 2019 年度调剂资金 1 亿元。

【住房公积金政策调整】 1 月 13 日，虞住金〔2020〕2 号《关于要求调整住房公积金最高贷款额度的请示》，在调研测算的基础上，对区住房公积金贷款计划进行调整；住房公积金贷款以户为单位，双职工最高额度为 50 万元，单职工为 30 万元。9 月 4 日，绍住金〔2020〕19 号《绍兴市住房公积金管理中心上虞分中心开展“公转商”贴息贷款》的批复，绍兴市住房公积金管理中心同意继续开展“公转商”贴息贷款，新一轮“公转商”贴息贷款总规模为 3 亿元，承办银行为工商银行、农业银行、中国银行、建设银行。

【服务效能】 依托长三角住房公积金“一体化”项目，改变以往异地贷款“两头跑”的现状，为三省一市的缴存职工的置业落户提供极大的便利。重新完善对承办银行考核办法，完成年度两期住房公积金资金竞争性存放招标工作，先后存放资金 9000 万元和 1.45 亿元。开展对违规提取和虚假材料申请公积金贷款等的专项斗争，全年未发生骗提骗贷案件，有效确保资金安全。

（贺虞杰）

商贸业

综　述

【概况】 2020年，全区实现服务业增加值477.10亿元，增长6.7%，增速居绍兴市第二位，高于绍兴市平均1.7个百分点，服务业增加值占全区生产总值的45.7%。实现社会消费品零售总额452.41亿元，同比增长3.6%。实现限额以上社会消费品零售总额165.49亿元，增幅2.1%，其中，限上批发业增速为26.9%，限上零售业增速为11.5%，限上住宿业增速为3.4%，限上餐饮业增速为5.7%，其他营利性服务业增速为38.2%。（赵敏淇　任世权）

【夜间经济培育】 根据《浙江省商务厅等7部门关于做好省级夜间经济城市试点工作的通知》，上虞区被确定为浙江省级夜间经济培育城市，曹娥江"一江两岸"夜经济聚集区入围"夜坐标名单"。（赵敏淇）

商贸流通

【概况】 2020年，全区限额以上住宿业营业额为5.83亿元，同比增长3.4%。全区限额以上餐饮业营业额为4.63亿元，同比增长5.7%。（赵敏淇）

【服务业政策奖励兑现工作】 对乡镇、街道和有关部门推荐申报的2020年度服务业政策奖补228个项目进行汇总初审，通过项目资料审核、踏看验收、税务数据核查、中介机构审计、公示等程序，确定奖补项目195个，兑现资金4143.9万元。（赵敏淇）

【服务业项目有序推进】 2020年全区21个重点服务业产业项目，4个列入省重点服务业项目，全年实际完成投资24028万元，完成年度投资目标任务100.01%。服务业民间项目累计完成投资183058万元，增速20.96%，位于绍兴市前列。万悦城商业综合体等一大批项目建设单位克服疫情影响，如期实现年度建设目标。杭州湾上虞经济开发区大学商业街（尚街）、英特集团公共医药物流平台绍兴（上虞）医药产业中心、东山大观度假酒店等5个项目已具形象，绍兴森创工业仓储物流投入运营。（任世权）

【普洛斯上虞物流园入选2020年浙江省物流园区提质增效试点】 根据《省发展改革委关于公布2020年浙江省物流创新发展试点名单的通知》，普洛斯上虞物流园入选2020年浙江省物流园区提质增效试点。（任世权）

【服务业"亩均论英雄"综合评价】 2019年度，上虞区参评规上（限上）服务业企业共计306家，较上年增加11.7%，实际面积为2283.56亩，较上年减少约6.2%；亩均税收为22.7万元/亩，较上年提升25.3%；亩均增加值为94.4万元/亩，较上年提升22.6%。（任世权）

【汽车服务业稳步发展】 2020年，全区共有汽车4S店17家，二级经销商4家，主要分布在小越镇、经济开发区和东关街道。全区已入驻宝马、奔驰、奥迪、上汽大众、通用雪佛兰、通用别克、长安福特、北京现代、上汽荣威、比亚迪、广汽丰田、广汽本田、一汽丰田、吉利、东风风行、东风日产和一汽大众汽车品牌。（陈桂辉）

粮油购销

【概况】 2020 年，切实抓好粮食订单落实，管好粮食储备和物资储备。粮食收购工作获省粮食收购工作成绩突出单位。开展政策性粮食库存大检查，按计划做好全年储备粮和物资轮换。是年，荣获省“粮食五优联动示范县”。按照上虞区发展和改革局、上虞区农业农村局等联合下发《关于做好 2020 年粮食收购工作的通知》（虞发改粮〔2020〕48 号），实现最低收购价政策，早籼谷每 50 公斤 124 元；普通晚籼谷每 50 公斤 130 元；普通晚粳谷每 50 公斤 133 元；籼粳型杂交晚粳谷每 50 公斤 130 元。对交售订单粮食的农户，早籼稻给予每 50 公斤 30 元订单奖励，普通常规晚稻给予每 50 公斤 20 元订单奖励。全区全年落实稻谷订单 96119 吨，其中早稻谷 45599 吨，晚稻谷 50520 吨。共发放粮食预购定金 949 万元，受益农户 121 户。全年共收购粮食 149551 吨，订单履约率 87%，粮食收购量占全年谷物类产量的 42%。

【疫情期间粮油保供稳价】 自疫情发生以来，上虞区出现居民集中购买大米现象，为确保全区粮油供应安全、价格稳定和市场货源充足，动员区内 7 家粮油经营加工企业和粮油批发市场从 1 月 27 日开工生产，增加成品粮油供应，确保全区超市和基层粮油供应网点货源稳定。帮助企业和粮食经营户办理各类通行证 105 本，调入粮食 3000 多吨。区财政补贴一级响应期间采购外省大米给予最高不超过每吨 60 元的补助。

【疫情防控、助力春耕两不误】 及时启动走访和调查工作，在鼓励种粮大户做好疫情防控工作的同时，及早做好春耕备耕工作。出台全年粮食订单政策。引导农户合理安排好全年粮食生产，实现“保面积、优结构”和粮食生产提质增效。提前启动预购定金发放工作，为 121 户种粮大户发放 949 万元订单早稻预购定金，同比上年增长 20%，比上年提早 20 多天，缓解种粮大户资金周转困难。

【获省粮食收购工作成绩突出单位荣誉称号】 根据浙江省粮食和物资储备局文件（浙粮发〔2020〕18 号）精神，经绍兴市发改委推荐和省粮食物资局综合考评，上虞区发展和改革局获得 2019 年度浙江省粮食收购工作成绩突出单位。结合“三服务”活动，及时出台粮食订单政策，让粮农吃下“定心丸”。合理布局收购网点，配足配齐各类机械设施，方便农民售粮。准备好收购所需资金和仓库。

【完成成品粮增储任务】 6 月底，上虞区完成绍兴市下达的新增 2300 吨成品粮储备任务。

【早稻收储工作】 根据省、市早稻订单全覆盖的要求，全区早稻订单签约农户 1458 户，订单早稻种植面积 10.8 万亩，订单数量为 4.56 万吨。全区共落实收购站点 10 个，收购人员 73 人，库 4.6 万吨，资金 1.12 亿元，器材 148 台，粮农休息室 10 间。

8 月 26 日，完成早稻收储任务。全区共收购早稻 3.53 万吨，与上年持平，订单履约率 77%。入库的粮食质量全部达到中等质量标准。全区共支付售粮款 8744 万元，订单奖励款 2100 万元。

【粮食安全生产专项检查】 9 月 25 日，发改局对区粮食收储公司下属粮库（站）及虞北中心粮库建设工地开展安全生产专项检查。检查重点：节日安全值班制度是否落实，仓储基础设施是否存在安全隐患，落实机械使用和存放是否规范，电线及电器设备是否老化或损坏，消防器材是否安全有效等。通过实地检查，职工的安全生产意识较强，安全生产责任制到岗到人；节日值班制度健全；仓储设施设备符合安全要求；消防器材配置，维护情况良好。

【守好“上虞粮仓”端稳“上虞饭碗”】 10 月 16 日，在时代广场启动第 40 个世界粮食暨 2020 年全国粮食安全宣传周活动。活动以“端牢中国饭碗、共筑全球粮安”为主题，旨在以实际行动倡导爱粮节粮，树立粮食安全意识，守好“上虞粮仓”端稳“上虞饭碗”。活动现场还安排爱粮节粮签名、文艺表演、粮食科普知识有奖问答及大米现场品鉴评优等活动。

【晚稻收储工作】 12月30日，晚稻收储工作全面结束，全年共收购粮食14.96万吨，其中国有粮食收储企业收购粮食8.36万吨，其中收购早稻3.53万吨，晚稻4.83万吨。其中订单收购8.28万吨，订单履约率87%。年初及时出台粮食订单政策，扩大订单规模，及时分解落实订单。全年共落实订单9.61万吨，订单农户2640户，发放粮食预购定金949万元。 （叶 舟）

供销合作商业

【概况】 2020年1—12月，全社共实现总经营收入137.78亿元，其中商品总销售86.53亿元，综合效益1.85亿元、上缴税费1.1亿元，其中综合效益比上年增长4.5%，上缴税费比上年下降21.42%。

【年度重点商贸及民生项目】 在做好各类物资供应同时，上虞区供销合作总社（大通控股集团公司）扎实推进重点项目建设，截至2020年底，数创广场、向海商业中心（尚街）项目于年底基本完工，项目招商同步启动；前江社区中心、前江示范性居家养老中心内外装修工程量基本完成。市场提档升级项目——百官农贸市场样板打造，城区农贸市场基本实现国有化管理，顺利完成4个省级“五化市场”、5个省级“放心市场”验收。下管管溪民宿一期项目完成室内装修，开始招商和试运营。

【“十四五”规划编制启动】 2020年10月15日，上虞区供销合作总社（大通控股集团公司）和浙江省发展规划研究院双方签订“十四五”发展规划编制项目咨询合同书。2020年10月以来，专家团队利用一年时间，召开专场座谈调研、点上走访、查阅资料等形式，从面上掌握整个供销系统的全貌，重点了解区社（集团）、社有企业、基层供销社、专业合作社、农合联等发展现状、存在问题、发展思路、目标任务。这是上虞区供销合作社建社以来，首次邀请专业团队共同思考谋划五年发展规划和今后一个阶段的重点任务。

【闲置农房激活三年行动计划完成】 到2020年底，上虞区闲置农房激活三年行动计划完成。三年来，上虞区供销合作总社（大通控股集团公司）通过创新“互联网＋产权交易”模式，搭建“一厅两网”平台，激活鉴证3535幢、面积115.49万平方米，成交金额2.6亿元。建设产权交易大厅，为群众提供农村产权交易受理、报名、交易、鉴证、抵押登记一站式窗口服务；开发建设“上虞产权交易网”，成为上虞区唯一一个提供各类产权交易审核、发布、竞价、鉴证等全流程服务的区级平台；打造“乡路网”，依托“阿里云”自主开发“乡路CountryRoad”网站，喊响“挑百万农宅、享田园生活”口号，将自然禀赋优、区位条件好、激活意愿强的闲置农房、闲置资源上传至乡路网集中宣传、推介，三年激活100万平方米目标任务超额完成。

【消费扶贫】 2020年3月，大通电商上虞馆实体店先后入驻“美团外卖”平台，店铺商品列表设立扶贫农副产品专区，四川阿坝州小金县、丽水景宁、衢州地区等牦牛肉、沙棘、菌菇等50种对口扶贫地区的农副产品新鲜上线，上虞市民可“足不出户”选购扶贫农副产品，实现扶贫农产品线上线下销售，为贫困地区农产品销售注入新活力。通过“电商＋直播”的方式，贫困地区农产品先后进驻抖音、京东等社交直播平台，并在淘宝平台开启扶贫农副产品“直播带货”电商首秀。2020年度，上虞区供销合作总社（大通控股集团公司）完成3900万元年度消费扶贫任务。

【全区首个农贸市场果蔬皮就地资源化处置站】 2020年5月15日上午，区首个农贸市场果蔬皮就地资源化处置站在百官农贸市场成立。该站易腐垃圾日均处理量为2.5吨，易腐垃圾减量率达到90%左右，可实现易腐垃圾减量化和无害化处理，产生的有机肥与农场、林场对接，实现易腐垃圾资源化处置，有效减少菜市场易腐垃圾存量，避免二次污染，减轻后端处置压力。在推进生活垃圾分类工作中，上虞区供销合作总社（大通控股集团公司）积极推进和完善农贸市场生活垃圾分类配套设施建设，打造生活垃圾分类减量示范点。

【全国供销总社主任喻红秋一行到上虞调研】 12月10日下午，中华全国供销合作总社理事会主任、党组副书记喻红秋一行到上虞区供销合作总社（大通控股集团公司）调研。调研组一行实地走访南丰社区中心（大通养老公司）、大通购物中心、供销e家大通电商扶贫馆、百官供销社（大通滨江商城）、滨江农贸市场等地，对上虞区供销系统近年来在服务乡村振兴、促进农民增收、助推消费扶贫、抗疫保供等改革发展工作及取得的成绩给予肯定。

【数创商业广场启动建设】 数创广场位于上虞城西e游小镇核心区块，用地面积32636平方米，建筑面积119258平方米，商业改造总面积20000平方米，项目总投资4819.69万元，由上虞区供销合作总社（大通控股集团公司）下属全资运营公司绍兴上虞滨江商城有限公司负责设计、策划、建设、招商及后续运营等。

【上虞区农合联第二次会员代表大会召开】 12月24日下午，上虞区农民合作经济组织联合会第二次会员代表大会召开，标志着上虞区生产合作、供销合作、信用合作“三位一体”改革工作迈上新征程。会议审议通过《上虞区农合联第二届会员代表大会选举办法（草案）》，选举产生区农合联第二届理事会理事长、常务副理事长、副理事长、理事，监事会监事长、监事，农合联执委会正副主任，审议通过区农合联第一届理事会、监事会工作报告和《上虞区农合联章程修正案决议（草案）》。

【8天时间完成进口冷链食品集中监管仓建设】 2020年12月10日，按照全国进口冷链食品疫情防控的需要，根据省委、省政府的统一部署，绍兴市委市政府决定在位于越城区沥海街道八一丘的海涂棉站设立面向全市的进口冷链食品集中监管仓，由上虞区供销合作总社（大通控股集团公司）承担这一建设重任。12月24日交付完工，仅用8天时间，上虞区供销合作总社（大通控股集团公司）新建完成钢结构650平方米、恒温库房1000平方米的监管仓。

（张炯华）

烟草专卖

【概况】 2020年，上虞区全年实现卷烟销量34109箱，同比增长3.08%；销售额16.99亿元，同比增长5.18%；毛利4.83亿元，同比增长6.13%；单箱销售额4.98万元，同比增长2.04%。自3月起，社会销量总体呈上升趋势，社会库存大幅下降；可销天数从38.95天下降至13.53天；卷烟价格涨幅明显，有效提振消费，盘活市场。终端建设量质齐升，全年建成香溢合作店30家，累计完成57家；新建、升级、改造现代终端342家，累计完成1262家。平台运营深化落地，双屏机安装使用534家；香溢通使用面达27.38%；支付宝聚合支付结算比例达57.69%；零售客户移动平台使用率达71.94%。

【专卖管理】 全年共查获案件1067起，案件增幅94.17%；查扣卷烟23926.1条，案值584.23万元，其中5万元或5件以上案件33起，注销重点籍8户，查获违法违规大户案件50起，取缔违法违规大户11户。深化“五眼”工具应用，强化数据驱动监管，打假破网再突破。全年破获本土追刑案件2起，涉案金额分别为30余万元、70余万元，本土追刑4人。

【依法行政】 全年共新办许可证607本，延续992本，注销490本，保有量5362本，处理案件885起，在此期间无行政败诉、复议撤销案件、有责投诉事件发生。

（徐 婷）

休闲服务业

【概况】 组织区内大通购物中心、上百万和城、大通商城、一百商城、万达广场等大型商场开展“五一”狂欢、“6·18”大促和年中庆等形式多样的促销活动等。

持续打响“浙东新商都”品牌第十二届浙东新商都（上虞）金秋购物节，着眼城市功能与品质提升，培育新兴消费理念，采取日间与夜间结合，线上与线下互动，突出做深上虞“夜间经济”主题，共举办主要活动有17项活动。

【春节】 据对大通购物中心、大通商城、上百万和城等8家商贸企业监测，春节黄金周期间共实现销售收入8668.03万元，同比下降46.92%。主要原因是受新型冠状病毒疫情影响，响应政府防控相关要求，客流量逐步减少，同比下降幅度比较大。春节期间，商务局组织各大商场积极备货、充足货源、稳定物价，特别是保障民生商品的供应。

【"五一"消费市场】 5月1—5日，据对大通购物中心、大通商城、上百万和城、一百商场、万达广场、大润发6家重点流通企业监测数据显示，共实现销售收入8187.22万元，上年同期9018.91万元，同比下降9.22%，其中超市实现销售收入1849.74万元，同比下降8.39%，市场活力较上年同期有所下降。据监测数据分析，一百商城实现正增长，销售收入较上年同期增长2.92%；大通购物中心、上百万和城基本与上年持平，销售收入较上年同期分别下降2.67%和1.83%；大通商城和万达广场下降比例较大，较上年同期分别下降29.64%和19.06%。汽车4S店中，高档车消费较上年同期下降幅度较大，宝马、奔驰、奥迪3家汽车4S店五天销售额2800万元，同比下降22.75%。加油站中，曹娥加油站和马家桥加油站5天分别实现销售收入50.1万、75.2万元，较上年同期分别下降25.9%和31.8%，由于今年油价低于上年同期，实际加油量达到上年的90%—95%之间。

促销活动情况：结合绍兴开展的1.8亿元消费券活动和该区开展的"促销费提信心十项活动"，众商家利用5天假期举行各种促销活动。

消费热点情况：服装、黄金、家电等商品成为热销商品。

餐饮住宿情况：7家餐饮企业转型中大打"亲民牌"，调整菜品价格、控制成本、减少高档菜，顺应餐饮行业大众化、亲民化发展趋势。通过对开元、雷迪森、舜泉(4家)、煌中煌7家大型餐饮酒店监测，实现销售收入为751.5万元，同比增长11.1%。其中开元大酒店增长75%，舜泉和雷迪森分别下降11.3%和11.9%，煌中煌基本持平。 (陈桂辉)

【举办第十五届汽车文化博览会和第十六届汽车文化博览会】 第十五届浙东(上虞)汽车文化博览会2020年6月25—27日在石狮商贸城7号门口广场举行，20家汽车销售企业参加，参展汽车品牌近30个。因车补的刺激，三天车展共销售616辆，销售额达到1.2亿元，总销量比上届翻一翻。第十六届浙东(上虞)汽车文化博览会2020年10月1—3日在石狮商贸城8号门口广场举行，车展现场20家参展单位，近30个汽车参展品牌，车展三天累计销售汽车427辆，累计销售额为8900多万元。

【中秋国庆黄金周】 2020年中秋国庆黄金周，根据对大通购物中心、上百万和城、大润发超市等7家企业的监测，中秋国庆8天共实现销售收入10352.5万元，与上年同比增长23.86%。

中秋、国庆双节同庆，同时正值该区举办第十二届浙东新商都(上虞)金秋购物节。9月30日晚，购物节开幕式在万和城中庭热力开启。上百万和城8天共计实现销售额3523.62万元，同比增长31.69%；大通购物中心8天实现销售额3057.8万元，同比增长12.51%；大润发超市8天实现销售额580.9万元，同比增长3.33%。

为期3天的第十一届石狮家装节，家居建材、软装家电类商品100多品牌参加此次家装节，展厅及商位共计签单4858单。

根据对上百万和城、大通购物中心、大润发超市和永辉超市4家企业的监测，夜间消费共计实现销售额2439.66万元，占总销售额的32.88%，与上年同期相比增长18.89%。节日期间，夜游曹娥江、柠檬夜市、风情街夜市等活动的举办带动虞城"夜游""夜购""夜赏"，夜间经济培育成效进一步显现。 (陈桂辉)

盐务管理

【概况】 2020年，上虞区共销售各类盐品12116.82吨，同比减少36.50%。盐产品销售总额1184.54万元，同比减少34.57万元；非盐商品销售总额195.18万元，同比减少60.67万元。

【食盐储备管理】 年内，为加强食盐储备管理，规定区政府食盐储备由绍兴市盐业有限公司上虞分公司承担，食盐储备采取滚动储备方式，及时轮换，一年不少于2次，确保储备食盐在保质期内，轮换期间储备数量不少于当年储备计划。区政府食盐储备实行专仓储存、专人管理、专账记载、挂牌明示，按品种、数量、质量、进出库时间单独建立账卡档案，做到区政府食盐储备账账相符、账表相符、账卡相符、账实相符。

【做好"三农"服务工作，保障"两菜"腌制供应】 着手做好腌制用盐调运、储备工作。同时，上虞分公司密切关注榨菜种植情况，组织相关人员开展调查摸底工作，走访农业龙头企业了解他们的销售状况；走访盖北镇各村腌制大户倾听他们对去冬今春的榨菜形势估量和看法。在此基础上作出腌制用盐计划，及时报省专营公司调整腌制用盐的调运。（胡德方）

电子商务

【概况】 2020年，全区实现网络零售额85.1亿元，同比增长4.9%，增速居绍兴市6个县市区第4位；完成快递业务量6907.8万件，同比增长29.9%；实现快递业务收入53020.8万元，同比增长15.2%。（顾方颖）

【农村电商】 进一步整合农村电商服务资源，完善区、镇、村三级电商服务网络体系，加强电商培训、物流快递、供应链、政策资源对接、服务功能引进等。一是扎实做好站点日常管理和考核工作，整理更新归档资料，做好各站点资料梳理、登记工作，根据各站点的实际运作情况进行考核；二是对站点站主进行全面系统的培训，全年共召开集中培训2次，培训人次300余人，同时对部分站点站主开展一对一专项培训；三是依托上虞馆平台，通过服务站进行农产品直播带货，鼓励各服务站点代销本村特色农产品，增加销售渠道。

【电商荣誉】 小越街道获评首批省级现代化商贸特色镇，崧厦街道潘韩村获评商贸发展示范村。汤浦镇舜岸村等12个行政村获评2020年度省级电商专业村，汤浦镇获评2020年度省级电商镇。汤浦镇舜岸村等4个行政村获评2020年度省电商示范村，西湖村农村电商服务站等2个服务站获评省示范服务站。绍兴毕方数字科技有限公司（麒麟阁）获评绍兴市跨境电商人才培训基地。汤浦童装城电子商务创业园、上虞驿淘电商产业园获评绍兴市直播电商重点培育基地，浙江小城画画文化传媒有限公司获评绍兴市直播电商重点企业。

【电商扶贫】 继续坚持"主动对接、主动争取、主动融入"的工作态度，整合线上线下渠道，积极主动地参与东西部扶贫协作和山海协作等重点工作。继续依托"政采云"平台，通过"互联网＋政府采购"模式，拓展扶贫地区农产品销售渠道，实现扶贫产品与城市消费者需求的高效对接。继续开辟销售专区，新建东关、丰惠、沥海、崧厦、大三角、城北邻里中心6个扶贫专柜。风情街供销扶贫馆与浙江援疆指挥办合作，设立"十城百店"援疆专柜，阿克苏苹果、库尔勒香梨、红枣、骏枣等20余种产品实现"零门槛入驻"无偿展示展销。继续拓展线上销售，与农业银行合作，引导四川小金金舜公司在农行平台上开设小金扶贫专馆，利用金融平台和其客户群进行扶贫产品的推广；积极响应消费扶贫号召，做好省"扶贫832"平台的入驻准备工作，预计2021年在"扶贫832"平台上开设扶贫馆。2020年度累计实现扶贫产品销售1377.6万元。

【电商培训】 依托麒麟阁电商孵化园、驿淘电子商务产业园和汤浦童装城电子商务创业园三大园区，全区累计开展各类电子商务培训32场次，普及电子商务知识3500人次以上。（顾方颖）

中介服务业

法律服务

【概况】 截至2020年12月，全区共有律师事务所15家，法律服务所8家，执业律师168名，法律服务工作者42名。律师行业共办理各类案件6498件，业务收费10457万元；基层法律服务行业共办理各类案件904件，业务收费527万元。全年法律援助中心共办理法律援助案件1190件，其中民事案件637件，刑事案件553件，值班律师提供法律帮助1600余人次，出具认罪认罚具结书1092份，为当事人挽回经济损失或取得利益3000余万元；共为来电、来访当事人提供法律咨询4007次。 （杨炜香　章丽丹）

【疫情期间专项法律服务】 一是成立上虞区防控新冠肺炎疫情律师公益服务组，整理公布上虞律师库，随后开展线上服务及实地走访企业工作，宣传防控和疫情相关的法律法规和政策措施，引导广大企业主和员工积极应对、科学防控疫情，出具专业法律意见。公益服务组成员干银菲律师走访企业的事例在《上虞日报》刊登报道。二是制定公布上虞区司法局《关于在新冠肺炎疫情防控期间为全区企业开展专项法律服务的通知》，上虞律师行业针对企业在疫情防控管理、突发重大疫情过程中招聘员工、延迟复工期间薪酬发放、职工劳动关系解除、疫情防控引起的合同瑕疵履行等由于疫情引发的事项开展专项法治体检服务，并出具相应的企业法治体检报告单，撰写复工复产法律服务企业案例，为企业提供精准有效的方案，及时化解企业法律风险。三是多家律所发挥专业优势，撰写发布法律政策解读指南，如北京盈科（绍兴）律师事务所、浙江泽厚（绍兴）律师事务所、浙江振才律师事务所均通过微信公众号发布企业复工指南，以供用人单位参考。企业应对疫情法务手册《上虞区企业应对疫情法律知识百问百答》，解释政策法规，帮助企业渡过难关。 （杨炜香）

【“教育整治年”活动】 2020年，区司法局在全区律所、律师中组织开展以职业道德和执业纪律为主要内容的“教育整治年”活动。

年初，制定发布《全区律师和基层法律服务行业“教育整治年”活动方案》，开展法律服务队伍思想政治、党纪法规、职业道德和执业纪律教育，践行司法为民、执业为民理念，深刻反省违法违纪突出问题，抵制法律服务人员拜金主义、逐利违法现象，规范执业行为，端正执业理念，净化行业风气，维护行业形象。8月，专题开展律师行业违规违纪行为查处集中攻坚行动，通过回访当事人、到法院调阅案卷、在中国裁判文书网筛查、比对委托人信息及到市场监管局查询律师违规兼职信息4项核查。在掌握线索的基础上，9月以局领导班子成员分片联系的方式，督查全区23家法律服务机构开展活动及规范执业情况，并对查实的问题及时下发责令整改通知书，督促律所、律师整改落实。建立和落实“研判分析、执业准入、道德纪律培训、风险提示、服务回访、案卷倒查”等10项制度，确保行业教育监管制度化、体系化、常态化。 （杨炜香）

【“律师回乡·依法治理”工程】 组织开展“律师回乡·依法治理”工程，引导全区执业律师回村（社区），努力发挥职业特长，当好“四大员”，努力营造基层办事依法、遇事找法、解决问题用法、化解矛盾靠法的良好法治氛围，全力护航基层治理现代化推进。全年律师回归584次，提供法律意见和咨询485次，参与矛盾调解143次，组织法治宣传课堂62次。（杨炜香）

【法律援助】 重新筛选、调整充实刑事辩护全覆盖法援助律师库和认罪认罚从宽法律帮助律师库，做好优质人员保障。建立法律援助中心窗口律师值班制度，保证矛调中心群众来电来访咨询质量。出台《上虞区法律援助经费使用管理实施细则》，提高法律援助案件办理补贴，切实保证律师、法律工作者办理援助案件的积极性。落实《浙江省法律援助案件质量标准化管理规定》进一步规范法律援助管理，完善法律援助各个环节，实现“咨询接待、申请审查、案件受理、案件指派、承办监控、结案归档、补贴发放、投诉处理”规范化，组织参加法律援助业务知识培训，提高法律援助工作人员的业务素质，提升法律援助服务质量，通过听庭、电话回访等形式，提高法律援助案件满意率。推进法律援助综合业务平台建设，提高法律援助信息化水平。（章丽丹）

【特定领域法律援助服务】 针对特定群体特点，开展“法援惠民生扶贫奔小康”品牌活动。法律援助“绿色通道”建设，为残疾人、老年人、外来务工人员和军人军属等群体开辟法律援助“绿色通道”。关爱军人军属和退役军人，在区退役军人事务局新设法律援助工作站。对符合法律援助条件的当事人，落实“四个当场”的工作制度，对符合条件的相关人员提供公证、司法鉴定法律援助服务。开展农民工讨薪法律援助专项行动，以法律援助助力“上虞无欠薪”行动，共计为农民工讨薪提供劳动仲裁法律援助484件，法律文书代书200件。开展律师妈妈团系列活动，发动律师妈妈们通过法治宣讲、法律咨询、法律援助等公益法律服务方式，开展有益于未成年人成长的公益法律活动，承担社会责任，为未成年人共织一张“法治防护网”。开展夕阳护老活动，活动开展以来上虞区法律援助中心共承办赡养法律援助案件6件，为老年人提供其他类法律援助59件。（章丽丹）

公证服务

【概况】 2020年，绍兴市上虞公证处围绕各级司法行政机关和上虞区委区政府部署的各项中心工作，办理公证事项56415件（其中：国内公证事项55754件、涉外公证事项661件），司法辅助9740件。

【助力社会经济复工复产】 新冠疫情后，上虞公证处接力“支小再贷款”发放，开设复工复产公证“绿色通道”。为避免集聚造成感染风险，运用现代通信手段和互联网技术，构筑公证“不见面”服务体系，用半天时间办理绍兴市首例钉钉群择岗保全证据公证。

【围绕中心工作献计献策】 公证“法律顾问”围绕政府决策重点、民生工作热点和维稳工作难点，发挥预防纠纷的第一道防线作用。年初，协助辖区百官街道办事处调解的被征迁户诉区人民政府38件行政诉讼案撤诉。公证法律顾问发挥保全证据公证、熟悉固定证据的案审程序、法律适用准确等专业优势，协助政府参与诉讼论证，给出明确的建议意见，年内，共参与讨论行政应诉案件17次46件，涉及政府征收补偿安置、土地确权登记等方面。

【服务行政（执法）活动】 7个部门20个镇街与上虞公证处签订公证服务行政活动（执法）的战略合作协议，实现乡镇全覆盖。全年上虞公证处全面参与辖区土地征收工作。从土地征收项目的论证、户情分析、征收政策制定到全程跟进全区集中签约，将公证职能融入事前防范、事中分析、产权界定的全过程，推动公证从阶段覆盖到全面覆盖。用5天时间完成新建庄村、外五甲村900余户保全证据公证案件，在征收工作现场办理涉及继承、分家析产等公证5764件。新建庄村、外五甲村项目通过公证预先介入房产丈量评估的保全产权界定、户情分析，依法排除不能认定征收补偿房屋面积超4000余平方米，节约征收成本近6000万元。

【减证便民】 开通在线公证平台，“线上办、网上办、掌上办”，以零接触方式惠及更多办事群众，实现“足不出户，公证到家”；利用司法局设置的视频会见系统，办理首例服刑人员视频委托公证；免费为80岁以上老人免费办理遗嘱公证，70岁以上减半受理，当年共计减免办理遗嘱公证64件。

【帮扶企业解困】 对存在较大社会和经济稳定隐患的涉众、涉企事件提供法律咨询、代为起草处置方案等系统性专业公证服务，通过涉事企业公章保管监督、款项提存监管、参与接盘重组谈判等综合服务“组合拳”方式，配合政府及相关部门为各类困难企业设计解困路径。截至年末，参与企业解困计10余家，处理债权债务近百亿元，涉及购房户2000余户、商业摊位1200余个，涉案债权债务56亿余元。 （冯蕴兰）

中介信息服务

【概况】 2019年，开展区“双查双保”中介监管标准化国家级试点并高分通过终期验收，2020年，不再开展该项工作。进行“十佳一差”中介机构评选。

【“十佳一差”中介名单】 根据《关于印发〈上虞区“十佳一差”中介机构评选办法〉的通知》（虞中介整〔2018〕5号）文件精神，区整顿规范社会中介组织工作领导小组办公室对参与上虞区政府性“三资”（资金、资产、资源）管理执业服务的中介进行评选，并通过网站平台向社会公示，最终确定2020年度“十佳一差”中介名单。

“十佳”中介（10个）：浙江同济工程管理有限公司、中纬工程管理咨询有限公司、宁波市交通规划设计研究院有限公司、浙江省水利水电勘测设计院、浙江华康工程管理有限公司、浙江智杰建设管理有限公司、浙江省环境科技有限公司、绍兴天马联合会计师事务所、浙江聚森检测科技有限公司、宁波市科迪建设工程施工图审查中心

“一差”中介（1个）：华汇工程设计集团股份有限公司上虞分公司。 （叶　舟）

旅游业

综述

【概况】 2020年,曹娥江旅游度假区根据区委区政府提出的"创建国家级全域旅游示范区和国家级旅游度假区、跻身省级旅游度假区前十强"的总目标,紧抓全省争先创优建设"重要窗口"的契机,突出"一湖两镇"重点区块建设,辐射"三大走廊"全域旅游发展,重抓"水上""岸上""晚上"三篇文章。

【品牌建设】 通过省级旅游度假区2017—2018年度考核,创建省级旅游风情小镇、全国乡村旅游重点村、省级优质综合公园等各1个,推出精品乡村旅游线路3条,打响"诗画曹娥江"旅游品牌。 (郑佳思)

行业管理

【《上虞区旅游突发事件应急预案》印发】 为迅速有效处置上虞区旅游突发事件,提高各类旅游突发事件应急处置能力,保护旅游者生命财产安全,维护旅游市场公共秩序,促进旅游事业发展和"平安上虞"建设,于4月16日印发《上虞区旅游突发事件应急预案》。

【举行"安全生产月"专题培训暨安全应急演练】 绍兴市上虞区文化广电旅游局于6月29日在上虞国际大酒店1号会议室举行"安全生产月"专题培训,在上虞区百官新花丽都娱乐俱乐部举行安全应急演练活动。培训内容:1. 消防安全培训(日常安全管理知识、隐患处置及逃生讲解),由区消防救援大队授课;2. 消防灭火器使用演练;3. 火灾现场逃生疏散演练。

【上虞宾馆获"传承奖"】 绍兴市文化广电旅游局于9月26—27日于绍兴大禹开元观堂举办绍兴南宋文化主题宴展示活动暨绍兴市旅游饭店服务技能大赛。上虞宾馆获"传承奖"。 (陆佳锋)

旅游资源开发与建设

【概况】 2020年,曹娥江旅游度假区围绕"一体两翼,三大走廊"的发展构想,重点突出皂李湖区块、孝德文化小镇、瓷源文化小镇、东山区块重点区域建设,重抓招商引资、项目投资和要素保障,全年引进市外内资2.02亿元,完成政府项目投资14.58亿元。 (郑佳思)

【招商引资】 以推动项目落地为主线,积极"请进来、走出去",组织赴昆明融创文旅城、上海国际旅游度假区等考察交流,多次对接融创、华侨城、中港旅、格力等投资商。签约1亿元以上文旅项目10个,总投资59.5亿元,其中度假区本级8个,总投资46.5亿元;挂牌出让土地4宗,开工重点文旅项目5个。 (刘 斌)

【皂李湖风情旅游度假区】 皂李湖周边天然气管道工程、皂李湖周边弱电综合管线工程进场施工;黄潘路道路排污工程完成形象进度的80%;虞东河湖综合整治工程完成形象进度的90%;潘家陡至皂李湖村道路二期及配套工程(给水工程)完成前期准备工作;皂李湖景区配电工程完成可研、初设。

皂李湖区块征迁安置工程总投资4.8亿元，是为皂李湖区块开发而实施的配套征迁工程，已完成潘家陡村刘家、罗大湾、澜岭口3个自然村147户房屋腾空拆除及山林流转工作，完成潘家陡村集体土地流转，同时根据“统一规划、统一建设”原则将于2021年1月完成安置新村一期建设。（祝倩莹）

【孝德文化小镇】 孝德文化小镇基础设施建设工程完成纵一路、横一路工程建设；渡江路改造、腾飞路南延段工程，太平桥改造工程组织进场施工。曹娥庙历史文化街区修复改造建设工程完成曹娥庙南北两侧（11号、12号）地块受让及规划范围内建设方案专家论证；完成涉及文保专项审批方案编制，并报送省文物局审核、对接转报国家文物局审批；子项水景街基本完成工程建设。推进相关出让地块开发建设的配合协调等工作。（金晓彬）

【瓷源文化小镇】 瓷源文化小镇艺术引领区二期项目1号办公楼改造完成并投入使用；美术馆、白明大师工作室完成主体结构施工，幕墙框架安装，开始室内装修；三期项目古越轩收藏馆和顾氏越窑青瓷基地建成投用，越青堂总部外立面改造完成，内部改造完成形象进度的90%，陶瓷高等研究院、中心广场、研学旅行营地一期、艺术家工坊完成规委会上会及初步设计批复。瓷源文化小镇创建为市级研学营地，并举办第四届“CHINA·中国”（上虞）陶瓷艺术设计大展。（相　播）

【东山旅游度假区】 东山景区提升工程基础环境提升和古道一期开始建设，完成“古东山十景”石碑诗碑制作安装，东山景区安全维护整改，游客中心（东山会客厅）装修改造，并推进桃花渡周边环境治理；完成浙东唐诗之路大东山文化带课题研究。（叶国民）

【曹娥江“一江两岸”文创大走廊一期工程】 该工程总投资7900万元，包括中华孝德园城市公园改造项目、中华孝德园风情街改造项目、江上花海婚纱摄影基地、农耕教育基地建设项目和曹娥江文化湿地公园改造项目等工程，已于6月全部完工。（许锦妮）

【曹娥江滨水绿道建设一期工程】 该工程总投资1亿元，项目包括新建改造滨水绿地约27万平方米，新建滨水绿道约10公里。截至2020年年底涉水工程、乔木类绿化种植，婚纱摄影基地改造完成投资6200万元，完成总形象进度的50%左右。（许锦妮）

【曹娥江水上码头配套工程】 该工程总投资2000万元，项目共设置城市阳台、信义广场、湿地公园及孝女庙4座旅游码头于曹娥江城区段南北两岸，全部采用浮码头形式布置，至12月底已完成湿地公园及孝女庙码头建设。（许锦妮）

【绿道（游步道）建设三期项目】 该项目总投资4663万元，涉及曹娥、梁湖、道墟、章镇、上浦、永和、盖北、长塘、岭南、下管10个乡镇（街道）16个子项目，全年修葺或新建古道、游步道、骑行道、绿道50公里。至2020年底上虞区绿道（游步道）三年行动计划圆满完成，三年累计建设绿道（游步道）160.1公里。（徐科杰）

【“新山居赋”PPP项目】 该项目总投资2550万元，主要包括章镇精品民宿项目配套道路建设工程、长塘镇十里桃园景区配套项目、汤浦镇环溪骑行线景观工程、东澄村—平山村通景道路、天福庵农庄道路改建及停车场配套建设项目等，截至2020年6月，已全部完成建设。（徐科杰）

【旅游厕所新（改）建】 新建丁宅乡大通农场旅游厕所1座，改丁宅乡丁宅村、缸岙村、岭南乡东澄至覆卮山顶上山游步道旁、外丁兴自然村等4座旅游厕所，新建岭南乡水口庵、大巴停车场等2座新型旅游厕所。（徐科杰）

市场营销

【概况】 围绕“诗画曹娥江”品牌，采用线上线下两条腿走路方式开展品牌宣传和市场推广。（阮露瑶）

6月14日，在皂李湖举办“诗画曹娥江 休闲皂李湖”2020上虞区“皂李湖杯”皮划艇越野赛

【首届曹娥江文化旅游节系列活动】 以“诗画曹娥江·品质上虞城”为主题，按照“文化传承”“娥江风情”“诗路探踪”“四季仙果”“专题推介”等六大系列，组织开展43项活动。主要包括上虞区城际旅游巴士试运行开通仪式暨“诗画曹娥江·青春浪漫行”春日远足活动，“诗画曹娥江休闲皂李湖”2020上虞区“皂李湖杯”皮划艇越野赛，“诗画曹娥江寻梦青瓷源”少儿乐淘淘创意制作大赛，“诗画曹娥江·寻梦青瓷源”2020年上虞“瓷源荷香”系列活动，“浙里好玩·近享上虞诗画曹娥江48小时”达人采风活动，“诗画曹娥江·全域任你游”2020上虞旅游线路设计大赛，“诗画曹娥江，古越风情浓”第六届旅游商品博览会，“回归自然品质享受”精品民宿体验节等。（阮露瑶）

6月13日，驿亭镇举办2020上虞“四季仙果之旅”二都杨梅采摘节启动仪式

【举办长三角城市上虞旅游专题推介】 组织开展“浙东唐诗路诗画曹娥江”上虞旅游2020绍兴专场推介会活动，“长虹飞架南北·合作共谋未来”2020上虞旅游（嘉兴）专题推介会，“诗画曹娥江，全域任你游”2020上虞全域旅游（杭州）专题推介会等。（阮露瑶）

【指导乡镇开展“四季仙果之旅”生态休闲旅游节】 举办下管镇2020首届上虞山货节系列活动，驿亭镇2020上虞“四季仙果之旅”二都杨梅采摘节启动仪式，岭南乡“诗画曹娥江·云游覆卮山”系列活动，谢塘镇2020上虞曹娥江文化旅游节谢塘虞生优犁开摘仪式，盖北镇“热力盖北·葡气一夏”2020浙江·盖北野藤葡萄文化旅游节暨花梦缘开园仪式，章镇镇“诗画曹娥江猕香溢章镇”2020上虞舜阳红心猕猴桃文化旅游节活动。（阮露瑶）

【新媒体宣传】 受疫情影响，创新宣传方式，开展“云旅游”。举办“云游浙江”走进中华孝德园直播活动，央视新闻《共同战“疫”全天候不间断直播》之“云踏青”百花报信唤新时栏目直播活动走进江上花海，“诗画曹娥江 云游逛上虞”2020上虞全域旅游云直播推介，“美丽家乡·绍兴有约”市县乡网络直播等10余场线上专题活动。（阮露瑶）

【民宿新业态培育】 陈溪乡雪花谷·隐山获评省级白金宿，陈溪乡墨隐居·花墅获评省级金宿，景行山居获评省级银宿。“山居岭南”民宿集聚区列入省首批民宿助力乡村振兴改革试点名单。新增区级民宿10家，其中区级白金宿2家、金宿3家、银宿5家。在“我和我的民宿”全国民宿主人大会上，雪花谷王炜荣被聘为浙江民宿主人委员会副主任委员。（阮露瑶）

【省级全域旅游示范区创建】 2020年，上虞区创建为浙江省AAA级景区城。（阮露瑶）

【中华孝德园水幕电影启幕】 8月1日，中华孝德园水幕电影上映，电影内容结合上虞本土文化，深受游客欢迎。2020年水幕电影共放映46场，场均观众量约1000人次，与风情街夜市交相呼应，丰富上虞夜间文化，激活上虞“夜间经济”。（徐　泽）

【文化旅游风情街夜市】 8月7日，重启风情街文化夜市。以文化旅游风情街为起点，向中华孝德园景区内延伸至孝德广场，形成一条完整游线，组成一个12000平方米左右的特色夜市。2020年，风情街夜市共举办19期，每期销售额超50万元，期均人流量达3万余人次。夜市经营业态丰富，产业特色明显，市场成交活跃，已成为上虞夜间经济的网红打卡地和文创新地标。文化旅游风情街获2020年度浙江省文化创意街区、2020年省级示范性青创农场；文化旅游风情街夜市入选绍兴市十大文旅夜间消费集聚区。 （徐 泽）

【文创产品开发】 "曹娥江畔的故事"品牌文创产品东山纪念币和孝德餐具礼盒入选2020年度上虞区十佳特色伴手礼；"东山笔墨纸砚套装"和"梁祝文创五件套礼盒"分获"东亚文都诗画江南"绍兴市文化和旅游产品大赛银奖和铜奖。 （徐 泽）

【中华孝德公园获评浙江省优质综合公园】 12月22日，经浙江省住房和城乡建设厅综合评审和公示，中华孝德公园获评浙江省优质综合公园。 （徐 泽）

金融业

综述

【概况】 2020年，全区实现金融业增加值49.73亿元，占全区生产总值4.76%。2020年末，全区银行业金融机构本外币存款余额1566.01亿元，同比增长11.62%；本外币贷款余额1365.94亿元，同比增长15.30%。

（王茂林　娄丹华）

【"一江两岸"金融机构集聚政策出台】 7月30日，区政府出台《关于加快"一江两岸"金融机构集聚的若干政策》（虞政办发〔2020〕90号），对注册地址、主要经营场所在"一江两岸"核心区域的新设（含迁入）银行、保险、证券金融机构进行奖励。

（王茂林　娄丹华）

【上虞区获浙江凤凰榜并购引领特别贡献奖】 5月30日，由浙江省地方金融监管局指导，浙江省并购联合会主办的2020第三届浙江凤凰榜发布会在杭州白沙泉并购金融街区召开。上虞区获并购引领区域产业升级特别贡献奖。（陶铄能　娄丹华）

【上虞区产业转型升级获省领导批示肯定】 7月1—3日，由浙江省并购联合会、浙商总会金服委共同组成的联合调研小组深入上虞区上市公司开展调研活动。调研报告《关于绍兴上虞产业转型升级的经验及启示》获浙江省政府朱从玖副省长批示肯定。

（陶铄能　娄丹华）

【《关于金融支持经济高质量发展的若干政策》出台】 12月28日，区委、区政府印发《关于加快工业经济高质量发展的若干政策》等九大类政策，其中《关于金融支持经济高质量发展的若干政策》包含加强金融要素保障、强化担保征信、激励金融机构和地方金融组织加强发展支持、强化资本市场发展支撑、加强企业纾困体系建设五方面18条政策措施。

（陶铄能　娄丹华）

【民泰银行上虞小微综合支行设立】 10月20日，被誉为"小企业之家"的浙江民泰商业银行股份有限公司在上虞成立小微综合支行，位于上虞区百官街道财富路19号。截至年末，全区银行业一级机构达22家，其中小微支行6家。（王茂林　娄丹华）

【上虞区政策性融资担保公司成立】 10月20日，绍兴市上虞区政策性融资担保有限公司注册成立，注册资金1亿元人民币，经营范围为经营借款担保以及发行债券担保的融资担保业务，位于上虞区百官街道体育场路18号。（王茂林　娄丹华）

【绍兴银行上虞e游小镇文创支行开业】 10月27日，绍兴银行股份有限公司上虞e游小镇文创小微综合支行开业，是绍兴首家文创特色支行、上虞区首家专业性银行，地址位于上虞区曹娥街道博文路818号。

（王茂林　娄丹华）

中国人民银行上虞支行

【概况】 2020年,认真贯彻稳健货币政策,全面落实“两手硬、两战赢”工作部署和重点工作任务,做好疫情期间各项政策快速落地,加强金融风险防控,为建设“重要窗口”和推动地区经济社会高质量发展贡献基层央行力量。截至12月末,全区银行业金融机构各项存款余额1566.01亿元,同比增长11.62%;各项贷款余额1365.94亿元,同比增长15.3%;12月末,传统表外融资156.34亿元。

【“枫桥式金融服务站”打造】 为全面升级银行卡助农服务点,制定《建设上虞区枫桥式农村金融服务站的实施意见》,以“金融基础服务不出村、金融矛盾调处不出村、金融助农致富不出村、金融知识获取不出村”为目标,打造让人民群众满意的枫桥式农村金融服务站。依托地方“三师三员回归乡村活动”,引导银行职员回归乡村,以服务站为基点广泛开展金融宣传、金融矛盾纠纷调处等。截至年末,已打造3家“枫桥式金融服务站”,共调解金融纠纷8件,仅二都村服务站杨梅季帮助本地农户网上销售杨梅12万元。

【推进跨境人民币业务发展】 加强本外币政策宣导联动,有效对接企业跨境人民币结算需求。全年实现跨境人民币累计收付额117.78亿元,同比增长82.75%。

【跨境资金集中运营管理改革试点】 深化跨国公司外汇集中运营管理改革试点,指导浙江康隆达特种防护科技股份有限公司申请备案。全年已备案的2家跨国公司实现跨境收支规模29.91亿美元,累计减少汇兑损失154.73万美元、降低融资成本319.49万美元、避免违约损失25069万美元。

【防疫情稳经济政策】 一是制定银行机构不减贷、推行无还本续贷等12项金融抗疫措施建议和实施细则,设立5000万元金融专项奖励政策。争取2000万财政资金支持,出台《关于进一步助力稳外贸渡难关的政策意见》,助力外贸企业渡过难关。年末,全区重点外贸企业贷款已获得贴息446.55万元、辖内外汇指定银行累计减费让利2194万元。二是争取专项、复工复产、支小支农、万亿再贷款规模,畅通银企对接渠道,引导辖内金融机构加大优惠贷款投放。截至12月末,上虞区抗疫专项再贷款15.05亿元、复工复产专项再贷款30.71亿元、万亿专项再贷款50.81亿元、延期还本付息金额21.52亿元、信用贷款10.15亿元,其中专项优惠贷款和万亿专项再贷款余额居绍兴市第一,帮助上虞企业节省财务支出超过1.5亿元。

【文化金融改革】 一是落实文化金融改革纳入绍兴市上虞区全面创新三年行动计划(2021—2023),进一步推动文化金融改革纳入地方2021年“文化铸魂提质年”相关内容。二是设立文创、科创等新型支行。绍兴银行e游小镇文创支行正常营业,发放贷款8户,贷款金额1122万元。上虞农商银行专设鑫丰分理处负责日常的“e游小镇”企业融资对接已经发放贷款37户,贷款余额1.40亿元。上虞农商行推出“游易贷”,按“政府贴息+融资担保公司担保+小微线上产品”运作,发放30户贷款4273万元。截至12月末,区内文创、科创企业贷款余额114.89亿元。

【区域信贷风险处置】 推进不良信贷资产化解,做好风险防控工作,组织与参加专题会议6次,研究具体企业风险化解措施、布置不良化解任务。全年,处置不良贷款余额11.82亿元,不良贷款余额7.71亿元,不良率0.56%。通过添加“大事记”备注信息、创新应用异议申请申诉等方式,完成破产重整企业彻底的信用修复工作。目前已有涉及金盾系等4家企业的23家报数机构删除不良信息,不良信息删除比例已超50%。

【金融监管力度加大】 联合相关部门开展为跨境赌博、电信网络诈骗等违法违规活动提供支付结算服务风险排查与整治工作,开展3次专项自查行动,现场核查7家银行。年末,累计排查核查上级行及公安机关反馈可疑账户8批,共计3.08万户,对其中14户按有关要求对涉及的商业银行有关人员进行追责处理。配合司法部门账户查询76次,涉及账户1352个;向区公安局移交反洗钱可疑线索8条。 (竺刘勇)

国有、商业银行

【工商银行上虞支行】 2020年末，中国工商银行上虞支行本外币各项存款余额133.1亿元，较上年增加9.69亿元，增幅7.8%；各项贷款余额122.1亿元，较上年增加23亿元，增幅23%；不良贷款余额1223万元，不良率0.09%。创建中国银行业协会文明服务千佳网点、工总行级“百佳”网点。

支持地方经济，创新发展绿色金融。2020年创新为浙江省24个未来社区创建试点之一的上虞鸿雁社区授信6亿元，发放全省首笔未来社区贷款，为未来社区建设提供坚实的资金支持，提升完善城市基础设施。

服务小微企业，做活做深普惠金融。针对小微企业生产经营活动与资金周转具有各自特征的特点，从品种、期限、业务模式等入手全面优化线下融资服务。全年新发放普惠贷款5.5亿元，新增普惠贷款列工行系统全市第二，其中新增小微企业客户26户、个人经营贷款客户287户。

加强渠道建设，提升优质服务。近两年装修改造网点8家，改造率72%，网点智能设备全覆盖，实现客户自主办卡、转账、理财等业务。实行分区分层服务、弹性上班制、厅堂联动服务等措施，减少客户等候时间，快速处理客户诉求。重点实行优质服务“星级网点、星级员工”考评机制，优化业务流程改造，提高服务效率。11家网点中取得总行级百佳网点(中银协千佳)网点1家、四星级网点2家、三星级网点2家。通过星级网点的建设，客户服务满意度达到99.7%以上，满意度位列工行系统全市前列，服务考核2014—2020年连续7年位于工行系统全市前三。 （张海红）

【农业银行上虞支行】 2020年，支行各项工作扎实推进，经营管理实现高质量发展。年末存贷规模达403.82亿元，比年初增加65.76亿元，成为全区首家存贷规模超400亿元的国有商业银行，其中各项存款余额208.05亿元，比年初增加22.17亿元，余额四行占比37.9%，比年初上升0.63个百分点；各项贷款余额195.77亿元，比年初增加26.34亿元，余额四行占比39.69%，比年初上升0.88个百分点，各项存贷款、个人存贷款、对公存贷款总量、增量12项指标均居四行第一。实现中间业务收入1.31亿元。不良贷款实现大幅“双下降”，全年累计处置不良贷款2.2亿元，全年共堵截各类风险事件21起。

全力做好疫情防控金融服务。全年发放疫情防控专项贷款6笔，金额1.7亿元；累计发放“绿色通道”贷款30.52亿元；落实减费让利，减轻企业财务负担，对330户制造业、批发零售业、住宿餐饮业等受疫情影响较重的行业客户减免贷款利息186.46万元。

大力支持政府民生工程。2020年主动对接区委区政府相关部门，支持上虞未来社区、体育中心、小微企业园、青春公寓等开发建设项目，获批4个项目31亿元，在批项目2个合计13.2亿元，投放7.5亿元，并对接新农村建设项目、水处理项目、曹娥江一江两岸项目、城南医院项目等。

深化落地乡村振兴战略。先后推出“惠农e贷”“越易贷”贷款品种，采取信用、政府增信方式，增强“三农”支持力度。持续落实“金穗惠农通”工程作为满足金融服务“最后一公里”需要，连续八年派遣乡镇挂职干部服务乡镇。至年末农户贷款余额13.56亿元，比年初增加3.32亿元，全市第一。惠及农户4300余户。

大力支持实体经济。2020年新支持上市、拟上市公司新增贷款6.12亿元，新增优质民营企业贷款4.21亿元。加速小微金融业务的线下服务向线上服务的转型，全年累计新营销小微企业370户，累计放款11.15亿元，其中人行口径普惠口径小微企业贷款561户，金额13.9亿元，分别比年初净增272户，金额6.85亿元。

切实提升窗口服务质量。派员工到区便民中心、公积金中心驻点，加快数字化转型，有效优化服务流程，提升客户体验。 （芦　明）

【中国银行上虞支行】 2020年末，支行本外币存款(含表内理财)104.26亿元，较年初新增7.56亿元；本外币贷款余额100.35亿元，较年初新增11.80亿元。全行实现拨备前利润27874万元，净利润18215万元，营业收入34674万元，绩效考核在辖内排名第二，员工人均收入增幅3.3%。

围绕数字化转型，促进银校、银企共建，打造场景建设"一面旗"，将浙江理工大学科艺学院线下手工收缴党费迁移至云缴费平台，落地浙江龙盛和女儿红智慧园区项目，完成园区卡换卡工作，实现门禁考勤、饭卡充值、扫码就餐等功能。争揽绍兴市上虞区国有资本投资运营有限公司1.5亿美元存款，并实现债券承销费320万元，叙做区间宝业务1.2亿美元；争揽上虞国投10亿元公司债最大监管账户；争揽上虞交通集团10亿元公司债最大监管户；争揽杭州湾建开集团募集专用账户，营销盈峰环境发行的可转债的募集资金账户，并募集可转债资金6.5亿元；营销绍兴全辖首笔政府性债务置换业务即绍兴市上虞经济开发区投资集团有限公司中长期固定资产贷款1亿元，中标上虞城投、国投2021年境外美元债全球协调人服务资格。

疫情期间，中国银行上虞支行秉持国有银行的担当使命，多措并举，为维护金融市场的稳定与发展作出贡献。针对受疫情影响无法正常还款的企业，通过展期、借新还旧等方式为其申请无还本续贷；针对2月、3月贷款即将到期的个贷客户延期一年；针对到期日在2020年1月31日（含）至2020年3月31日（含）的个人本外币定期存款，按照存入时约定的利率将存款自动延期至2020年3月31日。为浙江省疫情重点企业名单中的多家企业申报授信；为省经信厅疫情清单中的客户申请贷款优惠，降低融资成本。组织脱贫攻坚公益扶贫单位集体和员工个人3次，投入经费合计113137.5元；建立5星、3A村挂钩结对工作小组，组织抗疫志愿服务，共建美丽乡村；为区人民医院医共体分院的50名医护人员赠送保额为百万元的中银三星保险产品。（陈思远）

【建设银行上虞支行】 2020年，支行一般性存款余额109.76亿元，比年初新增10.16亿元；各项贷款余额75.07亿元，比年初新增-4.29亿元；实现中间业务收入7316万元；不良贷款余额1007万元，比年初下降652万元，不良贷款率0.13%，当年化解不良贷款3564万元。普惠贷款余额13.71亿元，比年初新增5.63亿元，普惠贷款客户1078户，比年初新增420户。制造业贷款余额20.84亿，比年初新增3.89亿元。

应对突如其来的新冠疫情，支行持续推进"六稳""六保"，一手抓防疫，管好小门，确保正常的金融服务，一手抓复工复产，打好"两战赢"硬仗。通过"浙里办"平台发放全省首笔"e政通"，贷款930万元支持浙江天行健水务有限公司增加消毒液水生产。发放央行抗疫专项再贷款5笔金额3.18亿元，占上虞全区的24.2%。优化外贸综合金融服务，跨境融资贷、信用证、双权宝等产品配套，支持外贸企业复工复产。累计对外贸企业减费让利691万元，办理展期17笔，金额25712万元，延期48笔，金额1549万元，小微企业无还本续贷6笔，金额643万元。

以高质量党建引领业务发展，多次组织进区入户、普惠金融知识宣传、防疫志愿者活动，推进"枫桥式"金融消保服务站建设，用金融力量解决社会痛点、百姓难点问题。强化党建共建，拓展业务范畴，与19个政府机构、16家省级以上文明村、34家企业建立党建共建合作关系，开展共建活动52次，打造一批银政、银企、银村党建共建示范点。（赵金丹）

【交通银行上虞支行】 2020年，支行本外币存款日均余额53.01亿元，贷款余额53.56亿元；不良贷款余额为0；经营利润12522万元；经济利润6107万元，各项的业务发展稳健。

支行服务地方实体经济。全年支行新增民营企业贷款4.74亿元；新增制造业贷款2.08亿元；发展绿色金融，支持污水治理、节能环保、再生能源等领域企业，新增绿色贷款1.26亿元。

助力小微企业发展。开展"百行进万企"，下园区、走市场，结合"春风行动"，推广线上抵押贷、线上税融通、展业通、银票贴现、商票保贴等产品，运用抵押和信用的担保方式，2020年为130余户新客户提供融资服务，普惠贷款余额较年初净增1.98亿元。

支行抓好新业务开拓。办理分行首笔全额项下贸易融资；开立分行首个可交换债担保及信托财产专户与员工参与创业板战略配售集合资产管理计划账户。（徐晨菲）

【邮政储蓄银行上虞支行】 2020年，中国邮政储蓄银行上虞支行（以下简称支行）全年存款余额53.38亿元，比上年新增6.02亿元，同比增长12.71%。各项贷款余额为37.47亿元，比上年新增4.30亿元，同比增长12.96%。

疫情期间，支行投身防疫抗疫工作，走访小微企业，共计发放抗疫贷款近 1.24 亿元，为小微企业降低融资成本。

支持乡村振兴，区支行以道墟农贸市场为切入点，全力打造乡镇农贸市场商户收单示范项目，商户资金结算更为便捷。向民营企业累计发放贷款 34.44 亿元，净增 8.7 亿元。制造业贷款增速达 44.28%；普惠型小微企业贷款增速达 25.39%。

向政府平台上虞国投授信 3 亿元；全年中标上虞国资公司债 6000 万元。（钱昱希）

地方金融机构

【浙江上虞农村商业银行】 2020 年末，资产总额 650.96 亿元，其中各项贷款余额 382.02 亿元，比年初增加 74.44 亿元，增幅 24.20%，贷款余额占上虞区银行业市场份额的 27.97%，比年初上升 2.01 个百分点。负债总额 595.37 亿元，其中各项存款余额 528.32 亿元，比年初增加 85.19 亿元，增幅 19.22%，存款余额占上虞区银行业市场份额的 33.73%，比年初上升 2.15 个百分点。

年内，农商行认真贯彻落实各级抗疫决策部署，全力保障疫情防控期间金融服务和经营安全。充分利用抗疫类专项再贷款等政策打好复工复产攻坚战，累计发放抗疫类再贷款 4922 户 75.53 亿元，投放额和户数均为全区第一。加大减费让利帮扶力度，对 19.38 亿元贷款提供延期还本付息支持，为 1963 户小微企业提供信用贷款，累计为企业减费让利 2.5 亿元。

年内，农商行扛起乡村振兴主办银行担当，举办“金融服务三农，助推乡村振兴暨‘丰收’基金发布会”，成立 1500 万元丰收基金，推出“乡村振兴 · 强村贷”，保障乡村振兴资金需求。大力推进农户小额普惠贷款工作，实现农户小额普惠贷款流程最简、覆盖最广、实惠最多。深度参与农村集体“三资”管理改革，全区 311 个（含沥海 22 个）村（居）上线“三资”系统。

年内，农商行围绕“大零售”和“数字化”两大战略转型，整合利用政府平台外部数据，推出个人信用贷款市民贷和小微企业信用贷款云上贷，推广商户贷、公积贷、丰收 E 贷等线上贷款产品。加大科技支撑，强化“全场景”支付服务能力，深化智慧医疗项目，加速智慧医疗机具布局，推出互联网医院和信用付，上线丰惠镇政府智慧园区项目、客运中心停车项目、滨江智慧市场项目等“金融 +”场景功能。

年内，农商行坚持以党建统领各项工作，与全区 202 个乡镇街道、社区、行政村、企业签订党建联盟战略协议。与百官街道党工委拓展党建共建内涵，对 47 个村（居）社区派驻红色金助理，打造“共建共治共享”基层治理新格局。深化开展农信系统和两新组织“红色互动金融助力”活动，助推企业平稳健康发展。践行“三师三员”行员回乡普惠乡村活动，近 600 位原籍为上虞的员工和 320 名党员每年至少参加一次原籍地丰收驿站活动。（冷新波）

【富民村镇银行】 2020 年，上虞富民村镇银行新设沥海支行网点，各项存款时点余额 26.29 亿元，比年初增加 8.68 亿元，增幅 49.27%；各项贷款余额 16.06 亿元，比年初增加 2.73 亿元，增幅 20.5%；贷款户数 4452 户，比年初增加 955 户，增幅 27.31%。全年实现各项收入 15832 万元，各项支出 13113 万元。

深化小贷战略。践行普惠金融走村入户，深入开展整村建档、连片授信工作，以银保监和人民银行组织开展的“百行进万企”和“三服务”活动为契机，深入走访小微企业园，分机构、分片区对辖内小微企业进行全面的走访摸排，一户一策制定授信方案，截至 2020 年末共走访辖内小微企业 200 余家，累计走访村居 251 个，走访农户 18582 户。

2020 年，上虞富民村镇银行被评为“全国百强村镇银行”。（任　樱）

政策性银行

【农业发展银行上虞支行】 2020 年，支行存贷款规模达到 789415 万元，同比增长 0.87%。其中，各项贷款余额 644177 万元，同比增长 0.55%。各项存款余额 145239 万元，同比增长 2.32%。截至 2020 年末，支行营业收入 30174 万元，同比下降 7.89%；营业支出 22085 万元，同比下降 10.55%。2020 年度全年实现账面利润 8088.82 万元，同比增长 0.25%。

全年支行累计投放贷款12.16亿元，同比增长29.09%。新增项目贷款全部用于上虞区内基础设施建设、乡村产业发展、生态环境保护等重点领域，包括绍兴第一个未来社区项目、绍兴第一个农地项目、绍兴第一个绿色综合体项目等区域内重点项目。

支行聚焦“三农”重点领域，全力服务农村现代化，强化重点领域政策性信贷资金支持。2020年，支行全力支持疫情防控，在支持脱贫攻坚、城乡融合发展、生猪恢复生产、长江大保护等重点领域积极作为。全年累计投放政策性贷款11.46亿元，占比94.20%。在相关政策领域累计投放疫情防控应急贷款7500万元，扶贫贷款1500万元，长江大保护贷款20950万元，城乡一体化贷款投放45000万元，生猪全产业链贷款投放7000万元，相关重点领域贷款投放占比高达67.39%。

支行深化改革，推动行内系统升级，提升金融服务效率。疫情期间，支行开启24小时响应机制，线上线下同步办公。引导客户采用电子渠道办理业务，截至2020年末，已开通网银客户26家，覆盖率70.27%，开通电子对账26家，电子业务替代率97.84%。克服疫情期间人手短缺、交通不便等困难，在风险可控的前提下，用好信贷审批投放“绿色通道”，切实保障资金供应时效性。

支行坚持社会责任担当，减费让利成效显著。为促进复工复产中小微企业发展，支行对所有新发放贷款的中小企业客户给予一年100BP的利率优惠支持，全年共计发放“绿色通道”贷款3.01亿元，全年累计减免企业利息256.14万元。自2020年2月起，支行出台网银、柜面转账等手续费全部减免的优惠政策，全年共计减免手续费12余万元，最大程度降低企业负担。（樊依琳）

股份制银行

【中信银行上虞支行】 2020年，支行各项存款余额45.70亿元，其中对公存款32.19亿元，个人存款13.51亿元；各项存款日均余额46.83亿元，其中对公日均存款余额33.94亿元，个人日均存款余额12.89亿元；各项贷款余额31.34亿元，其中对公贷款余额24.22亿元，零售贷款7.12亿元；全年累计清收处置不良贷款238.73万元，年末不良贷款余额5862万元；支行营业净收入1.38亿元，中间业务收入2404.5万元，国际结算量2.86亿美元。

支行肩负社会责任，支持实体经济发展。加大对政府平台的支持力度，全年新增政府平台投债20亿元，累计余额38亿元；新增政府平台承销7.5亿元，累计余额7.5亿元。助力地方实体经济，年末制造业贷款余额10.26亿元，较上年增加1.96亿元，增幅23.93%。助推普惠金融发展，支行推广普惠应用新产品，大力支持普惠金融发展，推出“房抵贷”“银票e贷”“银税e贷”等多种小微企业专项产品，普惠贷款余额2.54亿元，新增普惠小微企业31户，新增普惠贷款1.07亿元，增幅72.78%。融资总量94.5亿元，增加21.54亿元，增幅29.51%。

开展“金融乱象整治”“反洗钱风险评估与整改”“平安中信合规文化季”“第六轮安全评估”等活动，实现全年安全经营无事故。（叶兰芝）

【绍兴银行上虞支行】 2020年末，绍兴银行上虞支行各项存款余额为74.27亿元，较年初新增7.49亿元；贷款余额为71.34亿元，较年初新增5.61亿元；普惠小微贷款余额17.82亿元，较年初新增6.98亿元，户数新增604户；消费贷款余额4.46亿元，较年初新增3.1亿元，户数新增242户；有效手机银行新增5939户；基础客户新增5584户，中高端客户新增317户；实现营业收入3.71亿元，账面利润达1.55亿元。

提供疫情及支小再贷款13.14亿元，受惠客户达884户；为166家企业及个人无还本续贷转贷6.41亿元；合计减免268笔贷款利息，涉及贷款金额5.8亿元，让利82.8万元；提交25家共计1.96亿元贷款本金延期。

年内，深入探索文创金融，新设全市首家文创支行，逐步打造多层次、多渠道、多元化的文创产业金融服务体系；履行社会责任，主动挂联驿亭镇19户低保群众，共捐款慈善扶贫款30.57万元；疫情期间，参加志愿服务时长超168小时，共向社会捐赠近2000件防疫物资，提供金融咨询50余场受益5000余人，走访企业近千余户。（何梦嘉）

【浦发银行上虞支行】 2020年，支行本外币一般存款余额 24.69 亿元，增加 8693 万元，增长 3.65%；其中储蓄存款余额 8.54 亿，增加 2.14 亿元，增长 33.52%。

抓好负债业务稳存增存，优化负债结构，通过交易银行产品推广，掌上通的运用、指定专人负责存款招投标工作、在线贴现产品推广、公私联动代发推进、厅堂一体化营销，优化存款结构。支行根据上级行的信贷行业投向政策、区域经济特点和重点客群情况，建立支行客户视图清单，同时对支行客户视图清单实行动态管理。

截至 2020 年底，支行不良贷款余额 312 万元，不良率为 0.1%，支行风险管控和清收化解成效明显。

（高　荣）

【华夏银行上虞支行】 全年，支行一般性存款余额 24.56 亿元，比年初减少 3.18 亿元，其中储蓄存款余额 5.93 亿元，比年初减少 2.10 亿元，对公存款余额 18.64 亿元，比年初减少 1.07 亿元；各项贷款余额 32.77 亿元，比年初增加 1.72 亿元；年度信用债投资 5 笔，涉及金额 5.5 亿元，非信贷投融资增加一笔，金额 5 亿元；年度国际结算量 1.45 亿美元，结售汇量 1.14 亿美元；信贷资产质量控制较好，支行后三类不良贷款余额为 477 万元，比年初减少 588 万元，关注贷款、问题类贷款余额控制在上级行的计划指标内；盈利保持在较高水平，实现账面利润 1.11 亿元。

支行履行社会责任。全年对涉及制造业、批发零售业和住宿餐饮业的 81 户企业，减免利息 195.5 万元；开展“契约化”共建结对社区爱心捐款、社会扶贫网捐款、疫情捐款、共产党员献爱心捐款等活动，累计捐款 1.8 万余元。

（赵汉军）

【浙商银行上虞支行】 截至年末，支行各项存款余额 72.43 亿元，较年初新增 19.17 亿元；各项贷款余额 70.69 亿元，较年初新增 19.95 亿元；个人金融资产余额达 104.04 亿元。

对区内重点行业、重点企业、重点项目、因疫情受困企业等提供强有力的金融支持；持续深耕小微企业，研究创新模式。通过加大授信支持力度、适度放宽授信政策约束、提供差异化优惠金融服务、提高授信审批与放款效率，来保障疫情防控企业的基本金融服务。成立应急服务小组，提供 7×24 小时线上化服务，提供在线咨询。

（陈俞文）

【民生银行上虞支行】 2020 年，支行存款余额 28.51 亿元，较年初有所下降；各项贷款余额 43.2 亿元，较年初增加 5.68 亿元。

加强业务创新，推动转型升级。做好供应链金融落地。通过与中企云链合作，实现全线上交易，20 分钟完成融资到账，领先所有同业的目标；金融市场投资业务持续发力，抢抓先机，做好可交债、可转债的营销拓展工作，落地多个项目。做好上虞杭州湾企业走访进行批量开发工作，加大信贷投入，服务上虞实体经济。

（王伟君）

【杭州银行上虞小微企业专营支行】 2020 年，融入地方经济，全年支行各项存款余额 16.15 亿元，其中对公 11.81 亿元，储蓄 4.34 亿元。各项贷款余额 7.94 亿元，其中小微贷款 5.36 亿元，零售贷款 2.58 亿元。支行开户数 31000 余户，其中个人客户 26000 余户，对公客户近 500 户，综合财富年销售 23 亿余元。

大力支持实体经济，推进小微“两增两控”工作和普惠型小微贷款发展工作。安保管理落实到位，根据“智安单位”创建工作要求，支行已经安装人脸识别系统和访客系统，并将陆续接入公安系统。

（方宏辉）

【招商银行上虞小微企业专营支行】 2020 年，支行存贷款总量合计 24.26 亿元，较年初增加 8.54 亿元，增幅显著。其中年末各项存款余额 14.89 亿元，比年初增加 7.61 亿元，各项贷款余额 9.37 亿元，比年初增加 0.93 亿元。在疫情初期支行还多次组织员工进村下乡为一线防疫工作者提供一站式金融服务。并积极推广“党费云”“团费云”等智慧项目，持续推动金融科技与业务融合，提升客户体验。

【宁波银行上虞支行】 2020 年，支行各项存款余额 23.43 亿元，较上年年末增加 3.06 亿元，增幅 15.02%；各项贷款余额 27.27 亿元，较上年年末增加 13.2 亿元，增幅 93.82%；不良贷款余额 111.25 万元，不良率 0.04%。

针对小微企业生产经营活动与资金周转具有各自特征的特点，全面优化线上和线下融资服务。全年新增服务 517 户小微企业，新发放融资 3.05 亿元，大力扶持民营经济。（陈 澜）

【台州银行上虞小微企业专营支行】 2020 年末，支行存款 3.36 亿，较年初减少 1040.8 万元；支行贷款 3.9 亿，较年初增长 10538.14 万元。其中不良贷款 126.03 万元，不良率 0.32%，较年初下降 0.16%。

支行致力推进金融服务方式创新，同步提升小微金融服务质效。近 80% 的支行设在城郊接合部、乡镇、村居，贴心打造“金融便利店”。贴近小微企业，提供针对性的金融服务。充分借助金融科技手段和智能化金融解决方案，打造小微金融“数字普惠”工程。着重推进信贷流程切片管理，依据客户和产品分类对接不同的线上或线下流程开展；继续完善推进为客户使用的手机端 App“移动营业厅”。与“移动营业厅”结合，建设特色“小微金融智慧服务平台”。（吕烨羽）

【泰隆银行上虞小微企业专营支行】 2020 年，浙江泰隆商业银行股份有限公司绍兴分行在辖内共计 2 家支行（上虞本级和崧厦）。截至年末，支行存款余额 5.57 亿元，较年初增加 22132.56 万元，贷款 5.41 亿元，较年初增加 14641.85 万元。其中不良贷款 99.30 万元，不良率 0.18%，较年初有所下降。（徐益丹）

保 险

【人民财险上虞支公司】 2020 年，中国人民财产保险股份有限公司绍兴市上虞支公司实现保费收入 41255 万余元，累计上缴各类税费 3486.08 万，处理赔案 26960 个，赔款 33757 万元，保费规模、承担风险、上缴税金、赔款金额均居全区财险系统首位，获人保浙江省分公司“年度先进单位”称号。

深化拓宽政保合作，助力地方经济发展。大力发展农业保险、扶贫保险、科技保险。首席承保全区危险品生产企业安全生产责任险，为区内 118 家该类企业提供风险保障；统保全区 924 家小微企业出口信用保险，配合企业做好出口风险识别和风险处置，增强小微企业的国际市场竞争力，为企业出口保驾护航；主导运作区内政策性农业保险共保体，为全区粮食生产、菜篮子工程、经济作物等提供农业风险保障；独家承保政策性农村住房和家庭财产保险。

聚焦政府治理难点，支持社会治理体系建设。发挥商业保险优势，推出重大装备（首台套）保险、新材料保险，帮助创新企业解决首次产品质量责任风险，助力高端制造业经济发展。针对严峻的疫情形势，主动降费扩责增品，为企业减负，助力企业复工复产，及时推出“复工保”等产品；为全区近 4000 名志愿者提供 4.5 亿元的风险保障，为援鄂医护人员提供 3000 万元保险保障。服务百姓健康需求，承保全区大病医疗补充保险和人身意外伤害保险，累计精准发放赔款 6088 万元，为全区 73 万名人民系上商业保险安全带，缓解群众“看病难”“看病贵”问题。

创新保险业务产品，增强民生服务能力。拓展“保险 +”产品，先后推出一系列建设工程类综合保险，风险保障覆盖从建设工程招投标、建筑工程、合同履约、农民工工资支付、工程款支付到最后工程质量保障全流程各个环节，累计释放各类保证金 17.5 亿元，有效盘活企业资金，降低管理风险；推出司法救助保险、执行悬赏保险，利用金融杠杆，缓解司法救助、执行难等资金缺口，改善社会司法环境；实施“最多跑一次”，让客户享受到从投保到理赔的省心、安心、暖心的服务。

树立保险行业标杆，推动服务数字化发展。推广实施在线缴费，数字签名，电子保单，享受线上预约代检、代驾、代步车、救援等各项服务；提升远程定损率，提高现场自助查勘在线理赔比例，进一步简化理赔手续，缩短赔款支付时间；推动各项内部管理工作数字化，提高管理效能。

践行央企责任担当，助力区域公益活动。与区公安分局交警大队签订战略合作协议，夯实区内交通安全工作基础，确保城乡道路交通形势稳定；持续深化警保合作，助力推进“两站两员”建设工作，参与农村道路交通安全治理，补齐农村道路交通安全管理短板，实现农村交通管理覆盖率和农村车辆投保率“双提高”，农村地区交通事故死亡率和保险赔付率“双下降”，缓解城乡交通拥堵压力。参加由上虞区委宣传部和绍兴市公安局上虞分局联合举办的“文明出行我带头”活动启动仪式暨《浙江省电动自行车管理条例》宣传活动，赞助上虞区第24个全民健身节暨2020年“体育进农村文化礼堂”活动，为曹娥江国际半程马拉松赛提供保险以及相关保障服务；资助结对贫困学生完成学业，走访慰问岭南乡丁山村、平山村和梁宅村以及龙山村困难群众。（田剑铭）

【人寿保险上虞支公司】 全年实现保费收入4.67亿元，同比增长13.63%，共计纳税433.17万元。截至年末市场份额35.29%，比上年同期上升3.03%，位居上虞寿险市场第一。全年共处理赔案5697件，赔款共计2308.34万元。

加强风险防控，坚持合规经营，有效开展反洗钱、非法集资、保险业市场乱象整治“回头看”、保险中介市场乱象整治、重点风险专项治理、“四大行动”、扫黑除恶等各类风险自查自纠工作。践行客服“焕新服务”要求，为客户提供个性化服务，提高理赔时效。每月由客户服务中心负责人拜访客户，主动上门了解客户需求，解决疑难问题，把“最多跑一次”升级为“我来跑一次”。

与陈溪乡建立帮扶结对单位，全年捐赠2万元为小陈岙村修建道路，助力脱贫致富。面对新冠疫情，公司开展“举绩献爱心”活动，向武汉捐赠300余个口罩。联合区残联在汤浦镇“残疾人之家”举办第30次“全国助残日”助残慰问启动仪式，为15位残障人士送去温暖与关爱。（朱瑾瑶）

【太平洋寿险上虞支公司】 2020年，受新冠肺炎疫情影响，公司新保业务出现萎缩与下滑。全年保费上涨4%，完成4262件理赔案例支付业务，支付金额达2000多万元。

做好学平险服务工作，打通理赔资料收集不便环节，采用快递到付方式，快捷有效做好理赔支付。加强培训，开展宣传绍兴市政府“越惠保”投保工作，赴乡镇、入村委、进企业做好人员投保工作，完成区政府下达的75%目标任务。（徐　军）

【太保产险上虞区支公司】 2020年，太保产险上虞支公司保费收入1.53亿元，同比增速5.93%，当年市场占比16.06 %，综合赔付率59.4%，当年公司人均保费产能319万元。

年内，支公司全面围绕《关于明确2020年支公司标准化建设目标的通知》的总体要求与五项建设目标开展工作，抓好业务发展的同时，加强合规建设，不定期开展员工“反洗钱”“非法集资”“乱象整治”及其他相关法规学习。聚焦政府部门保障民生的重中之重，协助政府保障农产品供给，推出一系列农产品保险。（徐昕媛）

【平安财险上虞支公司】 2020年，中国平安财产保险股份有限公司上虞支公司保费收入超2亿元，较上一年增长4.44%，市场份额为上虞区内第二。

平安产险持续深化“科技＋金融”，科技驱动不断加码，人工智能、区块链、云计算、大数据等技术已在平安产险前中后台多个业务节点应用落地。“平安好车主”App为用户提供车保险、车服务、车生活一站式服务；加强科技创新应用，深化“数据产险”转型，通过实现经营管理的全面线上化、搭建完整的数据生态体系，打造“智慧产险”。

在疫情影响下，支公司为小微企业免费提供100万保额的员工救助金，救助金涵盖新冠等多种法定传染病。创新发展保障产品，推出“平安乐业保”“平安复业保”等。上虞支公司创新理赔方式，简化理赔流程，推出简单事故“0手续理赔”，为更多客户带去便利。

上虞支公司在“3·15”消费者权益保护教育宣传周期间，利用线上模式，依托微信朋友圈、平安好车主App等平台开展“以金融消费者为中心助力疫情防控”保险宣传活动。定期开展反洗钱等宣传及培训活动，提高员工反洗钱能力，提升客户反洗钱意识。（俞　富）

证券期货

【海通证券上虞营业部】 2020年，实现股票基金交易量3370亿元，新增客户数10000多户，客户资产净流入23亿元，完成内外部产品销售51亿元，年末指定与托管资产400亿元，实现营业收入6877.63万元。

全年共销售各类产品51亿元，产品日均保有量8.18亿元，产品销售收入657.92万元。新增融资融券开户212户，完成息费收入7719多万元，融资融券负债余额 9 亿元，股票质押余额 1 亿，合计负债余额 10 亿元。利用各类合作渠道新开户 10000 多户，新增有效户 1195 户。（梁　希）

【财通证券上虞营业部】 财通证券股份有限公司绍兴上虞江扬路证券营业部 2020 年全年新开账户 2515 户，全年证券交易金额 1062.71 亿元，股基市占率 0.0219%，全年实现金融产品保有量 4.6 亿元，实现考核利润 1880 万元。围绕着公司“深耕浙江”和“财富转型”两大战略，营业部承揽上虞经济开发区投资开发集团有限公司项目收益专项公司债，发行公司债 4.5 亿元；完成新三板挂牌企业启超电缆(836209)定向增发业务的签约工作。（李　宁）

【中信证券上虞营业部】 全年经营引进私募产品 2 个，各类产品销售金额总计 10.48 亿元，实现总收入 4384 万元，净利润 1450 万元。（严士焕）

【浙商证券上虞营业部】 2020 年，浙商证券上虞营业部年末实现营业收入 487.63 万元，普通账户交易额及信用账户交易额合计：1428345.4 万元，开户数合计：3492 户，2020 年度实际净增开户数为 706 户。本年度市占率 0.032‰比 2019 年增长 5.3%，累计开发两融账户 49 户。

全年销售各类财富管理产品 16615.34 万元。其中权益类产品销售 11900.13 万元，类固收产品全年销售 3937.5 万元。（陈雪青）

【东方证券上虞营业部】 截至年底，营业部累计股东账户 12856 户，托管资产约 18.3 亿元，全年实现客户成交约 184 亿元，营业收入 452 万元。全年新增融资融券开户 15 户。（沈纯冰）

【银河证券上虞营业部】 截至 2020 年末，营业部从业人员 34 人，其中员工 7 人，客户经理 19 人，经纪人 8 人。全年营业收入 1570.46 万，新开户 2852 户，新增资产 4.45 亿元，全年累计交易额 744.37 亿元。2020 年，营业部产品总销量 1.42 亿元。其中公募销售 3500 万元、私募销售 6400 万元，固收产品销售 4300 万元。（钟　霖）

【五矿证券上虞营业部】 2020 年，证券交易金额为 64.88 亿元，资金账户总数 1044 户，新增资产 4.46 亿元，营业收入 152.83 万元，开业以来连续六年实现盈利。（郑永锋）

【光大证券上虞营业部】 截至 2020 年末，营业部新开账户 323 户，完成股票交易量 37.22 亿元。在开户量上有所突破，交易量也逐年递增。全年营业部在融资融券业务上有重大突破，两融净资产由 2019 年底的 300 余万元提升至 7000 余万元。（吴文燕）

【国元证券上虞营业部】 2020 年，营业部累计资金账户 1481 户，全年证券交易金额 23290 万，产品销售累计约 2.46 亿元。（徐霞榧）

【大越期货上虞营业部】 2020 年末，营业部共开户 117 户，客保 1.7 亿元，成交金额 1961 亿元，手续费收入 1674 万元。

年内，由大越期货等多家单位联合承办的第二届(2020)中国大宗商品金融服务创新峰会在杭州举办。会上，大越期货与绍兴市上虞区铜业商会签订大宗商品金融服务创新合作意向协议。为更好推进投资者教育工作，营业部与金联创合作举办线上 PTA 会议。（芦　英）

资本市场

【概况】 2020 年，上虞区深入贯彻落实省“凤凰行动”计划，推动资本市场“上虞板块”高质量发展。组织开展新动能创投产业园开园仪式、省并购联合会和浙商总会金服委走进上虞上市公司、锦盛新材创业板首发上市仪式、上市公司联合会成员单位高管学习考察、“联合会”杯上虞区第一届上市公司(拟上市公司)男子篮球邀请赛等一系列重大活动。区政府与浙江股权服务集团合作共建的科创助力板(上虞)培育基地正式成立。全年，全区新增首发上市企业 1 家、上市过会企业 1 家，累计形成“境内上市 18 家、新三板挂牌 7 家、区域性股权市场挂牌 135 家”的多层次资本市场发展格局。全区实现直接融资规模 247.66 亿元，其中股权融资 35.90 亿元，债券融资 211.76 亿元；全区上市公司实施并购重组 1 宗、规模 15.50 亿元。截至年末，全区上市挂牌企业总市值 2528.18 亿元，区域证券化率水平达 242.20%。（陶铄能　娄丹华）

【锦盛新材创业板上市】 经中国证券监督管理委员会证监许可〔2020〕897 号文核准、深圳证券交易所同意，浙江锦盛新材料股份有限公司向社会公众公开发行人民币普通股(A 股)股票 2500 万股，发行价格 13.99 元 / 股，发行市盈率 22.99 倍，募集资金 3.498 亿元。7 月 10 日，公司在深圳证券交易所创业板挂牌上市，股票简称：锦盛新材，证券代码：300849。（陶铄能　娄丹华）

【首个基金投资项目产业园开园】 6 月 18 日，位于崧厦街道聚贤路的上虞新动能创投产业园开园投用。上虞新动能创投产业园由杭州枫惠六和桥创投科技有限公司派驻管理团队开展运营，是全区首个基金投资项目产业园和高层次人才创业园。截至年底，园区入驻企业达到 9 家，初步形成高层次人才创新创业的氛围。（陶铄能　娄丹华）

2020 年全区境内上市公司经营情况表

表 7

财务指标 公司简称	证券代码	总资产（亿元）	总营收（亿元）	总营收增长率(%)	净利润（亿元）	净利润增长率(%)	净资产收益率(%)	资产负债率(%)
盈峰环境	000967	301.11	143.32	12.89	13.86	1.84	8.62	42.64
阳光照明	600261	64.78	48.21	–9.32	4.85	0.05	12.72	39.11
卧龙电驱	600580	208.17	125.65	1.20	8.67	–10.00	11.88	60.68
浙江龙盛	600352	563.15	156.05	–26.96	41.76	–16.86	16.03	46.59
卧龙地产	600173	78.65	22.81	18.77	4.84	–5.13	16.30	59.85
亚厦股份	002375	222.80	107.87	0.02	3.17	–25.42	3.89	61.49
闰土股份	002440	113.54	52.28	–19.73	7.88	–42.47	8.81	17.74
世纪华通	002602	427.47	149.83	2.00	29.46	28.92	10.60	29.94
晶盛机电	300316	104.98	38.11	22.54	8.58	34.64	17.48	49.98
金盾股份	300411	14.76	7.34	40.70	0.30	–42.04	1.94	33.31
金科文化	300459	66.37	18.07	–6.99	7.53	126.80	22.92	58.59
康隆达	603665	21.99	10.74	8.79	0.77	53.39	7.63	49.14
扬帆新材	300637	12.32	4.94	–3.38	0.28	–72.64	3.57	38.30
皇马科技	603181	27.49	19.46	2.75	3.20	25.02	18.73	32.54
中欣氟材	002915	16.02	10.34	45.84	1.18	316.48	11.48	36.91
锋龙股份	002931	9.44	5.48	33.65	0.77	33.94	13.61	27.87
贝斯美	300796	13.06	4.05	–18.12	0.38	–39.65	3.77	20.54
锦盛新材	300849	7.41	2.60	–24.30	0.34	–47.46	6.77	5.91
合计		2273.51	927.15	–4.05	137.82	27.13	11.73	44.29

财政税务

财政综述

【概况】 2020年，上虞区累计实现财政总收入156.72亿元，同比增长6.2%。全年实现一般公共预算收入93.69亿元，增长4.7%。全年实现一般公共预算支出121.05亿元（含上级专项补助），增长15.9%。一般公共预算收入占财政总收入比重达59.8%，一般公共预算收入中税收收入占比重为85.1%。 （吕 娅）

【一般公共预算支出】 2020年，全区实现一般公共预算支出121.05亿元（含上级专项补助），完成调整预算的98.4%，增长15.9%。2020年，全区一般公共预算用于民生支出92.7亿元，同比增长11.8%。民生支出占比达76.59%。年度财政收支平衡。 （吕 娅）

财 政

【概况】 2020年，上虞区累计实现财政总收入156.72亿元，同比增长6.2%。全年实现一般公共预算收入93.69亿元，增长4.7%。全年实现一般公共预算支出121.05亿元（含上级专项补助），增长15.9%。一般公共预算收入占财政总收入比重达59.8%，一般公共预算收入中税收收入占比重为85.1%。当年财政收支平衡。

【财政收入】 全年征收非税收入96.96亿元，其中纳入一般公共预算收入管理的非税收入14.01亿元，增长1.1%。

【促进经济发展】 建立政策快速兑现机制，兑现各类政策资金18亿元，惠及企业7900多家。拨付中央“两直”资金，为7200余户小微企业和个体工商户发放纾困补助9899万元。兑现粮油生猪生产保供等补助资金1.84亿元。兑现小微企业、外贸企业再贷款财政贴息资金2875万元。争取省级制造业高质量发展资金9500万元。安排1.16亿元支持高校毕业生就业创业。拨付科技创新政策奖励资金7345万元支持企业科技创新，拨付资金6080万元支持科创大走廊、大学研究院等项目建设，安排资金6500万元支持重点人才工程政策。已设立的子基金总规模达8.6亿元，其中产业基金认缴金额2.55亿元，带动社会资本投入6.05亿元。共计投资项目28只，其中上虞落地项目6只，投资金额3.54亿元，带动社会资本投资超4亿元。

【支持城乡建设】 兑现资金1.2亿元推进“五星3A”升级版创建。安排3.39亿元保障“四好农村路”、重大水利工程、农田水利基础设施及农业产业化发展项目。安排6780万元文化旅游专项资金，7100万元旅游发展专项资金。兑现政策资金7.1亿元推进化工产业改造提升。兑现印染行业提档升级奖补资金4223万元推进水污染防治工作。安排3.44亿元支持城乡生活垃圾焚烧发电集中处置、农村生活污水设施运行等工作。安排生态、减排专项资金2351万元。争取政府债券资金5.3亿元，保障城区老旧小区改造、水厂迁建等项目。安排5.84亿元支持美丽行动。安排7.6亿元用于公共安全、社会综合治理。安排1.07亿元支持“十五分钟消防应急救援圈”建设、购置消防车辆和装备、安全生产、智慧交通、食品安全等工作。

【保障民生事业】 全年民生支出92.7亿元,同比增长12%。全年共投入教育事业21.54亿元。企业职工养老保险待遇标准从每人每月2250元提高至2534元,全年累计支付35.33亿元;城乡居民基础养老金最低标准从每人每月180元提高至215元,全年补助3.65亿元;城乡居民医疗缴费标准从每人每年1310元提高至1450元,全年补助4.58亿元。补助被征地农民参保资金1.1亿元,落实就业补助政策资金8146万元。取债券资金12.2亿元,用于新建邵逸夫医院绍兴院区、城南医用综合中心建设和扩建人民医院科技综合楼。安排专项经费2.52亿元完善公共卫生服务体系。全年累计到位1.13亿元资金,支持救助困难群众。投入资金6798万元用于养老服务提升。安排6033万元用于援疆、援藏、对口支援等。

【财政改革】 开展部门预算整体绩效试点,推进项目支出标准化体系建设,对146个部门预算和政府投资项目组织绩效评估,评估资金80.12亿元,核减资金10.88亿元,核减率为13.6%。发挥"政策服务专车"平台作用,深化涉企服务工作。推进"乡镇财政公共服务平台+一卡通"建设。

【国企改革】 制定国资国企"十四五"发展规划,开展"红领项目"创建活动,促进党建工作与生产建设深度融合。拓展国企经营渠道、创新经营模式,区属国有企业经营收入同比增长近10%。完成乡镇街道、国有企业、曹娥老区及杭州湾海涂农用地四大类闲置资产盘活利用。新增"BBB-"国际评级国企一家,上虞区为全国地市级唯一拥有两家"BBB-"国企的县市区,2家国企首获上海新世纪"AA"评级。完成20个乡镇级国企设立及股权划转,建立健全资金反哺下沉机制,拨付3.6亿元反哺资金。 (吕 娅)

税务综述

【概况】 2020年,国家税务总局绍兴市上虞区税务局获评第六届"全国文明单位"。

【税务情况】 2020年,上虞区共组织税收收入135.88亿元,同比增长3.78%,增收4.95亿元。2020年入库非税收入4.16亿元,同比下降10.66%,减收4968万元;社保收入45.31亿元,同比下降10.62%,减收5.38亿元;工会经费收入1277万元,同比下降14.41%,减收215万元。

分税种看,增值税入库60.92亿元,同比增长0.75%,增收4529万元,剔除免抵调,同比下降11.02%。企业所得税入库37.67亿元,增收3.39亿元,同比增长9.9%,高于整体税收增长率。个人所得税入库10.88亿元,增收1.82亿元,同比增长20.06%。

分行业看,医药化工业全年入库29.42亿元,减收4.33亿元,降幅为15.76%,拉低整体税收增长4.2个百分点。机械制造业全年入库税收9.81万元,增收7393万元,同比增长8.15%,剔除免抵调库,同比增长6.92%。电气器材业全年入库税收6.36亿元,增收1.92亿元,同比增长43.36%。剔除免抵调库,同比增长1.26%。建筑业全年入库9.59亿元,同比增长3.37%,增收3130万元。

2020年,全区第二产业税收入库80.1亿元,同比下降0.32%,增幅与上年基本持平,占全部税收比重58.95%,较上半年和前三季度分别回落2.6和2.82个百分点。制造业入库67.42亿元,同比下降1.17%,减收7958万元,其中化学原料和化学制品制造业入库27.45亿元,减收5.16亿元,同比下降15.83%,拉低制造业税收7.57个百分点;机械制造业入库9.81亿元,增收7393万元,同比增长8.15%;电气器材业入库6.36亿元,增收1.92亿元,同比增长43.36%。建筑业入库9.59亿元,同比增长3.37%,增收3130万元。制造业及建筑业税收占整体税收的比重达56.67%。

第三产业入库55.74亿元,同比增长10.49%,占全部税收比重的41.02%,占比较上年同期提高2.49个百分点,对整体税收增长的贡献率达106.88%。房地产业税收全年入库26.56亿元,占总体税收比重19.55%,增收10.42亿元,同比增长64.56%,对三产增长的贡献率达196.98%,拉高整体税收增幅7.96个百分点;公共管理、社会保障和社会组织业全年入库9317万元,减收6.25亿元,同比下降87.02%,主要是上年同期清理耕地占用税沉积税款绍兴市自然资源和规划局上虞分局入库6.25亿元。

2020年,区税务局紧紧抓住"减税降费,助力企业复工复产"工作主线。减税降费政策持续落地。全年实现税费减免共计53.01亿元,同比增长7.02%。全年鼓励高新技术减免19.45亿元,占减免总量的36.7%;支持金融资本市场减免税12.89亿元,占比24.31%;促进小微企业发展减免税7.76亿元,占比14.63%;改善民生减免税7.88亿元,占比14.87%;鼓励节能环保减免税6740万元,占比1.27%。全年累计减免社保费和非税收入11.73亿元。全年共办理出口退(免)税28.62亿元,同比增长23.77%。数据核查机制更为优化。"铁账本、硬账单"统计核算数据质量管控机制逐渐完善,全年共计落实"五减"税收减免3.59亿元,完成下达目标的139.73%,残保金优惠约3827万元,完成下达目标的99.4%,文化事业建设费减免293万元,完成下达目标的130.22%,降本减负完成26.53亿元,完成下达目标的138.18%。

税　务

【概况】 一般公共预算收入中实现税收收入79.68亿元,同比增长5.3%,税收占比85.1%。在全区财政总收入中,上虞税务部门共完成财政收入135.82亿元,同比增长5.2%;完成一般公共预算收入77.35亿元,同比增长3.9%。

【"减"与"收"统筹推进】 2020年累计组织社保非税收入47.5亿元,同比下降11.07%。其中社保费43.34亿元,同比下降11.1%,非税收入4.13亿元,同比下降11.00%。2020年,税费减免合计53.01亿元,同比增长7.02%。其中,96%为征前减免,直接减轻企业纳税成本,提升企业资金周转效率。

【服务抗疫】 2020年为公共交通运输服务、生活服务及居民提供必需生活物资快递收派服务行业纳税人免征增值税2300余万元,为支持个体工商户复工复业减免增值税7800余万元,为小微企业和个体工商户办理缓缴税款4100余万元。全区共54户重点防疫企业享受防疫设备一次性扣除金额计2900余万元,26户防疫捐赠企业和13户扶贫捐赠企业享受捐赠支出一次性税前扣除。

【优化营商环境】 构建基础网格、专属网格及拓展网格并内嵌20余支专业网格服务管理团队,专门对接服务地方发展的各项工作举措。以崧厦税务所为试点单位,构建两层运行工作体系,探索建立起一套网格运作、监督、考核、激励机制并实现逐步推广。建立并完善铜管等特色行业风险分析指标模型,做实特定行业和风险事项的风险分析、识别,加强税种间、行业间关联分析。全年通过开展各类风险应对项目共计实现入库税款8800余万元,含滞纳金960余万元。推动税收遵从共治基础建设,推进大企业税收服务和管理现代化,助力两家大企业与绍兴市局完成《税收遵从合作协议》的签订工作。制定《2020年征管质量绩效考核办法(试行)》,增加实名办税征管质量提升努力程度、一般流程注销工作努力程度等指标。加强涉税数据归集,落实纳税人、缴费人信息"一户式"归集、查询、校验,建立起不同管理系统的信息同步更新机制。强化信息安全保障,强化金三用户岗责维护,对敏感权限实现审慎管理。

【税费征管】 截至12月底,全区纳入信用管理纳税人达7.67万户,其中评价户数达7.55万户,A级纳税人占比较上年同期增加0.51%,D级纳税人占比较上年同期减少0.51%。将"银税互动"覆盖范围由A、B级纳税人扩围至M级以上纳税人,全年为全区1572户纳税人发放"银税互动"贷款8.38亿元。发票电子化改革有序推进,截至12月底,全区增值税电子普通发票开具比例达81.36%,较年初增长66个百分点。通用电子发票已开票户数达6977户次,存量纸质发票数量清理率达42.53%。制定《国家税务总局绍兴市上虞区税务局增值税专用发票电子化试点实施方案》,12月开出全区首张增值税电子专用发票。个税新税制改革后首次个税汇算平稳收官。法定申报期内全区共计3200余户个人独资(合伙)企业、个体工商户完成2019年度经营所得汇算申报义务,申报率达99.5%;共计2万余户个人所得税扣缴单位完成全员全额明细申报。

对外及对港澳台经济贸易

综　述

【概况】 2020 年，全区实现出口 278.25 亿元，同比增长 6.47%；实到外资 2.28 亿美元，完成绍兴目标任务的 101.5%；境外投资额 5272.36 万美元，完成目标任务的 105.45%。

2020 年，上虞对香港销售额为 13161.04 万元，同比增长 78.15%；购买额为 15.69 万元，同比下降 98.53%。上虞对澳门销售额为 790.96 万元，同比下降 84.35%。上虞对台湾销售额为 53496.39 万元，同比下降 5.05%；购买额为 8800.84 万元，同比增长 20.25%。

全年组织企业参加境内外展会 20 个，累计新增外贸进出口备案企业 271 家。具体来看，外贸公司出口增速最为迅猛；从主要商品看，机电和化工类产品出口保持增长，纺织服装出口下滑；从出口市场看，对亚洲、欧洲、北美及拉美、非洲地区出口均实现增长。

重点外资项目加紧推进，联系企业、乡镇及相关部门，在破解瓶颈、解决难题等方面出谋划策、搞好服务。景鸿贸易、瑞昶实业、竹子药业、卧龙振动等重点外资项目均已审批落户并到位实到外资。

跨国公司培育成效显著，在浙江省商务厅发布的“2020 年浙江本土民营企业跨国经营 50 强”中，区龙盛、卧龙、阳光 3 家企业入围，数量居绍兴各县市区第一。

（魏　爽）

2020 年上虞区进出口情况表

表 8

年份	进出口总额(亿元)	同比增长(%)	出口值(亿元)	同比增长(%)	进口值(亿元)	同比增长(%)
2020	310.95	9.42%	278.25	6.47%	32.7	43.15%

对外贸易

【概况】 2020 年，全区对外贸易保持平稳增长，进出口总额 310.95 亿元，同比增长 9.42%，其中出口总额 278.25 亿元，同比增长 6.47%；进口总额 32.7 亿元，同比增长 43.15%。三大类出口产品中机电和化工出口分别增长 14.48% 和 2.66%，纺织服装类下降 5.62%。消防器材、铝业包装、汽配出口分别增长 13.94%、6.1% 和 36.16%；手套袜子及铜管出口分别下降 7% 和 20.39%。出口仍然以亚洲市场为主，出口金额为 105.84 亿元，同比增长 5.82%，其中出口到东盟市场的为 28.97 亿元，占亚洲市场的 27.4%；欧洲居第二位，出口 69.04 亿元，同比增长 2.28%，其中欧盟市场出口 60.66 亿元，占欧洲市场的 87.9%；北美洲仍居第三，出口金额 61.32 亿元。在主要出口市场中，对美国、德国、印度出口排前三，出口额分别为 56.90 亿元、17 亿元、15.44 亿元，同比增长 8.52%、27.3% 和 -6.62%；在进口市场中，智利、日本、扎伊尔排在前三位，进口额分别为 7.02 亿元、6.67 亿元、2.64 亿元。

【出口品牌培育】 2020年，浙江阳光照明电器集团股份有限公司、浙江阿克希龙舜华铝塑业有限公司、浙江金科日化原料有限公司被评为浙江省出口名牌。

【经贸展览】 2020年，共组织25家次企业69个摊位参加20个境内外展会。境内展主要包括中国(上海)国际家具博览会、国际纺织面料及辅料博览会、广州博览会；境外展主要包括美国拉斯维加斯消费电子展，波兰华沙照明展、法兰克福春季消费品展、中东(迪拜)国际安防设备与技术展览会，巴基斯坦国际染料工业及有机颜料、纺织化学品展览会等在内的重点境外展项目等。

【安排专项资金推进外贸发展】 2020年，全区财政安排专项资金3537.48万元，分别对出口名牌、展位费、自营出口二十强企业、属地报关、鼓励外贸企业做大做强、发展加工贸易、出口信用保险、支持应对贸易摩擦、境外商标注册等进行奖励和补贴。

【出口信用保险】 2020年，全区共有999家企业投保，其中75家企业为自行投保，此外区统一帮助区内出口额在2500万元以下的924家小微出口企业购买了出口信保政府联保项目。

【行业预警信息】 2020年，发挥“上虞照明电器产品对外贸易预警示范点”的作用，上报下发预警信息100余条，编写照明电器预警季度分析4篇，编写疫情下的上虞照明产业出口情况1篇，绿色照明产业链相关情况一篇、照明企业出口转内销促进“双循环”信息1篇。

发挥“上虞伞业对外贸易预警示范点”的作用，发布预警信息100余条，编写伞业预警快讯4期，编写伞具业出口统计信息2期，对欧盟、美国等重点市场的出口动态监测分析共2篇，原创综合性预警分析报告共4篇以及发布WTO-TBT通报和出口产品受阻信息等。

(高洁姮)

【经贸展览及活动】 2020年7月，组织区内50家企业参加2020浙江绍兴上虞伞具(户外休闲用品)线上贸易洽谈会，与来自欧美、非洲及“一带一路”沿线等20多个国家的50家国外专业采购商，在线上开展一对一视频洽谈，共谋商机。 (高洁姮)

外资管理

【概况】 2020年1—12月，全区完成合同外资2.75亿美元，实到外资2.28亿美元，完成绍兴目标任务的101.5%。新设外资企业15家，增资项目12个，引进1000万美元以上项目9个。外资实绩居绍兴各县市区第一位，部口径完成率居绍兴各县市区第一位。

【利用外资集聚经开区】 2020年，杭州湾经济技术开发区实到外资1.2亿美元，占全区实到外资总额的52.6%。

【投资来源地多样】 来自英国实到外资3784.06万美元，占比16.5%；来自英属尔群岛实到外资5091.34万美元，占比22.3%；来自新加坡实到外资5.57万美元，占比0.03%，来自加拿大实到外资15万美元，占比0.1%。

【重点外资项目推进】 2020年度，重点外资项目加紧推进，投资1051万美元的景鸿贸易新批项目、3726万美元的瑞昶实业外资并购项目、4493万美元的竹子药业项目、4509万美元的卧龙振动增资项目均已审批落户并到位实到外资。

【投资产业】 从产业来看，橡胶和塑料制品业、专用设备制造业、电气机械和器材制造业、路、船舶、航空航天和其他运输设备制造业、医药制造业、金属制品业、电力、热力生产和供应业、其他制造业、软件和信息技术服务业、商务服务业、科技推广和应用服务业、研究和试验发展各1家，批发业3家。

【开展外商投资企业联合年报】 根据《商务部 财政部 税务总局 统计局关于开展2020年外商投资企业年度投资经营信息联合报告工作的通知》，结合区实际情况，于2020年4—7月开展外资企业联合年报工作，区实际参加年报的有402家。

【发放外来投资者“绿卡”】 根据《上虞市外来投资者“绿卡”服务制度实施办法》,努力营造亲商、安商的投资环境,继续实施外来投资者“绿卡”服务制度。全年审核办理绿卡13张,帮助外来投资者子女就学13人(其中小学12人、幼儿园1人)。

【办理疫情期间企业来华人员商务邀请函】 在疫情防控期间,协助企业申办外籍人员来华邀请函44人次,为企业克服疫情困难、开展正常生产经营活动出力谋划。

(张芳芳)

对港澳台贸易

【概况】 2020年,上虞对香港销售额为13161.04万元,同比增长78.15%,销售产品以矿产品为主;购买额为15.69万元,同比下降98.53%,购买产品以照明产品为主。2020年,上虞对澳门销售额为790.96万元,同比下降84.35%,销售产品以矿产品为主。2020年上虞对台湾销售额为53496.39万元,同比下降5.05%,销售产品以染料和化工为主;购买额为8800.84万元,同比增长20.25%,购买产品以消防器材、机械器件为主。

经济技术合作

【概况】 2020年,全区实现境外投资额5272.36万美元,完成目标任务的105.45%。实现境外工程营业额6730万美元,完成目标任务的103.54%。

【跨国公司培育成效显著】 在浙江省商务厅发布的“2020年浙江本土民营企业跨国经营50强”中,区龙盛、卧龙、阳光3家企业入围,数量居绍兴各县市区第一。

【重大项目进展】 2020年,总投资680万美元的浙江阳光照明电器集团比利时项目、总投资200万美元的浙江新益申高机械传动有限公司美国项目先后实施。

(傅 丹)

服务贸易

【概况】 2020年1—12月,全区实现服务进出口总值15.35亿元,占全区服务和货物进出口的比重为4.71%,同比减长21.37%。其中:服务出口10.46亿元,同比减少3048%;服务进口490亿元,同比增长9.21%。在十二大类服务贸易领域中,三大领域运输、建筑、其他商业服务,进出口额分别为6.33亿元、3.46亿元、2.29亿元,在服务贸易中的占比为41.3%、22.5%、14.9%。出口方面,运输出口568亿元,在服务出口贸易中的占比为54.3%,列各项服务出口首位。进口方面,其他商业服务进口1.69亿元,在服务进口贸易中的占比为34.5%,列各项服务进口首位。

【离岸服务外包】 2020年1—12月由商务部系统认定的服务外包企业3家,完成离岸合同额2005万美元,离岸执行额479万美元,发包地主要来自美国、英国、新加坡、印度、爱沙尼亚、阿根廷、加拿大、越南和中国香港地区,业务范围主要包括信息技术运营和维护、游戏软件开发、软件研发服务、工业设计服务和文化创意服务等。

【组织政策申报】 强化政策保障,组织企业开展各项资金申报工作。一方面,根据《关于进一步支持外经贸发展的意见》(虞政发〔2018〕43号)文件精神,通过电子申报、容缺受理,经企业申报、中介审核、部门意见征询、社会公示,在3月底前完成区级服务贸易奖励资金的兑现,共计兑现金额104.7万元。另一方面,协助企业申报2020年中央外经贸发展专项资金服务外包离岸执行额贴息项目,兑现金额5.38万元。

【开展服务贸易数据统计和监测】 加强宣传指导,鼓励企业做好系统入库申报和线上参展。与外管局、e游小镇等单位定期进行沟通交流,对新增和潜在的服贸企业进行及时地走访和联系,指导开展外包及服贸监测系统的注册备案工作。累计注册服务外包企业26家。

(张芳芳)

招商引资

【概况】 推进《产业地图》编制工作，基本完成"2+5+9"平台产业发展方向、招商路径谋划，产业平台精准招商体系加快建立。推进精准招商，百亿级重大项目引进取得突破，通用航空、电子化学材料招商成效初步显现，全市首个产业链（新材料）精准招商会议在上虞区召开。着手编制《十四五时期产业链精准招商工作研究》，出台《招商引资项目全生命周期管理实施办法》《招商引资（工业项目）地价差异化的指导意见》等政策文件，招商引资产业、政策基础不断夯实。严格落实招商引资全生命周期管理，对招商引资项目实行全流程、闭环式管理。强化招商活动统筹，先后举办接轨上海上虞小微产业园推介会、SEMI2020半导体材料专家来虞考察、半导体材料产业发展峰会等重大招商推介活动。全年引进实到外资2.77亿美元，上报绍兴2.32亿美元，完成市定目标任务的102.94%，实绩、完成率位居绍兴市前列；引进招商引资项目59个，其中1亿—10亿元项目30个，10亿—50亿元项目10个，50亿—100亿元项目3个，100亿元以上项目2个，引进500强企业合作项目1个。（李鹏辉）

【产业链（新材料）精准招商会议】 3月24日，全市首个产业链（新材料）精准招商会议在上虞区召开，主会场设在杭州湾上虞经开区管委会，各区县（市）、滨海新区设分会场，绍兴市、上虞区相关领导出席主会场，上虞区汇报新材料产业链精准招商和产业发展情况。

【绍兴最大工业项目落户上虞】 6月28日，二季度重大项目集中签约仪式在上虞区举行，总投资208亿元的圆锦新材料项目签约，该项目为绍兴市迄今投资最大的工业项目，对上虞区构建现代产业体系、打造湾区"万亩千亿"高能级智能制造大平台有着重大的意义。

【2020半导体材料产业发展（上虞）峰会召开】 9月5—6日，2020半导体材料产业发展（上虞）峰会暨中国电子材料行业协会半导体材料分会年会在上虞区举行。中国工程院院士屠海令、中国科学院院士杨德仁、工信部电子信息司、上虞区相关领导、半导体材料及相关产业链行业专家、企业家参加峰会。峰会围绕半导体材料技术、产业发展等行业热点问题开展交流研讨。

【2020中国（曹娥江）新材料产业创新发展论坛召开】 12月3—4日，2020中国（曹娥江）新材料产业创新发展论坛在上虞区举行。该届论坛以"聚焦新材料 共谋'十四五'"为主题，邀请在产业趋势、行业变革等领域有重要影响力的院士、专家学者、企业精英，围绕"十四五"产业发展、科技创新、能级提升等方面进行深入研讨交流。论坛设置新能源材料技术发展、电子信息材料创新发展、减塑背景下材料技术发展3个分论坛专场。（李鹏辉）

海关监管服务

【概况】 2020年，绍兴海关上虞办公区共为辖区加工贸易企业办理手册延期38份，为17家相关企业减免风险保证金1179.62万元；发放原产地证书"信用签证"520份，办理区域性优惠原产地证书1.135万份，为相关企业的国外进口商减免关税3000多万元美金，有效提升出口企业竞争力；联合商务、市场监督管理等部门深入辖区新冠病毒检测试剂企业2家和额温枪生产企业1家，为辖区防疫物资出口开展上门政策服务指导。（殷键栋）

【通关监管强化】 年内，上虞办公区严格通关监管，规范外贸秩序。办理"两简案件"1个，移交缉私案件2个；检控外贸数据9827条，反馈核查数据记录430条，筛选处理异常数据17条；核实企业注册信息257家，注销无效企业141家。（殷键栋）

【地方经济服务】 年内，上虞办公区为地方政府提供决策辅助，向区委、区政府报送海关要情专报4期；政务信息1篇报省政府；开展统计咨询服务，出具统计证明82份；验放绍兴海关首票新型冠状病毒核酸检测试剂盒。（葛正烨）

市场与管理

综　述

【概况】 常态化开展疫情防控。坚持疫情防控和其他各项业务工作并重，先后制定并落实“农贸市场6条”“餐饮店及零售药店5条”“食品生产企业（小作坊）8条”等防疫措施，抓好农贸市场、零售药店“守小门”工作，开展防护产品质量专项检查，做好保供稳价工作。制定出台服务保障企业复工复产助推发展十二条措施，创新实行“1+N”组团服务，开展“走进企业、组团服务”活动，帮扶13家企业顺利转产，1家企业获批全市首张“医用红外额温计”应急注册证，入选全区首批“最美服务案例”。对进口冷链食品生产经营单位进行全面排查，召开生产经营单位约谈培训会，约谈生产经营单位80余家次、农贸市场举办方37家次，发布“冷链”相关通告7期，张贴提示公告2600份。

最优化打造营商环境。围绕打造长三角营商环境最优区目标，推进“减材料、减时间、减环节、减费用”“四减”改革，将部分企业设立申请审批从“一日办”提速至2小时，对长三角部分商事登记改革服务事项实行跨省“一网通办”，全年新增小微企业3461家，新增市场主体13302家，新增个转企357家。推进“放管服”改革，推进“证照分离”全覆盖，共办理审批改备案1049件、告知承诺578件、优化审批服务4234件。牵头开展小微企业和个体工商户“两直”补助，根据省市局指导意见，通过前期核查和后期申报，最终确定补助对象7196家，包括小微企业3987家、个体户3209家，合计补助资金9899.4万元，兑付率100%。

品质化赋能产业发展。牵头建设“通风制冷产业创新服务综合体”，搭建“政产学研用”合作大平台，引进浙江理工大学、中国计量大学等4家高校研究院与2家中介服务机构入驻综合体。全市“品字标”企业贴标亮标现场会在上虞召开。3家企业列入全省首批“品字标浙江农产”重点培育名单，新增“品字标”企业9家，发布“浙江制造”标准10项，2项省级标准化试点项目获批立项，《全省风机产业“品字标”团体标准框架》发布。申报专利融入标准省级试点，新增授权发明专利295件、实用新型4721件、外观设计928件、PCT国际专利申请50件，通过知识产权贯标认证企业25家，新增注册商标1829件，兑现2019年度标准化奖励1133万元、专利奖励1375万元。

精准化落实安全监管。食品安全委员会调整为食品药品安全委员会，首次将地方党政领导履行食品安全工作职责情况纳入区委巡察工作内容，对8个乡镇（街道）、3个食安委成员单位开展食品安全履职情况巡察工作，发现并督促整改共性问题3条、个性问题22条。推进基层食安办星级创建，2020年创成省四星级食安办1个（章镇）、三星级食安办5个（百官、道墟、崧厦、小越、丰惠）。开展防疫物资产品质量和市场秩序专项整治等集中行动，对口罩、额温枪、核酸检测试剂、熔喷布等防疫物资开展质量、价格以及认证检测等检查，累计查办各类案件653起，移送案件15起。

精细化办好民生实事。推进农贸市场提星升级工程，已有4家“五化”市场、6家放心市场、5家一星级农贸市场、1家二星级农贸市场、2家三星级农贸市场已全部完成验收。新增学校“智能阳光厨房”115

家、农村(社区)家宴集聚点31家,改造提升省级家宴放心厨房8家,新增送药便民服务点3家、"网订店送"药房6家。创建放心消费单位3034家,其中无理由退货承诺单位1034家、放心工厂779家、放心商圈2个。

(李　胜)

商品市场

【概况】 区有已登记发证商品市场41家,其中农贸市场31家,专业市场10家,总经营面积达17.5万余平方米。创建省放心农贸市场18家,五星级文明规范市场1家,三星级文明规范市场12家,二星级文明规范市场12家,一星级文明规范市场11家。

为高质量推进省、市、区三级民生实事工程,以提升城乡基本公共服务均等化水平为目标,立足于农贸市场的公益属性,发挥国有农贸市场的引领作用,打造样板市场,推行专业化统一管理,实现星级市场全覆盖,全面提升农贸市场建设管理水平,结合区实际,出台《绍兴市上虞区人民政府办公室关于印发〈上虞区农贸市场提星升级实施方案〉的通知》(虞政办发〔2020〕30号)文件,制定《上虞区农贸市场提星升级实施方案》《城区农贸市场专业化管理操作细则》。

【放心市场创建】 2020年,滨江农贸市场、崧厦农贸市场、道墟农贸市场、谢塘农贸市场、章镇农贸市场、长塘农贸市场6家市场创建为省放心农贸市场。创建市场累计投入846万元。

【市场提星升级】 2020年,百官农贸市场、崧厦农贸市场创建三星级文明规范市场,崧厦西街农贸市场、皂湖农贸市场、下管农贸市场、丁宅农贸市场、岭南农贸市场、陈溪农贸市场创建一星级文明规范市场,创建市场累计投入达近4970万元。基本实现全区乡村农贸市场的星级全覆盖。2019年百官农贸市场原址重建,2020年1月投入使用。推行专业化统一管理。各乡镇(街道)引导集体市场和社会市场,采取委托管理、派驻管理、协助管理等多种方式,引入供销总社下属市场专业管理团队专业化统一管理,提升建设管理水平。2020年,百官、曹娥、东关、道墟、小越、梁湖、崧厦7个街道率先完成农贸市场专业化统一管理。

【五化市场创建】 中共绍兴市上虞区委全面深化改革委员会办公室、绍兴市上虞区最多跑一次改革办公室文件、绍兴市上虞区市场监督管理局联合下发《关于推进我区农贸市场和专业市场"五化"改造行动的通知》文件。结合区市场建设实际,打造集便利化、智慧化、人性化、特色化、规范化(简称"五化")为一体的市场服务体系,实施国有引领,累计投入达近1263万元。百官农贸市场、滨江农贸市场2家农贸市场;大通二手车交易市场、绍兴大通集团公司农副产品批发交易市场2家专业市场,成功通过第一批"五化"市场验收。

(李　胜)

广告管理

【概况】 全区登记在册广告经营企业2194家,其中中国广告经营企业一级资质1家,二级资质4家,三级资质4家。全区广告经营企业广告经营额突破5亿元。

【行业规范】 开展广告经营企业普查,组织广告企业和所(分局)广告分管人员参加《浙江省广告条例》宣传培训。组织做好提升广告业内生竞争力的各类广告设计大赛的作品征集推荐,在浙江省金桂杯助力小微企业广告创意大赛中,区广告企业选送的作品获二银二铜和11个优秀奖,获奖数再次名列绍兴市首位并创历年获奖数新高。

【广告查处】 强化监测与集中整治相结合,严厉查处广告违法行为。建立完善广告违法行为通报制,及时将浙江省广告监测中心通报的涉嫌违法广告通过一定的形式通报媒体单位,同时转送主管部门,并对涉嫌违法的广告按照处理程序及时移交办案单位进行查处。根据本区实际,组织开展为期1个月的医疗广告专项集中整。查处广告违法案件29件,罚没金额达26万元。

(胡晓东)

商标监管与服务

【概况】 新核准国内注册商标2847件(其中农产品商标178件,服务商标314件),全区国内注册商标合计13036件。全区有中国驰名商标18件。

【法治宣传】 重视商标法律法规宣传。4月下旬,会同政策法规科邀请绍兴市中级人民法院资深审判员就知识产权的保护举办为期半天的培训,培训对象:系统内工作人员及部分企业知识产权主管人员。

【服务与调研】 启动知识产权服务中心、品牌指导站建设工作,在崧厦伞件制造业集聚区和汤浦童装城建设并运行2家功能集聚型品牌指导站。鼓励实施区域公用品牌注册,崧厦伞业商会注册伞件图形集体商标已获国家知识产权局商标局受理。谢塘镇注册的"虞生优梨"集体商标获国家知识产权局核准。

【强化监管】 查处商标违法行为。重点在全区大型批发市场、城乡接合部开展商标侵权行为集中整治。组织松厦分局、汤浦所执法人员对童装、伞件两大块状产业企业进行集中排查,防止不规范使用注册商标及商标侵权行为的发生。 (胡晓东)

人才市场

【概况】 2020年,上虞区人力资源和社会保障局(以下简称区人社局),坚持"一手抓疫情防控,一手抓复工复产",做到精准摸排、精准招聘,为企业复工复产保驾护航。全年新增就业大学生20611名,完成率全市第一。 (车 烨)

【保障企业复工复产】 2020年,准确摸排区内471家规上及重点企业用工需求,收到企业总需求职位15420个。在省人才网、海智汇人才网和上虞人才就业服务网组织线上招聘会130场,组织线下招聘会81场,走访安徽、山西、河南、天津、重庆、江西等高校,开展高校就业老师集体座谈会2场,在120多所高校开展走访和宣讲活动。通过省内外浙大、浙工大、华东理工、天津大学、上海交大等156所高校就业网及学校公众号进行推介。落实疫情期间企业就业大巴、包车补贴341万余元,为企业复工复产减压赋能。

(车 烨)

【见习实习基地建设】 全区共有大学生见习实习示范工场6个,2020年新增见习实习基地111家,累计达到274家,与全国100余所高校建立见习实习合作关系,设立高校引才联络站69个,成为河南省大中专学生就业创业实习基地,以大学生见习实习为主线的上虞"工业旅游"初具雏形。全年共有10731名全国高校大学生到上虞参加见习实习活动。 (车 烨)

【构建人才生态最优区】 全年实现人才购房货币化补助兑现27人共计581.8万元;房票补贴兑现370人5993.8万元;生活津贴兑现703人共计1749.3万元;安家补贴兑现766人共计1817.4万元;小微企业招用高校毕业生社保补贴涉及36家企业47人共计40.67万元;湖北籍毕业生一次性求职创业补贴兑现6人共计0.9万元;求职创业补贴兑现26人共计7.8万元;全区企事业单位累计接收各类见习实习生10731名,补贴金额1000多万元。 (车 烨)

人力资源市场

【概况】 2020年6月20日,在第二届绍兴人力资源发展大会上,绍兴(上虞)人力资源服务产业园授牌升格为省级人力资源服务产业园。产业园集聚优质人力资源服务机构30家,全年为区内1069家企业,派遣人员17592人,培训人员3819人次,实现产值5.42亿元,税收506.85万元。 (车 烨)

【区人力资源市场招聘会】 区人力资源市场多形式链接招工找工两头化解企业用工难题。全年举办线下招聘会81场,参会企业1684家,推出岗位9039个,达成意向人数1893人;举办网络直播招聘会3场,观看人次37308人,投递简历537份;举办线上招聘会94场,参会企业共1679家,提供岗位10159个,达成意向1700个；开展电话推介服务，累计推介1729家企业12683个岗位，推介求职人员简历7415份，已有2134名求职人员与用人单位达成初步意向，橱窗招聘960家次。（车 烨）

【行政审批管理践行最多跑一次】 2020年全年审批综合计算工时工作制企业16家，不定时工作制企业14家。劳务派遣经营许可证11家，延续5家，变更9家，年检46家；审批人力资源服务许可证3家，延续1家，变更4家，年检18家；审批民办职业培训学校办学许可证2家，延续2家，年检7家。（车 烨）

文化市场

【概况】 2020年是完成文旅融合、机构改革后的第一年，区文化市场综合行政执法队以抓好综合执法、执法队伍建设和文旅市场疫情防控为工作重点，在上级业务部门的指导下，突出重点工作，抓牢市场监管。全年共出动检查人员1299人次，出动498次，检查文化经营单位1853家次、文保单位121家次、旅游经营单位49家次。共开展文旅市场防疫、"两创"迎检、未成年人禁入检查、校园周边出版物市场、印刷企业等各类专项行动36次，部门联合大检查11次。组织双随机抽查35次，抽查文化场所、文物单位188家次。开展文化市场涉黑涉恶犯罪线索专线排查行动9次，排查经营单位189家次。共办理文旅市场行政处罚案件16件，其中文物案件2件、著作权案件2件。处理文旅市场信访、举报26件。向各级报送信息84篇。全年文旅市场总体平稳有序。（朱妙琴）

【文旅市场疫情防控工作】 2020年，文旅市场新冠疫情防控工作是执法队重点工作之一。从春节期间全面通知关停文化经营场所，到上半年疫情高峰期间，再到文化场所复工复产后的疫情防控检查，执法队始终严格按照上级疫情防控要求，督促和指导文化经营场所严格落实疫情防控措施。共出动检查241人次，实地巡查场所514家次，平均每日巡查场所达20余家次，对整个文化市场实现8遍地毯式排查。对防控措施明显不到位、风险隐患较大的场所停业整改1家、集中约谈告诫7家。分批召开5次文化经营场所防控防疫管理工作会议，并与业主签订《新冠肺炎疫情防控承诺书》64份。（朱妙琴）

【非法地面卫星专项整治行动】 区文化市场综合行政执法队根据省、市《关于开展2020年度非法卫星电视接收设施整治工作方案的通知》及全市非法卫星电视接收设施动员会议要求，对城区3个街道开展非法地面卫星安装、销售全面摸排行动。共检查老旧小区24个、工业区3个、汽车4S店7家、电器商店30家，摸排发现非法地面卫星安装104个，销售点5个。

（朱妙琴）

【文旅市场消防安全培训及演练】 区文化市场行政执法大队6月29日，在上虞国际大酒店1号会议室举办2020年安全生产月文旅市场消防安全培训。并在新花丽都娱乐俱乐部举行2020年文旅市场安全应急演练，全区网吧、娱乐场所、游戏机场所、星级酒店、旅行社经营单位管理人员及局下属单位安全负责人等90余人参加培训及演练活动。（朱妙琴）

【知识产权保护工作】 机构改革后，区文化市场综合行政执法队做好角色转变，协助宣传部做好"扫黄打非"工作。多部门联合开展知识产权宣传活动走进汤浦童装城、网络游戏版权保护宣传活动走进e游小镇等活动。全年共开展校园周边专项检查5次；开展新闻出版市场双随机抽查3次，检查印刷企业、书店共32家次；开展出版物市场联合检查3次；查处办理出版物、版权类案件5件。（朱妙琴）

经济管理与监督

工商行政管理

【商事登记】 2020年，区市场监管局推进“一日办”“证照分离”“一网注销”“公章刻制政府买单”等工作，降低市场准入门槛、激发市场活力，全面优化营商环境。截至2020年底，区市场监管局进驻窗口事项共计188项，“最多跑一次”事项占比达99%以上。进驻窗口事项已实现网上办理、手机移动端办理，并开通网上预约功能，网上办、掌上办、“跑零次”比例均达到100%，网上办件量占实际办件量90%以上。进驻窗口事项的承诺时限较法定时限压缩比达到60%以上，即办事项151项，占比80%以上。

【企业准入和退出门槛持续降低】 持续深化企业开办全流程“一件事”服务模式，实现企业开办“一门进出、一窗受理、一套材料、一次采集、一网通办、一日办结”，目前区所有新办企业已全部实现“一日办”。持续优化企业退出机制，让企业“进得来、退得出”，鼓励企业通过“企业注销一网服务平台”进行注销申报，截至2020年底，通过“企业注销一网平台”申报的企业占比达100%。加快建立“证照联办”注销机制，推动《绍兴市上虞区市场监管局“证照注销联办”实施方案》出台，推进营业执照注销“一件事”向企业准营注销“整件事”的迭代升级。

【证照分离改革】 推进区“证照分离”全覆盖改革试点工作，有效破除办照容易办证难、准入不准营等问题。对区所有96项涉企经营许可事项按照直接取消审批、审批改备案、告知承诺、优化准入管理等四种方式分类推进“证照分离”全覆盖改革。全面清理区自涉企经营许可事项，建立市场监管部门与有关主管部门之间涉企经营许可信息双向精准推送机制和“证照分离”改革联络员制度，利用无纸化办公系统实现企业登记注册信息和涉企经营许可事项办理信息互通共享，加强事中事后监管，扩大企业经营自主权。至12月底，全年已办理各类改革5861件，其中审批改备案1049件，告知承诺578件，优化准入4234件。

【净化市场准入环境】 出台《上虞区新开办企业“零成本”工作实施方案》，2020年3月16日后新开办企业刻制第一套公章费用（包括单位公章、合同专用章、发票专用章、企业财务章）、税控设备（含首年服务费）全部由政府买单，降低企业开办成本；二是大力推进电子营业执照在部门事项办理中的身份认证应用，实现营业执照、公章、税控设备、发票全省范围内邮政EMS寄递送达。截至2020年底，此项政策已惠及3753家企业，减免费用达165.132万元。

【消费者权益保护】 组织开展“3·15”投诉咨询便民服务活动，2020年“3·15”国际消费者权益日投诉咨询活动通过各类微信公众号，微信工作群、微信朋友圈、抖音等方式，在线上大力开展宣传活动。2020年，通过“12345”、全国“12315”平台、电话、来人来信等分流处理投诉举报7636件，其中投诉2720件，举报4916件，答复咨询147件。

【放心消费创建】 2020年，新创建放心消费单位3541家(个)，其中无理由退货承诺单位1427家，放心工厂890家，放心商圈(街区)3个。

【"双随机、一公开"】 2020年，全区共开通执法人员账号1164人，账号开通率98.45%；掌上执法激活数1160人，激活率99.65%；掌上执法应用率99.9%；全年跨部门联合执法率10.26%，跨部门执法旨在通过一次执法，完成对同一执法对象的多个事项检查，有效杜绝重复检查现象。做到"一次抽查、全面体检"，切实减少对市场主体的额外干扰。在充分掌握信用信息、综合研判信用状况的基础上，区根据信用等级高低采取差异化的监管措施。对信用较好、风险较低的市场筑底，适当降低抽查比例和频次，对违法失信、风险较高的市场主体，适当提高抽查比例和频次，依法依规实行严管和惩戒。2020年，区应用信用规则率已达到88.5%。年内共开展双随机抽查2357次，专项检查365次，即时检查17730次，发现问题已责令改正1621家，公示检查信息4022条，公示率100%。

【企业信用平台建设】 一是完善数据交互。解决前期因区税务局启用金税三期系统造成的数据交互障碍，实现银行业亟须的企业财务信息的真实呈现；二是优化平台系统。完成平台安保等级复测评工作，按照评测公司整改方案对接软硬件公司修复相关漏洞并通过验收，提升平台系统安全性；三是助力小微企业融资。2020年，数据量达5.36亿条，查询次数达15.37万次。已经向银行业金融机构筛选推送相对优质企业22605家次，帮助筛选匹配股东法人11309人次。上虞农商银行、浙商银行上虞支行、上虞富民村镇银行依托平台信用信息对运行良好的小微企业发放信用贷款877笔，总计达6.12亿元，解决小微企业生产经营性流动资金短缺难题。四是助力政府决策。联合专业团队，编撰并发布《2019年度上虞区企业信用指数分析报告》；五是促进"信用上虞"建设。区创建成为浙江省首批信用县(区)。向企业推广使用平台查询功能。

【主体出清】 2020年，对开业后自行停业6个月以上的137家企业作出吊销决定，对连续2年未开展经营活动的19家农民专业合作社作出吊销决定，对1827户个体工商户作出依职权注销决定。

【年报公示情况】 完成年报公示的企业24560家，年报率达94.2%，完成年报公示的个体工商户47018户，年报率达96.54%，完成年报公示的农专社694家，年报率达89.9%，超额完成上级下达的目标任务。

（朱一超　傅丕明　郑志芳）

发展计划管理

【概况】 全年完成固定资产投资272.66亿元，增长13.3%，比绍兴平均高6.6个百分点居第二。4个结构性指标均实现两位数增长，民间项目投资，交通运输投资，生态环保、城市更新和水利设施投资，高新技术产业投资分别增长10.3%、37.3%、11.7%和20.7%，制造业投资和民间投资占比分别为26.3%和65.8%；"双招双引"成效显著，新引进10亿元以上项目15个，总投资208亿元的圆锦新材料项目开工建设，省重大产业项目晶盛机电产业园一期已建成投产。

是年，实现地区生产总值1043.82亿元，按可比价计算增长4.6%，增幅比绍兴平均高1.3个百分点，居六县(市、区)首位。

（叶　舟）

【出台稳企政策推进企业复工复产】 2月11日，制定出台《关于坚决打赢新冠肺炎疫情防控阻击战，全力稳企业稳经济稳发展的若干意见》，政策涵盖推进企业复工复产、降本减负、加大财政金融支持、畅通经济循环、创新业态模式、扩大有效投资、优化政府服务等8个方面35条内容，覆盖面广、针对性强、扶持力大且兼具上虞特色。2月16日，出台政策实施细则。

【企业重组最新政策出台】 为贯彻落实上级提出的"三去一降一补"、优化营商环境、减轻企业负担等工作，迫切需要新的重组政策加以引导推动。根据区领导指示精神，经走访座谈调研，4月1日出台《绍兴市上虞区人民政府办公室印发关于企业重组政策的若干意见》(虞政办发〔2020〕28号)。全文包含指导思想、适用范围、企业重组主要方式、企业重组中的债务处理、土地的处置、员工的安置、企业重组鼓励政策、组织推进、其他事项等九方面内容。

【“9+1”政策体系建立】 绍兴市对促进经济高质量发展“9+1”（“9”指人才、工业、科技、农业、服务业、开发型经济、建筑业、文化、金融；“1”指民营经济高质量发展）扶持政策进行全面梳理修订。区根据市级“9+1”政策修订动向，根据“市无我有、市有我优、市优我新”原则，修订调整，构筑区级“9+1”政策体系，根据各牵头部门的修订情况，修订后拟确定条款236条，具体涉及事项504项，预计安排资金15.16亿元，比上年度增加4.88亿元。

【鸿雁社区列入中央预算内投资计划】 省发改委、省建设厅联合下达《2020年保障性安居工程专项中央预算内投资计划》（浙发改投资〔2020〕197号），上虞鸿雁社区回迁房及社区中心项目入选该计划，下达资金4485万元。

【177个重大项目集中签约开工投产】 6月28日，上虞区举行“三个一批”大会战第二季度系列集中活动，集中签约的5个项目总投资316亿元；总投资218亿元的25个项目开工建设；12个总投资65.3亿元的重大项目集中投产。

9月28日，上虞区举行2020年“三个一批”大会战第三季度系列集中活动。总投资达172.9亿元的15个项目集中签约，其中100亿以上项目一个；总投资166.4亿元的33个重大项目开工建设；总投资66.6亿元的28个重大项目集中投产。

12月28日，上虞区举行2020年“三个一批”大会战第四季度系列集中活动，59个项目总投资超过580亿元的重大项目集中签约、开工、投产。项目既涵盖新材料、生物医药、先进装备制造等战略新兴产业，也包括重大基础设施、休闲旅游、现代商贸等城市配套项目。系列活动中，共有总投资60.6亿元的20个重大项目集中投产；总投资402亿元的23个重大项目集中开工建设；当天集中签约的16个项目，总投资118亿元。

【省特色小镇创建和培育对象考核良好】 根据《省特色小镇规划建设工作联席会议办公室（关于省级特色小镇创建和培育对象2019年度考核情况的通报）》（浙特镇办〔2020〕7号），上虞区的省特色小镇创建对象杭州湾花田小镇、培育对象伞艺小镇2019年度考核分别为良好，e游小镇作为已命名省级特色小镇，考核结果另行通报。

【e游小镇入选省双创示范基地】 8月下旬，省发展和改革委员会发布名单，认定24家单位为2020年省级双创示范基地。e游小镇入选“区域示范基地”。

根据《浙江省人民政府关于推动创新创业高质量发展打造“双创”版实施意见》和《浙江省发展和改革委关于组织申报2020年度浙江省大众创业万众创新示范基地的通知》，经组织申报、实地考察、专家评审、网上公布等环节，最终评选出“区域示范基地”10家、“高校和科研院所示范基地”13家、“企业示范基地”1家。

【章镇镇列入省第四批小城市培育试点名单】 根据《浙江省人民政府办公厅关于公布第四批小城市培育试点名单的通知》（浙政办发〔2020〕53号），经省政府同意，绍兴市上虞区章镇镇列入省级第四批小城市培育试点名单。下步，章镇镇将认真抓好《章镇镇小城市培育试点三年(2020—2022年）行动计划》实施，围绕“绿色工业高地”“中国仙果之都”“生态宜居福地”三大特色功能定位，着力打造章镇“生态福地智造新城”金名片。

（叶　舟）

价格管理

【概况】 2020年，为应对新型冠状病毒引起的商品和服务价格上涨，保持市场价格基本稳定，根据省发改委一系列文件精神，第一时间制定发改局应对措施，确保市场价格稳定。加大农资价格监测；规范疫情期间的教育收费；做好杭州湾海上花田景区门票的定价复函、萧甬铁路上虞站停车场收费的核定、调整非居民天然气价格。是年，共受理关于物业收费、停车收

表 9

绍兴市上虞区 2020 年国有建设项目投资计划表

序号	项目名称	项目前期工作情况			建设性质	建设内容	计划总投资（新建项目为估算数）			2020 年计划			
		建议书批文号或备案表	可研（或立项）批文号或意见文号	初步设计（或实施方案）批文号或意见文号			投资额	资金安排		投资额	财务数	资金安排	
								财政	自筹或其他			财政	自筹或其他
合计						125	2678404	0	2678404	836754	566789	0	566790
续建项目						50	1455357	0	1455357	538279	354264	0	354264
新建项目						75	1223047	0	1223047	298475	212526	0	212526
一、建设局						22	709900	0	709900	159890	113547	0	113547
1. 续建项目						10	599300	0	599300	131140	93362	0	93362
1	曹娥街道老旧小区改造一期（振兴新村、双桥新村）	虞发改投〔2019〕80 号	虞发改投〔2019〕80 号	—	改建	道路整修、积水治理、雨污分流、园林景观、城市家具、车位增配、管线整理、环卫配套、楼道靓化、天然气铺设	5300	0	5300	4240	3392	0	3392
2	老旧住宅小区建设改造工程（西横河一区、二区）	虞发改投〔2019〕82 号	虞发改投〔2019〕82 号	—	改建	道路整修、积水治理、雨污分流、园林景观、城市家具、车位增配、管线整理、环卫配套、楼道靓化、天然气铺设	3500	0	3500	2800	2240	0	2240
3	老旧住宅小区建设改造工程（文化小区）	虞发改投〔2019〕85 号	虞发改投〔2019〕85 号	—	改建	道路整修、积水治理、雨污分流、园林景观、城市家具、车位增配、管线整理、环卫配套、楼道靓化、天然气铺设	7500	0	7500	6000	4800	0	4800
4	曹娥江人行桥	虞发改投〔2019〕39 号	虞发改投〔2019〕39 号	虞发改设计〔2019〕15 号	新建	新建一座江广路—曹娥街道兴业路人行景观桥	16000	0	16000	2000	1400	0	1400
5	城市道路提升建设工程	—	—	—	改建	城区道路白改黑、路网有机更新等	3000	0	3000	2600	2080	0	2080
6	舜江西路延伸段建设工程	—	—	—	新建	主要实施南环线 - 渡江路段连通。项目主要包括雨污管线、桥梁、绿化、路灯、交通安全设施及其他配套建设	8000	0	8000	4000	2800	0	2800

注：编制部门（单位）为绍兴市上虞区发展和改革局。

续表 9

序号	项目名称	项目前期工作情况			建设性质	建设内容	计划总投资（新建项目为估算数）			2020 年计划			
		建议书批文号或备案表	可研（或立项）批文号或意见文号	初步设计（或实施方案）批文号或意见文号			投资额	资金安排		投资额	财务数	资金安排	
								财政	自筹或其他			财政	自筹或其他
7	美丽示范街创建三期	—	虞经开区基投〔2019〕41号	虞经开区基投〔2019〕42 号	改建	主要实施舜江西路（五星中路—渡江路）等道路改造、雨污管线重新布置、人行道、景观绿化、交通安全设施及其他配套建设等	18000	0	18000	13500	9450	0	9450
8	人民西路（舜杰路—永祥路）提升工程	虞发改投二〔2018〕33 号	虞发改投二〔2018〕33 号	虞发改设计二〔2018〕27 号	改建	主要实施舜杰路—永祥路段道路提升、绿化提升等	8000	0	8000	4000	2800	0	2800
9	百官街道“污水零直排”建设工程	—	—	—	改建	百官城区污水零直排建设改造	30000	0	30000	12000	8400	0	8400
10	绍兴上虞鸿雁社区	赋码代码：2019—330604—47—03—804947	—	—	新建	用地面积为 20.7 公顷，总建筑面积 527512 平方米，建设内容为人才公寓、回迁房、社区中心及配套服务用房	500000	0	500000	80000	56000	0	56000
2. 新建项目						12	110600	0	110600	28750	20185	0	20185
1	永祥路（五星路—江西路）提升工程	—	—	—	新建	主要实施五星中路—江西路段长约 920 米，宽 26 米道路、绿化提升改造等	2800	0	2800	2600	1820	0	1820
2	兴业路（五星中路—江西路）道路改造工程	—	—	—	新建	主要实施五星中路—江西路段长 961 米，宽 30 米，工程内容包括道路、雨污管道改造等	1500	0	1500	1500	1050	0	1050
3	城区道路积涝改造	—	—	—	改建	藕舫路、恒利路、越秀路等道路积涝改造	5500	0	5500	5500	3800	0	3800
4	2020 年城市基础设施提升建设工程	—	—	—	改建	城区停车行车、靓化美化、交通安全、排污截涝、文明城市创建等	6000	0	6000	6000	4200	0	4200
5	藕舫路人行桥	—	—	—	新建	人行景观桥建设	500	0	500	500	350	0	350

续表 9

序号	项目名称	项目前期工作情况			建设性质	建设内容	计划总投资（新建项目为估算数）			2020 年计划			
		建议书批文号或备案表	可研（或立项）批文号或意见文号	初步设计（或实施方案）批文号或意见文号			投资额	资金安排		投资额	财务数	资金安排	
								财政	自筹或其他			财政	自筹或其他
6	城市垂直绿化工程	—	—	—	新建	建筑物外立面绿化建设、美化、靓化	400	0	400	400	280	0	280
7	2020 年高铁新城零星项目工程	—	—	—	改建	收储地块覆绿、苗圃养护、市政雨污管道检测维修、泵站维修、绿化提升等	700	0	700	700	600	0	600
8	大元路（博学路—大库路）	虞发改投〔2019〕45 号	虞发改投〔2019〕45 号	虞发改设计〔2019〕25 号	新建	道路全长约 1049 米，宽 22 米，工程内容包括道路、排水、交通、照明、绿化等工程	4500	0	4500	3650	2555	0	2555
9	学海路（河东路—文星路）	虞发改投〔2019〕46 号	虞发改投〔2019〕46 号	虞发改设计〔2019〕22 号	新建	道路全长约 1159 米，宽 18 米，工程内容包括道路、排水、交通、照明、绿化等工程	4100	0	4100	3300	2310	0	2310
10	春澜路	—	—	—	新建	城东 78 号地块配套春澜路（王充路—保驾山路）建设，道路长 500 米，宽 22 米，包含跨度 40 米桥梁一座	3000	0	3000	1000	700	0	700
11	文化艺术中心	—	—	—	新建	建筑面积 60000 平方米及配套设施	80000	0	80000	2000	1400	0	1400
12	美丽街区建设	—	—	—	改建	城区万达广场繁华里、解放路步行街、越秀路美丽街区创建	1600	0	1600	1600	1120	0	1120
二、交通集团						3	316188	0	316188	72094	43655	0	43655
1. 续建项目						1	137035	0	137035	62169	37300	0	37300
1	绍兴市袍江马山至上虞曹娥（群贤路东延）公路三期工程	绍市发改联〔2015〕11 号	绍市发改中心〔2015〕66 号	绍市发改中心〔2018〕39 号	新建	三期工程从上虞区钱上村至上虞区人民西路段，长约 4.812 公里，按双向六车道一级公路标准设计，高架路宽 27 米，地面道路宽 41.5 至 60 米	137035	0	137035	62169	37300	0	37300
2. 新建项目						2	179153	0	179153	9925	6355	0	6355

续表 9

序号	项目名称	项目前期工作情况			建设性质	建设内容	计划总投资（新建项目为估算数）			2020年计划			
		建议书批文号或备案表	可研（或立项）批文号或意见文号	初步设计（或实施方案）批文号或意见文号			投资额	资金安排		投资额	财务数	资金安排	
								财政	自筹或其他			财政	自筹或其他
1	杭绍台铁路上虞南站站前广场建设工程	—	—	—	新建	站前广场面积约8万平方米，地下停车场面积约3万平方米，高架匝道长700米	59253	0	59253	5925	3555	0	3555
2	南北中心大道（人民大道至江东北路）快速路工程	—	—	—	扩建	主线南起人民大道，与五甲渡大桥南桥头相接，然后利用现状五甲渡大桥跨越曹娥江，止于江东北路以北，高架桥采用双向六车道，宽27米；南北中心大道地面道路采用双向四车道＋辅道的形式；五甲渡大桥北侧设置互通式立体交叉，完善南北中心大道与江东北路的各方向顺接。道路全长约3.84千米，其中新建高架桥约2.55千米	119900	0	119900	4000	2800	0	2800
三、水利局						6	53686	0	53686	35900	21540	0	21540
2. 新建项目						6	53686	0	53686	35900	21540	0	21540
1	上虞区上浦闸灌区渠首枢纽防冲设施建设工程（二期）	—	—	—	新建	漫水闸上游江道防冲护底加固；引水闸进口处护坡加固；引水闸进口段清淤	1643	0	1643	500	300	0	300
2	新东进闸提升改造工程	—	—	—	恢复	水闸维修、连接堤加固、二线闸上下游防冲加固、管理区提升改造等	4583	0	4583	2300	1380	0	1380
3	全区面上水利建设项目	—	—	—	改建	开展3座水库除险加固、10座山塘整治、2座排涝站改造；美丽河湖建设（平原河道、山区小流域治理）20公里，清淤、农村饮用水、堤防固滩护岸、危桥除险、小水电清理整改、水文基础设施及水管理平台建设等工程	28000	0	28000	28000	16800	0	16800

续表 9

序号	项目名称	项目前期工作情况			建设性质	建设内容	计划总投资（新建项目为估算数）			2020 年计划			
		建议书批文号或备案表	可研(或立项)批文号或意见文号	初步设计(或实施方案)批文号或意见文号			投资额	资金安排		投资额	财务数	资金安排	
								财政	自筹或其他			财政	自筹或其他
4	曹娥街道建成区河道综合整治工程	—	—	—	新建	水系沟通、河道清淤、砌石护岸、桥梁新(改)建、河岸景观绿化等	15000	0	15000	4000	2400	0	2400
5	上虞区章镇镇杭浦埂加固工程	—	—	—	改建	曹娥江章镇镇杭浦埂 1.06 公里防洪堤堤埂护砌、路面修复、排涝站新建等	1960	0	1960	600	360	0	360
6	上虞区梁湖街道四十里河整治工程	—	—	—	新建	新建生态护岸 3.1 千米，新建仿木桩护岸 1.1 千米，河道清淤及其他配套工程等建设	2500	0	2500	500	300	0	300
四、教体局						4	11775	0	11775	8720	8079	0	8079
2. 新建项目						4	11775	0	11775	8720	8079	0	8079
1	丰惠中学食堂及学生宿舍新建工程	—	虞发改投〔2019〕71 号	—	新建	新建二幢学生宿舍、一幢食堂	3055	0	3055	1000	900	0	900
2	城南中学风雨操场建设工程	—	—	—	新建	建设膜结构、硅 PU 风雨篮球场地	480	0	480	480	456	0	456
3	高中段学校校舍改造提升工程	—	—	—	改建	春晖中学校舍维修改造工程：教工宿舍、学生宿舍 7 号楼、8 号楼等三幢楼外墙、内墙和屋面维修、卫生间内部改造和设备设施维修改造，望湖楼、信息楼、仰山楼、图书馆、体育馆、河东食堂等校舍外墙维修改造	1280	0	1280	1280	1152	0	1152
	—	—	—	—	改建	上虞中学校舍改造工程(一)：1. 教学楼维修，2. 教工餐厅改造，3. 体育场看台及主席台维修改造为，4. 第一报告厅改造，5 学生宿舍 3 号、4 号楼改造，6. 绿化改造	1830	0	1830	1830	1647	0	1647

续表 9

序号	项目名称	项目前期工作情况			建设性质	建设内容	计划总投资（新建项目为估算数）			2020 年计划			
		建议书批文号或备案表	可研（或立项）批文号或意见文号	初步设计（或实施方案）批文号或意见文号			投资额	资金安排		投资额	财务数	资金安排	
								财政	自筹或其他			财政	自筹或其他
	—	—	—	—	改建	东关中学:党建文化建设,楼宇内外墙维修改造,食堂改造,室外篮球场改造,校史陈列室改造,运动场改造	600	0	600	600	570	0	570
	—	—	—	—	改建	小越中学厕所及球场地改造工程:教学楼及实验楼厕所改造,球场看台改造	280	0	280	280	266	0	266
	—	—	—	—	改建	春晖中学体育设施提升工程:新建户外攀岩设施、网球场地和笼式足球场地;改造室外篮球场;学校周边河岸改造	500	0	500	500	475	0	475
	—	—	—	—	改建	进修学校校舍改造提升工程:屋面维修;报告厅改造、办公室改造;舜耕楼改造;山体加固;半山阁改造;车棚改造	650	0	650	650	618	0	618
	—	—	—	—	改建	职业中专食堂内部改造工程:操作间功能改造,内部地面、墙面和天棚维修改造,水电设施改造,设备更换	300	0	300	300	285	0	285
	—	—	—	—	改建	职教中心运动场地改造工程:运动场地面层改造,相应配套设施改造	300	0	300	300	285	0	285
4	运动场地改造提升工程	—	—	—	改建	1. 市民中心运动场地田径场地面层改造;2. 区体育场面层改造;3. 改造篮球面层和灯光;4. 将排球场地改造为膜结构、带简易看台及灯光的风雨篮球场地;5. 建配套的管理用房和休闲场地;6. 设置一些文化设施	2500	0	2500	1500	1425	0	1425

续表 9

序号	项目名称	项目前期工作情况			建设性质	建设内容	计划总投资（新建项目为估算数）			2020 年计划			
		建议书批文号或备案表	可研(或立项)批文号或意见文号	初步设计(或实施方案)批文号或意见文号			投资额	资金安排		投资额	财务数	资金安排	
								财政	自筹或其他			财政	自筹或其他
五、卫生健康局						1	71200	0	71200	18000	9000	0	9000
1. 续建项目						1	71200	0	71200	18000	9000	0	9000
1	上虞城南医用综合中心	虞发改投〔2017〕26 号	虞发改投〔2018〕46 号	虞发改设计〔2018〕34 号	新建	门诊楼、医技楼、住院大楼、食堂、后勤楼、发热门诊及地下工程	71200	0	71200	18000	9000	0	9000
六、公安分局						2	11972	0	11972	2800	1800	0	1800
1. 续建项目						1	8372	0	8372	2400	1400	0	1400
1	曹娥派出所综合业务用房	虞发改投〔2018〕8 号	虞发改投〔2018〕47 号	虞发改设计〔2019〕56 号	新建	总用地面积 30.02 亩，建设面积约 19000 平方米。派出所新建综合业务用房、刑事技术用房、办证接警中心用房，办案中心用房等内容	8372	0	8372	2400	1400	0	1400
2. 新建项目						1	3600	0	3600	400	400	0	400
1	梁湖派出所综合业务用房	虞发改投〔2018〕9 号	虞发改投〔2018〕66 号	—	新建	总用地面积 19.96 亩，建设面积约 6500 平方米。新建综合业务用房办证接警中心一幢，办案中心一幢等内容	3600	0	3600	400	400	0	400
七、财政局（国投公司）						1	35000	0	35000	3000	3000	0	3000
1. 新建项目						1	35000	0	35000	3000	3000	0	3000
1	上虞城南医用综合中心——西侧地块配套工程	—	—	—	新建	总建筑面积为 50921 平方米（地上 37724 平方米，地下 13197 平方米），容积率、绿地率、建筑密度符合上虞城南医用综合中心整体规划经济技术指标	35000	0	35000	3000	3000	0	3000
八、气象局						1	3500	0	3500	700	600	0	600
2. 新建项目						1	3500	0	3500	700	600	0	600

续表 9

序号	项目名称	项目前期工作情况			建设性质	建设内容	计划总投资（新建项目为估算数）			2020 年计划			
		建议书批文号或备案表	可研（或立项）批文号或意见文号	初步设计（或实施方案）批文号或意见文号			投资额	资金安排		投资额	财务数	资金安排	
								财政	自筹或其他			财政	自筹或其他
1	上虞区国家气象观测站迁建工程	—	—	—	新建	气象观测区、业务办公区及附属配套设施和道路建设	3500	0	3500	700	600	0	600
九、综合行政执法局						2	12600	0	12600	11800	10270	0	10270
1. 续建项目						1	12000	0	12000	11500	10000	0	10000
1	上虞城市资源再生利用绿色综合体	—	—	—	新建	建成一个城市资源再生利用绿色综合体，对建筑垃圾、大件垃圾等进行资源化利用及处置	12000	0	12000	11500	10000	0	10000
2. 新建项目						1	600	0	600	300	270	0	270
1	城区环卫基础设施提升改造	—	—	—	改建	涉及城区 15 个公厕、5 座中转站改造提升	600	0	600	300	270	0	270
十、供电局						5	61072	0	61072	37994	26596	0	26596
1. 续建项目						3	31544	0	31544	15994	11196	0	11196
1	绍兴丁宅 110kV 输变电工程	绍电发展〔2017〕240 号	浙电发展〔2017〕726 号	—	新建	新建 110 千伏变电站一座，新装 50 兆伏安主变两台，新架设线路 1.3 公里	5044	0	5044	844	591	0	591
2	110 千伏涂北输变电工程	绍电发展〔2018〕277 号	浙电发展〔2018〕933 号	—	新建	新建 110 千伏变电站一座，新装 80 兆伏安主变两台，新架设线路 14.8 公里，新敷设电缆 2.4 公里	13000	0	13000	7000	4900	0	4900
3	杭绍台高铁牵引输电工程（上虞段）	—	绍电发展〔2019〕137 号	—	新建	新建线路 39.5 公里，改迁重建原有输电线路	13500	0	13500	8150	5705	0	5705
2. 新建项目						2	29528	0	29528	22000	15400	0	15400
1	进港变输变电工程	绍电发展〔2019〕60 号	浙电发展〔2019〕740 号	—	新建	新建 110 千伏变电站一座，新装 80 兆伏安主变两台，新架设线路 22.7 公里，新敷设电缆 1.96 公里	9528	0	9528	2000	1400	0	1400

续表 9

序号	项目名称	项目前期工作情况			建设性质	建设内容	计划总投资（新建项目为估算数）			2020 年计划			
		建议书批文号或备案表	可研（或立项）批文号或意见文号	初步设计（或实施方案）批文号或意见文号			投资额	资金安排		投资额	财务数	资金安排	
								财政	自筹或其他			财政	自筹或其他
1	上虞区 2020 年 35 千伏及以下配网建设工程	—	—	—	新建	新建、改造线路长度约 210 公里，新增变电容量约 16 万千伏安	20000	0	20000	20000	14000	0	14000
十一、水务集团						8	136110	0	136110	43215	30251	0	30251
1. 续建项目						4	60042	0	60042	32915	23041	0	23041
1	上源闸水厂迁建工程	虞发改投〔2018〕24 号	虞发改投〔2018〕80 号	虞发改设计〔2018〕49 号	新建	新建日处理能力 15 万吨 / 日的净水厂一座及相关辅助设施	32271	0	32271	19091	13364	0	13364
2	上源闸水厂迁建配套输配水管道工程	虞发改投〔2018〕84 号	虞发改投〔2019〕38 号	虞发改设计〔2019〕38 号	新建	1. 原水管线工程：DN1400 管长约 3.17 公里，DN1200 管长约 0.59 公里。2. 应急备用水源取水工程：DN1600 管长度约 0.31 公里，DN1400 管长约 0.12 公里，并建设取水头部及泵房。3. 出厂管线工程：DN1200 管长约 13.83 公里。4. 污泥输送管线工程：DN200 管长约 6.82 公里	20950	0	20950	11360	7952	0	7952
3	大三角水厂污泥处理设施工程	虞发改投〔2019〕1 号	虞发改投〔2019〕1 号	虞发改设计〔2019〕13 号	新建	建设 45 万吨 / 日水处理相配套污泥处理系统，其中脱水设备为 30 万吨 / 日水处理相配套。	3480	0	3480	820	574	0	574
4	10 万吨 / 日生活污水清洁排放提标改造工程	虞发改投〔2019〕60 号	虞发改投〔2019〕60 号	虞发改设计〔2019〕45 号	改建	生物池、厌氧池改造，新建回流泵站等构筑物，厂内管道改造等	3341	0	3341	1644	1151	0	1151
2. 新建项目						4	76068	0	76068	10300	7210	0	7210
1	城乡管网改造工程	—	—	—	改建	改造管网长度 20 公里	2000	0	2000	2000	1400	0	1400
2	5 万吨 / 日工业污水处理异地扩建项目	—	—	—	新建	5 万吨 / 日工业污水处理厂一座及进出配套管道的建设	69568	0	69568	6500	4550	0	4550

续表 9

序号	项目名称	项目前期工作情况			建设性质	建设内容	计划总投资（新建项目为估算数）			2020 年计划			
		建议书批文号或备案表	可研（或立项）批文号或意见文号	初步设计（或实施方案）批文号或意见文号			投资额	资金安排		投资额	财务数	资金安排	
								财政	自筹或其他			财政	自筹或其他
3	梁湖中心泵站新建工程	—	—	—	新建	新建规模 3.5 万立方米 / 日的泵站一座，新建 2000 立方米调节池一座（泵池与调节池合建），新建 340 平方米配电及管理用房 1 座。泵站占地面积 2141.78 平方米（3.213 亩）	2500	0	2500	1000	700	0	700
4	园区 1# 泵站扩建工程	—	—	—	扩建	新建 5000 立方米调节池一座（泵池与调节池合建），DN800 管约 500 米，DN600 管约 500 米，DN400 管 500 米，DN200 管约 1000 米	2000	0	2000	800	560	0	560
十二、杭州湾上虞经济技术开发区管委会（浙江省上虞经济开发区管委会）						54	904603	0	904603	316396	205517	0	205517
1、续建项目						18	330066	0	330066	206916	126530	0	126530
1	杭州湾经开区产业拓展区配套工程（一期）	虞经开区基投〔2019〕19 号	虞经开区基投〔2019〕20 号	虞经开区基投〔2019〕21 号	续建	产业拓展区道路配套，包括道路路基、路面、路灯、标牌、绿化、供水、污水、电力、河道等	26000	0	26000	10400	6240	0	6240
2	杭州湾经开区进港公路延伸段工程（滨海大道—码头段）	虞经开区基投〔2019〕4 号	虞经开区基投〔2019〕5 号	虞经开区基投〔2019〕6 号	续建	道路长约 1.2 公里，包括道路路基路面，标线，路灯等	4500	0	4500	3150	2790	0	2790
3	杭州湾经开区东三区道路配套工程	虞经开区基投〔2019〕30 号	虞经开区基投〔2019〕33 号	虞经开区基投〔2019〕36 号	续建	东三区滨海三路、四路、五路道路路基路面，路灯等	14000	0	14000	9800	8680	0	8680
4	杭州湾经开区造地项目（五期）	—	—	—	续建	新围区土地开发面积约 2000 亩，包括机耕路，排灌渠、土地平整等建设	7000	0	7000	5600	4760	0	4760
5	杭州湾经开区建成区活水应急工程	虞经开区基投〔2019〕48 号	虞经开区基投〔2019〕60 号	虞经开区基投〔2019〕74 号	续建	项目包括联围闸除险加固；新建引水泵站拆除水闸、新建箱涵、涵闸；新建橡胶坝；河道拓宽；东进新闸除险加固等	4500	0	4500	3600	3060	0	3060

续表 9

序号	项目名称	项目前期工作情况			建设性质	建设内容	计划总投资（新建项目为估算数）			2020 年计划			
		建议书批文号或备案表	可研（或立项）批文号或意见文号	初步设计（或实施方案）批文号或意见文号			投资额	资金安排		投资额	财务数	资金安排	
								财政	自筹或其他			财政	自筹或其他
6	杭州湾经开区化工产业中试基地建设工程（EPC 项目）	虞经开区基投〔2019〕58 号	虞经开区基投〔2019〕59 号	—	续建	占地约 205 亩，总建筑面积约 7.3 万平方米，包括综合楼、信息中心、中试平台、甲类仓库等多个单体及场外绿化、装修、设备等	56000	0	56000	42000	25200	0	25200
7	杭州湾经开区滨海大道改造工程（东二区段）	虞经开区基投〔2019〕63 号	虞经开区基投〔2019〕66 号	虞经开区基投〔2019〕69 号	续建	全长约 4.3 公里，路宽 54 米，内容包括对该路段路基、路面、侧石等进行整体修复改造	8000	0	8000	6400	5440	0	5440
8	杭州湾经开区新东线供水工程（长海线—产业拓展区段）	虞经开区基投〔2019〕70 号	虞经开区基投〔2019〕71 号	虞经开区基投〔2019〕72 号	续建	总长约 5 公里，管径为 1000 毫米	5500	0	5500	4950	4070	0	4070
9	杭州湾经开区未来小城教育配套工程	—	—	—	续建	对杭州湾经开区未来小城学校进行配套设施建设	3500	0	3500	3150	2590	0	2590
10	浙江建设职业技术学院上虞分院	虞发投〔2018〕16 号	虞发改投二〔2018〕24 号	虞经开区基投〔2019〕22 号	续建	建筑面积 20 万平方米，总投资约 12 亿元，建设内容包括图书馆、行政办公楼、食堂、实训楼、校史展示中心、教学楼、礼堂、学生活动中心、学生商业街服务类、学生公寓、体育训练馆、看台、国际交流及产教融合中心、教师后勤宿舍楼、门卫、过街天桥、运动场、球场等 26 个单体建筑及场外景观、道路等配套工程建设。	120000	0	120000	55000	35000	0	35000
11	科教园区配套道路建设	虞发改投二〔2018〕8 号	虞发改投二〔2018〕26 号	虞发改设计二〔2018〕21 号（东北段）、虞经开区基投〔2019〕45 号（西南段）	续建	主要包括五星西路南北侧两条纵向道路建设。合计全长 1680 米，路幅宽度 30 米。主要包括雨污管网、绿化、亮化、交通安全设施及其他配套设施建设等	25000	0	25000	18500	11000	0	11000

续表 9

序号	项目名称	项目前期工作情况			建设性质	建设内容	计划总投资（新建项目为估算数）			2020 年计划			
		建议书批文号或备案表	可研（或立项）批文号或意见文号	初步设计（或实施方案）批文号或意见文号			投资额	资金安排		投资额	财务数	资金安排	
								财政	自筹或其他			财政	自筹或其他
12	上虞产教融合创新园一期工程	虞经开区基投〔2019〕43 号	虞经开区基投〔2019〕44 号	虞经开区基投〔2019〕62 号	续建	上虞园区一期建设科学与工程研究院 4.6 万立方米，及园内道路、广场、园林绿化等配套工程（包括属于基建范畴的园区通信设施、网络设施、室内外照明设备等配套），投资概算 2.8 亿元，实行“交钥匙”工程	28582	0	28582	23582	4700	0	4700
13	五星西路（长海公路—曹娥江过水道）延伸段建设工程	虞经开区基投〔2019〕46 号	虞经开区基投〔2019〕47 号	虞经开区基投〔2019〕49 号	续建	为城市主干路，主要包括雨污管网、道路、绿化、交通安全设施及其他配套建设等，全长 1239 米，宽 60 米	8365	0	8365	4865	3000	0	3000
14	环岛景观绿化提升工程（杭甬运河至长海公路段）	虞经开区基投〔2019〕27 号	虞经开区基投〔2019〕28 号	—	续建	主要是对现有河道进行开挖拓宽，对河道两侧进行绿化景观建设	7000	0	7000	6000	3600	0	3600
15	创十一路（长海公路—科六路）建设工程	虞经开区基投〔2019〕23 号	虞经开区基投〔2019〕24 号	虞经开区基投〔2019〕31 号	续建	为城市主干路，主要包括雨污管网、道路、绿化、交通安全设施及其他配套建设等，全长 817 米，宽 18 米	2871	0	2871	2071	1200	0	1200
16	科七路南延伸段	虞经开区基投〔2019〕25 号	虞经开区基投〔2019〕26 号	虞经开区基投〔2019〕32 号	续建	为城市主干路，主要包括雨污管网、道路、绿化、交通安全设施及其他配套建设等，全长 780 米，宽 26 米	2748	0	2748	2048	1200	0	1200
17	曹新路（舜耕大道—金村）提升工程	—	—	—	续建	主要是对舜耕大道—金村段长约 500 米，宽 42 米原曹新路进行道路、绿化提升改造等	4500	0	4500	4400	3000	0	3000

续表 9

序号	项目名称	项目前期工作情况			建设性质	建设内容	计划总投资（新建项目为估算数）			2020 年计划			
		建议书批文号或备案表	可研（或立项）批文号或意见文号	初步设计（或实施方案）批文号或意见文号			投资额	资金安排		投资额	财务数	资金安排	
								财政	自筹或其他			财政	自筹或其他
18	曹娥街道工业功能区配套道路	—	—	—	续建	主要实施曹娥工业功能区东五路和南四路，一横一纵长约 610 米，宽 24—28 米两条道路、雨污管网、绿化及交安设施等	2000	0	2000	1400	1000	0	1000
2. 新建项目						36	574537	0	574537	109480	78987	0	78987
1	杭州湾上虞经济技术开发区服务发展区环湖南路建设工程（观海大道至湖沁路段）设工程	虞经开区基投〔2019〕65 号	虞经开区基投〔2019〕68 号	—	新建	该工程西起湖沁路，东至观海大道，全长约 610 米，红线宽 36 米，建设内容包括道路、桥梁、排水、给水、照明、景观绿化及交安设施	5600	0	5600	4480	2688	0	2688
2	杭州湾上虞经济技术开发区服务发展区环湖北路建设工程（观海大道至湖沁路段）	虞经开区基投〔2019〕64 号	虞经开区基投〔2019〕67 号	—	新建	该工程西起湖沁路，东至观海大道，全长约 620 米，红线宽 36 米，建设内容包括道路、桥梁、排水、给水、照明、景观绿化及交安设施	5800	0	5800	4640	2784	0	2784
3	杭州湾上虞经济技术开发区天津大学研究院及实训中心项目	虞经开区基投〔2019〕78 号	—	—	新建	该地块位于滨湖支路以南，观海大道以西，环湖东路以东，大通商业街以北，计划开发 1 栋 3 层综合实训中心 A 座、1 栋 6 层综合服务楼、1 栋 3 层综合实训众创 B 座用于高级化工人才公共实训中心，1 栋 6 层数字科创研中心用于天津大学研究院，总建筑面积 71300 平方米，其中地上建筑面积 64000 平方米，地下建筑面积 7300 平方米	54000	0	54000	16200	11340	0	11340

续表 9

序号	项目名称	项目前期工作情况			建设性质	建设内容	计划总投资（新建项目为估算数）			2020 年计划			
		建议书批文号或备案表	可研（或立项）批文号或意见文号	初步设计（或实施方案）批文号或意见文号			投资额	资金安排		投资额	财务数	资金安排	
								财政	自筹或其他			财政	自筹或其他
4	杭州湾经开区产业协同创新中心（二期）	—	—	—	新建	总用地 50 亩，建筑面积约 7 万平方，包括办公楼、二期餐厅、孵化楼、研发中心等	35000	0	35000	7000	4200	0	4200
5	杭州湾经开区医药产业区标准厂房建设工程（二期）	—	—	—	新建	新建高标准厂房、研发中心及配套设施等，建筑面积约 4 万平方米	20000	0	20000	4000	2400	0	2400
6	杭州湾经开区纬三路道路改造及绿化提升工程（经一路—经十三路）	—	—	—	新建	对该段道路“白改黑”，绿化提升，雨水改造等	4500	0	4500	1800	1080	0	1080
7	杭州湾经开区建成区纬五路改造工程	—	—	—	新建	延伸段全长约 750 米，路宽 22 米，包括道路、排水、绿化提升等，并对经十三路以西段进行提升改造，水泥路面改为沥青路面，桥梁改造等	4000	0	4000	400	240	0	240
8	杭州湾经开区 2020 年度建成区污水改造工程	—	—	—	新建	对建成区污水管网改造	1200	0	1200	1200	960	0	960
9	杭州湾经开区 2020 年度电力配套工程	—	—	—	新建	对经开区电力改造升级、安装变压器，上改下等工程	4000	0	4000	4000	3200	0	3200
10	杭州湾经开区东二区职工生活区配套公园	—	—	—	新建	新建医药产业园和生活区配套的休闲公园，占地约 50 亩，包括公园、运动设施、休闲场地等	1000	0	1000	200	120	0	120
11	杭州湾经开区北塘东路绿化提升工程	—	—	—	新建	对北塘东路两侧绿化进行改造提升	1000	0	1000	100	60	0	60

续表 9

序号	项目名称	项目前期工作情况			建设性质	建设内容	计划总投资（新建项目为估算数）			2020 年计划			
		建议书批文号或备案表	可研(或立项)批文号或意见文号	初步设计(或实施方案)批文号或意见文号			投资额	资金安排		投资额	财务数	资金安排	
								财政	自筹或其他			财政	自筹或其他
12	杭州湾经开区经三路道路改造及延伸工程	—	—	—	新建	对经三路(纬五路－纬九路)段部分道路进行“白改黑”改造约470米,新建道路300米,新建桥梁一座,雨水改造等	1500	0	1500	150	90	0	90
13	杭州湾经开区百红线道路绿化提升工程	—	—	—	新建	对百红线道路两侧绿化进行改造提升	500	0	500	100	60	0	60
14	杭州湾上虞经济技术开发区(北片区)危险化学品运输车辆停车场建设项目(一期临时停车点项目)	—	—	—	新建	建设占地2万平方米,有110个危险化学品运输车辆停车位的临时停车点	2000	0	2000	2000	1600	0	1600
15	杭州湾上虞经济技术开发区服务发展区湖沁路建设工程(康阳大道至滨海大道段)	—	—	—	新建	该工程南起康阳大道,北至滨海大道,全长约2130米,红线宽36米,建设内容包括道路、排水、给水、照明、景观绿化及交安设施	12500	0	12500	7500	4500	0	4500
16	杭州湾上虞经济技术开发区服务发展区湖沁路桥梁建设工程	—	—	—	新建	该桥梁采用32米+56米+32米变高度连续梁结构,外立面采用干挂石材装饰,桥梁分左中右三幅,左右边幅为单箱双室,梁宽9.49米,中幅为单箱四室,梁宽16.98米,整个桥面宽度是36米,桥墩位置处设置4×5米观景台	5000	0	5000	3000	1800	0	1800
17	杭州湾上虞经济技术开发区服务发展区西一闸干河(长海线—中直河)建设工程	—	—	—	新建	该河道长约为1100米,河道宽度95米,主要包括土方开挖、河道清淤、挡墙砌筑等	900	0	900	900	720	0	720

续表 9

序号	项目名称	项目前期工作情况			建设性质	建设内容	计划总投资（新建项目为估算数）			2020 年计划			
		建议书批文号或备案表	可研（或立项）批文号或意见文号	初步设计（或实施方案）批文号或意见文号			投资额	资金安排		投资额	财务数	资金安排	
								财政	自筹或其他			财政	自筹或其他
18	杭州湾上虞经济技术开发区未来小城文创水街建设工程（一期）	—	—	—	新建	该地块位于康阳大道以南，中直河以西，观海大道以东，西一闸干河以北，用于建设成集现代商务、时尚餐饮、娱乐为一体的特色风情街	15000	0	15000	4500	3150	0	3150
19	杭州湾上虞经济技术开发区未来小城会展及接待中心建设工程	—	—	—	新建	该地块位于新区派出所以南，科创中心以西，观海大道以东，康阳大道以北，用于建设一座集展览、博览、会议、商贸、休闲、游览于一体的现代化场馆	14000	0	14000	4200	2940	0	2940
20	杭州湾上虞经济技术开发区未来小城文化生态公园建设工程	—	—	—	新建	该地块位于安居路以南，未来小城幼儿园以西，环湖东路以东，西一闸干河以北，计划用于周边居住区及商业设施的配套公园，并对周边河道进行景观绿化提升	1500	0	1500	450	338	0	338
21	杭州湾上虞经济技术开发区服务发展区横二河绿化工程	—	—	—	新建	新建横二河两侧景观绿化，本期实施长约 450 米，主要包括绿化种植，小品景观设置等	3000	0	3000	3000	2250	0	2250
22	杭州湾上虞经济技术开发区向海湖配套工程	—	—	—	新建	新建向海湖配套景观提升，包含园路铺设、景区灯具及管线埋设、景墙小品设置、建筑、塘路挖除等	4000	0	4000	4000	3200	0	3200
23	杭州湾上虞经济技术开发区长海线两侧绿化及亮化提升工程	—	—	—	新建	对已有长海线两侧绿化带进行提升改造，线路长约 10 千米	12000	0	12000	3600	2160	0	2160

续表 9

序号	项目名称	项目前期工作情况			建设性质	建设内容	计划总投资（新建项目为估算数）			2020 年计划			
		建议书批文号或备案表	可研（或立项）批文号或意见文号	初步设计（或实施方案）批文号或意见文号			投资额	资金安排		投资额	财务数	资金安排	
								财政	自筹或其他			财政	自筹或其他
24	杭州湾上虞经济技术开发区（北片区）上电源供电工程项目（一期建成区进港公路西边双电源工程）	—	—	—	新建	利用开发区北片区在建管廊敷设双电源线路，供建成区进港公路西边化工企业双电源	4000	0	4000	4000	4000	0	4000
25	2020 年度杭州湾经开区基础设施日常维护及维修工程	—	—	—	新建	道路、河道保洁，绿化养护，路灯管养，向海湖管养，道路、桥梁、水闸、给排水管、旧广告牌等维修，绿化补种，泵房、便道、新广告牌等新建	7500	0	7500	7500	6000	0	6000
26	科六路建设工程（创十路到五星西路）	—	—	—	新建	道路南至创十路，北接在建五星西路，全长约 413 米，红线宽 16 米。主要建设道路、桥涵、排水、管线等工程	2060	0	2060	1600	1100	0	1100
27	创十路建设工程（长海公路至科七路）	—	—	—	新建	道路东接长海公路，西接科七路，全长 612 米，道路宽 16 米。主要建设道路、排水、管线等工程	1845	0	1845	1400	900	0	900
28	科二路建设工程（长海公路到科四路）	—	—	—	新建	道路东科四路，接在建科二路，西接长海公路，全长约 320 米，红线宽 30 米。主要建设道路、桥梁、排水、路灯、交通、绿化等工程	6499	0	6499	1300	900	0	900
29	沿科七路、裕丰路、科六路至五星西路河道景观提升工程	—	—	—	新建	河道长 1287 米，宽 10 米，对两侧景观进行改造提升	3299	0	3299	900	600	0	600
30	创五路建设工程（长海公路至科二路）	—	—	—	新建	道路东至科二路，西接长海公路，全长 727 米，道路宽 30 米，包括管廊建设	12000	0	12000	1200	840	0	840

续表 9

序号	项目名称	项目前期工作情况			建设性质	建设内容	计划总投资（新建项目为估算数）			2020 年计划			
		建议书批文号或备案表	可研（或立项）批文号或意见文号	初步设计（或实施方案）批文号或意见文号			投资额	资金安排		投资额	财务数	资金安排	
								财政	自筹或其他			财政	自筹或其他
31	科四路建设工程（五星西路到创十一路）	—	—	—	新建	道路北至五星西路，南至创十一路，全长 973 米，道路宽 30 米	7253	0	7253	1450	1015	0	1015
32	上虞产教融合创新园二期工程	—	—	—	新建	上虞产教融合创新园二期建设科学与工程研究院 1.8 万立方米，及园内道路、广场、园林绿化等配套工程（包括属于基建范畴的园区通信设施、网络设施、室内外照明设备等配套），投资概算 1.2 亿元，实行“交钥匙”工程	12000	0	12000	360	252	0	252
33	创五路建设工程（长海公路至科八路）	—	—	—	新建	道路东至长海公路，西接科八路，全长 950 米，道路宽 30 米。主要建设道路、桥梁、排水、路灯、交通、绿化等工程	6428	0	6428	450	300	0	300
34	科八路建设工程（五星西路至创五路）	—	—	—	新建	道路南接五星西路，北接创五路，全长 680 米，道路宽 16 米。主要建设道路、桥梁、排水、路灯、交通、绿化等工程	2353	0	2353	1100	700	0	700
35	五星西路至运河东路连接线改造提升工程	—	—	—	改建	道路位于五星西路一号桥东接坡两侧，长约 500 米，现状道路宽 7 米，单向通行，计划改造提升为双向通行，道路宽约 12 米	1100	0	1100	800	500	0	500
36	绍兴市上虞区健康产业园（浙大邵逸夫医院绍兴院区）	—	—	—	新建	位于五星西路与杭甬运河交叉口，规划用地面积 500 亩（一期 250 亩），总建筑面积 38 万平方（地上 28 万平方、地下 10 万平方），共设床位 2000 张	300200	0	300200	10000	10000	0	10000
十三、曹娥江旅游度假区						15	300895	0	300895	121245	88935	0	88935

续表 9

序号	项目名称	项目前期工作情况			建设性质	建设内容	计划总投资（新建项目为估算数）			2020 年计划			
		建议书批文号或备案表	可研（或立项）批文号或意见文号	初步设计（或实施方案）批文号或意见文号			投资额	资金安排		投资额	财务数	资金安排	
								财政	自筹或其他			财政	自筹或其他
1. 续建项目						10	155895	0	155895	52245	38435	0	38435
1	中华孝德园城市公园改造项目	虞发改投—(9)〔2019〕1 号	虞发改投—(9)〔2019〕1 号	—	改建	拆除中华孝德园围墙，与周边城市道路相连接，改造提升内部道路，具备车辆通行条件，并建设亮化系统和多点位停车场，增设景观小品和健身休闲设施，建成开放式的以孝德文化为主题的城市公园，成为实施“拥江西进”战略，开发建设孝德文化小镇的重要组成部分	4500	0	4500	4000	2700	0	2700
2	中华孝德园风情街改造项目	虞发改投—(9)〔2019〕2 号	虞发改投—(9)〔2019〕2 号	—	改建	实施风情街灯光秀工程，并通过市场化形式，引进文创书吧(休闲吧)、新农人联盟和两岸青年文创工作室等，开设上虞文创艺术产品拍卖市场，将风情街打造成为集休闲、娱乐、购物、艺术展示等于一体的文创平台和市民游客的休闲广场	800	0	800	500	360	0	360
3	曹娥江文化湿地公园改造项目	虞发改投—(9)〔2019〕3 号	虞发改投—(9)〔2019〕3 号	虞发改设计—(9)〔2019〕3 号	改建	对现有城南湿地公园和江东南路延伸段进行亮化、美化改造，环境功能优化提升，健身休闲设施配套，并与江上花海连为一体，使之成为市民游玩休憩健身的口袋公园	2000	0	2000	1850	1250	0	1250
4	曹娥江滨水绿道建设一期工程	—	—	—	新建	在曹娥江两岸铁路桥至下朱山段新建滨水绿道约 6 千米，改造两岸绿地约 27 万平方米	10000	0	10000	6000	4000	0	4000
5	潘家陡至皂李湖村道路二期及配套工程	虞发改投—(9)〔2019〕9 号	虞发改投—(9)〔2019〕9 号	—	新建	提升潘家陡至皂李湖村道路 2.5 千米，贯通澜岭口至潘瑶及皂李湖西岸段环皂李湖道路 3.4 千米，配套建设管网工程	8000	0	8000	7900	5530	0	5530

续表 9

序号	项目名称	项目前期工作情况			建设性质	建设内容	计划总投资（新建项目为估算数）			2020 年计划			
		建议书批文号或备案表	可研（或立项）批文号或意见文号	初步设计（或实施方案）批文号或意见文号			投资额	资金安排		投资额	财务数	资金安排	
								财政	自筹或其他			财政	自筹或其他
6	曹娥江水上码头配套工程	—	—	—	新建	新采购三艘趸船、配套建设码头岸上设施	2000	0	2000	1400	1000	0	1000
7	孝德文化小镇基础设施建设工程	虞发改投—（9）〔2019〕8 号	虞发改投—（9）〔2019〕8 号	—	新建	主要包括纵一路、纵二路、纵三路、纵四路、横一路、横二路、横三路、腾飞路延伸段、渡江路改造及沿街立面改造	29000	0	29000	8000	4000	0	4000
8	瓷源文化小镇艺术引领区	一期：虞发改投〔2017〕213 号；二期：虞发改投—（9）〔2019〕6 号；三期：虞发改投—（9）〔2019〕10 号	二期：虞发改投—（9）〔2019〕6 号；三期：虞发改投—（9）〔2019〕10 号	—	新建	一期建设陶艺中心、国际艺术区市政配套工程，市政配套工程分步推进；二期建设美术馆、大师工作室、外立面改造、场外景观等；三期建设陶瓷高等研究院、艺术家工坊、商业广场、场外景观及配套设施等	50000	0	50000	12000	12000	0	12000
9	上虞区绿道（游步道）建设二期项目	—	—	—	新建	在章镇、上浦、长塘、岭南、下管、永和、梁湖、丰惠等 8 个乡镇街道修葺新建古道、游步道、骑行道、绿道等 30 公里	1595	0	1595	595	595	0	595
10	皂李湖区块征迁安置工程	虞发改投〔2016〕132	—	—	新建	完成刘家、罗大湾、澜岭口自然村计 150 户拆迁	48000	0	48000	10000	7000	0	7000
	2. 新建项目					5	145000	0	145000	69000	50500	0	50500
1	曹娥庙历史文化街区修复改造建设工程	—	—	—	新建改建	曹娥庙周边及上沙百步街周边保留建筑提升改造、曹娥庙南北两侧地块历史文化街区建设及景观绿化配套等	50000	0	50000	30000	21000	0	21000

续表 9

序号	项目名称	项目前期工作情况			建设性质	建设内容	计划总投资（新建项目为估算数）			2020 年计划			
		建议书批文号或备案表	可研（或立项）批文号或意见文号	初步设计（或实施方案）批文号或意见文号			投资额	资金安排		投资额	财务数	资金安排	
								财政	自筹或其他			财政	自筹或其他
2	上虞区绿道（游步道）建设三期项目	—	—	—	新建改建	在相关乡镇街道修葺新建古道、游步道、骑行道、绿道等 30 公里	5000	0	5000	4000	2500	0	2500
3	东山景区提升工程	—	—	—	改建	对东山景区及其周边进行提升改造，恢复东山古道，完善基础设施、优化原有景点、新增景观小品	9500	0	9500	5000	3500	0	3500
4	皂李湖山林休闲景观度假开发项目	—	—	—	新建	对皂李湖山林、湖岸环境进行整治，开发建设文旅集团休闲度假酒店及景观配套设施，包括市政、土建及装饰装修工程等	25500	0	25500	5000	3500	0	3500
5	度假区开发区块征迁项目	—	—	—	新建	涉及皂李湖区域土地、湖泊征收，山林流转；曹娥老区范围内除渡江花园外非城中村商住楼征迁、征收等	55000	0	55000	25000	20000	0	20000
十四、e 游小镇管委会						1	49903	0	49903	5000	4000	0	4000
1. 续建项目						1	49903	0	49903	5000	4000	0	4000
1	创客中心	虞发改投〔2019〕21 号	虞发改投〔2019〕21 号	虞发改设计〔2019〕9 号	新建	总建筑面积 87586.76 平方米，地上计容积率建筑面积 67482.33 平方米。其中有 1301 套服务型公寓	49903	0	49903	5000	4000	0	4000

注：1. 新建项目必须填可研（或立项）批文号或意见文号；2. 建设性质分为新建、扩建、改建和恢复。

（叶　舟）

费、商品房价格等投诉、咨询 180 件，办结率 100%。一年来，用气、用电、用水降价政策可减轻企业负担 2.9 亿元。

【疫情期间价格监测】 在疫情期间，价格监测工作围绕落实防护用品和群众生活必需品的保供稳价，深入调查，密切关注市场动态，掌握第一手资料，在第一时间报送价格信息。开展重要生活必需品和相关药品的价格监测，了解蔬菜、肉类、洗手液、口罩、酒精等价格动态及市场供应情况，梳理市场主流产品品种、品牌、规格等信息，共发布 37 期《重要民生商品及防护用品价格监测信息》。

根据省发改委的相关指示，部署加强农药、化肥、农膜等农业生产资料的监测力度，深入摸查了解当前市场需求、供应及价格情况，对比分析历史数据，撰写分析报告材料反馈省领导。

【降低用气用水用电价格】 根据省发改委《关于新冠肺炎疫情防控期间临时降低企业用气用水用电价格的通知》（浙发改价格〔2020〕22 号）文件精神，自 2020 年 2 月 1 日至 4 月 30 日，上虞区企业（不含天然气发电企业）到户价格按现行气价格下调 10%，用水企业到户价格下调 10%。

自 2020 年 2 月 1 日起至 6 月 30 日，除高耗能行业外，降低现执行工商业及其他电价，大工业电价的电力用户电费，统一按原到户电价水平的 95% 结算，延长“支持性两部制电价政策”至 6 月 30 日。

【调整天然气门站价格】 根据《浙江省发展改革委关于调整天然气门站价格的通知》文件精神，自 2 月 22 日至 6 月 30 日，降低非居民生活用天然气销售价格，下降为 3.01 元 / 立方米，煤改气用户同比例下调。

【延长用电用水优惠政策】 根据省发改委关于阶段性降低企业用水价格限期的通知，用水到户价格的 10% 优惠延长至 6 月 30 日；又延长至 9 月 30 日；后又延长至 12 月 30 日。用电价格 5% 的优惠从 6 月 30 日延长至 12 月 31 日。用气、用水、用电降价政策可每年减轻企业负担 2.9 亿元。

【完成成本监审项目 9 个】 年内，共完成成本监审项目 9 个。其中定期成本监审 3 个：分别为城镇管道燃气配气成本监审、城市供水成本监审、污水处理成本监审。定调价成本监审 3 个：分别为阳光学校教育成本监审；城区居民生活垃圾处理成本监审；岭南乡公墓价格成本监审。成本调查 3 个：分别为机动车检测成本调查、杭州湾金融街学校教育成本调查、AAA 及以下国有景区门票价格成本调查。

（叶　舟）

审　计

【概况】 2020 年，绍兴市上虞区审计局完成审计项目 22 个，查出主要问题金额 52499 万元，其中违规金额 5160 万元、管理不规范金额 47339 万元。审计处理处罚金额 3874 万元；移送司法机关、纪检监察机关和有关部门处理事项 11 件；审计促进整改落实有关问题金额 3874 万元；审计后挽回（避免）损失 3799 万元。出具审计报告和专项审计调查报告 36 篇，被批示、采用 4 篇；审计提出建议 106 条，被采纳 101 条；推动被审计单位制定整改措施 106 项；促进被审计单位制定、完善规章制度 32 项；提交审计信息 183 篇，被批示、采用 27 篇。向社会公告审计结果 18 篇。2017—2020 年度连续四年获区级工作目标责任制考核一等奖，2020 年撰写课题《经济责任审计成果运用闭环机制研究》入选浙江省审计厅 2020—2021 年度重点审计科研课题，编写计算机案例《“1+N”模式开拓财政审计新视野》入选浙江省审计厅优秀大数据分析审计案例。

【财政审计】 以上虞区本级财政预算执行审计为核心，以支出预算、支出政策和预算绩效管理审计为重点进行 2019 年度财政预算执行和其他财政收支审计。审计揭示财政预算执行、部门预算执行、政府采购预算执行、财政资金管理、预算绩效管理、国有企业资产管理、财政专项资金管理、政府投资项目管理 8 个方面 19 个问题，提出 8 条审计建议。通过审计促进增收节支 6768 万元，移送问题线索 2 件，提交审计专报 11 篇，获主要领导批示 9 篇。

【自然资源资产审计】 探索开展自然资源资产任中审计和经济责任审计、预算执行审计的深度融合。实施的农业农村局自然资源资产任中审计主要从促进政策落地、项目资金规范管理与高效使用、监管责任履行方面入手，注重"共性 + 个性"问题评价，促使被审计单位出台4个制度。

【投资审计】 扎实推进投资审计转型，认真贯彻上级审计机关关于投资审计转型要求，组建区国建评审咨询有限公司，探索实践政府工程领域中"三审融合"与"三重一大"制度有机协同的新路子。保障重大项目实施，开展邵逸夫医院绍兴院区、浙建院项目、上源闸水厂迁建等跟踪审计。开展中介机构参与政府投资（国有建设）项目情况专项审计调查，重点关注参建中介机构在投资控制、质量监督、现场管理、服务质量等方面的情况。2020年，共完成投资审计项目297项，审计金额101.53亿元，核减金额4.86亿元；完成预结算备案4605项，备案金额73.45亿元。

【经济责任审计】 全年安排13家单位17名领导干部经济责任审计，并探索开展国有企业经济责任审计。揭示违规发放津补贴、资产管理不到位、行政执法不规范等100个问题，促进增收节支2285.66万元。此外，主动融入干部大监督工作机制，建管中心经济责任审计项目中，联合区纪委监委、组织部、巡察，探索新形势下"审计 + 巡察"新模式。

【政策执行审计】 围绕打好三大攻坚战、优化营商环境，推进"六稳""六保"任务落地等内容，组织实施新冠肺炎疫情防控和捐赠物质专项审计、曹娥老区征迁资金审计、老旧小区改造审计、新增财政资金直达市县基层直接惠企利民情况审计等审计项目，通过专题审计推动相关政策红利直接落实到基层、落实到项目，查深查透问题实质，促使被审计单位制定有效整改措施14项，涉及整改金额691.10万元。采用"1+N"审计模式，在同级审等审计项目中嵌入式组织实施涉企奖补、促进就业、人才引进、科技创新等审计调查。关注涉企政策落地，督促退回多收取的414家小微企业不动产登记费和证书工本费41.15万元；关注人才引进政策落实，揭示高校毕业生创业补贴政策落实不到位、人才住房货币化补助配套资金未及时清理等问题；关注科技创新政策落实，在加强科技创新券使用管理、助推科研机构机制完善、促进众创空间科学发展等方面提出意见建议。

【"三服务"活动】 围绕"六稳""六保"任务和区委"三服务"八大专项行动，组织开展"深化三服务、审计加速度"主题活动。精准设计主题，聚焦经济社会发展堵点、难点、痛点，找准审计切入点，安排企业减负、科技创新、重大项目等8个审计主题，主动听民声、议良策、促发展。创新实施载体，采取"三报三会商"，即以快报、专报和年报等形式为领导提供审计参阅，共报"三报"25篇，反映问题65个，得到领导批示16篇；与监管部门、被审计单位及社会公众代表开展会商，确定审计重点、问题定性和整改方向。深化"三驻三服务"，派出5名驻企驻社指导员，开展现场指导67次，现场协助解决问题22例。"三报三会商"获区最美服务案例，"三服务"工作经验在浙江新闻、绍兴日报等媒体刊登宣传。

【审计质量管控】 加强审计质量管控，注重全流程管控，完善审计项目"清单制"，突出审前调查清单、问题清单、整改清单编制；注重精细化管理，合理确定项目时限，狠抓项目进度管理，定期通报审计项目进度，督促审计计划的执行；注重规范化管理，提升审理质效。针对所有审计项目逐一审理，重点核查审计程序规范性、取证完整性、审计文书的合法合规性等方面，对不规范事项形成审理台账，及时反馈主审修改，强化审计质量规范意识。

【提升大数据审计能力】 强化大数据思维和应用能力，持续推进以大数据审计为引擎的审计能力现代化建设。构建大数据审计团队，坚持数据先行，全方位归集数据，完善大数据应用作业模式，注重数据常态化分析机制，加大大数据作战能力培养。按照"全覆盖"要求，融合项目探索运用大数据分析、地理信息技术等手段，发现城市基础设施配套费未按规定征收、计生家庭奖扶金发放不合规、公车租赁控制不严等问题。

（梁丹丹）

统 计

【概况】 2020年，上虞区高效实施全面统计，严格执行国家统计调查制度，开展工业、贸易、服务业、建筑业和房地产等“四上”单位一套表联网直报，做好特色小镇、企业生产能力、景气指数、信息化情况、科技进步和政府软投入统计监测等重点统计报表，做好低收入农户高水平全面小康统计监测、妇女儿童统计监测、开展平安浙江入户调查和“最多跑一次”改革获得感评估调查等，做好企业生产经营情况、企业缴纳税金情况和民营企业发展环境等问卷调查，有效挖掘“数据潜力”、创造“数字红利”。

区统计局充分发挥统计“监督、信息、咨询”工作职能，完成统计数据监测和评估，完成月、季度全区经济形势分析，高质量做好《今日上虞》等常规统计资料，编印《上虞辉煌巨变70周年》，撰写《上虞统计》8期。区统计局开展统计基层基础建设，采用“培训+”模式，分专业开展统计培训39场，培训人次1815人；组织1299人参加绍兴为期一周的线上统计业务“万人大培训”。

【全国第七次人口普查工作】 2020年，开展第七次人口普查。3月4日，上虞区人民政府印发《关于开展第七次人口普查的通知》（虞政发〔2020〕2号），成立以常务副区长金山中为组长，9个部门相关领导为副组长，19个有关部门领导为成员的上虞区第七次人口普查领导小组。3月24日，印发《绍兴市上虞区第七次人口普查领导小组成员单位职责分工和工作方式》（虞人普组〔2020〕1号），明确各成员单位职责分工和工作方式。7月22日下午，上虞区第七次全国人口普查综合试点工作在百官街道龙山社区启动。11月1日零时起，第七次全国人口普查入户登记工作正式启动，全区3945名普查员开展逐户逐人登记工作，按照《第七次全国人口普查登记工作细则》和上级人普办的统一要求，按时完成人口普查登记阶段的各项工作，抓好数据采集、抓好查漏补缺、抓好质量进度、抓好数据审核。

（杜 庆）

调 查

【概况】 2020年，上虞调查队完成住户、住户监测、劳动力、农业、农村、企业、生产价格、消费价格等专业统计调查工作。接受上级统计部门工作，组织开展全省2020年全面从严治党民意调查、绍兴市公民科学素质调查和绍兴市人民政府公开征集2020年民生实事项目民意调查。接受上虞区有关部门委托，组织开展上虞区文明城市满意度调查。

【统计数据分析研究】 全年在浙江调查总队录用工作信息51篇，调查信息38篇，调查分析26篇。参与总队专题信息调研15次，独立承担总队立项课题1个，承担部门课题1个。总队立项课题“上虞‘四季鲜果之旅’品牌建设现状研究”获副省长彭佳学批示。

【统计资料整理】 按季编发《上虞调查资料》，编印《上虞调查（调查信息）》《上虞调查（调查分析）》等统计调查资料汇编本。

（杨家琪）

安全生产管理

【概况】 2020年1—12月，全区共发生各类上报事故7起，死亡4人（均为道路运输事故），事故总数、死亡人数同比分别下降30%和33.3%。发生火灾事故97起，其中生产经营性火灾事故23起，无人员伤亡。未发生工矿商贸、水上交通、渔业船舶、农业机械等生产安全上报事故。未发生自然灾害领域突发险情，全区安全生产和自然灾害形势稳定趋好。

2020年1月，应急管理部副部长孙华山到区调研考察安全生产工作。

2020年6月，应急管理部副部长刘伟到上虞区调研考察危险化学品安全生产工作。

【疫情防控】 严格落实疫情防控和复工复产各项工作部署，下发安全告知书督促化工企业严格落实复工防疫工作要求。开展护航复工复产攻坚行动，牵头成立“干部+专家”化工企业复工复产工作专班，落实复产备案制和审核制，对4家防疫物资生产化工企业进行重点帮扶，对71家涉及“两重大一重点”化工企业主动上门服务，在2020年2月底前实现化工企业100%安全复工复产。

【深化1+x安全责任】 调整安委会组成人员，明确46个安全生产签约单位和46个安委会成员单位。督促各级各单位层层签订安全生产责任书共计7.3万余份，深化安全生产“1+X”责任体系。下发《安全生产和消防安全目标管理责任制考核办法》，出台《安全生产巡查和飞行检查》等制度，对6个乡镇街道开展第一轮巡查。全年开展安全防范、隐患治理“回头看”等专项督查7次，下发应急管理通报10期，共检查各类生产经营单位2.9万余家次，督促指导整改问题隐患3.1万处，对31处重大事故隐患实行挂牌督办。

【化工行业监管】 推进化工行业改造提升2.0版，完成方案审查101家及阶段性验收80家，基本实现化工企业高质量“一园式聚集”发展。建成投用危险化学品道路运输监管救援平台，危化品运输车辆完成挂靠清零任务，创建全省第一批无挂靠县（市、区）。成立国家级协会—中国化学品安全协会硝化分会，组织召开第三届中国精细化工安全技术研讨会，制订国家硝化检查标准28条全国推行。建成投用国家级绿色化工人才公共实训中心。修订完善上虞区危化品生产安全事故应急救援预案，承办市重大危险源泄漏事故应急救援演练。全年累计检查化工企业582家次，发现并消除安全隐患2535条。

【重点领域整治】 编制《绍兴市上虞区第二轮安全生产综合治理三年行动计划》，出台“1+3+10”的方案体系，成立工作专班，完成办公场所装修，推进落实专班实体化运行。加大一般工贸行业整治，制发《上虞区工贸行业小微企业安全生产与消防安全联合整治通用标准》，在梁湖金顺小微园区开展试点工作并召开现场会在全区面上推广。有序推进工贸行业高风险企业安全生产专项整治，完成涉有限空间作业、涉爆粉尘、喷涂行业、高温熔融金属作业、涉氨制冷、使用危险化学品等作为燃料能源等企业专项整治全覆盖，共督促指导整改问题隐患1200余处。选取6家企业开展试点稳步推进企业安全风险管控体系建设工作，2020年完成首轮838家企业风险管控体系建设任务。全面推进特种作业人员“安全码”工作，完成领码率达100%。

（熊　山）

质量技术监督管理

【质量与标准化】 品牌发展规划。组织“上虞区‘十四五’时期企业品牌建设思路研究”，委托中国计量大学质量管理品牌专家团队帮助开展品牌策划工作，形成《上虞区企业品牌“十四五”发展规则（送审稿）》。

政府质量奖工作。完成《上虞区区长质量奖评审管理办法》（2020年版）、《上虞区区长质量奖评审细则》等修订工作。9月15日省政府以通报表彰形式（浙政发〔2020〕23号）发布2019年度省政府质量奖获奖组织名单，亚厦装饰、晶盛机电分别获省质量奖、省管理创新奖。推荐3家机构申报绍兴市市长质量奖；组织开展2020年区本级质量奖评审，申报组织达15家，其中质量管理创新奖申报组织9家，质量奖申报组织5家。

“品字标浙江制造”品牌建设。发布“浙江制造”标准10项，新增“品字标”企业9家，超额完成上级布置的年度目标任务。建立30家培育名单，形成较完善的梯度培育体系。组织开展“品字标”企业贴标亮标4个100%工作，全市“品字标”企业贴标亮标现场会在上虞召开，上虞经验受到绍兴市领导的充分肯定。“品字标”浙江农产工作成效明显，上虞区获批3家重点培育企业，为绍兴市唯一。

质量提升工作。加强产业质量提升，促成“上虞风机”产业入选全省“十大特色产业”质量提升培育对象，协助绍兴市质检院推进风机产业质量培训和质量提升工作，风机产业质量提升工作取得明显成效。上虞区主导的《风机产业“品字标”团体标准体系框架指南》正式发布。积极开展各类质量培训工作，累计开展“品字标”标准制订等培训8期，培训员工265人次。加强QC成果工作申报，积极向绍兴市推荐26个QC成果，获一等奖6项，二等奖9项，三等奖12项。推荐3个QC小组参加省级成果发布。

标准化工作。以“标准化 +”为抓手，强化标准化项目申报。《初次信访全流程办理省级标准化试点》、《基本公共服务标准化试点》(省标准化战略重大试点项目)2 个项目获得省局立项批准。《新乡贤统战工作省级标准化试点》于 12 月中旬顺利通过验收。加强标技委和参与上级标准制订引导工作。2020 年完成参与国家标准制订 24 项，行业标准 4 项。加强企业产品标准自我声明监督抽查。抽取企业标准 460 项，发现存在问题的有 93 项，占检查数的 20.5%。加强标准国际化需求调查。加强企业标准化统计监测。2020 年采标率为 76.4%。加强专利融入标准工作。开展企业标准领跑者工作。一项省级领跑者命名，浙江高压开关厂有限公司的企业标准 Q/ZGK5011—2020 获 2020 年浙江省企业标准“领跑者”称号。一项企业标准国家级领跑者进入公示阶段。完成 2019 年度质量与标准化奖励工作。3 月份全面完成 2019 年度 1340.65 万元“质量与标准化”奖励兑现申报企业审核工作。

【特种设备监管】 截至 2020 年底，全区拥有在册固定式特种设备 30931 台(辆)，其中锅炉 201 台，压力容器 18124 台，起重机械 4084 台，电梯 6118 台，场内专用机动车辆 2398 辆，大型游乐设施 6 台。设备总数较去年同期增长 9.2%，其中压力容器数量增长达到 8% 左右，电梯、场内专用机动车辆数量增长达到 14%，总体与上虞区的经济和社会发展水平相匹配。全年出动检查人员 2312 人次，巡查企业 1107 家次，检查特种设备 1632 台(套)次，排查出 625 处安全隐患，发出《特种设备安全监察指令书》117 份。对全区 366 家特种设备使用单位实施日常监督检查，对全区 20 家气瓶充装单位实施年审，配合检查生产单位 9 家。全年共查处特种设备严重违法行为 16 起。处理应急处置和投诉举报 43 件。全年受理特种设备施工(安装、修理、改造)告知3996台(套)，办理特种设备使用登记6321件，其中新注册登记发放证书 4323 个，其他过户、报停、报废等事项 1998，发放特种设备使用标志 5487 份。考核特种设备作业人员 3614 人，其中新考核(发证)10 期 2204 人次，复审 1410 人次。

【产品质量监管】 监督抽查。2020 年，省、市、县三级市监部门共抽查区纺织、轻工、化工、建材、冶金、机械、电子七大行业 74 种 558 批次产品，合格 538 批次，批次合格率为 96.43%，比上年同期下降 1.79 个百分比，全年县级流通领域抽检完成妇女用品、成品油、农资、防疫物资、非医用口罩、电动自行车、节水类产品、儿童产品、国旗 9 类共 163 批次产品抽检工作。配合省、市二级市监部门抽检流通领域非医用口罩、黄金珠宝、儿童用品、电动自行车、成品油、蚕丝被、烟花爆竹等产品共 79 批次。生产领域共组织开展不合格产品后处理工作 15 批次，流通领域共组织开展不合格产品后处理工作 43 批次，开展 16 批次市场反溯不合格产品的调查工作。

深化产品质量分类监管。一是做好重点产品质量安全专项整治行动，对危险化学品及其包装、电线电缆、水泥、钢筋等 29 家生产企业进行监督检查，发现问题企业 23 家；二是组织絮用纤维制品和再加工纤维专项检查，共检查生产企业 20 家次，发现问题 8 家；三是认真落实政府中心工作，培育发展放心工厂 750 家，切实履行对非医用口罩、电动自行车、成品油、农膜等民生关注热点产品质量监管职责，出动执法人员 2083 人次，检查企业 427 家次；四是做好晴雨伞产业产品质量风险排查工作，以“双随机、一公开”监管为基本手段，开展日常监督检查，出动人员 146 人次，检查企业 50 家，向伞件行业协会发布晴雨伞产品质量安全风险预警，同时组织伞件产业产品质量培训会，提升行业产品质量；五是完成消防安全相关产(商)品、食品相关产品、儿童服装、防疫相关物资专项监督检查，共检查生产企业 53 家，并组织童装、防疫相关物资生产企业集体约谈。

强化落实企业主体责任。共受理许可证换发证 14 家，变更 5 家，注销许可证 13 张。优化营商环境，为拟获证企业提供许可咨询服务，帮助 14 家企业获得工业产品生产许可证，目前全区工业产品生产许可证企业 59 家 60 张证书。完成年审工作，年审率达 100%，各企业签订质量安全诚信承诺书，落实企业主体质量责任。

【质检计量】 监督抽检。2020 年，共组织开展 355 批次的产品质量监督抽检，其中：消防排烟风机(40 批次、

100%)、防火阀(15批次、100%)、铜管(93批次、100%)、风机(50批次、100%)、照明电器(15批次,100%)、电机能效(20批次、95%)、混凝土普通砖(13批次、100%)、混凝土多孔砖(13批次、100%)、烧结普通砖(4批次、100%)、烧结多孔砖(4批次、100%)、晴雨伞(48批次、81.2%)、太阳伞(40批次、92.5%);对全区39家集贸市场的计量器具台账进行动态监管,登记检定在用计量器具2281台件,检定合格率为97.7%;对全区20个乡镇及区级医院的医疗卫生机构2250台(件)计量器具组织实施强制检定,首次检定合格率88%,修理后总体检定合格率99.6%。

技术帮扶。全年实施计量器具检定数63621台件套,同比2019年增加2707台件,增幅为4.4%,其中强检计量器具43033台件套,同比2019年增加5434台件,增幅为14.5%;推行"开放实验室"与"浙里检",助企资源共享与便捷服务,全年组织实施"开放实验室"活动889批次,全年通过"浙里检"预约平台订单数达893批次,位列绍兴市县区级技术机构第一。先后与应急管理部天津消防研究所、北京泰普瑞、上海启真等认证机构签订战略合作协议。

科技创新。实施通风制冷产业创新服务综合体建设,制订"搭建一个国家中心,强化三大服务平台,实施八大工程"(简称"138"体系)为建设重点的通风制冷产业创新服务综合体建设方案。《浙江省风机产业"品字标"团体标准体系框架指南》通过专家评审,并经省市场监管局批准发布实施,有力地推动省风机产业"品字标"团体标准制订和认证工作。"工业吊扇产品标准化与测试技术研究""气体检测报警器现场精准检定方法的研究"2个科研项目经绍兴市市场监管局立项并当年通过市局验收;参与起草的JB/T 13889—2020《工业吊扇技术条件》行业标准、T /ZZB 1794—2020《大型工业风扇》"浙江制造"标准等2个标准正式发布实施。

强化内部管理。完成省伞件中心的省检验资质认定现场评审及国家认监委组织的全所所有项目CNAS监督复审与扩项评审,新增4个产品22项参数的检测能力;完成8个标准与3个检定规程变更,1个到期建标项目复审;完成CNAS能力验证4项及测量审核7项并均为满意;组织实施内部质量监督活动41次,内部人员比对7次,组织参加包括内审员、消防及实验室安全知识等外内部各类培训19次100多人次。完善规范实验室废弃物处置及垃圾分类设施配置和标识,规范固定资产管理,对现有固定资产进行盘点、标识管理,对报废固定资产按规定程序实施处置。

(黄文忠　胡苗火　谭　科　余培铨)

食品药品监督管理

【食品生产】 全年共受理食品生产企业申请16家,其中新增食品生产企业9家,变更食品生产企业5家,到期换证食品生产企业1家,注销1家,新办2家食品出口企业SC证,共有食品生产企业112家。积极试行低风险食品生产许可告知承诺制,为企业内销外贸双循环助力。积极开展食品监督抽检,食品生产企业抽检合格率100%,小作坊合格率98%,食品抽检合格率进一步提升,共检查企业100家,小作坊70家,共计抽检550批次。落实省食品小作坊规范提升新三年行动,强化服务意识,助推夜间经济,认真规范孝德园夜间小作坊的食品安全工作。推动10家已创建的名特优食品作坊和亮化达标小微食品生产企业实施"5S"管理,推动食品小作坊生产加工管理标准化。

【食品流通】 针对重点时段重点领域重点产品,开展流通环节各项食品安全专项检查工作。包括针对春节、端午、中秋、国庆节等节日期间开展的专项检查工作、针对疫情期间积压食品及原料、冷冻食品、水果、猪肉、粮油产品、婴幼儿辅食、固体饮料、压片糖果、代用茶等等特定食品品种的专项整治、针对校园及其周边等重点领域的食品安全监管工作。严防死守新冠疫情,全力配合保障物资和开展物防防控工作。上半年疫情期间和复工复产期间,除开展食品安全监管工作外,配合相关部门开展保障民生供给的相关工作,配合商务部门督促各大型超市落实防控措施。帮助超市等企业严控采购关,保障基本民生物资的供应充足,缓解群众的恐慌心理,稳定市场秩序。下半年组织开展流通环节进口重点冷链食品的"浙冷链"系统运行工作,全链条严格管控进口冷链肉品、水产品。开展食用农产品市场快速检测体系工作,2020年度城区主要农贸市场快检体系共检测农产品683216批次，不合格农产品1619批次，合格率达99.76%，不合格处置率100%，其中第三方检测机构共检测农产品577544批次，不合格农产品1587批次，合格率达99.73%，不合格处置率100%，市场自检农产品105672批次，不合格农产品33批次，合格率达99.97%，不合格处置率100%。开展食品流通环节监督抽检工作。完成2020年流通环节监督抽检任务，全年共抽检1160批次，49批次不合格，合格率达95.78%。不合格产品处置率达100%。

【餐饮安全】 开展春季和秋季开学学校食堂及周边餐饮单位食品安全专项检查。春季开学检查时间2020年4月8日至开学后一周，共出动执法人员818人次，共检查学校食堂103家，幼儿园食堂92家，学校周边餐饮单位98家，校园超市17家，校园周边杂食店102家。秋季开学检查时间2020年8月27日至9月18日，出动执法人员800人次，在全面排查食品安全隐患的同时，共检查学校食堂102家，幼儿园食堂95家，校园超市17家，学校周边食品经营单位176家。放心消费示范餐饮单位。截至2020年底，上虞区共创建放心消费餐饮单位271家，其中小吃店58家，早餐店12家，其他社会餐饮单位201家。规范网络餐饮。通过网络排查和现场检查相结合的方式，对辖区内的第三方平台及其分支机构数、入网餐饮服务提供者进行调查摸底，掌握第三方平台提供者及入网餐饮服务提供者的基本情况。全区共入网餐饮服务经营者1562家，使用外卖封签84家。执法人员线上巡查入网餐饮单位267家，线下抽查入网餐饮单位645家，下发责令改正通知书83份。“阳光厨房”建设。2020年全区共完成阳光厨房257家，其中社会餐饮73家，学校食堂102家，托幼机构食堂77家，企事业单位食堂2家，养老机构食堂3家。开展重大活动食品安全保障活动，确保各项重大活动食品安全。

【药械】 2020年完成检查药品批发企业4家次、药品连锁总部8家次、区级医疗机构10家次、药品生产企业11家次、化妆品生产企业3家次、医疗器械生产企业20家次、药品经营企业403家次，配合上级局检查药械化生产企业20家次，完成抽检医疗器械13批次，药品190批次，化妆品95批次。开展化妆品开展备案后检查51件，上报化妆品不良反应45例。引入第三方专业评估机构对本辖区内的3家药品生产企业开展质量风险全面评估，共排查风险点155个。

突出重点开展专项整治。春节期间流通药品质量监管专项行动：春节期间，结合新冠病毒防疫工作要求，区市监局出动执法人员411人次，检查药品经营企业195家次，个体诊所27家次，发现问题7家次，并责令其限期整改。中药饮片专项整治工作：共出动人员356人次，检查中药制剂生产企业1家次，中药饮片经营企业87家次，使用单位57家次，药品批发企业2家次，药品零售连锁总部2家次，抽检中药饮片28批次。药品零售企业质量管理“百日整治”行动：共出动执法人员362人次，检查药品零售企业177家，发现存在问题10家，警告3家，立案查处3家。

当好“三员”助力企业跨界赋能。在疫情防控特殊时期，为保障疫情防控所需医疗器械供应，以深化“三服务”为载体精准帮扶，助力企业获得浙江省局颁发的绍兴市首张“医用红外额温计”应急医疗器械注册证，填补全市“医用红外额温计”的生产空白。

打造“不见面无接触”送药便民服务新模式。探索实施“网订店送、无人售药、医药联合”三项联动便民服务行动，打通药品供应“最后一公里”。完成3家送药上山进岛便民服务点和6家24小时“网订店送”药房的建设。

“百千万”美丽消费示范创建。推进“百千万”美丽消费示范创建，2020年创建完成示范商场3家、示范店14家，创建工作做全市经验交流。

（徐浩强　孟伟涛　任佳璐　陈　琴）

法　治

政法委及综治

【概况】 2020年，上虞区委政法委以"平安上虞"创建"十二连冠、夺取平安金鼎"为总目标，认真贯彻落实上级关于政法平安综治维稳工作的一系列决策部署，着眼固根基、扬优势、补短板、强弱项，深入推进平安上虞、法治上虞建设。（许丽娟）

【"平安区"创建实现"十二连冠"】 平安县（市、区）考评分数为965.41分，居全市第2位、全省第39位，创建成为省"平安县（市、区）"，实现"十二连冠"，夺取"平安金鼎"。2020年度在平安创建领域积极探索，创新实施平安创建"一单一码"和"平安共同体"建设，相关做法在全省平安业务培训会上作经验交流，并在上虞区召开现场推广会。

【重点安保任务】 全力护航重要节点和重点工作，确保重大节会"不出事"、重要场所"无扰序"。重抓源头预警预防，深化"三色"预警机制，2020年共发布红色预警8次，黄色预警82次；实施风险评估机制，下发区实施细则及配套说明，全年完成重大决策社会稳定风险评估115件。

【扫黑除恶专项斗争收官】 全面开展"六清行动"和十大专项行动，聚焦涉黑涉恶问题突出重点地区、重点行业、重点领域，深挖彻查、长效常治，打击成效显著，扫黑除恶专项斗争全面收官。一批经验做法固化为长效机制，如便民服务中心推出全省首个"不见面"公开招投标系统，市场监管局建立涉黑涉恶"黑名单"禁入机制等，群众满意度不断提升。

【"基层治理深化年"活动】 牵头推进"基层治理深化年"活动，实施"六大体系、20项工作、73个重点项目"建设。探索推行一批微创新、微改革成果，培育完成创客心e站、老姚工作室等34个基层治理品牌工作室，深化提升"祝温精神"、新时代"四不出村"法等治村品牌，梳理完善红网微治、新贤能自治等10余个基层治理有效模式，打造南丰平安共同体、金渔湾平安服务中心等10余个"可看、科学、可复制"的示范基地。打造乡贤参与基层社会治理品牌，"三师三员回归乡村"等创新做法在新华社内参第65期和中政委简报上刊发。深入推进三级矛调中心建设，融合基层治理四平台和农村社区服务中心建设，镇村矛调中心全覆盖，实现矛盾纠纷调处化解"最多跑一地"。

【执法司法和司法救助推进】 组织开展案件评查，评查的4件案件中有1件为涉法涉诉案件，均存在瑕疵问题。开展司法救助，2020年度泉港区司法救助案件共76件，救助群众101人，使用司法救助资金117.57万元。（许丽娟）

法治政府建设

【概况】 2020年，绍兴市上虞区政府深入贯彻习近平总书记关于依法治国和法治政府建设的重要指示精神，全面落实中央、省、市各项决策部署，持续深化依法行政，扎实推进法治政府建设各项工作，在2020年绍兴市法治政府建设考核中全市排名第一。（郭　锴）

【法治建设】 区政府主要负责人带头履行“第一责任人”职责，将法治政府建设列入区政府工作重要议程，2次专题听取情况汇报，研究部署法治政府建设工作，对法治建设工作进行总体谋划，亲自把关、亲自部署。落实区政府常务会议学法常态化，每次常务会议均安排会前学法，提升领导干部法治意识。召开区委全面依法治区委员会第二次会议，审议通过《2019年度法治上虞（法治政府）建设工作报告》《2020年法治上虞建设工作要点》《区委依法治区办督察工作实施办法》。召开预防和化解行政争议工作府院联席会议暨全区法治政府建设推进会，对法治政府建设进行全面部署，全力推动上虞区法治政府建设取得新成效。召开年度法治绍兴（法治政府）建设考核迎检工作会议，全力打赢2020年法治建设翻身仗。持续推进法治政府建设重点工作通报制度，全年共印发通报15期。（郭　锴）

【执法监督】 开展行政执法监督“正法直度”专项行动，规范行政执法行为，提升上虞区执法监督效能；探索行政执法监督规范化建设创新实践活动，承接柔性行政执法监督创新工作，通过坚持教育引导在先、督促整改在后的原则规范执法行为；将法治巡察纳入区委巡察，对24个乡镇（街道）和部门开展法治巡察。专项督查“证照分离”改革中涉及企业经营许可事项办理及批后监管情况，制发《行政执法监督通知书》3份；对全区行政执法机关“三项制度”落实情况进行回头看，确保执法信息公开透明、执法全过程留痕、执法决定合法有效；组织年度行政处罚案卷评查工作，形成年度行政处罚案卷评查情况通报，要求涉及单位及时查漏补缺、整改反馈。印发《法治建设监督员工作规则》，公开选聘法治监督员，组建40人的法治监督员队伍，为上虞区法治建设注入社会力量。积极推进行政执法证申领工作，全区行政执法人员持证率达90.11%。举办全区行政执法人员法律知识培训班，就当前合法性审查和行政执法“三项制度”等内容开展培训，有效提升行政执法水平。（郭　锴）

【化解行政争议】 建立法律风险论证机制，召开法律风险研讨和论证协调会52次，就重大案件进行法律风险论证；建立高发案件防控机制，针对集体土地征收等重点领域，出台法律保障意见，公证全程参与集体土地征收；建立行政争议调解机制，组建行政争议调解中心并整体融入区社会矛盾纠纷调处化解中心，聘请两名专职调解员，目前行政争议案件调撤率达36.4%。加强司法和行政良性互动，健全行政执法、行政复议和行政审判联动格局，依托府院联席制度，出台关于加强行政诉讼案件应诉以及败诉案件过错责任追究与容错免责等指导性文件。全年收到行政诉讼案件183件，审结行政诉讼案件198件，败诉16件，败诉率为8.1%，败诉率远低于全市平均值，收案数和败诉率首次实现“双下降”；行政机关负责人应出庭99件，实际出庭应诉96件，行政首长出庭应诉率为97%，处于全市领先水平。以行政复议规范化建设为抓手，健全工作机制，区行政调解中心挂牌并有效运行，受理的行政复议案件全部实现“零上访”和“零败诉”。聘请13位法律专家成立行政复议咨询委员会专家智库，充实复议工作队伍。开辟接待、调解、听证和档案室等场地，配备语音文字转换系统和远程视频系统，提高办案质量和效率。（郭　锴）

【强化制度约束】 行政规范性文件实现合法性审查全覆盖，全年共审核规范性文件41件，备案审核33件。制定印发《关于推进乡镇（街道）合法性审查全覆盖工作的实施意见》和《上虞区乡镇（街道）合法性审查工作实施细则》，科学建立“1+1+1”的合法性审查机制，明确各乡镇（街道）基层司法所为上虞区乡镇（街道）具体的合法性审查机构，重点通过组建法律顾问团护航乡镇（街道）合法性审查。充分发挥政府法律顾问在重大行政决策、规范性文件制定、行政合同审核等方面的参谋助手作用，主动为集体土地征收、疫情防控等行政行为提供法律支持。全年邀请政府法律顾问参与论证会36场，提出法律意见250余条。（郭　锴）

【改革创新】 深入推进“无证明化”改革工作，在水、电、燃气、通信网络等公用事业和银行、保险等金融领域全面推广“无证明化”改革。全力推进“互联

网 + 监管”执法平台使用，切实做好“浙政钉 · 掌上执法”App推广应用，实现一线执法人员100%配置行政执法设备。扎实推进全省首批“证照分离”改革试点，全面清理涉企经营许可事项，分类推进审批制度改革，共清理各类证明事项288项，取消证明材料281项、审批改为备案9项、实行告知承诺12项。全面落实《浙江省民营企业发展促进条例》，及时废止、修改不符合条例规定的各项政策5件。牢固树立“法治是最好的营商环境”理念，结合“三服务”活动，疫情防控期间，为1046家企业开展法治体检服务1973次，出具体检报告180余份，律师见证书2份，有效助力企业复工复产，最大限度减少疫情防控对上虞区社会经济发展的影响，持续推进“诚信守法企业”创建活动，创建诚信守法示范企业66家。统筹推动“谁执法谁普法”责任制落地落实，顺利通过“七五”普法总结验收。围绕“法润虞城”主题，积极开展“法律十进”活动，重点组织疫情防控、《中华人民共和国民法典》、《浙江省民营企业发展促进条例》等宣传活动，积极营造尊法学法守法用法的良好氛围。深入贯彻落实宪法宣誓制度，大力弘扬宪法精神，树立宪法权威。 （郭 锴）

公 安

【概况】 2020年，全区“110”有效接警总量9.61万起，其中刑事治安接警1.25万起，同比下降25.69%，四类侵财接警2309起，同比下降39.90%；共立刑事案件2494起，侦破751起，移诉犯罪嫌疑人1738人，抓获逃犯511人；查处治安（行政）案件1928起，行政处罚3186人次，其中行政拘留1366人次，单位处罚718家。全年查处各类道路交通违法行为69.4万起，其中现场查处各类交通违法行为22.6万起。

2020年，区公安分局获评全国公安机关执法示范单位、全省公安队伍正规化建设优秀单位。百官派出所重华警务站被评为“最美浙警”系列“最美警队”。2020年度分局获省级以上荣誉14项，12项工作得到省领导的批示肯定并推广，先后有14个集体和101名个人立功受奖。

【疫情防控】 面对新冠肺炎疫情，发挥公安优势，抓实疫情防控，以“数据赋能—精密智控—多维防范”为手段，牢牢把守虞城“大门”，扎紧扎实村社“小门”，处置驿亭杨溪等5个村全市最大规模集中隔离，实现“零传染解封”。第一时间开展曹娥街道狮子市场冷链牛肉精准溯源，迅速查清来源去向，及时消除社会影响。开启绿色服务通道，走访企业、重点行业场所4588家，做好返岗员工情况核查和通行证办理，妥善处置涉疫矛盾纠纷类警情1549起，对重点企业发放专用通行证260张。加强信息搜集研判，严格落实“四必”机制，累计处置涉疫警情2549起，高质量办结涉疫案件21起，采取刑事强制措施18人，查证涉疫网络谣言152条，教育训诫147人，确保社会秩序持续平稳。

【服务保障发展大局】 助力企业复工复产，刚性落实助企18条措施，在e游小镇成立全区知识产权一站式服务中心，建立知识产权保护联络点及经侦联络室62处，新建在外越商警务联络室1个，66个市级重大建设项目全面落实“四个一”工作模式。深入开展“百城会战”等经济领域八大专项行动，抓获各类犯罪嫌疑人201人，挽损1亿余元。完成一系列安保工作，确保全年67场次大型安保活动的绝对安全。从快从严打击重点工程领域、涉村社组织换届违法犯罪和非访活动，共追究刑事责任14人，治安拘留16人，法治谈话65名。

【集中整治热点问题】 紧盯“黄赌毒”“食药环”等群众热切关注问题，侦破毒品、环境类部督案件各1起。深入开展治安重点复杂区域集中整治，创建“无案村”277个，15个重点复杂村（社）可防性警情同比下降8.16%。全力抓好反诈工作，举办各类反诈宣传347场次。

【“局长直通车”】 推出“局长直通车”特色品牌。11月2日，全区公安机关深化“三服务”座谈会暨“局长直通车”启动仪式在虞举行。“局长直通车”以网上办事服务中心为中枢，开设统筹调度指挥平台，通过收集线上线下群众需求，实行“群众来电来件—局领导审阅—转职能警种办理—结果反馈”闭环工作模式，实现一键线上提交，全天候限时解决。截至年末，“局长直通车”通过服务专线及线上平台共计接件1293件，其中接受各类业务咨询849件，均已当场作出答复；通过交办、流转下发办理200余件，解决各类群众疑难诉求100余件。

【公民个人身份信息变更“一件事”】 公民个人身份信息变更后，身份证、驾驶证、护照、市民卡等证件需全部更换，为有效解决“多头跑”“重复跑”等问题，创新“123+X”（“1”是一表联办，“2”是双线合并，“3”是三员发动，X是多方协作）机制，公民在变更个人身份信息后，可实现公安、社保、医保、不动产、公积金、教体以及卫健7个部门9个事项在线更新。推行以来，群众平均办事材料减少75%以上，办理环节压缩50%以上，办理时间缩减78%以上，群众满意率达100%。

【优化情指行一体化改革】 升级改造情指行合成作战中心，选调52名优秀民警、39名专业辅警全勤进驻，实行“7×24”平战一体运作模式，全年累计生成情报产品196起，通过研判破获现发案件452起，支撑抓获犯罪嫌疑人1547人，逃犯376人。

【深化刑侦体制改革】 完成刑侦架构破局重组，组建3个专家工作室，建成1个多功能审讯教学点，新建全国领先的电子物证实验室、刑事科学技术室，其中刑事科学技术室被公安部评定为全国一级刑事科学技术室。

【严密公共安全监管】 深入开展交通安全综合治理大会战，整改安全隐患点（段）351处，规范延伸路面中央硬隔离26公里。完善“部门依法监督、企业全面负责”的管理体系，全面压实运输企业主体责任。严查严管路面交通违法，全年累计查处道路交通违法22万余起，交通事故全口径死亡人数同比下降16.25%。加强“两客一危一重”车辆管理，创新建立中重型货车运输全链条闭环管理模式，全年查处重点车辆违法7万余起，通报“黑榜”企业8家，停业整顿运输企业3家。探索创新头盔佩戴企业自管模式，立体化网格防溺水工作卓有成效，全力做好监所安全工作，实现连续15年安全无事故。

【优化完善防控体系】 深入实施智慧警务“双十工程”，加快推进以“雪亮工程”为龙头的泛感知体系建设，增建公交车人脸视频监控、重点区域人脸监控“天网工程”三期、公共自行车监控二期等项目通过验收。“智安小区”建成168个，超额完成年度任务指标，智安单位达标55家，建设成果全市领先。自主研发“健康码畅通行”系统入选省信息化抗疫典型。

【深化基层多元治理】 扎实推进“深化大走访·基础大排查”强基行动，系统推进义警建设，牵头成立区平安类社会发展协会，出台《关于加强新时代上虞义警工作的实施意见》，配套建立分级联系服务义警组织制度。探索“枫桥式”社会治理共同体建设，创新打造联勤警务“重华模式”。在章镇试点开展村级治保调解组织“四有六联”工作机制，最大限度实现矛盾隐患不出村、平安宣教全覆盖、服务惠民无死角。（黄　瑛）

检　察

【概况】 2020年，区人民检察院扎实开展执法司法规范化水平提升年活动，被评为“全国检察宣传先进单位”，法治综合教育基地生态环保展厅入选浙江省第十批“生态文明教育基地”和全省检察机关第一批公益诉讼创新实践基地，第四检察部立省检察院集体二等功。第四检察部办理的彭某某虚假诉讼监督系列案被写入全国“两会”最高检工作报告，第七检察部办理的保障律师执业权利案入选最高检典型案例，第二检察部办理的刘某某等人保险诈骗案入选最高检金融犯罪典型案例，第一检察部办理的姚某某诈骗案、第五检察部办理的公交车安全设施改造提升行政公益诉讼案入选省检察院案例指导，第二检察部办理的陈某某受贿案被评为全省职务犯罪检察精品案例，第二检察部办理的张某某等人侵犯商业秘密案被评为全省服务民营经济优秀案例，第四检察部办理的徐某某与孟某某等7人赡养纠纷支持起诉案被评为全省民事检察优秀案例，检察室办理的朱某某与某街道办事处强制拆除争议申请监督案被评为全省行政检察优秀案例，检察室办理的崧厦检察室支持起诉并成功调解百岁老人赡养案被评为全省基层检察室典型案例。

在《中国检察官》等国家级期刊上发表调研文章6篇，2项工作被《人民日报》报道。（林　田）

【打击刑事犯罪】 全年共受理各类刑事案件1340件2432人，其中审查逮捕563人，审查起诉1869人，经审查，共批准或决定逮捕435人，提起公诉1501人。坚持宽严相济刑事司法政策，对不构成犯罪、证据不足或情节较轻的不批捕131人，不起诉427人。严厉打击故意杀人、故意伤害等侵犯公民人身权利犯罪，批捕28人，起诉63人。依法打击盗窃、诈骗等侵犯公民财产权利犯罪，批捕165人，起诉495人。突出惩治黄赌毒、寻衅滋事等妨害社会管理秩序犯罪，批捕182人，起诉544人。积极处置和防控金融风险，对非法吸收公众存款、集资诈骗犯罪，批捕6人，起诉27人。（林　田）

【加强法律监督】 切实加强“两项监督”，依法纠正漏捕、漏诉24人，纠正立案、撤案53人。扎实开展刑罚执行监督，共发出书面监督意见32份，经建议35人被变更强制措施，4名社区矫正对象被收监执行。强化民事生效裁判监督，提出再审检察建议或提请抗诉27件。加大虚假诉讼打击力度，重点就民间借贷这一多发易发领域，提出监督25件。加大民事审判程序和执行程序监督，起诉拒不执行判决、裁定罪49件57人。持续开展行政非诉执行监督，共发送检察建议31份。办理各类公益诉讼案件62件，实现四大领域全覆盖。（林　田）

【助力疫情防控】 严格落实疫情防控工作部署，主动服务疫情防控大局。依法严惩涉疫违法犯罪，批捕7人，起诉17人，办理一批成效显著的涉疫案件，倪某某口罩诈骗案为疫情期间浙江省第二例、绍兴首例涉疫宣判案，庄某某非法狩猎案为疫情期间浙江省首例公诉并宣判的涉野生动物案。全院干警分批下沉基层，协助抗疫，并深入20余家企业服务指导。审慎办理疫情期间涉企案件，对8位涉嫌虚开增值税专用发票的民营企业负责人，因情节轻微且认罪认罚，依法作出不起诉决定，助力企业复工复产。（林　田）

【扫黑除恶专项斗争收官】 始终保持对黑恶势力犯罪依法严惩的高压态势，起诉黑恶势力犯罪129人，圆满完成案件“清结任务”。坚决做到“是黑恶犯罪一个不放过，不是黑恶犯罪一个不凑数”，依法追加认定涉恶65人，不认定为涉黑或涉恶14人，不起诉11人。办理的程某某等13人涉黑案入选“全省检察机关扫黑除恶十大典型案例”。（林　田）

【服务民营经济】 建立院领导带头服务企业“四个一”制度，会同公安机关开展涉民营企业刑事诉讼“挂案”清理工作。起诉挪用资金、职务侵占等侵犯企业合法权益犯罪6人，起诉非法经营、假冒注册商标等破坏市场经济秩序犯罪211人。成立省内首个驻建管部门检察官联络室，打造服务建筑企业直通平台。举办“服务‘六稳’‘六保’，护航民企发展”主题开放日活动，引导企业依法加强自身风险防控。（林　田）

【参与社会治理】 制定出台《关于充分发挥检察职能积极助推区域社会治理现代化的工作意见》，主动融入“大治理”格局。“12309”检察服务中心成建制入驻区矛调中心，并积极向乡镇街道延伸，助推矛盾纠纷调解“最多跑一地”。坚持“教育、保护、挽救”方针，对未成年犯罪嫌疑人不批捕2人，不起诉77人。出台全省首个未成年人亲职教育制度，设立向日葵工作室心理咨询窗，优化未成年人成长家庭环境。（林　田）

【加强队伍建设】 出台《司法办案廉政风险防控办法》，加强对检察权运行的监督制约。坚持刀刃向内不松劲，认真落实“三个规定”，严格开展司法巡查，全年无干警受到党纪政务处分。积极开展岗位练兵、“检察之星”评选等活动，4名干警获市检察院“检察之星”。与区公安分局建立“双向派驻”检警交流机制在全市推广。加强代表委员走访、联络工作，主动寄送《虞检资讯直通车》。实施阳光检务机制，邀请80余名人大代表、政协委员、人民监督员参与新闻发布会、主题开放日、案件听证会等活动10余次。（林　田）

法院

【概况】 2020年,绍兴市上虞区人民法院(以下简称区人民法院)共受理各类案件18240件,办结18939件,未结1342件,同比分别减少5.59%、4.35%和34.25%,一线法官人均结案321.5件,多项质效指标进入全省第一方阵。

【刑事审判】 全年受理各类刑事案件840件,审结810件,同比减少17.24%和20.35%,其中审结涉黑恶案件31件176人,判处5年以上有期徒刑31人、财产刑946.9万元。从重从快惩处涉新冠疫情犯罪,判决全省首例非法狩猎野生动物案、全市首例口罩诈骗案,审结案件21件22人。依法严惩暴力侵权侵财犯罪,审结故意伤害、"两抢一盗"等案件154件198人。重拳出击涉众型经济犯罪,判决绍兴市"断卡行动"首案,审结"套路贷"、非法吸收公众存款、电信网络诈骗等案件59件225人。坚决打击危害群众生命健康犯罪,审结生产、销售有毒有害食品药品案件36件113人、危险驾驶等危害公共安全案件178件186人。深入推进反腐败斗争,判决省追逃办挂牌督办邵某某贪污、挪用公款潜逃案,审结贪污、贿赂等职务犯罪案件6件8人。

【民事审判】 全年共受理各类民商事案件8748件,审结9208件,同比分别下降11.34%和7.4%。重视保护妇女、儿童、老年人合法权益,审结婚姻家庭、抚养继承等案件808件,保障幼有所育、老有所养、弱有所扶。注重保护民生权益,审结教育、医疗等案件141件,保障学有所教、病有所医。发布劳动争议案件审判白皮书,审结劳动报酬、劳务合同等案件177件,联合总工会设立调解工作室,依法保护劳动者合法权益和企业用工权益。开展"三服务"活动,灵活运用绿色通道、先予执行、信用修复等方式,化解涉企纠纷4000余件,切实助力企业复工复产。

【行政审判】 全年受理各类行政诉讼案件156件,审结177件,同比分别下降27.78%和9.23%。以联席会议为平台,强化府院互动,连续9年发送行政审判白皮书,为助推依法行政建言献策,涉上虞行政机关败诉率同比下降10个百分点,行政首长出庭应诉率达100%。注重行政争议实质性化解,联合检察院、司法局制定《行政争议调解中心工作规则》《行政争议调解员选聘及履职评价办法》,促成调解、撤诉案件39件,调撤率同比上升11.27个百分点。出台《关于服务保障征收拆迁工作的若干意见》,为涉重点项目、重点工程的案件开辟绿色通道,有力保障"清障拔钉"专项整治活动。

【执行案件】 推动出台《关于加强综合治理从源头切实解决执行难问题的实施意见》,办结执行案件8557件,执行到位金额11.82亿元,人均结案342件,居全市首位。畅通联络渠道,执行服务热线接听5692人次,接通率达100%。加强失信联合惩戒,罚款、拘留、限制出境7470人次,通过电视广播、公众号同步曝光失信被执行人10期322人次。严惩拒执行为,移送拒执线索97件110人,判决40件45人,居全市首位,其中李某某拒不执行判决、裁定被判处有期徒刑2年。创新"执行一件事"改革,委托评估、拍卖、变卖平均天数同比减少21天,司法网拍成交额4.87亿元,网拍率达100%,确保胜诉当事人权益及时兑现。

【便民司法】 坚持把非诉讼纠纷解决机制挺在前面,诉前化解和民事可调撤率达86.53%,同比上升14.06个百分点。加强类案诉源治理,引入多元解纷力量,着力构建分层解纷模式。联合市场监督管理局出台《关于建立知识产权民事纠纷多元化解协作机制的实施细则》,在e游小镇设立知识产权纠纷调解中心,调解案件19件,成功率达100%。引入公证处推进金融纠纷诉源治理,前移窗口设立银行服务点,办理金融合同赋强公证16729件。发挥"朱小英调解工作室"的品牌优势,化解物业纠纷668件,自动履行率达100%,获评"省级金牌人民调解工作室"。

【智慧法院】 全力推动现代科技与法院工作的深度融合,出台《全面推进无纸化办案实施方案》,多项核心工作指标达到100%。升级办公设备配置,完成无纸化收发文、传阅、会议等1500余次，办公流转速度提升40%。设立集中扫描服务中心与移动扫描服务站，电子卷宗随案扫描率、政法一体化办案系统审判协同比例均达100%。针对疫情带来的打官司难问题，引导当事人通过网上平台参与诉讼，其中通过"移动微法院"完成立案、送达、调解等76536次，实现在疫情常态化防控下"审判执行不停摆、公平正义不止步"。

【**司法改革**】坚持有序放权与有效监督并重，严格落实司法责任制，健全完善审判权力和责任清单。通过明确"四类案件"适用范围、监管程序、监管方式等，进一步压实院庭长监管职责，做到有权必有责、用权必担责、失职必问责。建立质效数据"日检查、周通报、月会商"机制，发布各类通报30期，改判发回瑕疵案件同比减少44.44%，同期结案率达103.83%，居全市首位。发挥院庭长办案示范引领作用，审结各类案件5341件，占结案总数的50.64%。开展清理长期未结案专项活动，推行审限预警通报和院领导督办机制，12个月以上未结案全部清零。深化刑事诉讼制度改革，探索实践繁简分流、简案快审模式，在监管中心设立速裁庭，适用速裁程序审结案件65件。

【**特色法庭**】上虞法庭特色工作被《人民法院报》专版刊发。优化内部空间布局，完成现有法庭特色建设项目，以及百官人民法庭过渡性用房建设，面向当事人开放更多服务空间，以硬件升级增强服务群众软实力。挖掘法庭文化元素，打造丰惠法庭"同心桥"司法协理、崧厦法庭"三把伞"调解品牌、小越法庭"法治教育体验馆"等接地气、有辨识度的人文地标，以地域特色提升法庭服务亲和力。全面落实"六个一"工作机制，设立法官工作室、巡回审判站、无讼示范点等基层站点18个，开展联合会诊、送法进村等活动90余次，以定向法治服务助力乡村振兴。

【**队伍建设**】持续开展"质量建设年"活动，组织干警参加线上线下培训1516人次。推进司法警务标准化建设，不断深化"全国青年文明号"创建成效，获评"全省'六专四室'规范化建设优秀单位"。注重专业能力培养，1篇裁判文书入选全省法院"最佳裁判文书"，2篇论文分获全省法院一、二等奖，全国法院优秀奖；刑庭孔敏获评"全国法院先进个人"，民二庭张剑波获评"浙江省担当作为好干部""全省突出贡献法官"。

（俞洁燕）

司法行政

【**概况**】全年，区司法局紧抓法治宣传教育、基础设施建设、基层矛盾调处、监管维稳安保、基层法律服务等司法行政工作。申报创建民主法治村（社区），累计建成民主法治村（社区）国家级1个、省级17个、市级37个。推进司法所三年建设计划，2020年度建成全国先进司法所1家，省级"枫桥式"司法所2家，绍兴市级"枫桥式"司法所5家。全年累计新接收社区矫正对象331名，解除社区矫正对象347名。全年全区各级调解组织共调处成功矛盾纠纷4449起，涉及金额2.08亿元。

（贾喆颖）

【**依法治区**】年内，组织召开区委全面依法治区委员会第二次会议、预防和化解行政争议工作府院联席会议暨全区法治政府建设推进会。下发《2020年法治上虞建设工作要点》和《2020年法治上虞（法治政府）建设考核评价细则》。落实党政主要负责人履行推进法治建设第一责任人职责。

（郑 晔）

【**镇街合法性审查全覆盖**】年内，制定印发《关于推进乡镇（街道）合法性审查全覆盖工作的实施意见》和《上虞区乡镇（街道）合法性审查工作实施细则》，科学建立分管负责人、司法所专职人员、法律顾问团共同协作的"1+1+1"合法性审查机制，明确各基层司法所为乡镇（街道）具体的合法性审查机构，重点通过组建法律顾问团护航乡镇（街道）合法性审查。

（郑 晔）

【**法治巡察探索实施**】年内，经区委统一协调，将法治巡察纳入区委巡察。通过"组团式巡察""清单式管理""对标式整改"三措并举，着力提升上虞区法治建设水平。联合区委巡察办制定《关于公布上虞区党政部门法治建设巡察内容清单的通知》，对党委、政府部门分别列出5项和8项重点巡察内容和指标，目前

开展三轮法治巡察涉及 24 个乡镇(街道)和部门,提出意见 44 条,全部整改落实。（郑 晔）

【行政应诉工作】 2020 年在行政诉讼领域,全区一审诉讼案件收案 183 件,较 2019 年收案 240 件,下降 23.8%;一审诉讼案件结案 198 件,败诉 16 件,败诉率为 8.1%,较 2019 年 13.9% 的败诉率,下降 5.8 个百分点;调撤 72 件,调撤率为 36.4%,较 2019 年 18.9% 的调撤率,提升 17.5 个百分点。行政机关负责人出庭应诉率为 97%,在全市 6 区、县(市)出庭率中排名第一。其中收到以上虞区政府为被告的一审案件为 74 件,其中结案 67 起,败诉 1 起。重视对行政争议的实质性化解工作,充分发挥法院联动,加强行政机关间的协调配合,2020 年第一季度化解 38 件系列性房屋征迁案件。（蔡伟才）

【解决行政诉讼"两高一低"】 先后共召开 52 次应诉协调、法律风险论证会,对全区诉讼案件多发性领域、焦点性法律问题进行专门论证研究,有针对性地提出应诉解决方案,落实案件跟进和调处。制定《关于进一步加强行政诉讼案件应诉工作的通知》《关于加强行政诉讼败诉案件过错责任追究与容错免责工作的通知》,创新建立全区行政诉讼案件闭环式管理,定期发布应诉工作情况及典型败诉案件通报,对全区行政应诉工作进行指导。（蔡伟才）

【行政复议】 在行政复议规范化建设方面,区行政复议局加强工作保障、完善工作制度和部门协作机制,代表绍兴市通过省厅的现场验收,获得省行政复议规范化建设工作成绩突出集体的通报表扬。在行政复议案件审理方面,全年共收到行政复议申请 78 件,受理 74 件,有 2 件通过受理前调解予以化解,审结 74 件,其中维持 6 件,申请人撤回后终止 30 件,确认违法和撤销 36 件,驳回 2 件,调撤率 40.5%,纠错率 48.6%。区司法局充分发挥府院联席、府检联席会议机制和区行政调解中心功能作用,建立行政复议咨询委员会专家智库,为疑难复杂行政复议案件审理把关。2019 年和 2020 年受理的行政复议案件,目前没有一件案件引起上访或者在诉讼中败诉。区司法局充分发挥行政复议法治力量在全区法治工作和重点工作中的积极作用,2020 年办理以区政府为被申请人的行政赔偿案件 3 件,以区政府为被申请人的行政复议案件 9 件,对区政府作出的会议纪要实现法治审查全覆盖。行政复议工作人员还参与曹娥街道高田头、新建庄等 4 个村的集体土地上房屋的征收工作。（阮 春）

【基层法治创建】 开展民主法治村创建,2020 年度创建国家级民主法治村 1 个,省级民主法治村 17 个,绍兴市级民主法治村 37 个。法治阵地建设取得突破,按"一村一景"要求,将法治文化融入美丽乡村建设,投入 250 余万元,选择春晖、路东、潘韩、新宅、担山 5 个村,打造基层法治文化示范阵地。建设完成区级诚信守法示范企业 68 个。（章江飞）

【普法融媒体矩阵打造】 灵活运用"报、台、微、屏、车、亭"调制富有上虞特色的融媒体法治套餐。2020 年上虞日报《大家来学法》专栏推送法治信息 155 条。上虞电视台《法治上虞》栏目通过以案释法形式共播出 25 期;广播电台《市民与法》栏目推出节目 376 期。"上虞普法"微信公众号全年推送普法信息 671 则,开展法律知识竞赛 6 期,参与人数 15362 人,微信塔群 2020 年宣传法律知识 1120 次,受众达 3 万余人次。在小区、酒店、写字楼等 257 个楼宇视频循环播放法治微视频、法治公益广告;百官广场等中心广场开展灯光幕墙法治宣传。拓展公共交通普法,公交车车身普法、候车亭法治宣传覆盖上虞全域。（章江飞）

【"七五"普法总结验收通过】 加大《中华人民共和国民法典》《浙江省民营企业发展促进条例》等重要法律法规普及率,创新借助外卖小哥宣传民法典活动。组织"云课堂"普法短视频录制 64 期,实现点单式的"线上 + 线下"普法,打造全时空全天候法治教育新模式。落实"谁执法谁普法"责任制度,全力推行普法"共性 + 个性"责任清单,通过绍兴市对上虞区的"七五"普法总结验收。（章江飞）

【矛盾纠纷化解】 全年,全区各类调解组织共开展矛盾纠纷排查 4676 次,调处成功矛盾纠纷 4449 起,涉及金额2.08亿元。绍兴市上虞区人民调解委员会被司法部评为“大排查、早调解、护稳定、迎国庆”专项活动表现突出集体。绍兴市上虞区交通事故人民调解委员会被司法部评为全国模范人民调解委员会。（汪 洋）

【人民调解标准贯标工作】 联合政法委出台《关于进一步深入推进人民调解工作规范化的实施意见》。结合执法司法规范化活动，开展服务检查监督。2020年，对21个镇级人民调解委员会和13个行业性专业性人民调解委员会500余份调解卷宗、上墙制度和标识标牌等进行检查，出具整改意见书30份，整改问题50余个。（汪 洋）

【品牌调解工作室建设】 打造调解品牌化，联合区委政法委制定出台《关于进一步明确品牌调解工作室建设的通知》，从坚持打造服务规范化、突出品牌个性化、提升品牌影响力，将品牌调解室建设融入社会矛盾纠纷调处中心建设，培育“网格调解”“老兵调解”“瓷源调解”等调解新品牌，擦亮“以新调新”“乡贤调解”“夜间调解”等调解金名片，打造高质量品牌调解室20个。朱小英调解工作室被评为全省首批金牌调解工作室。（汪 洋）

【专职调解员队伍建设】 认真贯彻落实省委、省政府《关于加强新时代调解工作若干意见》文件精神，在全市率先出台《关于加强新时代调解工作若干意见》《上虞区专职人民调解员管理办法》《上虞区人民调解案件“以奖代补”标准》。（汪 洋）

【人民调解协会实体化运作】 在全市率先出台《关于政府购买人民调解服务的指导意见》，召开区政府专题会议，在全省率先开展政府购买人民调解服务，采用单一来源采购方式向区人民调解协会购买涉及进驻区社会矛盾纠纷调处化解中心、交通事故人民调解委员会、派驻法院（法庭）等人民调解服务事项，实体化运作人民调解协会。区级层面完成3年815万元的招标采购，统一由上虞区人民调解协会承接政府购买人民调解服务，不断提升专业化专职人民调解员配备。（汪 洋）

【特殊人群修心教育帮扶】 上虞区运用“N+社区矫正”教育帮扶模式，在确保底线安全的基础上，向治本安全转变。在“律师+社区矫正”“公益+社区矫正”“团委+社区矫正”“心理+社区矫正”的基础上，开展“民盟+社区矫正”。8月27日，上虞民盟社会服务实践基地“黄丝带帮教工作室”进驻区矫正中心。年内共开展律师大讲堂4期，参加矫正对象180余名；为矫正对象提供心理辅导96人次；矫正对象参加疫情防控志愿活动，18名矫正对象捐款捐物达2万余元，54名矫正对象参加所在村、社疫情防控志愿活动；与公益组织合作对10名生活困难矫正矫正对象上门帮扶，送上爱心人士捐赠的帮扶款与物资。截至12月底，全区在册社区矫正对象共427名，其中缓刑377名、假释34名、暂予监外执行15名、管制1名。（孟立标）

【上虞区社区矫正委员会成立】《中华人民共和国社区矫正法》颁布后，2020年8月28日，经区委、区政府同意，依法成立上虞区社区矫正委员会。9月11日，上虞区社区矫正委员会召开第一次全体会议，会上审议通过区矫正委工作规则、办公室工作细则、区矫正委成员单位工作责任清单和区矫正委及其办公室公文处理及印章管理工作若干规定4个文件制度。（孟立标）

【扫黑除恶攻坚】 持续推进扫黑除恶专项斗争。全区共排摸涉黑涉恶九项罪名社区矫正对象89名，其中涉黑涉恶矫正对象3名，涉黑涉恶九项罪名安置帮教对象395名，其中涉黑涉恶刑释解矫对象6名。（孟立标）

【视频会见工作】 因疫情影响，区司法局根据省厅部署，推进远程视频会见工作，共建立矫正中心等5个远程视频会见点，与省内17家监所单位对接，共完成183起视频会见，参加会见家属404人，提供上门视频会见服务1起，协助公安提审1起，办理网上视频公证1起。（孟立标）

军　事

人民武装部

【综述】 2020 年，中国人民解放军浙江省绍兴市上虞区人民武装部（简称区人武部）围绕“争创一流”目标，确立以“争先创优三个年”为抓手，聚焦“四能”（机关效能、队伍强能、平台赋能、品牌聚能），开展“扛起五部新职能、当好新型国动人”“和平积弊大起底大扫除”活动，探索实践《聚力提升专武干部队伍整体建设水平》《打造上虞“大国防”教育体系路径》《经开区武装部设置论证报告》等调研课题，打造“法治、智慧、忠孝”三张武装工作名片。区人武部被省军区评为“民兵工作先进单位”“全面建设先进人武部”。项延玳被省军区评为“人武部建设优秀个人”，杨利华被省军区评为征兵工作“成绩突出个人”，叶尧勇被省军区评为“优秀专武干部”。　（卢颖颖）

【民兵结构优化】 推进应急力量多样化职能拓展，专业力量人装耦合聚优，特殊力量深挖属地产业潜能。加强民兵训练，依托区民兵训练基地组织应急力量定期轮训，引入行业培训资源组织专业力量在岗训练，委托院校机构组织特殊力量专项训练。强化民兵管理，试点建设区民兵应急连和金盾风机民兵分队，探索乡镇（街道）落实企业民兵党员发展指标的路径，打通优秀基干民兵进入村社临聘人员岗位通道。发挥民兵作用，以开展“六联六员”活动为载体，主动融入地方“三服务”“网格化”“大应急”等平台体系，相关做法得到省军区主要领导批示肯定并在全市推广。

【练兵备战】 组织修订各类方案预案，围绕重要目标防卫、保交护路、应急维稳等组织实案化课题演练。11 月 15 日，举行全区民兵岗位练兵比武；11 月 25 日，开展“重要目标防卫”课题演练；组织汇编民兵训练教材 23 篇，探索建立面向驻地“省千”人才的民兵教练员聘用制度，规范民兵应急排日常战备值勤制度。按照“两季练兵法”要求，持续加强基干民兵训练，5 月 7—13 日，组织民兵骨干暨教练员集训；6 月 10—18 日，组织区民兵应急连集训，区民兵应急连考核成绩连续四年全市第一。坚持在用兵中练兵强兵，2020 年新春期间，组织民兵参与新型冠状病毒疫情防控行动。1 月 23 日，各乡镇街道成立民兵防抗新型冠状病毒感染的肺炎应急分队，配合地方公安、卫生健康等部门，在全区 10 个高速进出口及 3 个车站设立检查点，24 小时执勤。依托民兵信息网，建立民兵疫情监控网络，实行疫情零报告制度，做到对疫情早发现、早报告。协助村社做好防疫点设置、防疫宣传、道路设卡等工作；9 月 15 日，组织民兵参与 2020 年全国田径锦标赛升旗仪式；11 月 28 日，组织民兵参与曹娥江马拉松比赛安保任务。

【军民共建】开展“三服务”活动和“乡贤回归”工作，发动上虞籍军队干部搞好沟通联络、搭桥牵线和上门服务。挖掘上虞大舜曹娥孝德文化、东山再起尚武基因、许岙战斗红色资源等“IP”，围绕“忠籍孝崇、移孝作忠”做好守正创新、物化活化文章，在全区广泛开展“你为国尽忠，我代你尽孝”系列活动，相关做法被国防部网站等媒体报道。出台《关于开展民兵参与平安上虞建设的实施方案》，固化平安宣传员、民情信息员、纠纷调解员、安全巡防员、维稳守护员、抢险战斗员“六大员”做法。

【2020年春季征兵动员暨政策宣讲活动】1月21日，在区委党校举行2020年春季征兵动员暨政策宣讲活动，全区21个乡镇（街道）应征青年及家长参加。宣讲活动对大学生入伍政策、法定义务、优厚政策、经济补助、政治荣誉、学费补偿等进行解读。

【兵员征集】2020年，乡镇（街道）武装部到村、社区进行广泛宣传，重点解读大学生征兵优惠政策。对年满18周岁适龄青年进行兵役登记，率先在全市完成100%登记率。协调区疾控中心，严格落实体检期间的疫情防控措施，对所有应征青年进行流调，在体检站门口实行进出分流，设置临时隔离点，体检站所有科室每天进行消毒。组织参检人员业务培训，熟练掌握征兵体检信息化管理系统操作。1月，开展征兵目测初检。9月15日征兵工作结束。

【2020年度全区党管武装暨国防动员委员会会议】1月16日上午，2020年度全区党管武装暨国防动员委员会会议召开。会议宣读表彰通报和乡镇（街道）人武部新任政治教导员任命。

【民兵岗位练兵比武】11月15日，在城市阳台和区民兵训练基地组织全区民兵岗位练兵比武，全区20个乡镇（街道）民兵参加。比武分重要目标防卫、野战医疗救护等科目。

（卢颖颖）

武 警

【概况】中国人民武装警察部队绍兴支队执勤大队上虞中队（简称上虞中队），初创于1949年，1983年重新组建为武警绍兴市支队上虞中队。2018年1月，根据武警部队规模结构和力量编成调整改革，中队由原“中国人民武装警察部队绍兴市支队上虞区中队”调整组建为“中国人民武装警察部队绍兴支队执勤大队上虞中队”。主要担负上虞区看守所外围武装警戒、驻地社会面反恐维稳以及应对其他突发性事件任务。

【组织建设】中队党支部政治功能和组织力强，能坚持以习近平新时代中国特色社会主义思想和习近平强军思想为指导，大力加强思想政治建设，充分发挥党支部战斗堡垒作用和党员先锋模范作用。2020年，中队党支部立足中队建设实际，紧密串联疫情防控、练兵备战、理论学习、新营房建设等大项工作，合理统筹摆布，严守安全稳定底线，推荐各类技术培训人员3名。在支部的坚强带领下5人被表彰为“四有”优秀个人。

【思想政治】年内，中队紧跟时代前沿、紧贴形势任务、紧扣思想脉搏开展思想政治教育教育，牢固树立政治作为首位意识，着力培育“四有”革命军人。扎实开展“传承红色基因，担当强军重任”主题教育，开展“我最喜欢的习主席一句话”“读书日”“强军故事会”等配合活动。用好手机“云课堂”，根据不同时机，重点抓好道德法纪等教育，借助事故案例警示教育官兵。引导官兵向新媒体投稿，排长苏俊玮在“浙江武警”、中新网、《人民日报》、军事媒体等发稿30余篇，指导员石洪柱被评为总队十佳“四会”政治教员，立三等功。中士李飞学历提升至本科，下士马齐豪考入武警海警学院，官兵思想整体向上，有效凝聚兵心士气。

【中心任务】着眼提高执勤安全系数，狠抓“常见病”“多发病”治理，巩固执勤安全阵地。支部结合节假日、“两会”及“两节”专题分析执勤形势，每月开展1次联合方案演练。推进执勤隐患排查治理活动，自年初起，中队协调所方充足自身防疫物资，并先后完成探照灯维修，监控设施维护以及防护栅栏安装等执勤硬隐患整改；针对总队指出的新所21处执勤隐患，每周实地查看，汇报进度，并协调整改。扎实落实执勤优化改革要求。中队成功处置3起营门口交通事故救援，有确保执勤安全。

【军事训练】紧盯任务形势抓训练立起备战打仗的鲜明导向，全年紧抓射击、擒敌、刺杀和军事体育等基础训练。强化练在平时的意识，克服因疫情封闭造成的训练上的不利条件，广泛开展"五小练兵"活动，有效地提升官兵自主训练的意识，官兵身上有泥土味、训练场上有"火药味"，中队训练成绩稳步提升。在支队组织的勤训轮换中，中队取得总评优秀的好成绩，半年军事考核成绩进步明显，中队长徐枭在支队指挥员比武中获个人第二名，9月群众性练兵比武竞赛中，列兵翟宗翔获得执勤专业第一，立三等功。完成总队年终军事考核，总评良好。

【安全管理】狠抓制度落实，全力做好安全稳定工作。以新《八个方面安全规范》为载体，以七个方面安全专项整治活动为抓手，严格落实总队、支队安全工作相关措施和疫情防控措施。第一时间落实绍兴中队正规化试点精神，抓硬件更抓软件。老兵退伍后按照上级要求开展作风纪律教育整顿。结合支队纠治"土政策土规定"活动，对照自身排查整改存在问题。针对支队"四不两直"检查和支队节前安全发现的问题，第一时间抓好整改落实，确保中队各项工作正规有序。10月份，被支队推荐为"暑百"优胜单位。

【后勤建设】提升后勤保障综合效益，狠抓后勤制度，搞好后勤经费物资管理，落实账目及财务公开，树牢"小而精"的理念。合理调剂伙食，特别是伙食费上涨以后中队提升保障水平，响应主席号召，扎实开展"厉行节约，过紧日子"活动。抓实后勤专业兵训练，定期组织考核，9月进行的后装专业兵竞赛考核中中队获得团体第二名，炊事员朱泉获专业第一、总评第二，军械员李飞获专业第二的好成绩。（石洪柱）

人 防

【概况】2020年，人民防空根据"军事化斗争长期准备"的要求，加强人防工程建设。加强指挥通信工作，组织人民防空检验性演习；加强宣传教育，巩固人防教育阵地。（严海忠）

【人防工程】强化规划引领，新规划审批一个战时中心医院和一个急救医院、一个兼顾人防工程。推进人防审批"最多跑一次改革"工作。2020年，所有在建项目均按照开工前技术交底、三板浇筑、中间结构、竣工验收规范程序要求监督到位，确保工程质量和监督效果。完成防空地下室的大检查工作，对上虞区已建成的人防地下室进行全面检查、评估、登记，完成自查，自查完成率88%，完成核查，核查率100%，下发整改通知，整改率85%。（严海忠）

【指挥通信】调整区人防指挥部组成，印发指挥部成员单位平时工作职责，召开指挥部成员单位会议。组织开展"4·4"哀悼日、"5·12"全国防灾减灾日、"九一八"纪念日的防空防灾警报试鸣，防空警报鸣响率100%。组织开展"9·18"社区人口疏散演练，结合重要经济目标防护试点，组织人民防空检验性演习，区人防指挥长亲临现场组织并作点评。（严海忠）

【宣传教育】持续推进人防宣传教育"五进"工作。加强与教体部门的工作联系，做好人防进校园，为全区各学校征订中小学人防知识教材共8045册，受教育学生19963人次。积极开展人防示范社区、优秀社区创建活动。充分运用网络开展人防宣传，在省、市人防网站、区建设局微信公众号、本地主流媒体网站等推出人防宣传报道14次。常态化开放区人防教育体验馆，配备专门的讲解员和安全员，不断提升体验馆设施设备，向社区、学校发放体验馆宣传手册2000余份，体验馆共接待参观人数近2000人次。（严海忠）

退役军人工作

【概况】 2020年，上虞区围绕联创全国双拥模范城(县)、符合政府安排工作退役士兵和军队转业干部的移交安置、自主就业退役士兵的接收，优抚对象的服务管理、烈士褒扬等做好退役军人事务工作。坚持以退役军人为中心，全面尊重、优待退役军人，保护退役军人合法权益。弘扬孝德文化，打造新时代"你为国尽忠，我代你尽孝"双拥工作品牌，联创第六轮全国双拥模范城。

【规范化退役军人服务中心(站)创建】 全年，区退役军人服务中心、崧厦街道蔡林村退役军人服务站被授予省"新时代枫桥式退役军人服务中心(站)"；百官街道等18个乡镇(街道)被授予"全国示范型退役军人服务站"称号；崧厦街道等5个乡镇(街道)退役军人服务站同时被授予"绍兴市'双示范型'乡镇(街道)退役军人服务站"称号。全区20个乡镇(街道)均成立关爱退役军人协会。

【联创全国双拥模范城(县)】 2020年10月20日，绍兴市获"全国双拥模范城"称号，获得"六连冠"，其中上虞区提出"你为国尽忠，我代你尽孝"的双拥工作品牌，被新华社内参刊发并成为绍兴市双拥工作品牌。

【军人全生命周期服务管理"一站式"改革】 实施《上虞区军人全生命周期"一站式"改革实施意见》，以新时代"枫桥式"退役军人服务站创建为抓手，推进"一站式"服务，梳理军人入伍、服役、退役、就业、优待五个阶段共67个事项。开发全区统一的退役军人综合服务平台，设立21台大屏自助终端，微信小程序，建立"线上一平台、线下一个站"的新型退役军人服务管理模式。

【发挥退役军人"六大员"作用】 开展新兵入伍、老兵返乡"五个一"活动，在"八一"中国人民解放军建军节、春节等重大节日开展常态化入户走访慰问，日常关怀实现"六必访"。培养推荐退役军人党员按规定程序选任村(社区)书记。遴选优秀退役军人组建志愿者服务队、突击队。特别是在抗击新冠肺炎战斗中，广大退役军人闻令而动，累计排查33.78万人次，捐赠医疗物资785件、现金24.3万元，深入村(社区)走访宣传1200余次，发放防护知识宣传资料1.8万余份。

【选树典型】 陈添鑫获2020年省模范退役军人称号，叶尧勇、杜苗根获2020年绍兴市"最美退役军人"称号。挑选优秀退役军人组建基层矛盾纠纷调解队，全区建立8个"老兵调解室"，助力基层治理。

【"慰烈工程"启动】 按照"尊重烈属意愿，尊重地方习俗，注重人文关怀"的原则，将部分散葬烈士墓集中迁移到烈士陵园。全年投资300万元，完成2座散葬烈士墓迁移、7座零散烈士纪念碑和16座散葬烈士墓的保护修缮工作，并开发"互联网+烈士纪念设施"上虞英烈小程序。开展清明云祭扫、"丰碑永铸·颂英烈"英烈讲解员大赛、"9·30"烈士纪念日向人民英雄纪念碑敬献花篮仪式和"彪炳历史照亮未来"红色主题宣传系列活动，采访5名抗美援朝老兵，为在乡老复员军人发放"中国人民志愿军抗美援朝出国作战70周年"纪念章。

【退役士兵、军转干部安置任务完成】 接收并安置符合政府安排工作的退役士兵，有的安置到事业单位，安置到国有企业。接收并安置营以下军队转业干部，均为计划安置，安置到行政机关或参照公务员法管理事业单位，完成随调家属对口安置。安置率、选岗率、满意率均为100%。

【退役军人及其他优抚对象抚恤优待金发放】 全年为义务兵家庭发放优待金；为大学生发放入伍奖励；为退役士兵发放一次性安置补助费，年内均通过乡镇公共财政信息管理系统发放各类资金，实现各类优抚对象抚恤和生活补助及时发放兑现到人。全为60周岁以上农村籍退役士兵老年生活补助；为发放在册优抚对象抚恤和生活补助、门诊医疗补贴、1—4级残疾军人和5—6级精神病残疾军人护理费、医疗补助、丧葬补助费、物价补贴等。

【退役军人就业创业】 在退役士兵返乡报到期间，组织各优质企业开展现场招聘会，解决就业；针对2020年新冠疫情情况，区镇两级开展线上招聘，共推出31期线上招聘，推出岗位3000余个，为多人解决就业；组织开展2020年度自主就业退役军人适应性培训；组织开展十大优秀退役军人企业家评选，组织参加绍兴市创业大赛，邀请老兵、专家等开展创业指导培训。年末与泰隆银行签订战略合作协议，为退役军人提供金融支持。

【社会化拥军氛围浓厚】 组建5支社会化拥军志愿服务队，31个双拥成员单位，20个乡镇（街道）退役军人服务站，成立51支双拥志愿服务队，配置统一双拥志愿服及旗帜，开展“你为国尽忠，我代你尽孝”双拥志愿活动。绍兴市上虞人民医院、绍兴市上虞中医院与武警绍兴支队执勤大队上虞中队签订医疗卫生军地协作协议，实施医疗拥军；绍兴市上虞区人民检察院与武警绍兴支队执勤大队上虞中队开展以“检护利剑、法润兵心”为主题的送法进军营活动，签订共建法治军营协议。

【保障军休干部“两个待遇”】 年内投资49.84万元，装修军休活动场所1个，建筑面积210平方米，场所内设有阅览室、健身房、休闲活动室、理疗按摩室、办公室、多媒体会议室、档案室，增加无障碍设施、安保设施、医疗器材等设施设备。 （何　峰）

科学技术

综 述

【概况】 2020年，全区完成R&D经费支出33.17亿元，占区生产总值的比重达到3.39%，居省第8位。完成高新技术产业产值1044.34亿元，同比增长7.5%；完成高新技术产业增加值252.65亿元，同比增长8.3%，绝对值、增幅分别排名全市第1位、第2位。完成高新技术产业投资52.6亿元，同比增长20.7%，增幅排名全市第2位。据《2019年度浙江省县（市、区）科技进步统计监测报告》显示，区创新指数综合指标居省14位、绍兴市第2位，位列省第一方阵。创建省产教融合示范基地和省可持续发展创新示范区，上虞高新技术产业园区在全省所有高新园区中跻身前8位，并作为“2019年度浙江省高新技术产业园区建设突出贡献集体”被省科技领导小组办公室发文通报表扬。

全面做好科创中心大厦排查和区域管控，加强人员信息统计和日常巡查，确保不出问题。组织机关干部参与挂联社区疫情防控站岗值守，赠送慰问物资，合力抗疫。征集应急科技攻关项目，提高疫情期间创新券抵用比例，减免科技企业孵化器、众创空间房租，看望慰问外国专家，全力助推企业复工复产。（张晓蓉）

【区入选胡润中国最具投资潜力区域百强榜单】 年内，胡润研究院首次发布《2020胡润中国最具投资潜力区域百强榜》，上虞区入榜。此次榜单评选以国家“十三五”规划提出的“19+2”城市群为基础，对全国570个区域进行区域投资潜力的综合评估，最终选出最具投资潜力的100强区域。

【科创走廊建设】 围绕引进大学、引进人才“双引”目标，继续推进以“三园一中心”为重点的曹娥江科创走廊建设。累计引进大学研究院13家，其中落地11家，正在筹建2家（中科院和哈工大），战略合作2家（与西安交大、上海交大签订战略合作协议）。各大学研究院累计引进项目团队75个，教授（副教授）254人，研究生504人，实习生2000余人，6个实验室投入使用。

【重要会议召开】 年内，分别组织召开全区科技工作会议、全区人才工作领导小组会议暨区委科技创新委员会全体会议、人才科技工作联席会议暨“曹娥江科创走廊”建设推进专班会议，以及“十四五”时期曹娥江科创走廊发展规划交流座谈会，全区规上工业研发费快报工作专题会议和在虞大学研究院半年度工作例会等，对全区科技人才工作和科创走廊建设进行部署落实。

【省人大常委会副主任李学忠到上虞调研】 6月23日上午，省人大常委会副主任李学忠一行到区调研曹娥江科创走廊建设等工作，实地考察杭州电子科技大学上虞科学与工程研究院。绍兴市人大常委会党组副书记、副主任王继岗，上虞区人大常委会主任陈坚，上虞区科技局党组书记、局长章兆钧等陪同调研。

【区获市人才工作目标责任制考核一等奖】 9月18日，绍兴市科技创新大会召开，表彰2019年度科技创新有关先进名单。区获得市人才工作目标责任制考核一等奖、市科技进步目标责任制考核三等奖。区哈工大机器人集团长三角中心暨创新研究院项目在会上签约。

【科技创新座谈会召开】 10月30日下午，“解放思想·创赢未来”科技创新座谈会召开。科技局局长章兆钧主持会议。人才办、杭州湾上虞经开区、杭州湾综管办、经信局、教体局、人社局、金融办、e游小镇等单位部门，以及行业代表畅谈对各自领域全面创新的理解，提出具有操作性、可行性、长远性的思路和建议。

（张晓蓉）

科技管理

【概况】 2020年，发挥区委科创委引领作用，制定年度工作要点，加强科技工作目标责任制考核，修订完善科技创新政策，发布实施细则，落实政策兑现，累计发放科技政策扶持资金6990万元，惠及企业400余家。抓好主体培育，建立全方位、全链条、定制化企业培育服务机制，全年新认定高新技术企业137家(新增78家，重新认定52家)，累计达到317家。新认定省科技型中小企业163家，累计达到1041家。持续推进规上企业创新中心(省级以上研发机构)“全覆盖”行动，天津大学浙江绍兴研究院被认定为省级新型研发机构。大力实施“三个一批”重大科技人才项目，完成投资额13.44亿元。入选省级以上高层次人才12名。推进曹娥江实验室建设，加快产业创新服务综合体八大产业集群全覆盖。

（张晓蓉）

【发放科技政策扶持资金6990万元】 年内，累计发放科技政策扶持资金6990万元，发放众创空间奖补资金402.2万元。发放科技创新券467.21万元，确认使用213.98万元。推广应用企业研发信息管理系统，注册企业805家，申报加计扣除额24亿元。

【研发机构持续打造】 持续推进规上企业创新中心(省级以上研发机构)“全覆盖”行动，全年新认定省级企业研究院3家，省级企业研发中心8家，新认定绍兴市级研发中心23家。着力打造企业新型创新机构，天津大学浙江绍兴研究院被认定为省级新型研发机构。全区累计拥有省重点实验室1个，省级重点企业研究院3家，省级企业研究院29家。

【1个项目入选科技部重点专项】 年内，5个项目列入2020年省重点研发计划，14个项目入选省“四个百项”重点技术改造示范项目计划。申报2021年度省重点研发计划项目9项，4个项目立项。全年列入省级新产品试制计划425项。其中，浙江诺亚化工的“新型清洁灭火剂绿色工艺产业化研究”项目入选科技部“科技助力经济2020”重点专项项目，获得奖励资金50万元。

【规上工业企业研发费“培训周”活动】 年内，为提高规上工业企业研发费申报比例，提增企业研发费申报意识，7月7—10日在9个乡镇街道集中开展规上工业企业研发费“培训周”活动。邀请天马会计事务所注册会计师、注册税务师以及浙江省科技厅财务专员等众多业内专家，为400多名企业管理和财务人员开展规上工业企业研发费用相关政策和实务操作的专题培训讲座，并解读省市区级在招才引智、研发奖励、高新技术企业等方面的优惠政策。

【大通农场省级星创天地获评第一】 突出科技服务“三农”，扎实开展科技为农服务、农业创新载体建设以及与农业科技院校的对接等活动。全年举办农业技术培训班3期，推介新品种10余个，农业新品种面积2.1万亩，开展农业核心关键技术攻关项目1项。培育省级农业科技园区1家，农业星创天地示范基地3家，其中大通农场星创天地在绍兴市专家考评中名列第一。

【“三个一批”重大科技人才项目实施】 年内，以创新动能培育为重点，围绕主体提升、产业服务、人才创业三大主题，实施重大项目10个(其中建设类项目7个、任务类项目3个)，完成投资额13.44亿元。全年新入选省“万人计划”4名、省级引才计划人才1名，入选省海外工程师6名。新引进落户“娥江英才计划”16名、绍兴“海内外英才计划”20名，市领军型创新团队3个，市第五批重点科技创新团队2个。

【高分子材料实验室建设】 年内，按照“一核多点网络化”建设模式和总体布局，牵头起草《新材料浙江省实验室绍兴市高分子材料研究院（曹娥江实验室）建设方案》，做好对接协调，加快促进新型高分子材料、高性能工程塑料2个新材料研究中心启动建设。

【绿色环保化工产业创新服务综合体通过省级绩效评价】 年内，制定发布《关于加快产业创新服务综合体建设的实施意见》，加快推进产业创新服务综合体八大产业集群全覆盖。2020年，绿色环保化工产业创新服务综合体已通过省级创建年度绩效评价；数字文娱创新服务综合体已列入省级创建名单；通风制冷、时尚伞艺、智能电气、汽车部件4个产业创新服务综合体启动建设。

【“揭榜挂帅”重大项目科技攻关实施】 年内，根据“企业出题、政府立题、全球推题、协同破题”的工作主旨，推出“揭榜挂帅”引才机制，围绕解决困扰企业的“卡脖子”难题，开展关键核心技术攻关，在12月10日全球青年科技领袖峰会上发布15项技术需求榜单，诚邀全球精英论榜揭榜。

【多家企业入选省民营企业百强、浙商500强榜单】 年内，卧龙控股、浙江龙盛、世纪华通3家企业入选“2020浙江省民营企业100强”榜单，分列榜单29、31位和94位。卧龙控股、龙盛集团、世纪华通、盈峰环境、新和成、闰土股份、华孚时尚、阳光照明、晶盛机电、皇马科技、金科文化和康隆达特种防护等12家企业入选浙商500强榜单榜，占绍兴入榜企业总数的24%。 （张晓蓉）

科技成果

【概况】 2020年，继续规范成果登记管理，制定《关于做好科技成果鉴定登记的若干意见》，简化工作流程，全年共登记科技成果369项。开展企业产业关键核心技术需求征集，发布需求260条。推进技术交易，共完成技术交易额14.95亿元。加强科技对接交流，组织企业参加北京工业大学科技成果线上发布会、浙企中科行科技创新合作对接活动、省“百名外国专家云签约”“外国专家绍兴行”2020生物医药专场、上海大学创新成果对接会等科技交流对接活动9场次。参与“深圳·绍兴周”、鹏游创e·数领越舜推介会等活动，鼓励企业参与拍卖会，拍得科技成果7项，申报省网上技术市场成交或竞价（拍卖）产业化项目3项，实施省授权发明专利产业化项目35项。推荐申报浙江省科学技术奖4项，获2019年度省科技进步三等奖3项。（张晓蓉）

【拓展国际科技合作】 年内，浙江金科文化产业股份有限公司以70亿元完成对海外研发机构Outfit7股权100%的控股并购；卧龙电气驱动集团股份有限公司以1.6亿美金并购美国通用电气公司墨西哥小型工业电机研发机构，获取美国通用电气公司（GE）的56项先进专利技术、16项商标及10年GE品牌使用权；浙江风合新能源科技发展有限公司与加拿大ATS合作参与浙江省与加拿大艾伯塔省签署的双边产业联合研发计划项目。卧龙电气驱动集团股份墨西哥中心被认定为省级企业海外研发机构，获省财政350万元和一次性奖励。

2019年度省科技进步三等奖获奖情况

表10

序号	获奖企业	项目名称	主要内容	经济效益
1	浙江国祥股份有限公司	蒸发冷凝式高效螺杆冷水机组的关键技术研究及工程应用	蒸发冷凝式高效螺杆冷水机组的关键技术研究及工程应用项目，针对蒸发冷凝式高效螺杆冷水机组的特性和亟须解决的关键技术问题，在提高设备效率、可靠性和工程应用方面开展一系列技术攻关，实现产业化生产，产品构思新颖，技术创新性强，节能效果显著，响应国家节能减排政策，保障安全、环保、高效的运行，从而推进整个行业的绿色、健康发展	自2016年产业化以来，该项目产品经杭州云栖小镇国际会展中心、郑州地铁、松下电子材料、华海药业等用户使用，其较高的制冷性能系数大幅降低机组的运行费用，市场反应很好。2018年实际销售收入10427.2万元，利润3128.17万元

续表 10

序号	获奖企业	项目名称	主要内容	经济效益
2	浙江思纳克热流道科技有限公司	轻量化汽车模具针阀热流道系统模块化的开发及产业化	采用时序油缸针阀、无死角分流板、模块化整体结构等技术，实现热流道系统制作成简单高效的模块化，有效解决轻量化汽车薄壁塑料制品成型的技术难题	从 2016 年至 2018 年，共新增销售 6296.89 万元，利润 1386.14 万元，税收 339.22 万元
3	浙江林江化工股份有限公司	3,4,5- 三氟溴苯含氟芳香化合物的溴代定位	采用连续氯化、绿色加氢、管式重氮化及定位选择性好的溴化工艺，提高 3,4,5- 三氟溴苯产品品质；氯化反应 NOx 尾气制成重氮化试剂亚硝基硫酸，减少三废排放，实现资源利用；脱氨基母液废酸中分离磷酸和硫酸并加以利用，有效解决工业化生产过程中的绿色可持续发展问题	近三年累计销售产品 1200 吨，销售额 13970.36 万元

【首家高校研究院博士后工作站成立】 4 月 22 日，经省人力资源和社会保障厅批准，上虞区首家高校研究院博士后工作站——浙江理工大学上虞工业技术研究院有限公司博士后工作站挂牌成立。全区博士后工作站总数达到 16 家，列绍兴市第二。

【2020 十大制造业产业集群人才科技项目对接洽谈会举办】 6 月 20 日下午，2020 十大制造业产业集群人才科技项目对接洽谈会——绿色化工产业集群在上虞宾馆举行，浙江工业大学上虞研究院沈江南教授作新能源与环保领域项目路演，20 多家企业参与对接。

【2020 "海创人才" 国际创业大赛举办】 6 月 6 日，在沪启动 2020 "海创人才" 国际创业大赛暨上海城市分站赛。中金公司、海通证券、深创投等国内知名投资机构，长三角产业技术协同创新基地、复旦大学绿色照明上虞研究院、南华大学上虞高等研究院主要负责人，新和成、美诺华、国邦药业、京新药业等上虞现代医药产业企业负责人等共同参加启动仪式，进行人才科技项目对接。7 月 4 日，在南京站数字经济专场上，23 个来自海内外的专家团队现场路演，8 个项目入围区 "娥江英才计划"。8 月 8 日，在成都分站赛上，19 个新材料领域的优质项目通过线上线下平台路演比拼后，8 个项目入围区 "娥江英才计划"。10 月 16 日，举行总决赛，来自不同国家的 20 个海内外高层次人才团队通过线上线下方式开展巅峰对决。该届 "海创人才" 国际创业大赛从上海起航，历时 6 个月的赛程，来自 11 个国家和地区的 360 个参赛项目经过上海站现代医药专场、南京站数字经济专场、成都站新材料专场层层筛选，最终 "高性能聚酰亚胺树脂的工业化" "新型液态散热" "5G 新材料小分子量聚苯醚" 等 20 个人才项目入围上虞区 "娥江英才计划"。

【"尚才之地·虞梦同行"2020 人才发展大会举办】 10 月 16 日下午，区举行 "尚才之地 · 虞梦同行" 2020 人才发展大会。中国科学院院士、中国地质与地球物理研究院教授刘嘉琦，中国工程院院士、河南理工大学教授张铁岗，省科协党组织委员秘书长谢牧人，省人力资源服务协会会长袁中伟，浙江省外国专家局局长张红卫等出席活动。会上，天津大学浙江绍兴研究院分别与金科日化原料有限公司、绍兴兴欣新材料股份有限公司共同签署战略合作协议。

【汽车部件产业创新发展大会举办】 11 月 16 日上午，区举行 2020 年汽车部件产业（上虞）创新发展大会，武汉理工大学绍兴高等研究院与浙江世纪华通车业有限公司签订共建协议，上虞汽车部件产业创新服务综合体成立，高效高功率密度新能源汽车电驱系统产业化等一批人才项目入驻综合体。

【e 游小镇推介会举办】 12 月 8 日下午，由绍兴市上虞区委、区政府主办，上虞区科技局、e 游小镇管理委员会联合承办，以 "鹏游创 e· 数领越舜" 为主题的 e 游小镇推介会在深圳举行。5 个项目集体签约。

【卧龙电驱连续4次进入中国电动汽车核心零部件百强榜单】 年内，卧龙电驱连续四次进入“2020年度中国电动汽车核心零部件100强”榜单，标志着卧龙在新能源汽车电机领域的强劲实力，已成为国内外多款商用车、专用车的重要供应商。

【梅奥心磁获全国创新创业大赛一等奖】 年内，第九届中国创新创业大赛大中小企业融通专业赛总决赛暨首届数字经济产业园杯全国创新创业大赛在厦门举行。上虞区企业绍兴梅奥心磁医疗科技有限公司获成长组第一名。比赛从技术和产品、商业模式、行业及市场、团队、财务分析等维度开展评优，综合考量参赛项目在医疗健康领域的协同能力和发展潜力。

【华孚获2020年度中纺联科技进步一等奖】 年内，2020年中国纺织大会在山西太原召开。由华孚时尚股份有限公司、江南大学联合完成的花式色纺纱多模式纺制关键技术及应用项目获得2020年度中国纺织工业联合会科技进步一等奖。2020年7月，该项目生产技术被中国纺织工业联合会鉴定为国际先进水平。

【晶盛机电出炉全球首颗700千克级蓝宝石晶体】 年内，浙江晶盛机电股份有限公司研发的700kg级首颗超大尺寸蓝宝石晶体出炉。这也是晶盛机电继2017年长出国内首颗300千克级晶体，2018年诞生全球首颗450千克级晶体之后实现的三级跳，使其在蓝宝石晶体生长技术领域达到世界领先水平。晶盛机电还同时致力于蓝宝石晶体材料产业链的延伸，目前已建立LED衬底用蓝宝石晶体生长和切磨抛产线。11月又与全球高端视窗、防护面板、消费电子的引领者蓝思科技共同投资宁夏鑫晶盛项目，全力打造全球最大蓝宝石晶体智造车间，目前已开工建设。

【阳光照明集团旗下产品获“2020年红点设计大奖·红点奖”】 年内，区阳光照明集团旗下丹麦Nordlux公司设计的Stay系列台灯和壁灯双双获“2020年红点设计大奖·红点奖”。的红点设计大奖是世界最为知名的工业设计奖项之一，与德国iF设计大奖、美国IDEA奖并称为世界三大设计奖。

【卧龙电机驱动技术获美国专利授权】 年内，卧龙电气驱动集团股份有限公司关于“凸极永磁同步电动机零速及低速控制系统和方法”获得美国专利。卧龙电驱研发团队在无传感器同步永磁电动机控制系统技术上取得关键突破，实现在任何起始速度下闭环启动控制、低速控制及全程优化控制。基于该项目中所发明的控制理论和算法，该团队提交多项美国专利申请，此次获批专利就是其中之一。该项专利的获得，不仅是卧龙多年来深耕电机驱动控制技术领域取得显著成效，更实现全球技术有效融合和突破，形成电机驱控一体设计的独特优势，为提高卧龙产品国际市场竞争力提供有力保障和支撑。 （张晓蓉）

地震检测服务

【概况】 2020年，全面贯彻防震减灾法律法规、切实保障地震监测台站运行、不断提高地震灾害防御能力。继续做好崧厦地震台站运行维护，加强日常巡检，做好站点故障排查及设备更换。组织参加省地震局组织的全省2019年度地震观测资料质量评比会，开展防震减灾助理员培训。 （张晓蓉）

【地震安全监管检查】 完成建设工程地震安全监管检查，涉及28项学校工程、6项医院工程、1项市政工程、78项企业工程。完成杭州湾经开区地震区域安全性评价。 （张晓蓉）

气象服务

【公共气象服务】 全年发布疫情防控气象保障专题服务83期，重要节日重大活动专题服务材料75期，天气周报64期，气象信息快报47期，重要天气报告10期，发布灾害性天气预警信号122次、重要天气提醒短信40余次次，该2项共计发布短信气象服务70余万人次。与国土部门联合发布地质灾害气象风险预警16次，与区森林防火指挥办公室联合发布森林气象火险红色预警1次。

【农业气象服务】 年内，开展春茶、春播、夏收夏种、秋收冬种、樱桃、杨梅等农业气象服务。发布为农气象服务专题气象服务 30 期,农气旬报 36 期,并适应农时和四季仙果旅游季节,提供气象滚动预报服务和旅游天气预报。

【气象防灾减灾体系建设】 年内,20 个省级气象防灾减灾标准化村(社区)建设完成。"3·23" 世界气象日 "5·12" 全国防灾减灾日、全国科普日组织气象科普宣传进社区、进学校,普及气象科学知识。

【人工影响天气服务】 年初制定人工影响天气实施周年方案,开展降低森林火险等级、保障供水、清洁空气的人影服务,全年共作业 6 次,发射人影火箭弹 40 枚。

【防雷安全监管】 全年排查防雷安全重点单位 158 家,发现隐患 45 条,已督促相关单位全部整改完毕。发放检测提醒告知书 696 份,检测提醒电话告知 475 次。利用 "浙政钉 · 掌上执法" 开展防雷装置所有人或受托人 "双随机" 抽查和跨部门联合监管 159 次。

(周　庆)

科技合作

【概况】 探索大学研究院与地方产业结合的有效途径,推行研究院 "绩效化考核、规范化管理、联盟化运作",成立大学研究院联盟,打造研究院品牌效应,全年共引进科创项目 52 个。深入开展科技服务企业 "十百千" 行动,动员各大学研究院团队走访企业 500 多家次,提供技术服务 200 余次。着力抓好众创空间孵化器培育,1 家获评省级优秀众创空间,2 家获评市级优秀众创空间。

(张晓蓉)

【线上对接交流会】 4 月 28 日,第一期 "2020 年武汉理工大学—绍兴 · 上虞产学研合作线上对接交流会" 举办,武汉理工大学的专家教授通过腾讯视频会议系统,在线进行 "云路演",与世纪华通开展技术咨询讨论,开启 "后疫情时期" 校企联系的新模式。

【科技服务企业 "十百千" 行动开展】 年内,各大学研究院开展线上科研和 "云服务",召开线上科技成果发布会 2 次,在线培训、专题报告 5 场次,走访企业 500 多家次,提供技术服务 200 余次。当年签订技术合同 66 项,金额超 4000 万元,申请专利 300 余项,累计入选市 "330" 海外人才计划项目 23 个。成立大学研究院联盟,塑造研究院集群品牌。已与企业共建研发中心 12 个、联合实验室 6 个、网络实验室 10 个。开展横向合作 91 项,5 个关键产品项目实现产业化。

【贰捌和辑众创空间获评省级优秀众创空间】 年内,着力抓好众创空间孵化器培育,引进良仓孵化平台,注册成立上虞良森企业管理有限公司,开展市场化运作。全年新增国家级众创空间 1 家、省级众创空间 4 家,市级众创空间 7 家。贰捌和辑众创空间获评省级优秀众创空间,嘉禾地带、e 游良仓获评绍兴市级优秀众创空间。全区众创空间累计达到 24 家(其中国家级 1 家、省级 13 家、市级 10 家),入驻创业团队 180 个,在孵企业 172 家,创业人数近 2000 人。

【推进产教融合示范基地创建】 年内,不断优化产教融合工程项目、产学合作协同育人项目、产教融合型试点企业创建计划,牵头制定区产教融合专项经费管理使用办法,建立健全企业深度参与产教融合发展的长效机制。上虞新材料与高端装备制造产教融合示范基地入选省产教融合示范基地 "五个一批" 名单,并位列示范名单第一名。

【可再生能源研究所揭牌】 8 月 6 日,中国计量大学上虞高等研究院与浙江省可再生能源协会共建的 "可再生能源研究所" 揭牌。该研究所既是加快建立校地产学研协同创新机制的具体体现,也是实施创新驱动和推动经济转型升级、实现高校服务社会经济发展功能的重要举措。

【杭州电子科技大学数智科技成果发布会举办】 2 月 15 日,杭州电子科技大学、绍兴市上虞区科学技术局、杭州电子科技大学上虞科学与工程研究院共同举办 "数智引擎虞见未来——杭州电子科技大学数智科技成果发布会",分别与中文在线数字出版集团股份有限公司、杭州兴华前进教育发展有限公司、浙江新益智能驱动科技有限公司、太平科技保险股份有限公司等签订战略合作协议。

【第五届"曹娥江论坛"举办】 11月23日下午，第五届"曹娥江论坛"暨风机行业关键技术与CFD模拟仿真科技成果交流会召开。北京航空航天大学能源与动力工程学院桂幸民教授受邀参会。浙江工业大学上虞研究院与北京航空航天大学能源与动力工程学院合作签约，"风机设计与CFD数值模拟仿真中心"揭牌。

【纺织化学品技术中心企业研发中心揭牌】 12月15日，"浙江理工大学—浙江博澳新材料股份有限公司纺织化学品技术中心"举行揭牌仪式。绍兴市委常委、秘书长陆维、中国印染行业协会会长陈志华、中国染料工业协会副会长田利明、浙江理工大学科学技术研究院院长徐伟强、浙江理工大学上虞研究院院长王刚强、浙江理工大学副院长崔志华等人员参加活动。

【上虞区可再生能源研究所揭牌】 8月6日，中国计量大学上虞高等研究院与浙江省可再生能源协会共建的"可再生能源研究所"揭牌。该研究所是加快建立校地产学研协同创新机制的具体体现，也是实施创新驱动和推动经济转型升级、实现高校服务社会经济发展功能的重要举措。

【各地科研院所调研上虞】 年内，分别有重庆大学、南华大学、中国计量大学领导以及东南数字发展研究院、哈尔滨工业大学、上海研究院合作处、中国科学院学部、浙江科发资本、浙江大学绍兴医疗器械联合研究中心等科研团到上虞走访调研，开展多个领域的科技对接和交流。 （张晓蓉）

表11

全区新增省级以上高新技术企业一览表

序号	企业名称	认定年份	所属乡镇（部门）
1	浙江新泰通讯科技有限公司	2020	百官
2	浙江聚英风机工业有限公司	2020	百官
3	绍兴市上虞东星齿轮减速电机有限公司	2020	百官
4	浙江上建风机有限公司	2020	百官
5	绍兴金泰容器制造有限公司	2020	百官
6	浙江众汇交通工程有限公司	2020	百官
7	绍兴精利自动化设备有限公司	2020	百官
8	绍兴普日照明电器有限公司	2020	百官
9	绍兴上虞永兴冷冻设备有限公司	2020	百官
10	绍兴市春藤日化用品有限公司	2020	百官
11	绍兴天晨铝业有限公司	2020	百官
12	绍兴盛文网络科技有限公司	2020	曹娥
13	绍兴上虞菁华背光源有限公司	2020	曹娥
14	浙江科诚暖通设备有限公司	2020	曹娥
15	绍兴上虞催化剂有限责任公司	2020	曹娥
16	绍兴市思德龙热流道有限公司	2020	曹娥
17	绍兴市三阳弹簧有限公司	2020	曹娥

续表 11

序号	企业名称	认定年份	所属乡镇（部门）
18	绍兴上虞科元自保温墙体材料有限公司	2020	曹娥
19	浙江浙东环保科技有限公司	2020	曹娥
20	浙江华岛环保设备有限公司	2020	曹娥
21	绍兴安瑞思网络科技有限公司	2020	曹娥
22	浙江天盟文化传媒有限公司	2020	曹娥
23	绍兴银球压力容器制造有限公司	2020	曹娥
24	绍兴市上虞联丰压力容器有限公司	2020	曹娥
25	浙江晶鸿精密机械制造有限公司	2020	曹娥
26	绍兴上虞恒趣网络科技有限公司	2020	曹娥
27	浙江华科检测技术有限公司	2020	曹娥
28	浙江曼托瓦尼机械有限公司	2020	曹娥
29	浙江越舜风机有限公司	2020	曹娥
30	浙江斯迈尔电子科技有限公司	2020	曹娥
31	绍兴吉田自动化设备有限公司	2020	曹娥
32	浙江欧盾风机有限公司	2020	曹娥
33	浙江三青环保科技有限公司	2020	道墟
34	浙江杭氏建材有限公司	2020	道墟
35	浙江晨影工艺品有限公司	2020	道墟
36	浙江星控信息技术有限公司	2020	丁宅
37	绍兴美迪康生物技术有限公司	2020	东关
38	浙江义宇仪器设备有限公司	2020	东关
39	绍兴金生水处理设备有限公司	2020	东关
40	绍兴市上虞神舟仪表有限公司	2020	丰惠
41	绍兴上虞锴达电子有限公司	2020	丰惠
42	绍兴市上虞三维化工有限公司	2020	杭州湾综管办
43	浙江巍华新材料股份有限公司	2020	杭州湾综管办
44	浙江金马包装材料有限公司	2020	杭州湾综管办
45	浙江三杰建筑产业化有限公司	2020	杭州湾综管办
46	浙江多邦新材料有限公司	2020	杭州湾综管办
47	永农生物科学有限公司	2020	杭州湾综管办
48	浙江诺亚氟化工有限公司	2020	杭州湾综管办
49	浙江辽想新材料科技有限公司	2020	杭州湾综管办
50	浙江皇城工坊文化发展有限公司	2020	杭州湾综管办
51	浙江正裕化学工业有限公司	2020	杭州湾综管办

续表 11

序号	企业名称	认定年份	所属乡镇（部门）
52	浙江灏宇科技有限公司	2020	杭州湾综管办
53	浙江太阳石水处理有限公司	2020	杭州湾综管办
54	浙江佑泰新材料科技有限公司	2020	杭州湾综管办
55	浙江新益申高机械传动有限公司	2020	杭州湾综管办
56	浙江金立源药业有限公司	2020	杭州湾综管办
57	浙江浙风科技有限公司	2020	梁湖
58	绍兴市搜诚记食品有限公司	2020	梁湖
59	绍兴上虞英达风机有限公司	2020	梁湖
60	绍兴杭特风机有限公司	2020	梁湖
61	绍兴劲鹰机械制造有限公司	2020	梁湖
62	浙江舜阳管件有限公司	2020	梁湖
63	绍兴自远磨具有限公司	2020	梁湖
64	绍兴市上虞金来铜业有限公司	2020	上浦
65	浙江当代风机有限公司	2020	上浦
66	浙江家乐蜜园艺科技有限公司	2020	上浦
67	绍兴市上虞区友友照明电器有限公司	2020	崧厦
68	绍兴天依照明电器有限公司	2020	崧厦
69	绍兴市上虞区成达机械科技有限公司	2020	汤浦
70	浙江银佳铜业有限公司	2020	汤浦
71	绍兴市上虞杰盛铜业有限公司	2020	汤浦
72	浙江百力科技有限公司	2020	小越
73	绍兴依利奥厨具有限公司	2020	小越
74	绍兴上虞天勤包装有限公司	2020	小越
75	绍兴上虞创晟塑业有限公司	2020	小越
76	绍兴上虞鸿达塑业有限公司	2020	小越
77	绍兴上虞海波喷雾塑业有限公司	2020	小越
78	绍兴立德金属制品有限公司	2020	谢塘
79	绍兴市上虞仁良消防配件有限公司	2020	谢塘
80	绍兴市强明电器制造有限公司	2020	驿亭
81	绍兴上虞优耐德管业有限公司	2020	永和
82	绍兴建业户外用品有限公司	2020	永和
83	绍兴艾思吉制冷设备有限公司	2020	章镇
84	浙江上虞凌风通风设备有限公司	2020	章镇
85	绍兴市上虞绿叶制冷有限公司	2020	章镇

知识产权与专利申请

【概况】 2020年，区市场监管局坚持以知识产权服务保障企业复工复产、助推发展，指导专利事务所开启在线办公模式，为中小企业专利申请、年费缴纳等提供网上便捷服务。贯彻最多跑一次的要求，简化办事流程，压缩办理时限，提前完成上年度的专利政策兑现，有力地缓解企业在知识产权方面的经费负担。

【专利授权量提高】 深入开展“三服务”活动，发动企业申请专利，保护自身知识产权。2020年1—12月，全区已申请专利9133件，其中发明专利2266件，实用新型5839件，外观设计1028件；已授权专利6556件，其中发明专利352件，实用新型5196件，外观设计1008件，PCT国际专利申请53件。全区拥有有效发明专利拥有量2536件，万人发明专利拥有量达到35.12件，已提前完成《浙江省人民政府关于全面加快科技创新推动高质量发展的若干意见》中提出的到2022年每万人发明专利拥有量达到25件的目标任务，位居绍兴各县市区全列。

【规范知识产权管理】 推动知识产权密集型产业发展，发动企业开展知识产权贯标认证，引导知识产权规范化管理，2020年通过知识产权贯标认证企业25家。全区拥有国家级知识产权优势企业5家、省级专利示范企业16家、绍兴市专利示范企业125家。

（唐卫东）

教　育

综　述

【概况】 2020年，全区共有中小学186所，其中普通高中9所，在校学生11891人，职业高中2所，在校学生7028人，普通初中25所，在校学生19104人，小学51所，在校学生39095人，特殊教育学校1所，在校学生151人，合计在校学生77269人。幼儿园98所，在园幼儿22461人。全区共有教职工9412人，其中专任教师7698人。另有教师进修学校、少体校各1所。

高品质通过浙江省人民政府教育督导委员会办公室对区人民政府履行教育职责情况的实地督导。全年政府投资项目17个，包括续建项目1个，新建项目16个。按计划完成投资2.26亿元，竣工9个项目。实验小学教育集团上德校区、梁江家苑幼儿园、博文幼儿园等建成投用。（沈渭清）

【教育品牌】 实验小学创建为全国文明校园。职业中专和职教中心通过浙江省中职名校验收。职教中心“四柱三基式”生命教育德育品牌和上浦、梁湖成教品牌被确定为2020年浙江省中等职业教育质量提升行动计划成功争创项目。

【党建提升】 建立12个“五星三名”党建共同体，精设“红领活教育”结对共建“五个一”系列活动载体，推出“红领活教育”观摩展示活动。继续开展党建“一校一品”创建、品牌年审和“精品”评比。每月征集汇编推送“一题一案一议”专辑，开展五十佳“五星三名”育人先锋暨“战‘疫’中的活教育先锋”评比。推行书记、校长“一肩挑”。编制《党支部工作手册》，组织开展党组织领导下的校长负责制互查互学活动。修订《学校党建工作年度目标责任制考核办法》，制订出台《教体系统2020年基层党建工作常态化督查评价细则》，强化“党建育人”考核导向，对列入创建规划的45所学校一一进行下校指导，并采用现场观摩的方式加强培训辅导，硬核推进创建和迎检工作。

【系统形象全面优化】 持续开展正风肃纪督查和违规补课专项整治工作。维护系统平稳，完成各项维稳工作任务。做好行评工作，修订出台《2020年学校（幼儿园）行风建设考核工作实施意见》根据考核办法，针对学生家长开展问卷短信测评工作。组织开展系统“优质服务月”活动。按要求高标准完成投诉调查和咨询答复工作，落实“2211”信访工作机制，共办理各类投诉件711件，咨询件436件，规定时间内办结率100%。

【疫情防控】 建立横向覆盖中小学幼儿园，纵向覆盖区、乡镇街道、校三级的战“疫”体系。建立局级防控领导小组，负责研判疫情、谋划决策。设立局级和校级防控工作专班，专职专岗，对上对下点对点开展工作。建立线上健康申报平台，每天收集全区师生的健康状况和实时动态。局机关干部一人一校派驻学校（幼儿园）指导做好疫情防控工作。制订防疫“二案九制”。建立完善属地派出所、疾控中心、社区（村）、医疗机构和学校联防联控工作机制，做好疫情防控及应急处置工作。根据防疫需要，共采购红外热成像仪、红外额温计、口罩、消毒剂、漂白粉、泡腾片、隔离帐篷等防疫物资计347万元，保障系统防疫物资的供应。对15位援鄂医务工作人员子女，实施“三个一”教育关爱举措，对参与疫情防控的820位一线工作人员子女专门落实1182位教师开展教育关爱行动。

【获奖情况】 组织区第十二届中小学课堂教学艺术节，组织首届名师高徒满师展示活动暨第二届名师高徒启动仪式。年内，获评省先进教研组3个、市优秀教研团队12个。获全国技能比赛一等奖2人次，并被授予“全国技术能手”称号。获省优质课一等奖、技能比武一等奖各1人次。市优质课一等奖14人次、技能比武一等奖1人次。

推进“活教育”院校合作进程，13所学校与浙师大、南师大等高校合作。立项省级课题5项，市级课题96项。全区有9个课程获评绍兴市精品课程。44项课题获评绍兴市优秀成果，其中规划类一等奖5个，教改类一等奖5个。《基于“活教育”理念的学校德育活动整合研究》接受省教研室的结题验收。

【城乡均衡优质推进】 投资2.1亿元兴建的实验小学教育集团上德校区投入使用。杭州湾未来城小学、未来城幼儿园、曹娥街道鸿雁幼儿园开学。新组建“名校十新校教育集团”1个(实验小学教育集团)，跨乡镇教育集团1个(浙师大附中教育集团)。有义务教育松散型互助发展共同体11对，涵盖61所学校(幼儿园)，占全区学校(幼儿园)的33%。

15所农村中小学校参加绍兴市现代化学校创建，6所城镇中小学、幼儿园参加省现代化学校创建。全区省义务教育标准化学校100%，绍兴市教育优质均衡示范乡镇创建率95.23%。

【校园安全】 9月29日，绍兴市师生安全网格化管理工作推进现场会在上虞举行，上虞区推进师生网格化管理工作相关经验在大会上作专题介绍。学生接送车继续推行由专业公司承接学生上下学工作模式，并安装GPS，全区涉及接送的学校共有20所，校车32辆，线路53条，总计乘车学生1553人。改造“智能阳光厨房”，从单一的后厨“可视”升级为“后厨操作可观、食材来源可溯、食安管理可查、诚信承诺可示、餐饮服务可评”，全区55家学校食堂已安装“智能阳光厨房”系统。推进智安校园创建，投入200多万元用于初中段学校智慧人脸识别系统全覆盖建设，提升校园整体智慧安防水平。 (沈渭清)

学前教育

【概况】 2020年，全区共有各类幼儿园98所，788个班级，在园幼儿22461人。有教职工2918人，其中专任教师1586人。专任教师中研究生毕业2人，本科毕业836人，专科毕业717人，副高级职称14人，中级职称283人。

年内，修订完善《绍兴市上虞区普惠性民办幼儿园认定及管理办法》，引导、支持民办幼儿园提供普惠而且规范的学前教育服务。出台新版《上虞区城镇小区配套幼儿园规划建设和管理使用实施办法》，进一步规范小区配套幼儿园“四同步”建设。拟《绍兴市上虞区关于学前教育深化改革规范发展的实施意见》，明确未来五到十年上虞区学前教育发展原则、目标和具体举措。推进幼儿园扩容提升工程，6所公办幼儿园、1所民办幼儿园建成投用，新增学位2000余个。全区共有3个教研团队入选浙江省优秀教研团队评比，1名教师在省优质课选拔赛中以第一名的成绩代表绍兴市参加省优质课评比，1名教师获绍兴市优质课比武一等奖，2个课题研究成果获绍兴市一等奖，4篇学前教育论文获绍兴市一等奖。推行区域性“小农场”专项活动，出台《上虞区幼儿园“小农场”专项活动评价量表(试行稿)》，指引各园在农场硬件设置、组织实施等方面整体推进。 (沈渭清)

【队伍建设】 与浙师大杭州幼儿师范学院进行院地合作，建立卓越教师培养驻园模式基地，吸引、培育更多的优秀幼儿教师。

【活教育课程】 开发“小农场”“种植业”，实现乡镇中心幼儿园以上农学基地全覆盖，促进幼儿多种知识经验的积累和各种能力的发展。推进南京师范大学学前教育专家工作室指导上虞课程建设项目实施。从上半年的线上指导转向下半年的现场陪伴研讨。12月，承办区域性学前教育“活教育”高峰论坛，宣传、推介上虞“活教育”的经验。

【规范办园行为】 试行《绍兴市农村幼儿园提质二十条》。开展幼儿园办园行为督导评估自评工作，选取32个园所作为首批督导评估对象，开展自评培训，边自评、边整改。年底，通过省、市办园行为督导评估。组织开展全区乡镇街道下属民办幼儿园办学许可证年检及卫生保健工作的第三方评估，通过实地检查指导，在办园条件、师资配备、保教管理、收费行为、经费使用、食品卫生等方面强化规范管理和督促落实问题整改。 （沈渭清）

义务教育

【概况】 2020年，全区共有义务教育学校76所，其中初中25所，小学51所。初中525个班级，在校学生19104人，毕业生6563人。小学1120个班，在校学生39095人，毕业生6334人。初中有教职工1999人，其中专任教师1849人，本科毕业以上1831人，具有中、高级职称人数为1487人。小学有教职工2704人，其中专任教师2600人，专科毕业以上2591人，具有中、高级职称人数为1901人。

推进区2020年民生实事工程“五个一百工程”，推进“健康教室”灯光照度标准化和升降课桌椅配备率均为100%。全区3所学校被推荐为浙江省近视防控示范学校。上虞区“四前并举三方共管”近视防控典型经验入选浙江省十个优秀典型案例，同时被推荐并报送国家健康中国行动委员会办公室。推进班主任队伍建设，选派优秀班主任参加绍兴市班主任基本功大赛及省赛遴选活动，对25年以上班主任颁发育人贡献奖和中小学校班主任岗位职级奖、班级管理奖。

（沈渭清）

【德育教育创设新平台新路径】 创新“德育学堂”新平台，借力媒体云平台分别向各学段推出德育优质微课堂46节，突出德育教育时势化、生活化。创新德育活动新路径，组织各中小学开展“国旗下讲话”“漫游绍兴”主题征文绘画比赛、“学习新思想，做好接班人”主题活动、“越文明越风尚”短视频征集传播活动、暑期中小学生“三个一”文明实践活动、“厉行节约，反对浪费”主题教育实践活动，全区中小学生通过短视频拍摄、征文演讲、绘画书法等丰富的途径，上万件学生作品和上百场主题教育活动参与其中。

【入选“互联网＋义务教育”实验区】 年内，浙江省教育厅发文公布上虞区15个市、县（市、区）为浙江省“互联网＋义务教育”实验区，上虞区是绍兴市唯一入选区县。根据实验区建设扩面提质要求，上虞区本年结对扩面任务为22所，完成安排38所，总结对学校数为68所，超额完成任务，实现区内所有乡村小学和乡村薄弱初中结对帮扶全覆盖。4所学校尝试“班与班”全覆盖结对，结对学校通过“城乡同步课堂、远程专递课堂、教师网络研修、名师网络课堂”等途径开展结对帮扶工作。完善“互联网＋义务教育”的“上虞实践模式”，并依托互联网技术与本区成熟经验，融合跨区（省）对口支援工作，探索援疆、援川、援藏及省内结对帮扶县的帮扶、合作、援助工作新模式，特别是做好与西藏比如县的全面教育提升合作工作。 （沈渭清）

普通高中教育

【概况】 2020年，全区共有普通高中9所，296个班级，在学校生11891人，毕业生4232人。有教职工1329人，其中专任师1222人，研究生毕业81人，本科毕业1140人，具有中、高级职称人数为988人。

全区普通类考生获高考总分680分以上共22人，普通类一段上线900人，体艺类一段上线244人，合计1144人，较上年增加55人，一段上线率为26.81%，高于去年上线率，并超省市平均水平。全区有4位学生被清华大学、北京大学录取，100位学生被C9高校录取，417位学生被双一流高校录取。 （沈渭清）

【加强教学质量过程管理】 按照《浙江省学科教学规范》的要求，修订完善教师、学生评价机制，建立健全教育质量监测的组织架构、实施系统、运行机制与技术平台。加强考试命题研究，加强命题人员的学习、培训和研讨，增强命题的科学性和针对性，发挥试题的导向性和有效性，提高命题质量。

【探索品质活课堂教学模式】 开展各种形式的课堂教学研究活动，探索适合上虞实际的具有鲜明区域特色的"品质活课堂"模式。组织开展优质课的评比与研讨活动，推进学科课堂教学方式的转变。组织区第十二届中学生课堂教学艺术节，推进课堂教学改革的不断深入。

【新课程改革】 开展集中调研和"点单式调研"，组织新课程研讨活动，引领新课程建设的发展。通过行政驱动、示范带动、评比推动和宣传促动等多种途径推进课改考改。开展精品选修课程的征集评选，以学科为轴心分层分类开发开设系列化、精品化、特色化的选修课程与特色课程群。 （沈渭清）

职业技术教育

【概况】 2020年，全区共有职业学校2所。165个班级，在校学生7028人，毕业生2556人。有教职工438人，其中专任教师419人，本科毕业以上412人，具有中、高级职称人数为308人。年内，积极配合区有关部门创建浙江省产教融合示范基地。两校以"国内领先，省内一流，绍兴窗口，上虞名片"为建设目标，倒排时间节点，全力推进名校第三年度建设，名校3年建设周期内，10个子任务建设任务全面完成，力争第三年度终期考核"争优保良"。深化"活教育行动"，推进职教"三教"改革，强化质量中心意识，提升"技能竞赛""面向人人""高考本科"三大质量核心指标。中职高考上线627名学生，上线率达100%，其中本科上线32人，职业中专和职教中心各专业进入全省前百名的学生达14人，职业中专两位同学分别获电子电工和建筑专业全省第五名和第六名的成绩，其中建筑专业进入全省前百名的学生达10人，居全省第四名。 （沈渭清）

【职业技能培训】 职业中专参与"百万员工大培训"，在建成全省高危行业19个类别的特种作业实操考试考点基础上，又获批浙江省建设领域施工现场专业人员培训。职教中心深入各部门、企业、行业，积极开拓项目制培训，已达成4个项目3000人的培训任务。职教中心青梧桐电商基地被命名为第六批浙江省电子商务实践基地。

【强师工程建设和品牌建设】 在绍兴市级以上各类教学业务比赛中共有69人次获奖，其中绍兴市一等奖8人，省赛获奖10人。在绍兴市信息化说课比赛中，有22位老师获奖，获奖总数居绍兴市前列。成立中职学校文化课和专业课教研大组9个，切实发挥各校学科带头人业务引领作用。申报绍兴市内涵提升项目7个，建设精品课程5门，申报绍兴市职成教课题13项，14位教师入选绍兴市技能人才库。

【产教融合】 结合省产教融合"五个一批"项目建设，支持并指导经开区创建省产教融合示范基地。起草《上虞区产教融合专项经费管理和使用办法（征求意见稿）》并征求相关部门意见。联合相关部门下发《关于开展省产教融合型试点企业和产教融合工程项目推荐工作的通知》，面向全区企业开展产教融合型试点企业和产教融合工程项目推荐工作。突出企业主体，实施"精准高质量就业"工程，加强就业指导和创新创业教育。加快校企共同体建设，职业中专新增紧密型校外实训基地5个，新增市级大师工作室1个（季海洋大师工作站），成立烹饪、餐旅、机电、建筑与财会共计5个企业专家驻校工作站。做好传统专业改造，申报机械制造技术、中西面点2个新专业。2020学年新设五年一贯制专业1个（广厦室内装饰设计），做到专业对接产业。

【技能竞赛亮点纷呈】 职教中心任城龙和职业中专蒋友成2位教师分别获浙江省人民政府举办的省首届技能大赛整车制造赛项和西餐烹调金奖，被授予"浙江省技术能手""浙江省青年岗位能手"称号。职教中心姚柯英被授予数车项目"绍兴市技术能手"。任城龙、朱静斌参加新能源汽车（电控技术项目）比赛获省一等奖第一名，并入围国家比赛。由职教中心任城龙等人指导学生参加全国新能源汽车虚拟故障诊断全国线上技能比武，获得6个特等奖、10个一等奖。

【学生核心素养提升】 职业中专“六心文化”和“感恩励志”两大校园文化特色和“一条主线，双轮驱动，三全育人”的德育管理成效显著，该校学生参加绍兴市第三届军体操比赛，再次卫冕一等奖，实现三连冠。职教中心生命教育品牌亮点突出，年内，生命教育基地接待市内外各级红会组织、学校师生近20批次。“四柱三基”式生命教育被评定为浙江省中职德育品牌。

（沈渭清）

素质教育

【概况】 2020年，秉持“办有品质的活教育”目标，注重学生综合素养的培养。紧抓乡贤精神教育、孝德教育和心理健康教育三大特色教育，坚持立德树人，加强疫情防控教育、普法教育、生命教育、毒品预防教育、安全教育、国防教育、劳动实践教育、生态文明教育。加强班主任队伍建设，提高班主任的综合能力和水平。重视心理健康教育，提高心理健康教育工作的针对性和实效性。更新美育观念，提高学生的审美和人文素养。推进学校法治进程走向深入。推进明眸亮睛工程。推进轻负高质，依据《中国学生发展核心素养》总体框架，规范办学行为，改革教师、学生、学校考评办法。落实取消小学低年段区域性统测，完善学业质量监测制度，强化过程管理，推进“游考”，优化、细化评价机制。

（沈渭清）

【研学旅行和劳动实践教育】 利用暑期，发动、鼓励全区学生开展“行泽家乡德行学子”为主题的社会实践活动，2.35万名学生以亲子研究、家庭志愿行动等多种形式参与社会实践教育。上半年，经联合评审新命名4家区级研学营地，同时瓷源文化小镇营地、档案馆文化展厅基地3家参与加绍兴市研学基地、营地评选。目前，已形成海上花田、中华孝德园等省市区三级70家可供全区中小学生开展“学农、学工、学军”研学实践的基地、营地。完善并出台《中小学劳动实践教育示范基地评估细则》，安排20余万元劳动实践专项奖励基金。开展红十字应急救护培训，把健康知识、急救知识培训学习纳入中小学教育内容，特别是创伤救护、避险逃生、心肺复苏等实训技能纳入体育与健康等课程。

【艺术教育】 年内，组织开展区级艺术学科教研活动10余次，参训教师100多人次。面向义务教育段学生开展艺术素质监测工作。组织开展“阳光下成长”中学生艺术节活动，选送优秀作品参加绍兴市级、浙江省级中小学艺术节。

【心理健康教育】 受疫情影响，年初连续发布多个防控指令，9月中旬召开全区各中小学心理教育工作会议，指导学校做好学生心理测试和高危学生识别、干预工作，5月和10月分别开展高危学生摸排工作。全年“阳光健心”接待热线咨询400余人次，推送相关文章500余篇，受到10万余家长关注。6次邀请省级心理专家，面向教师、学生、家长作心理调适、亲子沟通等专题讲座，参加人数达192638人次。

【科普活动】 组织开展第十六届区中小学科普节，全区4.5万名中小学生参与科普节活动，邀请上海交大、中科院老科学家进校园讲课11场。举办2020年青少年科技创新大赛，实验小学教育集团被推荐为全国“世界顶尖科学家协会基地校”。

（沈渭清）

成人教育

【概况】 2020年，全区成人学校校园占地面积9.6万平方米，校舍建筑面积2.4万平方米，教室278个，仪器设备总价值345.5万元，计算机704台，图书12.9万册。有管理人员312人，其中专职管理人员46人，志愿者1918人。推进各类职业人员继续教育工作，全年共完成培训133315人次，完成培训考证10223人，成人“双证制”培训1725人，1716名学员通过考试，获得大专或职高文凭。职工技能培训16742人。丰惠中学退休教师史纪获全国“百姓学习之星”称号。

【品牌争创出成效】 各成校围绕现代农业、地方特色品牌、家政服务业、老年教育等，陆续开展各项创建和培训。谢塘镇成校创建为浙江省现代化成校；丁宅乡创建老年堂。

【农民普及性培训丰富多彩】 农村成校承担全区10000人的农民普及性培训任务。各成校、社区学校利用暑期和双休日，挖掘自身的课程品牌资源。梁湖年糕、越窑青瓷、小越剪纸、长塘竹笋，八仙过海，各显神通；"市民讲坛""虞舜讲堂""孝德文化"活跃在邻里中心、文化礼堂和老年学堂。（沈渭清）

师资管理

【概况】 2020年，全区有中小学、职业学校、幼儿园教职工9412人，专任教师7698人。全区中小学、职业学校专任教师的合格学历比例为：小学100%，其中大专以上比例99.65%；初中100%，其中本科以上比例98.503%；普通高中100%，其中研究生比例6.63%；职业学校98.33%，其中研究生比例7.64%。全区具有高级职称的小学教师261人，初中教师617人，高中教师462人，职业学校教师134人。至年底，累计有特级教师22人，获省农村突出贡献奖7人、获省中小学师德楷模称号9人、获省春蚕奖122人、获省绿叶奖36人。（沈渭清）

【校长负责制全域试点】 4月份，上虞区被省教育厅列入党组织领导下校长负责制省级全域试点县（市、区）。结合全区学校实际，制定出台《关于开展党组织领导下的校长负责制试点工作实施意见（试行）》。各学校制定试点工作实施方案、完善党组织议事规则及重大事项决策流程，修订学校章程。调整学校党政"一把手"，推行书记、校长"一肩挑"，各校成立党建办，按要求配备专（兼）职党务干部。

【"贤师回乡"活动】 开展"贤师回乡"活动，即原籍回归，服务乡里。年初，在调研、走访的基础上制订《关于开展"贤师回乡，村塾涵风"工程的实施方案》，编排行事历。召开动员大会，部署相关工作，摸排全区教师的出生地信息，4月20日前，6000余名教师全部完成原籍报到。健全管理网络，属地学校党支部负责，建立三级管理制度，确定镇级负责人1名，每所小学负责人各1名，同时根据报到情况，由属地小学确定"村塾"负责人，支持工作。以校为单位，召开动员会，动员虞籍教师回归乡里，参与基层治理。

【师德师风建设】 暑期开展违规补课专项治理行动，出动人员52人次，组织督查有偿家教、违规补课9次，下发通报3期。10月底，下发《关于开展2020年教师师德师风检查的通知》，督查各校建立健全师德教育、宣传、考核、激励、惩处、检查、保障等各项机制建设。进行"五查五看"活动，每位教师进行逐项自查，并填写《2020年中小学教师师德师风自查清单》。

【选拔任用机制】 按照学校领导干部同一岗位满十二年交流制度的规定，学校领导干部交流23名，到龄卸任或免职14名，提任25名，调整机关中层13名。开展竞争性选拔局管干部，通过笔试、面试，选拔局管校级副职职位8名。面向各小学、幼儿园，推出杭州湾未来城小学（幼儿园）校长（园长）、副校长3个局管干部岗位进行竞争性选拔。

【教师招聘】 赴华东师范大学、浙江师范大学、杭州师范大学、浙师大杭州幼儿师范学院等知名高校进行校园招聘，实际录用47人，其中研究生学历8人，985双一流高校学生8人。放开户籍限制，面向全国招聘中小学幼儿园教师，实现阳光招考。面向全国选调优秀校长教师，实际选调6人，其中正高级教师1人，省级特级教师3人。（沈渭清）

教育教学研究

【概况】 探索建立基于网络平台的教科研工作机制。通过钉钉、微信等工具健全全区各校教科研负责人、各学段学校校长、分管校长及各个学科教师的工作平台。借助"上虞教师发展中心"微信公众号，推送各个学段的线上教学和线下教学的典型案例，引领全区中小学疫情防控期间的教育教学工作。（沈渭清）

【教学研究】 深入课堂，走近教师，开展教学调查研究，为教师专业成长铺路搭桥。注重教研"三原则"，关注教研活动的有效性，提高教师活动的参与度，创新活动组织新形式。引导学科教师加强教法、学法的研究，落实新课程教学理念。

【课改聚焦“品质活课堂”】 开展指向“三情”（校情、学情、教情）的教学调研，深入实践“三服务”。以“学为中心”为核心理念，明晰“品质活课堂”的学科实施要则。以“品质活课堂”构建为核心线索，系统推进“备课变革、常规管理、教学创新、专业改进、评价转型”五大优化行动，将“关键能力与必备品格”的培育分解、落实到各个教学流程中。

【教学质量管理】 贯彻《上虞区促进教育质量提升三年行动计划(2017—2020年)》等文件，探索与新课改相适应的教育质量评价体系，指导基层学校完善教学质量的校本管理、校际竞争、区域联谊等工作机制。建立稳定的常态化的学生学业质量监测制度，建立有效的教学质量管理机制。推进基于核心素养的“考试命题”研究，设立区级“命题人才库”“学科试题库”，提升命题的理念水平及实际品质。 （沈渭清）

教育设施

【概况】 2020年，实行国库集中支付，严格执行预算管理制度，经费使用按部门经费分类科目收支。实施政府会计制度，实行预算会计与财务会计的并行记账，不再单独设置基建账，会计核算均通过财务云，并与国库集中支付的系统联接。年内，教体系统政府投资实施类项目共17个，包括续建项目1个，新建项目16个，共有42个子项目。按计划完成投资2.26亿元，竣工9个项目，竣工子项目31个。建成投用上德实验小学、梁江苑幼儿园、博文幼儿园，小越街道中学学生宿舍、第二实验幼儿园丁界寺园区等第一批改扩建项目按时完成，丰惠中学食堂及学生宿舍新建工程、实验中学校舍建设工程、博文小学扩建工程等一批新建工程按年度计划推进。 （沈渭清）

【政策制度完善】 出台《绍兴市上虞区学校（幼儿园）零星维修项目管理办法》，规范学校零星维修工程管理工作。为规范全区教体系统政府采购，切实提高政府采购工作效率，完善政府采购制度，出台《关于做好教体系统疫情防控期间防控物资采购工作的通知》，为系统防疫物资采购提供“绿色通道”，保障疫情防控物资的贮备。

【保障防疫物资供应】 因防疫需要，区教体局采购红外热成像仪52套、红外额温计3240个、口罩58.5万个，消毒剂298桶、漂白粉4吨，泡腾片2000瓶，安装隔离帐篷232个，集中发放防疫物资6次，合计采购金额347万元，保障系统防疫物资供应。

【关爱经济困难学生】 年初，下发关于进一步做好学生资助工作的通知，提醒学校（幼儿园）重视资助工作。疫情期间，发放学生网络费资助专项补贴，受助学生2475人次，共计发放资助金额18.535万元。

（沈渭清）

文 化

综 述

【概况】 2020年，上虞区以“一大品牌、二大项目、三大走廊、四大提升”为重点，不断满足人民群众对生美好生活需求。

【持续推进农村文化礼堂建设】 2020年是农村文化礼堂建设的第八年，年内共新建农村文化礼堂48家，累计建成242家，覆盖率达到87.7%。新增五星级文化礼堂8家，四星级文化礼堂42家。上虞区被评为农村文化礼堂建设示范县（市、区），上浦镇被评为文化礼堂建设示范乡镇，马德良、倪建君被评为最美文化礼堂人。小越街道倪梁村成为全省书香文化礼堂建设绍兴唯一一家试点村。 （田 斌）

【打造曹娥江文化客厅】 2020年引入上虞区戏剧界艺术联谊会，新增戏迷公园活动场地。目前已拥有非物质文化遗产展示馆、虞舜书画院、茶文化展示馆、围棋与越剧大师工作室、娥江书场、乡贤馆、城市e游书吧、娥江影视厅、罗步臻艺术馆、地方文化艺术展示馆、戏迷公园11个场馆，全年共组织各类活动500余场次。 （田 斌）

【文化惠民活动】 文化惠民工程扎实推进，2020年全区基层公共文化服务评估列全省第24位，全省文博事业发展水平评估指标数据排名全省13位，绍兴第2位。丰惠镇被命名为省级历史文化名镇。阳光文化直送持续开展，10月起共安排文艺下乡演出176场，为“后疫情”时代群众文化掀起新高潮。“娥江颂”群众文化月才艺大赛连续开展第四年，活动规模、节目质量、群众参与度逐年上升，已成为区群众文化品牌。2020年1月，结合“娥江颂”群众文化月文艺展演，在曹娥街道茅家村举办绍兴市农村文化礼堂“我们的村晚”活动。市四套班子领导参加，400名现场观众观看演出，新蓝网网络直播现场观看人数达到542.7万人，浏览点击量突破1200万人次。 （田 斌）

【文艺精品创作】 虞籍作家章月珍编写的书籍《品格的力量》出版，其衍生电子音像出版物《脊梁——共和国勋章获得者的故事》入选中宣部2020年主题出版重点出版物选题目录以及省文化艺术基金扶持项目。本土动画《土波兔》上线3个月腾讯视频点击量突破1.2亿元，入选优秀国产电视动画片和文化出口重点项目和浙江省文化艺术发展基金资助项目。15人入选第六批绍兴市非物质文化遗产传承人，1人全国性书法展入展。歌曲《青砖瓦房》获2020首届“长三角原创流行歌曲大赛”金奖。原创越剧大戏《祝家庄里的年轻人》、书籍《观杰中队：军旗飘扬在天安门广场》《乡村女支书杭兰英》等主题作品开始规划创作，计划在中国共产党建党100周年前夕完成。 （田 斌）

【文化产业高质量发展】 修改完善《促进文化产业发展的若干政策意见》，出台相关政策及配套文件，进一步优化区文化产业发展环境。易天文化、天石网络、运发实业被认定为第五批浙江省成长型文化企业，文化旅游风情街认定为浙江省文化创意街区，阿克希龙、欣昱科技获评绍兴市文化产业重点（示范）企业。2019年度规上文化企业营收和增速分别位居全市第二和第一，规上文化企业增加值全市占比和增速分别位居全市第二和第一。组织优秀文化企业走出去扩大影响，如未蓝文化参展长三角文博会，文旅集团、友谊菲诺喜雨文创参加深圳文博会“云博会”展示，另有9家企业参加绍兴文化产业发展大会文创展。全市首家文创银行——绍兴银行e游小镇文创支行于10月下旬营业。 （田 斌）

【全区全域旅游和文化产业专题培训班举行】 2020年9月26—30日上虞区在西安交通大学举办全区全域旅游和文化产业专题培训班，来自各乡镇街道、区直部门单位、部分文创企业代表共50人参加。

（王浙炜）

【教育实践工作】 2020年，宣传部持续开展“四力”教育实践，创设“舜水讲堂”，建设“知为力”书吧，开展全面建成小康社会“百城千县万村”调研，深入6个村蹲点调研，完成高质量调研报告6篇。建立“三服务”常态解难机制，开展“三服务”3500多人次，帮助协调解决问题546个，以政治建设和作风建设为引领，全面加强干部队伍建设，得到区委徐书记的批示肯定。

（王浙炜）

【镇乡（街道）综合文化站提档升级】 各乡镇（街道）开展综合文化站建设，新建综合文化站2个，改扩建3个，补助资金990.78万元。在加强基层文化阵地效能建设基础上，鼓励引导综合文化站开展特色化、社会化的运营创新，年内，百官街道和道墟街道综合文化站已引入第三方运营团队。 （柯妮赛）

【公共文化智慧化发展步入快速道】 启动数字文化馆、图书馆建设，开展非遗数据库建设，加强文化上虞、上虞青、诗画曹娥江等微信公众号建设，完成省公共文化大数据中心智慧文化云平台的推广使用。新建上虞区“智慧文体”项目。 （柯妮赛）

【孝德文化传承生态保护区创建】 2020年，结合上虞孝德文化之乡创建和孝德文化小镇工作实践，开展保护区创建工作。经过制定规划纲要，现场答辩、专家评估、实地考察和社会公示等申报流程，8月，上虞区申报的孝德文化传承生态保护区成功入选2020浙江省级文化传承生态保护区创建名单。 （凌 敏）

【青瓷文化传承】 2020年，完成凤凰山考古遗址公园项目，入选浙江省第三批省级考古遗址公园，打造文旅融合上虞样本；完成仿古龙窑建设，第一届上虞越窑青瓷柴烧开窑节、第二届全国越窑青瓷研发大奖赛等系列活动完成筹备；央视《远方的家》大运河系列栏目专篇报道上虞越窑青瓷文化，反响热烈。 （杜谷雨）

【“人民文创”文化产业创意园落户上虞】 6月9日，人民日报社旗下文创品牌“人民文创”文化产业创意园落户上虞。

【央媒“浙东唐诗之路”研讨会】 12月26日，“诗源东山文化上虞”央媒“浙东唐诗之路”研讨会在上虞举行。主题为“孝德之乡，越中望邑”，全面展示上虞优渥的历史资源，深厚的人文底蕴，彰显上虞独有的城市魅力。

专业文化

【概况】 区公共文化服务中心（原上虞越剧团）成立于1955年，是区内唯一的国办专业剧团，剧团有《金殿赐鸩》《梁山伯与祝英台》《南风歌——舜的传说》《孝女曹娥》《白兔记》《玉堂春》《五女拜寿》《三看御妹》《哑女告状》《状元与乞丐》《血手印》等大戏20多台。 （陈立娟）

【抗疫原创作品开发】 出品原创歌曲《天使的格言》和戏曲越剧联唱《众志成城抗疫风》，致敬抗疫工作者。 （陈立娟）

【排练原创节目《瓷国之光》】 6月，邀请国家一级导演陈伟龙赴团排练原创节目《瓷国之光》。该节目是以上虞地域文化青瓷文化为特色的一个原创小戏，主题内容从上虞历史上的虞舜、曹娥、谢安等人文典故，引入越窑青瓷的历史地位与影响。（陈立娟）

【青年演员获市级折子戏大赛“铜奖”】 6月，参加由绍兴市“2020年全市青年演员折子戏大赛”，青年演员潘越兰获得大赛“铜奖”。（陈立娟）

【与浙江小百花越剧院签订战略合作协议】 7月27日上午，绍兴市上虞区文广旅游局与浙江小百花越剧院签订战略合作协议，在上虞建立艺术创作研究基地，打响院地合作品牌，共同振兴越剧表演艺术。

【首期公益越迷培训班】 8月起，开设首期公益越迷培训班，共有学员184名。培训班设6个班，共举行培训课程20余次，并陆续开展越迷大赛选拔赛和展演活动共计6场。（陈立娟）

10月22日，首届越迷展演现场（何玲娟 摄）

【青年演员获市级“兰花”奖表演提名奖】 9月，青年演员张益及其主演的大戏《蝶恋》获得“首届绍兴优秀戏剧作品展演”绍兴戏剧“兰花”奖表演提名奖。（陈立娟）

群众文化

【概况】 2020年，为每个乡镇（街道）送文艺演出约15场，为文化礼堂安排各类讲座、培训、文化活动3000余项，送图书3万册，送电影4500场，开展文化馆—乡镇培训资源试点输送，点单式购书送书，电影播放点应需调整，开设“阳光剧场”等。（柯妮赛）

【探索免费培训新方式】 疫情防控期间，为丰富市民群众的“宅家”生活，文化馆依托网络平台，创新培训方式，组织拍摄和录制免费培训共享艺术课程，共录制葫芦丝、古诗词讲解、拉丁舞、越剧等课程，策划文化馆公众号公益培训线上微课堂栏目，并在此栏目陆续推出线上培训课程，将免费培训服务阵地从线下转到线上，开展线上培训，确保文化惠民不“打烊”。（凌 敏）

【罗步臻艺术馆开展各类名家名师精品展】 3—12月，罗步臻艺术馆共展出绍兴年味展、全省画院画师“走基层·上虞汤浦行”作品展、“梨园清梦”——周子清戏画雅集专题展、“旧时明月——上虞三百年名贤翰墨展”“心意烂漫——刘小曼水墨人物展”“相约上虞——沪越两地美术家写生作品展”等多个展览。（凌 敏）

【“翰墨颂英雄、同心战疫情”书画摄影展】 5月18日第44个国际博物馆日，博物馆举办“翰墨颂英雄、同心战疫情”书画摄影作品展。共展出作品115幅，其中书画作品79幅，当地抗疫照片20幅，另有钟南山、李兰娟、张继先等抗疫“群英谱”影像作品16幅。展期为2020年5月18日至6月18日，为期一个月。（熊 玮）

【全国文明城市创建主题巡回演出】 7—8月，组织承办2020年全国文明城市创建主题巡回演出，在百官、曹娥、东关3个街道相关小区内开展总计20场。演出以共建文明城市，共享品质生活为主题，编排公勺公筷、文明有礼、垃圾分类、公益宣传等以文明倡导、文明创建为主要内容的优秀文艺作品。（凌 敏）

【承办2020浙江省群星奖（戏剧、曲艺）新作品培训实践班及汇报演出】 11月30日至12月4日，承办2020浙江省群星奖（戏剧、曲艺）新作品实践培训班。来自全省各地的业务创作骨干共60余人参加。（凌 敏）

【区原创歌曲获首届长三角原创流行歌曲大赛金奖】 区文化馆原创歌曲《青砖瓦房》在首届长三角原创流行歌曲大赛复赛中脱颖而出，作为绍兴唯一入选决赛作品参加决赛。与浙江、上海、安徽、江苏等其他地区共30件作品共同角逐，最终获大赛金奖。（凌 敏）

【2020年上虞区"娥江颂"群众文化月活动开展】 12月，组织承办2020上虞区"娥江颂"群众文化月文艺作品大赛。共有农村、社区、企业等90余个优秀原创文艺作品报名参赛，最终产生一等奖2个，二等奖5个，三等奖9个，优秀奖14个，优秀组织奖6个，特别支持奖1个。（凌 敏）

【文化遗产日系列活动开展】 2020年，庆祝"全国文化和自然遗产日"系列活动内容包括绍兴有戏——非遗兴乡大巡游（上虞站）暨"农民丰收节"庆祝仪式、绍兴南宋故事大奖赛、非遗摄影大赛、"非遗亮宝"展、剪纸艺术展等。（凌 敏）

【绍兴鹦哥小戏《还鸡》获全省新农村建设题材小戏银奖】 文化馆创排新农村题材绍兴鹦哥小戏《还鸡》，小戏以一只逃婚出墙的红毛种鸡为导火索，展现在新农村建设过程中，村干部一心为民，带领村民奔小康的精神风貌。作品获全省新农村建设题材小戏银奖。（凌 敏）

【非遗活动实现区域内和跨区域交流融合】 区"非遗"集市多次先后走进长塘镇康家湖、曹娥街道茅家村、岭南乡覆卮山和华通体育馆等，进行"非遗"产品宣传推广；拍摄"非遗少年说非遗"的讲故事视频49个，并有多个视频登上"学习强国"；瓷上千秋·"越窑青瓷烧制技艺"国遗影像展先后开赴绍兴市文化馆、诸暨博物馆、慈溪非物质文化遗产展示厅等进行"非遗"文化走亲。（凌 敏）

【原创文艺作品获奖情况】 2020年，合计组织辅导文艺作品参加省级比赛获得薪传奖1个，金奖2个，银奖1个，铜奖2个，一等奖3个，二等奖2个，入围作品1个，优秀组织奖3个；参加绍兴市各类比赛获得一等奖3个，二等奖2个，三等奖7个，金奖1个，银奖2个，铜奖3个，优秀作品3个，优秀组织奖3个；参加各级公共文化理论研究比赛获省级金奖1个，铜奖2个，三等奖2个，市级二等奖1个，三等奖1个。（凌 敏）

【农村公益电影放映】 区电影公司组成专业农村数字电影放映队20个，全年完成上级下达的4500场农村电影放映任务。（方 红）

【娥江影视厅】 位于曹娥街道江西路517号的娥江影视厅作为曹娥江文化旅游项目之一，是区建设"创新之区、品质之城"的重要平台，也是展示上虞文化的窗口。娥江影视厅每天晚上公益免费放映电影，节假日增设白天场次。2020年放映场次316场，观众9480人。（方 红）

【"阳光剧场"】 2020年，"阳光剧场"全年共计12场惠民演出主要，以传承戏剧为主方向，6月，绍兴柯桥艺术团《玉蜻蜓》经典越剧展；7—8月上虞越韵文化艺术团及嵊州越剧团《血手印》《貂蝉与吕布》等传统戏剧展演；9月，"吴一笑莲花落"专场演唱会；10月，绍兴艺术团绍剧《龙虎斗》《龙凤呈祥》；11月，余姚越剧团《孟丽君》等剧展。（丁艳飞）

网络文化

【第十一届网络文化主题活动举办】 第十一届网络文化主题活动以"全面小康 e起同行"为主题，活动项目包括"公筷公勺进万家，文明食尚遍虞城"上虞区公筷公勺、文明用餐倡导活动、"虞众不同 虞乐无穷"抖音上虞城市宣传、"青春带货王"创意视频大赛、"网络安全从你我做起"宣传教育等，展示上虞区推进小康社会建设取得的重大成果和人民的美好生活，发挥正能量网络文化滋养人心、凝聚力量的作用。（章 鑫）

【第五届浙江省争做中国好网民接力活动暨绍兴市"抗疫情·促发展·话小康"分享活动举办】 5月28日，由省委宣传部主办、绍兴市委网信办、上虞区委宣传部承办的第五届浙江省争做中国好网民接力活动暨绍兴市"抗疫情·促发展·话小康"分享活动在上虞e游小镇举办。活动现场,上虞区的绍兴好网民董国光、小小好网民赖晨馨与其他6位来自全省各领域的好网民代表共同讲述疫情面前积极传播网络正能量,为抗击疫情贡献力量的感人故事,并代表全省的网民浇灌小康树,开启第五届浙江省争做中国好网民接力活动大幕。（章 鑫）

【开展网络安全宣传周活动】 9月份,精心策划"网络安全短视频征集活动""网络安全主题讲座""网络安全进基层"等六大活动,通过设置网上热点话题、有奖问答、以案说法等形式进行全媒体宣传,参与和点击网民达30万人次。通过发放万份倡议书、百场展板巡展、千次公益广告等形式进行立体式宣传,形成全社会关注网络安全、支持网络安全的良好氛围。（章 鑫）

【开展网络正能量传播活动】 开展丰富多彩的网络宣传和传播活动,积极参加浙江省短视频大赛、"抖in绍兴"城市宣传挑战赛、"窗口——身边的党员"短视频大赛等活动,"绍兴上虞点亮一盏灯照亮一座城"作品获得三等奖并在天目新闻客户端推送。通过"网络述年"微博宣传、"身边的幸福笑脸"图文制作、微博话题接力等活动,生动展现上虞人民的幸福生活。

（章 鑫）

扫黄打非

【"扫黄打非"专项行动】 围绕"正道""新风"集中行动和"扫黄打非"五大专项行动,加强源头治理和渠道监管,共计开展联合检查和专项检查12次,累计检查市场主体920余家次,立案查处违法行为为16起,收缴扣押非法出版物6830余册。（陈 健）

【"扫黄打非"进基层】 持续推动"扫黄打非"进基层,区级层面开展"绿书签""版权保护宣传周"等宣传教育活动2次、业务知识培训1次;各乡镇街道开展"扫黄打非"宣传普及活动27次、网格员培训20次,道墟街道被评为全省"扫黄打非"进基层示范点。（陈 健）

传 媒

【概况】 上虞区融媒体中心(传媒集团)于2019年6月组建。2020年1月20日,组建领导班子,上虞区融媒体中心进行实体化运作。区融媒体中心旗下既有《上虞日报》、新闻综合频道、上虞广播电台等7个传统媒体传播渠道,又运营有百观App、新闻网、微信公众号、抖音平台、新浪微博、小程序等13个新媒体发布端,全媒体用户数超100万人。

【把握舆论导向】 围绕区委区政府中心工作,宣传报道好乡镇(街道)、部门单位工作开展中的成就和经验做法,做强做深新闻宣传报道,讲好上虞故事。

充分报道"抗疫"工作,《上虞日报》、上虞电视台、上虞广播电台和上虞新媒体等平台累计刊发抗疫报道和信息5000条,新媒体累计阅读量超3000万人次。

做好重要会议转载,及时转载好全国"两会",习近平考察浙江、中共十九届五中全会、深圳经济特区改革开放四十周年庆祝大会、浦东开发三十周年庆祝大会、全国劳动模范和先进工作者表彰大会以及全国抗疫表彰大会、省委十四届八次全会等。

推出重点报道专栏,对照区委区政府重要会议精神,推出"十三五成就看上虞""四季冲全年赢"栏目。围绕"三个年""三服务"活动、"三个一批""三个落实"重点项目,开设相关栏目,展示好"三个年""三驻三服务"中涌现出来的先进典型。

做好争先创优行动主题报道。贯彻全区争先创优行动会议精神,宣传阐释好八大专班行动,打好短板攻坚战和优势保卫战,奋力实现进位升级的举措和成效,扎实做好"六稳"工作、落实"六保"任务。持续跟进报道重大项目建设进度。推出"走向我们的小康生活"栏目,全力开启高水平全面建成小康社会宣传。

【媒体融合】 坚持移动优先、坚持内容为王,建设好"百观"App,做强融媒体,做到传统媒体和新兴媒体优势互补一体发展。6月5日,上虞区融媒体中心承办的"垃圾分类新时尚绿色环保我先行"环保公益健步行活动中,融媒体中心全程报道,当天晚上央视

CCTV-13 新闻频道随即播出环保公益健步行的活动新闻。6 月 6 日，区在沪启动 2020 “海创人才” 国际创业大赛暨上海城市分站赛，上虞融媒体中心开展跟团报道及现场图文直播活动，在人民网、中国网、新华网、劳动观察、东方网、新民晚报、上观新闻等媒体平台上纷纷亮相。（贺明辉）

有线电视

【配合疫情防控】 1 月 23 日起，启用覆盖全区 339 个行政村的农村应急广播系统发布党委政府编发的疫情信息、预防知识、告知书等，播出时长达 25000 分钟，覆盖全区 14 余万农村用户；利用数字电视流动字幕、开机广告、个性化“美丽乡镇”电视宣传平台和车载高音喇叭等方式播发疫情防控信息和党委政府指令。2 月 1—29 日，向全区有线数字电视用户免费开放 96 套高、标清付费节目。2 月 3 日，与区教体局联合推出远程在线学习电视教学项目，开设 2 个直播课堂频道和本地屏“我们上虞”智慧教育互动栏目。2 月 12 日，推出线上缴费服务项目。2 月 19 日下午 5 时，中国教育电视台空中课堂频道 CETV-4 落地上虞区有线电视网络并开始转播。年内，推动全区首套热成像测温门在上虞区便民服务中心落地运行；开展专项公益助学行动，为 78 户贫困学生家庭推出“减免基本维视费、初装费，免费提供机顶盒”特定服务项目；应急安装隔离点视频监控并实时完成监控联网，并接入宽带、数字电视线路。

【宣传思想文化主阵地作用】 做好区委区政府工作宣传，以开机广告、换台广告、流动字幕等形式播放全国“两会”、森林防火、安全生产、防电诈、庆祝中国共产党建党 99 周年、全国文明城市复评“国检”等宣传标语 1085 条次、公益广告 1917 条次，发布应急气象信息 3890 条次，发布栏目信息 2017 条，发布“三务公开”信息 55 万余条次，实现全区 302 个行政村、39 个居委、47 个社区的“三务公开”信息发布全覆盖。

【重点工程管线改造项目推进】 年内，贯彻落实区委区政府决策部署，紧盯新时代美丽行动八大专项行动，高标准实施“五星达标、3A 争创”美丽乡村精品示范村试点项目管线工程、美丽城镇建设项目弱电项目、打造整洁田园建设——美丽农业精品带农田杆线整治、美丽公路“三线”整治广电线路工程、城区街道老旧小区改造项目管线工程等项目 145 个；承揽全区农村“三线”弱电整治运维长效管理项目和小越街道首个小城镇建设“线乱拉”长效治理项目，小城镇建设“线乱拉”长效治理项目在 5 个乡镇街道相继落地。

【4K 机顶盒覆盖工程项目稳步实施】 7 月 21 日，与丰惠镇签约 4K 机顶盒覆盖项目，丰惠镇成为上虞区首个建设 4K 智能终端“最多跑一次”进客厅的美丽城镇样板创建乡镇。全年推广 4K 机顶盒 6500 台、自助终端一体机 17 台，打开公司参与美丽城镇样板镇建设的新局面。

【其他业务服务】 解决在视频监控覆盖、专网专线接入、宽带接入、信息化项目开发、数字电视收看等方面的困难和问题，走访用户 4.2 万户、企业 186 家、村（社区）324 个，解决各类问题 6216 起。

【“分转子”工作稳妥推进】 1 月 3 日，召开中广有线信息网络有限公司投资设立全资子公司有关事项专题协调会议，研究讨论全资上虞子公司的文化事业单位转制企业资格认定等六个事项。3 月 31 日，公司向区政府提交《关于要求协调解决中广有线上虞分公司的经营性文化事业单位转制企业认定有关问题的报告》。4 月 13 日，中广（绍兴上虞）有线信息网络有限公司注册成立并落户 e 游小镇。12 月 24 日，召开公司“分转子”工作有关事项的专题协调会议，会议基本达到区税收优惠政策。

【网络基础建设完善升级】 年内，稳步实施光纤到户网改工程，完成 44 个 FTTH 网改项目的立项申报。优化中心机房至各乡镇的主干环网线路，完善 40G 环网建设方案，规划城区家天下、星丰小区、崧厦城站国际等环网节点机房，改造地理传输线路 43 公里，新增华三 5800 交换机 2 台、C1600 设备 20 套，完成陈溪站机房搬迁及信号割接。有计划推进 IPV6 部署应用和 IP

城域网建设，规划广电 5G 网络建设及应用。

【农村应急广播机顶盒推广持续开展】 年内，制定完善互动村、宽带村优惠政策，争取到崧厦、盖北、小越、驿亭、东关、下管等乡镇街道农村应急广播机顶盒资金补助延续政策，其中小越、驿亭和下管落实全区域覆盖的资金补助政策，新增应急广播机顶盒用户 8000 户。

【智慧广电项目转型升级】 年内，深入对接区“城市数字化治理工程”等政府投资建设项目，承揽金鱼湾社区平安服务中心建设、大数据周计划、便民中心大厅 24 小时自助政务服务、医保局医保自助终端软硬件系统、深化“智慧安防”小区建设（第一期）等项目。9 月 8 日，公司与浙江邮电建设工程公司达成战略合作协议，双方将在广电通信管线、产品开发等多方面进行合作。

【广播电视安全播出】 年内，规范安全播出制度。健全人防、物防、技防一体化安全防护体系，建立数字电视平台灾备系统，落实中心机房卫星接收抗 5G 干扰措施，投入 120 余万元完成 DVB 平台升级改造、城区环网机房动环系统建设、区至乡镇环网优化提升等项目，会同厂商技术专家完成数字电视平台、EPG 系统、广告系统和数据广播的原厂安全检测。组建 23 支应急抢修队伍，修订完善信息网络安全应急预案、气象灾害应急预案等 5 项制度，举行本地屏非法插播等应急演练 8 次，处置“数字城管”派单 192 起、110 应急联动承办件 16 件，实现全年安全播出“零事故”。

（高络妮）

文物保护

【倪元璐故居完成修缮】 倪元璐故居位于小越街道倪梁村，占地面积约 436 平方米，建筑面积约 350 平方米，坐北朝南，系三间二进的砖木结构近代建筑。因年久失修，故居建筑存在不同程度的损伤，如木结构开裂、潮湿糟朽等残损，楼板局部霉烂、起翘，墙面局部空鼓、潮湿发黑，屋面瓦片杂乱、破损缺失等，同时整个建筑存在严重的安全隐患。根据《上虞区不可移动文物（古建筑类）修缮五年(2018—2022) 计划》（虞政办发〔2018〕11 号）文件精神，资金由乡镇自筹，财政按规定补助，小越街道办事处负责实施。修缮内容包括：纠正违规修建，木结构维修、屋面翻修、墙体维修、地面整修、电气改造等。2019 年 11 月 3 日修缮工程正式开工。在修缮施工过程中，施工单位浙江省临海市古建筑工程公司遵照《中华人民共和国文物保护法》等相关法规，严格按照设计施工图和施工规范认真修缮。2020 年 1 月 11 日工程竣工，同年 3 月 19 日通过竣工验收，5 月完成工程结算审计，决算审计价为 65.2651 万元（其中财政补助 50 万元）。

倪元璐故居的修缮，使原本损况严重的古建筑得以修复，结构安全得以保障，为今后珍贵文化遗产的利用，促进旅游事业发展，提升文化软实力奠定基础。

（陈文娟）

【第七批省保保护标志碑（牌）、大运河（上虞段）界桩碑完成安装】 2020 年，上虞区投入资金 8.15 万元完成安装第七批省保保护标志碑（牌）和大运河（上虞段）界桩碑。省保保护标志碑（牌）8 块，大运河（上虞段）界桩碑 9 块，均系石质。保护标志碑（牌）通高 106 厘米，横匾规格 60 厘米 ×90 厘米 ×10 厘米，须弥座规格 110（上）厘米 ×120（下）厘米 ×15 厘米，并标注文物保护单位的级别、名称、公布时间等信息。（陈文娟）

【省文保单位萧绍海塘（上虞段）、百沥海塘四有档案通过验收】 2020 年 11 月，由上虞区文物管理服务中心编制、提交的第七批浙江省省级文物保护单位萧绍海塘（上虞段）、百沥海塘四有档案，经浙江省文物局文物保护与考古处审查，验收合格。海塘与长城、大运河被称为我国古代最著名的三大建筑工程，具有重大的历史价值和高超的工程艺术价值。海塘作为一种文化载体，它的价值既是历史的，又是现实的。萧绍海塘（上虞段）、百沥海塘均位于上虞区境内，为浙江省省级文物保护单位。（陈文娟）

【上虞博物馆异地新建工程项目推进】 2020 年，上虞博物馆异地新建工程主体结构封顶。项目位于孝德广场南侧，曹娥庙西侧，中华孝德园景区东侧。总用地面积11470平方米，总建筑面积19166.49平方米，其中地上建筑12557.18平方米，地下建筑6664.49平方米，计划总投资2.2787亿元。建筑功能主要包括上虞通史展厅、越窑青瓷展厅、天香楼碑廊展厅、馆藏文物精品展厅、临展厅、报告厅等。 （熊 玮）

【中鑫艺术博物馆被评为国家二级馆】 中鑫艺术博物馆是一家由文化部门审批、民政部门登记的非国有博物馆，占地近二十亩，建筑面积12000平方米，为江南园林建筑风格。收藏木器、瓷器、玉器、青铜器、石器、书画等各类文物共10000余件(套)，有紫檀、黄花梨家具馆、红木家具馆、青瓷馆、文房杂件馆、艺雕馆、建筑构件馆、青田石雕馆、书画馆等十大展馆。2020年12月第四批全国博物馆定级评估中，中鑫艺术博物馆被评为国家二级博物馆，系本次评估中浙江省唯一一家非国有二级博物馆。 （熊 玮）

图 书

【上虞区图书馆概况】 上虞区图书馆位于市民中心一路2号，建筑面积12154平方米，是国家一级图书馆。具有电子检索、网上阅览、开架借阅、少儿服务、学术交流、社会培训、展览讲座等服务功能，设普通图书外借室、报刊阅览室、城市书房、参考咨询室、电子阅览室、少儿图书室、亲子阅览室、读者自修室、视障阅览室等服务窗口，馆内有阅览、休息座位630个。

2020年，采购各类新书61580册，新增电子图书245册；年订阅中文期刊1015种、报纸121种；收到赠书75种539册；至年底总藏书量为92.9669万册。2020年，共接待读者1195169人次，图书流通636367册次，有效借阅证49782本，解答咨询、代查资料等12516人次，网站页面访问量合计90145次。设馆外图书流通站天香书吧18个，共借书15803册，新设分馆1个。截至2020年底，已经建成并开放的分馆有崧厦分馆、丰惠分馆、小越分馆、章镇分馆、百官分馆、曹娥分馆、道墟分馆、长塘分馆、梁湖分馆。 （阮婷娟）

【梁湖“天香书房”】 梁湖“天香书房”位于上虞区梁湖街道综合文化站内，建筑面积250平方米，藏书12000余册，已联网全市公共图书馆系统，可与上虞区图书馆“通借通还”，是全区打造“15分钟阅读圈”的重要组成部分。

【2020长三角阅读马拉松】 9月12日，“2020长三角阅读马拉松”上虞赛区在上虞区图书馆二楼自修室举行。

【2020“天籁浙江印象诗路”朗诵大会】 9月19日，2020“天籁浙江印象诗路”朗诵大会在绍兴市兰亭景区举行，上虞区图书馆获二等奖。

【陈春澜后裔陈清淦赠书】 10月17日上午，上虞图书馆举行著名乡贤陈春澜后裔陈清淦赠书仪式。

【举办讲座培训活动17次】 2020年举办和承办公益国学讲座、第三届“少年非遗说”上虞优秀选手培训暨“非遗少年”专题讲座、浙江省“如何帮助孩子填报志愿”巡回报告会、上虞清廉文化溯源及其时代价值讲座、智慧父母分享会——《父母的语言》《解码青春期》《亲密关系》《非暴力沟通》《正面管教》《掌控习惯》《陪孩子终身成长》《逆商》《原生家庭》《掌控习惯》企业专场、应急救护培训等，听众964人次。

【举办展览活动19次】 2020年，举办和承办绍兴市上虞区廉政摄影作品展、2020年上虞图书馆新春年俗展、道墟街道书画协会书画展、“‘童’你一起，‘写’出未来”2020年书法主题教学展、第三届农民丰收节西华村书法文化艺术展、绍兴建城2510年特展“遇见绍兴”、童画天香书苑2020年硬币书法教学主题展、中国阅读·2019图书推荐榜展览、爱护鸟儿共享自然之美”——上虞野生鸟类科普展、纪念上虞区孝德文化研究会成立十周年书画展等。观众达15万余人次。

【送万册图书下乡】 2020年，组织送书下乡37727册，其中农家书屋赠书工作，已赠送图书2000册，78.41万元。对乡镇(街道)图书分馆流通12次，流通图书16000册。

乡贤文化

【概述】“陈秋强乡贤工作室”获省老干部品牌工作室称号。8月3日，上虞乡贤文化政协委员会客厅举行首场活动。马光明和徐军为上虞乡贤文化政协委员会客厅揭牌。

【“青蓝工程”】 1月4日，浙江大学公共关系管理学院院长郁建兴带领队到上虞区调研考察乡贤全面参

表 12

著述书目提要一览表

书名	著(编)者	出版社	内容简介
先生归来兮．经亨颐，培养独立人格为先	经亨颐，柳亚子等著	中国文史出版社	本书通过近40篇经亨颐本人及其亲友、学生的回忆文章，展现经亨颐先生作为我国近代著名教育家的生平及其对我国近代教育事业的发展所作出的贡献，从几个维度展示一代教育家、书画家在事业、交友、家庭生活等方面的形象，展现一带教育家的独特魅力
绍兴传：鉴湖越台名士乡	李永鑫著	新星出版社	本书通过对绍兴历史文化脉络进行重新梳理和回顾，对鉴湖越台先贤名士杰出代表和他们的事迹进行重新评价和传颂，对江南水乡民俗风情与戏曲之乡进行重新阐述和描摹，对丝路名城绍兴丰富物产进行重新挖掘和展示，在还原绍兴历史文化来龙去脉的同时，对绍兴大地的前世今生、风物地貌、人文掌故等方面都进行研究与解读
膝上黄狸	《闲情偶拾》编辑组编	中国文史出版社	本书收录《小猫的拜访》《父亲的玳瑁》《小黑狗》《忠实的小狗》《走狗》《稚翠和她情人的故事》等散文作品
先生归来兮．夏丏尊，用心教育	夏丏尊，姜丹书等著	中国文史出版社	本书汇集夏丏尊本人及其亲属、朋友、学生的亲历文章50余篇，划分为六个章节，梳理夏丏尊的人生经历及其文化教育思想，对于了解夏丏尊的一生及思想具有较高的参考价值
先生归来兮．陈鹤琴，一切为儿童	柯小卫，陈庆选编	中国文史出版社	本书收录陈鹤琴好友、学生、子女等回忆文章近50篇及本人文章近10篇，展现陈鹤琴一生的生平际遇、教育成就及人格魅力，再现一代教育家的形象
爱的教育	（意）亚米契斯著	长江文艺出版社	本书以第一人称的口吻讲述小学生安利柯在整整一学年里的所见、所闻、所思和所感，展示他在学校、家庭和祖国这三重环境中所经历的情感互动。在日记中，安利柯记录校园里的师生之爱和同窗之情。除日记外，书中还插入家人书信和介绍青少年英雄故事的“每月例话”
阻击英雄沈树根	顾志坤著	人民出版社	本书以纪实文学的笔法，真实、立体的再现被授予“一级战斗英雄”“鹫峰阻击英雄”等光荣称号和受到朝鲜领袖金日成亲自颁发国旗勋章的抗美援朝英雄排长沈树根传奇、精彩的一生。特别是详细记述他在担任志愿军排长时率领全排33名战士，在朝鲜五次战役的鹫峰阻击战中与敌鏖战2天3夜，击退敌人13次轮番进攻、击毙敌人300余人，最终以全排仅牺牲1人、受伤3人的代价，突破敌人2个营的重重包围；开创在抗美援朝中志愿军以少胜多的战绩，并被树为志愿军引以为豪的典型战例。本书记述真实生动、跌宕起伏，促人奋起、时代感强，是一部弘扬爱国主义精神的好读本
上虞熟语谚谣赏览	葛云玲主编	浙江古籍出版社	方言熟语

续表 12

书名	著(编)者	出版社	内容简介
在上虞	中共绍兴市上虞区委宣传部,绍兴市上虞区文学艺术界联合会编	浙江摄影出版社	地方史
浙东唐诗之路诗选	浙江省文史研究馆编	杭州出版社	本书选录浙东唐诗100首,以艺术性为主要标准,同时考虑文化读本的多视角需求。诗选以景系诗,集中展示某景点作品,再按作者出生年代排序;景点的次序,大致按照学界认定的“浙东唐诗之路”线路,由西向东排列
血海潮. 第一部	泗水渔隐著	中国文史出版社	武侠小说
血海潮. 第二部	泗水渔隐著	中国文史出版社	武侠小说
血昆仑. 第一部	泗水渔隐著	中国文史出版社	武侠小说
血昆仑. 第二部	泗水渔隐著	中国文史出版社	武侠小说
双雏记	泗水渔隐著	中国文史出版社	武侠小说
江湖铁血记	泗水渔隐著	中国文史出版社	武侠小说
艳塔记	泗水渔隐著	中国文史出版社	武侠小说
天天玩童话	何夏寿著	江西教育出版社	本书讲述:金鲤鱼小学有个班,“卧虎藏龙”有名字自带品牌的天天、看啥都“这个应该很好吃”的小易、撞彗星都想得第一的江照花、要当“金领”的小精灵。但是他们从未想过,自己班上竟然隐藏着一位王子
小鲤鱼跳龙门	金近著	中国大百科全书出版社	本书收录《红鬼脸壳》《小猫钓鱼》《狐狸送葡萄》等18篇童话
杭州院士	杭州市科学技术协会主编	浙江工商大学出版社	本书第162页和第181页分别介绍上虞籍科学院士徐如人和朱利中二位院士的事迹
文心:读写的故事	叶圣陶,夏丏尊著	江苏人民出版社	本书别开生面地以故事题材写国文知识,将阅读写作方法与青年日常遇到的具体事情打成一片,既能近取譬,又切实易行,不仅指点方法,而且着重训练。全书共有四章,主要内容包括细节在于观察、“读”出来的语感、善作不如善改和为文章“锦上添花”
东山志校点	(明)谢敏行著	北京时代文艺出版社	北京时代文艺出版社
上虞年鉴(2019)	绍兴市上虞区史志工作委员会编	广陵书社	广陵书社
风云际会:沪上近代人物追忆	马建勋主编	上海人民出版社	上海人民出版社
樱桃老师的微童话作文课. 统编教材写话同步指导	刘雅萍著	人民邮电出版社	作文课
樱桃老师的微童话作文课. 统编教材读写拓展练习	刘雅萍著	人民邮电出版社	作文课
妇女简史	艾伟著	作家出版社有限公司	小说
狐狸打猎人的故事	金近著	天天出版社有限责任公司	本书收录《狐狸打猎人的故事》《小猫钓鱼》《小鸭子学游水》《小鲤鱼跳龙门》《月季花和雪人》等童话

续表 12

书名	著(编)者	出版社	内容简介
上虞城建档案志	连莹波主编	中国文史出版社	本书分为城建档案机构、制度建设与教育培训、业务指导与配合执法检查、馆房馆库与设施设备等10章，客观地记述上虞市城建档案事业的发展历史与现状
衢虞岁月：增订本	毛士英著	中国文化出版社	回忆录

（阮婷娟）

与基层社会治理工作。8月25日，上虞区第四届新乡贤培育“青蓝工程”暨青蓝学友成果分享会在上虞开元酒店举办。9月4日，区人武部组织2020年新兵来到上虞乡贤馆参观学习，聆听乡贤文化、接受“青蓝工程”特殊一课。

【发挥乡贤作用】 9月28日，“乡贤参与乡村治理”暨“请你来协商”活动在上虞乡贤文化举行。11月20日，“传承传统文化，增强文化自信”委员会客厅主题讲座在杭州上虞商会会议室开展，30名乡贤代表参加。

【挖掘乡贤文化】 8月，区乡贤研究会出版《上虞故事·王充论衡》《上虞故事·孝女曹娥》《上虞故事·明德始祖虞舜》《上虞故事·中国稀土之父徐光宪》。10月17日，由乡贤研究会组织的著名乡贤陈春澜后裔陈清淦赠书仪式在区图书馆举行。11月7日，纪念“中国稀土之父”徐光宪院士诞辰100周年活动暨徐光宪纪念馆开馆仪式举行。11月28日，由丰惠乡贤研究会出版的《上虞熟语谚谣赏览》首发式在丰惠乡贤之家举行。

【联络乡贤游子】 1月23日，区首届乡贤大会在余坤喜来登酒店召开，近600名上虞乡贤参加，中共绍兴市委副书记陈澄，上虞区四套班子领导出席。10月26日，区乡贤研究会前往杭州开展“走进虞籍乡贤”活动，与10余名上虞籍乡贤共聚一堂。区乡贤研究会还接待空军预警学院教授、少将丁建江，东部战区海军政治工作部副主任、少将殷立新夫妇，乡贤刘镛后裔、藏书家刘承干的孙子刘宝琦，乡贤徐光宪院士之女徐放，演员六小龄童（章金莱）等上虞籍乡贤回乡。

（章懿清）

医疗卫生

综 述

【概况】 全区共有医疗机构367家。其中：公立综合性医院2家，中医医院、妇幼保健院、皮肤病防治院、急救分中心、门诊部各1家，街道社区卫生服务中心7家，乡镇卫生院13家，社区卫生服务站105家，村卫生室95家；民营综合性医院2家，中医医院、精神病专科医院、眼科医院、护理院，护理站各1家，中医门诊部1家、医疗美容门诊部1家、综合门诊部5家、口腔医院3家，口腔门诊部4家，各类诊所100家（含中医诊所22家）；机关企事业单位医务室18家。卫生健康系统（公办）年末总资产21.58亿元，区财政全年投入卫生计生事业经费6.81亿元。全区有病床3849张，每千人拥有床位数4.82张，其中非公立医疗机构床位占33.57%；卫技人员5449名，其中执业（助理）医师2300名，平均每千人拥有执业（助理）医师数2.88名；注册护士2182名，平均每千人拥有护士数2.73名。招聘事业编制人员147名。（孙法元）

【县域医共体建设】 医共体牵头医院与成员单位管理人才双向交流，通过总院副院长任分院执行院长、分院执行院长任总院副院长、总院中层干部任分院副院长等方式，推进总院和分院融合发展。上虞人民医院医共体康复病区整体下沉至丰惠医院，在丰惠分院建设高压氧舱、康复门诊和康复病区。

【区卫生健康事业高品质发展五年计划启动】 针对疫情防控及医疗服务体系中出现的短板和不足，制定《进一步推进全区卫生健康事业高品质发展的实施意见》，计划在5年内总投入2.2亿元，健全以医疗卫生服务体系和公共卫生服务体系两大支柱为核心的卫生健康保障体系。

【全国健康促进区创建通过国家级评估】 全国健康促进区创建在2019年通过省级评估基础上，2020年通过国家级评估。

【全省公立医院综合改革评价良好】 对照“三医联动”“六医统筹”工作要求，继续实行药品零差率销售、信息区域化共享、服务补偿式调整、医保复合式支付等，坚定维护公立医院的公益性，严格控制医疗费用的不合理增长。

【引用优质医疗资源】 进一步加强与上海、杭州等城市大医院合作办医，上虞中医医院与杭州市第三医院建立皮肤专科联盟、上虞妇幼保健院与浙江大学医学院附属儿童医院签署合作协约、上虞第二人民医院与宁波第六医院开展第二轮合作，建成王建安名医工作室、章勤名中医工作室、章军辉名医工作室、上海石氏伤科上虞治疗基地。组织开展中医药法实施三周年系列活动，制定出台《关于鼓励发展中医药工作的实施方案》，鼓励发展传统中医疗法，传承发展中医特色专科。

【弘扬抗疫精神】 以弘扬抗疫精神为指导，以国际护士节、中国医师节为契机，开展形式多样、内容丰富的评优评先活动，共推荐评选出绍兴名中医1名、越医名家1名、上虞名医5名、上虞名中医5名、抗疫杰出护士60名、抗疫优秀护理团队7个、疫情防控优秀个人51名、疫情防控优秀团队10个。举办上虞区第三个“中国医师节”庆祝大会。 （孙法元）

疫情防控

【概况】 2020年1月26日发现2例武汉来虞人员新冠肺炎病例，用43天时间实现上虞区8名新冠肺炎病例清零，实现“零感染、打胜仗”。新冠冷链食品监测1804份（食品570份、环境553份、人员681份）均为阴性；有效处置涉疫食品及物品事件3起（进口冷链食品2起，汽车配件1起）。

【落细落实措施】 按照外防输入、内防扩散的防控策略，统筹救治能力，做好有风险地区来虞人员核酸检测、证明提供等管理服务工作，确保“不漏一人”。制定秋冬季疫情防控工作方案，启动发热门诊“一院一策”行动，投入3000余万元规范化建设全区二级及以上医疗机构发热门诊（诊室），重点改造定点救治医院人民医院及19家基层卫生院。运用中医药“治未病”作用，研究新冠肺炎中药预防方，发放中药31.11万袋。全力做好援鄂医疗队工作，选派15名医护人员驰援遭受疫情突袭的武汉。 （顾锐林）

疾病预防

【概况】 2020年报告甲乙类传染病12种1110例，报告发病率为149.74/10万，较2019年上升1.78%，死亡病例4例，病死率0.45%。报告丙类传染病4种4786例，无死亡病例，报告发病率为645.65/10万，较2019年下降32.49%。全区适龄儿童常规基础免疫接种率达99%以上，全区传染病网络报告率、审卡及时率、报告及时率均为100%。开展上虞区重点人群结直肠癌筛查33501人，结肠镜检人数2183人，超额完成省市下达的工作任务。2020年，全区共发生各类聚集性疫情11起，所有疫情均调查处置。

【霍乱防控、监测】 全区自5月1日起开设8家肠道门诊，对腹泻病人做到“有泻必采、有样必检、及时送检”，未设立肠道门诊的其他医疗机构做到“逢疑必采、有样必检”，全年霍乱腹泻病例监测1868例，霍乱外环境监测完成水标本372份，海水产品标本240份，均为阴性。

【艾滋病综合防治】 全年全区检测各类人群128108人次，检出HIV/AIDS22例。按省市级要求开展各项艾滋病防控工作，现存活HIV感染者和病人275人，随访率100%。新增加治疗病例18例，在治病例数为257例，治疗率为93.4%，新诊断病例治疗率85.7%，病毒载量检测覆盖率97.4%。通过与阳光海岸公益组合作累计干预男同1317人次，线上线下合计检测296人次，效果显著。

【结核病防治】 2020年定点医院结核病门诊可疑者就诊共538人，查痰529例，查痰率98.33%(529/538)，其中活动性肺结核151例，检出病原学阳性病人123例，肺结核可疑病人转诊117例，转诊总体到位率98.29%（115/117），应追踪病人187例，追踪到位187例，追踪到位率100%，肺结核患者病原学阳性率72.35%（123/170）；初治菌阳肺结核患者耐药筛查率97.92%；耐多药肺结核高危人群耐药筛查达100%；肺结核患者治疗成功率为95.73%；肺结核患者管理率和规则服药率分别为93.53%（260/278）、93.41%（255/273）。

【免疫规划成果得到巩固】 2020年共接种各种一类疫苗148709针次，二类疫苗113569万针次，接种狂犬疫苗10128人份。常规基础免疫“八苗”单苗报告接种率和调查接种率均达95%以上。流动儿童八苗单苗接种率均达98%以上。开展儿童免疫接种率调查，全区调查的420名儿童“八苗”单苗接种率均在95%以上。

【地方病防治与监测】 2020年共监测布病高危职业人群415人（455人次），确诊布病病人3例、感染者1例。春季在血防疫区乡镇按分类分层查螺方法查螺，查螺37个村，查螺222个条块，设框45519框，查螺面积 13.3408 万平方米，未查出钉螺。章镇大钱村、陈墩村省级血吸虫病监测点查环境 28 个条块，开展螺情监测，共投工 60 工，设框 11180 框，查螺面积 2.1517 万平方米，未查出钉螺，截至 10 月中旬共监测流动人口 1060 人，经检验均为阴性。

【社区慢性病防治】 2020 年全区管理高血压患者数 82469 人，规范管理患者数 58635 人，规范管理率 71.10%，血压控制患者数 56028 人，血压控制率 67.94%，其中规范管理率和血压控制率分别较 2019 年提高 5.30 个和 0.46 个百分点。糖尿病患者管理数 19830 人，规范管理 14086 人，规范管理率 71.03%，空腹血糖控制患者数 11906 人，空腹血糖控制率 60.04%，其中规范管理率和空腹血糖控制率分别较 2019 年提高 6.24 个和 1.48 个百分点。2020 年，浙江省高血压患者规范管理率为 71.92%、控制率为 66.11%；糖尿病患者规范管理率为 71.53%、控制率 60.00%。与全省平均水平比较，上虞区高血压、糖尿病患者的规范管理率及血压（血糖）控制率均与全省平均水平持平。2020 年，在管严重精神障碍患者 4017 人，发现率 5.1%，管理率 99.83%，规范管理率 99.55%。 （顾锐林）

妇幼保健

【概况】 2020 年，全区本地户籍活产 3092 例，产妇 3858 例，早孕建册 3736 例，系统管理 3728 例，产后访视 3848 例，早孕建册、系统管理、产后访视率分别为 96.84%、95.54%、98.62%；检出高危孕产妇 3936 例，高危检出率 76.10%，高危管理率 100%；本地户籍剖宫产率 35.78%。本地孕产妇死亡率连续 7 年为 0，非本地孕产妇死亡 1 例，本地 5 岁以下儿童死亡率为 1.795‰，婴儿死亡率为 1.282‰，新生儿死亡率为 0.762‰，产前筛查率为 96.01%。母子健康手册 App 注册 5026 例，占同期建册人数的 92.55%。进一步铺开儿童早期发展基地的创建。2020 年，陈溪乡卫生院创建为乡镇级儿童早期发展基地。至 2020 年底，全区共有 1 家省级基地、5 家区级基地和 3 家乡镇级基地。

【孕产妇、儿童保健管理系统化】 孕产妇系统管理率 95.54%，剖宫产率为 35.78%，产前筛查率为 96.01%；7 岁以下儿童保健覆盖率为 97.66%，0—3 岁儿童系统管理率为 96.67%，新生儿访视率为 99.10%，新生儿疾病筛查率为 99.56%，新生儿听力筛查率为 99.65%，孕产妇 HIV、RPR 及 HbsAg 检测咨询率为 100%。

【婚前医学检查率 90.96%】 全年全区婚检 3502 对，婚检率为 90.96%。

【托幼儿童体检率 100%】 2020 年共体检托幼机构工作人员 2794 人，体检率为 100%，办理健康证 2780 人，体检合格率为 99.50%。2020 年全区在园儿童数 23354 人，体检率为 100%。

【适龄妇女宫颈癌、乳腺癌两癌筛查】 2020 年共计完成宫颈癌检查 12700 例，完成乳腺癌检查 13565 例，两癌检查率为 88.71%。发现 8 例宫颈癌和 8 例乳腺癌病例，上虞区宫颈癌和乳腺癌发生率分别为 62.99/ 万和 58.98/10 万，较上年同期有所降低。

【三项筛查】 强化三项筛查，降低出生缺陷。2020 年全区免费叶酸发放 4473 人。产前筛查 3916 例（其中无创 243 例），机构产前筛查率为 90.31%；新生儿疾病筛查 4316 例，新生儿疾病筛查率为 99.56%；听力筛查 4320 例，听力筛查率为 99.65%；新生儿先心筛查率为 97.69%。

【艾滋病、梅毒、乙肝母婴传播预防】 2020 年度全区接受艾滋病梅毒和乙肝检测和咨询孕产妇 5431 例，检测咨询率 100%，发现艾滋病阳性孕妇 3 人，均给予及时干预治疗，未发现艾滋病阳性产妇；发现梅毒阳性孕妇 20 例，产妇 21 例，梅毒孕产妇干预治疗率 100%；未发现 HIV 阳性儿童，随访梅毒阳性产妇所生儿童 56 例，未发现先天梅毒患儿，艾滋病和梅毒母婴传播率为 0。1—12 月发现乙肝阳性孕妇 230 例，乙肝阳性产妇所生新生儿 170 例，阻断治疗率 100%。

【流动人口孕产妇和儿童管理】 2020 年全区区外流动人口产妇数为 1547 人，活产 1563 例，建册 1542 人，建册率 99.68%；区外流动 7 岁以下儿童数 12834 人，5 岁以下儿童数 8800 人，3 岁以下儿童数 4749 人，新生儿访视率为 90.40%，较上年同期增加 3.97 个百分点。全区市外省内流动产妇数共计 147 例，网上信息交换的 57 例(非网上信息交换 75 例)，信息交换率为 89.79%。流动儿童信息交换 53 人。（顾锐林）

医政管理

【概况】 全区公立医疗卫生机构门诊人次 539.01 万人次，较上年同期减少 8.6%；出院人次 88129 人次，较上年同期减少 18.1%；区级医院床位使用率大于 90%。

【县级政府与省级医院合作办医】 区政府与浙江大学、邵逸夫医院签订合作共建协议，扎实推进邵逸夫医院绍兴院区建设前期工作。与省卫生健康委对接，逐步解决床位指标，同时加强与邵逸夫医院对接，制定医疗人才储备培养计划。

【"双下沉、两提升"工程】 加强与上海、杭州等城市大医院合作办医。完成绍兴文理学院附属上虞医院的挂牌工作，4 家区级医院已分别与 28 家来自上海、杭州、宁波等城市大医院建立不同的协作关系，在 40 余个专科领域开展医疗合作，累计建成 21 个名医专家工作室、名中医工作室、院士工作站，每个工作日有 10 名及以上城市大医院副高以上职称的专家在上虞区区级医院工作。全面深化医共体建设，人民医院、中医医院 2 个医共体分别下派工作人员 5016 人次、3120 人次，其中中级职称以上分别占 82%、76%，保证每个工作日不少于 10 名中级职称以上医技人员下沉，服务近 10 万人次。

【院前医疗急救网络和管理体系建设】 120 急救工作，全年受理电话数 39000 个，较上年同期增加 22.08%；平均摘机时间 6 秒，较上年同期减少 1 秒；平均调度时间 1 分 12 秒，较上年同期增加 4 秒；院前急救出车 13279 次，较上年同期增加 0.74%；交通事故出车 3953 次，较上年同期减少 4.5%；总救治病人数 11231 人次，较上年同期增加 0.88%；平均出车时间 1 分 28 秒，较上年同期上升 15.79%；平均急救反应时间 11 分 54 秒，较上年同期下降 3.38%；空车 1276 次，空车率 9.47%，较上年同期下降 25.59%；回车率连续 5 年为 0，病人及家属对"120"服务综合满意度 99.8%。

【无偿献血量 206.28 万毫升】 继续实施"街头献血与团体献血并重、深化志愿者献血"模式，全区自愿无偿献血率达到 100%。全区全年采血量 206.28 万毫升，用血量 194.78 万毫升，无偿献血占临床用血量 105.9%。开展自体输血活动，自体输血率为 20.10%，未发生严重血液质量事件、安全事故(责任事故)的，保障临床用血安全。

【中医中药】 出台《绍兴市上虞区卫生健康局关于鼓励发展中医药工作的实施方案》，以政策为导向，鼓励发展传统中医疗法，传承发展中医特色专科。全年选派 32 名中医药人员赴外地进修针灸、针刀、刺血、中医护理等外治疗法以及风湿肿瘤、妇科、内科、儿科、骨伤科等中医特色专科，进一步提升中医药服务能力与服务范围，中医医院把针灸、中药汤剂作为急诊科的治疗手段，提高急诊救治的效果。第二人民医院开设中医病区，以针灸推拿、中药汤剂、红外理疗等技术作为主要治疗方法，实现增加疗效、缩短疗程、减少费用等工作目标，全区 20 家基层卫生医疗机构已经建成 19 个标准化中医馆和 1 个中医服务区，实现中医药服务全覆盖。（孙法元）

城乡社区卫生服务

【概况】 全区有街道社区卫生服务中心 7 家，乡镇卫生院 13 家，社区卫生服务站 105 家，村卫生室 95 家。全区标准化乡镇卫生院(社区卫生服务中心)基本实现全覆盖。加快政府投资项目建设，推进人民医院科技综合楼、城南医用综合中心、二院外墙及社区卫生服务站改造提升工程、上浦镇卫生院异地新建工程等 4 个政府投资项目建设，其中城南医用综合中心已超额完成年度进度任务要求。人民医院科技综合楼已开展 10 层装修，外墙龙骨基本完成安装。二院外墙及社区卫生服务站改造提升工程已完成工程验收。上浦镇卫生院异地新建工程已完成立项。

【推进区域资源共享】 继续推进优质医疗资源共享共用，继续完善优化以区级医院为龙头、乡镇卫生院（社区卫生服务中心）为骨干、信息化网络为载体的区影像、心电、超声、检验、病理、消毒供应、临床实践技能培训、远程会诊中心等区域共享中心，继续提升放射影像诊断中心、心电影像诊断中心、临床检验中心、病理影像诊断中心的服务能力和效率。

【全科签约及转诊服务】 深化分级诊疗工作，规范全科医生签约服务，将区级医院专科医生纳入签约团队，强化健康体检的后续管理和对重点人群的跟踪服务。及时做好健康体检结果的整理、分类与反馈工作，有针对性地进行上门随访，开展健康指导和不良行为干预，及时将随访管理情况记录到电子健康档案，实现长效动态的健康管理。完成家庭医生规范签约服务36.57万人，重点人群签约覆盖率达到89.67%。完善双向转诊工作规范，进一步理顺“内诊、上转、外转”和医共体内部转诊的关系。结合家庭医生签约服务，提供健康咨询等健康服务，病情需要基层首诊双向转诊患者在区内上转医院享受优先就诊、优先检查、优先住院的“三优先”服务。

【健康体检社区慢性病管理】 全年建立电子健康档案71.88万人，建档率90.02%。65岁以上老年人体检10.63万人，体检率71.18%。开展公共卫生服务项目，高血压、糖尿病、重性精神病规范管理率分别为71.92%、71.03%、99.55%。（孙法元）

医教科研

【概况】 科研项目立项省级2项，市级4项，区级27项。全年初级卫技人员继续教育报考人数1084名，公共课合格人数1037人，合格率96%；专业课合格人数1040人，合格率96%，中高级继教达标率94.2%。

【社区护士岗位培训】 完成2019级6名社区护士岗位培训的教学、考核，考试合格率100%。

【继教合格证申领】 全年153名初级卫技人员、359名中高级卫技人员申领继教合格证。

【乡村医生注册培训】 开展乡村医生网络在线学习，了解掌握163名乡村医生线上学习等情况，线上学习参与率100%。

【西学中培训】 组织第一期、第二期205名“西学中”学员顺利完成上机结业考试，合格率95%。（孙法元）

卫生监督

【概况】 2020年，共接收群众举报、投诉45起，投诉主要集中在非法行医、公共场所卫生和医疗卫生，整办反馈率100%。作出行政处罚决定483件，罚没款1994334元，移交公安刑事案件1件；无卫生行政复议、诉讼案例发生。

【打击非法行医】 加强部门合作，打造完整打非网络，坚持“打非”常态化，对传统游医、黑诊所保持高压态势，对新兴的非法医疗美容重点打击，加强宣传，畅通渠道，提高群众参与度，对群众举报投诉的案件每起必严查、查实必严罚。

【开展中小医疗机构依法执业分级监督】 全区共检查医疗机构135家，达到规范级24家、合格级104家、不合格级5家，暂缓校验2家，执业分级覆盖率100%。

【继续推进传染病防治监督】 开展依法执业监管和传染病分类监管综合评价73家；开展医疗机构消毒效果、污水处置等重点环节监督监测59家。共查处公立医疗机构违法案件65起，民营医疗机构违法案件72起，罚款11.77万元，警告75起，案件查处率39.7%。

【开展消毒产品生产企业监管】 监督检查消毒产品生产企业23家，检查29个产品，立案查处4起，罚款0.75万元。完成消毒产品生产企业分类监督综合评价试点工作，对上虞区10家试点消毒产品生产企业进行现场评价打分，并按要求完成录入工作。

【开展游泳场所监管】 对23家游泳场所经营单位负责人和卫生管理员进行培训;对营业中的游泳场所在7、8月份开展了二次专项检查和水质检测,对不符合规范标准的,依法予以立案处罚9起,罚款3.5万元,保障夏季游泳场所公共卫生安全和群众身体健康。

【加强生活饮用水卫生监督监测】 2020年度共监测生活饮用水集中供水单位水样98份,合格98份,合格率100%。其中水源水16份,合格16份,合格率100%;出厂水16份,合格16份,合格率100%;末梢水66份,合格66份,合格率100%。

【学校卫生监督】 督促落实学校自查工作,分别完成85家中小学校、2所高校自查工作;开展国家、省级双随机监督检查,完成29所学校的监督检查,16家学校开展教学环境监测,对不合格11所学校立案处罚;开展中高考期间学校卫生专项行动。两考期间,对辖区内21个中考考点,9个高考考点进行学校卫生专项行动。

【国家和省“双随机”完成】 2020年共抽取国家双随机235家,已完成224家、完结11家,立案处罚86家,国抽完成率95.3%、查处率37%,已在上虞区人民政府网站公开国家双随机结果7次;共抽取省级双随机333家,共完成333家,立案处罚186家,省抽完成率100%,查处率56%。发起跨部门双随机任务1个共3户次,参与配合跨部门双随机检查任务1个共1户次。

【规范职业健康检查】 ,2020年,对452家企业开展职业健康检查,体检人数36623人,其中上岗前职业健康检查8754人,在岗体检27320人,离岗体检549人,职业病诊断人数2例。加强职业卫生监督执法,依法查处职业卫生违法行为,今年共查处职业卫生违法案件65起,其中一般行政处罚35起,简易处罚30起,罚款金额共计62.7万元。 (顾锐林)

医疗保障

【概况】 2020年,上虞区医保分局紧紧围绕“在建设‘重要窗口’中勇当排头兵争做优等生”目标定位,以“最多跑一次”改革为引领,聚力聚焦群众办事“关键小事”,持续加快建设覆盖全民、城乡统筹、权责清晰、保障适度、可持续的高水平医疗保障体系,不断推动上虞区医疗保障事业再上新台阶,被评为浙江省2020年度先进县(市、区)医疗保障局、绍兴市医疗保障工作综合先进单位。 (金家芳)

【疫情防控保障】 疫情期间,上虞区医保分局在做好结对社区疫情防控的同时,履行医保职能。面向患者及时调整政策,第一时间调整医保基金支付范围、一站式救助、转外就医自理比例、单次处方用药量等政策。面向医院强化资金保障,指导定点医疗机构做好所需药品、医用耗材的线下应急采购工作,拨付医保周转金1.48亿元。面向群众优化服务,延长医疗费用发票报销有效期限,批量结算5.2万人次12.1万笔医疗费用,发放报销金额486.6万元。面向药店强化监督管理,做好疫情防控期间定点零售药店退烧止咳药品出售监管工作,发动药店捐赠紧缺物资。面向企业落实减负政策,对上虞区除机关事业单位外的其他所有参保单位(含个体工商户)减半征收2—6月医疗保险、生育保险单位缴费部分,累计减征12821家企业医保费用1.49亿元。

【浙江省定点零售药店信用监管建设现场推进会】 抓住承担国家医保基金监管信用体系建设试点的契机,建成集智慧医保、信用监管、云药店于一体的智慧医保监控中心、云信用展示平台,并在绍兴市率先建成全覆盖的自律组织,率先推出“信用e贷”,率先探索群防群治和联合奖惩机制。2020年8月31日至9月1日,承办浙江省定点零售药店信用监管建设现场推进会并作经验交流。 (金家芳)

【医疗保险户籍人口参保情况】 上虞区基本医疗保险户籍人口参保率达到99.97%,居绍兴市第一。上虞区医保分局积极开展全民参保率大提升行动,推动区政府将全民参保率提升工作纳入2020年度乡镇街道工作目标责任制考核,督促各乡镇街道按属地做好应参未参人员宣传动员工作,并组织乡镇街道医保经办人员进行参保登记业务培训，制作城乡居民医保参保工作《上虞日报》专版，发放医保参保宣传资料35000余份。2020年度上虞区户籍人口基本医疗保险参保率达99.97%，居绍兴市第一。（金家芳）

8月31日，浙江省定点零售药店信用监管建设现场推进会现场（医保分局　提供）

【探索建设医保服务全区通办点】 在浙江省率先探索建成10个医保服务全区通办点。针对医保经办事项下沉中的专业性瓶颈和服务对象的特殊性，在4家区级医院和6家中心卫生院建成医保服务全区通办点。上虞区10个通办点日均办结各类医保业务150余件，分担同期区便民中心医保窗口业务近40%的办件量，群众排队时间明显缩短。医保经办“15分钟服务圈”工作被纳入上虞区改革创新项目，医保业务“统一办、就近办、网上办、一窗办”的服务网络逐步构建。（金家芳）

【长三角医保一体化工作】 2020年5月，上虞区成为绍兴市首个实现公立医疗机构跨省异地就医直接结算全联通的县（市、区），异地安置退休人员、异地长期居住人员、常驻异地工作人员、异地转诊人员4类人员在区4家区级医院、1家专科医院、19家卫生服务中心、98家卫生服务站、82家村卫生室以及7家大型定点民营医院门诊就医可直接刷卡就医。2020年8月，实现长三角三省一市异地门诊直接结算互联互通，区职工医保参保对象可在苏浙皖沪8000余家医保定点医疗机构享受门诊就医直接刷卡就医、费用实时报销，切实破除参保群众看病垫付、报销跑腿难题。（金家芳）

【医保电子凭证激活】 上虞区医保电子凭证激活率位列浙江省县级统筹区第一。做好国家医保电子就医凭证的推广工作，完成全部医保定点医药机构的系统应用改造，上虞区参保群众在区内所有医保定点医药机构享受就医购药全流程结算，无须再携带实体卡。截至2020年12月底，上虞区累计激活31.33万人，激活率、完成率分别为42.41%、141.38%，均位列浙江省县级统筹区第一。（金家芳）

爱国卫生

【概况】 以全国健康促进区创建为契机，深入实施城乡环境卫生整洁行动，全面提升全区环境卫生面貌。大力推进卫生乡镇（村）、健康乡镇创建工作，丰惠镇、上浦镇、汤浦镇、谢塘镇、永和镇、下管镇、长塘镇、丁宅乡、陈溪乡9家乡镇申报国卫乡镇，均已通过省级暗访。2020年，上虞区通过病媒生物省级评估，全力推进大市区国卫城市复评。全国健康促进区创建通过国家级评估。

【全国健康促进区创建通过国家级评估】 2017年底，上虞区被绍兴市卫计委推荐上报创建全国健康促进区。2019年通过省级评估，2020年创建为全国健康促进县（区），是绍兴市唯一获得此荣誉的县（区）。

【城乡环境综合整治】 结合新冠疫情爱国卫生运动和爱国卫生月、春节期间爱国卫生等活动，以改善城乡环境卫生面貌，提高群众文明健康素质，提升人居生活环境，在全区范围内掀起以环境卫生整治、灭鼠防病、健康教育为主要内容的城乡环境综合整治行动。动员组织居民群众彻底清除“四害”滋生场所，重点抓好居民楼院、农贸市场、餐饮行业环境卫生整治，有效防止四害滋生、繁殖和扩散。

【农村“厕所革命”】 为贯彻落实《全区农村公厕改造提升实施方案》，对全区乡镇（街道）卫生院厕所进行摸排，开展专项整治，卫生厕所普及率100%，无害化厕所普及率100%。

【全民健康促进行动】 以中医养生、基本医疗、妇幼保健、心理健康、慢性病和传染病防治等健康素养普及为核心，根据社区、农村、学校、机关、企事业单位等不同人群特点编制五类健康教育菜单，开展健康教育菜单式五进活动，2020年讲师团已完成讲座702场，受益人数达32614人。75%的农村文化礼堂开展以慢性病防治、合理膳食、中医养生、传染病防治等为重点的健康讲座。 （顾锐林）

上虞区获抗疫先进集体和个人名录
（排名不分先后）

浙江省抗击新冠肺炎疫情先进个人

冯晶晶 绍兴市上虞人民医院呼吸科护士长（援鄂）
甘　军 绍兴市上虞中医医院呼吸科主任医师（援鄂）
俞　栋 绍兴市上虞人民医院副院长，主任医师
谢彩娟 绍兴市上虞人民医院护理部主任护师
王家开 绍兴市上虞区卫生健康局党委委员，区疾病预防控制中心党支部书记、主任，主任医师
吕灿良 绍兴市上虞区崧厦街道吕家埠村党总支书记
马一鸣 绍兴市公安局上虞区分局行动侦察大队副大队长
阮兴祥 绍兴市上虞区两新组织党务工作者协会党支部书记、副会长兼秘书长

浙江省抗击新冠肺炎疫情先进集体

上虞人民医院
上虞区百官街道胜利路社区党总支

绍兴市抗击新冠肺炎疫情先进个人

丁秀莹 绍兴市上虞人民医院重症监护室责任护士
蔡　鸳 绍兴市上虞人民医院感染科主管护师
何小平 绍兴市上虞人民医院副院长
陈永刚 绍兴市上虞人民医院科教科科长
何丽群 绍兴市上虞人民医院公共卫生科科长
顾江桥 绍兴市上虞中医医院发热门诊主任
龚小芳 绍兴市上虞中医医院呼吸内科副护士长
袁晓俐 绍兴市上虞妇幼保健院特需病房护士长
潘桂春 绍兴市上虞妇幼保健院门急诊护士长
何鉴钟 绍兴市上虞第二人民医院发热门诊副主任医师
戎德意 绍兴市上虞第二人民医院内科护理部副主任
方海平 绍兴市上虞区卫生健康局医政医管科负责人
宣　锋 绍兴市上虞区道墟街道社区卫生服务中心副主任
潘圣伟 绍兴市上虞区长塘镇卫生院副院长全科主治医师
马　莉 绍兴市上虞区丰惠中心卫生院健康管理科科长
章柏江 绍兴市上虞区卫生健康行政执法队医疗卫生监督科科长
张鑫培 绍兴市上虞区疾病预防控制中心主任医师
章亚芳 绍兴市上虞区疾病预防控制中心健康教育科科长
朱慧钰 绍兴市上虞区经济和信息化局行业提升科科长
周玲燕 绍兴市上虞区杭州湾综管办经济发展科干部
胡圣炯 绍兴市上虞区教体局职成科（行政许可科）科长
柯　峰 绍兴市公安局上虞区分局交通警察大队副大队长
任高峰 绍兴市公安局上虞区分局百官派出所副所长
朱佳奇 绍兴市公安局上虞分局曹娥派出所社区中队指导员
沈丽美 绍兴市上虞区崧厦街道农业农村办主任、区红十字会挂职副会长

金建伟　绍兴市上虞区永和镇政法综治办主任
许荼梅　绍兴市上虞区道墟街道社事办主任
徐悦飞　绍兴市上虞区小越街道办事处文化站站长社事办副主任
宋惠清　绍兴市上虞区百官街道大通社区党总支书记
邵玲芬　绍兴市上虞区曹娥街道德济苑社区(原社区书记、居委主任)
韩伟强　绍兴市上虞区东关街道南阳社区居委会任党总支书记、主任
顾永江　绍兴市上虞区梁湖街道天香华庭社区支部委员
龚水根　绍兴市上虞区章镇镇镇南村党总支书记、村委主任
童澎飞　绍兴市上虞区盖北镇盖北社区工作人员
魏洪涛　浙江金科日化原料有限公司总经理
丁莉莉　绍兴市上虞环境卫生管理集团有限公司副总经理
赵立锋　绍兴市上虞区民兵应急连民兵
刘金平　上虞日报社经济部主任
吕金辉　绍兴市上虞市政建设工程有限公司综合材料保障科副科长
陈萼娟　绍兴市上虞区审计局干部(浙江晨辉光宝科技股份有限公司驻企服务员)
沈佳飞　共青团绍兴市上虞区委员会办公室区志愿者协会秘书长
金建德　绍兴市上虞区百官街道四甲社区居民

绍兴市抗击新冠肺炎疫情先进集体

绍兴市上虞中医医院

绍兴市上虞区百官街道社区卫生服务中心

绍兴市上虞区曹娥街道社区卫生服务中心

绍兴市上虞区东关街道社区卫生服务中心

绍兴市上虞区小越街道社区卫生服务中心

绍兴市公安局上虞区分局

绍兴市上虞区大数据发展管理中心

绍兴市上虞区市场监督管理局百官市场监督管理分局

绍兴市上虞区曹娥街道舜杰社区

绍兴市上虞区驿亭镇贾家村

卧龙控股集团有限公司

浙江省上虞汽车运输有限公司

上虞区抗击新冠肺炎疫情先进个人

俞　栋　上虞人民医院副院长、救治专家组组长
章栩鸿　上虞人民医院放射科主治医师
徐尧江　上虞人民医院感染科主任
茅秋琴　上虞人民医院感染科护士长
唐森海　上虞人民医院中医科主任
张艳华　上虞区东关街道社区卫生服务中心副主任
王家开　上虞区疾病预防控制中心主任
范建强　上虞区疾病预防控制中心副主任
王　洁　上虞中医医院呼吸科主治医师
陈　杨　上虞中医医院方剂科负责人

上虞区抗击新冠肺炎疫情先进集体

上虞人民医院感染呼吸急诊团队

上虞区疾病预防控制中心新冠肺炎流行病学调查团队

上虞中医医院新冠肺炎中药防治应用团队

体　育

综　述

【概况】 2020年,承办“潮起上虞”全国田径锦标赛。举行具有上虞特色的第二届义教段技能测评大赛和第六届中小学生体质测试大赛。在全省高校大一新生体质健康测试中,上虞区在全省94个县(市、区)合格率排名中名列前茅。上虞区已经完成浙江省首批体育现代化区创建9条指标中的8条指标。体育四项高考共60位考生参加,上线56人,上线率高达93.33%,其中第一批上线38人。体育单招单考(特招)共16名不同项目的高水平运动员通过体育单招单考或特招被武汉体育学院、成都体育学院等高校录取。创新体育教师团队建设,全区申报成立体育教师团队34支并完成星级创建,形成“群飞齐进”的发展格局。(沈渭清)

【幼儿体育】 借助2020年浙江省幼儿体育大会平台,构建幼儿趣味体育赛事平台,足球、小篮球、快乐体操、趣味田径等适合幼儿的体育项目得到普及推广,幼儿体育空间进一步巩固拓宽,游泳、短式网球、羽毛球等项目幼小衔接呈现良好态势,优秀幼儿纳入体育后备人才苗苗班。

【体育行为规范提升】 对全区25所初中学校体育工作进行专项督导,全面督查学校疫情后学校体育工作开展情况和学校体育行为规范情况。出台《关于进一步规范体育教师裁判工作培训、抽调与选派的通知》,明确岗位职责,完善管理原则,规范审批流程。

【特色项目巩固拓展】 组织全区中小学生田径、篮球、乒乓球、棋类等本级阳光体育系列赛事11次,创新开展篮球、足球项目嘉年华活动。11所全国校园足球特色学校复核通过。崧厦街道中学被认定为全国青少年校园排球特色学校。年内,上虞区免费游泳培训推出直观、简单、方便的线上报名新服务。构建幼儿趣味体育赛事平台,承办浙江省幼儿街舞教师培训班,小越街道幼儿园、崧厦街道幼儿园获2020年浙江省幼儿体育大会暨浙江省第五届幼儿教师健身舞表演大赛一等奖,新增3所全国级、3所省级足球特色幼儿园。

【教师培育立体高效】 创建教师体育团队,下发《上虞区体育教师优秀团队星级创建实施方案》,组建团队34支并完成星级创建。深化与浙师大的合作项目,对卓越名师和东山名师进行引领,向更高层次发展和培养,娄金刚老师入选浙派名师。加强区内教练员交流和培训,并选派篮球、田径、游泳等项目共20多位教练员去国家、省、市培训。　(沈渭清)

群众体育

【概况】 年内,上虞区获2020年度浙江省运动休闲基地、浙江省第三届女子体育节最佳赛区,上虞区教体局被评为2020年度全国体育事业突出贡献奖(赛事活动类)、“十三五”浙江省竞技体育突出贡献奖、“十三五”浙江省社会足球场地设施建设先进单位、2020年度浙江省重大赛事优秀组织奖。

开展好省首批体育现代化区创建。上虞区作为绍兴市第一批2个创建单位之一，已专门成立创建办，下发关于《上虞区基层体育场地设施建设工程奖励补助办法》的通知。（沈渭清）

【曹娥江国际半程马拉松获中国田径协会金牌赛事】 2020年10月，曹娥江国际半程马拉松（简称"曹马"）获中国田径协会金牌赛事，11月在疫情防控常态化背景下重启第六届曹马，并保持万人以上规模，获世界田联标牌赛事。

【全民居家健身】 疫情期间，上虞区体育总会通过上虞体育微信公众号发布居家锻炼视频63篇，倡导"居家健身运动汇"。体育企业支持区体育总会和区教体系统疫情防控工作，捐赠防疫物资，助力复工复课。启动上虞区首届居家健身运动汇，邀请宅在家里的所有人动起来，一起在线战"疫"。

【体育赛事恢复举行】 7月2日，上虞区第二十四个全民健身节暨2020年"体育进农村文化礼堂"活动启动仪式在丰惠镇西湖村举行。绍兴市第十四届健身气功比赛、诗画曹娥江休闲皂李湖——荧光夜跑活动环湖骑行、上虞区第十届篮球超级联赛、上市公司篮球邀请赛等赛事陆续恢复举行。承办浙江省第三届女子体育节开幕式及4个项目的比赛、2020年浙超联赛开幕式及7个绍兴主场比赛、"我要上全运"浙江省健身气功交流大赛暨第十三届浙江省健身气功气舞大赛、全国百城健身气功系列活动、第二届王者荣耀全国大赛华东大区浙江省海选赛、2020全国田径锦标赛、2020全国木球锦标赛。

【上虞体育媒体报道】 上虞区体育宣传报道已在国家级媒体刊登70次、省级媒体607次、市级媒体290次，其中体育赛事新闻在中央电视台体育频道播出20次，中国体育报5次，浙江电视台10，被省体育局信息网收入103篇。特别是2020全国田径锦标赛列入中央电视台体育频道"中国席位"栏目的直播，在中央电视台体育频道连续直播4天，7场直播视频信号同步在中央电视台体育客户端、央视频、央视网等网络平台进行直播。（沈渭清）

竞技体育

【概况】 2020年，是竞技体育的丰收之年。3人获省青少年跆拳道锦标赛或冠军赛第一名。1人获省青少年拳击锦标赛第一名。6人获省青少年射击锦标赛或冠军赛第一名。余浩楠获全国射击锦标赛第一名，冠军赛第一名。11人获省青少年击剑锦标赛或冠军赛第一名（个人或团体）。4人获省青少年田径锦标赛第一名。5人获省少年儿童田径冠军赛第一名。全国U17青少年男子篮球决赛获团体第一名。短式网球锦标赛、乒乓球选拔赛、沙滩排球冠军赛等获省青少年团体第一名。（沈渭清）

【阳光体育】 组织全区中小学生田径、篮球、游泳、乒乓球、棋类等本级阳光体育系列赛事11次，创新开展篮球、足球项目嘉年华活动。

【竞技备战】 加速完成布局调整。成立上虞区2020—2023年备战省市运动会领导小组，调整布局18所训练基地学校和12所训练点学校，聘用11位总教练和78位教练员，备战布局框架已经形成。以赛代练检验成果。参加省、市计划性赛事，用比赛来检验训练实效，发现问题，解决问题，共参加省、市级赛事40次。

【与社会体育力量合作】 深化与凡奢击剑、磐石足球等社会体育力量合作，引进浙江黄龙绿鹰足球俱乐部、赛乐岂高尔夫学院和绍兴市上虞喆狄冈舞蹈培训有限公司，探索以教体局提供平台，俱乐部负责业训的模式。

【体育人才保障】 加强体育特长生管理，出台《关于加强中小学体育特长生监督管理的实施意见》，建立并完善运动员管理个人档案库，对学生全方位进行培养，加大人才输送力度，向上一级训练单位共输送30人，其中市级28人，省级2人，切实夯实竞技体育发展基础。（沈渭清）

体育产业

【概况】 出台《上虞区人民政府关于加快发展体育产业促进体育消费的实施意见》和《上虞区体育产业发展专项引导资金使用管理暂行办法》，大力扶持品牌赛事、群体活动、体育产业。完成体育彩票销售1.37亿元。

（沈渭清）

【促进上虞体育消费】《上虞区人民政府关于加快发展体育产业促进体育消费的实施意见》和《上虞区体育产业发展专项引导资金使用管理暂行办法》的发布，弥补全市县（区、市）的空白。设立上虞区体育产业发展专项引导资金，自2020年起，每年安排1000万元，扶持品牌赛事、群体活动、体育产业。

【品牌赛事点亮上虞体育】 曹娥江国际半程马拉松赛、中外名校赛艇挑战赛、曹娥江国际龙舟大奖赛等被列入浙江省重点培育品牌体育赛事名录库，其中曹娥江国际龙舟赛为重点支持项目，曹娥江国际半程马拉松赛为中国田径协会金牌赛事、浙江省银标马拉松。中国国际木球公开赛、全国春季游泳锦标赛、全国击剑冠军赛等6项体育赛事入围绍兴市体育品牌赛事名单，入围数量居绍兴市各县（市、区）首位。为大康体育、金泰泳池、舜康体育、五岳龙威等多家体育制造业、体育服务业公司争取到省市各级体育产业引导资金500余万元，列各县（市、区）之首。上虞区被授予浙江省老年人体育特色门球之乡，岭南覆卮山攀浪运动小镇被列入浙江省第三批休闲运动小镇重点培育名单，为绍兴市唯一入围小镇。攀浪项目完成2020浙江省运动休闲旅游优秀项目复评，祝家庄单车速降被评为2020浙江省运动休闲旅游优秀项目。指导海上花田申报2020浙江省运动休闲旅游精品线路。中国国际木球公开赛入围2020年浙江省体育产业引导资金项目库。

【体育设施日趋完善】 年内，完成上虞区承担省、市体育民生实事工程建设任务51项，其中5个体育多功能社区，2个笼式足球场，2个游泳池，16个百姓健身房，18个体育小康村提升工程，2个体育公园，6个体育设施进公园。

（沈渭清）

社会事业

民族宗教事务工作

【维护宗教领域安全稳定】 召开全区宗教场所安全管理工作部署会，与各乡镇（街道）和52处宗教场所签订年度安全目标责任书，落实各项安全责任。指导宗教场所做好疫情期间防控及有序开放工作。开展重要时间节点安全隐患大排查，实行重点时段各场所24小时值班制度和安全情况日报告制度。坚持宗教场所常规安全检查，每月的浙江掌上宗教App巡查，第三方安全巡查托管及定时开展双随机检查，多举措确保宗教领域的安全稳定。

【第四届中国·绍兴（上虞）孝文化节】 以"千年伦理家国情怀"为主题，以全面总结上虞"孝德文化之乡"命名十周年实践经验，擦亮"孝德文化之乡"名片，推动"中华孝德文化园""孝文化游学目的地"和"中华孝德文化名城"建设为主线，举办第四届孝文化节，开展首届寻找"感动中华孝德典范"公益活动、用艺术讲道德公开课、孝女曹娥祭祀大典等系列活动。

【弘扬宗教文化】 举办2020白马湖弘一论坛暨纪念弘一大师诞辰140周年活动，编撰《弘一大师在上虞》一书，大力宣扬弘一大师的思想、学术与艺术造诣，学习弘一大师爱国爱教、自律利他的慈悲精神，充分发挥弘一大师研究中心的积极作用。

【依法审批各项宗教活动】 以《宗教事务条例》《浙江省宗教事务条例》和《中华人民共和国行政许可法》为依据，切实加强对宗教事务的依法管理。2020年，按照"最多跑一次"改革的各项要求，共办理行政许可3件，行政确认4件。

【推进宗教场所标准化管理】 在全区52个宗教场所部署开展宗教场所标准化管理，推进"爱国爱教、社会主义核心价值观、法律法规、平安建设、中华优秀传统文化"进场所；完善宗教场所管理制度和活动规范；普法教育进场所，多宝讲寺、药师寺分别创建为省级普法示范点和普法教育基地。

【宗教团体建设】 坚持宗教团体班子成员和宗教活动场所负责人例会制度，学习贯彻中共十九届五中全会精神，学习贯彻《宗教事务条例》《浙江省宗教事务条例》，学习党的宗教政策，提高班子成员的政策法律水平，增强贯彻执行宗教政策和法律法规的自觉性；根据《宗教团体管理办法》规定，指导区基督教"两会"做好换届工作，配优配强宗教团体班子，切实加强宗教团体自身建设；组织宗教界代表人士赴嘉善学习民间信仰场所提质控量、赴安吉学习生态寺院建设经验。定期开展讲经交流、读书会，实施中青年教职人才培育工程。

【做好政协民宗界别委员活动】 配合政协开展"请你来协商—加强佛教规范化管理"专题协商活动。在赴宁波雪窦寺、天童寺、阿育王寺学习考察的基础上，分别就《爱国爱教，培育僧才》《做到两个结合，发挥佛教在和谐社会中的作用》《贯彻宗教事务条例，提升宗教管理法治化水平》《深化完善第三方安全巡查托管，提升宗教安全监管专业化水平》等专题进行协商。组织民宗界委员开展界别活动和委员服务日活动。

【民族工作】 按政策做好少数民族子女民族成分变更的审核和高考加分政策的落实工作，切实维护少数民族群众的合法权益；做好松阳板桥畲族乡扶贫结对工作，联合浙江吉泰新材料股份有限公司赴那曲比如县开展贫困学生资助结对活动，共资助结对资金 15 万元；组织区政协民宗界委员赴松阳县板桥畲族乡开展结对慰问活动，看望慰问贫困户，并与少数民族困难学生座谈，送上慰问金；巩固阵地建设，在区“统战之家”建设中布局好民族板块内容，为少数民族人士提供学习交流的平台；开展民族团结进步创建，上半年区民宗局在全省民族团结进步表彰大会上被授予“民族团结进步模范集体”称号。 （王溢菲）

老龄工作

【概况】 2020 年根据区委、区政府全年工作重点，结合有关部门和乡镇（街道）工作大局，进一步盘点全区老龄事业发展“十三五”规划完成情况，配合省、市医养结合调研，完成曹娥街道德济苑、鸿雁社区开展全国级老年人心理关爱项目，做好全年医养结合机构的监测工作。上虞中医医院被评为省级敬老文明号先进单位。

【老年电大教学发展】 完成 2020 年春、秋两季老年电大教学工作，共招收学员 7000 多名，发放教材 14000 本，拓展第二、第三课堂，扩展老年电大教学工作辅导员队伍，开展丰富多彩的老年教育活动。利用城乡社区居家养老服务照料中心、养老机构等阵地，培育一批老年电大示范教育点，曹娥街道鸿雁社区老年电大教学点被评为全省精品教学示范点。

【“孝亲敬老月”系列活动】 2020 年“孝亲敬老月”主题为“弘扬养老孝老敬老传统，共建共享老年友好社会”。具体开展孝德宣传、情暖夕阳、医养结合、维权优待、老有所为、健康身心等活动。 （顾锐林）

人口与计划生育

【概况】 2020 年度，全区出生人口为 4033 人，其中符合政策的是 3995 人，计划生育率是 99.06%。出生人口中男孩 2166 人，女孩 1867 人，性别比为 116.01。一孩出生 2464 人，一孩占总出生人口的 61.10%，一孩中男孩 1335 人，女孩 1129 人；二孩出生 1497 人，二孩占总出生人口的 37.12%，其中男孩出生 793 人，女孩出生 704 人；多孩出生 72 人，多孩占总出生人口的 1.78，其中男孩 38 人，女孩 34 人，多孩中符合政策的为 48 人。加强宣传引导，把握正确舆论导向，持续稳妥实施全面两孩政策。关爱妇幼健康，进一步做好“三优”指导中心管理工作，提升中心软硬件水平，为群众提供三优服务。避孕药具管理规范。

【计生奖励扶助金】 全区新增奖扶对象 3547 人，退出 1803 人。奖扶金全年发放对象共计 24658 人，发放金额 2367.168 万元。

【计生特扶金】 全区特扶对象新增 120 人、退出 27 人，特扶总扶助对象 1149 人，发放特扶金 1286.28 万元。

【生育关怀系列保险】 615 名失独对象享受 11.07 万元保险补贴，理赔 39 人，理赔金额 10.78 万元。为 25870 名育龄群众参加两性安康保险，总保额 268.94 万元，理赔 72 人，理赔金额 150.4 万元。

【计生困难对象救助】 救助计生困难对象 261 名，发放公益金 83.84 万元。 （顾锐林）

新居民管理

【概况】 2020 年，全区登记在册流动人口 21.3 万人，居住出租房屋 4.02 万间，全年发放浙江省居住证 3320 本，累计发放浙江省居住证 95464 本。充分利用互联网+技术，大力推广浙里办、越警管家安心码服务，2020 年，通过浙里办、越警管家申报出租房 3.8 万多间，流动人口 4.3 万多人，自主申报率大幅提升。 （谭红燕）

【居住出租房屋“旅馆式”管理】 实施“旅馆式”管理二期工程，进一步优化居住出租房屋管理，增加智能门禁、智慧消防等功能模块，配置智能门锁、智慧烟感等硬件设备，打造居住出租房屋智慧化管理平台。在盖北镇“一村一幢楼”率先试点推广，首批安装智能门锁190把，智能烟感锁392把，为上虞新居民打造舒适、安全的居住环境。 （谭红燕）

【居住出租房屋“四色”管理机制】 实施居住出租房屋四色分级分类管理，根据环境卫生、治安隐患、消防隐患等内容，将居住出租房分为美丽规范、安全达标、限期整改和禁止出租四类，实施红、黄、蓝、绿四色管理，落实日、周、月、季分层次管理措施。 （谭红燕）

【居住出租房屋“一单一码”工程】 通过在居住出租房张贴二维码、平安码，落实每月扫码排查，督促房东和租客定期扫码学习，双向互动提升房东和租房的安全意识。全年共张贴平安码8162间，实现群租房的全覆盖。 （谭红燕）

【新居民专管员业务培训】 10月23日，区新居民服务中心举办全区新居民专管员业务知识培训会，来自全区各乡镇街道、杭州湾综管办分管新居民业务负责人，全区新居民专管员、窗口工作人员，各派出所稽查队员等共计100余人参加。 （谭红燕）

【困难新居民家庭、新居民学生慰问】 春节前夕，新居民服务中心组织开展帮困扶贫、送温暖服务新居民活动，为10户困难新居民家庭和4名困难新居民学生送上慰问金和慰问品。 （谭红燕）

关心下一代工作

【概况】 2020年，上虞区关心下一代工作委员会（简称区关工委）联合乡镇（街道）、学校关工委开展各种教育活动186场次，参加青少年18670人次，其中五老线上教育收看点击量达16222。线下五老讲课72次，参加青少年2448人次。举办爱心假日学校13所，区关工委发放暑期社区教育资助金5万元；组织全区青少年开展“孝于家忠于国，从我做起”主题教育；资助661位应届、历届贫困家庭大学生，发放助学金230万元。

2020年，浙江石狮商贸城有限公司董事长、关工委主任石海森获“全国关心下一代工作先进工作者”称号。

【五老讲师“云课堂”开课】 6月3日，区关工委五老讲师“云课堂”开课。讲师们围绕“孝于家忠于国，从我做起”教育主题，以视频形式在关工委公众号与教体局平台推送。

【孝德故事连环画《包娥的传说》首发】 6月16日，区关工委、区教体局、区孝德文化研究会联合编印的上虞古代孝德故事连环画《包娥的传说》在孝德教育基地驿亭镇中首发。

【省关工委到上虞调研】 6月24日上午，省关工委主任徐宏俊一行到上虞调研关心下一代工作，听取区关心下一代工作汇报，实地走访重华小学和中华孝德园，对创建省关心下一代教育基地提出指导意见。

【石狮爱心助学金发放】 9月18日，区关工委举办2020浙江石狮商贸城有限公司“爱圆大学梦”助学仪式暨励志教育讲座。94名应届、历届贫困家庭大学生领到石狮爱心助学金。

【“炉峰慈联·天天向上”奖学金颁奖仪式在上虞举行】 10月27日，绍兴市“炉峰慈联·天天向上”奖学金颁发仪式在上虞区职教中心举行。经过学校上报，各级审核，全市490人获得此殊荣。区69位家庭贫困的优秀学生获得“炉峰慈联·天天向上”奖学金，合计奖学金达12.1万元，其中，2位同学获得“十佳精英奖”。

【区关工委获评绍兴市关心下一代工作突出贡献】 12月24日，在纪念绍兴市关工委成立30周年会议上，区关工委获绍兴市关心下一代工作突出贡献；方政等16人为“绍兴市关心下一代工作‘最美五老’”，杨根苗等5人为“绍兴市关心下一代工作突出贡献”称号，小越街道关工委等6个基层组织为“绍兴市‘五好’基层关工委”；驿亭镇中杭椿、阳光学校王涵宇为“绍兴市十佳励志青少年”。（周惠月）

慈善工作

【概况】 2020年，上虞全区77家慈善冠名企业中，69家企业认捐增值金到位，共计2720万元。各乡镇（街道）、区级机关部门广大干部职工和社会各界人士捐款393.83万元。全年累计定向捐赠和其他收入共1965.88万元。

【红霞敬老帮困孝德资金】 年内，根据《关于进一步完善红霞敬老帮困孝德资金管理实施办法的通知》的文件精神，区慈善总会全年发放敬老慰问金304.3万元，发放医疗帮困资金427.92万元。

【龙盛助学基金】 根据《上虞区慈善总会龙盛助学基金管理实施办法》的文件精神，全年共资助贫困学生283人，发放助学金达119.7万元。其中，历届在读大学生144人，发放助学金66.4万元；应届大学生58人，发放助学金29.5万元；高中生81人，发放助学金23.8万元。

【闰土关爱基金】 年内，根据《上虞区慈善总会闰土关爱基金管理实施办法》的文件精神，发放孤儿救助金5.16万元，资助孤儿30人次；根据民政部门登记在册的低保户和低保边缘户中在读小学至高中的子女名单，发放慈善助学购物券，共发放慈善助学购物券27.64万元，受益家庭达527户；发放医疗救助资金12.23万元，惠及困难群众16人。

【卧龙帮困资金】 根据《上虞区慈善总会卧龙帮困基金管理实施办法》的文件精神，全年共发放帮困资金107.7万元，共资助困难户2025户。

【加根爱心基金】 年内，根据《上虞区慈善总会加根爱心基金管理实施办法》的文件精神，对全区行政村常年固定卫生保洁员发放慰问金，共计74.5万元，惠及困难群众1984人。

【冠名企业特困职工救助】 企业支持慈善，慈善反哺企业。在第三轮第五年度慈善冠名企业中，全年共计发放冠名企业特困职工救助和慰问金114.2万元，惠及特困职工956人。

【慈善医疗救助资金】 年内，根据《关于进一步加强慈善医疗救助工作的实施意见（试行）》的文件精神，全年共发放慈善医疗救助资金94.37万元，惠及困难群众2055人次。

【“企善暖心”暖情走访慰问金】 联合第三轮慈善冠名企业，共同开展走访慰问活动，看望区内54户困难户，送去13.79万元的慰问金及物资。

【困难群众临时救助金】 全年共救助困难群众34人，发放救助金15.22万元。

【机关团体企事业单位干部职工慈善救助金】 根据区委办、区政府办《关于开展扶贫帮困“送温暖”慈善捐款活动的通知》的有关精神，共发放慈善救助金80.69万元，救助干部职工46人。

【助推东西部扶贫】 根据绍市对口〔2020〕2号的文件精神，结合东西部扶贫协作要求，落实帮扶资金460万元定向捐赠给小金县慈善会；联合爱心企业捐赠定向物资，总价值达196.1万元。

【做好定向项目】 国网上虞供电公司、“两新协会”、民生银行杭州分行、浙江闰土股份有限公司、烟草公司上虞分公司、浙江舜杰建筑集团有限公司、农商银行、阮兴祥等爱心企业和个人纷纷设立定向项目，用于帮扶助困。全年定向项目支出共计380.75万元。

【建立民间救援队“共享装备库”】 在区应急救援协会成立之际，出资50万元建立“装备库”，有效缓解民间救援队经费不足、装备欠缺的状况。

【承接政府任务】 联合区民政局继续扶持区43个“爱心驿站”的建设运营，发放补助金21.5万元；继续抓好“衣循环·爱循环”工程建设，在全区放置346个回收箱，对放置回收箱的村、社区（居委）试行反哺，共发放补助金6.54万元。

【支援新冠疫情防控】 设立“合力抗疫”慈善项目，累计收到捐赠款物1586.03万元，累计拨付捐赠款物公基1586.03万元，做到捐赠款物精准零误差拨付。向各乡镇（街道）下拨临时救助金共计64万元，用于救助困难家庭。

（李　权）

民生保障

综 述

【概况】 拓展"一件事"改革。依托"互联网+人社"系统,继续推进"一件事"改革迭代升级,助推"一件事"办理更多应用于移动互联网场景,进一步提升群众办事便捷度。扎实做好机关内部"最多跑一次"改革工作。共有7个主项31个子项已经进行网上审核办理。加快推进基层平台能力建设。深化"就近办"等多层次办事体系。按照"能放尽放、分类赋权"原则,实现80%以上高频民生事项在乡镇街道可办。推进村级人社业务代办员队伍建设,已对32个试点村进行指导,并完成人社业务培训,村级可办理业务达到17项。建立"片长挂联制",安排业务骨干挂钩联系乡镇街道,通过业务指导和督促,解决基层平台遇到的疑难问题,加强基层平台建设,充分发挥乡镇(街道)及村级便民服务中心窗口作用,切实提升群众满意度、获得感。

【年度企业薪酬调查】 根据省、市相关要求,对上虞区开展2020年企业薪酬调查工作,共选取193家有一定规模、经营状况正常、能反映本地产业特点的样本企业,对企业人工成本情况和企业在岗职工工资调查进行抽样调查。同时对区36家企业开展人工成本检测工作。

【劳动保障政策咨询投诉接待】 2020年受疫情影响,来电来访咨询疫情期间工资福利、劳动关系、社保缴纳等政策规定激增。坚持服务好劳动者、服务好企业总目标,在劳动保障监察举报电话基础上,开通咨询热线,24小时全天候值岗值勤,及时解答劳动者、企业心中疑问。

【劳动保障"三服务"活动】 坚持"大走访大排查大调研"为统领,深入开展进企业、进园区活动,重点围绕企业复工复产、工资支付情况摸底、疫情政策规定宣传两项内容送法推门服务。指派专人开展劳动保障出面审查工作,2020年劳动保障书面审查企业共计14000余家,超过任务数7000家的100%。为迎接浙江省治欠保支工作检查考核、备战国务院治欠保支工作检查考核,宣讲条例。对46个在建项目进行6项制度抽查,现场指导、整改,并会同市局对建设、水利、交通等6个项目进行现场重点督导。开展夏季专项行动,重点检查各类在建工程项目及已竣工但仍存在欠薪的工程项目及劳动密集加工制造企业、酒店餐饮服务等传统行业企业和厂房租赁型及运动健身企业以及有欠薪记录的其他企业。

【劳动纠纷案件处理】 创新实施"电话办""网上办""邮寄办""特殊时期保障办",实行24小时"不见面"劳动保障维权服务,快速受理处置劳动纠纷案件。1—12月监察受理投诉举报案件811件,劳动仲裁调处劳动争议案件1046件,其中网上受理仲裁案件158件。

【开展农民工工资速裁庭建设】 通过完善工作制度,优化办案流程。出台《设置专业速裁庭建立拖欠农民工工资争议速裁机制实施方案》，同时制定速裁庭办案规则、工作人员工作职责、受理立案操作规程，规范仲裁文书等。按照"1+2+2+N"的模式组建速裁团队，速裁庭由具有丰富农民工案件处理经验的业务骨干力量组成，设置1名立案员、2名仲裁员、2名书记员及若干调解员。建立包含区劳动争议人民调解委员会、全区各乡镇街道23名具有丰富劳动争议调解经验的调解员信息库，协同快速调处工资案件。截至12月底，通过拖欠农民工工资速裁机制处理案件413件，涉及劳动者428人，工资914万元。9月通过省厅验收。

劳动就业

【概况】 2020年，根据年初制定的目标任务和《关于应对疫情影响支持企业复工复产的政策意见》若干条款的实施细则(虞人社〔2020〕15号)、《〈关于应对疫情影响支持企业复工复产的政策意见〉若干条款的实施细则》的补充意见(虞人社〔2020〕17号)、《绍兴市人力资源和社会保障局绍兴市财政局关于做好2020年失业保险稳岗返还工作有关问题的通知》(绍市人社发〔2020〕14号)、《绍兴市上虞区人民政府办公室关于开展2020年失业保险稳岗返还工作的通知》(虞政办综〔2020〕18号)、区政府专题会议纪要〔2020〕28号、53号，扎实做好"六稳"工作，落实"六保"任务，围绕"稳就业保民生"开展工作。截至12月底，全区新增就业4万人，登记失业率为1.41%。 (金 旦)

就业大巴(区人社局 提供)

【助力企业复工复产】 面向18个省(市、自治区)开行就业大巴和专列共计274辆次，免费为区内企业接回省外新老员工10562人，占全市人社系统接回员工数的1/3，居全市第一，兑现就业大巴、专列费用500余万元，有效缓解企业用工紧张难题。 (金 旦)

【交通补助】 出台自行到上虞员工交通补助政策细则，对疫情期间在规定时间内到上虞就业的员工分别给予200元、500元、800元不等的交通补助，发放31000余人次自行来虞员工交通补助2000多万元。 (金 旦)

【企业用工情况监测】 除对常规206家企业开展用工监测外，疫情发生以来新增对943家企业(其中规上企业733家，重点出口企业413家)加强用工监测力度，根据企业填报的用工数据加强跟踪服务工作。由于区产业结构比较均衡，疫情发生后未发生大规模裁员事件，943家企业2019年12月、2020年3月和2020年12月用工人数分别为149905人、150401人和150623人，其中省外员工分别为84066人、84615人和84616人，总体用工情况稳中有升，外省务工人员在区就业总体稳定。从监测数据看，用工短缺仍是主要矛盾，缺工企业达231家2000余人。根据用工监测数据，及时对接员工富裕和缺少企业，帮助落实企业间员工余缺调剂，稳定员工就业，累计调剂10家企业152名员工。 (金 旦)

【稳岗返还政策兑现】 一是落实稳岗返还社会保险费政策，符合条件的企业返还2019年12月企业及其职工缴纳的社会保险费，累计返还6005家企业1.2亿元，稳定职工就业136170人；二是落实稳岗返还失业保险费政策，返还1497家企业失业保险费550.11万元，稳定企业职工22939人。 (金 旦)

【扶贫劳务协作"云招聘"模式】 受疫情影响，赴对口地现场招聘受阻，上虞区人社局创新实施"云招聘"模式，助力企业复工复产和助力脱贫攻坚两不误。网络专场招聘会帮助小金县一个乡镇的富余劳动力对接上虞区一家有用工需求的企业。2020年，上虞小金两地共合作举办"云招聘"10场，帮助上虞区企业新吸纳小金籍员工93人，其中建档立卡贫困户25人。全年帮助中西部22省贫困人口到上虞稳定就业10732

人，帮助对口帮扶4省贫困人员到上虞稳定就业4283人，帮助小金县培训1500余人，超额完成目标任务。目前已累计帮助结对地四川省小金县实现转移就业260余人，其中稳定就业160余人，稳岗率超过60%，累计帮助结对地四川省小金县培训1700余人次，累计兑现东西部扶贫劳务协作政策性补贴140余万元。

（金　旦）

【失业保险基金】 按时足额发放失业保险待遇，落实失业保险扩围政策。2020年1—12月，领取失业保险金14555人次，支付失业保险金2096.35万元、医疗保险费431.33万元，均比往年同期降低10%以上，2020年出台的一系列“稳就业保民生”政策。1—12月累计发放14155人次价格临时补贴143.17万元，累计发放5845人次失业补助金365.79万元，累计发放112人技能提升补贴15.8万元。（金　旦）

【就业援助】 摸排“零就业家庭”情况，鼓励社区（村）开发公益性岗位兜底安置就业困难人员。通过召开全区就业工作会议，发挥乡镇街道基层平台作用，布置落实就业援助、“零就业家庭”摸排、公益性岗位开发等工作，2020年兑现公益性岗位补贴4人2.04万元。近几年累计开发公益性岗位180余个，安置双低家庭人员、“零就业家庭”人员1140人次，发放公益性岗位补贴436万元。（金　旦）

【就业社区（村）建设】 对列入2020年高质量就业社区（村）建设工作范围的全区20个社区（村）进行上门帮助指导。20个社区（村）全部通过区级认定，其中有14个社区（村）通过市级认定。（金　旦）

社会保险

【概况】 2020年度，上虞区社会保险事业管理服务中心（简称区社保中心）2020年度共受理社保业务68.42万余件，接待参保群众4.51万余人次。截至12月底，职工基本养老保险参保单位13659家，全区共计参保40.06万人，同比增加1.03万人，城乡居民社会养老保险全区共计参保16.6万人，全区基本养老应参保651333人，实际参保647913人，参保率为99.47%，比上一年度提高1.79%，参加工伤保险29.7万人，同比增加2.64万人，参加失业保险20.9万人，同比减少0.25万人。社会保障由政策全覆盖向人群全覆盖转变。为推动企业疫情期间有序复工复产，2020年1—12月为13568家企业减免基本养老保险费用97862万元，为全区14154家企业减免失业保险费用13678万元，为全区13578家企业减免工伤保险费用14077万元。为全区部分企业缓缴社保费用5226万元。按照省人社统一安排，浙江数字人社工作台经过多轮测试已于2020年8月上线，社保业务数据打破原本的地区壁垒。（姚莹凌）

【工伤保险“政保合作”项目】 制定《绍兴市上虞区工伤保险业务“政保合作”项目》，把工伤保险业务交由商业保险机构承办，压缩窗口办件量，方便企业、工伤职工就近办理。（姚莹凌）

【社保降率减费】 2020年1—12月为13568家企业免征基本养老保险费用97862万元，为全区13578家企业免征工伤保险费用3519万元，为全区13624家企业免征失业保险费用3436万元。为全区10622家企业降低工伤保险费用4631万元，为全区14154家企业降低失业保险费用10242万元，还为全区部分企业缓缴社保费用5226万元。为支持企业复工复产，共为全区1126家企业实行招工奖励，奖励金额共计609.72万元。（姚莹凌）

【社保扶贫】 对全区2599个贫困未参保人员先进行数据比对，确定未参保人员名单按照乡镇街道进行分类下发至乡镇社救中心，由村居委点对点上门核实，同时结合全民参保库和机关事业养老保险系统对绍兴市外人员和在编人员进行查询验证保证数据的准确性。经核查发现上虞2599个未参保贫困人员中不符合参保条件的有1194人，符合参保条件的1405人，已实现未参保贫困人员100%清零。建立社保扶贫动态长效机制，及时跟绍兴社保及民政、残联对接，做到不漏一户，不落一人。（姚莹凌）

【退役士兵社会保险接续】 2020年，严格落实政策，配合退役军人事务局做好政策解释工作，审核好中断年限，累计审核1687人，完成率100%。对已完成缴费的退役士兵，抓紧做好补缴年限录入。（姚莹凌）

【被征地农民参保】 截至12月，办理失土人员参保43个村，新增参加人数1331人。（姚莹凌）

【新增退休人员养老保险待遇核准支付】 2020年度，社保待遇科完成新增职工养老退休人员养老待遇核准支付约9300人，城乡居民基本养老保险待遇核准支付约4800人，机关事业养老保险待遇核准支付约330人。受理完成职工工伤保险待遇核准支付约2000件。（姚莹凌）

【2019年度机关事业养老退休人员养老金计发】 根据《关于启用机关事业单位养老保险待遇计发新参数有关问题的通知》文件精神，2020年4月，对区352名2019年度机关事业养老退休人员开展养老金计发工作，同时补发养老待遇120余万元。（姚莹凌）

【2019年度企业养老退休人员养老金计发】 2020年1月，对区9500名2019年度企业养老退休人员开展养老金计发工作，并按照多退少补的原则，在2月发放的养老金中对预发待遇进行补(扣)发。（姚莹凌）

【城乡居民基本养老保险基础养老金增发】 2020年3月，对区11.4万余名城乡居民养老待遇领取人员开展基础养老金增发工作。从2020年1月起，基础养老金标准从180元/月调整为215元/月，对已年满65周岁、70周岁、75周岁的老年居民分别加发10元、15元、20元，合计补发基础养老金984.85万元。（姚莹凌）

【2020年调整退休人员基本养老金】 2020年7月，开展对区12万余名退休人员的基本养老金调整工作，并补发1—7月的养老待遇，合计补发增资养老金约1.13亿元；同时，完成区94名工伤职工伤残津贴、生活护理费调整工作，合计补发工伤定期待遇14.7万元。

（姚莹凌）

社会救助与社会福利

【城乡居民最低生活保障】 至2020年12月，区共有低保户5366户7058人，其中城镇低保户856户1672人，发放资金904.32万元；农村低保户4510户5986人，发放资金5252.57万元。至12月，共发放低保资金6156.89万元，低保人均补差706元，占低保标准83%，截至2020年底，新增低保户448户654人，退出低保户535户996人，在册补差调整1396户。

全年共审批并复核支出型贫困家庭66户184人。

【居民家庭经济状况核对】 全年共开展低保、低边、特困及临时救助经济核查23556户次。受住建局委托开展公租房申请家庭财产核查335户544人，协助残联审核两项补贴残疾人补贴，审核困难残疾人生活补贴共计4451人。

【困难群众临时救助】 12月底共救助88户238人，发放资金69.2万元。

【特困供养】 截至12月，在册特困供养人员290人，其中城镇“三无”对象42人，农村五保对象248人，发放救助资金合计419.54万元。

【其他救助福利】 开展特定对象的资金发放工作。截至12月，区共有百岁老人31人、精简退职人员51人，“三老”人员6人，包括其他退休、部队精简等特定对象，共计108人。全年共发放补助经费144.31万元。

【水库移民扶持政策】 及时准确发放移民直补资金，2020年复核核定直补人数为9439人。年内发放完成全年直补资金566.34万元。规范实施后扶资金项目，2020年度共开展移民扶持项目19个，总投资1738.5万元，移民资金944万元，已完工项目17个。完成历年移民扶持项目1个，拨付移民资金40万元。做好移民扶持实施情况监测评估的工作，共计60户。（王志元）

杭州湾上虞经济技术开发区（浙江省上虞经济开发区）

杭州湾上虞经济技术开发区（浙江省上虞经济开发区）

【概况】 2020年，杭州湾上虞经济技术开发区（浙江省上虞经济开发区）实现经济总量1500亿元，其中规上工业产值1127亿元，同比增长6.9%，占上虞全区的67%；税收收入60亿元，同比增长9.1%，工业税收占全区总量75%；累计签约落户项目29个，其中四大主导产业引进项目23个，总投资617亿元；交通运输投资、高新技术企业投资、民间投资3个结构性有效投资指标基本保持两位数增长；获批国家级博士后科研工作站，被列入第五批绿色制造名单之绿色工业园区，并入选浙江省开发区第二批美丽园区示范园区。

【全国国家级开发区综合考评排名晋升】 在商务部公布的2020年度全国218家国家级经济技术开发区综合发展水平考核评价排名中，杭州湾上虞经济技术开发区考评排名大幅跃升，排名由上年度的第92位上升至第60位，晋级32位，取得历史性突破。

【新材料产业链“链长制”列入省试点示范单位名单】 新材料产业链充分发挥“链长”作用，由“链长”牵头落实完善“十个一”工作机制，包括发展规划、工作专班、扶持政策等，着力构建适宜新材料企业发展的产业生态。2020年10月26日，浙江省商务厅公布浙江省开发区产业链“链长制”试点示范单位名单，杭州湾上虞经开区以“新材料产业链试点”获评2019年产业链“链长制”试点示范单位。

【上虞先进高分子材料产业平台列入省“万亩千亿”新产业培育平台名单】 2020年11月12日，省发改委发文公布第三批浙江省“万亩千亿”新产业平台培育名单，上虞先进高分子材料产业平台入选。区域内共有新材料企业115家，2020年新材料产业实现产值614亿元，同比增长9.86%。在先进高分子材料领域，平台已初步形成“前端合成—改性—应用”完整的高分子新材料产业链，在高端工程塑料、高性能氟材料、功能型膜材料、高性能纤维及复合材料四大领域形成具有全球竞争力的产业链优势，多项成果和产品填补国内空白。

【圆锦新材料实现当年签约、落地、开工】 圆锦新材料项目是绍兴市单位投资最大的工业项目，也是传统产业改造提升2.0版的标志性项目，项目计划总投资达208亿元，被列为省重点建设预安排项目，并列入国务院授权和委托审批的项目。圆锦新材料项目在氢能利用、医药、聚氨酯、薄膜及众多塑料行业等多个领域起到龙头带动作用。项目于2020年6月28日签约，12月23日开工，实现当年签约、当年落地、当年开工。

【“六稳”“六保”任务】 复工复产迅速有序，第一时间启动一级响应，组织各类排查、巡防500多次，坚决守住各类“小门”。项目推进快速有力，经开区全年累计签约落户项目29个，四大主导产业引进项目23个，总投资617亿元，其中10亿元及以上项目12个，包含

50 亿元项目 3 个，百亿元项目 2 个，世界 500 强项目 1 个，8 个签约落地类项目已全部落地，16 个落地推进类项目全面建设开工，7 个“市县长工程”项目入库率达到 100%。

【创新技术发展】 杭州湾产业协同创新中心入驻企业 19 家，入驻率达到 90% 以上，包括研究院 6 家、技术中心 2 家、高层次人才团队项目 5 个、协会及企业 5 家以及安全环保智慧监管平台；杭州湾上虞经开区绿色化工人才实训基地开园，是国内首家国家级“技能人才示范实训基地建设单位”，全年累计培训超 1 万人次；哈工大机器人集团长三角中心（杭州湾）科创城展厅开放，全方位展示机器人行业的前沿技术、创新产品与技术应用解决方案。

【安全生产和生态环保】 深入实施化工行业改造提升 2.0 版，完成企业“六新”改造 20 家，新建无人车间 10 个；完善安全配套设施，双回路电源设施、应急救援协同体系、绿色创新中试平台等加快建设；深化智慧监管平台建设，实现重点区域和化工企业全覆盖；构建安全环保应急指挥中心，线上监管、线下联动机制逐步完善；设立国家级化工行业职业能力研究院，创建为全国石油和化工行业技能人才示范实训基地；打造“蔚蓝园区”“碧水园区”“无废园区”，完成 20 家企业“科学治气”和 55 家挥发性有机物专项整治，异味评价体系二期正式投用，完成“污水零直排区”创建任务，成为全国无废城市现场会参观点；2020 年安全生产事故同比下降 20%。

【城市功能】 杭州湾上虞经开区新增多所学校，未来城小学、幼儿园按期开学，总投资 12 亿元的浙江建设职业技术学院上虞校区如期竣工，于 9 月招生入学，经开区的城市功能日趋完善。

【人才引进】 全年累计引进各类高层次人才 100 余名，省级以上领军人才 40 余人，绍兴市创新创业团队 2 个，包括医药产业园引进的 1 名院士、2 名绍兴市 330 高层次人才及多支以海外知名院校博士为核心的创新研发团队。

浙江建设职业技术学院上虞校区（杭州湾经开区　提供）

【营商环境】 对标“三服务”最佳实践，树立“服务企业无止境”的理念，制定完善《经开区企业投资项目“1+9+X”一体化联动审批实施办法（试行）草案》《投资项目移交管理权限实施方案（试行）草案》等政策文件，加速实现“一窗受理、集成服务、一次办结”；落实“三服务”“一企一员”工作部署，严格“周会商、月解难”服务机制，确保每月不少于 2 次现场解难，全年组织解难会商 200 余次，累计收集需协调问题 205 个，已解决 203 个，办结率 99% 以上。（单雯瑶）

绍兴市上虞区杭州湾综合管理办公室

【概况】 绍兴市上虞区杭州湾综合管理办公室（简称杭州湾综管办）承担杭州湾上虞经济技术开发区（浙江省上虞经济开发区）杭州湾片区的经济发展、企业科技人才服务、安全生产、生态环保、社会事务、民生保障、征地拆迁和党的建设等职责。

杭州湾党建研习馆（任　江　摄）

【党建引领】 2020年,杭州湾综管办党工委全面深化"凤凰领航·蓝海红湾"品牌建设,打造"红湾大学堂",创新推行"产业链党建",高端新材料和现代医药两大产业链党建联盟正式成立,党建研习馆建成启用,持续开展"凤凰孵化""四型联建",辖区非公企业党建实现全覆盖,6家企业创建为市级"五星示范、双强争先"。

【经济发展】 2020年,杭州湾综管办辖区实现规上工业产值803.12亿元,同比增长6.94%,其中规上工业增加值增长10.6%,规上新兴产业产值增长7.24%,高新技术产业产值增长4.0%;完成工业投资38.09亿元,同比增长26.29%;完成税收37.5亿元。创建为全国绿色工业园区,入围中国化工园区30强(位列第13位,比上年晋升2位),承办全国无废城市现场会,通过第二轮中央生态环保督察。

【疫情防控和复工复产】 防疫工作落实落细,第一时间成立疫情防控和复工复产工作专班,落实一级响应工作措施,对辖区4万余名员工进行全面摸排,组织各类排查、巡防500多次,坚决守住各类"小门"。复工复产有序推进,成立化工企业复产专班,至2月底复产率达87.97%,复工指数92.69,超额完成区定目标任务。

【化工产业改造提升2.0版】 突出"数字化、智能化"改造方向,着力打造化工产业改造提升示范标杆。统筹推进化工产业改造提升2.0版,今年完成20家企业"六新"改造,新建(改建)10个无人车间,智能化改造在所有化工企业中全面推进。

【安全环保智慧监管平台】 探索"精密智控""整体智治"的安全环保管理理念,以"标准化、数字化、智慧化"为引领,通过"创新式监管+数字化智治"的思路,持续深化安全环保智慧监管平台,筹建安全环保应急指挥中心,实现重点区域和化工企业监管全覆盖,线上线下联动机制逐步完善,平台入选2020年度省观星台优秀应用名单。

【科技人才】 2020年,完成企业研究与试验发展经费21.5亿元,新增国家重点扶持高新技术企业18家,浙江省科技型企业17家,新增博士后工作站4个,新增发明专利授权87件,引育国家级领军人才6人,省级领军人才5人,市级创新团队2个,绍兴英才计划人才12名。

(赵国锋)

e游小镇

综　述

【概况】 e游小镇位于上虞区“一江两岸”未来城市规划的核心地段，濒临上虞母亲河曹娥江及古老的杭甬运河，规划面积2.88平方公里。邻近高铁站、高速道口，属上海一小时交通圈和杭州、宁波半小时交通圈，“同城化”效应明显。

小镇被列入第二批浙江省级特色小镇创建名单，主要培育以游戏、影视、动漫、视听阅读为主的数字经济产业。2019年通过省级特色小镇验收命名，成为全省通过验收命名的42个特色小镇之一，连续三年获省级特色小镇“亩均效益”领跑者，获得浙江省数字化示范园区称号，入选浙江省第四批省级“大众创业万众创新”示范基地和省级数字文娱产业创新服务综合体。

（魏　斌）

开发建设

【创客之家人才公寓项目】 青春公寓建设项目总投资约5亿元，建筑面积约87000平方米，共计公寓1301套，工期30个月，于2019年9月25日开工，2020年主体全部结顶。

（邵奇峰）

【智慧小镇建设项目】 智慧小镇建设项目总投资2673.9万元，2019年7月19日开工，2019年12月31日通过初验，开始试运行阶段，于2020年10月16日通过终验。

（邵奇峰）

【智慧警务室项目】 上虞警务馆设计与布展项目面积约400平方米，合同金额约392万，主要建设内容包括布展基础装饰、硬件设备、数字内容及软件开发、系统集成等。项目于2020年9月7日开工，2020年12月28完工，进入调试及试运行阶段。

（邵奇峰）

【“e游才华超级市场”开市】 2020年7月22日晚，“e游才华超级市场”在e游小镇门户客厅开市。推出四期“e游才华超级市场”，借力“地摊经济”，打造“人才夜市”新品牌。通过人才招聘、网红直播、文创集市、电竞游戏、音乐交友等环节，组成一个创新又独特的夜市模式。

（任娇萃）

人才招引

【“春风聚才，与你e起”小镇企业面对面直播招聘活动】 4月13日，e游小镇与绍兴E网联合举办“春风聚才，与你e起”线上直播招聘会，一起走进e游小镇宇石网络、良仓众创孵化平台、小城画画等企业，在镜头下带求职者领略小镇企业文漫影游产业特色，足不出户感受e游小镇数字经济魅力，为求职者提供精准的岗位需求信息。

（朱家威）

【“留在绍兴”网络专场招聘会】 5月12日，e游小镇与绍兴海智汇联合举办e游小镇专场直播招聘会，直播先后走进e游小镇宇石网络、简影网络、一鱼文化、欢娱网络四家企业，使人才与小镇企业线上会面，直观地展现文漫影游产业特色，此次直播邀请绍兴11所

高校应届毕业生观看，共提供700多个工作岗位，参与人次达7000余人。（朱家威）

【秋季专列高校人才引进】 10月12—21日由绍兴市委、市政府主办的综合性推介暨引智活动，覆盖国内几百所知名高校，通过综合性推介会加专场招聘会的方式，促成各类人才和项目对接。10月12—13日，e游小镇及小镇企业分别与重庆工商职业学院和重庆电子工程职业学院开展校企合作洽谈会，与院校领导面对面，旨在引进院校人才到小镇就业创业，为长期战略合作奠定基础。10月14—16日，e游小镇代表及小镇企业代表前往安徽，参加安徽理工大学、安徽工程大学及合肥学院招聘会，参与企业涵盖动漫、游戏、人工智能大数据等，为毕业生提供求职就业的广阔平台。10月20—21日，e游小镇携小镇企业前往山西太原，参加山西大学、太原工业学院及太原理工大学招聘会，共吸引几千名学生参加。（朱家威）

招商引资

【e游小镇第一届"合伙人行动"举办】 2020年6月6日，e游小镇第一届"合伙人行动"召开，此次活动汇聚来自全国各地的数字经济企业代表、各级媒体、上虞各部门局办、金融机构的嘉宾等近400名。活动现场通过宣传推介、六大数字经济项目作为小镇2.0版的"合伙人"集中签约落户、优秀合伙人代表发言、圆桌论坛和分论坛讨论等形式，搭建小镇与客商零距离交流平台，也诚邀更多有志之士扎根小镇，勇立潮头，参与产业升级，共同打造以研发运营为主线的数字游戏产业链、以文化价值为核心的动漫影视产业链，共创湾区数字经济新高地。（朱佳沁）

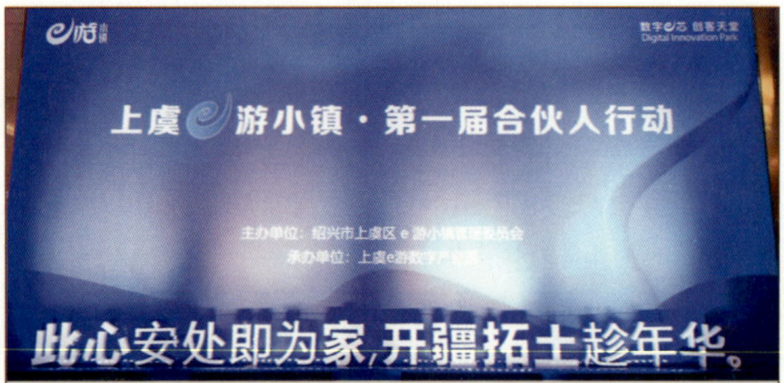

e游小镇第一届"合伙人行动"（e游小镇 提供）

【2020绍兴e游小镇推介会在成都举行】 2020年10月9日，e游小镇"成都·绍兴周"开启。此次推介会，为两地在数字经济产业的交互融合架设桥梁，为实现长期合作、携手探索和挖掘未来发展机遇和潜力提供良好开端。（朱佳沁）

欢虞数字·创聚e游2020绍兴e游小镇推介会

（e游小镇 提供）

【e游小镇影视动漫合伙人行动举行】 11月3日下午，e游小镇影视动漫合伙人行动举行。业界精英齐聚小镇，共同见证新一批影视动漫项目签约落地，秀合传媒集团入驻，进一步补强小镇产业链，开启小镇打造"全省领先数字产业化基地"的新征程。（朱佳沁）

【e游小镇推介会在深圳举行】 12月8日下午，以"鹏游创e·数领越舜"为主题的e游小镇推介会在深圳举行。世纪华通、华侨城文化集团、中手游移动科技、腾讯互动、360游戏等文漫影游行业企业代表以及投融资行业代表，共200多位嘉宾参加活动，共话数字经济产业发展新趋势。（朱佳沁）

【"人民文创"文化产业创意园落户上虞】 2020年6月9日，"人民文创"文化产业创意园落户上虞区e游小镇，将为来自全国各地的文创品牌和创业者提供孵化平台、交流平台和展示中心，一起服务人民美好生活。（任娇萃）

【中国音像与数字出版协会与e游小镇签署战略合作意向协议】 2020年11月9日，中国音像与数字出版协会与绍兴市上虞区e游小镇签署战略合作意向协议，未来，双方意向以“中国游戏产业发展大数据平台＋中国游戏产业促进中心＋中国游戏产业美术外包及培训基地”的合作模式开展深度合作。（任娇萃）

其他活动

【知识产权保护】 为迎接第二十个世界知识产权日，不断激励知识产权创造，加强知识产权保护，拓展知识产权转化运用，优化知识产权公共服务，探索知识产权服务创新发展新路径，e 游小镇于 4 月 22 日特举办“倡导创新文化尊重知识产权”世界知识产权日主题交流活动。（朱家威）

【企业防范风险】 随着劳动用工法律制度的完善、劳动者维权意识的不断增长，用人单位在劳动用工领域的法律风险日益凸显，防范企业劳动用工法律风险已成为企业日常经营中的重要课题。为帮助小镇企业防范风险、化解劳动争议，依法规范用工行为，促进社会和谐稳定。e 游小镇管委会于 8 月 19 日开展“企业招聘与离职法律风险防范”讲座。（朱家威）

【“直播带货”规范化】 随着网络带货尤其直播互动销售发展得如火如荼，越来越多的地区和传统企业，也开始倾向于互动性强、亲和力强、消费黏性强的“直播带货”。为确保小镇直播企业合规运营，使相关企业能了解其中的法律风险，9 月 3 日开展“电商‘直播带货’合规管理与防范风险”讲座，助力企业长期发展。（朱家威）

【税务政策专场培训】 为进一步做好企业服务工作，及时帮助企业解决税务管理方面的难题，11 月 5 日 e 游小镇举行小镇企业税务专场培训活动，帮助小镇企业纾困解难。（朱家威）

【e 游小镇携手清华师生推出抗疫公益歌曲——《纯白》】 2020 年 2 月，e 游小镇携手清华师生推出 e 游小镇管委会抗疫公益歌曲《纯白》，并拍摄与制作以上虞及小镇抗疫为背景的 MV，在 QQ 音乐、网易云音乐、人民日报客户端、新华社客户端、学习强国、哔哩哔哩等平台共同发布，全网播放量 20 余万人次，入选共青团中央抗疫专题歌曲。（任娇萃）

【省政协主席葛慧君一行到 e 游小镇指导督查】 2020 年 2 月 19 日，浙江省政协主席、党组书记葛慧君一行就 e 游小镇培育发展、企业复工复产及抗疫工作的落实情况进行考察。（任娇萃）

【省委书记车俊到上虞调研】 2020 年 4 月 23 日，时任浙江省委书记、省人大常委会主任车俊在 e 游小镇调研。他强调，要深入学习贯彻习近平总书记考察浙江重要讲话精神，对标建设“重要窗口”新目标新定位，统筹推进疫情防控和经济社会发展工作，坚定信心、化危为机，加强“六稳”、做好“六保”，进一步把浙江经济的灵性和活力激发出来，以超常规举措努力完成全年经济社会发展任务。（任娇萃）

【浙江省人大常委会副主任李学忠一行到 e 游小镇调研】 2020 年 6 月 23 日，浙江省人大常委会副主任李学忠一行到 e 游小镇调研，李学忠副主任一行先后调研走访数创广场特色商贸街区、e 游数字产业园，并召开座谈会，详细了解 e 游小镇 2.0 版建设发展情况。（任娇萃）

【全省数字出版编审人员培训班在上虞启动】 为进一步加强数字出版内容建设与管理，推动网上网下同频共振，受中共浙江省委宣传部出版处委托，绍兴市上虞区 e 游小镇管理委员会承办，实施 2020 年全省数字出版内容审读业务轮训计划，9 月 27 日下午，全省数字出版编审人员培训班在上虞天玥开元名都大酒店启动。来自全省 50 余家传统出版社、数字阅读平台、网络游戏研发运营单位的上百名负责数字出版内容审读的专业人员参加此次集中培训。（任娇萃）

【周边国家驻华使节和外媒记者参访团考察参观上虞】 2020 年 11 月 12 日，周边国家驻华使节和外媒记者参访团一行到 e 游小镇参观。参访团一行考察 e 游世界展厅、小镇代表企业宇石网络，实地感受小镇数字经济产业独特魅力及年轻人集聚的朝气蓬勃的办公环境，详细了解企业组织架构、发展历程、业务规模和未来规划。参访团相关代表表示，希望通过此次参访，双方加强国际交流，在游戏等相关领域寻找合作的切入点，实现互惠互利，合作共赢。（任娇萃）

【省委常委、宣传部部长朱国贤到e游小镇调研】 2020年11月27日下午，浙江省委常委、省委宣传部部长朱国贤到虞调研。朱国贤一行先后参观调研春晖中学、上虞乡贤馆和e游小镇。在小镇重点调研“人民文创”品牌项目，希望上虞充分依托“人民文创”这一全国性大平台，集聚人才、集聚创意，挖掘特色、凸显个性，发挥好辐射作用，共同赋能、带动周边文创产业的腾飞。

（任娇萃）

乡镇·街道

百官街道

【概况】 百官街道地处区中心，区域面积40平方公里，是上虞全区政治、经济、文化、商贸中心。辖区内有百官、城东、路东3个工业功能区和新叶家埭集聚区，街道辖18个行政村、29个社区，共有25万人。全年实现财政总收入21.38亿元，同比增长29.59%；其中一般公共预算收入13.37亿元，同比增长37.41%，两项指标增速均居全区街道、中心镇第一。完成工业总产值142亿元，其中规模以上工业总产值48亿元，同比增长10.5%，增速居全区街道、中心镇第一；社会消费品零售总额162亿元，其中商贸服务业销售总额150亿元，同比增长6.5%。先后被评为浙江省充分就业社区（村）创建先进单位，浙江省"婚育新风进万家"活动先进集体，绍兴市平安创建工作先进集体，绍兴市禁毒工作先进集体等多项荣誉，连续多年被评为区"五好基层党组织"。被区委、区政府评为年度工作目标责任制考核一等奖单位和清廉镇街。

从全区排名看，工业企业中，自立控股、亚栋实业、洁华化工、太阳股份等4家企业位列全区百强企业。自立控股、亚栋实业、约克夏（浙江）染化、化学工业等4家企业入围全区纳税百强企业，其中自立控股税收达1.81亿元，在纳税百强企业中位列第13位。建筑企业中，舜江建设、海滨建设、上安建设、中富建设、舜杰建筑、康达建筑、凤山建设、宏祥建设、华昇消防和纳特智能等10家企业进入建筑业全区二十强。中富控股、康达建筑、海滨建设、上安建设、凤山建设、舜江建设等6家企业入围全区纳税百强企业。商贸服务业企业中，石狮商贸、天玥酒店、舜泉酒店、华亿工程设计等4家企业入围全区现代服务业企业十强。石狮商贸销售40亿元，入围全区纳税百强企业。美科电器、远翔建材销售超10亿元。2020年，街道在中小企业培育，国家高新技术企业、浙江中小型科技型企业的申报，企业股份制改革、非股份制企业挂牌上市，污染企业整治等多项工作走在全区前列。

街道启动城东、百官2个工业园区基础设施整治提升，利用闲置厂房改造提升小微企业园3个，其中金林小微企业园通过省级小微园区认定、佳丰科创园通过市级小微园区认定，街道被评为省级中小微企业培育工作突出集体。申报国家高新技术企业8家、省中小型科技型企业31家，完成股改6家。整治淘汰落后产能、"低小散"企业17家，万元增加值能耗下降18.6%。全年实施重大产业项目19个，涉及工业项目11个、服务业项目8个，其中引进落地亿元项目8个。占地1.3万平方米、总投资7亿元的上虞书城项目已进场建设；自立控股总投资1亿元的高档陶瓷微粉技改项目开始投产；占地60亩、总投资9亿元的翡翠御府商业中心项目已启动建设。全年摸排出领军型创新人才团队2支，成功引进高层次人才5名、新增大学毕业生就业3700名。街道有"省千"1名、"省万"1名，专家院士工作站1个。

按照高质量、普惠性、可持续导向，百官街道有力推进品质之城建设。完成恒利、万和、西横河等47万平方米老旧小区改造和星辰首府、恒利市场等23个污水零直排项目建设。强势推进"清障拔钉"百日攻坚，全年完成“清障拔钉”26处,共拆除建筑面积约18000平方米,完成路工B2区块、329国道两侧共21家企业厂房征迁拆除。坚持全面发动、全员下沉、全域整治,以主城区的责任担当为全区高分通过全国文明城市复评贡献百官力量。高标准开展新时代美丽行动,18个美丽小区、18个“五星”系列村(居)社区、2条美丽河湖、30个美丽庭院通过上级验收。城区垃圾分类实现全覆盖,6个居民小区通过省级验收。高质量办理中央环保督察交办件4件。常态化开展扬尘管控、秸秆禁烧等工作,主城区全年$PM_{2.5}$平均浓度下降21.2%,空气质量持续改善。严格落实“河长制”,主要断面水质持续优化。

加强民生保障,优化养老、医疗、城乡医保参保等各类手续办理,加大弱势群体帮扶,发放计生、低保、优抚、残疾补助等资金1600余万元。十大民生实事项目、第七次全国人口普查、征兵任务高质量完成。创新社会治理,金渔湾平安服务中心和南丰、文化桥平安共同体发挥实效,矛盾纠纷调处率100%,社会大局平稳,安全态势良好,全年实现重特大群体性事件、重特大安全生产事故“零发生”。全力推进“三驻三服务”活动,进一步深化“最多跑一次”改革和“四个平台”建设,不断提升政务服务水平,提升工作效率。统筹推进人大、政协、群团、人武等工作,凝聚起保障百官发展的强大合力。

年内,街道完成9个市级民主法治村(社区)和新叶家埭村省级民主法治村、路东村民主法治示范村的创建验收工作以及诚信守法示范企业、尊法守法示范户等评选工作。在金渔湾平安服务中心、文化桥平安共同体建设品牌调解室两个,实现矛盾纠纷处置在前端,一站式解决。全年调解各类矛盾纠纷1216件,涉及金额375.4万元。全面落实“一村(社区)一法律顾问”制度,街道47个村、居、社区农村法律顾问覆盖率100%,法律顾问共先后入户服务460户次,共计服务对象5000人次,开展法律讲座94次,参与解决矛盾纠纷50余件。进一步加强法治教育基地建设,在金渔湾平安服务中心、南丰平安共同体建立青少年法治教育基地2个,路东村建立宪法公园1个。

【新时代美丽行动暨大气污染治理攻坚动员大会召开】 1月19日,街道召开新时代美丽行动暨大气污染治理攻坚动员大会。围绕新时代美丽行动,实施全域美丽计划,巩固提升“五星”系列创建成果,全面抓好第三批4个村(居)的“五星AAA”和第二批19个社区的“五星和美”创建。

【助力企业复工复产】 2月12日,街道第一批复工的企业达到13家。街道组建由工贸办工作人员和专业志愿者组成的“店小二”队伍,按照“不漏一企,不漏一人”的原则,对辖区内295家工贸企业、492家商贸企业的全部员工进行摸底排查,精准掌握每位企业员工动向轨迹,确保为企业复工打下坚实基础。

【打通“生命通道”专项治理行动】 5月15日,为加强消防车通道管理,有效解决占用、堵塞消防车通道等火灾隐患问题,按照市、区两级统一部署,百官街道全力开展打通“生命通道”集中治理行动,筑牢辖区消防安全底盘,确保消防形势安全稳定。

【前江、赵家区块3处征迁滞留房被依法腾退】 继路工地块征迁滞留建筑物实现清零后,8月14日,街道联合相关职能部门对前江、赵家区块的3处滞留房实施依法腾退。

(董国光)

表13

2020年百官街道各村(居)基本情况表

村名	村民小组(个)	户数(户)	人口(人)	农用地总面积(亩)	总收入(万元)	其中经营性收入(万元)	12月底货币资金(万元)
合计	289	20061	54918	13262	6194.37	1850.37	55446.86
一村	5	362	958	0	283.35	177.37	845.56
外严村	4	220	684	1517	163.15	0.00	651.40
金家岙村	4	331	929	275	78.84	0.07	375.93

续表 13

村名	村民小组（个）	户数（户）	人口（人）	农用地总面积（亩）	总收入（万元）	其中经营性收入（万元）	12 月底货币资金（万元）
联新村	16	1060	3244	1893	203.59	18.11	17.35
南一村	15	853	2274	1636	181.45	9.46	8.52
南二村	20	991	2911	1907	199.15	0.00	71.82
南三村	23	1059	3362	2400	271.24	3.47	45.63
路东村	11	579	1640	809	288.05	188.80	765.80
新叶家埭村	16	991	2865	595	322.01	10.02	2178.80
梁家山居委	4	511	1092	0	277.60	168.00	1380.22
新建居委	4	373	931	0	106.67	91.95	981.02
丰一居委	8	723	1881	0	284.30	69.68	4055.36
丰二居委	5	465	1099	0	178.63	129.10	1458.57
岭光居委	6	377	1197	2230	239.82	13.57	5075.49
大坝居委	7	534	1843	0	81.06	71.45	357.46
赵家居委	8	853	2739	0	131.90	0.00	7081.94
二村居委	3	302	855	0	205.26	74.30	1342.82
三村居委	3	431	1211	0	163.60	19.40	178.15
四村居委	3	358	1168	0	154.53	22.75	662.35
五村居委	4	542	1701	0	301.13	58.84	2730.37
星二居委	6	415	1098	0	93.71	70.68	463.97
星三居委	6	450	1107	0	177.08	95.18	1716.05
星四居委	3	220	470	0	4.85	0.00	244.25
星五居委	9	509	1242	0	105.90	37.44	1047.49
杜家居委	6	494	1285	0	11.71	0.00	1213.77
中利居委	9	1165	2734	0	285.06	92.61	2899.75
后村居委	5	421	1182	0	331.26	185.39	4028.17
头甲居委	8	646	1463	0	439.39	56.24	1678.81
二甲居委	9	659	1611	0	149.50	54.11	2275.20
四甲居委	12	800	2008	0	199.40	13.85	3253.93
前一居委	7	620	1598	0	37.64	0.00	1761.33
前二居委	8	629	1468	0	25.92	0.00	1591.76
前三居委	3	372	920	0	49.16	0.00	1702.14
前四居委	3	328	805	0	18.06	0.07	1.47
横江里村	4	237	612	0	78.14	49.20	422.78
路工居委	8	256	731	0	72.26	69.26	881.43

表 14

2020 年百官街道各社区户数及人口情况表

序号	社区名称	常住人口(人)	常住户数(户)	户籍人口(人)	户籍户数(户)
1	上棉社区	925	500	801	373
2	城南社区	12542	4140	4395	1465
3	上源闸社区	5781	2892	2771	1223
4	龙山社区	3225	2046	2922	1689
5	平阳山社区	4500	1170	2951	1073
6	九浸畈社区	4400	1520	2654	1035
7	阳光社区	3508	1350	2102	1003
8	卧龙山庄社区	4114	1342	2814	1076
9	凤山社区	5658	1575	3584	1852
10	胜利路社区	6128	2157	3356	1546
11	半山社区	6705	2171	4493	1552
12	文化社区	11240	4165	9377	3225
13	金渔湾社区	5394	2264	5843	2463
14	西横河社区	7820	2471	5839	2081
15	恒利社区	9325	2738	6681	2388
16	万和社区	7258	2186	5129	1750
17	高丰社区	9234	3032	5308	2075
18	大通社区	22348	7878	11495	4747
19	星光社区	11327	3700	3044	1280
20	绿城社区	10896	3632	3062	1266
21	天祥社区	11500	3852	2730	1150
22	高铁新城社区	6390	2943	334	145
23	头甲社区	4100	1550	1469	642
24	二甲社区	3200	1290	1608	662
25	四甲社区	4000	1180	2000	780
26	岭光社区	2100	820	1115	286
27	星宇社区	4100	1440	1350	586
28	盛丰社区	5020	2001	1932	736
29	星丰社区	6565	2500	4565	2050
30	梁江社区	2500	1333	2500	1064
31	后郭社区	2700	1090	2683	1050
合计		204503	72928	110907	44313

曹娥街道

【概况】 街道地域面积59.5平方公里(含高端智造集聚区14.5平方公里、建成区面积约13平方公里),辖15个行政村(8个托管村),7个居委村,13个居民社区,11个经合社,常住人口7.5万人,在册登记外来人口31763人,街道下辖14个党委、34个党总支、302个党支部,共有党员4623名。全年财政收入23.69亿元,同比增长30.04%;一般公共预算收入13.49亿元,同比增长31.27%;实现工业总产值337.94亿元,同比增长6.8%;完成限上贸易131.99亿元,同比增长44.5%;规上服务业48.57亿元,同比增长18.6%;引进外资5058万美元,内资8.4亿元;城镇常住居民人均可支配收入增长8%,多项主要经济指标均位居全区前三。

【防疫复工】 强化精密智控,点穴式管控重点人员和场所。创新工作方式,结合"三服务"建立驻企督导员制度,以"店小二"式服务指导1163家企业和2070余家个体工商户复工复产。开通"就业大巴车",破解企业用工难题。优化服务质量,累计解决困难问题201件。

【党建引领】 5个村居、7个社区、1家企业获市级"五星"称号,金桂苑社区创建"和美社区"。开展"三驻三服务"活动,解决问题293个。1名驻企指导员获"浙江省优秀共产党员"称号。

【招商引资】 扎实做好"六稳""六保"工作,引进12亿元项目与6亿元项目。上风高科、卧龙采埃孚、万悦城商贸综合体、卧龙中央研究院等项目积极推进,锋龙电气总部迁建升级、黑马食品等项目动工建设,瑞昶实业、欧力、卧龙、世纪华通等外资到位项目进展顺利。宝钢卧龙联合实验室揭牌成立,工信部应用示范平台项目启动,喜来登酒店开业。

【要素保障供给充足】 利用"四未一低"土地633.4亩,完成率184%,超额盘活存量土地279亩。稳步推进生态修复,治理废弃矿山6座,超额造林267亩。加快做地交地进度,累计出让15宗地块587亩,土地出让金27.86亿元。加快土地征收报批,完成4宗征地风险评估,征收蒿东村、金村村土地61亩,配合做好42宗822亩农转用地和建设用地征收工作,确保重大项目无障碍实施。

【征收拔钉】 2020年,启动高田头村、梁巷居委、新建庄村和外五甲村4个村居集体土地房屋征收,全年征收面积37万平方米,占全区征迁面积的86%。通过"8轮集中签约+后期小分队攻坚"模式,实现1414户征收户签约1399户,签约率99%。持续开展城区21户滞留户拔钉清障工作,其中已拔钉8户。

【城区布局】 加强规划设计,重点推进经开西单元ZX08-3等3个控规单元和雨污、环卫的专项规划修编。加大投资力度,投资2.62亿元实施33万平方米的12个老旧小区改造项目,新建污水零直排建设项目32个,投资2.8亿元启动建成区河道综合整治工程。政府投资项目、"三个一批"等重大项目进展顺利。浙建院上虞分院迎来首批2000名新生,大厂泵站建成投用,舜江大桥拼宽工程、"一江两岸"景观三期、鸿雁未来社区等项目建设快速有序。加快3条工业功能区配套道路建设进度,进一步改善交通道路路网系统。强势推进"无违建"创建工作,处置违建100余起,确保拆后利用率达90%以上。

【民生事实成果共享】 实现养老和医疗保险参保率99%以上。加强农村危旧房改造,完成重建修缮18户。完成乡村道路亮化、曹新路(舜耕大道—金村)提升工程等十大民生实事项目。推进"五星达标、和美家园"、美丽小区等创建工作。鸿雁幼儿园、博文幼儿园开园迎新,博文小学扩建工程有序推进。协助办好曹娥江半程马拉松等各类大型赛事,配合开展好上虞区首届曹娥江文化旅游节系列活动,举办街道文化艺术节系列活动。合并江滨、舜杰社区,社区服务更为高效。

【乡村振兴加快统筹】 完成1.2公里乡村公路建设、樟董河董村段等3段河道整治工程。投资3500万元扎实推进朱山头等4个村高标准农田建设、普净寺游步道、新沙和茅家精品村建设等项目展示村庄魅力。

壮大集体经济,促使15个行政村集体经营性收入超30万元,同比增长12%以上。做好扶贫工作,建立“一对一”帮扶机制,实现低收入农户人均收入超8000元。激活闲置农房,搭建农村经营服务交易平台,累计激活面积14151平方。规范“三资”管理,及时清理无效合同11个,处置中止合同43个,收回应收款28.9万元。建设文化阵地,投资450万元完成朱山头、丽樟、蒿东、新沙等村的文化礼堂装修工程,投资650万元开展国庆村文化礼堂和村级物业用房建设。争创文艺精品,重点扶持打造金村重阳“孝亲敬老”文化节、漳汀元宵文化节等。

【基层治理精细高效】 探索实践基层治理新模式,在“红色网格+”基础上探索实践“乡贤回归参与乡村治理”,打造德济苑社区和新沙居委示范点。建立区域联防平安共同体,以“基层治理四平台”“全科网格”为抓手,广泛推广“一单一码”。面上开展各类专项检查,点上狠抓突出问题整改,在省两轮平安暗访检查中均未发现隐患问题。扎实做好社区矫正、吸毒、邪教等重点人群管控工作,全力保障社会稳定发展。以平安护航建党100周年为总牵引,打造街村两级矛盾纠纷调解中心,多措并举化解6件市级信访积案,100%化解区级信访积案。打造以“一个主阵地”为堡垒、“三大功能区”为主战场、“十二项机制”为重要指引的街村两级矛调中心,最大限度发挥村居“首道防线”、街道“主阵地”、区“终点站”的作用。深化信访“2211”工作机制,妥善处置因房地产开发等引发的一系列群体性事件,化解一批疑难信访和矛盾纠纷信访信用评定取得突破。2020年街道上访数大幅锐减,进京访登记保持“零登记”,赴省访实现断崖式下降,完成各项重大活动维稳安保任务。健全完善“1+X”责任体系,打赢第一轮安全生产综合治理三年行动计划收官战,累计排查企业4510家次,消除隐患16521处。开展“生命通道”整治行动,完成40个老旧小区消防车通道集中治理。坚决预防火灾事故发生,配备微型消防站200套,完成天香西园消防改造。强化安全生产教育,对832家企业3001名职工进行安全生产相关知识培训。

（陈锦波）

表15

2020年曹娥街道各村(居)、社区基本情况表

村(居)委会名称	党务负责人	户数(户)	人口(人)	耕地(亩)	园地(亩)	林地(亩)	养殖水面(亩)	村集体常年性经营收入(万元)
联丰经合社	卢国庆	596	1534	0	0	0	129	56.3
娥一经合社	杨　龙	419	1010	0	0	0	0	0
娥二经合社	田　毅	440	1178	80.371	0	0	0	1.8
下沙经合社	朱东梁	604	1577	—	—	—	134.673	13.9387
三角站经合社	范革生	710	2038	149	0	35	0	143.5268
孝女庙经合社	丁贤晖	325	801	30	0	362	15	0
上沙经合社	任振方	296	769	0	0	487	0	20
新建庄村	郦寿荣	770	2167	0	140	—	—	89
高田头村	周国桥	178	516	25	25	—	—	150
红星村	黄建东	362	1033	350	0	0	0	30
前村村	胡淑莲	559	1510	787	0	37	0	40
茅家村	赵关坤	476	1398	495	0	0	0	81
国庆村	景国森	385	1212	399	0	0	18	78.59
沥泗村	任中华	659	1998	420	0	0	40	95.52

续表 15

村(居)委会名称	党务负责人	户数(户)	人口(人)	耕地(亩)	园地(亩)	林地(亩)	养殖水面(亩)	村集体常年性经营收入(万元)
白米堰居委	孟新余	391	1401	340	0	0	0	110
狮子居委	宋兴富	598	1687	120	0	—	375	86.4
新沙居委	徐朝阳	722	2150	0	60	0	0	150
梁巷居委	梁根云	400	1390	0	0	30	0	75
越爱经合社	陈 峰	311	877	0	0	—	78	—
里睦桥居委	钱 林	314	1104	0	0	115	346.63	49.84
徐家塘居委	徐水茂	425	1210	—	-	—	—	—
新楼下居委	徐建方	417	1159	0	0	0	0	41.73
光明经合社	周志刚	1115	3446	250	0	0	0	300
外五甲村	倪佰芳	260	810	87	60	0	0	0
西湖经合社	吴吉明	192	571	—	-	—	—	—
贺盘经合社	任 美	305	866	0	0	0	0	100
蒿坝村	冯志康	468	1177	600	150	280	25	25
朱山头村	殷岳新	915	2520	2100	120	3100	650	127
漳汀村	王永芳	292	1002	478	40	2900	30	53
蒿东村	陈其龙	1110	3016	1027	127	3922	70	100
丽樟村	沈永刚	530	1922	900	0	0	0	30
金村村	金立锋	548	1453	552	56	78	0	30
董村村	姜国娟	416	1320	473	0	65	83	50.92
社区	—	—	—	—	—	—	—	—
民丰社区	吴雪良	828	1080	—	—	—	—	—
大厂社区	王凤元	1350	1422	—	—	—	—	—
曹娥社区	刘国军	1328	2093	—	—	—	—	—
和城社区	魏燕华	6234	4485	—	—	—	—	—
银河社区	沈利琴	1910	2470	—	—	—	—	—
振兴社区	陈月娟	2111	3255	—	—	—	—	—
德济苑社区	徐淑颖	1923	2504	—	—	—	—	—
鸿雁社区	朱坚盛	4047	3336	—	—	—	—	—
金桂苑社区	祝祖英	1995	3928	—	—	—	—	—
舜杰社区	金阿仙	2395	3527	—	—	—	—	—
聚英社区	包春兰	2944	1573	—	—	—	—	—
大三角社区	徐小文	3798	1217	—	—	—	—	—

东关街道

【概况】 东关街道位于上虞区西部，距区政府所在地7公里，是上虞的西大门，也是三区融合发展的“桥头堡”。全境地域总面积27平方公里，耕地面积1.84万亩，常住人口4.1万人，其中新居民6000余人。下辖14个行政村，2个社区。集镇建城区面积2.3平方公里。全年街道规上产值31.6亿元，财政总收入3.28亿元，比上年增长13.97%，一般公共预算收入1.88亿元，比上年增长17.18%；居民、农民人均可支配收入分别比上年增长7.6%和7.1%。

2020年，常用耕地面积1201公顷，其中设施农业27公顷。有效灌溉面积1260公顷，农作物播种面积3420公顷，粮食作物播种面积2342公顷，粮食总产量12147吨。农民合作社15个，农民合作社成员264户，耕地流转面积826公顷，种粮大户61户，畜禽养殖大户12户。工业企业总数516家，其中规模以上工业企业36家，从业人数9756人，建筑企业5家，从业人数4152人。社会消费品售总额132071万元，其中限额以上社会消费品零售总额81604万元，农贸市场4个，50平方米以上超市15个，食宿餐馆企业13个。普通高中1所，初级中学1所，小学2所，幼儿园3所。在校小学生2273人，入学率100%。医疗卫生机构12所，床位116床，执业医师53人。参加农村新型合作医疗保险22408人，参加新型农村社会养老保险8834人，农村最低生活保障求助人数634人。自来水用户12425户，金融机构网点数12个，公园及休闲健身广场的39个。

【疫情防控】 成立重点人员管控、复工复产等10个工作组，加强设卡设点检查，加强重点区域返虞人员摸排，对重点地区返上虞人员落实居家观察、集中隔

表16

2020年东关街道行政村（社区）基本情况表

村（社）	书记（主任）	户籍户数（户）	户籍人口（人）	面积（平方公里）	村级集体经济收入（万元）
东塘村	邵国新	1075	2634	1.72	103.51
马家桥村	朱宝元	363	921	0.87	407.71
彭家堰村	李卫星	307	834	0.38	120.80
联星村	项立新	831	2307	2.17	157.48
高泾村	王张明	771	2237	1.89	385.16
大西庄村	滕兴标	509	2103	1.46	230.64
凌江村	屠志光	741	1408	1.72	296.81
金鸡山村	范建荣	674	1724	2.81	199.33
三丰村	钱忠海	501	1522	2.04	148.04
保驾山村	徐建平	634	1798	1485	655.43
担山村	周文苗	442	1957	1.65	331.40
新丰村	丁建华	389	1081	1.95	112.25
东风村	高兴建	1104	2864	2.86	256.59
马山村	胡建刚	1341	2988	3.28	122.89
南阳社区	郑徐旗	1527	3452	—	—
越泉社区	张红萍	1674	2412	—	—

离观察;及时有效处理大数据信息比对,确保街道整体局面平稳有序。建立街村干部包片联系督导、企业复工会商、重点企业产业链复工复产专题协调机制,全程做好企业复工复产服务工作,率先完成复工复产。

【经济转型发展】 新增国家高新技术企业3家,省科技型中小企业9家。认定创新成长型企业3家,新增市场主体568家。浩龙风机获评省级高新技术企业研发中心,中建路桥获评绍兴市级企业技术中心。全年整治“低散乱”15家、淘汰落后产能2家。园区通过绍兴市级验收。万里科创产业园通过省级小微企业园认定,引进浙江股权服务集团运营团队并正式签约,成为全区小微工业园区发展的样板。

万里科创产业园区(东关街道　提供)

【提升集镇品质】 做好小城镇环境综合整治项目,完成旧住宅区改造11.7万平方米,拆除违法建筑21处,合计3342.7平方米。投资500余万元对集镇老旧小区专项整治,投资2500余万元完成集镇周边配套道路、电力改造。

【城乡融合】 2496亩高标准农田建设、马山村和金鸡山村土地开发项目进场施工。以“五星3A”为抓手,深入推进农村环境综合整治,加大农村基础设施建设力度,马家桥、大西庄等第三批“五星3A”创建村顺利通过市、区级验收。担山村和凌江村完成精品示范村、美丽庭院示范带创建。深化垃圾分类和厕所革命,在2020年上半年绍兴市级农村环境卫生暗访评比中,街道4个村位居全市前十,其中凌江村位居全市第一。严格落实“河长制”,主要断面水质持续达标;扎实推进扬尘管控,污染防治攻坚有力有效。“造血”功能逐步增强,街道村级集体经济增收全区领先,全年村集体经济总收入和经营性收入达3402万元和2148万元,分别增长12.29%和12.25%。

【民生事业】 投资3500余万元推进集镇强弱电改造、农村“四好”公路等民生实事项目。社保、医保参保率位居全区前列,办理失土农民参保347人,完成39户农村困难群众住房救助。街道居家养老服务中心成功创建四星级,13家村社居家养老全部实现“公建民营”,新丰村困难老人适老化改造工作中被列为区级样板。三丰村“四合一”村级公共服务中心建成投用。投资638万元改善全街道中小学硬件基础。街道人大联络站基本建成,开展人大代表接待选民活动。

投入资金430多万元购置CT机等社区医疗设备,全力提升街道医疗卫生服务能力和水平,方便群众“家门口”就诊。

【交通建设】 以全区综合交通三年行动为抓手,打造区域综合交通枢纽。完成杭绍台高铁建设征收拆迁、站前广场征地补偿和交地,顺利完成高铁站台周边区域110千伏以上高压线迁改工程。提前谋划站前广场周边区域的功能布局和业态填充。投入1000余万元的五长线美丽公路提升改造工程已完成。强化规范引领,开展《东关街道片区概念性规划》编制,以下促上,统筹规划。提前谋划杭绍台高铁站站前广场周边区域的功能布局和业态填充。

【街道矛调中心运行】 坚持数字福能,推行前端“一码”说事,打造便捷高效的“智慧信访”公共服务端;实行中端“一网”通调,对受理矛盾纠纷进行管理闭环;施行后端“一图”研判,探索建立矛盾纠纷风险监测指标体系和预警模型。

（钱　钢）

东关街道社会矛盾纠纷调处化解中心(东关街道　提供)

小越街道

【概况】 小越街道地处上虞区东北部。东临余姚市黄家埠镇、牟山镇,南靠上虞区驿亭镇,西连上虞区百官街道,北接上虞区谢塘镇。辖区面积29.6平方千米,辖14个村、1个居民社区。2020年末共有城乡居民10078户、户籍人口28515人,其中男性居民14125人,女性居民14390人;城镇人口13331人,乡村人口15184人。当年出生158人,死亡248人,另有新居民9142人。

辖区地理位置优越,交通便捷。329国道横贯辖区东西,沪杭甬高速公路在辖区西南设有道口,距铁路客运专线高铁绍兴东站15分钟车程;距嘉绍跨江大桥15公里,杭州湾跨海大桥40公里。

2020年街道实现财政总收入5.74亿元,比上一年度增长4.4%;一般公共预算收入3.15亿元,与上一年持平;规模以上企业工业产值65.62亿元,比上一年增长1.4%;限额以上零售业销售30.9亿元,外贸出口24亿元。全年实现工业投资2.09亿元,完成区定目标的174.8%。实到内资2.18亿元,引进外资100万美元。全年引进投资1000万元以上项目6个,其中1亿元、5000万元以上各1个,总投资3.21亿元的8个技改项目按期推进。乡镇(街道)中唯一的区长项目、投资10亿元的"十月结晶"生产基地项目提前开工。

重视招才引智创新工作。新建博士后工作站1个,新增大学生就业723人;全年投入研发费用1.47亿元,新增省科技型企业10家、区高新技术企业6家、区隐形冠军企业1家;新增市场主体543家,淘汰"低散乱"企业14家。

推进小城镇样板2.0版建设,统筹提升街区路网、水网、绿网,"污水零直排"工程全面完成,新增区垃圾分类示范村3个;调整修编《上虞区小越街道中心区控制性详细规划》,完成2个村村庄规划。出让街道〔2019〕J1号商业地块,完成土地征用150亩。

实施村级物业"燎原计划",试行资源盘活、服务承接、资产增值等多渠道增收方式,实现村级集体经济收入1124.12万元,增长12.06%,其中自营收入887.13万元,增长62.21%,实现三年翻一番。

实施绍兴市师生校外安全网格化管理试点,举办区全民终身学习活动周启动仪式。新时代文明实践站全街道覆盖,倪梁、新宅分获全国文明村、省文明村,新增省级文化示范村1个、体育小康村2个,建设书香礼堂省级试点村1个。

街道有中小学校(幼儿园)9所、成人文化技术学校1所,其中:区属高级中学中1所,24个教学班,在校学生929人;初级中学1所,学生610人;小学1所,学生1468人;公立(民办)幼儿园6所,入园幼儿879名;成校年培训人数占常住人口的20.2%;街道有社区卫生服务中心1个,社区卫生服务站4个,医护人员76名,核定病床50张;养老服务机构1个,床位105张,在院五保和社会老人共84名;完成农民健康体检任务数7560人,完成60岁以上老年人体检6417人,家庭医生签约数15216人;城乡居民基本医疗保险参保率99.88%;城乡居民基社会全民参保率99.1%;实现失土农民应保尽保。

2020年度,街道获浙江省级以上荣誉4项、绍兴市级荣誉3项、5人获区级以上各级各类先进荣誉。

【民生实事项目建设】 1月16日,街道第一届议政会第三次大会全体与会成员票选产生新时代美丽乡村建设工程、村级物业"燎原计划"二期、乡村河道综合整治工程、美丽街区建设工程、美丽城乡公路提升工程、集镇"污水零直排"建设工程、街道中心小学校园改造工程、街道综合性文化服务中心建设工程、小越消防站新建工程(应急分中心)、卫生健康设施提升项目等十方面民生实事建设项目,项目合计投资14370万元。至12月底,因涉及上级立项或政策处理,街道综合性文化服务中心建设工程、小越消防站新建工程(应急分中心)尚未完成,其余项目按期完工。

【新冠肺炎疾病防控】 2020年1月23日,街道新冠肺炎防控工作进入公共突发卫生事件一级响应,截至3月2日,在为期40天的新冠肺炎一级防控期间,街道办事处共设卡口59个,落实闭环管理、全面排查机制,460名志愿者参与值勤排查工作。其间共向15个村社发放口罩、消毒水、温度计、医用手套等各类防控物资102861个(件),街道本级接受社会捐款26.5万元,各类防控物资110915个(件)。

表 17

2020 年小越街道各村（社区）委会基本情况表

村（社区）名称	党务负责人	村（社区）委会负责人	户数（户）	人口（人）	区域总面积（平方千米）	耕地面积（公顷）	山林（公顷）	村级集体经济收入（万元）
建越村	徐火根	徐火根	669	1923	1.699	55.7	10.3	82.7
小越湖村	罗荷叶	罗荷叶	648	1824	2.603	81.2	6.6	50
小越村	顾华军	顾华军	843	2477	3.574	77	57.1	101.1
越北村	王建春	王建春	500	1311	1.494	6.4	26.98	60
新宅村	陈苗根	陈苗根	660	2143	3.198	75.4	63.3	152.5
冯柯山村	冯羊牛	冯羊牛	632	1974	2.206	116.2	1.85	50
横山徐村	徐伟达	徐伟达	437	1352	1.6	88.2	14.67	60.1
胜桥村	周善荣	周善荣	416	1227	1.172	67.7	2.0	50.03
越中村	黄国根	黄国根	446	1322	1.505	53.9	4.2	75.5
罗家村	罗龙根	罗龙根	702	2119	1.631	91	9.3	60
倪梁村	倪建君	倪建君	405	1277	1.678	43.8	7.53	151.5
越东村	罗　欣	罗　欣	589	1781	2.515	107.4	17.53	50
双堰村	陈利华	陈利华	650	1832	1.822	89.2	—	60
田家村	田华军	田华军	999	2742	2.521	94.1	—	120.7
越兴社区	袁淼媛	袁淼媛	1370	2914	0.382	—	—	—

【村社组织换届选举省级试点】 7 月 10 日，小越街道启动村社组织换届选举省级试点工作，至 9 月 6 日，按先村社党组织换届、后村（社）民委员会换届，再村（居）务监督委员会和村股份经济合作社换届的顺序，完成村社组织换届选举工作，全街道 15 个村社“一肩挑”实现率 100%；足额选出村社“两委”干部 90 名，7 名“90 后”首次进入“两委”班子；大专以上学历 49 名，占 54.4%，比上届提高 25 个百分点。

【“十月结晶”生产基地奠基】 9 月 28 日上午，母婴 TOP 品牌“十月结晶”生产基地举行奠基仪式。该生产基地位于小越街道岭顶区块，作为上虞区“三个一批”大会战的重要项目之一，“十月结晶”生产基地项目由浙江国舜实业有限公司实施运行，总投资 10 亿元，一期工业用地 51 亩，二期规划工业用地共 80 亩，建成后，将形成年产量高达 10 亿片母婴护理用品的生产能力，可实现销售收入 6 亿元。

【绍兴市师生安全网格化管理工作推进现场会召开】 9 月 29 日，绍兴市师生安全网格化管理工作推进现场会在小越街道召开。会议总结我市中小学师生安全网格化管理试点工作的做法、经验，并就进一步推广提出要求。

【归侨侨眷代表大会】 12 月 3 日下午，小越街道召开第一次归侨侨眷代表大会，街道 30 名归侨、侨眷、归国留学人员和家属参加会议。大会审议通过《小越街道侨联工作细则》《小越街道归国华侨联合会选举办法》，选举产生小越街道侨联第一届委员会委员主席 1 名、副主席 2 名、委员 9 名。（陈永明）

道墟街道

【概况】 道墟街道位于上虞区西北部，距城区所在地 11 公里。全境地域总面积 43 平方千米，辖 22 个村（居）

委员会。年末总户数17025户，总人口45594人，其中非农人口2689人。2020年，全街道完成工业产值61.59亿元，其中规模以上工业产值34.7亿元，完成财政总收入7.64亿元，农民人均可支配收入62258元。

全年农作物播种面积3831.67公顷，粮食总产量1.31万吨。农机总动力1.2584万千瓦。公路通车里程41公里，村等级公路通达率100%。全年完成水利建设项目2个，投资600万元。存栏生猪711头，出栏生猪438头；存栏家禽29469羽，出栏家禽74302羽。茶园面积0.67公顷，茶叶产量0.6吨。工业企业总数234家，其中规模以上企业36家。工业产品销售收入30.5亿元，产销率95%。自营出口11.56亿元。有初级中学1所，小学4所，幼儿园5所。在校中学生673人，入学率100%；在校小学生1540人，入学率100%；在园幼儿843人。社区卫生服务中心1家，卫生服务站4家。全年出生227人，计划生育率97.65%。初级卫生保健率100%。自来水普及率100%。参加城乡居民基本养老保险17503人，参加城乡居民医疗保险24928人。最低生活保障救助人数239人。有社会福利性敬老院1个，年底供养老人10人。农户新建房屋82户，建筑面积20421.88平方米。（丁佳洁　马德良）

【综合文化站开馆】 1月1日，道墟街道综合文化站开馆暨"诗画道墟"征稿颁奖仪式举办。综合文化站位于中联村，总建筑面积达2471平方米，2019年竣工。

【助力企业复工复产】 制定规模以上企业复产联系名单，由每个班子成员联系2—3家规模以上企业，做到精准帮扶。截至5月10日，街道已经通过复工审批的企业一共有26家，其中规模以上企业18家，规模以下企业1家，服务业企业7家，规模以上企业复工率高达50%以上。

【钱上村五彩油菜广受喜爱】 钱上村30多亩彩色油菜已进入花期，该村首次种植的新品种——五彩油菜，除了常见的黄色油菜花，还有红、粉、紫、白多个色系。

【积山村重要交通节点房屋征迁集中签约】 4月17日，积山村重要交通节点房屋征迁集中签约。因杭绍台铁路建设需要，积山村重要交通节点范围的房屋及其附属设施实施征迁拆除。该村涉及征迁的33户农户当天签约27户，签约完成率达到81.8%。

【率先实现"三师二员"活动全覆盖】 累计组建服务团22个，全部实现挂牌运作。活动累计参与人数509人，其中医生39人；教师249人；律师3人；公务人员179人；银行职员39人。合计签订公开承诺391份，认领服务项目552个，结对困难群众24户，开展集体活动22次，提出意见建议34条。

【高端智造集聚区设计方案通过评审】 8月6日，道墟街道召开《高端智造集聚区道墟周边区块协同发展城市设计》评审会。旨在加快推进高端制造区、原道墟化工区域及周边区块的协同发展，将道墟北部区域有效融入上虞主城区，努力打造三区融合的前沿高地、产业转型的示范街区、宜居宜业的幸福城区。

【"救火阿三"阮炳炎入选2020年"最美诚信浙江人"】 9月18日，道墟街道肖金村村民阮炳炎上榜2020年"最美诚信浙江人"名单。

表18　道墟街道各村（居）委会基本情况表

村（居）委员名	党务负责人	村（居）委员负责人	户数（户）	人口（人）	农田（亩）	旱地（亩）	村级集体经济收入（万元）
积山村	范水龙	范水龙	838	2252	1132	95	215.3188
长娄村	吴五金	吴五金	462	1355	885	340	340.87
云里村	宣四祥	宣四祥	466	1356	860	46	171.47
新民主	韩桂珍	韩桂珍	592	1527	259.07	150	184.07

续表 18

村(居)委员名	党务负责人	村(居)委员负责人	户数(户)	人口(人)	农田(亩)	旱地(亩)	村级集体经济收入(万元)
中联村	章关金	章关金	960	2260	300	—	526.85
庙桥村	王朝晖	王朝晖	738	1915	930	165	142.07
杜浦村	杜成德	杜成德	899	2565	586	984	164.54
称海村	谢华鑫	谢华鑫	979	2845	991.45	50	230.79
汇联村	阮加夫	阮加夫	556	1923	1294	—	238.82
联江村	谢伟德	谢伟德	761	2246	1514	—	402.39
江协村	阮国兴	阮国兴	924	2595	1748	—	331.82
新里港村	章水标	章水标	788	2233	1050	250	178.4
肖金村	张金祥	张金祥	1010	2736	2360	290	137.73
沽渚村	沈新城	沈新城	543	1480	1193	943	199.84
东桑村	马明祥	马明祥	613	1627	1212.7	271	182.99
大湖村	汪海良	汪海良	559	1567	1101	650	137.37
联浦村	张国强	张国强	617	1630	1081	321	317.02
五四村	任永海	任永海	589	1707	840.5	—	102.88
韩浜村	陆建明	陆建明	503	1390	913	178	125.93
新屯南村	陈国荣	陈国荣	983	2790	1428	—	221.4134
钱上村	李明亮	李明亮	442	1343	786	—	157.3
道墟社区	阮琴妹	阮琴妹	1329	2163	—	—	—

【2020 上虞道墟发展大会召开】 12 月 8 日,2020 上虞道墟发展大会召开。大会上,机械科学研究总院装备制造业发展研究中心(上虞)分中心揭牌,共有 5 个项目签约,分别为绍兴文理学院智能制造研究院(上虞)共建项目、上虞农商银行授信 10 亿元助力机械仪器产业发展项目、广州市多美丽投资管理有限公司投资 1.2 亿元年产 5000 台(套)智能检测制造装备线产品项目、上坤道墟商贸综合体项目、道墟街道办事处与安丰创业投资有限公司战略合作项目。会上,《上虞区试验仪器产业"十四五"发展规划》首次发布解读。

【猴王馆建设项目启动】 12 月 8 日,猴王馆建设项目启动仪式在新民主村举行。作为"章氏猴戏"的发源地,道墟街道一直把传承发扬猴戏文化,让更多的人汲取"拼搏进取、不屈不挠、永不言败、乐观向上"的"猴王精神"作为重要使命。全记台门修缮工作于 2018 年 7 月启动。

(马德良)

梁湖街道

【概况】 梁湖街道位于上虞城区南面,北面与百官街道相依。地域面积 62.63 平方千米,辖区共 17 个行政村(居)委会和 1 个社区。2020 年末总户数 9664 户,总人口 30020 人。财政总收入 3 亿元,其中一般公共预算收入 1.76 亿元,实到外资 250 万美元,民间投资、生态环境和公共设施、高新技术产业、交通运输等总投资达 1.8 亿元;2020 年城乡常住居民人均可支配收入增长 5.9% 以上。

全年农作物播种面积1573.79公顷，粮食总产量0.552万吨。完成经营性收入1050.94万元，农村土地确权颁证率达95%。有规模企业36家，其中销售额超亿元企业7家，规模以上企业工业总产值29.97亿元，同比增长10.18%；新引进内资5275万元，回归税源3312万元。盘活闲置厂房1.88万平方米，完成规上高新技术产业产值13.6亿元。公交车通车里程31.6千米，村级等级公路通达率100%。初级中学1所，16班，学生483人，入学率100%；小学2所，学生1058人，入学率100%；幼儿园5所，在园幼儿516人。社区卫生服务中心1个，村级服务站6个。全年出生人口165人。参加新型农村合作医疗保险19725人，参保率99.89%，最低生活保障救助216户，共279人。自来水普及率100%，固定电话用户6760户，移动电话用户27560人，有线电视用户6825户。农户新建住房63户，建筑面积16023.36平方米。

【党建引领落实疫情防控】 坚持人民至上、生命至上，迅速落实一级响应，构筑联防联控、群防群控严密防线，街道42个党组织、1600余名党员冲锋在前，背负起人民生命健康安全和实现高质量发展的"双重"梦想，交出"两战赢"高分报表，获评市级抗疫先进个人1名、区级先进基层党组织1个和优秀共产党员3名。

【持续改造提升产业园】 园区管理机构和企业服务"超市"实体运作，职工服务中心建成投用，复工复产走在前列，市区领导多次调研指导，金顺小微企业园安全生产标准化管理试点在全区推广，承办全区安全生产重点工作暨冬春消防安全专题部署会。质量效益有力提升，第二轮中央环保督查"零转办件"成绩亮眼，完成数字经济核心产业工业产值8.17亿，同比增速7.63%；淘汰落后产能企业2家、"低散乱"企业13家，完成下升上2家、企业上云14家；申报省科技型中小企业11家、高新技术企业6家、工业智能化改造项目14个。

【城乡建设】 基本完成城南区块土地收储，皂李湖区块新征用地近400亩，潘家陡代建房建成准备交付，完成自来水厂迁建项目相关输配水工程、城南医院二期、大元路、学海路、梁湖中心泵站建设等政策处理。美丽行动不断升级，美丽农业二期完成建设、三期进场施工，拗花山村精品示范村建设收尾，骑行道2期基本建成、5期进展顺利，创建新时代美丽公路7.9公里，梁章线两侧环境提升启动改造，南穴市场、文化礼堂和任庄村村民综合服务大楼完工，县乡道大中修、路灯照明、空心村整治、美丽河湖等工程项目有序开展，街道列入省级现代农业园区创建名单。

表19

2020年梁湖街道各村(居)基本情况表

村(居)别	党务负责人	村(居)委会负责人	户数(户)	人口(人)	耕地面积(亩)	山林面积(亩)	村级集体经济经营性收入(万元)
拗花山	孙宝良	孙宝良	293	944	840.9	3861	51.77
古里巷	顾泉君	顾泉君	294	918	127	940	51.92
大库	潘国芳	潘国芳	341	1144	180.3	25	31.47
外梁湖	王雷江	王雷江	573	2022	751.95	333	145.34
华山	唐建忠	唐建忠	292	1056	26	945	32.31
洪山湖	陈潮江	陈潮江	354	1242	215	3110	16.26
华光	张永江	张永江	383	1236	453.75	1545	6.3
华东	张　军	张　军	327	973	205	904	22.2
新花浦	陈国炎	陈国炎	1008	3095	2794.5	6269	205.74
南穴	陈建焕	陈建焕	533	1620	1750	2901	86.29

续表 19

村(居)别	党务负责人	村(居)委会负责人	户数(户)	人口(人)	耕地面积(亩)	山林面积(亩)	村级集体经济经营性收入(万元)
任庄	葛光辉	葛光辉	338	1066	699.78	5048	30.78
玩石梁岙	王永利	王永利	545	1512	1133	10894	50.9
倪家堡	赵建平	赵建平	599	1865	861	2339	50.17
禄泽	项苗荣	项苗荣	360	1140	75.45	20	183.76
皂李湖	莫和祥	莫和祥	1509	5108	1748.5	2864	104.77
潘家陡	陈云娟	陈云娟	436	1516	502.65	5069	30.75
西华瑶	徐培其	徐培其	647	1985	1345.86	3329	50.21

潘家陡代建房(梁湖街道　提供)

【民计民生】 平安保障深入推进,矛调中心、便民服务2.0版逐步覆盖,平安共同体、大应急中心启动建设,矛调联动、诉源治理成效明显,省高院主要领导现场调研指导并作出肯定评价。全面完成“七五”普法,化解市级积案1件、区级积案3件,获评省级“枫桥式”司法所,拗花山村创成省级民主法治村。社会保障更为有力,高质量率先完成第七次人口普查,做好35户低保困难住房救助,低收入农户同步迈向高水平全面小康。 (罗一鍌)

崧厦街道

【概况】 崧厦街道位于杭州湾南翼、曹娥江东畔,紧邻绍兴滨海新城、杭州湾上虞经济技术开发区,是融入全省大湾区建设的前沿阵地,是上虞北都市的重要板块,是连接杭州湾经济技术开发区南北两片的重要走廊,境内拥有杭甬高速、绍诸高速、嘉绍高速、杭甬高铁、嘉绍跨江大桥等交通主动脉。区域总面积84.8平方公里,辖38个行政村和3个社区(4000人以上的村7个,6000人以上的村2个),户籍人口10.6万,占全区的七分之一,常住人口15万人。曾是全国重点镇、首批省级中心镇、省小城市培育试点镇。2020年,实现工业总产值156亿元、财政总收入13.7亿元、规上工业产值46.9亿元、自营出口24.13亿元,城镇、农村常住居民人均可支配收入分别为6.91万元、4.25万元。

崧厦街道已经形成三张特色名片。一是中国伞业名城。崧厦是全国闻名的“中国伞城”,“全球三把伞、一把崧厦造”,伞业产值超百亿,已连续举办三届伞博会,被认定为“国家外贸转型升级基地(伞具)”。伞业产业规模超110亿元,占全街道60%以上的工业产值。现有制伞企业1400余家,伞业专业村18个,从业人员4.5万人,年产各类成品伞6.5亿把以上,产品畅销全球。伞艺小镇2020年伞艺小镇列入省特色小镇第六批创建名单。二是现代宜居新城。“十三五”期间,完成省级小城市培育、“撤镇设街”、全域“五星3A”创建、城乡人居环境全面提升、“六纵六横”市政路网、公检法和便民服务中心、伞城商贸综合体等建成投用,现有1所高中、2所初中、7所小学、9所幼儿园和1所社区学校,2甲医院上虞第二人民医院,实现从虞北区域中心镇到省级小城市再到都市区重要板块的三级跨越。三是治理创新之城。深化“基层治理四平台”运行,以“最多跑一次”理念,高质量推动社会治理领域“最多跑一地”改革,基层治理成为省、市样板之一;高标准推进纪检监察工作规范化建设,祝温村党总支被授予“全国先进基层党组织”称号。

【“135”工作体系推进“三驻三服务”】 崧厦街道坚持目标导向、问题导向、效果导向，构建“135”工作体系，以“红雨伞”党建品牌为引领，聚焦发展堵点、民生痛点、治理难点，在力量上“专班＋专员”，在方式上“线上＋线下”，在时限上“即时＋限时”，在质效上“精准＋精细”，在态度上“用心＋用情”，推动驻村（社）指导员、驻企服务员深入一线服务企业服务群众服务基层，做好“三驻三服务”。

【上虞首个新动能产业园开园】 6月18日，位于崧厦街道聚贤路的新动能创投产业园开园。新动能创投产业园采用“孵化器＋产业园＋基金”的多维度管理模式，以特色优惠政策和科创孵化基金为支撑，借助杭州六和桥创新孵化平台、大学研究院和上虞上市公司创新平台等社会资源，重点引进新一代信息技术、高端装备制造、新材料、生物等领域的优质项目，营造资本推动创新为动力的国际化创新创业社区，为上虞、为崧厦高质量发展铺就起飞新“跑道”。

【国家卫生镇创建】 7月29日，规划发展与信息化司公布全国爱国运动卫生委员关于命名2017—2019周期国家卫生乡镇（县城）的决定，绍兴共有31个乡镇（县城）被命名，其中上虞3个街镇上榜，崧厦街道入选。

崧厦街道创建国家卫生镇（阮佳波 摄）

【上虞伞艺小镇上榜第六批15个省级特色小镇创建名单】 11月18日，上虞伞艺小镇被列入第六批15个省级特色小镇创建名单，进入省级特色小镇创建期。下阶段，伞艺小镇将聚焦优势产业、提升区域价值、挖掘文化底蕴、扩大有效投入，按照省级特色小镇培育创建要求，借鉴其他方面的先进经验和做法，主动作为、开拓创新，努力打造有产业支撑、有生态品质、有文化内涵、有功能配套的特色小镇。

【第五届《儿童文学》金近奖颁奖典礼举办】 11月12日，第五届《儿童文学》金近奖颁奖典礼在上虞区崧厦

表20

2020年崧厦街道各村（居）基本情况表

村（居）委会名称	党务负责人和村（居）委会负责人	户数（户）	人口（人）	村域面积（平方公里）	村集体常年性经营收入（万元）
蔡林村	朱尧龙	1797	4846	2.75	78
丁泽村	丁江辉	806	2355	1.8	30
东上湖村	连永尧	744	2281	0.8	63
港联村	夏金英	444	1150	0.67	40
杭郭村	杭金兔	709	1892	0.79	42
联胜村	张军桥	714	2310	0.96	39
联塘村	陆军钢	749	2103	1.3	45
陆家村	陆文军	1089	3004	1.46	55
吕家埠村	吕灿良	2266	6137	2.85	285

续表 20

村(居)委会名称	党务负责人和村(居)委会负责人	户数(户)	人口(人)	村域面积(平方公里)	村集体常年性经营收入(万元)
庙川村	钟月良	699	1939	0.18	63
内五甲村	何立江	291	867	3.2	9
潘韩村	韩红标	891	2551	1.5	163
前庄村	陈交良	875	2470	0.37	70
雀嘴村	王狄军	1921	5073	0.83	80
三友村	严伟东	871	2367	2	47
舜源村	黄君根	638	2160	1.8	70
寺前村	郑建江	983	2747	1	29
新光村	潘建中	763	2002	2.5	300
新下湖村	胡九英	1396	4390	2.27	92
严巷头村	严松桥	1526	4390	2.5	50
祝温村	胡树君	604	1730	1.7	40
东凌湖村	李火灿	615	1747	1.06	39.4
时华村	章建农	938	2577	1.68	44
万湖村	俞永胜	426	1536	1.5	14
勤联村	王明江	664	1892	0.68	30
黄家堰村	夏高军	506	1436	1.8	30
章黎村	王春雷	535	1446	0.65	12
金中村	金建平	682	2002	2.1	50
章家村	顾建忠	2348	6354	3.5	10
西华村	顾绍民	1552	4223	1.8	25
联海村	潘金尧	764	2283	0.64	17.1
共何村	费　炜	926	2643	2	285
杨凌湖村	严建方	381	1014	1	40
福海村	沈新法	393	1118	0.35	32
任谢村	王　江	642	1828	1.5	40
三华村	桑炳才	729	2054	0.55	45
双埠村	何明辉	748	2011	1.8	60
顾家弄社区	俞新华	707	1651	1	—
祝家街社区	余　瑛	899	2030	1	—
跃进桥社区	潘顺表	982	2505	2	—

街道金近小学举行。该届《儿童文学》金近奖共设优秀作品奖、优秀插画奖和文学新苗奖三大类。从500余篇原创作品中评出7篇小说、5篇童话、3篇散文、2首诗歌、1篇报告文学及2篇文学新苗作品，并从2000余幅插画、48个封面、50余位画手中，评出最佳插画5幅、最佳封面1幅、最佳画手1名。 （宣佳锋）

11月12日，第五届《儿童文学》金近奖颁奖典礼在崧厦街道金近小学举行（崧厦街道 提供）

章镇镇

【概况】 章镇镇地处上虞南部山区，东毗余姚四明山，南邻嵊州三界镇，104国道、上三高速穿境而过，交通区位优越。全镇地域面积140平方千米，总人口39328人，下辖27个行政村、2个居委会，耕地4053.33公顷，是上虞"北工、中城、南闲"总体规划中南闲组团的核心，也是首批省级中心镇、省级生态镇、国家级卫生镇。2020年实现财政总收入2.3亿元，农村常住居民人均可支配收入36535元，同比增长8.5%。6月，完成村社组织换届省级试点。

全年农作物播种面积5915.7公顷，粮食总产2.26万吨。

年末存栏生猪5214头，年内出栏肉猪10907头；羊出栏1273只，年末存栏1745只；存栏家禽16.4万羽。水果种植面积1185.53公顷，总产量1.67万吨，其中葡萄种植面积210.5公顷，总产量5214吨；猕猴桃种植面积682.6公顷，总产量9220吨；茶园面积601.3公顷，总产量967.4吨；桑园面积70.4公顷，蚕茧总产量15.3吨。

全镇有各类企业280家，其中拥有亚厦、皇马、金盾等上市企业3家，规模以上企业23家，基本形成装备制造和建筑装饰两大产业。规划面积超333.33公顷的工业功能区，为上虞区重点工业功能区之一。2020年度，章镇镇实现工业总产值49.2亿元，其中规模以上企业产值31.5亿元，分别增长2.1%和6.9%。

有初级中学1所，在校初中学生519人，入学率100%；小学4所，在校小学生902人，入学率100%；幼儿园3所，在园幼儿450人。上虞中医院章镇分院1家，社区卫生服务站6家，村级卫生室16家。全年出生人口202人，自然增长率-0.44%。初级卫生保健普及率100%。自来水普及率100%。参加城乡居民基本医疗保险28857人，参保率为99.88%。最低生活保障救助489户652人。有公建营养护院1个，年底供养老人29人。农村新建房屋149户，建筑面积11395.3平方米。

【招商引智】 新增落地招商项目4个，其中10亿元以上项目1个，1亿元以上项目2个，新增签约项目2个，完成投资4000万元的现代机械化产业园提升工程，被评为绍兴市优秀工业园区。引育"省级领军人才"1名，新增就业大学生456名。

【现代农业发展】 章镇镇省级现代农业园区项目二期完成建设，173.9公顷粮食功能区提标工程全部完工。14家规模养殖场实行智能化平台监控管理。新江村建设"一村一品"菜篮子基地，创建为省农业绿色发展示范区，代表上虞区接受国家农产品质量安全县交叉检查并顺利通过。章镇首家专家工作站在浙江大学签约，引入国家级人才何艳教授开展猕猴桃等水果栽培的土壤研究。

【全域旅游】 创建省AAA级风景镇，12个村被评为省AA级，A级风景区村庄。举办第四届樱花节、舜阳红心猕猴桃文化旅游节系列活动。投资3000万元的心池精品酒店项目加快建设。完成风情街章镇馆、徐三庚故居、观杰烈士纪念碑文化阵地建设，挖掘章镇的历史名人文化，扩大旅游知名度。

【城乡融合】 城乡品质持续提档，投资1000万元完成新区和谐路延伸工程。优化集镇秩序管理，积极开展文明创建活动，创建国家卫生镇。7个村创建为省级卫生村，推进绿化工程建设，扩大绿化总量，创建为省级园林镇、市级“一村万树”推进村7个。深化“河长制”，区域水质达标率100%，被评为省“五水共治”工作考核优秀乡镇。第三批8个五星达标村顺利通过区、市级验收。投资1500万元的新江村、张村村精品村加快步伐。完成美丽公路创建32.3公里，拆除空危房287处，3.2万平方米，粉刷赤膊墙2.3万平方米，创建美丽庭院4965户，镇南村创建为美丽庭院全域村。

【聚集惠民生】 全年民生支出1.68亿元，占全镇一般公共预算支出的70.59%。完成乡镇公路提升8.6公里，大中修工程4公里。统筹资金5500万元，完成胜利、张龙坝、青丰3个排涝站建设。完成越星、秀峰、建设、新三联村4个村农民饮用水工程和农村生活污水终端标准化建设。综合应急消防救援站正式投入使用。社会保障提质扩面城乡居民医疗保险、社会基本养老保险参保率分别达到99.88%、99.85%。加强对低收入、残疾人等弱势的帮扶力度，完成住房困难户建设17户；累计发放低保金577万元。建设镇级养老服务中心、残疾人之家并投入“公建民营”运营。完成29家村（社区）居家养老服务中心改造提升，实行星级覆盖，完成22户困难残疾人家庭无障碍改造项目。投资100万元完成镇“枫桥式”退役军人服务站创新提升。

（王维瑞　叶岳锦）

2020年章镇镇各村（居）委会基本情况表

表21

村（居）委员名	党务负责人兼主任	户数（户）	人口（人）	水田（亩）	山林（亩）	村级集体经营性收入（万元）
笕桥村	王利松	497	1525	1153	2145	70.21
花坎村	叶文华	256	796	889	4385	60.00
龙马村	叶志军	728	2216	2514	784	100.66
中兴村	谭华夫	375	1202	1105	147	50.21
新区村	景吉标	231	728	609	551	97.20
镇南村	龚水根	405	1228	1569	138	100.60
章家埠村	丁林军	483	1475	1547	23	41.09
新江村	张明尧	548	1509	1490	885	80.12
灵运村	谢达仁	613	1479	1752	820	107.57
新南村	张海洪	673	1787	2201	3187	50.15
泰山村	黎国良	829	2355	3450	6388	128.22
河浮村	金孟飞	323	940	1298	1440	33.17
龙浦村	张　继	384	1113	1289	78	39.53
龙江村	董立均	549	1558	2295	2232	61.12
大钱村	童其炎	356	1002	1908	3349	50.73
湾头村	景少军	302	853	1333	926	60.58
新三联村	陈国永	376	1039	1071	3792	60.00
清潭村	方和军	328	870	1045	5255	40.00
秀峰村	王玲尧	436	1155	1347	10627	81.90

续表 21

村(居)委员名	党务负责人兼主任	户数(户)	人口(人)	水田(亩)	山林(亩)	村级集体经营性收入(万元)
新魏家庄村	魏燕春	472	1351	1287	2181	60.00
大勤村	王伟强	456	1144	1508	3121	60.00
任叶村	沈富官	378	955	1215	1896	66.21
陈墩村	陈军强	641	1655	3074	5968	101.38
张村村	陈振华	1008	2666	4643	13910	72.13
建设村	丁永宜	592	1641	2500	13209	40.00
越星村	陈　斌	443	1224	2204	9901	70.00
陈埠村	王泗宝	326	957	1260	2276	40.00
章镇居委	徐军标	958	1804	—	—	—
滨笕居委	郑秀文	472	1128	—	—	—

丰惠镇

【概况】 丰惠镇位于绍兴市上虞区东南部，距上虞中心城区 14 千米。地域面积 118 平方千米，辖 26 个行政村、1 个居委和 2 个社区，年末总户数 17847 户，总人口 48612 人。2020 年实现工业总产值 66.74 亿元，同比增长 6.02%；全年财政总收入 1.95 亿，同比增长 0.6%。

全年耕地面积 2897.2 公顷。年末存栏生猪 17181 头，年内出栏肉猪 3125 头；年末存栏家禽 6630.4 羽，年内出栏家禽 28440 羽。工业企业总数 850 家，其中规模以上企业 31 家。规模以上企业工业总产值 36.71 亿元，同比增长 4.27%。实现全社会固定资产投资 2.03 亿元，一般公共预算收入 1.17 亿元，同比增长 3.6%。新增市场主体 574 家，其中"个转企"17 家、"小升规"6 家，"下升上"4 家，企业"上云"39 家。盘活存量土地 115 亩、闲置厂房 5.4 万平方米。河湖累计清淤 150 万立方米，修建拓宽美丽乡村公路 54.45 千米。村等级公路通达率 100%，自来水普及率 100%，农村生活垃圾分类实现全覆盖。有初级中学 1 所、小学 6 所、幼儿园 7 所。在校初中生 947 人，在校小学生 1600 人，入学率均为 100%。有综合医院 1 家，社区卫生服务站 7 个，村卫生室 8 家。全年出生 236 人。初级卫生保健率 100%。固定电话用户 9817 户，移动电话用户 47496 户，宽带用户 83075 户，数字电视用户 12900 户。参加城乡居民基本医疗保险 34610 人，参保率 99% 以上。有养老服务中心 1 个，年底供养老人 123 人。新建、提升村级文化礼堂 16 家，农家书屋全覆盖。建立居民电子健康档案 4.67 万份，建档率 94.4%。完成困难群众住房救助 56 户，发放各类生活保障金 562 万元，购物券 105 万元。激活闲置农房 2.15 万平方米，农户新建翻建房屋 164 户，建筑面积 35864.54 平方米。

【乡村版度假型未来社区开工】 6 月 28 日，位于祝家庄村的"英台故里　春风蝶语"乡村版度假型未来社区开工仪式在丰惠镇祝家庄村御花园（英台故里文旅项目现场）举行，总规划用地约 2176 亩，其中建设用地约 495 亩，总投资约 53.4 亿元，是兴合集团与蓝城集团联合新晋打造的"未来乡村度假康养社区项目"，集文化、康养、教育、运动、休闲等于一体的综合性文旅项目。

【社区调整】 9 月中旬，经绍兴市上虞区人民政府同意，撤销丰惠镇原"庙弄社区居民委员会""东门社区居民委员会"和"南街社区居民委员会"，设立新"庙弄社区居民委员会"和"启文门社区居民委员会"。调整后，庙弄社区所辖范围：东至丰惠镇人民路、南街，南至西南门街、外环南路，西至丰三河、锦泽苑，北至丰永线；启文门社区所辖范围：东至创业路、丰永线、环城河、东门村许家弄，南至百县线，西至丰惠镇人民路、南街，北至瑞灵路。

【国庆中秋游园活动】 10月1—2日，在丰惠东、西大街举办"丰惠古城中秋游园活动"暨丰惠镇第九届文化艺术节，共计20万人次参与游园活动。

【丰惠镇商会成立】 10月8日，丰惠镇商会成立大会召开，丰惠镇规上企业代表、各行业代表出席大会，商会共有会员企业71家。大会表决通过《丰惠镇商会财务管理制度和会费管理办法》和《绍兴市上虞区丰惠镇商会章程》，选举产生第一届理监事会领导班子，选举产生会长、副会长、秘书长，张间芳当选会长。

【第一次归侨侨眷代表大会举行】 12月8日，丰惠镇第一次归侨侨眷代表大会召开，区镇级相关领导、34名由各单位推荐产生的大会代表参加。大会选举产生丰惠镇侨联第一届委员会，并经第一届委员会第一次全体会议选举产生主席、副主席、委员和秘书长，阮秀华当选第一届镇侨联主席。

【首届乡贤联谊会】 12月14日，丰惠镇首届乡贤联谊会在丰惠镇东大街的"丰惠乡贤之家"举行。

【"墨庄"落成启动】 12月11日，丰惠镇"墨庄"启动，整体包括"静寄书屋""贤师工作室""顺德讲堂""钱氏文化展厅"4个部分组成，格局古色古香，以钱氏文化为主题。5月招投标，6月开始布展，投资190万元，布展面积700平方米，12月初竣工验收。

表22

2020年丰惠镇各村(居)委会基本情况表

村(居)委会名称	党务负责人	村(居)委会负责人	户数(户)	人口(人)	耕地(亩)	村集体常年性经营收入(万元)
渔门村	金锡其/王松江	王松江	581	1571	1447	52.78
祝家庄村	王苗生/杜佳苏	倪浩丰	900	2532	2843	34.36
南源村	倪国民	倪仲海	563	1718	1811	40.91
西湖村	周焕梁	赵伟忠	994	3077	3176	61.79
东光村	曹培建	陈国强	394	1216	350	31.71
后山村	薛银水/许士祥	许士祥	780	2076	2459	57.04
西南门村	陈小奇	王加青	458	1416	1110	40.55
南门村	周　翔	王幼申	552	1543	1478	78.93
通明村	陈汉军	李志虎	633	1616	1375	31.14
凤鸣村	崔汉炎/叶炬耀	梁高龙	407	1283	965	35.52
丰南村	龚国治	龚建林	442	1398	1206	36.67
东门村	许华明/车谷雨	车谷雨	812	2102	1458	95.44
五云村	张冬山	王伟平	651	1744	2091	53.45
谢桥村	叶泽军	谢伟强	827	2114	2185	32.36
虞光村	贺坚兵	唐焕彪	882	2242	2663	31.18
夹塘村	姚伟明	周建江	954	2461	3200	33.25
虞东村	陈　斌	陈友灿	486	1250	1800	44.76

续表 22

村(居)委会名称	党务负责人	村(居)委会负责人	户数(户)	人口(人)	耕地(亩)	村集体常年性经营收入(万元)
陈夏谢村	夏庆泉/夏历史	夏久升	471	1266	1562	43.31
盛茂村	何炎华	陈定海	378	1195	1250	50.85
夏王村	贾永强	王刚强	658	1808	2380	31.34
孟尝村	董健华	董青良	375	1120	1150	36.59
双溪村	赵　军	唐伟荣	420	1232	850	37.22
三溪村	徐银山	徐银山	694	2043	1156	31.65
西溪湖村	宋力锋	张林尧	637	1854	1600	101.39
西郊村	吴建海	柴岳忠	307	1014	732	30.94
永庆村	戴　国	陈宏琪	490	1415	225	50.18
北门居委	甄维羊/谢乐安	谢增官	209	496	—	40.53
庙弄社区	陈绿珍/车菊敏	—	1055	2126	—	—
启文门社区	王伟平	—	837	1684	—	—

墨庄正门(陈雪芬　摄)

【浙江省第一批美丽城镇省级样板创建】 12月，丰惠镇创建成为2020年度新时代美丽城镇建设省级样板，是上虞区唯一一个样板城镇。2020年，丰惠镇编制《丰惠镇美丽城镇(县域副中心型)建设行动方案》，实施建设项目25个，总投资约12.51亿元。全镇加速推进"最多跑一次"改革，27个行政村(社区)完成村级便民服务中心规范化建设，2个行政村完成示范点建设。实现基层志愿服务组织全覆盖，全镇3083名党员志愿者开展"亮旗"行动。个性化打造祝家庄、西湖、通明等3个新时代美丽乡村精品示范村，投资建设双溪村、西溪湖村、东门村等文化礼堂、家宴集聚点工程。总投资972万元的丰惠至岭南美丽农业精品带农田杆线整治项目基本完成，完成孟尝村美丽田园示范村建设和西南门村美丽田园示范点建设创建工作，成功创建省级绿色农业发展示范区。深入开展碧水行动，全面深化水污染治理和河湖生态修复保护。开展植树造林，全年新造林面积249.8亩，完成率114%。创建为省级历史文化名镇、省级3A级景区镇，并列入全省旅游风情小镇创建培育清单。完成农村公路建设和改造9.681千米，日常公路养护106千米，总投资1100万元完成24千米的县道、村道照明。推进老街门户客厅和口袋公园建设，完善人民桥东侧基础设施改造。

【周焕梁家庭获"全国最美家庭"称号】 12月31日，周焕梁家庭获2020年全国"最美家庭"称号。周焕梁夫妻恩爱幸福，共同经营事业，注重家庭和谐和美，以清正廉洁的家风教育引导子女，儿子儿媳敬老爱幼，努力营造风清气正的家庭氛围。1994年，周焕梁担任丰惠镇西湖村党总支书记，曾获省千名好支书、省美丽乡村突出贡献奖、省级移民工作先进个人、上虞市十佳好支书、区劳动模范等荣誉。　(陈雪芬)

上浦镇

【概况】上浦镇位于上虞区西南部，距上虞中心城区15千米。地域总面积89平方千米，辖14个村(居)委会。年末总户数8582户，总人口2.4万人。2020年实现工业总产值26.48亿元，财政总收入1.29亿元，农民人均纯可支配收入34660元。

全年农作经济作物8051亩。农机总动力12133千瓦。公路通车里程75.6千米，村等级公路通车率100%。水利投资400万元。存栏生猪18766头，存栏家禽1.84万羽。水产品养殖面积223.5公顷，水产品产量1587吨。绿化造林12公顷，封山育林4466公顷。工业企业总数379家，其中规模以上工业企业20家。工业产品销售收入25.45亿元，产销率96.1%，外贸出口2亿元。有初级中学1所，在校中学生322人，入学率100%，小学3所，在校小学生556人，入学率100%，幼儿园1所，在园幼儿238人。有社区卫生服务中心1家，村级卫生服务站4个。全年出生137人，计划生育率97.81%，65岁以上老人每年体检率74.48%，慢性病规范管理率高血压77.48%，糖尿病73.67%。全镇13个行政村文化礼堂已全覆盖。固定电话用户3250户，移动电话用户18200户，互联网用户10665户。参加城乡居民养老保险8406人，参加城乡居民基本医疗保险13177人。最低生活保障救助人数441人。在曹娥敬老院共18人。农户新建房屋105户，建筑面积26578.9平方米。

【上浦大桥开建】上浦大桥位于上浦镇上浦闸附近，横跨曹娥江，是连接104国道和玩昆线的重要通道，桥梁全长965米，宽15米，是曹娥江上浦船闸及航道工程的一项内容。于2019年4月24日开工，2020年底竣工。该交通设计为二车道，桥长约942米，计设时速为60公里，二级公路标准。（王柏根）

【谢安诞辰1700周年暨《东山志》首发】10月17日上午，纪念谢安诞辰1700周年暨《东山志》首发仪式在上浦镇东山村举行。全书共十九卷，收录涉及东山的山水、古迹、人物、敕文和赋、考、谱、疏、书、记、墓志铭、祝文、诗等内容。（梁　蓉）

【梅坞古道二期修复工程】梅坞古道位于上浦镇梅坞村境内，是古时的交通要道。7月20日动工，11月20日完成，投资约200万元，全长约5公里，东起梅坞村，西至长塘镇长塘村，沿途新建临溪轩、亲水平台、水竹轩、聚贤台等景点，沿线局部设置护栏、挡墙、排水沟等。古道二期于12月开放。（梁　蓉）

梅坞古道(上浦镇　提供)

【诗路山水骑游定向大会】10月24日上午，2020年上浦镇诗路山水骑游定向大会在上虞区上浦镇冯浦村文化礼堂举行。400余名骑行爱好者环形骑游近30公里，感受上浦镇独有的生态色彩。（梁　蓉）

表23

2020年上浦镇各村委会基本情况表

村名	书记兼村主任	村民小组（人）	村民代表（人）	户数（人）	人口（人）	劳动力（人）	耕地面积（亩）	园地面积（亩）	林地面积（亩）	养殖水面（亩）	村级集体总收入（万元）	经营性收入（万元）
渔家渡	董森锋	12	50	529	1515	800	967	220	6644	80	75.53	50.47
舜江	胡立表	21	50	790	2298	1300	2200	—	4330	200	139.75	100.04

续表23

村名	书记兼村主任	村民小组（人）	村民代表（人）	户数（人）	人口（人）	劳动力（人）	耕地面积（亩）	园地面积（亩）	林地面积（亩）	养殖水面（亩）	村级集体总收入（万元）	经营性收入（万元）
王湖	王维芳	13	50	442	1253	770	940	170	4670	20	81.1	53.2
四峰	罗水昌	17	50	780	2210	1200	1390	30	2000	90	115.07	51.72
大善小坞	虞建淼	17	50	650	2065	1200	1600	100	4700	100	206.2	104.55
昆岙	傅　炎	13	50	410	1069	672	290	26	3212	—	88.23	70.19
梅坞	倪国鑫	8	50	350	1003	550	719	419	4257	124	62.62	50.42
上浦	林伟荣	10	50	357	1019	580	98	—	—	—	74.66	51.5
东山	应新林	26	51	1042	2868	1540	2995	40	10239	380	223.59	109.98
九连	夏志良	13	50	599	1644	973	2494	400	4893	—	134.67	63.76
戚山	胡玉忠	14	50	650	1768	1140	2818	275	2245	120	114.38	58.55
冯浦	冯卫明	24	50	704	1917	1265	2200	200	14060	630	86.63	60.8
夏家埠	夏钦淼	11	50	473	1447	820	1660	576	4853	100	140.1	54.38
镇场	—	—	—	—	—	—	—	—	1677	—	—	—
合计	—	199	651	7776	22076	12810	20371	2456	67780	1844	1542.53	879.56

汤浦镇

【概况】 汤浦镇位于上虞西南，毗邻柯桥区、越城区、嵊州市，与上三高速、104国道相邻，系小舜江的冲积平原，古人称此地为“汤浦”意为水滨。全镇地域面积61.8平方千米，户籍人口1.66万人，外来人口0.46万人，辖8个行政村、1个社区。2020年，实现规上工业产值44.79亿元，财政总收入1.06亿元，外贸出口1.44亿元。

全年农作物播种面积1.09万亩，粮食总产量0.41万吨，年末存栏生猪120头，出栏肉猪55头；年末存栏家禽10090只，出栏家禽450只。水果种植面积390亩，水果总产量419吨。茶园面积170亩，茶业产量0.2吨。工业企业家数422家，其中规模以上工业企业46家。有初级中学1所，在校学生207人，入学率100%；小学1所，在校学生700人，入学率100%；幼儿园2所，在园幼儿519人。有社区卫生服务中心1家，村级卫生服务站3个。全年出生人数80人，计划生育率97.5%。全年农民体检3583人次，其中60岁以上老人体检2777人次。参与城乡居民养老保险1092人，参保率98%。参加城乡居民医疗保险8878人，参保率98.8%。最低生活保障救助人数230，供养老人3人。

【第十四届代表大会第五次会议召开】 1月13日，召开中共绍兴市上虞区汤浦镇第十四届代表大会第五次会议。会议回顾总结2019年度工作，部署2020年奋斗目标和主要任务，着重抓好四个方面：一是抢抓发展高地，着力在经济转型升级上有新突破。二是狠抓环境保障，着力在城乡统筹发展上有新突破。三是紧抓服务供给，着力在保障改善民生上有新突破。四是重抓风险防范，着力在加强社会治理上有新突破。

【第十八届人民代表大会第七次会议召开】 1月18日，召开第十八届人民代表大会第七次会议，听取和审查镇人民政府和镇人大主席团工作报告，审查和批准2019年财政预算执行情况的报告和2020年财政预算，并投票表决2020年民生实事项目，加快推进治理体系和治理能力现代化。同时，杭绍台高铁绍兴南站建设全面启动。

【组织“就业大巴”接返企业职工】 2月21日，由党委、政府牵头，上虞区铜业商会、上虞区童装协会组织4辆“就业大巴”赴贵州安顺、四川自贡和云南文山三地，把员工接回汤浦。有效缓解企业用工难、员工返岗难的问题。

【全省画院画师走基层·上虞汤浦行作品展开幕】 6月8日下午，两场精致的书画展览开幕。“行走乡村，文化润乡：全省画院画师走基层·上虞汤浦行作品展”在上虞罗步臻美术馆开幕；“秀塔舜水入画来：幸福汤浦·上虞书画院走进汤浦书画展”在上虞区政协虞舜书画院同步开幕。6月9日上午，“浙江省第二十五届全省画院工作会议”在汤浦镇综合文化站召开。

【汤浦童装直播基地启用】 9月12日，“云上汤浦，秋季狂欢”汤浦童装城电子商务直播基地启用仪式暨童装节直播带货活动在汤浦童装城电子商务创业园举行。会上，授予“绍兴市电子商务直播重点培育基地”铜牌，并与浙江小城画画文化传播有限公司签署战略合作协议。现场举行汤浦首届童装直播带货比赛，共有16支团队参加，最终贝佳贸易以12万余元的销售额获得最佳销售奖，夏韵服饰以11100人次观看量获得最佳人气奖。此次直播带货比赛总销售额达105万元，11万人次观看直播。

童装直播（汤浦镇　提供）

【“最美工匠”网络投票启动】 汤浦镇组织开展2020年度“最美人物”系列评选活动。筛选“最美工匠”候选人26名，以“舜水汤浦”微信公众号为投票平台，专家评审由评选工作组委会组织开展，网络投票和专家评审各占50%分值。

【舜湖平安共同体建设】 5月，推进舜湖平安共同体建设，以鹤湖村、星鹏小区及企业园区为主要区域，地域面积达6.5平方公里，覆盖人口3100余人。其中新居民600余人，企业31家。采取“6+2”创建模式推进，“6”即平安医院、平安学校、平安餐厅、平安家庭、平安企业和平安公路，“2”即平安小区和平安工地，实行“智治”“敢治”“善治”“微治”，探索出实践管用、干部爱用、群众受用的基层治理“舜湖样本”，为打造共建共治共享的基层治理格局积累经验。

【徐光宪纪念馆开馆】 11月7日上午，徐光宪纪念馆开馆暨徐光宪院士塑像落成典礼，在徐光宪祖居汤浦镇舜岸村东山七亩台门举行。徐光宪院士女儿徐放，中国科学院院士、兰州大学党委副书记、校长严纯华，中国科学院院士、发展中国家科学院院士、华南理工大学党委副书记、校长高松等家属、学生及生前好友参加。

徐光宪纪念馆开馆（汤浦镇　提供）

【第一次归侨侨眷代表大会召开】 12月9日上午，第一次归侨侨眷代表大会召开，26名归侨、侨眷、归国留学生和家属代表参加会议，会议选举产生汤浦镇侨联第一届委员会委员。

表 24

汤浦镇各村(居)基本情况表

村(社)名	党务负责人 / 村(社)负责人	户数(户)	人口(人)	耕地(亩)	村级集体经济收入(万元)
汤浦村	郑敏军	789	2097	484.89	181.16
舜岸村	刘生军	324	986	880	169.01
霞里村	徐建明	449	1254	568	108.63
蒋村村	胡裕根	301	869	640	82.04
长山新村村	池苗新	430	1352	2708	221.16
鹤湖村	吴晓祥	585	1738	821	109.95
霞越村	陈新利	745	2355	1077	114.99
达郭村	毛伟鑫	1017	2832	1181	194.75
舜水社区	宋元兴	716	1282	—	—

永和镇

【概况】 永和镇位于上虞区东部,地处四明山麓,东经余梁公路与余姚市相连,镇域面积31.3平方公里,户籍人口1.5169万人,下辖8个行政村。山林面积1.7万亩,耕地1.6万亩,人均1亩山1亩田。西接丰惠,南邻四明湖,距上虞市区21公里,距余姚市区14公里,杭甬高速余姚西(谭家岭)入口仅5公里。

全年农作物播种面积2086公顷,粮食总产量1.15万吨。年末存栏生猪2020头,出栏肉猪1022头;存栏家禽52647羽,出栏家禽142530羽。水果种植面积167公顷,水果总产量1948.1吨。其中:杨梅33.3公顷,产量150吨;桃15.3公顷,产量155吨。茶园面积64.3公顷,茶叶产量105吨。工业企业总数180家,其中规模以上企业11家。规模以上企业总产值11.7亿元,同比增长8.4%。实现全社会固定资产投资1.2亿元,实到外资170万美元。工业园区整治"低散乱"企业(作坊)7家,淘汰落后产能1家。新增市场主体217家,其中"个转企"13家,消化"四未一低"土地18宗20.6公顷,盘活闲置厂房15.8万平方米。有九年一贯制学校1所。在校初中生211人,在校小学生441人,入学率均为100%。社区卫生院1个,村卫生室1家。全年出生121人。初级卫生保健率100%。参加城乡居民医疗保险0.9459万人,参保率99%以上。发放低保金189.5915万元,临时救助困难家庭159户次,发放临时救助金16.77万元。完成旧住宅区改造2.05万平方米,危房救助23户。

实施美丽乡村公路建设,投资2700万元新改扩建道路5.7公里,新增道路亮化8.6公里。投资786万元完成区级三桥村、朱巷村美丽乡村精品示范村建设。投资910万元完成永和村、朱巷村党群服务中心建设,实现"一村一幢楼"目标。投资750万元完成朱巷河、丁家河美丽河湖和古运河绿道建设,新增绿道2.6公里。投资250万元完成安家渡农村人居环境整治工程。

【永和精亮小微产业园落成典礼】 10月28日下午,永和精亮小微产业园管委会揭牌仪式暨产业园办公大楼落成典礼于永和精亮小微产业园举行。永和精亮小微产业园作为永和首个通过认定的省级小微产业园,也是上虞区第二大小微产业园,产业园占地10.87万平方米,厂房面积10万多平方米。厂区内基础设施配套建设完备,由办公行政区、生产区、仓储区和生活区四大区块组成,园区内环境优美,办公环境舒适。预计全部出租后能够达到一个产值5亿元、利税5000万元的精品小微产业园。产业园已吸引15家企业入驻。其中,园内企业浙江精亮新材料科技有限公司与美国

表 25

2020 年永和镇各村（居）基本情况表

村委会名	党务（村委会）负责人	户数（户）	人口（人）	水田（亩）	旱地（亩）	山林（亩）	村级集体经济收入（万元）
项家桥村	项灿森	704	2000	1366.5	258.5	3463	50.66
永和村	陈立军	848	2302	1921.3	442.7	1414	101.2
三桥村	戚树军	558	1486	1363.7	97.53	221	51.29
安家渡村	徐立新	887	2421	3014.7	153.8	2354	86.96
青峰村	叶建明	864	2358	1540	347.4	5633	100.87
新岙村	王鉴淼	334	980	1278.5	95.8	1926	50.09
朱巷村	朱大江	932	2646	2750	216	2081	105.33
大墩村	朱炳强	322	945	1164.54	53	453	50.71
合 计		5449	15138	14399.24	1664.73	17545	597.11

化工巨头杜邦公司达成战略合作关系，与科慕化学、巴斯夫、朗盛化学、科莱恩、住友化学等国际知名公司均有原料和产品项目合作。

永和精亮小微产业园落成典礼（永和镇　提供）

【便民服务中心迁址】 12 月 2 日，永和镇便民服务中心整体搬迁至永和村三叉江桥北（永和老卫生院）。新便民服务中心综合服务大厅设置有新居民事务、公安户籍、社会事务、自然资源、社会保险、医疗保险、退役军人事务、信访代办、矛盾纠纷等 10 个窗口。新服务大厅增设自助查询区、业务自助区、休息等待区等。

【第三届全民运动会举行】 12 月 6 日上午，在永和镇中心学校操场上举行永和镇第三届全民运动会开幕式。共有 18 支队伍，385 名运动员参加。　（叶林尧）

驿亭镇

【概况】 驿亭镇位于上虞区东部，距区政府所在地 10.8 千米。地域面积 51.3 平方千米，由 14 个行政村，村民小组 149 个。年末总户数 6925 户，总人口 20264 人，新居民 3226 人，出生人口 115 人，出生率 0.57%。全镇实现国内生产总值 49.07 亿元，实现财政总收入 7948 万元。零售业商品销售额 1.55 亿元，同比增长 40.4%。

2020 年末耕地面积 1117.4 公顷，人均 0.054 公顷，耕地灌溉面积 1013.9 公顷。农机总动力 1.1771 万千瓦。公路通车里程 83.875 千米，公交车通车线路 5 条。2020 年加快构建畅通便捷的农村道路网，完成牟山道口区域提升工程，完成岭下王至倪岙农村四好公路、横塘至徐家岙公路维修和亮化工程。2020 年，投资 940 万元，完成春晖村、二都村美丽乡村精品示范村项目建设；投资 1140 万元，完成二都小流域整治工程；投资 177 万元，完成东、西七里江美丽河湖创建工程；投资 565 万元，完成贾家至横塘公路维修工程。投资 120 万元的镇级居家养老中心建设。全镇有自来水用户 7088 户。环境污染治理项目已全部完成，污水收集管网 237.739 千米，污水纳管量达 2072 吨/天。绿化面积 10.46 公顷，封山育林 975.67 公顷。杨梅面积

1200 公顷，产量近 1300 万千克，杨梅销售收入达 1.6 亿元，其中电商销售近 1500 万元。2020 年初中 1 所，在校学生 224 人，教职工 43 人，小升初升学率、九年义务教育覆盖率均达 100%。小学 2 所，驿亭镇小学生 418 人，教职工 36 人，横塘小学学生 119 人，教职工 24 人，适龄儿童入学率 100%。中心幼儿园 1 所，下设横塘幼儿分园，共计 155 名幼儿，有教职工 25 人。2020 年教育经费支出 182.59 万元，占财政总支出 2.29%。境内白马湖畔有浙江省一级重点中学春晖中学，二十世纪二三十年代聚集了一批思想进步、知识渊博享誉海内外的教师，赢得"北南开，南春晖"的称誉，亦形成了"白马湖作家群"，他们的作品冲淡平和，有着独特而鲜明的个性。新建新时代文明实践所 1 个，新时代文明实践站 6 个，村文化礼堂 4 个。成立镇新乡贤联谊会，并顺利召开第一次归侨侨眷代表大会。驿亭镇卫生院辖横塘、五夫 2 个社区卫生服务站，五好、贾家 2 个村卫生室，杨溪、二都、新杨梅 3 个驻村责任医生工作室，全院现有医务人员 36 人。获高级职称 5 人，中级职称 14 人，初级 16 人，2020 年完成诊疗 8.08 万人次。开展分级诊疗和全科医生签约服务工作。2020 年，参加城乡居民医疗保险 1.2986 万人，参保率为 99.5%，城乡居民基本养老保险参保人数 1615 人，参保率达 97%。2020 年末有学校体育场 5 个，休闲健身广场 18 个，100% 的村安装了健身器材。有广播电视服务站一个，2020 年末有线电视用户为 0.6278 万户，入户率为 88.40%。2020 年，城镇最低生活保障户数 23 户，人数 24 人，支付 36.4 万元；农村最低生活保障户数 245 户，人数 326 人，支付 291.1 万元。慰问困难户 394 户，发放扶帮资金 67.57 万元。集中供养农村"五保"户 7 人，统一委托百官街道社会养老服务中心照顾。社区服务设施 14 个，其中社区服务中心 14 个。2020 年有驿亭邮政所，由小越邮政支局管辖，有 14 个村级代邮点。镇内工业、农业、居民生活用电属小越供电所维护，共有两座 110 千伏变电站（东罗变、路东变）供电，辖区内共有专变 205 台，总容量 56100 千瓦，共有公变 119 台，总容量 31730 千瓦。10 千伏高压输电线路 9 条，总长度 149.58 千米，380 伏低压线路合计 79 千米。

表 26

2020 年驿亭镇各村（居）委会基本情况表

村名	党务负责人村务负责人	户数（户）	人口（人）	耕地（公顷）	园地（公顷）	林地（公顷）	村级集体经济收（万元）
新驿亭	李明康	524	1519	57.67	3	29.6	156.1199
联桥	施高祥	334	940	19.67	—	46.67	216.0247
五夫	周叠华	688	1453	30.93	1.87	81.13	251.8296
西陡门	张生弟	379	1085	57.8	1.2	44.47	54.0955
春晖	王建龙	533	1529	67.4	—	125.8	90.4427
鲁溪闸	黄冬海	540	1632	87.73	10.6	9.53	65.8737
贾家	杭信土	639	2045	118.33	110.53	4.13	45.3779
五洲	俞风珍	418	1153	63.73	7	50.13	44.4098
新横塘	李水祥	598	1702	93.87	33.07	112	115.1666
二都	宋斌均	339	1011	65.33	3	331.13	80.5944
白马湖	李国园	627	1950	106.67	—	326.67	47.0499
杨溪	陆澎彪	344	1150	54.73	8	170	52.8570
五好	马建明	520	1554	74.13	4	60.93	74.0640
新杨梅	李建平	527	1658	92.67	73.8	—	85.9528

【区域内第一家综合功能站建成】 白马湖综合功能站，位于驿亭镇白马湖村月亮湾，占地面积4.6亩，总投资1.2亿元，由浙能集团绍兴分公司和上虞交投集团共同出资组建，为2020年度省重大民生实事。11月建成，2021年1月启用。主要从事成品油销售和机动车充电服务，系驿亭镇第一家综合功能站。

【人民东路延伸段征迁西陡门水乡民居试点小区项目交房】 人民东路延伸段征迁西陡门水乡民居试点小区项目，位于驿亭镇西陡门村，西临百官城东工业园区，濒临规划中的S310省道(上虞至余姚)旁。项目总用地面积22952平方米，宅基地安置户共有63户，因美丽城镇建设需要，原宅基地分配后征迁户自建，调整为统一设计、施工的EPC建设模式，由征迁户委托西陡门村股份经济合作社代为实施。工程概算投资6000万元，项目从2019年3月30日开工，2020年7月3日完工，7月31日交房。

【贾家—横塘道路改造提升工程完工】 贾家至横塘道路全长2.78公里，原道路为沥青和混凝土路面。2020年投资565万元，改造路面1.74公里，起点与贾家至马慢桥道路相连接，接通后整条道路为全面沥青路面；改造水泥路面1.04公里，起点为铁路桥经茅家溪到下闸头。此次提升工程，完善了沿线交通设施，设置波形梁护栏、标志牌、道口标柱及橡胶减速带。项目于2020年9月1日开工，2020年12月21日竣工，历时112天。

【浙江省AAA景区镇创建】 2020年，投资2500万元建设二都杨梅馆，位于驿亭镇二都村，主体建筑共三层，占地面积6000平方米，绿地面积1500平方米。投资700万元新建信义广场、生态游步道、湖心亭公园等休闲场所，创建为浙江省AAA级旅游景区镇。(经富灿)

谢塘镇

【概况】 谢塘镇位于绍兴市上虞区东北部，距区政府所在地9千米，地域面积24.4平方千米，辖14个行政村和1个居委，年末总户数8387户，总人口23807人。2020年规模以上工业企业产值20.43亿元，实现财政总收入1.41亿元。

全年农作物播种面积4740.13公顷，粮食总产量1.69万吨，农机总动力1.85万千瓦，公路通车里程48千米，村等级公路通达率100%。水利工程建设项目5个，投资850余万元，存栏生猪5215头，出栏肉猪10748头，存栏家禽2.6969万羽，出栏家禽11.2735万羽。水产品养殖面积131.7公顷，水产品产量35.4吨。绿化造林6.73公顷。水果种植面积242.4公顷，水果产量10057吨。有工业企业213家，其中规模以上工业企业18家，规上企业工业产品销售收入18.38亿元，产销率96%，自营出口10.78亿元。有初级中学1所，在校中学生304人，入学率100%；小学4所，在校学生963人，入学率100%；幼儿园2所，在园幼儿448人。有社区卫生服务中心1家，村级卫生服务站(村级卫生室)5个。全年出生人口156人，计划生育率99.36%。固定电话用户5278户，移动电话用户19259户，互联网用户5989户。参加城乡居民社会养老保险8680人，参加城乡居民基本医疗保险15166人，最低生活保障救助321户，379人。有社会福利性敬老院2个，年底供养五保老人19人，农户新建房屋59户，建筑面积8506平方米。

【推进新时代“四不出村”工作法】 深入推行区级改革创新项目新时代“四不出村”工作法，通过谋划搭建平台、创新载体、组建队伍、培育梯队，构建起群众办事、矛盾调处、文化惠民、兴业致富、全方位服务体系，打造“最近家门口”服务品牌，“最亲乡里人”调解品牌，“最浓乡土情”文化品牌和“最美致富路”兴业品牌，实现“四不出村”工作法迭代升级，镇村基层治理优势充分展现。

【助推梨农增收增效】 年内，投资近1200万元推进梨园基础设施，“梨园八景”和红美人采摘示范基地建设，组织大户到省农科院学习考察新品种，举办采摘系列活动，建成数字梨园，发挥红色电商“梨小二”作用，引进明康汇保价收购5万公斤，以品种优势、品牌效应和农旅融合助推梨农增收，同比增收20%，还成立镇级实体化国企晋润乡村开发建设有限公司，实现固定资产1.48亿元，首年营收达到1136万元，争取反哺资金1100万元。

表 27

2020 年谢塘镇各村(居)委会基本情况表

村(居)委会名	党务负责人	村(居)委会负责人	户数(户)	人口(人)	耕地(亩)	村级集体经济收入(万元)
东升村	陆　春	胡晓江	460	1359	1537	44.03
星明村	邵新灿	顾七二	455	1463	1616	49.47
新章村	梁剑钟	陆七良	721	2033	2594	50.87
东闸村	王金凤	陆宝龙	656	1875	2322	112.37
东联村	王夏春	陈光耀	443	1315	514	144.09
晋生村	章溢锋	章溢锋	816	2235	1853	118.28
建塘村	罗建成	顾世坚	404	1159	1624	68.25
岑仓村	沈叶君	谢海祥	528	1536	2037	73.11
谢家塘村	周建青	周建青	534	1540	1331	206.77
禹峰村	俞吉祥	戴永高	371	1177	1378	60.54
丰园村	任八九	董来土	534	1588	1798	59.89
联民村	冯建良	冯建良	533	1623	1192	106.07
新戴家村	戴瑞良	戴爱标	508	1542	1676	100.65
铲还湖村	郑小尧	郑小尧	590	1866	2019	46.92
居委	徐苗夫	徐苗夫	834	1496	—	—
合计	—	—	8387	23807	23497	1241.31

【壮大美丽经济】 注重规划引领,全面开展城镇国土空间规划编制,启动集镇新区 J1 地块做地工作,完成 329 国道复线土地征收农户签约工作。投资近 1000 万元对集镇重点区块改造提升,通过省美丽城镇验收,配合全国文明城市复评迎检,国家卫生镇创建通过市、区两级督导评估和省级暗访。东进河水修复工程和 5 个村河道整治工程均完工,推进智能化垃圾分类试点和美丽庭园绿币计划,打造美丽庭院示范带 14 条,累计创建美丽庭院 2518 户,晋生村和新戴家村创建省 AAA 级景区村。 (连安平　陆建明)

盖北镇

【概况】 盖北镇位于丰沃秀丽的虞北平原,因在虞北孤峰——夏盖山北面而得名,距区政府所在地 15 千米,全镇区域面积 22.4 平方千米,耕地面积 964.63 公顷,辖 10 个行政村,今年新成立 1 个社区——盖北社区,全镇常住人口 2.42 万人,登记在册新居民 2.08 万人。2020 年年末总户数 8269 户,户籍人口 24255 人,其中男性 11939 人,女性 12316 人,当年出生 136 人,死亡 231 人,迁入 127 人,迁出 381 人。财政总收入 1.41 亿元,农村常住居民人均可支配收入 38044 元,比去年增加 7.3%。

全镇境内榨菜种植面积(含外包)1.2 万亩,总产 3 万吨,产值 0.51 亿元,芥菜种植面积 0.3 万亩,总产 1.5 万吨,产值 0.09 亿元,葡萄种植面积 1.2 万亩,总产 2.5 万吨,产值 1.8 亿元。水产养殖面积 113.33 公顷,产值 0.14 亿元,农机总动力 7278 千瓦。村公路通达率 100%,完成丰棉至谢黄线项目,北横路至盖黄线乡村公路提升工程,乡村公路亮化项目,完成镇丰直河骑行道建设。投资 969 万元实施卫生院东侧道路、盖北路拼宽、镇中路建设等建设工程。水利投入 540 多万元,统筹实施投资 554 万元西片新河江等河道整治项目。平原绿化面积 143.34 公顷。生猪存栏 484 头,出栏肉猪 666 头。规上企业 11 家,全年实现产值 26 亿元,增长 20.1%。医保税务征缴率 99.4%,社保全民参保率 99.8%,年底供养特困人员 8 人。农村新建房屋 77 户,建筑面积 24784.8 平方米。

【疫情防控】 疫情期间率先实施“联防联控 群防群控”十项措施,实现辖区 10 个村、6 个小区 36 幢居民楼受控式管理。成立复工复产工作专班,强化驻企指导员队伍,深入开展“三服务”活动,发放各类纾困资金 100 余万元,完成 85 家企业 1218 人的“以工代训”补贴申请。安排“就业大巴”包车“点对点”接送,实现 2 万余名外地员工“租者有其屋”,较早实现全面复工复产和恢复正常社会秩序。

【镇村面貌提质提升】 深化“五星达标 3A 争创”,新时代八大美丽行动、农村人居环境提升等中心工作,大力开展人居环境整治提升,扎实推进美丽庭院创建工作,推进区级、镇级、村级美丽庭院示范户评选工作,2 个“3A”创建村、3 个“五星”创建村通过验收。

【现代农业】 高分通过省级农业特色强乡镇创建验收,精心组织 2020 年浙江·盖北野藤葡萄文化节系列活动,打造“花梦缘”网红花卉基地,“野藤葡萄”通过国家农产品地理标志认证,创建省级 AAA 级旅游景区镇。盖北葡萄走进浙江电视台,并在 2020 年“百镇千村话发展”活动中获评“绿水青山就是金山银山”理念典型实践案。

【创新基层治理新模式】 搭建“智慧盖北”大数据基层管理平台,积极推进盖北藤缘“平安共同体”建设、平安创建“一单一码”工作,坚持“以新管新、内外共治”,打造“一家亲”“百姓”等品牌调解室,创新“新贤能”模式。深化出租房屋“旅馆式”管理 2.0 建设,在新居民集聚村设立出租总台 4 个,提升基层自治能力。深入开展“七五”普法,建设运行镇级社会矛调中心,

表 28

2020 年盖北镇各村基本情况表

村(社区)	党总支书记(负责人)	村(居)委会主任	户数(户)	户籍人口(人)	耕地(亩)	葡萄等果木种植面积(亩)	村级集体经济收入(万元)
镇东	严永三	陈渭夫(1—11 月) 严永三(12 月起)	758	2365	1758.774	720.214	217.23
镇海	宋金华	宋金华	578	1701	1130.350	144.480	199.92
丰棉	杨建锋	朱苗尧(1—11 月) 杨建锋(12 月起)	886	2694	1984.988	766.381	105.7
丰富	沈德和	周炳华(1—11 月) 沈德和(12 月起)	880	2506	1802.601	742.935	75.87
珠海	钱增云(1—10 月) 马海江(11 月起)	马海江	486	1464	813.661	293.649	137.73
联合	邵水良	何小江(1—11 月) 邵水良(12 月起)	932	2717	868.986	381.290	139.71
新河	王定尧	王定尧	631	1955	821.068	662.212	268.37
兴海	任苗根	倪张潮(1—11 月) 任苗根(12 月起)	1035	2787	1466.392	853.342	240.56
世海	严柏青	王志康(1—11 月) 严柏青(12 月起)	1113	3283	1824.544	733.328	168.44
夏盖山	陈性火 (主持工作 1—10 月) 汪涛(11 月起)	陈建水(1—11 月) 汪　涛(12 月起)	936	2590	1998.159	1708.366	195.81
盖北社区	祝利彬 (10 月起)	祝利彬 (12 月起)	—	—	—	—	—

创建省级民主法治村2个、市级民主法治村4个，完成市级“枫桥式”司法所创建。创建无邪教村5个。消防风险管控、消防安全工作基础夯实、质效明显，建成全区唯一一座消防主题公园。

【重点项目推动推进】 12月初，329国道改建房屋征收签约工作开始。12月11日，完成329国道改建工程盖北段，7个行政村1000余宗土地、30余户房屋征收工作。同时又以铁军速度完成杭绍甬高速公路（新东线）上虞盖北段征地工作。（祝爱萍）

长塘镇

【概况】 长塘镇位于上虞区西南，与越城区富盛镇相邻，东接曹娥街道，距上三高速公路蒿坝、东关互通均为8千米。享有“生态之乡”“状元之乡”“竹笋之乡”等美誉。2020年末总人口1.38万人，辖8个行政村。地域面积39.7平方千米，有山林35000亩，耕地面积8461亩，淡水养殖面积920亩，呈“五山一水四分田”格局。全年实现财政总收入2724万元，同比增长23.6%，一般公共预算收入1728万元，同比增长35.6%；引进市外内资1696万元，外贸出口逆势上扬，同比增长35%，全年完成“四大投资”超1亿元，多项主要经济指标位居全区前列。

年内，农作物播种面积852.4公顷，粮食总产量6500余吨。生猪年末存栏202头，羊出栏183只；家禽年末存栏7528羽。蔬菜种植346公顷，产量520吨，水果种植面积36公顷，总产量40吨，柿子种植面积2公顷，总产量3.2吨；竹笋种植面积1000公顷，总产量2.5万吨。

全镇现有各类企业58家，规上企业3家，基本形成了轻钢、服装和蜡业三大产业。规划面积为25000平方米的工业功能区——长塘镇小微工业园区正在积极打造中，现已进入招商招租阶段。2020年度，全镇实现规上工业产值6002万元，同比增长4.5%，规上工业增加值增速6.0%，实现规下工业增加值增速15.4%。

有初级中学1所，在校初中学生133人，入学率100%；小学1所，在校小学生260人，入学率100%；幼儿园2所，在园幼儿120人。上虞中医院长塘分院1家，社区卫生服务站3家，村级卫生室3家；全年出生人口74人；初级卫生保健普及率100%；自来水普及率100%。参加城乡居民基本医疗保险8274人，参保率为99.52%。最低生活保障救助134户163人。长塘镇、村两级居家养老服务中心挂星提档，年底供养老人11人。农村新建房屋54户，建筑面积2891.8平方米。

2020年，先后获得2020年度AAAA级景区镇、绍兴市无信访积案乡镇、市级国防后备力量先进单位、2020年度绍兴市“双示范型”退役军人服务站、绍兴市民兵工作先进单位、2020年度绍兴市“乐水小镇”、全市“四好农村路”示范乡镇、绍兴市“最美河湖”（康家湖）等8项省市级荣誉。各行政村获得浙江省高标准农村生活垃圾分类示范村、浙江省卫生村、浙江省2020年度气象防灾减灾标准化村、浙江省美丽乡村特色精品村、2020年度绍兴市“水美乡村”、绍兴市2020年度省AAA级景区村庄等各类荣誉11项。杜亚泉中学、镇小创建绍兴市现代化学校，其中，杜亚泉中学同步创建成绍兴市规范化数字档案室。

【防疫“阻击战”】 运用“大数据＋网格化”举措摸排人员、设置卡哨、志愿服务，对全镇4776户、13236人持续开展“三清一管好”工作。防疫后期，因势施策，根据“五色图”点对点精准落实复工复产、复学复市，助推商企纾困。

【产业融合】 招引精品项目。坚持项目为王，与高端度假酒店一线品牌兰博基尼签订入驻协议；投资5800万元的“竹影山居”精品民宿项目即将动工建设；投资2000万元的竹乡驿站餐饮综合体项目土地挂牌出让。推动传统产业升级。新增规上企业2家、市场主体150家，完成“个转企”9家，整治“低散乱”企业2家，申报省级科技型企业1家。镇小微企业园一期提升改造启动招投标；华顺通信技改项目投产，佳妮家居技改项目稳步推进。引进双一流人才1名，新增大学生就业20人。统筹夯实三农基础。完成美丽农业农田杆线整治示范带建设，完成罗村、谢憩两村“一事一议”项目和谢憩村物业用房建设。统筹抓好动植物防疫、农产品及农用设备质安监管和各类农业调查统计工作，新增AA星级合作社、家庭农场各1家，3723户农户享受惠农各项补助，农民人均可支配收入增长6.5%，获评市级农业绿色发展示范区。盘活闲置厂房1.7万方，消化利用“四未一低”土地38.4亩。广陵村被评为区级闲置农房激活示范村。

【乡村振兴】 加星创建亮点纷呈。获评全省AAAA级景区乡镇和市级“乐水小镇”，桃花源生态旅游区AAAA创建通过省文旅厅资源评估，高分通过省级“污水零直排区”创建验收，获评绍兴市民兵工作先进单位、绍兴市“双示范”退役军人服务站。（广陵溪）乡村美丽河湖、（广陵、桃园）市级“水美乡村”、（桃园、湖田）区级示范精品村等荣誉频频创获；全域实现五村达标、三村冠A。集镇农贸市场创建为省一星级农贸市场，景行山居、绍兴山居分别荣获省级银宿、区级金宿。交通脉络全域打通。全力配合杭绍台高铁建设，长塘段完成隧道贯通、梁板铺设和电力迁改任务。扎实推进“特色美丽公路”建设，长塘－蒿坝景观公路全线贯通，提升、亮化乡路村道12公里，五长公路（长塘段）、会蒋公路－广陵两路两侧完成美化洁化。“竹海氧吧”绿道、梅坞岭古道长塘段完成整治提升。结合高铁站前区域规划，启动站前区域基础配套系统谋划。美丽资源共护共享。科学规划国土空间布局，严控新增违建，重点拆除涉及信访、侵占公共空间违建共68处2560平方米，节地生态公墓树葬项目完成建设。持续深化“河长制”，积极开展“碧水联盟”App推广，完成靠溪岙水库除险加固和广陵溪提升整治工程。扎实开展“蓝天保卫战”，空气质量持续位居全区前列。务实抓好中央环保督察“回头看”反馈意见整改落实，3件信访案件全部办结。

【民生保障】 惠民实事质效并举。警务站、公交首末站、综合供能服务站建成投用，高铁安置3个片区建设加速推进，城乡基础配套更趋一体化。垃圾分类全域提标，谢憩村被评为省级示范村。审批私人建房54户，完成农房办证2800本。为893名65岁以上居民提供健康体检服务，为430名70周岁以上老人接种流感疫苗，为113人网上办理生育登记。扶贫救助全力保障。新增225名被征地农户养老参保，城乡居民基本养老保险和医保参保率分别达95.8%和99.5%。新增计生奖扶特扶92人，发放各类救助金469万元，受益群众560余人。完成20户农村困难群众危旧房整治。镇村两级居家养老服务中心挂星提档，精准扶贫得到有效落实。社会事业有效推进。全力参与全国文明城市复评迎检，扎实做好第七次全国人口普查，杜亚泉中学创成绍兴市级现代化学校，镇成校获评区示范社区学校。全面抓好食药品安全监管，桃园、谢憩、湖田三个村获评省级卫生村。谢憩、湖田文化礼堂建成投用。

表29

2020年长塘镇各村委会基本情况表

行政村	户数（户）	人口数（人）	农村劳动力（人）	耕地面积（亩）	山林面积（亩）	水域面积（亩）
广陵村	395	1012	700	659	5450	0
会篁村	575	1521	924	1050	7170	0
罗村村	702	998	575	665	3680	0
长塘村	1260	3485	1911	2300	6715	200
桃园村	462	1368	830	1000	0	300
何家溇村	632	1725	995	1427	1544	70
谢憩村	611	1818	1155	1554	3800	260
湖田村	476	1340	748	830	120	310
居委	0	0	0	0	0	0
合计	5113	13267	7838	9485	28479	1140

有序开放镇综合文化站和“知塘书吧”,全年共接待阅览者3700余人次。“虞舜十碗”发布暨康家湖冬捕大典等系列活动隆重举行,地域特色文化IP持续添彩。机关推行全区首个“智慧食堂”App,以实际行动倡导餐桌上的文明风尚。

【改革治理创新】 倾力打造平安共同体。扎实推进“6+2”平安共同体建设,率先试点启用平安上虞码,226家平安主体实现“码上安全”。深化落实领导接访、一线调处、源头管控等措施,信访积案化解率实现100%。高度关注各领域安全生产和消防安全工作,巩固抓好企业安全生产培训,引入社会化指导帮扶;加强新居民登记管理及出租房、沿街商铺消防综合整治;对重型货车、渣土运输车辆违规上路实施联动执法,对电动车违规载人、不戴头盔等不文明行为实施常态化整治。全年无一起重大人员伤亡事故发生。合力构建治理大平台。积极探索集便民服务、矛盾调处、警务管理于一体的社会治理协同处置机制,组建“竹抱平安”义警等7支“竹字号”志愿者队伍,扎实做好“三师三员”回归工作,圆满完成村级组织换届,推进镇村两级红十字会换届和新时代文明实践所(站)建设,高标准完成征兵区定任务,不断强化社会治理的协同效应。持续跑出便民加速度。切实深化“最多跑一次”“最多跑一地”服务改革,进驻便民中心事项增至87项,下放村级事项23项,全域推广“掌上办照”“网上政务”,双告知认领率100%,全年共办理便民事项6200件次。

（贾文超）

岭南乡

【概况】 岭南乡位于上虞区最南端,地处上虞、嵊州、余姚三市(区)交界处,距离主城区约50公里车程。全乡区域面积57.4平方公里,辖8个行政村(29个自然村),在册户籍人口约1.07万。全乡山林面积6.1万亩,森林覆盖率达71.4%,全区最高峰(海拔861.3米)覆卮山坐落于境内,曹娥江重要支流隐潭溪穿乡而过,曾先后获评国家级生态乡镇、中国生态魅力乡、浙江省美丽乡村示范乡镇。2021年累计接待职工团队百余批次、游客91.4万人次,实现旅游经济收入2500余万元。

2020年全年农作物播种面积800公顷,粮食总产量4610吨。有林地面积3154.73公顷,其中茶园面积194.9公顷,出产茶叶135吨。存栏生猪191头,出栏生猪812头;存栏山羊382只,出栏山羊423只;存栏家禽4798羽,出栏家禽7527羽。公路通车里程32.815千米,等级公路通车率100%。有中心学校一所,在校学生52人,入学率100%。幼儿园1所,在园幼儿9人,入园率100%。有乡级卫生服务中心1个,村级卫生服务站4个。全年出生19人。初级卫生保健普及率100%。自来水普及率100%。参加农村新型合作医疗保险9516人,最低生活保障救助266人,低收入边缘帮扶87人。农村新建住房25户,建筑面积4383.85平方米。

【发展全域旅游】 充分把握“后疫情时期”旅游发展趋势,精心打造镜面梯田、彩色梯田等“网红”景观,开展疗休养基地宣传推介,创新举办“诗画曹娥江、云游覆卮山”系列节会活动,与省农科院、浙江理工大学科艺学院、绍兴市摄影家协会等多家单位建立乡村旅游发展战略合作关系,全年累计接待职工团队百余批次、游客91.4万人次,实现旅游经济收入2500余万元。加快推进旅游项目建设,启动实施投资4500万元的许岙红色国防教育基地,综合投入2000余万元实施石浪游步道、AAA级旅游公厕、景观节点亮化、通景公路提升等系列工程,景区内部交通环线实现全线贯通。打造旅游宣传新名片,创成省级旅游风情小镇、AAAA级景区镇,被列入省级运动休闲小镇培育名单,东澄村被评为第二批全国乡村旅游重点村。

【打造美丽经济】 深入实施闲置农房激活计划,全力做好资源盘整和招商引资两篇文章。年内,有效盘活闲置厂房2244平方米、存量土地4.2亩,完成梯田流转600亩,激活闲置农房2.2万平方米,顺利签约投资亿元以上的覆卮山乡村旅游开发和江南农俗文化产业园项目,连续被评为绍兴市闲置农房激活工作先进集体,入选绍兴市农村闲置资源全域激活试点乡镇。积极探索民宿产业集聚发展,开办首期民宿技能人才培训班,成立全市首个民宿产业农合联,“山居岭南”入选省首批民宿(农家乐)助力乡村振兴改革试点名

2020年岭南乡各村(居)基本情况表

表30

村委会名	党务负责人	村委会负责人	户数(户)	人数(人)	耕地(亩)	林地(亩)	村级集体经济收入(元)
龙山村	厉建根	厉建根	439	1118	1559	3212	503610
立功村	王万中	王万中	716	1840	1723.7	3782	525935
丰树坪村	许连校	许连校	538	1382	975.7	4061	552380
泰岳村	朱堃太	朱堃太	560	1417	1252.4	980	508756
许岙村	王金表	王金表	700	1754	1740	11645	515728
青山村	叶炳荣	程顺贤	300	865	640.9	5556	510948
覆卮村	许学轩	王桂苗	365	982	824.8	11059	424535
东澄村	戚彭飞	戚彭飞	373	929	1621.1	7025.5	576919

单。加快推进投资2000万元的美好生活主题村落建设，樱红山庄完成形象进度60%，那园民宿成为全区民宿打卡的又一新地标。全年新增各类精品民宿5家，获评区级金宿1家、银宿5家。

【创建品质乡村】 深入开展农村人居环境整治提升行动，试点推进生活垃圾分类智能化监控平台建设，集中攻坚第三批“五星3A”创建，新增许岙村、青山村2个“AAA示范村”，总数量达全区之最。高质量推进“八大美丽行动”，累计投入1500余万元实施东澄村、青山村新时代美丽乡村精品示范村建设。持续完善集镇功能，投资1000万元提升改造便民中心、农贸市场、公共文化场馆、沿溪游步道等场馆设施，完成农村道路亮化提升9公里，获评省级美丽城镇达标乡镇、市级“四好农村路”示范乡镇。全力配合做好第二轮中央环保督察工作，大力实施蓝天保卫攻坚行动，全面加强秸秆焚烧管控，空气质量持续保持全市前列，东澄村获评浙江省“乡村氧吧”。高标准开展“五水共治”碧水行动，完成小水电清理整改8家，隐潭溪岭南段创成省级美丽河湖。（黄　雄）

陈溪乡

【概况】 位于绍兴市上虞区南部，距上虞城区37千米。地域面积40.2平方千米，辖8个行政村。年末总户数2811户，总人数7181人，同比减少12.42%。其中女性人口3911人，同比减少1.78%。流动人口37人，同比增加94.7%。工业企业10家，总产值9200万元，农作物种植面积1145公顷，农业总产值2380万元。有商业网点443个，其中民宿7家。全年到乡旅游48万人次。第三产业年产值4280万元。全年固定资产投资与第三产业项目投资，完成额6191.02万元。实现财政收入362.05万元，与上年基本持平。农村常住居民人均可支配收入38044元，同比增长7.3%。

2020年有水田342.2公顷，粮食总产量389吨。有林地面积2335.93公顷，出产茶叶24.4吨，出产毛竹5630吨，出产毛笋1213吨，出产青梅243吨，出产板栗1521吨，出产樱桃16.9吨。存栏生猪173头，出栏生猪237头；存栏山羊462只，出栏山羊390只；存栏家禽8500羽，出栏家禽12850羽。

小学1所，在校学生55人，入学率100%。幼儿园1所，在园幼儿23人，入园率100%。有乡级卫生服务中心1个，村级卫生服务中心8个，社区卫生服务站3个。全年出生56人，计划生育完成率100%。参加农村新型合作医疗保险5904人，最低生活保障救助199人。年底进入丰惠敬老院供养老人9人。自来水普及率100%。发放世纪华通资助陈溪乡60岁以上老人的现金总额229.25万元，受益2728人。农村新建住房32户，建筑面积6200平方米。公路通车里程29千米，等级公路通车率62%。

【居家养老全覆盖】 年内，乡政府投资67万元，建成四星级乡镇居家养老中心1个、村级居家养老照料中心7个，分别分布在8个行政村，为在乡居家养老的

1500多名老人的娱乐、健身、学习等提供便利。

【美丽城镇建设推进】 加快土地消化利用,完成批而未供土地消化13.33亩,完成低效用地再开发7.3亩。按照"五美"建设标准,完成竹隐小镇游客服务中心、龙溪景观带改造工程、浙能－综合供能服务站等19个建设项目,整体提升美丽城镇档次,被评为绍兴市级美丽城镇建设样板镇、浙江省首批新时代美丽建设基本达标单位。

【"美丽河湖"创建】 落实河湖治理,投资200余万元,对孔坵山塘、老龙头山塘进行整治加固。投资600万元,通过砌坎垒坝、筑路修亭、植树绿化、清污保洁等措施,乡域主要河道面貌得到综合改善。创成绍兴市"乐水小镇";陈溪村、虹溪村、塔溪村、太平山村等被命名为绍兴市级"水美乡村";下管溪陈溪段创成浙江省级"美丽河湖"。

【国家AAAA级旅游景区创建】 年内,投资4000余万元,加强景区配套设施建设,铁山后—浒溪线、百悬线—庙下、阳明桥—生畈等美丽公路建成;陈黑线(四柏古庵—徐林水库段)、虹溪—雪花潭道路亮化工程建成;"天福庵"上山道路建成;"竹隐小镇"游客服务中心、王阳明陈溪游学展陈馆、景区信息化建设和"一村一品"营业房等建成;石笋山游步道景观提升、龙溪景观带改造工程有序施工。太平山村评定省AAA级景区村庄;"竹隐陈溪"景区通过国家AAAA级旅游景区景观质量评价。

王阳明陈溪游学展陈馆开馆现场(陈溪乡　提供)

【垃圾分类创建成省级示范片区】 陈溪片区成为浙江省农村生活垃圾分类示范片区;太平山村成为浙江省高标准农村生活垃圾分类级示范村。　(陈岳来)

表31

陈溪乡各村委会基本情况表

村委会名	党务负责人	村委会负责人	户数(户)	人数(人)	水田(公顷)	山林(公顷)	村级集体经济收入(万元)
陈溪村	陈华灿	王永福(1—11月) 陈华灿(11—12月)	520	1305	67.66	266.87	40
虹溪村	王柏成(1—10月) 王利珍(10—12月)	王永良(1—11月) 王利珍(11—12月)	367	974	44.2	412.2	3.04
干溪村	王永良(1—10月) 王少强(10—12月)	吴春寿(1—11月) 王少强(11—12月)	410	1074	57.07	199.8	57.73
塔溪村	陈江灿(1—10月) 王庆高(10—12月)	王庆高	312	847	67.41	543.07	5.19
小陈岙村	王建中	王银达(1—11月) 王建中(11—12月)	378	916	12	219	0.65
夏家岙村	陈江芬	夏明强(1—11月) 陈江芬(11—12月)	307	801	17.33	345.52	18.29
陈家岙村	胡建忠	陈伟元(1—11月) 胡建忠(11—12月)	244	612	39	67.4	1.34.
太平山村	金秋丰	金银表(1—11月) 金秋丰(11—12月)	273	652	37.53	282.07	37.96

下管镇

【概况】 下管镇位于上虞区东南隅，四明山麓，与余姚市相邻，距离区中心28千米，百悬公路自南向北贯穿全镇。境域面积48.5平方千米，下辖9个行政村和1个社区，总人口1.2万人。2020年，全镇实现财政总收入654.8万元，同比增长51%，一般公共预算收入394.8万元，同比增长56%；实现工业总产值5.1亿元，其中规模以上工业产值5500万元，同比增长90%；实现固定资产投资2953万元。7项主要经济指标增速位居全区前3位，一般公共预算收入、工业总产值、规上工业产值、固定资产投资等4项经济指标增速均居全区第一。

全镇集体所有耕地面积7368亩，其中家庭承包经营耕地7250亩；有家庭农场33个，经营土地面积30.25公顷，年销售农产品总值105万元；有农民专业合作社27个，其中市级示范社1个，全年实现经营性收入合计75万元；村级集体经济总收入1127.31万元，其中经营性收入409.5万元，农村常住居民人均可支配收入增长8.5%。

新落户工业商贸企业15家，招引项目12个，累计投资5亿元，其中1亿元以上项目2个，5000万元以上4个。新增"个转企"7家，市场主体145家，整治"低小散"企业3家，分别完成全年任务数的350%、223%和150%；培育农村电商、农民专业合作社、家庭农场等7家。深入实施"风还巢"增收计划，激活闲置农房1.8万平方米，闲置厂房7800平方米，盘活闲置土地15亩，全镇新增村级集体自主经营性收入280余万元。

有镇中心小学1所，在校学生117人，入学率100%；镇中心幼儿园1所，在园儿童71人；投入95万元用于镇小设施提升、幼儿园维修和奖教奖学等教育支出。有中心卫生院1所，下属东里社区卫生服务站1家，芦山村、兴南村、洙凤村3家村级卫生室，前溪岙村、新庄村设有2个驻村工作室，全年完成门急诊诊疗4.01万人次。出生48人，生育率2.3%，自然增长率-3.45%；城乡居民合作医疗参保率100%，基本养老保险参保率99.16%；救助低保等弱势群众1389人次；顺利完成区养老服务中心对下管镇5户困难老人的适老化改造项目；发放居家养老服务券13.78万元；完成3个村级公墓建设。全镇共设有便民服务中心10个，包括1个镇级便民服务中心和10个村级社区便民服务中心，并设基层自助政务终端4个。完成17户困难群众住房救助，审批保障农民私人建房25户。

集镇设下管邮政支局，下设9个村级代邮点，9个村均已安装邮政智能快递柜，实现全镇全覆盖。辖区内工业、农业、居民生活用电属下管供电所维护，有一座35千伏变电站（下管变）；专变25台，总容量4125千瓦；公变52台，总容量11800千瓦。10千伏高压输电线路4条，总长度31.332千米，380伏低压线路合计60.9千米。

【生态文化旅游节（樱桃节、山货节）】 4月23日下管镇生态文化旅游节开幕暨樱桃开摘仪式在洙凤村樱桃基地热闹开场。区镇领导化身"带货主播"走进直播间，为上虞代言，为下管代言，向网友推介下管镇的樱桃、美食和民宿。自2020年1月以来，下管镇组织开展虞南山货节系列文化活动，总吸引游客5万多人次，带动下管特色农产品销售100余万元。

生态文化旅游节（下管镇　提供）

【七彩山水科技运动活力区建设】 年内，主办首个乡镇大型马拉松赛事——耕读管溪马拉松，吸引千余名省内跑友参赛，赛况在CCTV-5频道体坛快讯播出；"下管樱桃跑"活动激情助力樱桃节；投资6000万元的吴越秘境户外主题公园落户下管。

【农商文旅发展】 年初，围绕以"耕读文化"为核心

表 32

2020 年下管镇各村（居）委会基本情况表

村名	党务负责人、村（居）委会负责人	户数（户）	人数（人）	耕地（亩）	山林（亩）	村级自主经营性收入（万元）
东里村	郭伯丁	375	1100	645	13054	36.98
联新桥村	徐永昊	356	850	577	7860	45.67
新民村	徐建园	485	1241	796	5879	31.5
振新村	娄杏芬	706	1549	701	3665	48.39
兴南村	王永田	465	1309	1043	6870	42.19
前溪岙村	桑明华	504	1327	831	11139	59.17
新庄村	徐建东	351	944	829	7590	42.03
洙凤村	董建强	533	1443	1067	10743	48.93
芦山村	张建军	359	963	721	8715	42.14
檀燕山社区	张吉权	—	—	—	—	—

的大花园建设，重点打造耕读研学、山水风情、状元文化、红色记忆、生态采摘等多条特色旅游线路，开发研学游项目，“耕读古镇”国家AAA级旅游景区、省AAA级景区镇创建通过验收。引进民宿5家，其中虞南大型商贸综合体项目——“曦溪印象”度假酒店运营；于善乡村酒店主体结顶；“绿韵·绿溪谷”民宿引入第三方团队。

【镇村面貌提升】 打赢蓝天碧水净土环境保卫战，妥善处置中央环保信访问题2件，开展环境整治专项联合执法，出动执法力量800余人次，处罚违规运输渣土车50余辆，制止秸秆焚烧180余起，自查整改人民群众普遍关心的热点问题。加强集镇基础建设，丰富集镇功能业态，完成全镇国土空间总体规划、2个地块控规的编制，“四未一低”考核名列全区前三位，新建综合文化站、文广站、下管馆、退役军人服务站等场馆。深化“三三行动”工作法，全域打造美丽庭院，人居环境持续提升，实现省A级景区村全覆盖，AA村3个，AAA村1个，2个村通过区级精品示范村验收，下管镇被评为省美丽乡村示范镇，通过“无违建乡镇”复评，联新桥村被评为绍兴市美丽乡村精品示范村。

【基层治理有成效】 高质量完成村级组织换届，实现“一肩挑”人选100%当选。加强“娘家人”“管姐帮你忙”“三师三员”队伍建设，建立新乡贤联谊会，着力打造“管溪情”平安共同体，累计处置化解各类信访矛盾纠纷255件，化解率达98.5%，2个村分别创建成为省级市级“民主法治村”；健全“红网格＋微治理”机制，建立50张社工专网，累计代办信访55人次，走访检查重点场所450余次，流转办理各类事件信息2500余件；推进“一单一码”平安创建工作，标准化建设15分钟消防应急救援圈，开展安全隐患专项整治21次，累计发现及整治各类安全隐患112处，全年无重大安全事故发生。

【政府建设加强】 完成新行政中心的搬迁进驻，服务功能划分更加合理。深入开展“三驻三服务”，累计上门服务220余次，解决实际困难20余项。深化“最多跑一次”、“最多跑一地”改革，加快村级“办事多层级”向“服务扁平化”转变，完成区级示范型镇级“矛调中心”、2个区级示范型村级“矛调中心”和9个村社区服务中心2.0版建设；加强数字政府建设，通过政府门户网站公开政府信息50条，通过政务新媒体公开信息438条。自觉接受人大和社会监督，高标准建成人大代表联络站，办理完成各类建议23件。作风建设深入推进，开展机关效能督查30次，发布专项通报8期，立案2件，党纪政务处分6人，运用四种形态36件。

（吴甜田）

丁宅乡

【概况】 丁宅乡地处上虞东南部，属四明山边缘，距城区 23 千米，地域面积 42.51 平方千米，辖 7 个行政村，2020 年年末总户数 3533 户，总人口 9872 人，当年出生 66 人（其中二孩 22 人），人口自然增长率为 0‰，计划生育率 100%。全年地区生产总值 16.3 亿元，同比增长 6%，其中规上工业产值 8523 万元，规上工业增加值 9100 万元，财政总收入 1332 万元，其中一般公共预算收入 755 万元，限上零售业销售额 2827 万元，同比增长 64.08%。

年内，农作物种植面积 505 公顷，粮食总产量 420 吨，水果种植面积 467 公顷。有中心学校（中小学）1 所，专任教师 31 人，在校中学生 47 人，小学生 102 人，入学率 100%；中心幼儿园 1 所，入园儿童 107 人，入园率 100%。有社区服务中心 1 家，村级卫生服务站 2 家，初级卫生保健普及率 100%。自来水普及率 100%。参加城乡居民医保 6706 人，参加农村养老保险 150 人，最低生活保障救助 120 户，计 193 人。有公共运营车站 1 个，行政村公路通车率 100%。农村新建住房农户 23 户，建筑面积 5125 平方米。

2020 年，启动投资 1.5 亿元的“四季仙果”数字农业综合体项目；创建为浙江省农村产业融合发展示范园；“丁宅水蜜桃”获国家农产品地理标志认证；被认定为绍兴市农业发展绿色示范区；投入 500 余万元实施美丽公路提升工程；投入 1860 万元完成丁宅中心河农业生态工程；缸岙村创建为浙江省“一村万树”造林示范村；承办“绍兴市农村人居环境整治提升现场推进会”。

【“浙江省农业产业融合发展示范园”创建】 12 月，丁宅仙果农村产业融合发展示范园入选第二批省级农业产融合发展示范园，为绍兴市唯一入选单位。

年内，丁宅乡农业产业已拥有省级龙头企业 1 家，农民合作社 59 家，特色农家乐 15 家，家庭农场 21 家，精品果园 11 家，“四季仙果之旅”星级采摘基地 4 家，水果区域公用品牌“丁赞”已在浙江具有较高的知名度，“丁赞”商标还被国家知识产权局商标局核准为集体商标。

【“丁宅水蜜桃”获国家农产品地理标志认证】 9 月 22 日，“丁宅水蜜桃”获得国家农产品地理标志登记评审的“四季仙果”。丁宅乡现拥有 4000 余亩夏、秋、冬三季皆有品种多样的优质水蜜桃基地，年产优质水蜜桃 6000 余吨，产值达 4000 多万元。丁宅乡成为闻名全省的“绍兴水蜜桃之乡”。

【新任溪村设立全区首个“老兵调解室”】 2 月，新任溪村设立有村治保主任和 4 名退伍军人组成的“老兵调解室”。“老兵调解室”以 5 个自然村为基本单位，每个单位选择一名退役军人作为人民调解员。年内，调解处置各类矛盾纠纷 13 起。

新任溪村设立全区首个“老兵调解室”（丁宅乡　提供）

【首支“女子民兵队”成立】 4 月，丁宅乡成立“首支女子民兵队”，队员是从各村妇联主席、网格员队伍中选拔出来的 9 名优秀妇女代表组成，平均年龄 34 岁。配合相关部门做好防控疫情、扫黑除恶，禁毒防诈等宣传教育活动，被列入浙江省军区专题调研课题。

【缸岙村建成浙江省“一村万树”示范村】 时年，根据《关于印发浙江省“一村万树”三年行动计划的通知》精神，结合村环境现状，开展创建活动。被浙江省林业局命名为浙江省“一村万树”示范村。

【丁宅村被授予“浙江省第三批引领型农村社区”称号】 年初，丁宅村申报创建浙江省民政厅开展的第三批省级引领型农村社区。在创建工作中，村两委班子深化社区服务和治理创新，大力开展农村人居环境百日攻坚工作，完成农房登记确权发证工作任务。投资

表 33

2020 年丁宅乡各村委会基本情况表

村委会名	党务负责人	村委会负责人	户数(户)	人口(人)	耕地(亩)	山林(亩)	村级集体经济收入(万元)
丁宅村	徐振海	丁建国	656	1715	1741	2823	94.47
上宅村	丁孝章	周赞钿	516	1550	1391	5185	400.92
下宅村	丁松青	任海荣	456	1286	1325	1338	84.19
新任溪村	任建立	任建立	680	1992	2220	6273	54.98
双桥村	王学忠	李　军	442	1208	944	7482	37.23
缸岙村	邱林华	赵志坚	280	786	813	6867	31.49
华湾村	丁淑君	丁淑君	503	1335	1471	9697	70.28

340 万元完成村基础设施提升行动建设工程，对全村道路进行了油化；投资 480 万元完成丰章线岔口——村新建路，美丽乡村公路提升工程；着力做好“五星达标，3A 争创”创建工作，通过农村环境面貌综合提升专项行动，大大改善了村庄环境面貌；投资 80 万元完成新建路立面改造工程；投入 50 万元完成新区道路油化及停车场新建工程；投资 60 万元完成西庄自然村家宴集聚点新建工程；投资 50 万元的公墓建设工程和投资 40 万元完成全村亮化工程。年底，经浙江省民政厅农村社区建设测评，丁宅村被授予“第三批省级引领型农村社区”荣誉称号。　　（陈国林　史瑞丰）

沥海街道

【概况】 沥海街道位于绍兴市北部，区域面积 57 平方公里，由原沥东、沥海、三汇 3 个小乡镇撤并而成，户籍人口 5.8 万，下辖 22 个行政村、2 个居委会，共有基层党组织 158 个，党员 2895 名。2010 年，原沥海镇由上虞区委托滨海新城管理；2019 年 11 月，沥海撤镇设街；同年，滨海新区江滨区 85 平方公里的社会事务由沥海街道覆盖管理。

2020 年，街道全年实现地区生产总值同比增长 7%，规上工业总产值同比增长 26.1%，固定资产投资同比增长 22.6%，财政收入 11.5 亿元，其中一般公共预算收入 10.4 亿元。经济发展稳中有进。依托生物医药“万亩千亿”新产业平台，实到外资 9262 万美元，新引进亿元以上项目 10 个，浙江兴湾精准医学研发及产业化平台等 13 个项目被列入省重大项目名单，其中三花年产 5000 万套车用智能流体控制设备生产项目上榜省特别重大产业项目。辖区企业锦盛、德琪先后成功上市，新增国家高新技术企业 14 家、省科技型中小企业 19 家、省市级研发机构 5 家，引进“海内外英才计划”人才 13 名，整治“低散乱”企业 30 家，淘汰落后产能 5 项。全面完成粮食生产和生猪保供任务，粮食播种面积保持在 2.5 万亩以上，生猪累计出栏 4 万头，一景乳业成功创建省级龙头农业企业。城市能级提档升级。高速高质高效完成南汇整村拆迁，加快推进道路环境综合整治提升等工程借地征地工作。沥海副中心规划加快推进，编制完成的都市节点型美丽城镇省级样板方案被评为市级优秀方案。全面推进“污水零直排区”建设、“无废城市”创建，江滨区启动区块、沥海工业区“污水零直排区”建设分别顺利通过省、市、区三级验收。乡村振兴全力推进。全年实现村级集体经济收入 5377 万元，其中经营性收入 3033 万元，同比增长 11.4%。“五星达标、3A 争创”第三批 3 个村成功创建，实现“五星达标”工作全覆盖。潭许等 3 个村被评定为省 A 级景区村庄，南桥村获评市级美丽乡村精品村，郭渎村成功创建市级生活垃圾分类示范村，成功打造伟明等 6 个新时代美丽乡村达标村。民生福祉不断改善。街道 8 大民生实事项目基本完成，国科大附属肿瘤医院绍兴院区、浙江金融职业学院绍兴校区等签约落户。顺利完成扶贫开发领域专项巡查，改造治理住房困难、危旧房 15 户，发放各类救助资金 579.7 万元，医疗保险、养老保险参保率突破 99%。

教育医疗事业均衡发展，沥海社区卫生服务中心发热诊室建成投用，完成70周岁以上老年人流感疫苗免费接种1930人次，沥海街道中心小学成功创建市“五星三名”学校、“五星三名”党建示范学校。文化事业不断扩面提质，街道成功创建浙江省文化强镇，农村文化礼堂建设全面提升，建成三星级及以上农村文化礼堂9家，郭渎村成功创建新时代文明实践示范站。

【浙江省文化强镇创建】 自2019年以来，沥海街道积极创建浙江省文化强镇。通过资料申报、市文化和旅游部门核查、省文化和旅游厅组织召开专家评审会，参评单位现场答辩，评审结果报省政府批复。2020年4月，浙江省文化和旅游厅发布浙文旅公共〔2020〕2号文件，命名沥海街道为浙江省文化强镇。（陈　萍）

【沥海街道侨联成立】 8月31日，沥海街道召开第一次归侨侨眷代表大会暨沥海街道侨联成立大会。会议审议通过《沥海街道归国华侨联合会工作细则（草案）》《沥海街道第一次归侨侨眷代表大会选举办法（草案）》，并选举出沥海街道侨联第一届委员会委员。（奕伟刚）

【沥海街道11个项目列入浙江省重大产业项目名单】 在浙江省发改委、浙江省自然资源厅联合印发的2020年浙江省重大产业项目名单里，沥海街道共有11个产业项目列入，项目总投资176亿元，总用地面积约3045亩，创历史新高。其中，总投资58亿元的三花年产5000万套车用智能流体控制设备生产项目列入特别重大产业项目计划；兴湾精准医学产业园列入重大产业龙头项目计划；恒杰克兰茨、尚科生物、乐歌供应链管理中心等项目列入重大示范项目计划；坂东智能装备、方园馨维生素系列衍生物、冠越达新型高分子膜材料列入引领性重大产业项目计划。（陈红娣）

【完成南汇村整村拆迁工作】 南汇村整村拆迁工作于3月1日启动，至5月3日集中签约期结束，历时64天。南汇村整村拆迁为沥海街道有史以来首次最大规模的整村拆迁，完成签约腾空1105户，签约腾空率为99.5%。完成安置分房429套，其间共有300余名工作人员参与拆迁工作，平均工作时长达1000小时，总计上门次数超4400次。（戚宽宽）

沥海街道各村（居）基本情况表

表34

序号	村（居）委会名称	村（居）党组织书记、主任	村（居）党组织副书记	户数（户）	人口（人）	耕地（亩）	园地（亩）	林地（亩）	养殖水面（亩）	村集体年收入（万元）
1	百沥村	陈洪尧	朱春峰	945	2781	2247.00	0	0	265.00	309.58
2	城西村	顾沥海	杜江峰	895	2627	1853.80	0	0	0.00	44.00
3	城沿村	许文夫	赵君标	954	2468	1258.00	0	0	600.00	160.00
4	东海村	陈水楚	朱华江	665	1772	1040.00	0	13	18.00	93.00
5	二渡村	陈国庆	朱竹莲	709	1992	1627.00	0	0	323.50	150.00
6	光荣村	沈光尧	阮春奇	736	2154	1554.00	0	0	118.00	150.00
7	郭渎村	杭国达	柯国洋	774	2135	1850.00	0	0	0.00	112.79
8	华东村	厉正表	叶铭华	1093	3074	2480.00	0	0	0.00	445.78
9	华平村	宋　权	阮兴华	1397	3872	3096.00	50	0	183.00	223.00
10	沥东村	顾杭波	钟丽君	660	1838	1220.00	0	0	412.00	75.00
11	联部村	李挺发	吴卫君	761	2231	1012.00	0	0	300.93	113.00
12	联谊村	王小通	王　良	850	2432	2730.00	60	0	150.00	200.00

续表 34

序号	村(居)委会名称	村(居)党组织书记、主任	村(居)党组织副书记	户数(户)	人口(人)	耕地(亩)	园地(亩)	林地(亩)	养殖水面(亩)	村集体年收入(万元)
13	民生村	王国良	杨飞龙	622	1852	1852.00	0	0	0.00	91.55
14	南汇村	姚海峰	冯银钢	1324	3640	3700.00	0	0	128.00	100.00
15	南桥村	杨江丰	邵芦芳	624	1774	1369.00	0	0	0.00	246.77
16	阮家村	阮伟锋	阮柳风	807	2467	1141.00	0	0	612.40	377.09
17	舜海村	沈孝良	郑苗娣	545	1714	200.00	0	0	0.00	138.00
18	四联村	赵立早	吴兴苗	647	1915	1147.00	0	0	0.00	128.81
19	潭许村	李建坤	李利光	1001	2879	2218.00	0	0	0.00	231.75
20	伟明村	陈宝云	董金茂	916	2663	3469.00	0	0	5.00	127.00
21	新联村	俞华丰	杨光兴	1091	3042	3284.00	0	0	0.00	315.85
22	渔村村	徐尧成	阮益烽	854	2197	660.00	0	0	0.00	213.00
23	沥海居委	顾莉萍	邵琳琳	1520	2750	0.00	0	0	0.00	0.00
24	三汇居委	傅苗燕	—	475	715	0.00	0	0	0.00	0.00

机构及负责人

上虞区党政机构及有关部门主要负责人名单

（2020 年 1 月至 2020 年 12 月）

中共绍兴市上虞区委员会

书　记　陶关锋（2016 年 11 月至 2020 年 5 月）
　　　　徐　军（2020 年 5 月起）
副书记　徐　军（2019 年 9 月至 2020 年 5 月）
　　　　金进富（2020 年 6 月起）
　　　　赵文中（2019 年 9 月起）
常务委员　陶关锋（2015 年 8 月至 2020 年 5 月）
　　　　徐　军（2019 年 9 月起）
　　　　金进富（2020 年 6 月起）
　　　　赵文中（2019 年 9 月起）
　　　　潘立锋（2016 年 11 月起）
　　　　许建超（2016 年 11 月起）
　　　　金山中（2016 年 12 月起）
　　　　项延玳（2017 年 12 月起）
　　　　王永表（2019 年 1 月起）
　　　　夏永江（2019 年 12 月起）
　　　　徐志华（2019 年 1 月起）
　　　　谢　晋（2020 年 5 月起）
　　　　凌　健（挂职，2020 年 7 月起）

绍兴市上虞区人大常务委员会

主　任　陈　坚（2017 年 2 月起）
副主任　赵　畅（2017 年 2 月起）
　　　　方　静（女，2017 年 2 月起）
　　　　程学法（2012 年 2 月起）
　　　　徐　耘（2017 年 2 月起）
　　　　吴光裕（2017 年 2 月起）
　　　　黄梅龙（2017 年 2 月起）
党组书记　陈　坚（2016 年 12 月起）
党组副书记　赵　畅（2016 年 12 月起）
成　员　程学法（2012 年 2 月起）
　　　　徐　耘（2016 年 12 月起）
　　　　吴光裕（2017 年 3 月起）
　　　　黄梅龙（2017 年 3 月起）
　　　　范文卫（2017 年 3 月起）

绍兴市上虞区人民政府

区　长　徐　军（2020 年 1 月至 2020 年 5 月）
代区长　徐　军（2019 年 9 月至 2020 年 1 月）
副区长　金山中（2019 年 12 月起）
　　　　凌　健（挂职，2020 年 8 月起）
　　　　章颖芳（女，2017 年 2 月起）
　　　　周尊隆（2020 年 5 月起）
　　　　陈　刚（2016 年 12 月至 2020 年 5 月）
　　　　胡宝荣（2017 年 2 月起）
　　　　赵俊杰（挂职，2018 年 8 月至 2020 年 7 月）
　　　　魏国剑（2019 年 2 月起）
　　　　谢　晋（2019 年 2 月至 2020 年 5 月）
　　　　周晓国（2020 年 5 月起）
党组书记　徐　军（2019 年 9 月至 2020 年 5 月）
　　　　金进富（2020 年 5 月起）
副书记　金山中（2019 年 12 月起）

党组成员　陈　刚(2016年12月至2020年5月)
周尊隆(2020年5月起)
胡宝荣(2016年12月起)
魏国剑(2019年1月起)
谢　晋(2019年1月至2020年5月)
周晓国(2020年5月起)
章　瀚(2017年8月至2020年5月)
陶海强(2020年6月起)

政协绍兴市上虞区委员会

主　席　顾世明(2017年2月起)
副主席　郑建庆(2017年2月起)
吴建平(2007年2月至2020年7月)
徐光华(2017年2月起)
蒲伟明(2012年2月起)
王柏明(兼,2017年2月起)
孙云苗(2020年1月起)
党组书记　顾世明(2016年11月起)
副书记　王永表(兼,2020年7月起)
郑建庆(2016年12月起)
成　员　吴建平(2007年3月至2020年7月)
蒲伟明(2012年3月起)
陈忠庆(2017年3月起)

上虞区纪律检查委员会

书　记　许建超(2016年11月起)
副书记　阮永祥(2012年3月至2020年4月)
陶劲松(2019年1月起)
王　亮(2020年6月起)

上虞区监察委员会

主　任　许建超(2017年2月起)
副主任　阮永祥(2017年2月至2020年4月)
陶劲松(2019年2月起)
王　亮(2020年8月起)

上虞区委工作机构及直属部门主要负责人名单
(2020年1月至2020年2月)

上虞区委办公室(信访局、党史研究室)

区委办公室主任

孙海明(2019年1月起)

区委党史研究室主任

王　敬(2019年8月至2020年9月)

上虞区委台湾工作办公室(区政府台湾事务办公室)

主　任　孙海明(2019年1月起)

上虞区委组织部(新经济与新社会组织工作委员会、区委直属机关工作委员会)

部　长　夏永江(2019年12月起)

新经济与新社会组织工作委员会书记

单樵兴(2018年2月起)

区委直属机关工作委员会书记

夏永江(2019年12月起)

上虞区委宣传部

部　长　潘立峰(2016年12月起)

上虞区委统战部(区民族宗教事务局、区政府侨务办公室)

部　长　王永表(2019年1月起)

民族宗教事务局

局　长　傅春荣(2017年3月起)

侨务办公室主任

任中华(2017年3月起)

上虞区委政法委员会

书　记　赵文中(2019年9月起)

上虞区委全面深化改革委员会办公室

常务副主任 崔煜忠(2019年1月起)

上虞区委机构编制委员会办公室

主　任　崔苗军(2019年1月起)

上虞区委巡察工作领导小组办公室

主　任　姚勇坚(2019年4月起)

上虞区委区政府信访局

局　长　金利刚(2019年4月起)

上虞区委老干部局

局　长　杨闰世(2010年1月起)

上虞区委党校

校　长　夏永江(兼,2019年12月起)
党委书记　祝子龙(2017年8月起)

上虞区人民政府工作机构及直属企事业单位主要负责人名单
（2020年1月至2020年12月）

上虞区人民政府办公室（外事办公室）

主　任　章　瀚（2017年9月至2020年5月）
陶海强（2020年6月起）
党组书记　章　瀚（2017年8月至2020年5月）
陶海强（2020年6月起）

上虞区发展和改革局（粮食局）

党组书记、局　长　朱江桥（2018年2月起）

上虞区经济和信息化局

党委书记、局　长　卢梁勇（2019年1月起）

上虞区教育体育局

党委书记、局　长　蔡建红（女，2017年3月起）

上虞区科学技术局

党组书记、局　长　章兆钧（2017年3月起）

绍兴市公安局上虞区分局

党委书记、局　长　谢　晋（2019年1月至2020年5月）
周晓国（2020年5月起）

上虞区民政局

党组书记、局　长　闻桂珍（女，2017年3月起）

上虞区司法局

党组书记、局　长　吴焕九（2017年3月起）

上虞区财政局

党委书记、局　长　杜永刚（2018年5月起）

上虞区人力资源和社会保障局

党委书记、局　长　陈荣荣（2017年3月起）

上虞区住房和城乡建设局（人防办）

党委书记、局　长、主　任
祝荣法（2017年3月起）

上虞区建筑业管理服务中心

党委书记、主　任　徐沛生（2019年6月起）

上虞区交通运输局

党委书记、局　长　范国海（2017年3月起）

上虞区水利局

党委书记、局　长　俞林忠（2017年3月起）

上虞区农业农村局

党委书记、局　长　夏明尧（2019年1月起）

上虞区商务局

党组书记、局　长　曹红心（2018年2月起）

上虞区文化广电旅游局

党委书记、局　长　王忠良（2019年1月起）

上虞区融媒体中心（上虞传媒集团）

党委书记、总编辑　陈建华（2020年1月起）
董事长、总经理　陈建华（2020年1月起）

上虞区卫生健康局

党组书记、局　长　龚开洋（2019年1月起）

上虞区退役军人事务局

党组书记、局　长　孙卫国（2019年1月起）

上虞区应急管理局

党组书记、局　长　胡　升（2019年1月至2020年7月）
朱炜江（2020年7月起）

上虞区审计局

党组书记、局　长　朱鑫海（2017年5月起）

上虞区市场监督管理局

党委书记、局　长　张春育（2017年3月起）

上虞区人民政府金融工作办公室

主　任　蒋　峰（2017年5月起）

上虞区统计局

党组书记　王银苗（2019年8月起）
局　长　孙伟琴（女，2017年3月起）

上虞区综合行政执法局

党委书记、局　长　王飞军（2019年8月起）

绍兴市自然资源和规划局上虞分局

党委书记、局　长　罗黎明（2019年1月起）

绍兴市医疗保障局上虞分局

党组书记、局　长　赵伟平（2019年1月起）

绍兴市生态环境局上虞分局

党组书记、局　长　冯世凯（2019年1月起）

上虞区机关事务服务中心

党组书记、主　任　胡关炎（2019年1月至2020年7月）
党组书记　胡关炎（2020年7月起）
主　任　沈娟芬（2020年7月起）

上虞区便民服务中心（招标投标监督办公室）

党委书记 金山中（2019 年 12 月起）

主　任 朱春起（2019 年 1 月起）

上虞区投资促进中心

主　任 阮建东（2017 年 8 月起）

上虞区大数据发展管理中心

党组书记 张国富（2019 年 1 月起）

主　任 刘涌江（2019 年 1 月起）

杭州湾上虞经济技术开发区（上虞经济开发区）

党工委书记 金山中（2019 年 1 月至 2020 年 5 月）

谢　晋（2020 年 5 月起）

主　任 蒋金祥（2019 年 1 月起）

杭州湾综合管理办公室

党工委书记、主　任 吴自强（2019 年 1 月起）

上虞曹娥江旅游度假区

党工委书记 徐志华（2019 年 1 月起）

主　任 赵明刚（2018 年 9 月至 2020 年 9 月）

张铭军（2020 年 9 月起）

上虞区 e 游小镇

党工委书记书记、主　任

张铭军（2017 年 1 月至 2020 年 9 月）

沈　璐（女，2020 年 9 月起）

上虞区档案馆

党组书记、馆　长 朱宝生（2019 年 1 月起）

上虞区供销合作总社

党委书记、主　任 姚一松（2008 年 7 月至 2020 年 7 月）

胡　升（2020 年 7 月起）

上虞区大通集团有限公司

董事长 姚一松（2018 年 9 月至 2020 年 7 月）

胡　升（2020 年 7 月起）

总经理 何　伟（2018 年 9 月起）

上虞区水务集团有限公司

党委书记、董事长 潘立安（2017 年 8 月至 2012 年 6 月）

总经理 许潮江（2019 年 8 月起）

上虞区交通集团有限公司

党委书记、董事长 朱国彪（2017 年 8 月起）

总经理 茅建波（2017 年 8 月起）

绍兴住房公积金管理中心上虞分中心

党组书记、主　任 戴建明（2019 年 8 月起）

上虞区群众团体主要负责人名单
（2020 年 1 月至 2020 年 12 月）

上虞区工商业联合会（总商会）

党组书记、主　席、会　长

孙东红（2019 年 1 月起）

上虞区总工会

主　席 蒲伟明（2017 年 3 月起）

党组书记 李坚锋（2017 年 3 月至 2020 年 1 月）

徐　彪（2020 年 1 月起）

共青团绍兴市上虞区委员会

党组书记、书　记 李梦嘉（女，2015 年 10 月至 2020 年 5 月）

上虞区妇女联合会

党组书记、主　席 许君意（女，2012 年 3 月起）

上虞区科学技术协会

党组书记 杜秀丽（女，2017 年 3 月起）

主　席 孙云苗（2016 年 6 月起）

上虞区文学艺术界联合会

主　席 丁志强（2017 年 3 月起）

上虞区残疾人联合会

党组书记、理事长 杨科钦（2019 年 1 月至 2020 年 7 月）

党组书记 杨科钦（2020 年 7 月至 2020 年 9 月）

赵明刚（2020 年 9 月起）

理事长 戴秀兰（女，2020 年 7 月起）

上虞区红十字会

执委会主任 宋世洋（女，2015 年 10 月起）

上虞区政法机关主要负责人名单
（2020年1月至2020年12月）

绍兴市公安局上虞区分局

党委书记、局　长　谢　晋（2019年1月至2020年5月）
周晓国（2020年5月起）

上虞区司法局

党组书记、局　长　吴焕九（2017年3月起）

上虞区人民法院

院　长　钱长龙（2019年1月起）
副院长　蔡立刚（2020年12月起）
章天天（2018年5月起）
薛荣辉（2018年5月起）
陈亚君（2018年5月起）
党组书记　钱长龙（2018年4月起）

上虞区人民检察院

检察长　张　斌（2019年1月起）
副检察长　周高军（2018年5月起）
沈　波（2018年5月起）
李雪明（2018年7月起）
党组书记　张　斌（2018年4月起）

上虞区各乡镇、街道党政主要负责人名单
（2020年1月至2020年12月）

百官街道

党工委书记　许国华（2018年2月起）
办事处主任　朱柏治（2019年8月起）

曹娥街道

党工委书记　杨一国（2019年1月至2020年12月）
办事处主任　王新钢（2019年8月起）

东关街道

党工委书记　陶海强（2019年1月至2020年6月）
王佳琦（2020年7月起）
办事处主任　张　伟（2019年4月起）

道墟街道

党工委书记　冯　柱（2019年1月起）
办事处主任　戴忠伟（2019年1月起）

小越街道

党工委书记　谢文权（2019年1月起）
办事处主任　魏雪刚（2019年8月起）

梁湖街道

党工委书记　陈　凯（2018年2月起）
办事处主任　陈才华（2018年8月至2020年9月）
冯永奇（2020年9月起）

崧厦街道

党工委书记　王文松（2019年11月起）
办事处主任　王　亮（2019年11月至2020年7月）
王　敬（2020年7月起）

章镇镇

党委书记　金小军（2019年8月起）
人民政府镇长　王佳琦（2018年2月至2020年5月）
吕　彭（2020年7月起）
行政负责人　吕　彭（2020年5月至2020年7月）

丰惠镇

党委书记　朱春兰（女，2019年1月起）
人民政府镇长　徐桦表（2020年1月起）

上浦镇

党委书记　孙国军（2017年3月起）
人民政府镇长　陆建锋（2019年1月至2020年5月）
骆晶晶（女，2020年7月起）
行政负责人　骆晶晶（女，2020年5月至2020年7月）

汤浦镇

党委书记　胡四海（2017年8月起）
人民政府镇长　王利渡（2016年12月起）

永和镇

党委书记　陈鑫淼（2019年1月起）

人民政府镇长　张华尧(2019年1月起)

驿亭镇

党委书记　叶　涛(2019年8月起)

人民政府镇长　徐　钱(2019年7月起)

谢塘镇

党委书记　陈圆圆(2019年4月起)

人民政府镇长　倪水乔(2019年7月起)

盖北镇

党委书记　朱炜江(2019年1月至2020年7月)

徐松杰(2020年7月起)

人民政府镇长　徐松杰(2019年8月至2020年7月)

陈立林(2020年8月起)

长塘镇

党委书记　赵春峰(2019年8月起)

人民政府镇长　金　琳(女,2017年8月起)

岭南乡

党委书记　傅飞军(2019年1月起)

人民政府乡长　王　凯(2019年1月起)

陈溪乡

党委书记　石洪元(2017年3月起)

人民政府乡长　郑哲军(2018年2月起)

下管镇

党委书记　马百根(2019年8月起)

人民政府镇长　沈　璐(女,2017年8月至2020年9月)

行政负责人　郑伟钦(2020年9月起)

丁宅乡

党委书记　孙丹青(2019年1月至2020年8月)

陈才华(2020年9月起)

人民政府乡长　俞　超(2019年1月至2020年5月)

胡银洲(2020年8月起)

统计资料

统计图

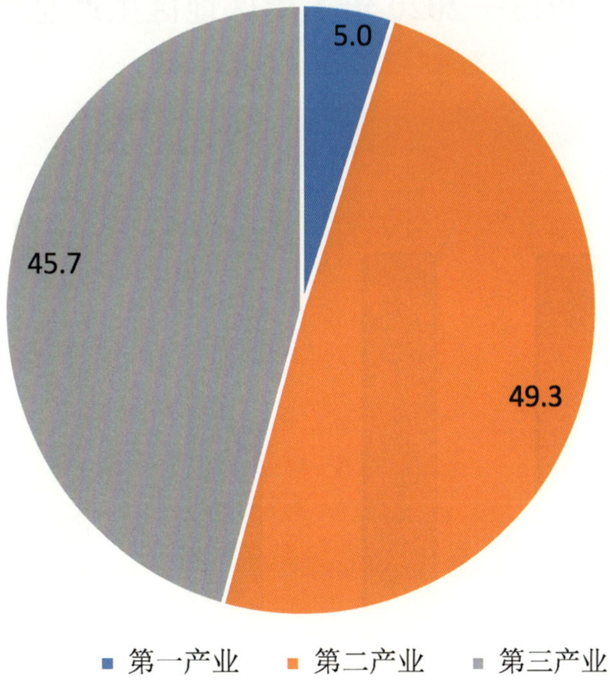

图 7　2020 年上虞区三次产业比重图

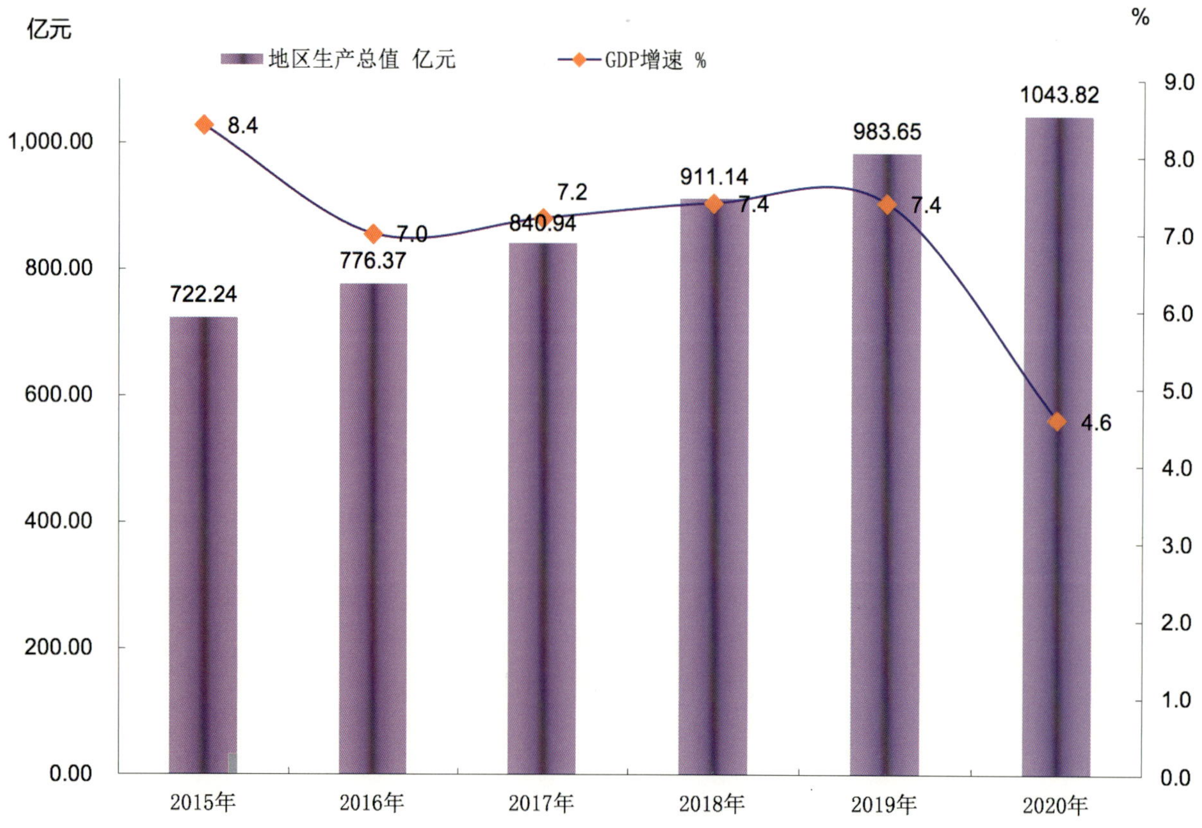

图 8　2015—2020 年上虞区地区生产总值图

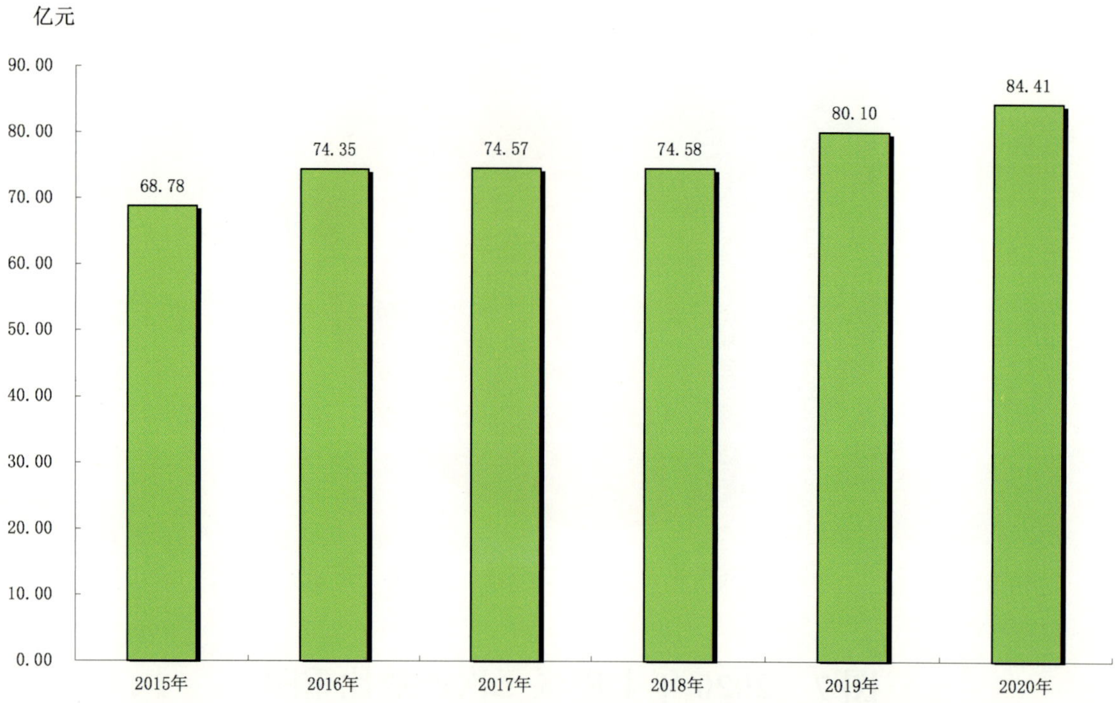

图 9　2015—2020 年上虞区农林牧渔业总产值图

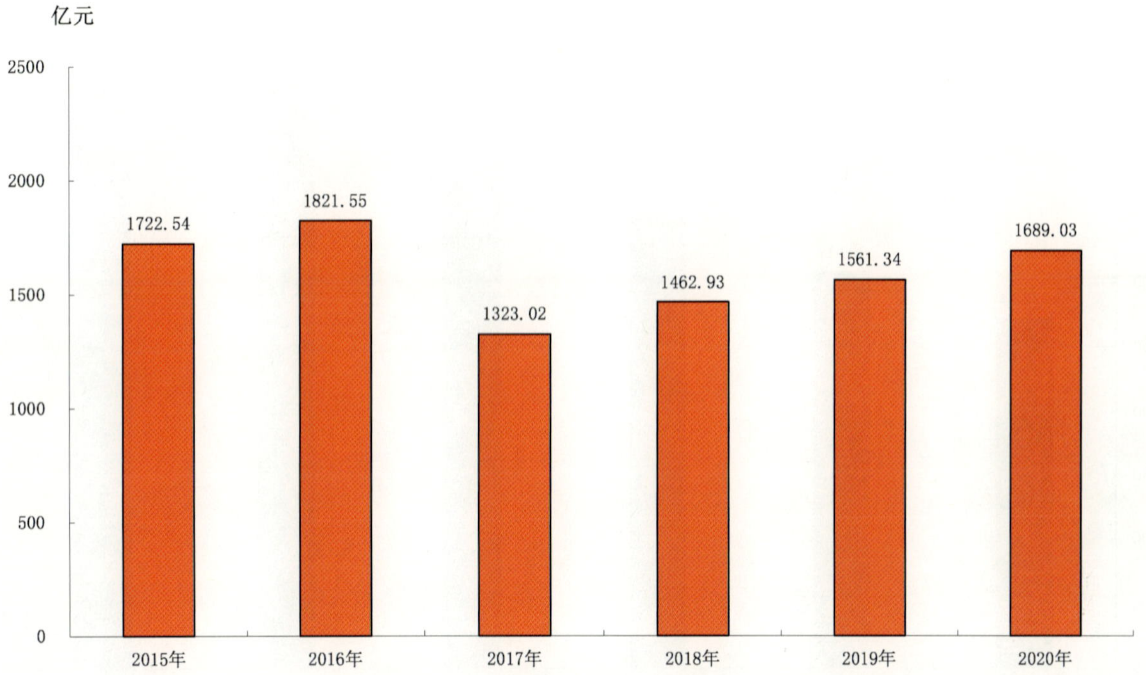

图 10　2015—2020 年上虞区工业总产值图

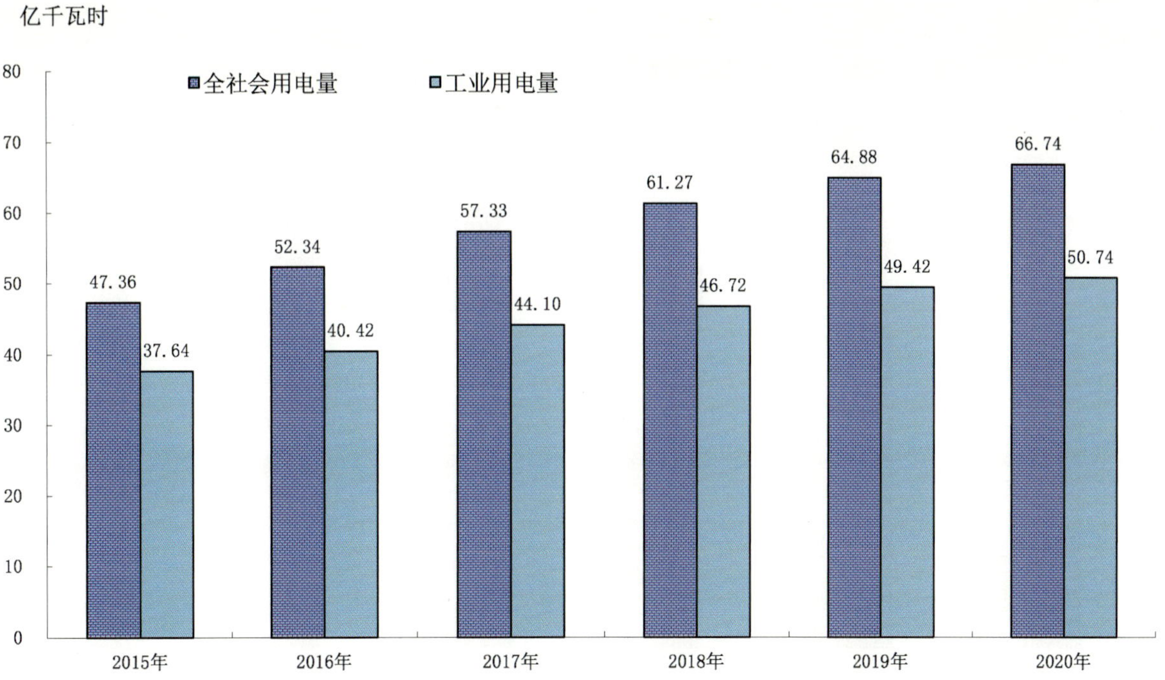

图 11　2015—2020 年上虞区全社会、工业用电量图

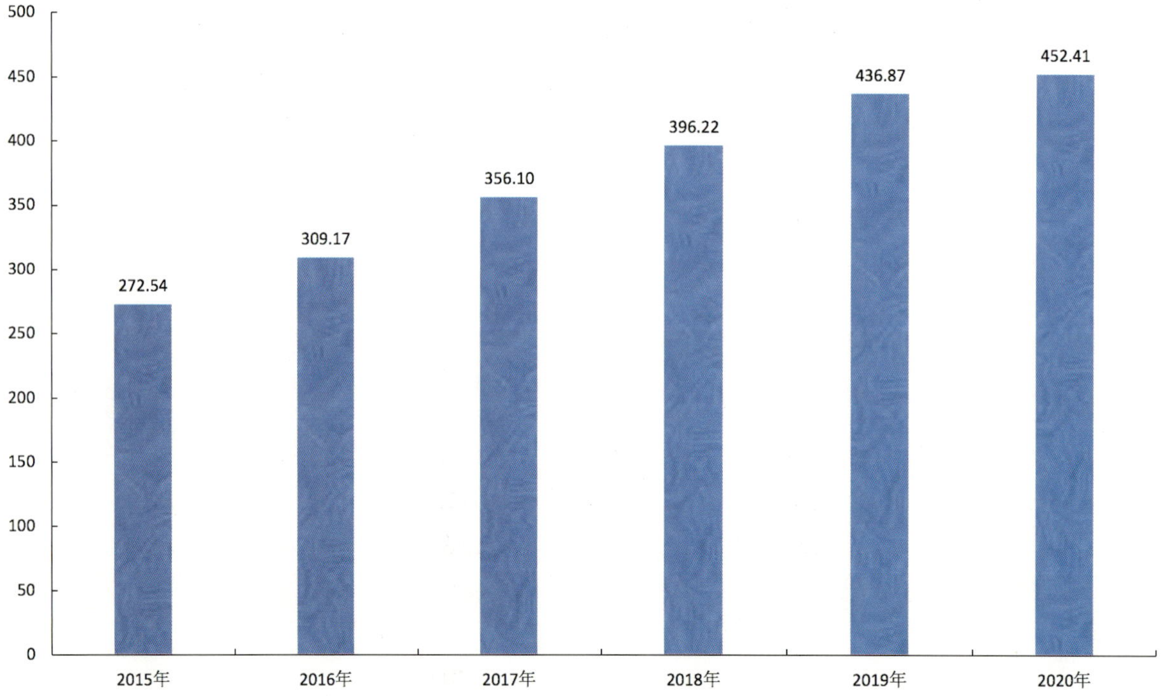

图12　2015—2020年上虞区社会消费品零售总额图

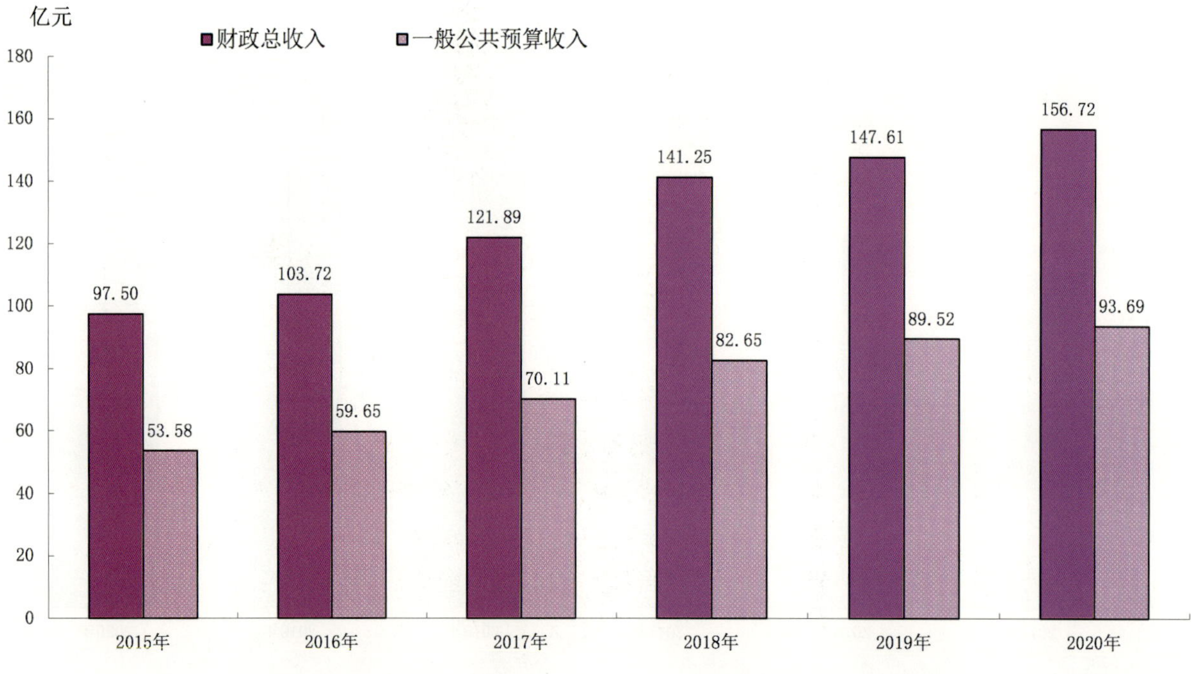

图13　2015—2020年上虞区财政收入情况图

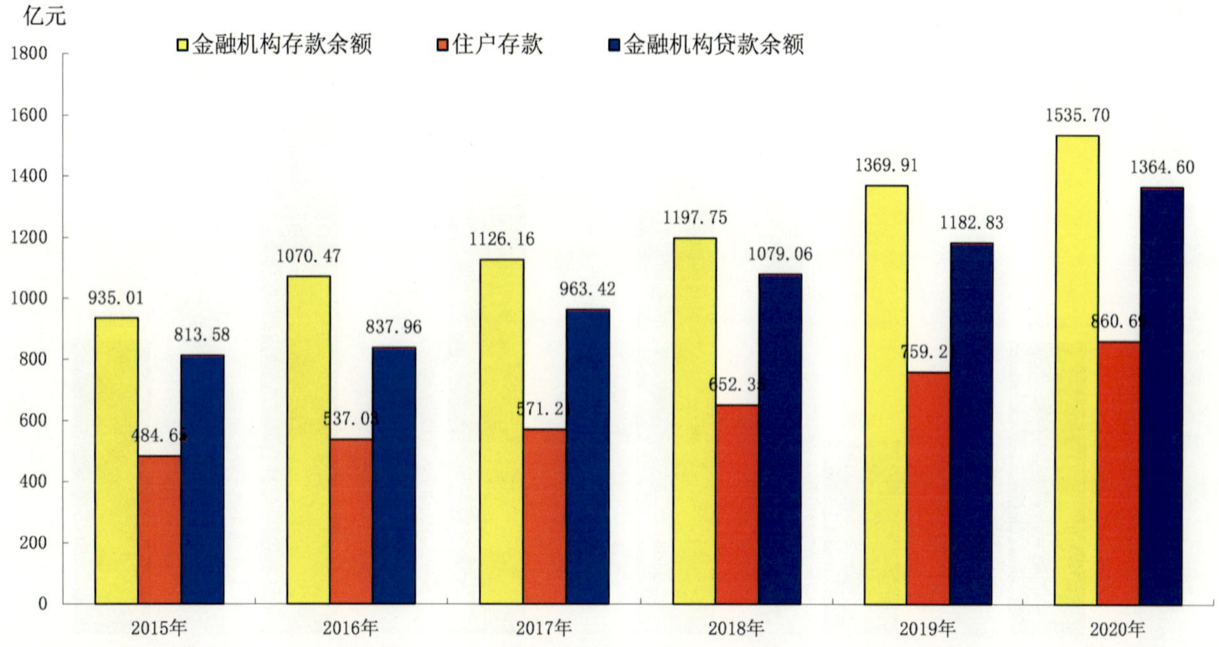

图14 2015—2020年上虞区金融机构存贷款余额(人民币口径)图

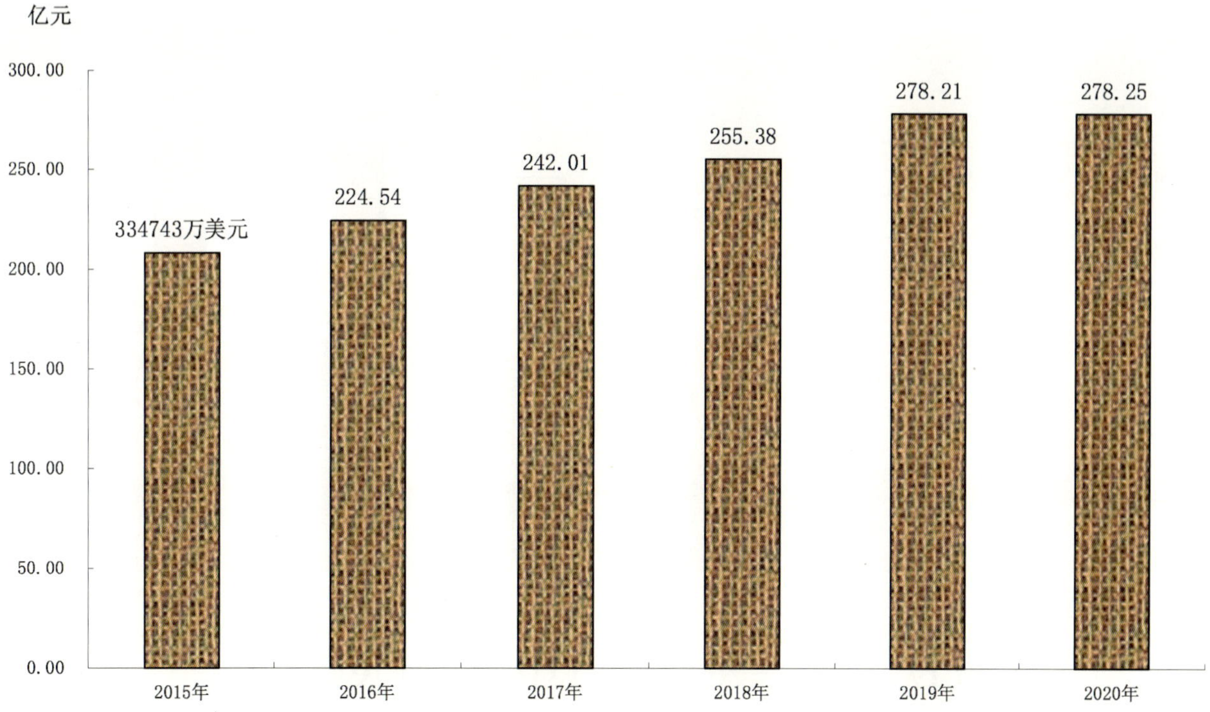

说明:2016年开始改为人民币口径。

图15 2015—2020年上虞区自营出口额图

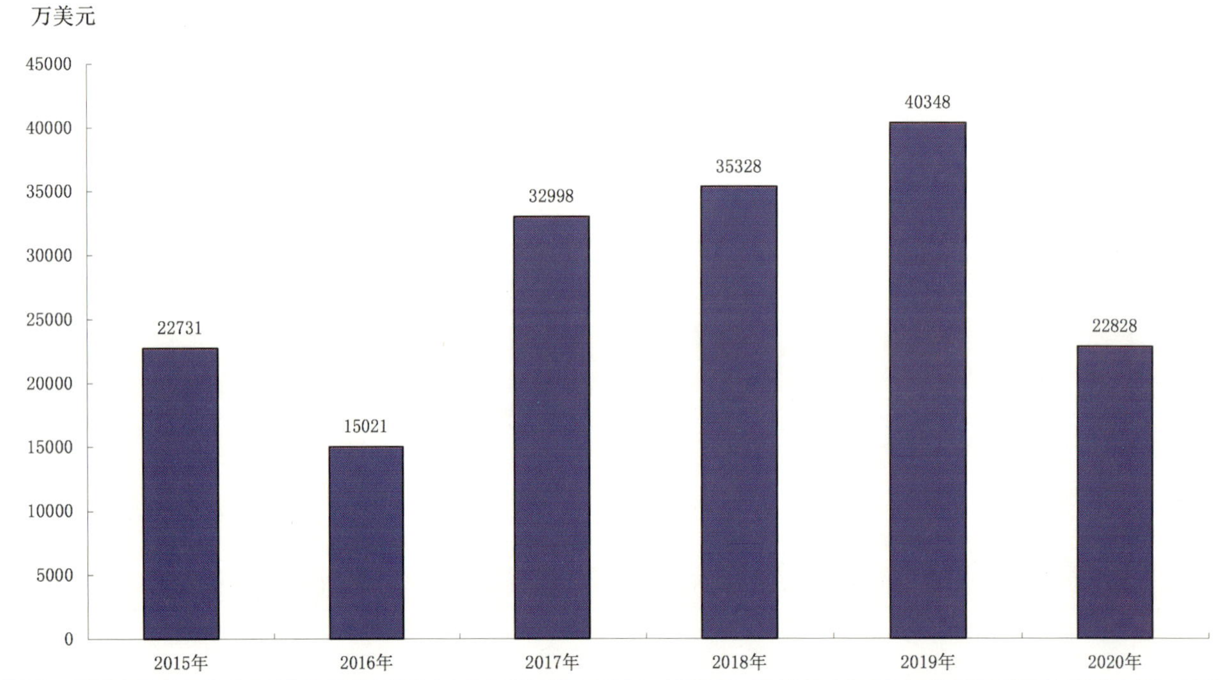

图 16　2015—2020 年上虞区实际利用外资额图

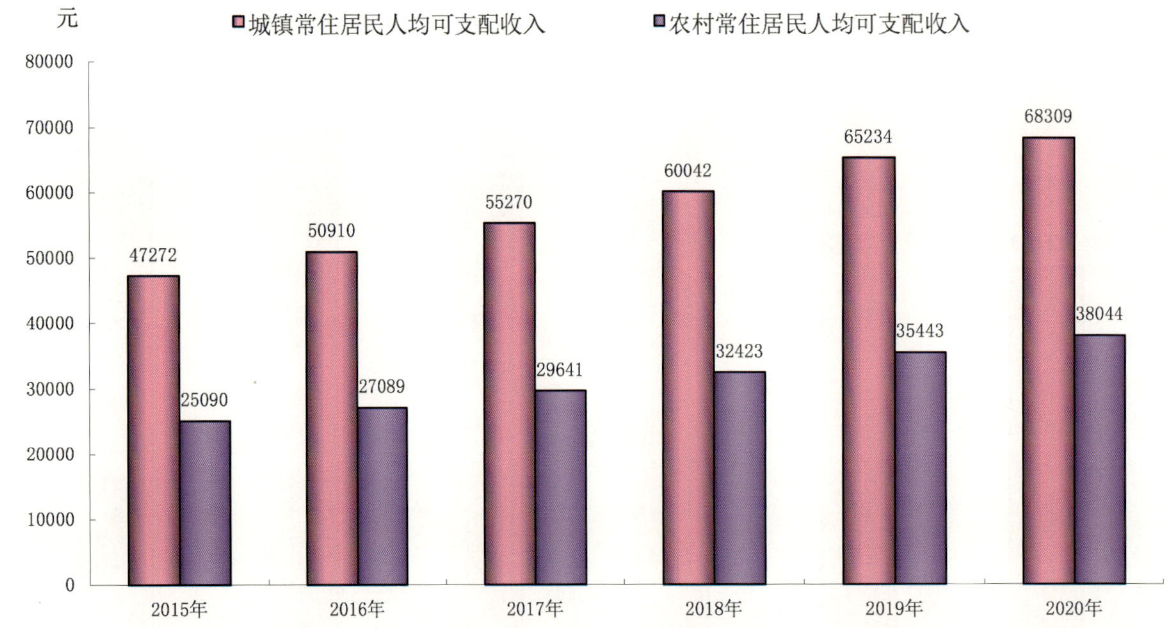

图 17　2015—2020 年上虞区城乡居民收入图

（朱佳玲）

统计表

2020年上虞概况一览表

表35

	计量单位	2019年	2020年	增幅(%)
一、行政区划面积	平方公里	1406	1406	0.0
二、行政组织				
镇人民政府	个	10	10	0.0
乡人民政府	个	3	3	0.0
街道办事处	个	8	8	0.0
居民委员会（社区）	个	91	80	–12.1
村民委员会	个	303	303	0.0
三、人口				
年末总户数	万户	28.55	28.61	0.2
年末总人口(户籍)	万人	77.94	77.75	–0.2
#男性	万人	38.37	38.25	–0.3
女性	万人	39.58	39.50	–0.2
暂住人口	万人	21.39	20.79	–2.8
全年出生人口	人	5762	4606	–20.1
出生率	‰	7.39	5.92	–1.5
全年死亡人口	人	5641	5653	0.2
死亡率	‰	7.23	7.26	0.0
自然增长人口	人	121	–1047	–965.3
自然增长率(公安)	‰	0.16	–1.34	–1.5
年末城镇登记失业人员数	人	5046	3326	–34.1
城镇登记失业率	%	2.07	1.41	–0.66
城镇职工基本养老保险参保人数	万人	39.13	40.06	2.4
城乡居民社会养老保险参保人数	万人	17.95	16.60	–7.5
城镇职工基本医疗保险参保人数	万人	31.35	32.94	5.1
城乡居民基本医疗保险参保人数	万人	42.52	41.55	–2.3
失业保险参保人数	万人	21.53	20.90	–2.9
工伤保险参保人数	万人	27.02	29.71	9.9

2020年上虞经济发展主要指标一览表

表 36

指标名称	单位	2019年	2020年	增幅(%)
地区生产总值(现价)	亿元	983.65	1043.82	4.6
#第一产业	亿元	49.66	52.14	2.2
第二产业	亿元	507.90	514.58	3.3
#工业	亿元	427.85	426.32	2.8
第三产业	亿元	426.10	477.10	6.7
人均地区生产总值	元	126122	134082	4.8
农林牧渔业总产值	亿元	80.10	84.41	2.4
工业总产值	亿元	1943.27	—	—
#规模以上工业总产值	亿元	1561.34	1689.03	8.2
社会消费品零售总额	亿元	436.87	452.41	3.6
全社会用电量	亿千瓦时	64.88	66.74	2.9
#工业用电量	亿千瓦时	49.42	50.74	2.7
自营出口总额	亿元	261.33	278.25	6.5
实际利用外资	万美元	28702	22828	-20.5
旅游总收入	亿元	175.46	161.58	-7.9
财政总收入	亿元	147.61	156.72	6.2
#一般公共预算收入	亿元	89.52	93.69	4.7
一般公共预算支出	亿元	104.48	121.05	15.9
金融系统年末存款余额(本外币)	亿元	1403.04	1566.01	11.6
#住户存款	亿元	761.66	863.26	13.3
金融系统年末贷款余额(本外币)	亿元	1184.72	1365.94	15.3
邮电业务收入	亿元	8.71	9.40	7.9
年末公路通车里程	公里	1583	1611	1.8
城镇常住居民人均可支配收入	元	65234	68309	4.7
农村常住居民人均可支配收入	元	35443	38044	7.3

注:地区生产总值及分项增幅按可比价计算。

表 37

2020 年上虞农业基本情况一览表

指　标	单位	2019 年	2020 年	增幅(%)
农村从业人员数	万人	35.27	35.48	0.6
# 男	万人	18.31	18.39	0.4
女	万人	16.96	17.09	0.8
农林牧渔业总产值	亿元	80.10	84.41	2.4
# 农业产值	亿元	48.10	51.18	7.6
林业产值	亿元	4.90	4.98	–0.4
牧业产值	亿元	9.35	9.19	–29.0
渔业产值	亿元	16.55	17.72	5.0
农作物总播种面积	公顷	61277	59468	–3.0
# 粮食作物	公顷	36670	36675	0.0
# 油料	公顷	4089	4048	–1.0
# 蔬菜	公顷	14726	15424	4.7
# 果用瓜	公顷	2365	2364	0.0
# 花卉苗木	公顷	2249	2158	–4.0
粮食作物总产量	万吨	22.86	23.39	2.3
油料总产量	万吨	0.96	0.96	0.0
蔬菜总产量	万吨	54.60	60.28	10.4
水果总产量	万吨	18.24	18.51	1.5
年内生猪出栏数	万头	22.79	11.79	–48.3
年内牛出栏数	头	600	1278	113.0
年内羊出栏数	万只	3.77	2.18	–42.2
肉类产量	万吨	2.03	1.13	–44.3
水产品总产量	万吨	4.45	4.61	3.5
# 淡水产品	万吨	4.38	4.54	3.6

注:农业总产值及分项增幅按可比价计算。

表 38

2020 年上虞规模以上工业企业主要经济指标一览表

指　标	单位	2019 年	2020 年	增幅(%)
企业单位数	个	785	813	3.6
工业总产值	亿元	1561.34	1689.03	8.2
# 新产品产值	亿元	684.53	722.87	5.6
营业收入	亿元	1517.09	1612.80	6.3
利税总额	亿元	207.97	230.68	10.9
利润总额	亿元	159.74	182.65	14.3
应收账款	亿元	283.73	325.52	14.7
存货	亿元	232.85	292.05	25.4
应付职工薪酬	亿元	109.05	116.6579	7.0
固定资产原价	亿元	669.01	763.18	14.1
资产总额	亿元	2044.87	2411.90	17.9
负债总额	亿元	1005.32	1160.89	15.5
所有者权益	亿元	1034.67	1250.69	20.9
资产负债率	%	49.16	48.13	-1.03
成本费用利润率	%	11.70	12.57	0.87
每百元固定资产原值实现利税	元	31.09	30.23	-2.8
每百元销售收入实现利税	元	13.71	14.30	4.3
流动比率	%	126	137	11.0
速动比率	%	100	109	9.0
企业亏损面	%	12.48	16.36	3.9
亏损率	%	6.59	5.01	-1.6
利润总额占利税比重	%	76.81	79.18	2.4
产成品存货周转天数	天	35.69	47.98	34.4

表 39

2020 年上虞房地产开发投资主要指标一览表

指 标	单位	2019 年	2020 年	增幅(%)
房地产开发投资额	万元	903092	989182	9.5
按构成分				
建筑工程	万元	352757	596311	69.0
安装工程	万元	3755	7826	108.4
设备工器具购置	万元	2322	8750	276.8
其他费用	万元	544258	376295	-30.9
按用途分				
住宅	万元	649637	712314	9.6
办公楼	万元	23938	31252	30.6
商业营业用房	万元	45953	71951	56.6
其他	万元	183564	173665	-5.4
新增固定资产	万元	493940	426151	-13.7
竣工房屋价值	万元	194984	366364	87.9
房屋建筑面积				
施工面积	万平方米	421.17	593.93	41.0
# 住宅	万平方米	258.33	362.53	40.3
竣工面积	万平方米	67.29	85.61	27.2
# 住宅	万平方米	47.26	59.10	25.1
商品房销售面积	万平方米	126.78	161.31	27.2
商品房待售面积	万平方米	47.81	42.80	-10.5
商品房销售额	万元	1765632	2382440	34.9

2020 年上虞国内贸易一览表

表 40

指标名称	单位	2019 年	2020 年	增幅(%)
社会消费品零售总额	亿元	436.87	452.41	3.6
# 批发零售业	亿元	399.37	420.97	5.4
住宿餐饮业	亿元	37.50	31.45	-16.1
商品交易市场个数	个	52	45	-13.5
# 成交额超亿元	个	13	15	15.4
商品市场成交额	亿元	128.79	128.31	-0.4
# 消费品市场成交额	亿元	125.63	122.11	-2.8
生产资料市场成交额	亿元	3.16	6.20	96.2

2020 年上虞对外经济一览表

表 41

指标名称	单位	2019 年	2020 年	增幅(%)
对外贸易				
进出口总额	亿元	284.18	310.95	9.4
# 进口总额	亿元	22.85	32.70	43.2
出口总额	亿元	261.33	278.25	6.5
# 一般贸易出口	亿元	245.58	265.05	7.9
加工贸易出口	亿元	15.57	13.13	-15.6
利用外资				
本年新签外资企业数	个	46	15	-67.4
增资企业数	个	13	12	-7.7
总投资	万美元	114096	44289	-61.2
注册资本	万美元	106805	29265	-72.6
合同利用外资	万美元	50108	27575	-45.0
实际利用外资	万美元	28702	22828	-20.5

2020年上虞交通主要经济指标一览表

表42

指　标	单位	2019年	2020年	增幅(%)
一、公路通车里程	公里	1583	1611	1.8
1、干线公路	公里	145.26	145.26	0.0
国道	公里	141.74	141.74	0.0
省道	公里	3.52	3.52	0.0
2、农村公路	公里	1438.08	1465.81	1.9
县道	公里	400.67	400.67	0.0
乡道	公里	108.94	108.94	0.0
村道	公里	928.46	956.20	3.0
境内高速公路里程	公里	87.32	87.32	0.0
二、客运量	万人	317	161	-49.2
客运周转量	万人公里	53515	28311	-47.1
公路:客运量	万人	317	161	-49.2
客运周转量	万人公里	53515	28311	-47.1
三、货运量	万吨	3201	3839	19.9
货运周转量	万吨公里	347436	402142	15.7
公路:货运量	万吨	2652	3278	23.6
货运周转量	万吨公里	203044	250966	23.6
水路:货运量	万吨	549	561	2.2
货运周转量	万吨公里	144392	151176	4.7

2020 年上虞邮政电信基本情况一览表

表 43

指　标	单位	2019 年	2020 年	增幅(%)
邮电业务收入	万元	87137	93950	7.8
函件	万件	22.78	27.93	22.6
国内普通包裹	万件	1.03	1.06	2.9
快递包裹	万件	1071.17	1208.81	12.8
汇票	万张	1.85	0.55	-70.3
特快专递	万件	0.96	0.99	3.1
订销报纸累计数	万份	2616.47	2619.47	0.1
订销杂志累计数	万份	33.03	31.11	-5.8
集邮业务	万枚	46.91	18.07	-61.5
邮路总长度	公里	455	400	-12.1
农村投递路线长度	公里	4287	4473	4.3
固定电话期末户数(包括小灵通)	万户	17.15	15.62	-8.9
移动电话期末户数(通话用户)	万户	87.01	89.18	2.5
互联网用户数(包括移动互联网用户)	万户	111.52	113.14	1.5

2020 年上虞全社会用电量一览表

表 44

项　目	单位	2019 年	2020 年	增幅(%)
全社会用电量总计	万千瓦时	648848	667424	2.9
一、全行业用电量	万千瓦时	580602	593598	2.2
农林牧渔业	万千瓦时	6148	5323	-13.4
工业	万千瓦时	494196	507438	2.7
建筑业	万千瓦时	8470	8544	0.9
交通运输、仓储、邮政业	万千瓦时	14510	12663	-12.7
信息传输、计算机服务和软件业	万千瓦时	3636	4238	16.6
批发和零售业	万千瓦时	17879	18093	1.2
住宿和餐饮业	万千瓦时	4841	4935	1.9
金融业	万千瓦时	1182	1118	-5.4
房地产业	万千瓦时	8394	8959	6.7
租赁和商务服务业	万千瓦时	1223	1295	5.9
公共服务及管理组织	万千瓦时	20124	20992	4.3
二、城乡居民生活用电量	万千瓦时	68245	73826	8.2
#城镇居民	万千瓦时	35506	38802	9.3
乡村居民	万千瓦时	32739	35024	7.0

表 45

2020 年上虞财政预算收入一览表

收入项目	单位	2019 年	2020 年	增幅(%)
财政总收入	万元	1476134	1567154	6.2
1、一般公共预算收入	万元	895152	936898	4.7
(一)税收收入	万元	756681	796840	5.3
增值税	万元	305746	317380	3.8
企业所得税	万元	143031	159691	11.6
个人所得税	万元	37814	46402	22.7
资源税	万元	567	439	−22.6
城市维护建设税	万元	41435	44331	7.0
房产税	万元	31698	38270	20.7
印花税	万元	13181	11932	−9.5
城镇土地使用税	万元	21161	22974	8.6
土地增值税	万元	23695	58309	146.1
车船税	万元	6058	6437	6.3
耕地占用税	万元	77724	10490	−86.5
契税	万元	53996	79229	46.7
环境保护税	万元	565	541	−4.2
其他税收收入	万元	10	415	4050.0
(二)非税收入	万元	138471	140058	1.1
专项收入	万元	69789	100389	43.8
行政事业性收费收入	万元	13230	13915	5.2
罚没收入	万元	15582	13239	−15.0
国有企业计划亏损补贴	万元	−2943	−2000	−32.0
国有资源(资产)有偿使用收入	万元	41149	12563	−69.5
政府住房基金收入	万元	1664	1951	17.2
2、上划中央收入	万元	580982	630256	8.5

2020 年上虞财政预算支出一览表

表 46

支出项目	单位	2019 年	2020 年	增幅(%)
一般公共服务支出	万元	128303	132799	3.5
国防支出	万元	509	454	-10.8
公共安全支出	万元	80995	69504	-14.2
教育支出	万元	214921	215381	0.2
科学技术支出	万元	61518	63134	2.6
文化体育与传媒支出	万元	25435	20764	-18.4
社会保障和就业支出	万元	117861	156198	32.5
卫生健康支出	万元	82133	140039	70.5
节能环保支出	万元	26195	68758	162.5
城乡社区支出	万元	101044	71812	-28.9
农林水支出	万元	118919	121493	2.2
交通运输支出	万元	21618	16740	-22.6
资源勘探信息等支出	万元	16763	54271	223.8
商业服务业等支出	万元	3686	10140	175.1
金融支出	万元	3623	7238	99.8
援助其他地区支出	万元	3134	3821	21.9
自然资源海洋气象等支出	万元	14825	18129	22.3
住房保障支出	万元	5172	8873	71.6
粮油物资储备支出	万元	1663	11922	616.9
灾害防治及应急管理支出	万元	5998	6429	7.2
债务付息等支出	万元	10443	12563	20.3
支出合计	万元	1044758	1210462	15.9

2020年上虞金融系统年末本外币存贷款余额一览表

表47

指 标	单位	2019年	2020年	增幅(%)
金融系统年末存款余额	亿元	1403.04	1566.01	11.6
#住户存款	亿元	761.66	863.26	13.3
企事业单位存款	亿元	610.81	679.95	11.3
金融系统年末贷款余额	亿元	1184.72	1365.94	15.3
#短期贷款	亿元	534.74	591.49	10.6
中长期贷款	亿元	610.04	740.83	21.4
票据融资	亿元	39.93	33.62	-15.8
存贷比率(%)	亿元	84.44	87.22	2.78

2020年上虞城乡居民生活一览表

表48

指标名称	单位	2019年	2020年	增幅(%)
农村居民生活				
农村常住居民人均可支配收入	元	35443	38044	7.3
#工资性收入	元	24417	26276	7.6
经营净收入	元	7548	7974	5.6
农村常住居民人均生活消费支出	元	22293	22680	1.7
#食品烟酒支出	元	7158	7291	1.9
恩格尔系数	%	32.11	32.15	0.04
人均住房建筑面积	平方米	63.5	63.9	0.6
城镇居民生活				
城镇常住居民人均可支配收入	元	65234	68309	4.7
#工资性收入	元	43743	45896	4.9
经营净收入	元	9483	9751	2.8
城镇常住居民人均生活消费支出	元	35307	35736	1.2
#食品烟酒支出	元	10716	10781	0.6
恩格尔系数	%	30.35	30.17	-0.18
人均住房建筑面积	平方米	53.9	54	0.2

表 49

2020 年上虞科学、教育、文化、卫生基本情况一览表

指标	单位	2019 年	2020 年	增幅(%)
一、科学技术				
R&D 活动人员数	人年	9803	11521	17.5
R&D 经费内部支出	万元	305256	347944	14.0
专利申请数	项	7058	9133	29.4
专利授权数	项	4239	6556	54.7
其中:发明	项	311	352	13.2
二、教育事业				
各类学校数(含幼儿园)	个	180	186	3.3
#普通中学	个	32	34	6.3
小学	个	50	51	2.0
在校学生数	人	99827	99730	-0.1
#普通中学	人	32031	30995	-3.2
小学	人	38345	39095	2.0
专任教师数	人	7564	7698	1.8
#普通中学	人	3056	3071	0.5
小学	人	2570	2600	1.2
小学毕业生升学率	%	100	100	0.0
初中毕业生升学率	%	99.9	100	0.1
三、文化事业				
艺术表演团体	个	2	2	0.0
演出场次	场次	136	85	-37.5
艺术表演场所	个	1	1	0.0
公共图书馆	个	1	1	0.0
总藏书量	万册	73	92.97	27.4
电影院	个	7	9	28.6
电影放映场次	万场次	8.57	4.41	-48.5
电影观众人次	万人次	141.12	41.97	-70.3
文化馆	个	1	1	0.0
四、卫生事业				
卫生机构数	个	36	45	25.0
卫生机构床位数	张	3336	3849	15.4
#医院床位	张	2639	3112	17.9
卫生技术人员数	人	5203	5449	4.7
#医生数	人	2133	2300	7.8
注册护士数	人	2067	2182	5.6
每万人拥有医疗床位数	张	42.80	49.50	15.7
#每万人拥有医院床位数	张	33.86	40.02	18.2
每万人拥有医生数	人	27.37	29.58	8.1

注:学校不含电大进修和少体校。

2020 年上虞旅游经济一览表

表 50

指标名称	单位	2019 年	2020 年	增幅(%)
旅行社数	个	17	16	-5.9
星级饭店总数	个	4	4	0.0
星级饭店客房总数	间	1284	1127	-12.2
国内外旅游人数	万人次	2087.27	1910.02	-8.5
# 国内旅游人数	万人次	2086.29	1909.94	-8.5
入境旅游人数	万人次	0.97	0.08	-91.8
旅游总收入	亿元	175.46	161.58	-7.9
# 国内旅游收入	亿元	175.27	161.55	-7.8
旅游外汇收入	万美元	284	35	-87.7

（朱佳玲）

文件目录

区委(区委办)文件目录

区委文件目录

区委〔2020〕1号	关于对2019年度先进集体、先进个人进行表彰奖励、通报表扬的决定
区委〔2020〕2号	关于深入贯彻落实习近平总书记重要指示和中央、省委、市委文件精神切实加强党的领导为打赢疫情防控阻击战提供坚强政治保证的通知
区委〔2020〕3号	关于坚决打赢新冠肺炎疫情防控阻击战全力稳企业稳经济稳发展的若干意见
区委〔2020〕4号	关于给予上虞人民医院感染呼吸急诊团队等3个集体和俞栋等10名个人嘉奖的决定
区委〔2020〕5号	关于2019年度法治政府建设工作情况的报告
区委〔2020〕6号	关于开展营商环境提升年、产城融合发展年、基层治理深化年“三个年”活动的实施意见
区委〔2020〕7号	2020年度区级领导“八个一”联系点名单的通知
区委〔2020〕8号	关于批转《政协绍兴市上虞区委员会2020年工作要点》的通知
区委〔2020〕9号	关于批转《绍兴市上虞区人大常委会2020年工作要点》的通知
区委〔2020〕10号	关于贯彻落实习近平总书记在浙江考察时的重要讲话精神的情况汇报
区委〔2020〕11号	关于印发2020年度乡镇街道、区直部门(单位)、“两区一镇一办”工作目标责任制考核办法的通知
区委〔2020〕12号	关于对2019年度优秀公务员、先进工作者及优秀乡镇街道干部给予嘉奖的决定
区委〔2020〕13号	2020年关于调整部分区委常委、政府部门与民主党派、工商联、无党派人士、新的社会阶层人士对口联系制度的通知
区委〔2020〕14号	关于区委常委分工的通知
区委〔2020〕15号	关于给予罗兰芬等同志记三等功奖励的决定公务员给予奖励的决定
区委〔2020〕16号	关于表彰疫情防控和复工复产第一线表现突出的先进基层党组织和优秀共产党员的决定
区委〔2020〕17号	关于深入学习贯彻习近平总书记考察浙江重要讲话精神努力在建设“重要窗

	口”中展示最美上虞风景的决议
区委〔2020〕18号	关于建设新时代“名士之乡”人才高地打造高水平创新之区的决定
区委〔2020〕19号	关于区委一届九次全体扩大会议的报告
区委〔2020〕20号	关于推进新时代民政事业高质量发展的实施意见
区委〔2020〕21号	绍兴市上虞区违建别墅问题清查整治自查自纠和重点整治工作报告
区委〔2020〕22号	关于高质量做好村(社区)组织换届选举工作的实施意见
区委〔2020〕23号	关于进一步加强领导班子政治建设的若干意见
区委〔2020〕24号	关于成立区委全面创新委员会的通知
区委〔2020〕26号	绍兴市上虞区容错免责裁定委员会裁定暂行规则
区委〔2020〕28号	关于印发《上虞区学前教育深化改革规范发展的实施意见》的通知
区委〔2020〕29号	关于周尊隆同志兼任职务的请示
区委〔2020〕30号	关于制定绍兴市上虞区国民经济和社会发展第十四个五年规划和二〇三五年远景目标的建议
区委〔2020〕31号	关于区委一届十次全体扩大会议的报告
区委〔2020〕32号	关于变更《上虞日报》主管主办单位的请示
区委〔2020〕33号	关于2020年上虞区食品药品安全工作情况的报告

区委办文件目录

区委办〔2020〕1号	关于开展新时代美丽行动的实施意见
区委办〔2020〕3号	关于加快促进现代服务业发展的若干政策意见
区委办〔2020〕4号	印发《关于坚决打赢新冠肺炎疫情防控阻击战全力稳企业稳经济稳发展的若干意见实施细则》的通知
区委办〔2020〕5号	关于深化“服务企业服务群众服务基层”的意见
区委办〔2020〕6号	关于深入推进“三个一批”重大项目的实施意见
区委办〔2020〕7号	关于印发《2020年度区委区政府重点工作清单》
区委办〔2020〕11号	关于印发虞区委理论学习中心组2020年学习计划的通知
区委办〔2020〕12号	关于开展蓝天保卫攻坚年行动的实施意见
区委办〔2020〕13号	关于加快推进“一江两岸”总部楼宇建设的实施意见
区委办〔2020〕14号	关于印发《进一步推进全区卫生健康事业高品质发展的实施意见》
区委办〔2020〕15号	关于打造e游小镇2.0版行动计划的实施意见(2020—2022年)
区委办〔2020〕16号	关于加快推进农村社区(便民)服务中心2.0版建设的实施意见
区委办〔2020〕17号	关于印发《关于聚焦“重要窗口”新目标新定位建立健全“两个担当”良性互动机制的若干意见》的通知
区委办〔2020〕18号	关于印发《绍兴市上虞区科级领导干部选拔任用分析研判和动议工作办法》等“五个办法”的通知
区委办〔2020〕19号	关于印发《绍兴市上虞区乡镇街道和区直部门单位中层干部选拔任用工作实施办法》的通知
区委办〔2020〕23号	关于进一步加强支持配合检察机关法律监督工作的实施办法

区委办〔2020〕24号	关于调整2020年度区级领导"八个一"联系点名单的通知
区委办〔2020〕26号	关于印发《绍兴市上虞区国有企业退休人员社会化管理工作实施方案》的通知
区委办〔2020〕27号	关于印发《上虞区重大决策社会风险评估实施细则》的通知
区委办〔2020〕30号	关于印发《上虞区"双抓双优双突破"服务业高质量发展行动计划(2020—2022年)》的通知
区委办〔2020〕31号	关于深化新时代"四不出村"工作法加强和改进乡村治理的实施意见
区委办〔2020〕32号	关于印发《上虞区企业破产处置协调工作意见》的通知
区委办〔2020〕36号	关于开展新乡贤在乡村振兴战略中"六大助力行动"的实施方案
区委办〔2020〕37号	关于印发《上虞区制造业高质量发展"188"工程行动计划(2020—2022年)》的通知
区委办〔2020〕39号	关于印发《上虞区建设高水平交通强区实施方案》的通知
区委办〔2020〕40号	关于印发《上虞区粮食生产规模主体专线服务工作方案》的通知
区委办〔2020〕41号	印发《关于进一步健全完善新闻发布工作的实施办法》的通知
区委办〔2020〕43号	关于开展"千企走访、百日解难"活动的通知
区委办〔2020〕44号	关于进一步促进民营经济高质量发展的若干意见
区委办〔2020〕45号	印发《关于加强新时代调解工作的实施意见》的通知
区委办〔2020〕47号	关于加强新时代上虞浙江民营经济统战工作责任分工
区委办〔2020〕48号	印发《关于规范乡镇(街道)"属地管理"的实施意见》的通知
区委办〔2020〕49号	关于印发徐军同志在区委一届十次全体(扩大)会议上的报告的通知
区委办〔2020〕50号	印发《关于加快工业经济高质量发展的若干政策》等九个政策的通知

区政府(区府办)文件目录

区政府文件目录

虞政发〔2020〕1号	关于印发徐军同志在上虞区第一届人民代表大会第四次会议上的报告的通知
虞政发〔2020〕2号	关于开展第七次人口普查的通知
虞政发〔2020〕3号	印发关于全力支持打赢疫情防控阻击战确保财政收支平稳运行的通知
虞政发〔2020〕4号	关于上虞区2020年度民兵整组工作的实施意见
虞政发〔2020〕5号	关于同意百官街道绿城社区、部分居民委员会规模调整的批复
虞政发〔2020〕6号	关于加快发展体育产业促进体育消费的实施意见
虞政发〔2020〕7号	关于公布第六批上虞区非物质文化遗产代表性项目名录的通知
虞政发〔2020〕8号	关于同意合并调整曹娥街道舜杰社区、江滨社区的批复
虞政发〔2020〕9号	关于同意撤销东关街道马山社区及越马、港口居委的批复
虞政发〔2020〕10号	关于进一步加强防汛防台工作的若干意见
虞政发〔2020〕11号	关于同意撤销梁湖街道居委会的批复
虞政发〔2020〕12号	关于同意撤销章镇镇滨笕居委会、设立滨笕社区的批复
虞政发〔2020〕13号	绍兴市上虞区人民政府关于明确区政府领导工作分工的通知

虞政发〔2020〕14号	绍兴市上虞区人民政府关于公布上虞区新一轮征地区片综合地价的通知
虞政发〔2020〕15号	绍兴市上虞区人民政府关于同意合并调整小越街道越兴社区、德隆社区的批复
虞政发〔2020〕16号	绍兴市上虞区人民政府关于为龚金潮、梁军、徐宏华、叶信炎四位同志记三等功并授予绍兴市上虞区见义勇为勇士的决定
虞政发〔2020〕17号	绍兴市上虞区人民政府关于同意撤销谢塘居民委员会的批复
虞政发〔2020〕18号	绍兴市上虞区人民政府关于同意撤销上浦居民委员会的批复
虞政发〔2020〕19号	绍兴市上虞区人民政府关于同意撤并调整丰惠镇庙弄等3个社区的批复
虞政发〔2020〕20号	绍兴市上虞区人民政府关于同意撤销下管镇下管居民委员会的批复
虞政发〔2020〕21号	绍兴市上虞区人民政府关于同意撤销长塘居民委员会的批复
虞政发〔2020〕22号	绍兴市上虞区人民政府关于印发上虞区突发事件总体应急预案的通知
虞政发〔2020〕23号	绍兴市上虞区人民政府批转区水利局关于《上虞区区级以下河道及重要湖泊管理范围划界方案》的通知
虞政发〔2020〕24号	绍兴市上虞区人民政府关于区政府有关领导工作分工调整的通知
虞政发〔2020〕25号	绍兴市上虞区人民政府关于综合行政执法划转行政处罚事项的通告
虞政发〔2020〕26号	绍兴市上虞区人民政府关于印发绍兴市上虞区生态文明建设示范区规划（2020—2025年）的通知

区政府办公室文件目录

虞政办发〔2020〕1号	关于公布2019年区级隐形冠军企业名单的通知
虞政办发〔2020〕2号	绍兴市上虞区人民政府办公室关于印发《上虞区突发公共事件人员基本生活应急保障行动方案》的通知
虞政办发〔2020〕3号	关于印发《上虞区自然灾害救助应急预案》的通知
虞政办发〔2020〕4号	印发《关于支持印染产业提档升级的补充意见》的通知
虞政办发〔2020〕5号	关于印发《上虞区区属国有企业领导人员履职待遇、业务支出管理实施办法》的通知
虞政办发〔2020〕6号	关于创建省“污水零直排区”建设示范县（市、区）的实施意见
虞政办发〔2020〕7号	关于深化浙江省食品安全县（市、区）创建工作的实施意见
虞政办发〔2020〕8号	关于印发《上虞区工业投资项目全流程管理办法（试行）》的通知
虞政办发〔2020〕9号	绍兴市上虞区人民政府办公室关于下达2020年政府投资（国有建设）项目投资计划的通知
虞政办发〔2020〕10号	关于加快财政政策资金兑现工作的通知
虞政办发〔2020〕11号	关于同意公开出让杭州湾上虞经济技术开发区[2020]G1号等两个工业地块国有建设用地使用权的批复
虞政办发〔2020〕12号	关于同意绍兴市上虞区2019年度计划第十一批次等7个批次建设用地征地补偿安置方案的批复
虞政办发〔2020〕13号	关于印发上虞区职业技能提升行动实施方案的通知
虞政办发〔2020〕14号	关于印发《上虞区重污染天气应急预案》的通知
虞政办发〔2020〕15号	关于绍兴市上虞区老旧小区综合改造提升工作的实施意见

虞政办发〔2020〕16号	关于推进“四未一低”土地消化利用工作的实施意见
虞政办发〔2020〕17号	关于同意绍兴市上虞区2019年度盘活第七批次建设用地(滨海新区)征收方案的批复
虞政办发〔2020〕18号	关于完善失业保险费征收管理工作的意见
虞政办发〔2020〕19号	关于印发《上虞区通信保障应急预案》的通知
虞政办发〔2020〕20号	《上虞区市场价格异常上涨事件应急预案》的通知
虞政办发〔2020〕21号	关于印发《上虞区森林火灾应急预案》的通知
虞政办发〔2020〕22号	关于印发《2020年全区城乡道路平安畅通提升行动方案》的通知
虞政办发〔2020〕23号	关于同意绍兴市上虞区2019年度计划第十八批次等2个批次建设用地征地补偿方案的批复
虞政办发〔2020〕24号	关于同意公开出让杭州湾上虞经济技术开发区[2019]G8号等五个工业地块国有建设用地使用权的批复
虞政办发〔2020〕25号	关于同意公开出让上虞区城北53号地块国有建设用地使用权的批复
虞政办发〔2020〕26号	绍兴市上虞区人民政府办公室关于印发《上虞区高田头等村征收集体所有土地房屋补偿实施细则(试行)》的通知
虞政办发〔2020〕27号	关于同意公开出让曹娥江旅游度假区皂李湖[2019]1号地块国有建设用地使用权的批复
虞政办发〔2020〕28号	印发关于企业重组政策的若干意见
虞政办发〔2020〕29号	关于印发上虞区城乡生活垃圾分类处理三年行动方案(202—2022年)的通知
虞政办发〔2020〕30号	关于印发《上虞区农贸市场提星升级实施方案》的通知
虞政办发〔2020〕31号	关于印发《上虞区重大火灾事故应急救援预案》的通知
虞政办发〔2020〕32号	关于印发《上虞区区长质量奖评审管理办法》的通知
虞政办发〔2020〕33号	关于加强工业用地分割管理的实施意见(试行)
虞政办发〔2020〕34号	关于规范公文标识政府信息公开属性工作的通知
虞政办发〔2020〕35号	关于招商引资(工业项目)地价差异化的指导意见
虞政办发〔2020〕36号	关于印发《上虞区突发公共事件财政应急保障预案》的通知
虞政办发〔2020〕37号	关于同意组建绍兴市上虞区国建评审咨询有限公司的 批复
虞政办发〔2020〕38号	关于印发《上虞区旅游突发事件应急预案》的通知
虞政办发〔2020〕39号	关于印发《上虞区药品医疗器械突发事件应急预案》的通知
虞政办发〔2020〕40号	关于印发《加快推进上虞区未来社区建设的实施细则》的通知
虞政办发〔2020〕41号	关于印发上虞区突发地质灾害和地震应急预案的通知
虞政办发〔2020〕42号	关于同意公开出让上虞区丁宅乡[2019]J4号地块国有建设用地使用权的批复
虞政办发〔2020〕43号	关于同意公开出让上虞区滨江新城14号地块国有建设用地使用权的批复
虞政办发〔2020〕44号	关于印发《上虞区国有投资建设项目招标投标管理暂行办法》的通知
虞政办发〔2020〕45号	关于印发《上虞区防汛防台抗旱应急预案》的通知
虞政办发〔2020〕46号	关于印发上虞区生产安全事故应急救援预案、矿山生产安全事故应急救援预案和危险化学品生产安全事故应急救援预案的通知
虞政办发〔2020〕47号	关于印发《上虞区突发公共事件科学技术应急保障行动方案》《上虞区突发公共事件科学技术应急保障行动方案操作手册》的通知

虞政办发〔2020〕48号	关于印发《上虞区水上交通突发事件应急预案》的通知
虞政办发〔2020〕49号	关于印发《上虞区重大水事纠纷应急处置预案》的通知
虞政办发〔2020〕50号	关于印发《上虞区食品安全事故应急预案》的通知
虞政办发〔2020〕51号	关于进一步提升居家养老服务工程的通知
虞政办发〔2020〕52号	关于印发《上虞区城区内涝应急处置预案》《上虞区城市燃气突发事故应急预案》和《上虞区城市供水突发事件应急预案》的通知
虞政办发〔2020〕53号	关于印发《上虞区建筑工程质量安全事故应急预案》的通知
虞政办发〔2020〕54号	关于印发《上虞区重特大铁路交通事故应急处置预案》的通知
虞政办发〔2020〕55号	关于同意公开出让上虞区城南N11号地块国有建设用地使用权的批复
虞政办发〔2020〕56号	关于同意公开出让杭州湾上虞经济技术开发区[2019]J10号地块国有建设用地使用权的批复
虞政办发〔2020〕57号	关于激励促进小微企业园建设提升的政策意见
虞政办发〔2020〕58号	关于印发上虞区石油天然气长输管道突发事件应急预案的通知
虞政办发〔2020〕59号	关于同意公开出让章镇镇[2019]G1号工业地块国有建设用地使用权的批复
虞政办发〔2020〕60号	关于推行新型产业用地试点的实施意见
虞政办发〔2020〕61号	关于印发《上虞区重大自然资源集体上访应急处置预案》的通知
虞政办发〔2020〕62号	印发《关于开展"证照分离"改革全覆盖试点工作实施方案》的通知
虞政办发〔2020〕63号	关于印发《上虞区突发事件物资能源应急保障行动方案》的通知
虞政办发〔2020〕64号	印发《关于进一步助力稳外贸渡难关的政策意见》的通知
虞政办发〔2020〕65号	关于印发《上虞区区级财政专户资金竞争性存放实施办法》的通知
虞政办发〔2020〕66号	关于印发《上虞区处置金融机构突发事件应急预案》的通知
虞政办发〔2020〕67号	关于印发《上虞区突发环境事件应急预案》等3个预案的通知
虞政办发〔2020〕68号	关于同意公开出让章镇镇[2019]G3号等两个工业地块国有建设用地使用权的批复
虞政办发〔2020〕69号	关于同意公开出让上虞经济开发区[2019]G22号工业地块国有建设用地使用权的批复
虞政办发〔2020〕70号	关于印发《上虞区突发公共卫生事件应急预案》等4个应急预案的通知
虞政办发〔2020〕71号	关于印发《上虞区农作物生物灾害应急预案》和《上虞区突发动物疫情应急预案》的通知
虞政办发〔2020〕72号	关于支持区内优势企业开展重组合作加快发展的补充意见
虞政办发〔2020〕73号	绍兴市上虞区人民政府办公室印发《关于深化"亩均论英雄"改革实行资源要素差别化配置政策意见》的通知
虞政办发〔2020〕74号	关于印发《2020年上虞区政务公开工作要点》的通知
虞政办发〔2020〕75号	关于印发《上虞区山林权属纠纷事件应急预案》《上虞区重大林业有害生物应急处置预案》的通知
虞政办发〔2020〕76号	关于应诉专用章使用管理的通知
虞政办发〔2020〕77号	关于同意公开出让上虞区城北69–1号地块国有建设用地使用权的批复
虞政办发〔2020〕78号	关于同意公开出让上虞区滨江新城27–2号地块国有建设用地使用权的批复
虞政办发〔2020〕79号	关于同意公开出让上虞区城南N8–3号地块国有建设用地使用权的批复

虞政办发〔2020〕80 号	绍兴市上虞区人民政府办公室关于同意公开出让杭州湾上虞经济技术开发区[2020]G6 号工业地块国有建设用地使用权的批复
虞政办发〔2020〕81 号	关于印发《上虞区 2020 年地质灾害防治方案》的通知
虞政办发〔2020〕82 号	关于印发《上虞区全面推进基层政务公开标准化规范化工作实施方案》的通知
虞政办发〔2020〕83 号	绍兴市上虞区人民政府办公室关于印发《上虞区校园突发公共事件应急预案》的通知
虞政办发〔2020〕84 号	绍兴市上虞区人民政府办公室关于组建绍兴市上虞区政策性融资担保有限公司的批复
虞政办发〔2020〕85 号	绍兴市上虞区人民政府办公室关于印发《上虞区防汛防台抗旱应急预案》的通知
虞政办发〔2020〕86 号	绍兴市上虞区人民政府办公室关于印发《上虞区深化工程建设项目审批制度改革工作实施方案》的通知
虞政办发〔2020〕87 号	绍兴市上虞区人民政府办公室关于印发全域推进放心消费建设的实施意见的通知
虞政办发〔2020〕88 号	绍兴市上虞区人民政府办公室关于公布《2020 年度区政府重大行政决策事项目录》的通知
虞政办发〔2020〕89 号	绍兴市上虞区人民政府办公室关于明确区政府办公室（外事办）领导班子成员工作分工的通知
虞政办发〔2020〕90 号	绍兴市上虞区人民政府办公室印发关于加快“一江两岸”金融机构集聚若干政策的通知
虞政办发〔2020〕91 号	绍兴市上虞区人民政府办公室关于同意公开出让杭州湾上虞经济技术开发区[2020]G4 号工业地块国有建设用地使用权的批复
虞政办发〔2020〕92 号	绍兴市上虞区人民政府办公室关于同意公开出让杭州湾上虞经济技术开发区[2019]G10 号等工业地块国有建设用地使用权的批复
虞政办发〔2020〕93 号	绍兴市上虞区人民政府办公室关于同意公开出让上虞区滨江新城 27-1-A 号、滨江新城 27-1-B 号、滨江新城 27-1-C 号地块国有建设用地使用权的批复
虞政办发〔2020〕94 号	绍兴市上虞区人民政府办公室关于印发《329 国道上虞盖北至道墟段改建工程政策处理办法》的通知
虞政办发〔2020〕95 号	绍兴市上虞区人民政府办公室关于变型拖拉机限行禁入和提前报废淘汰专项治理行动的实施意见
虞政办发〔2020〕96 号	绍兴市上虞区人民政府办公室关于同意公开出让上虞区丰惠镇 [2019]J6 号地块国有建设用地使用权的批复
虞政办发〔2020〕97 号	绍兴市上虞区人民政府办公室关于同意公开出让上虞区丁宅乡 [2019]J5 号地块国有建设用地使用权的批复
虞政办发〔2020〕98 号	绍兴市上虞区人民政府办公室关于印发《关于加快产业创新服务综合体建设的实施意见》的通知
虞政办发〔2020〕99 号	绍兴市上虞区人民政府办公室关于印发《上虞区城镇小区配套幼儿园规划建设和管理使用实施办法》的通知
虞政办发〔2020〕100 号	绍兴市上虞区人民政府办公室关于同意公开出让小越街道 [2020]G2 号工业地块国有建设用地使用权的批复

虞政办发〔2020〕101号	绍兴市上虞区人民政府办公室关于同意公开出让永和镇[2017]G1号工业地块国有建设用地使用权的批复
虞政办发〔2020〕102号	绍兴市上虞区人民政府办公室关于下达上虞区2020年政府投资(国有建设)项目投资调整计划的通知
虞政办发〔2020〕103号	绍兴市上虞区人民政府办公室关于印发《329国道上虞盖北至道墟段改建工程政策处理办法》的通知
虞政办发〔2020〕104号	绍兴市上虞区人民政府办公室关于支持电镀行业整治提升的政策意见
虞政办发〔2020〕105号	绍兴市上虞区人民政府办公室关于同意公开出让上虞区道墟街道[2020]J1号地块国有建设用地使用权的批复
虞政办发〔2020〕106号	绍兴市上虞区人民政府办公室关于印发《杭绍甬高速公路(新东线)上虞段土地收回及政策处理办法》的通知
虞政办发〔2020〕107号	绍兴市上虞区人民政府办公室关于印发《上虞区水利工程标准化管理长效管护办法(试行)》的通知
虞政办发〔2020〕108号	绍兴市上虞区人民政府办公室关于同意公开出让杭州湾上虞经济技术开发区[2020]G7号工业地块国有建设用地使用权的批复
虞政办发〔2020〕109号	绍兴市上虞区人民政府办公室关于同意公开出让杭州湾上虞经济技术开发区[2020]G3号工业地块国有建设用地使用权的批复
虞政办发〔2020〕110号	绍兴市上虞区人民政府办公室关于印发上虞区推进高水平交通强区基础设施建设三年行动计划(2020—2022年)的通知
虞政办发〔2020〕111号	绍兴市上虞区人民政府办公室关于印发《上虞区创建全省全域"无废城市"工作方案》的通知
虞政办发〔2020〕112号	绍兴市上虞区人民政府办公室关于印发《上虞区乡镇级政府耕地保护责任目标考核办法》的通知
虞政办发〔2020〕113号	绍兴市上虞区人民政府办公室关于同意公开出让曹娥街道[2020]G4号工业地块国有建设用地使用权的批复
虞政办发〔2020〕114号	绍兴市上虞区人民政府办公室关于同意公开出让上虞区曹娥街道[2020]J1号地块国有建设用地使用权的批复
虞政办发〔2020〕115号	绍兴市上虞区人民政府办公室关于开展上虞区第一次全国自然灾害综合风险普查的通知
虞政办发〔2020〕116号	绍兴市上虞区人民政府办公室关于同意公开出让杭州湾上虞经济技术开发区[2020]G10号等工业地块国有建设用地使用权的批复
虞政办发〔2020〕117号	绍兴市上虞区人民政府办公室关于印发《上虞区城镇园林绿化废弃物管理办法(试行)》和《上虞区城镇大件垃圾管理办法(试行)》的通知
虞政办发〔2020〕118号	绍兴市上虞区人民政府办公室关于印发《上虞区2020年村民委员会选举规程》《上虞区2020年社区居民委员会选举规程》的通知
虞政办发〔2020〕119号	绍兴市上虞区人民政府办公室关于同意公开出让道墟镇[2014]G1号工业地块国有建设用地使用权的批复
虞政办发〔2020〕120号	绍兴市上虞区人民政府办公室关于开展企业以工代训补贴工作的通知
虞政办发〔2020〕121号	绍兴市上虞区人民政府办公室关于印发《2020年上虞区基本医疗保险费用结

	算管理办法》的通知
虞政办发〔2020〕122 号	绍兴市上虞区人民政府办公室关于同意公开出让章镇镇 [2020]G2 号工业地块国有建设用地使用权的批复
虞政办发〔2020〕123 号	绍兴市上虞区人民政府办公室关于同意公开出让上虞区崧厦街道 [2020]J1 号地块国有建设用地使用权的批复
虞政办发〔2020〕124 号	绍兴市上虞区人民政府办公室关于虞北平原崧北河综合治理工程政策处理的实施意见
虞政办发〔2020〕125 号	绍兴市上虞区人民政府办公室关于《上虞区城乡生活垃圾分类处理三年行动方案(2020-2022 年)》的补充通知
虞政办发〔2020〕126 号	绍兴市上虞区人民政府办公室关于印发《绍兴市上虞区节水行动实施方案》的通知
虞政办发〔2020〕127 号	绍兴市上虞区人民政府办公室关于同意公开出让章镇镇 [2017]G3 号工业地块国有建设用地使用权的批复
虞政办发〔2020〕128 号	绍兴市上虞区人民政府办公室关于同意公开出让上虞区小越街道 [2019]J1 号地块国有建设用地使用权的批复
虞政办发〔2020〕129 号	绍兴市上虞区人民政府办公室关于同意公开出让崧厦街道 [2020]G1 号工业地块国有建设用地使用权的批复
虞政办发〔2020〕130 号	绍兴市上虞区人民政府办公室关于同意公开出让上虞区长塘镇 [2016]J2 号地块国有建设用地使用权的批复
虞政办发〔2020〕131 号	绍兴市上虞区人民政府办公室关于同意公开出让上虞区滨江新城 17-A 号、滨江新城 17-B 号、滨江新城 17-C 号、滨江新城 17-D 号、滨江新城 17-E 号地块国有建设用地使用权的批复
虞政办发〔2020〕132 号	绍兴市上虞区人民政府办公室关于同意公开出让上虞区章镇镇 [2020]J1 号地块国有建设用地使用权的批复
虞政办发〔2020〕133 号	绍兴市上虞区人民政府办公室关于印发《上虞区房地产市场群体性事件应急处置预案(试行)》和《上虞区突发公共事件人员防护保障行动方案》的通知
虞政办发〔2020〕134 号	绍兴市上虞区人民政府办公室关于印发《上虞区水土保持目标责任制考核办法》的通知
虞政办发〔2020〕135 号	绍兴市上虞区人民政府办公室关于印发《上虞区村级公益事业建设一事一议财政奖补资金及项目管理办法》的通知
虞政办发〔2020〕136 号	绍兴市上虞区人民政府办公室关于印发《上虞区突发公共事件道路水路运输应急保障行动方案》《上虞区处置重特大道路交通事故应急预案》《上虞区高速公路突发事件应急预案》的通知
虞政办发〔2020〕137 号	绍兴市上虞区人民政府办公室印发《关于推广工业化装配式装修的指导意见(试行)》的通知
虞政办发〔2020〕138 号	绍兴市上虞区人民政府办公室关于同意公开出让上虞区城北 55 号地块国有建设用地使用权的批复
虞政办发〔2020〕139 号	绍兴市上虞区人民政府办公室关于同意公开出让上虞区丰惠镇 [2019]J1 号、丰惠镇 [2019]J3 号、丰惠镇 [2019]J5 号地块国有建设用地使用权的批复

虞政办发〔2020〕140 号	绍兴市上虞区人民政府办公室关于印发《上虞区处置大面积停电事件应急预案》《上虞区气象灾害应急预案》的通知
虞政办发〔2020〕141 号	绍兴市上虞区人民政府办公室关于印发《上虞区突发公共事件新闻发布应急预案》《上虞区涉外突发事件应急预案》《上虞区欠薪群体性事件应急处置预案》的通知
虞政办发〔2020〕142 号	绍兴市上虞区人民政府办公室关于同意公开出让东关街道 [2014]G5 号工业地块国有建设用地使用权的批复
虞政办发〔2020〕143 号	绍兴市上虞区人民政府办公室关于印发《上虞区突发事件治安维护应急预案》《上虞区大型群体性文体活动事故应急预案》《上虞区主城区人口疏散方案》的通知
虞政办发〔2020〕144 号	绍兴市上虞区人民政府办公室关于同意《上虞区基础测绘"十四五"专项规划》的批复
虞政办发〔2020〕145 号	绍兴市上虞区人民政府办公室关于印发上虞区政府投资（国有建设）项目审计办法（试行）的通知

人物和荣誉

虞籍院士和学部委员

【朱利中】 男，1959年10月19日出生于上虞沥海，环境工程专家，浙江大学环境与资源学院教授、博士生导师，浙江大学农业生命环境学部主任。1975年，毕业于沥海中学高中部。1978年，毕业于春晖中学，11月，进入杭州大学化学系分析化学专业学习。1982年7月，大学本科毕业，获得化学学士学位，9月，在杭州大学化学系就读分析化学硕士研究生。1990年作为高级访问学者前往加拿大不列颠哥伦比亚大学化学系学习，1997年入选国家"百千万人才工程"，2001年获得国家杰出青年科学基金资助，2006年入选浙江大学首批特聘教授，2015年被评为浙江省劳动模范，2015年当选英国皇家化学会会士。朱利中主要从事污染物多介质界面行为与调控技术领域研究，重点研究土壤有机污染缓解与修复、环境吸附材料及其废水处理应用、室内空气污染及控制技术。2017年11月当选中国工程学院院士。

【郭松义】 男，1935年12月生，上虞崧厦人，1960年北京大学历史系毕业，中国社会科学院历史研究所研究员、博士生导师。研究领域为清史、经济史、社会史，曾就清代人口问题，清代农业、商业、婚姻家庭，以及国家经济政策等方面问题做过重点研究。历史研究所学术委员会副主任、清史研究室副主任、社会史研究室主任，中国社科院研究生院教授，山东大学历史系兼职教授，南开大学社会史研究中心学术委员，中国档案学会第二届理事，中国谱牒研究会理事，中国商业史学会第二、三届常务理事、学术委员会副主任，中国经济史学会理事、第二届常务理事、古代史专业委员会副主任，中国社会史学会第一届理事、第二届常务理事、副会长。中国社会科学院荣誉学部委员。

（万国通）

省级及以上表彰的集体和个人

表51　2020年度省级及以上先进集体一览表

集体名称	奖项	颁奖单位	表彰文号／表彰时间
上虞区	中国营商环境建设示范案例奖	《环球时报》	2020年
上虞区	第三批节水型社会建设达标县（区）	水利部	2020年第21号
上虞区	2019—2020年度全国健康促进区	国家卫生健康委员会办公厅	国卫办宣传函〔2020〕1064号

续表 51

集体名称	奖项	颁奖单位	表彰文号 / 表彰时间
上虞区委绍兴市上虞区人民政府信访局	信访工作国家级“三无”县(市、区、旗)	国家信访局	2021 年 5 月
上虞区交通事故人民调解委员会	全国模范人民调解委员会	司法部	司发通〔2020〕83 号
上虞区人民调解委员会	“大排查、早调解、护稳定、迎国庆”专项活动表现突出集体	司法部	司发通〔2020〕11 号
浙江上虞农村商业银行股份有限公司杭州湾新区支行营业部	全国巾帼文明岗	全国妇联	妇字〔2021〕9 号
上虞区丁宅四季仙果休闲协会	丁宅水蜜桃获国家农产品地理标志	农业农村部	2020 年
中共绍兴市上虞区委统战部(民宗局)	全国侨联系统抗击新冠肺炎疫情先进集体	中华全国华侨联合会	中侨发〔2021〕1 号
上虞区市场监督管理局	创建成功国家风机产品质量监督检验中心	国家市场监督管理总局	国市监科财函〔2020〕3 号
民盟绍兴市上虞区基层委员会	民盟中央盟务工作先进基层组织	中国民主同盟中央委员会	2020 年
上虞区万杰制冷配件厂	全国厂务公开民主管理先进单位	全国厂务公开协调小组办公室	国厂开组发〔2020〕1 号
国家税务总局绍兴市上虞区税务局	全国文明单位	中央精神文明建设指导委员会	2020 年
小越街道倪梁村	全国文明村	全国文明委	文明委〔2020〕8 号
上虞区崧厦镇	国家卫生乡镇	全国爱国卫生运动委员会	2020 年
上虞区章镇镇			
上虞区疾病预防控制中心	死因登记工作县(区)级集体奖	中国疾病预防控制中心	中疾控慢发〔2020〕8 号
杭州湾上虞经济技术开发区	中国化工园区 30 强	中国石油和化学工业联合会	中石化联园发〔2020〕6 号
中共绍兴市上虞区委	浙台经济社会融合发展突出贡献单位	省委办公厅 省政府办公厅	2020 年
上虞区	全省农业水价综合改革工作绩效评价优秀县(市、区)	浙江省水利厅 浙江省发改委 浙江省财政厅 浙江省农业农村厅	浙水农电〔2021〕1 号
上虞区	浙江省实行最严格水资源管理制度成绩突出市县(集体)	浙江省水利厅 浙江省人社厅	浙水人〔2020〕8 号
上虞区	第二批节水型社会建设达标县(市、区)	浙江省水利厅 浙江省节约用水办公室	浙水资〔2020〕13 号

续表 51

集体名称	奖项	颁奖单位	表彰文号 / 表彰时间
上虞区	浙江省五优联动示范县	浙江省财政厅 浙江省农业农村厅	浙粮〔2020〕38 号
上虞区	省级加快传统制造业改造提升成效明显的县（市、区）	浙江省人民政府	浙政办发〔2020〕25 号
上虞区	全省实施乡村振兴战略优秀单位	中共浙江省委浙江省人民政府	2020 年
上虞区	粮食五优联动示范县	浙江省农业农村厅 浙江省财政厅	浙粮〔2020〕38 号
上虞区	全省提升农村人居环境（农村生活垃圾分类处理）工作考核优秀县	浙江省农业农村厅 浙江省财政厅	浙农社发〔2021〕1 号
上虞区	省级夜间经济培育城市	浙江省商务厅	2020 年
自然资源和规划局上虞分局	"森林浙江"建设工作突出贡献集体	中共浙江省委 浙江省人民政府	2020 年
自然资源和规划局上虞分局	浙江省"除险安居"三年行动成绩突出集体	浙江省人民政府办公厅	2020 年
上虞区人民检察院第四检察部	集体二等功	浙江省人民检察院	浙检发政字〔2021〕7 号
医疗保障局上虞分局	省先进县（市、区）医疗保障局	浙江省医疗保障局	浙医保发〔2021〕3 号
上虞区档案馆	全省档案系统先进集体	浙江省档案局 浙江省人力资源和社会保障厅	浙档发〔2020〕3 号
上虞区便民服务中心	浙江省改革创新成绩突出集体	中共浙江省委改革办	2020 年
杭州湾上虞经济技术开发区管委会	2019 年浙江省开发区产业链"链长制"试点示范单位	浙江省商务厅	浙商务发〔2020〕36 号
杭州湾上虞经济技术开发区管委会	第三批浙江省"万亩千亿"新产业平台培育名单	浙江省发展和改革委员会	浙发改产业〔2020〕352 号
杭州湾上虞经济技术开发区管委会	第二批美丽园区示范名单	浙江省商务厅	浙商务发〔2020〕54 号
杭州湾上虞经济技术开发区	全国绿色工业园区	工业和信息化部	工信厅节函〔2020〕246 号
上虞区政协	全省政协联谊报宣传工作先进单位	政协浙江省委员会办公厅	2020 年
上虞区行政复议局	全省行政复议规范化建设工作成绩突出集体	浙江省司法厅	浙司〔2020〕99 号
上虞公证处	全省公证宣传先进集体	浙江省公证协会	浙公协〔2021〕7 号
上虞区人民政府信访局	省级"无信访积案县（市、区）"	浙江省信访局	浙信领〔2021〕2 号

续表 51

集体名称	奖项	颁奖单位	表彰文号 / 表彰时间
上虞区人力资源和社会保障局	浙江省‘无欠薪’县(市、区)建设先进集体	浙江省根治欠薪工作领导小组	浙治欠发〔2020〕5 号
上虞区人力资源和社会保障局	调解仲裁案件处理工作成绩突出单位	浙江省人力资源和社会保障厅	浙人社函〔2021〕20 号
上虞区经济和信息化局	全省经信系统工作目标责任制考评先进单位	浙江省经济和信息化厅	浙经信运行〔2020〕9 号
上虞区经济和信息化局	省级中小微企业培育工作成绩突出集体	浙江省经济和信息化厅	浙经信企业〔2020〕123 号
上虞区水利局	浙江省水利行业节水型机关	浙江省水利厅	浙水资〔2020〕28 号
上虞区农业农村局	全省农业农村系统突出贡献集体	浙江省农业农村厅	浙农人发〔2020〕10 号
上虞区红十字会	浙江省红十字工作先进单位	浙江省红十字会	浙红〔2020〕7 号
上虞中医医院	第三届“全省敬老文明号”	浙江省老龄工作委员会	浙老工委〔2020〕3 号
上虞区人民调解委员会朱小英调解工作室	省级金牌人民调解工作室	浙江省人民调解协会	浙调协字〔2020〕9 号
上虞区司法局章镇司法所	“枫桥式”司法所	浙江省司法厅	2021 年 1 月
民盟绍兴市上虞区基层委员会	民盟省委会“双十佳”示范基层组织	中国民主同盟中央浙江省委员会	2020 年
九三学社绍兴市上虞区基层委员会	社会服务工作先进集体	九三学社浙江省委员会	九三浙发〔2020〕54 号
上虞区百官街道新叶家埭村	浙江省民主法治村	浙江省司法厅 浙江省民政厅 浙江省普法办	2020 年
百官街道办事处	中小微企业培育工作突出集体	浙江省经济和信息化厅	2020 年
上虞区小越街道红十字会	突出贡献红十字基层组织	浙江省红十字会	浙红〔2020〕24 号
上虞区小越街道	浙江省首批现代商贸特色镇	浙江省商务厅	2020 年
上虞区崧厦街道	浙江省第二批培育试点名单	浙江省人民政府办公厅	2020 年
上虞区崧厦街道妇联	浙江省示范乡镇(街道)妇联	浙江省妇女联合会	浙妇〔2020〕30 号
上虞区崧厦街道吕家埠村	省级“民主法治村(社区)”	浙江省司法厅 浙江省民政厅	浙司〔2020〕101 号
上虞区崧厦街道联塘村	省级“民主法治村(社区)”	浙江省司法厅 浙江省民政厅	浙司〔2020〕101 号
上虞区崧厦街道潘韩村			
上虞区章镇镇龙马村			

续表 51

集体名称	奖项	颁奖单位	表彰文号 / 表彰时间
上虞区崧厦街道黄家堰村	气象防灾减灾标准化村（社区）	浙江省气象局	浙气函〔2020〕237 号
上虞区崧厦街道红十字会	浙江省突出贡献红十字基层组织	浙江省红十字会	浙红〔2020〕24 号
上虞区章镇镇	浙江省园林城镇	浙江省住房和城乡建设厅	2020 年
上虞区章镇镇	农业绿色发展省级示范区	浙江省农业农村厅	浙农科发〔2020〕22 号
上虞区章镇镇	第三批省级引领型农村社区	浙江省民政厅	2020 年
青风孵化器	省级示范性青创农场	共青团浙江省委	团浙〔2020〕31 号
上虞区四驱救援队	浙江省志愿服务工作先进集体	共青团浙江省委 浙江省志愿者协会	团浙联〔2020〕22 号
上虞舜惠水利工程有限公司	长江经济带重大水利工程建设劳动和技能竞赛先进集体	水利部办公厅 中国农林水利气象工会全国委员会	农林水利气象工发〔2020〕23 号

表 52

2020 年度省级及以上先进个人一览表

姓名	工作单位 / 居住地点	奖项	表彰单位	表彰文号 / 表彰时间
范国伟	卧龙集团	全国劳动模范	中国共产党中央委员会 中华人民共和国国务院	2020 年
谢企韩	区教育体育局	全国离退休干部先进个人	中共中央组织部	2020 年
梁新中	上虞新和成产业基地	全国优秀工会工作者	中华全国总工会	总工发〔2020〕11 号
李　浩	春晖中学	第 20 届“全国青年岗位能手”	共青团中央 人力资源和社会保障部	中青联发〔2020〕9 号
周焕梁（家庭）	丰惠镇	全国最美家庭	中华全国妇女联合会	妇厅字〔2020〕56 号
刘梁勇	区农业农村局	浙江省扶贫开发工作成绩突出个人	中共浙江省委 浙江省人民政府	2021 年
章　立	区农业农村局	农产品质量安全卫士个人	浙江省人民政府	2020 年
胡　燕	区人民法院	全省扫黑除恶专项斗争成绩突出个人	浙江省委、省政府	2020 年
张剑波	区人民法院	浙江省担当作为好干部	浙江省委、省政府	2020 年
杨利华	区人武部	全省征兵工作成绩突出	浙江省人民政府 浙江省军区	2020 年
宋文君	自然资源与规划分局	“森林浙江”建设工作突出贡献个人	中共浙江省委 浙江省人民政府	2020 年
石海森	浙江石狮商贸城有限公司	全国关心下一代工作先进工作者	中国关工委、中央文明办	2020 年

续表 52

姓名	工作单位 / 居住地点	奖项	表彰单位	表彰文号 / 表彰时间
王　海	绍兴市上虞区水利局	长江经济带重大水利工程建设劳动和技能竞赛先进个人	水利部办公厅 中国农林水利气象工会全国委员会	农林水利气象工发〔2020〕23号
何银宽	中广有线上虞分公司	浙江金蓝领	浙江省总工会	2020 年
金爱丽	崧厦街道	浙江省巾帼建功标兵	浙江省妇女联合会	浙妇〔2020〕9号
徐立飞	区人民法院	个人二等功	浙江省高级人民法院	浙高法〔2021〕6 号
何银宽	中广有线上虞分公司	“工匠杯”有线网络专业团队银奖	中国有线电视网络有限公司 中广有线信息网络有限公司	2020 年
赵文中	区委办	浙江省改革创新成绩突出个人	中共浙江省委改革办	2020 年
崔煜忠	区委改革办			
陆银龙	区交通事故纠纷人民调解委员会	全省公共法律服务体系建设成绩突出个人	浙江省司法厅	浙司〔2020〕102 号
周　静	公证处			
阮方家	司法局	全省司法行政系统特赦实施工作个人	浙江省司法厅	浙司〔2020〕47号
杨炜香	司法局	全省司法行政系统法治化营商环境优化专项行动个人	浙江省司法厅	浙司〔2020〕47号
虞黄英	区水利局	全省农村饮用水达标提标行动成绩突出个人	省水利厅	浙水农电〔2020〕8 号
阮炳炎	道墟街道肖金村(村民)	最美诚信浙江人	中共浙江省委宣传部 浙江省精神文明建设委员会办公室 浙江省发展和改革委员会 浙江省市场监督管理局 中国共产主义青年团浙江省委员会	2020 年
傅秋光	区环卫集团			
张剑波	区人民法院	全省法院突出贡献法官	浙江省高级人民法院	浙高法政〔2020〕170 号
唐　燕	上虞区志愿者协会	浙江省志愿服务工作先进个人	共青团浙江省委 浙江省志愿者协会	团浙联〔2020〕22 号
王一锋	浙江世纪华通集团股份有限公司	浙江省青年数字经济“鸿鹄奖”	共青团浙江省委 浙江日报报业集团	2020 年
叶尧勇	崧厦街道	浙江省优秀专武干部	浙江省军区	2020 年
赵国生	浙江闰土股份有限公司	浙江九三榜样	九三学社浙江省委员会	九三浙发〔2020〕36 号
叶珊丰	上虞妇幼保健院	全省社会服务工作先进个人	九三学社浙江省委员会	九三浙发〔2020〕54 号

百岁老人

【概况】 截至2020年12月，全区（除沥海外）共有年满100周岁的老人31人，其中男性9人，女性22人。百岁老人分布为百官街道5人，曹娥街道2人，东关街道1人，道墟街道1人，小越街道2人，梁湖街道2人，崧厦街道9人，上浦镇1人，章镇镇3人，长塘镇1人，丰惠镇2人，盖北镇2人。 （孙法元 顾锐林）

【王秀纯】 年龄最大的为崧厦街道的王秀纯老人，性别女，出生日期为1916年2月19日。

（孙法元 顾锐林）

2020年一百周岁老人一览表

表53

序号	姓名	出生日期	性别	户籍详址
1	王锡富	1918-07-25	男	浙江省绍兴市上虞区百官街道盛丰新村2幢
2	俞匡章	1918-08-28	女	浙江省绍兴市上虞区百官街道金鱼湾新村45幢301室
3	金阿琴	1919-11-26	女	浙江省绍兴市上虞区百官街道中利村
4	杜汉臣	1920-02-21	男	浙江省绍兴市上虞区百官街道高丰社区
5	罗月妙	1920-07-08	女	浙江省绍兴市上虞区百官街道南三村
6	高夏英	1920-08-08	女	浙江省绍兴市上虞区曹娥街道双桥新村
7	金兴花	1919-12-17	女	浙江省绍兴市上虞区曹娥街道东山花园5-101
8	陶明珠	1917-12-04	女	浙江省绍兴市上虞区东关街道南阳社区羊角园路8幢301室
9	钟寿安	1920-05-27	男	浙江省绍兴市上虞区道墟街道道墟社区
10	齐韵玉	1920-10-01	女	浙江省绍兴市上虞区长塘镇桃源村
11	韩金爱	1920-08-26	女	浙江省绍兴市上虞区上浦镇舜江村
12	沈阿花	1920-01-03	女	浙江省绍兴市上虞区章镇镇龙马村
13	周松坤	1920-08-27	男	浙江省绍兴市上虞区章镇镇章镇社区
14	石乔木	1920-11-27	男	浙江省绍兴市上虞区章镇镇任叶村
15	朱连雅	1919-12-05	女	浙江省绍兴市上虞区丰惠镇五云村
16	陈爱珠	1917-10-08	女	浙江省绍兴市上虞区丰惠镇盛茂村任岙103号
17	任文票	1920-07-15	男	浙江省绍兴市上虞区梁湖街道任庄村136号
18	王洪友	1920-10-24	男	浙江省绍兴市上虞区梁湖街道玩石村214号
19	罗志仁	1919-08-17	男	浙江省绍兴市上虞区小越街道罗家村
20	李芙蓉	1919-12-15	女	浙江省绍兴市上虞区小越街道罗家村
21	陈雅琴	1916-11-24	女	浙江省绍兴市上虞区盖北镇丰棉村
22	马春姑	1920-02-16	女	浙江省绍兴市上虞区盖北镇珠海村
23	王秀纯	1916-02-19	女	浙江省绍兴市上虞区崧厦街道跃进社区

续表 53

序号	姓名	出生日期	性别	户籍详址
24	邵金花	1917-09-03	女	浙江省绍兴市上虞区崧厦街道雀嘴村
25	陈彩芝	1917-05-15	女	浙江省绍兴市上虞区崧厦街道杭家村
26	徐才林	1918-10-23	女	浙江省绍兴市上虞区崧厦街道新下湖村
27	顾巧珍	1919-08-12	女	浙江省绍兴市上虞区崧厦街道吕家埠村
28	陈巧仙	1920-07-10	女	浙江省绍兴市上虞区崧厦街道金中村
29	陆炳奎	1920-09-22	男	浙江省绍兴市上虞区崧厦街道陆家村
30	罗杏仙	1920-06-07	女	浙江省绍兴市上虞区崧厦街道黄家堰村
31	夏连福	1920-07-10	女	浙江省绍兴市上虞区崧厦街道蔡林村

附　录

外媒看上虞

【概况】 2020年外宣工作在全力做好新冠疫情防护应对和宣传发布的同时，紧扣区委区政府中心、重点，做到重大主题报道有声、重要节会推介有形、重点舆情引导有效，在各大主流媒体上充分展现上虞区经济社会发展的各项成就和亮点。系统谋划“致富奔小康、两山理论15年、高质量发展、重大项目开工、产业融合创新”等多项主题报道。全年在《人民日报》、《新华每日电讯》、《经济日报》、中央电视台等中央级媒体播发涉虞重要报道近50篇(条)；在省级媒体如《浙江日报》、浙江卫视新闻联播、浙江之声等主流媒体上刊发各类重要报道150多篇(条)，在绍兴市级主流媒体上刊发各类重要报道近25篇(条)，形成中央、省、市三级主流报道的强大声势。　　（袁伟江）

表54

2020年媒体报道重点篇目

级别	媒体名称	稿件／节目标题	刊播日期
国家级	人民日报	特殊课堂 特殊收获(解码·假期怎么过)	2月17日
	人民日报	强化金融支持 助力复工复产	3月13日
	人民日报	经开区招商引资图片新闻	3月18日
	人民日报	为基层持续减负 为真抓实干撑腰	4月21日
	人民日报	追击歹徒 谱写忠义	4月29日
	人民日报	职校师生帮了我们大忙!	5月12日
	人民日报	防控不放松 游览更安心	5月13日
	人民日报	浙江上虞:稳妥有序 复工复产	5月14日
	人民日报	营商环境好 企业有活力	7月1日
	人民日报	开源节流 浙江稳财政惠民生	7月23日
	人民日报	一码监管用地 治理更加精细	9月2日
	人民日报	浙江上虞推进农村饮用水达标提标	9月23日
	人民日报	关注执法司法制约监督:精准监督 阳光检察	10月4日

续表 54

级 别	媒体名称	稿件／节目标题	刊播日期
国家级	人民日报	山居古村 渐成“网红”	10 月 6 日
	人民日报	健全一体化 乡村别样美	10 月 27 日
	人民日报	浙江绍兴上虞区整合公检法多方力量 线上线下联动 矛盾源头化解	11 月 19 日
	人民日报	浙江发展农村体育，赋彩乡村生活	11 月 28 日
	人民日报	水更清了，景更美了	12 月 10 日
	人民日报	第四届“CHINA·中国”陶瓷艺术设计大展在上虞举行	12 月 18 日
	人民日报	双链协同 跨越发展 浙江上虞推动产业链创新链融合	12 月 29 日
	人民日报海外版	新投资，助推“中国号”稳健前行	4 月 16 日
	人民日报海外版	“网红扶贫”带动藏区农产品走向全国	7 月 1 日
	人民日报海外版	抢收早稻	7 月 24 日
	人民日报海外版	浙江“水秀天下”的秘诀	8 月 6 日
	人民日报海外版	首届人民文创国际创意大赛启动	10 月 9 日
	人民日报海外版	浙江绍兴：“六联六员”助社区治理	12 月 26 日
	人民日报海外版	绍兴盖北镇农村综改赋能高质量发展	12 月 26 日
	经济日报	为传统产业注入“智慧因子”	1 月 13 日
	经济日报	浙江：精密智控重启发展新动能	3 月 8 日
	新华每日电讯	绍兴：一男贪野味获刑 6 个月	2 月 17 日
	新华每日电讯	“云招聘”推进企业复工复产	3 月 12 日
	新华每日电讯	浙江上虞：“邻里警队”助推警务服务靠前	6 月 17 日
	新华每日电讯	浙江：让群众化烦解忧“最多跑一地”	7 月 14 日
	新华每日电讯	正是江南好风景	8 月 14 日
	新华每日电讯	盖北：盘活闲置土地 助力强村富民	12 月 30 日
	新华每日电讯	品质大提升“江南吐鲁番”喜获葡萄大订单	12 月 23 日
	中央电视台新闻	鱼儿肥生活美，康家湖冬捕开捕	1 月 16 日
	中央电视台新闻	猎捕野猪一头犯非法狩猎罪被判刑	2 月 13 日
	中央电视台新闻	袅袅又亭亭 细风弄花影	3 月 2 日
	中央电视台新闻	浙江绍兴：利用大数据提供复工数据	3 月 5 日
	中央电视台新闻	传统市场探索互联网新平台	3 月 31 日
	中央电视台新闻	街道为企业撑起“保护伞”	4 月 14 日
	中央电视台新闻	浙江上虞：环保公益健步走 垃圾分类我先行	6 月 6 日
	中央电视台新闻	各地医保部门推进医保经办和付费改革 利用信息化为医疗付费“减环节”	7 月 29 日
	中央电视台新闻	浙江省第三届女子体育节在上虞举行	8 月 7 日
	中央电视台新闻	没有智能手机怎么出示“健康码”？	8 月 23 日

续表 54

级别	媒体名称	稿件／节目标题	刊播日期
国家级	中央电视台新闻	2020 年全国田径锦标赛将于绍兴开赛	9 月 14 日
	中央电视台新闻	田径全锦赛：跑跳项目名将云集	9 月 14 日
	中央电视台新闻	体育频道将全程直播全国田径锦标赛	9 月 14 日
	中央电视台新闻	田径全锦赛：珍惜比赛机会 发挥应有水平	9 月 14 日
	中央电视台新闻	贯通盘山路推动美丽城镇发展	9 月 23 日
	中央电视台新闻	运动振兴乡村 体育提升品质	9 月 25 日
	中央电视台新闻	法治现场 停车忘拉手刹 车辆溜坡险酿祸	10 月 19 日
	中央电视台新闻	浙江上虞：特大制售假冒名牌酒案告破	10 月 21 日
	中央电视台新闻	美食中国	10 月 26 日
	中央电视台新闻	耕读管溪马拉松在浙江上虞激情开跑	11 月 2 日
	中央电视台新闻	山光水色 美在绍兴	11 月 2 日
	中央电视台新闻	浙江绍兴上虞：“信用 +” 体系全链条智慧监管医保基金	11 月 19 日
省级	浙江日报头版	春天里，凝聚起希望的力量	2 月 5 日
	浙江日报头版	车俊在绍兴督查疫情防控和复工复产工作时强调：坚定战胜疫情的信心，坚定完成全年目标任务的信心	2 月 13 日
	浙江日报头版	葛慧君在上虞指导督查疫情防控和复工复产工作时强调 在这场特殊战斗中交出一份优秀答卷	2 月 20 日
	浙江日报头版	九地协同助卧龙集团 50 家配套企业复工	2 月 22 日
	浙江日报头版	从支援雷神山医院建设到开辟东南亚新市场 亚厦装饰主动出击握紧机遇	3 月 21 日
	浙江日报头版	迎着春风奔跑	3 月 26 日
	浙江日报头版	服务多 “往下跑” 群众少 “往上跑”	3 月 31 日
	浙江日报头版	世界 500 强企业浙江找 “队友”	4 月 7 日
	浙江日报头版	车俊在台州绍兴调研时强调 进一步把浙江经济的灵性和活力激发出来	4 月 24 日
	浙江日报头版	这道减法，“减” 出了高质量	4 月 29 日
	浙江日报头版	3D 电影江上看	5 月 17 日
	浙江日报头版	盖北镇推进省级农业综合改革	6 月 24 日
	浙江日报头版	上虞：从严从快抓整改	9 月 3 日
	浙江日报头版	上虞倾力打造新材料优势产业集群	9 月 27 日

续表 54

级别	媒体名称	稿件／节目标题	刊播日期
省级	浙江日报头版头条	让每一个社区都成为共同体	11 月 30 日
	浙江卫视新闻联播	众志成城防控疫情:复工企业落实严管措施,确保疫情防控到位	2 月 10 日
	浙江卫视新闻联播	车俊在绍兴督查疫情防控和复工复产时强调:坚定战胜疫情的信心坚定完成全年目标任务的信心	2 月 12 日
	浙江卫视新闻联播	葛慧君在上虞指导督查疫情防控和复工复产工作时强调,在这场特殊战斗中交出一份优秀答卷	2 月 19 日
	浙江卫视新闻联播	蹲点第一线 上虞曹娥街道:企业有困难 政府全力帮	2 月 21 日
	浙江卫视新闻联播	“两手抓两战赢”省委疫情防控巡回督导:“卧龙开工记:九地协同发力打通产业链精准三服务”	2 月 21 日
	浙江卫视新闻联播	卧龙采埃孚合资网上签约仪式	3 月 10 日
	浙江卫视新闻联播	上虞:小伙坠落山崖 9 小时生死营救	3 月 13 日
	浙江卫视新闻联播	各地落地减负降本政策 推出社保费减免“大礼包”	3 月 16 日
	浙江卫视新闻联播	省新闻办通报疫情防控工作最新进展	3 月 23 日
	浙江卫视新闻联播	科学控疫情,统筹谋发展 招商生产不断线,一批大项目“网上签约”	4 月 2 日
	浙江卫视新闻联播	全省 90 多万初高中毕业生今天返校复课 各地多措并举确保防疫安全	4 月 13 日
	浙江卫视新闻联播	57 岁老民警跳水救人	5 月 31 日
	浙江卫视新闻联播	上虞 42 个项目集中开工 总投资 600 亿元	6 月 28 日
	浙江卫视新闻联播	水稻病虫趋重 各地加强田间管理全力保丰收	8 月 6 日
	浙江电视台新闻联播	文创赋能传统夜市,多地打造夜间文化特色品牌	8 月 15 日
	浙江电视台新闻联播	2020 浙江省足球超级联赛在绍兴开幕	8 月 31 日
	浙江卫视新闻联播	浙江各地迅速行动抓好问题整改	9 月 3 日
	浙江卫视新闻联播	绍兴启动红色志愿宣讲活动	9 月 8 日
	浙江卫视新闻联播	2020 全国田径赛	9 月 15 日
	浙江卫视新闻联播	“中国稀土之父”徐光宪纪念馆在上虞开馆	11 月 7 日

媒体报道选刊

浙江绍兴上虞区整合公检法多方力量 线上线下联动 矛盾源头化解

原载于 11 月 19 日《人民日报》

记者:顾春

“感谢你们为我解决了实际困难,我不会再信访了。”近日,老朱来到浙江绍兴市上虞区人民检察院,在撤回检察监督申请文书及息诉息访承诺书上签下了自己的名字。

老朱因有建设用地使用证的农舍被无故强制拆除,两次诉讼后仍不服判决,便来到上虞区社会矛盾纠纷调处化解中心反映情况。

“当时正值‘12309’检察服务中心入驻区‘矛调中心’,我们非常重视,依托两个‘中心’,借助三方力量,通过审查案卷、公开听证,理顺当事人的争议焦点,消除了意见分歧。同时,积极联合街道办事处帮助申诉人重建农舍,实现成功息诉。”上虞区检察院检察长张斌说。

为高效化解纠纷,上虞区检察院整合公安、法院、司法、行政机关等多方力量,牵头建立多部门例会制度及疑难复杂信访研判机制,多方联动,多元化解。该检察院还运用人民调解大数据管理平台、“浙里调”微信小程序等线上平台,积极挖掘违法犯罪线索。探索推进“12309”检察服务中心入驻乡镇(街道)“矛调中心”,通过下沉一线,力促矛盾纠纷化解在基层。

办事难曾是困扰许多群众的堵心事。上虞区检察院采取“即办 + 引导 + 预约”的方式开展工作,并落实接访跟踪制度,及时督办信访事项,在让当事人少跑腿的同时,努力实现矛盾源头化解。

浙江上虞推动产业链创新链融合 双链协同 跨越发展

原载于 12 月 29 日《人民日报》

记者:于文翔

工程车辆穿梭往来,大型塔吊紧张作业……近日,浙江上虞高端智造集聚区产教融合创新园一期项目现场,一派热火朝天的景象。园内一期先行建设的 4.6 万平方米科学与工程研究院,将于近期完工并投入使用。

建设产教融合创新园是近年来上虞区推动产业链与创新链深度融合的一个缩影。2019 年开始,上虞组建专业团队对区内重点产业进行产业链群梳理,并以此制定发展规划、招商方案、扶持政策等,打造具有较强影响力和核心竞争力的特色产业链,为部署创新链夯实产业基础。

上虞大力开展产业链精准招商,形成“大项目—产业链—产业集群”的发展格局,统筹绘制产业地图,加强产业链精准招商顶层设计,并按照传统产业“强链”、新兴产业“补链”、未来产业“建链”的思路,统筹谋划产业链招商。

如此规划引领下,上虞以区内重点优势企业为依托,挖掘区内企业间的产业链关系,完善产业链招商机制,重点招引产业链引擎性企业和引擎性项目。在新材料领域,引进了总投资 208 亿元的圆金新材料项目。

围绕提升行业影响、推动产业培育两块内容,上虞区与中科院控股有限公司合作,在新材料创新研究院、中试转化平台、项目成果转化等方面开展全方位合作,同时组建杭州湾新材料产业联盟,设立新材料产业专项扶持基金,有效推动新材料产业项目落地。

此外,上虞借力“外脑”优化产业创新支撑。积极与科研院所合作,引进复旦大学、南华大学、天津大学等 13 家大学的研究院,出台鼓励企业创建国家级、省级研发机构、科技企业孵化器等一系列政策,推动“一个产业配套一个产业创新服务综合体”建设。

截至目前,新材料省级产业链已集聚规上新材料企业 112 家,其中上市企业 13 家,高新技术企业 43 家,2019 年产值 538.17 亿元,2020 年预计产值将超过 600 亿元。上虞先进高分子材料产业平台,被浙江省列入第三批“万亩千亿”新产业平台培育名单。

绍兴盖北镇农村综改赋能高质量发展

原载于 12 月 26 日《人民日报》海外版

记者:楼丽君

今年以来,浙江省绍兴市上虞区盖北镇入选省级农村综合改革集成建设项目，并通过了省级农业特色强乡镇创建验收，开启了美丽乡村建设新篇章。

从2018年底开始，盖北镇深化产权制度改革，探索成立承包地经营权镇级收储中心，即“土地银行”，吸储闲置土地，不仅农民能获得1500元／亩的收益，更让原先闲置的土地重焕活力。

今年初，“土地银行”吸储的440亩土地转租给了森禾花丽公司，建设“花梦缘”花卉基地。6万余平方米的“花梦缘”花卉基地吸引了无数市民和游客前来摘葡萄、赏花海、尝农家菜，形成集吃、住、行、游、购、娱于一体的全新格局。据统计，盖北镇今年游客总量将突破50万人次，旅游总收入超过1.3亿元。

同时盖北镇大胆探索闲置建设用地改革，增强“造血”功能。目前全镇10个行政村，共实施“一村一幢楼”项目15个，今年预计有5个村的集体经济收入迈入“百万俱乐部”行列，80%行政村集体经济收入超过50万元。

据盖北镇党委书记徐松杰介绍，将启动总投资3.15亿元的预算，通过实施农村综合改革，使村级集体经济得到发展壮大，全镇常住居民人均可支配收入年均增长10%以上，进而实现秀丽宜居生态美、产业融合生产美、人文和谐生活美的美丽乡村目标。

浙江上虞：“邻里警队”助推警务服务靠前

原载于6月17日《新华每日电讯》

记者：方问禹

高层住宅居民往往有这样的困扰：楼上住户随手往楼下扔烟蒂、果皮等垃圾，既不环保，更不安全，但苦于物业管理缺位、履责乏力，找不到线索证据，只能忍气吞声。

遇到高空抛物这类事，浙江绍兴市上虞区星辰首府小区业主徐先生找到了住在同一个小区的“邻里警员”祝建江。因为熟悉情况，且有履职权限，祝建江与物业工作人员一道，挨家挨户上门提醒，有效杜绝了这类现象。

2019年以来，绍兴市公安局上虞区分局创新设立“邻里警队”，由社区民警、小区“邻里警员”和“义警”组成一支警务服务队伍，发挥民警在居住地人熟、地熟、情况熟、警务知识熟的优势，助力属地派出所开展基层基础工作，也为社区群众提供更加便捷、贴心、专业的警务服务。

绍兴市公安局上虞区分局党委委员、副局长朱良荣表示，“邻里警队”助推警务服务靠前，带来基层治理功能延伸，也是推动“最多跑一次”改革的重要载体。

记者了解到，上虞区依托警务站作为“邻里警队”工作的前沿阵地，将服务精准推向老百姓身边。在城区人员密集地区，当地建立“邻里中心式”警务站3个，24小时警务自助服务点18个，推出4大类88项一站式警务服务，当地群众能全天候自助办理交通、车管等业务。此外，当地还建立49个村级代办点，村（社）可办理的公安审批事项达到45项。

“邻里警队”已经在上虞区全面推开。目前，上虞区社区警民双向熟悉率达到73.3%，“邻里警队”从源头上化解纠纷86起、提供服务127次、清除隐患293处。在化解高空抛物、不文明停车等小区疑难纠纷中，在处理公安服务事项不清楚、流程不熟悉等居民烦心事里，“邻里警队”化戾气为和气，发挥了特殊作用。

品质大提升“江南吐鲁番”喜获葡萄大订单

原载于12月23日《新华每日电讯》

记者：王立彬

有“江南吐鲁番”之称的浙江上虞盖北镇，近日与明康汇生态农业集团签订了2021年50万斤野藤葡萄销售订单。

盖北镇拥有1.2万亩野藤葡萄种植基地，年产量2.5万吨左右。“通过今年首次销售，消费者十分认可盖北镇野藤葡萄。”明康汇副总裁潘风山说。

盖北镇是浙江省最早种植葡萄的乡镇之一，曾经葡萄产量占据全省“半壁江山”。但是盖北葡萄品质的不足，一度制约了当地产业发展。以“阳光玫瑰”为例，在日本的销售价高达人民币100多元一斤，当地最高才20元左右一斤，相差5倍之多。

据介绍，日本严格按照标准化生产，无论是穗形还是重量都相差无几，而国内种出来的“阳光玫瑰”，形状大小各异，品质相差也甚远。“从标准化生产着手，提高葡萄品质。”盖北镇葡萄种植大户纷纷行动，带头推行标准化生产。盖北镇党委书记徐松杰说:“我们要在葡萄技术标准化、产业数字化、产销一体化、品种集中化上下功夫,努力实现葡萄品质大步提升。”

今年6月中旬开始,明康汇与盖北镇合作,通过企业与政府签单、再由政府向种植户下单的模式,稳定葡萄品质和收购价。政府工作人员扮演“店小二”角色,提供一条龙服务。在短短两个月时间里,明康汇在浙江全省的100多家门店累计销售野藤葡萄25.7万斤。

葛慧君在上虞指导督查疫情防控和复工复产工作时强调　在这场特殊战斗中交出一份优秀答卷

原载于2月20日《浙江日报》

记者:何苏鸣

19日,省政协主席葛慧君赴上虞指导督查疫情防控和复工复产工作。她强调,目前我省疫情防控形势进一步趋稳向好,疫情防控的重点已从原先的疫情防控为主,转变为疫情防控和经济社会发展兼顾。要科学把握现阶段疫情形势,切实把思想和行动统一到中央和省委的决策部署上来,统一到“两确保三争取”的新目标上来,统一到深入开展“三服务”的务实举措上来,根据形势变化科学合理优化工作目标、突出工作重点、细化工作举措,全力以赴抓好贯彻落实。

葛慧君先后来到卧龙集团、阳光集团、宇石网络、新和成特种新材料有限公司、浙江龙盛集团研究院、杭州湾上虞经济开发区等,督查调研企业复工复产和疫情防控情况。在百官街道文化社区和崧厦街道蔡林村,葛慧君督查调研农村社区基层一线的疫情防控工作,并进行座谈。她指出,要把复工复产放在更加突出的位置,以时不我待的精神状态迅速行动起来,像抓疫情防控一样抓复工复产,精准施策,科学应对,加强分类指导、强化复工保障、落实防控措施,做到应复尽复、应动尽动,最大限度降低疫情影响,奋力实现全年经济社会发展目标任务。各级党员干部要切实增强统筹协调能力,以全局观念、科学态度、实干作风和创新思维积极投身“三服务”,做到哪里困难多就去哪里服务,什么问题突出就解决什么问题,确保两手都要硬、两战都要赢,在这场特殊战斗中交出一份优秀答卷。

葛慧君强调,各级政协要适应形势发展要求,主动发挥政协特色优势,自觉服从工作大局,围绕复产复工复学、支持中小企业共渡难关等问题,广献良策,广集智慧,认真做好建言资政和凝聚共识双向发力工作,形成有针对性、可操作的建言资政成果,为坚决夺取疫情防控和实现今年经济社会发展目标的双胜利贡献政协力量。

省委疫情防控巡回督导组联动加快打通重点企业供应链　九地协同助卧龙集团50家配套企业复工

原载于2月22日《浙江日报》

记者:钱祎

“货到了!这是最后一家紧急复工的原材料供应商。”2月21日上午,绍兴市卧龙电气驱动集团股份有限公司收到从温州市仙岩机电配件厂快递来的重要生产配套零部件,该企业副总经理朱亚娟立即与省委疫情防控第五巡回督导组成员通了电话,“多亏有你们协调,企业的上下游产业链已全部打通。”

连日来,为推动这家主产电机的省级重点制造业和重要出口企业尽快解决复工复产实际难题,省委疫情防控9个巡回督导组跨地联动,协调帮助该企业开工生产急需的50家供应商企业复工,涉及全省除衢州、舟山外的9个设区市,使该企业用电量(产能)从56%提升到81.84%。

2月15日上午,省委疫情防控第五巡回督导组在该企业督导疫情防控和复工复产时了解到,因大多数上游供应商属于中小企业,复工率不到30%,导致企业原材料供应不足。“当时企业负责人告诉我们,一周后就将面临停产的风险。”督导组成员说,“听到这个情况后,大家都很着急。”

记者了解到,该企业自2月10日复工以来,企业所在地上虞区及时为企业办好了货车和集装箱运输通行证,并发函请外地有关部门协调配套企业复工问题,但由于各地防疫、复工政策不同,跨地区对接难度较大。

第五巡回督导组意识到,当前重点企业复工复产,急需抓好产业链协同复工,才能尽快提升产能,把疫情造成的损失夺回来。“我们请企业按照轻重缓急、省内省外和预期开工时间等排出近期需要复工的配套企业名单。”摸清情况后，督导组一边建议企业进一步明确具体需求，另一边第一时间把问题反映给了省委疫情防控巡回督导联席会议办公室。

很快，在联席会议办公室的统筹下，全省督导组工作群里弹出了一条信息：“在绍兴市督导中遇到一个紧急情况，经过核查，涉及9个设区市的50家企业，请各组协助！”

“杭州马上协调，今天回复结果。”“金华正在联系，尽快落实到位。”“台州几家企业已与当地沟通，有结果就会告知。”“宁波收到，已在对接。”……短短几分钟，9个督导组迅速响应，随后分头行动，开展一对一精准督导服务。

这是一场与时间的赛跑：

第一巡回督导组根据名单找到了位于德清县的两家企业，与当地有关部门积极协调，在落实好防疫措施的前提下，协助企业制订复工方案，第二天就完成复工；

第四巡回督导组协调温州市瓯海区疫情防控工作领导小组后，区经信局及街道第一时间到温州市仙岩机电配件厂实地指导企业做好复工准备工作；

第七巡回督导组与嘉兴市秀洲区疫情防控指挥部和镇政府对接，当地工作人员赶到新塍工艺美术制品厂，解决企业防疫物资不够等具体问题，加快复工审批；

第十一巡回督导组了解到位于丽水市莲都区的浙江特利隆精密机械有限公司因几名负责人都在外地无法到岗，连夜与当地有关部门研究落实实名召回，指导帮助企业制订复工方案，保证恢复生产；

…………

“我们每天都和企业互相反馈信息，掌握最新进展。”第五巡回督导组为此特意制作了一张统计表，按紧急程度用红、黄、黑三色标注供应商以及需要的配件，不定时更新各地督导组和有关部门协调完成情况，有时沟通联系直到深夜。

供应链畅通后，企业发货的脚步也加快了。20日下午，卧龙集团顺利向海外发出了年后最大一笔微电机订单，企业微信群里欢呼声一片。“现在订单已排到6月。”朱亚娟说，“厂里造得出，路上发得出，我们放心了。”

绍兴上虞倾力打造新材料优势产业集群 建强产业链 夺取制高点

原载于9月27日《浙江日报》

记者：朱海兵、苗丽娜、朱银燕、逄润鹏

“虽然经历疫情，但我们的订单已经排到了明年底。”9月25日，在位于绍兴上虞的中金格派新材料有限公司智能化控制萃取工艺车间，公司生产副总经理蒋光勤告诉记者，这家新材料企业，今年前8个月净利润同比增长165.4%。

像中金格派一样，上虞的新材料产业在疫情影响下却逆势而上。尤其是杭州湾上虞经济技术开发区，今年上半年新材料产业产值289亿元，同比增长5.7%；税收14.6亿元，同比增长12.6%，增幅远高于其他产业。

“夺取制高点，才有主动权。新材料产业的高质量发展，得益于上虞实行的产业发展头部战略，形成了从头部平台、头部产业、头部行业到头部企业全面联动互促共赢的头部效应。”上虞区委主要负责人表示。

为抢占新材料产业新高地，上虞全域优化生产力空间布局，按照“万亩千亿”产业大平台标准，努力把杭州湾上虞经开区打造成制造业高质量发展头部平台；把新材料作为上虞八大制造业优势产业集群、八条制造业现代化产业链中的头部产业，并由区委主要领导担任新材料产业链的链长。在新材料产业“群+链”建设中，则重点聚焦先进高分子材料、高端电子信息材料、功能性金属材料等处于产业发展前沿的头部行业，重点培育具有示范引领作用的头部企业。

抢得发展先机，离不开技术研发、产业转化等的保障。早在2018年，上虞就与中国科学院控股有限公司联合推进新材料产业合作等项目。目前，除了县级产业发展研究院，还集聚了13家大学研究院，为上虞优化产业结构、加快新旧动能转换注入强劲动力。

在杭州湾上虞经开区，目前已形成锂电池正极材料产业链、高分子新材料产业链、高端金属材料产业链。

上虞新材料产业的发展，也离不开当地的助企服务。上虞依托属地园区、职能部门、行业协会等，围绕

"企业吹哨、部门报到"工作机制,不断强化产业链党建工作,实现党建工作的有形有效"双覆盖"。今年,上虞围绕产业链"链长制"工作,强化"党建+产业链",充分发挥助企服务员作用,推动产业链强链、补链、延链。目前,全区已在新材料等8条产业链建立联合党组织,通过深化"党建+项目""党建+人才""党建+营商环境"等系列活动,让产业、人才、服务政策与企业发展的实际需要紧密结合,推动高质量发展。

农业"强链",赋能美丽经济　绍兴上虞盖北镇推进省级农村综合改革集成区建设

原载于6月24日《浙江日报》

记者:沈晶晶

这些天,绍兴市上虞区盖北镇的葡萄园里热闹非凡。一串串葡萄被从枝头剪下、装箱、发货,一路直抵上海、杭州等地的商场超市。"今年采用全新的双膜栽培技术,葡萄成熟时间提前一个月,抢占了市场先机。"夏至红葡萄专业合作社理事长王海龙说,目前每公斤葡萄售价14元,相比往年提升40%。

引入新型技术、破解发展瓶颈,正是当地探索农业供给侧改革、助力乡村产业振兴的一项重要内容。

地处上虞东北部的盖北镇是传统农业强镇,以葡萄、榨菜、芥菜为主的果蔬种植面积达1.2万亩,年产值超过1.5亿元。但经多年发展,产业效益开始下滑,农民增收遭遇"天花板"。

今年初,盖北入选省级农村综合改革集成区试点,开启了美丽乡村建设新篇章。盖北镇党委书记朱炜江说,聚焦美丽经济发展不平衡不充分的问题,镇里计划两年投入3.15亿元,探索产权制度改革、美丽果园建设、多彩村落打造等集成创新,从而形成一条更完善、更有生命力的农业全产业链。

向转型要活力,做强产业链核心环节。在盖北镇区,一个占地千余平方米的秸秆回收中心已建成投用。以往当地每年产生1500余吨农业废弃物,大多随意堆放,影响村庄环境。如今修剪下的葡萄杆枝运到回收中心粉碎后,统一送往发电厂、肥料厂等进行综合利用,不仅村容村貌焕然一新,农户还能获得每吨200元的补助收益,建设无废农业、生态农业的热情高涨。

当地联合省农科院等单位,以40余个农业园区、家庭农场为基础,推广水肥一体化、病虫害监测防治等智能设施装备,建设交易中心、标准化深加工中心、榨菜传统工艺展示区、特色认种认购葡萄园等,着力实现产品增值、产业增效。

向改革要动力,补齐产业链缺失部分。过去行走盖北乡村,满目只见清一色的葡萄大棚,单调的景观难以持续吸引游客。为实现美丽风景与美丽经济升级,年初以来,当地成立承包地经营权镇级收储交易中心,加快闲置土地收储、利用进程。零碎地块通过综合整治,用于骑行绿道、游客中心等配套建设,连片土地则进行统一流转,引进特色项目、农业企业,助力农文旅产业融合发展。

盛夏时节的丰棉村和镇东村,森禾花丽公司打造的200亩百日花海已竞相绽放,粉白、玫红色的花海与葡萄园区、彩虹栈道等相映成趣,吸引不少游客。"我们鼓励村民利用闲置农房发展农家乐、民宿,形成吃、住、游、娱、购一体的全新业态。"镇东村党总支书记严永三预计,今年村里游客数量将突破10万人次。

发挥优势、补齐短板、疏通短板,小镇正着力将种植、采摘、加工、品尝等过程变成一种产品、连成一个产业。"预计今年旅游总收入将超过1.3亿元,全镇10个行政村村均经营性收入将突破80万元。"朱炜江说。

上虞:从严从快抓整改

原载于9月3日《浙江日报》

记者:徐添城

9月2日上午,绍兴市上虞区接到中央第三生态环境保护督察组交办的投诉信访件,反映丰惠镇渔门村皂梁线K6+400处路边存在违规开采塘渣石块的问题;五云村五星自然村附近天成养殖场有异味,并存在超标排放废水至承包农田的问题。

信访件引起上虞区委、区政府的高度重视。当天中午,上虞区委副书记、代区长金进富带领相关部门负责人前往现场进行检查,核实情况。

经现场核查,信访件反映内容部分属实。渔门村皂梁线K6+400处路边施工是交通运输部门为消除道路交通安全隐患点,对此处边坡进行的削坡防护整治,8月中旬开工,计划到年底完工。该工程虽不属违规开采行为,但存在施工扬尘、作业面裸露等环境问

题。对此，上虞区政府组织相关部门立即落实相应措施，采取路面洒水降尘、覆盖裸露作业面，并要求对施工路段做好围挡标识，向附近村民做好解释说明。针对五云村五星自然村附近天成养殖场异味和废水直排问题，该区环境监测站工作人员对养殖场上下风向的空气进行检测，取样检测出排水口、沉淀池和周边地表水的水质，并按照边督边改要求，提出初步整改意见。

上虞区委、区政府主要负责人表示，上虞区高度重视中央生态环境保护督察工作，实行领导包案，边督边改，群众反映什么问题，就解决什么问题，立行立改抓整改，一件一件抓落实，确保群众满意。

索 引

说 明

1. 索引分正文索引和正文图表索引。按标引词首字汉语拼写(同声字按声调)顺序排列,首字相同按照第二字排列,以下依此类推。

2. 正文索引仅限具体条目、类目、分目,其中类目和分目均用黑体字,条目中的“概况”“概述”不作索引。

3. 标引词后的阿拉伯数字仅表现页码。

4. 特载、特辑、大事记、机构负责人、统计资料、文件目录、附录类目及彩页未编索引。

正文索引

0—9

A

E

F

G

J

K

L

M

N

R

S

T

W

X

Y

Z

正文图表索引